(사)한국유통관리사협회 추천 교재
The Korea Distribution Managers Association

22년,23년 최신개정판

핵심이론

2급

KB053331

무조건 보고

기출풀고 합격하자!

名品강의!
合格예감!

⋙ 최신 이론적용, 현장이론반영
⋙ 최신 출제경향·실전난이도
⋙ 최근 기출문제 완벽 분석

유통관리사 1·2·3급 전문양성교육
사단법인 한국유통관리사협회
www.kdma.kr | 02 353 6696

본서의 특징

01 유통관리사를 직접출제(1,2,3급)하고 감수한 저자의 경험과 그동안 온라인 과 오프라인을 통하여 오랜기간 수없이 많은 수험생들에게 강의한 내용 및 상담실에서 상담한 경험을 바탕으로 유통관리사를 마무리 정리하여 합격 을 하는데 도움이 될 수있는 내용을 많은 시간 고민을 하다가 핵심용어와 이론, 기출문제를 확실하게 이해 하는데 초점을 두고 정리를 하였다.

02 유통관리사 시험은 시중의 전문서적을 바탕으로 출제교수들이 문제화를 하기에 본서는 시중의 100여권이 넘는 전 기본교재 뿐만이 아니라 미국의 마케팅이론 책과 일본의 판매전문가자격증 책을 바탕으로 출제가능 부분 만을 이론화하고 문제화 하였기에 적중도나 적합도 측면에서 다른 핵심요 약서보다도 효과적인 학습을 통해 합격을 하는데 충분하리라 생각한다.

03 유통관리사를 공부하는 상당수의 수험생들은 기본서를 바탕으로 공부를 하지만, 마무리 정리를 하는데 많은 애를 먹고 있으며, 공부한 시간이나 노력에 비해 결과가 적게나와 비효율적인 내용에 공부에 자신감이 없어지 고, 포기하는 사례를 보았다. 따라서 이 책으로 제대로 정리만 하면 투입 대비 효과는 충분히 보상을 받을 것이라 믿어 의심치 않는다.

2판인쇄 2022년 1월 15일 | **2판발행** 2022년 1월 20일 | **저자** 이춘길 | **펴낸이** 이경숙 | **펴낸곳** 명품출판사
주소 서울시 은평구 진관동 22번지 | **전화** 02-385-2002 | **팩스** 02-384-2030
Email luxurybooks@naver.com | **등록번호** 311-2012-000032

■ 이 책의 어느 부분도 저자 승인문서 없이 이론의 무단전제 및 강의에 사용할수 없습니다.

ISBN 979-11-86999-13-4-13320

값 28,000원

유통관리사 (Distribution Manager)란?

(1) 유통관리사란?

유통업체의 전문화, 대형화와 국내 유동시장 개방으로 판매 · 유통전문가의 양성이 필수적으로 인식하게 되었다. 소비자와 생산자간의 커뮤니케이션, 소비자 동향 파악 등 판매 현장에서 활약할 전문가의 능력을 평가하는 국가자격 시험에 합격한 자를 '유통관리사'라 한다.

(2) 유통관리사의 전망

현재 한국 기업들의 유통환경은 거센 변화의 바람이 일고 있으며, 유통업체의 전문화와 대형화, 기업형슈퍼마켓(SSM)과 골목길소상공인들 간의 갈등, 온라인 업체와 오프라인업체 간의 고객쟁탈전, 할인점 업태의 포화상태와 백화점업태의 쇠락, 지나치게 많은 창업을 하는 청년들과 퇴직의 베이비부머들 등 많은 유통업의 환경과 기업환경의 급격한 변화가 이루어지고 있다. 따라서 최소한의 유통지식을 갖추지 못하면 어디에서도 생존이 힘들다는 것을 보여주는 것이 유통환경이고 유통환경상의 변화는 그 파급범위와 영향이 심대할 것으로 보인다.

유통환경의 변화는 유통기능을 직접 수행하는 유통기구들은 물론 이들을 통하여 자사의 상품을 소비자 및 구매자들에게 전달하는 제조업체와 이들로부터 상품과 서비스를 제공받는 소비자들 모두에게 영향을 미친다. 따라서 유통 물류회사의 종합적인 관리책임자인 '유통관리사'는 대기업, 외국계 기업, 백화점, 대형 할인마트, 관공서 등을 비롯해 각 유통업체와 도매시장에서 책임자로 근무할 수 있어 취업 전망이 밝을 뿐 아니라 대부분 간부직원으로 근무할 수 있어 폭발적인 인기를 얻고 있다. 정부가 종업원의 일정비율 이상을 고용하도록 의무화하고 있을 뿐 아니라, 관련 업체에서도 유통관리사 확보에 열을 올리고 있어 취업전망은 양호하다.

(3) 주요 업무

소비자와 생산자 간의 커뮤니케이션과 소비자의 동향을 파악한다.

유통관리사 1급	유통업체의 경영자, 지점장급으로 경영 담당, 컨설턴트로 경영자문 역할
유통관리사 2급	유통업체의 매장 주임이나 감독자, 실장, 과장급으로 일선관리업무 담당
유통관리사 3급	고객을 직접 상대하는 일반판매원으로 고객응대업무 담당, 관리자보조업무

(4) 진출 분야

① 정부기관과 각 지방자치단체
② KBS, MBC 등 공중파방송과 홈쇼핑업체
③ 월마트와 같은 글로벌 유통업체와 물류업체
④ 전국의 대형 백화점과 대형할인점
⑤ 유명제조업체의 유통부서와 물류부서
⑥ 컨설팅업체와 같은 서비스제공업체
⑦ 전국의 수많은 물류센터 · 농 · 수 · 축협의 유통 관련 부서
⑧ 각 택배회사 및 물류 운송회사
⑨ 공항 · 부두 등의 물류 선적 및 하역 부서
⑩ 고속버스 터미널의 물류 부서
⑪ 각 대기업의 물류 관련 부서
⑫ 각 공장의 물류 관련 부서
⑬ 의류 · 보석 · 운동용품 · 서적 · 가전제품 · 가구 · 컴퓨터 · 한약재 · 포목 · 자동차 ·
　신발 · 목재 · 완구 · 철강제품 · 사무용품 · 화훼단지 · 농축산물 · 의약품 등의
　도매시장에서 유통관리분야 및 물류관리 분야의 책임자로 근무

(5) 시험 실시

① 주관 : 산업통상자원부
② 시행 : 대한상공회의소 자격사업단
③ 교육 : (사단법인)한국유통관리사협회(02-353-6696)

(6) 응시 자격

① 유통관리사 1급

　㉠ 유통분야에서 7년 이상의 실무경력이 있는 자
　㉡ 유통관리사 2급 자격을 취득한 후 5년 이상의 실무경력이 있는 자
　㉢ 중소기업진흥 및 제품구매촉진에 관한 법률 제31조 제1항의 규정에 의한 경영지도
　　사 자격을 취득한 자로서 실무경력이 3년 이상인 자

② 2급, 3급 : 제한 없음

(7) 시험 과목

등 급	시험방법	시험과목	문항수	출제형태	시험시간
1급	필기시험 (5지선다형)	유통경영 물류경영 상권분석 유통마케팅 유통정보	10 10 10 10 10	객관식 (100문항)	100분
2급	필기시험 (5지선다형)	유통·물류일반관리 상권분석 유통마케팅 유통정보	25 20 25 20	객관식 (90문항)	100분
3급	필기시험 (5지선다형)	유통 상식 판매 및 고객관리	20 25	객관식 (45문항)	45분

(8) 합격결정 기준

매과목 100점 만점에 과목당 40점 이상, 평균 60점 이상(절대평가)

(9) 접수방법

1급 : 시험장지역 상공회의소에 방문접수만 가능(최초현장접수이후는 인터넷접수가능)
2,3급 : 인터넷접수가 원칙(단, 접수기간중 해당지역 상공회의소 방문접수가능)

(10) 검정수수료

27,000원(부가세 포함, 인터넷접수시 수수료는 제외)

(11) 시험시작시간

⊙ 필기시험 입실시간(시험시작시간)
  ○ 1급 : 09 : 00
  ○ 2급 : 09 : 00
  ○ 3급 : 11: 10

⊙ 필기시험시간
  ○ 1급 : 09 : 15 ~ 10 : 55(100분)
  ○ 2급 : 09 : 15 ~ 10 : 55(100분)
  ○ 3급 : 11 : 25 ~ 12 : 10(45분)

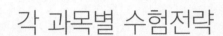

각 과목별 수험전략

① 제1과목: 유통 · 물류 일반

　㉠ 유통 · 물류관리는 전체과목 중 가장 까다롭고 어려운 과목이므로 유통관리사 전체적인 흐름을 이해하고, 물류에 대해서도 일반적인 이론이 기출 되지만 유통관리 단원을 중점적으로 학습하여야 한다.

　㉡ 물류문제는 매회 5~6문제정도가 출제되고 있는데 교재의 기본적인 내용을 응용하는 수준까지 출제되고 있으며 또한 유통정보와 혼합되어 출제되는 소매정보 활용이라든가 유통관련법규 등도 반드시 숙지하고 있어야 한다.

② 제2과목: 상권분석

　㉠ 입지유형별로 도심입지(CBDs), 노면독립입지(Free Standing sties), 복합용도개발지역(MXDs), 스트립 쇼핑센터의 종류와 개념 및 장점과 단점에 대해서도 명확한 이해가 선행되어야 한다.

　㉡ 상권분석에서 기존점포와 신규점포의 중 어느 것이 정확하게 분석을 할 수있는 가에서부터 신규점포의 분석방법인 체크리스트, 유추법, 중심지이론, 레일리 법칙, 허프모델은 거의 매년 출제가 되고 있으며, 특히 컨버스이론과 허프모델에서는 계산문제가 지속적으로 출제가 되고 있기에 반드시 숙지를 하고 있어야 한다.

③ 제3과목: 유통 마케팅

　㉠ 유통 마케팅은 시행기관의 출제기준표에는 점포관리와 상품관리 및 판매촉진 활동으로 구성되어 있다. 하지만 명품유통관리사 기본서에는 마케팅총론을 넣었는데 이 챕터에서 9문제정도가 출제가 되고 있다.

　㉡ 상품을 구성할 때 폭(width)과 깊이(depth)의 문제, 재고를 언제 발주하여 어떻게 보관해야 효율적이 되는가. 또한 고객과의 커뮤니케이션이 얼마나 이루어져야 우리에게 높은 충성도를 보이는지에 대해서도 명확한 인식이 필요하다.

④ 제4과목: 유통정보

　㉠ 유통정보의 특성, 사용목적을 알아야 하고, 지식경영은 무조건 필수적으로 알아야한다. GS1-13 · GS1-8 · ISBN · EAN-14 등이 무엇인지를 알아야 하며, VAN · EDI · CALS 등의 유통 · 물류 일반관리에서 나오는 내용도 반복 숙지해야 한다.

　㉡ 공급체인망 관리(SCM)은 다양한 측면에서 물을 수 있으며 고객관계 관리(CRM) 역시 간혹 출제되는 경향이 있다. 특히 신물류정보 시스템의 이해는 명확히 해야 하고 전자결제 시스템의 다양한 화폐 종류는 반드시 숙지하고 있어야 한다.

목 차

제1과목 유통 · 물류일반

제2과목 상권분석

제3과목 유통마케팅

제4과목 유통정보

목 차

2021년 기출문제

2020년 기출문제

2019년 기출문제

SUBJECT 1
유통물류일반

01   유통경로와 유통업태

1. 유통경로의 필요성

(1) 유통경로의 개념

① 상품과 서비스(Goods and Service)를 생산자로부터 최종 소비자까지 유통경로 (Channels of Distribution)를 통하여 이동하게 된다. 유통경로관리에서 시장 관련 요인에 대한 설명으로는 집중도가 낮은 시장은 직접적인 마케팅 경로를 설계할 가능성이 낮다는 것이다.

② 유통업체들의 경로파워가 강해진 이유로는 유통업체들이 대형화되었고, 유통 업체들은 정보기술 발달 덕분에 재고관리, 주문단계에서 운영효율성이 증가하 여 고객 및 공급업체 관계에서 주도권을 쥐게 되었으며, 소비자들이 일괄 구매 (one-stop shopping)를 선호함에 따라 대형 유통매장이 전국적으로 확산될 수 있었으며, 유통업체들의 다점포화가 가속화되었다.

③ 유통경로에서 대형 유통업체들이 경로파워를 얻게 된 일반적인 배경으로 유통업 체들이 대형화, 다점포화 경쟁을 벌이면서 구매력을 확보하여 영향력이 증가하 였고, 가격이 전략적 무기가 됨에 따라, 유통업체들이 규모의 경제를 추구하게 되었다. 많은 소비용품 시장이 성숙기에 들어섬에 따라, 제조업자들이 유통업체 에게 이전보다 많고 다양한 판매촉진을 경쟁적으로 제공하였다.

(2) 유통경로의 설계와 특징

① 유통경로 설계는 최종사용자 혹은 고객의 기대를 잘 충족시키는 것을 목적으로 하며, 최적 의사결정을 위해서 유통경로의 형태와 집약도를 결정해야 한다. 유통 경로설계를 다시 하려면, 대개 장기간에 걸쳐서 수정가능 하고 그 수정에는 많은 시간과 자본이 요구된다.

② 유통경로상의 이해관계가 상충(trade-off)되는 경우에 제조업체가 유통업체(중 간상)를 효과적으로 관리하기 위한 조치로써 유통업체와의 장기적인 파트너십 구축, 유통업체에 대한 적절한 보상, 유통업체와의 효율적인 커뮤니케이션, 판매 실적의 공정한 평가 등이 있다.

(3) 하이브리드 유통경로

① 오프라인 유통 채널상 비용상의 약점과 온라인 채널이 가진 태생적인 한계를 돌파하기 위해 만들어진 하이브리드(hybrid · 잡종) 채널이 관심을 모으고 있다.

② 하이브리드 채널은 오프라인과 온라인 채널의 단점을 제거하면서도 멀티채널이 갖는 채널간의 갈등을 없애기 위해 다수의 채널이 가진 장점만을 효과적으로 재배치한 새로운 채널이다.

2. 유통경로상 전략과 중간상의 수 결정

(1) 유통경로의 전략적 과정

① 유통경로를 장기적인 관점에서 관리하여 경쟁우위를 가지고자 하는 것이 전략적 과정이고, 주변의 다양한 환경 분석을 전략적 유통관리를 통하여 이루어진다.

② 경로집약도(channel intensity)에서 경로설계자가 선택할 수 있는 경로커버리지 대안으로 크게 집약적 유통, 선택적 유통, 전속적 유통시스템을 들 수 있다.

③ 경로 커버리지전략을 실행함에 있어 경로설계자는 판매망을 직접 소유하고자 할 경우 막대한 자금이 소요되기 때문에 특히 단기간에 광범위한 시장을 커버하기 위해서는 독립된 중간상을 이용하는 것이 보다 경제적이다.

(2) 전속적(배타적) 유통(Exclusive Distribution)

① 전속적 유통은 각 판매 지역별로 하나 혹은 극소수의 중간상에게 자사제품의 유통에 대한 독점권을 부여하는 것이다.

② 극히 소수의 소매점포에서만 자사 제품을 취급하도록 하는 것이며, 브랜드 충성도가 매우 높은 제품을 생산하는 제조업체에 의해 채택되는 경향을 보인다.

③ 제조업체는 소매점포에 대한 통제력을 강화시킴으로써 자사 브랜드 이미지를 자사전략에 맞게 유지할 수 있고, 소비자들은 브랜드 충성도가 높은 브랜드를 구매하기 위해 기꺼이 많은 노력을 기울이기 때문에 적은 점포수를 가지고도 운영이 가능하다.

④ 제조업자가 중간상에 대한 통제를 강화하고자 하는 경우나 중간상으로 하여금 해당 상품을 적극적으로 촉진시키고자 하는 경우, 유통업자가 상품설치 및 수리 서비스를 수행해야 하는 경우, 소매업자가 재고를 대규모로 유지할 필요가 있는 경우에도 유리하다.

(3) 집약(중)적 또는 개방적 유통(Intensive Distribution)

① 집약적 유통은 소비자의 구매 편의성을 증대시키기 위해 가능한 한 많은 유통 점포들이 자사제품을 취급하게 하는 전략이다.

② 소비자가 특정 점포 및 브랜드에 대한 애호도가 낮은 경우에 선호되며, 제품에 대한 인지도를 신속하게 높일 수 있는 장점이 있다.

③ 중간상들은 한 상품군의 전체 매출액에만 관심이 있으므로 소비자들이 상품군 내에서 어떤 상표를 구매하는지에 대해서는 별로 상관하지 않는다. 고객들이 자주 구매하며 구매시 최소의 노력을 필요로 하는 경우에 적합하다.

④ 집약적 유통은 중간상의 수가 많아질수록 경쟁이 치열해지기 때문에 새로운 중간상은 제조업체가 희망하는 가격보다 저가로 제품을 판매할 가능성이 커져 제품판매를 위한 동기부여가 감소할 수 있다. 소비자의 편의성을 최대한 높일 수 있으나, 중간상 통제가 어려운 전략 이라 할 수 있다.

(4) 선택적 유통(Selective Distribution)

① 집약적유통과 전속적유통의 중간에 해당되는 전략으로, 판매 지역별로 자사제품을 취급하고자 하는 중간상들 중에서 자격을 갖춘 하나 이상의 소수의 중간상들에게 판매를 허용하는 전략이다.

② 선택적 유통전략은 소비자들이 구매전에 상표 대안들을 파악하고 이들을 비교·평가하는 특성을 가진 선매품에 적절하다.

③ 전속적 유통경로에 비하여 제품에 대한 노출이 확대되며, 개방적 유통경로에 비하여는 소매상의 수가 적기 때문에 유통비용이 절감된다.

3. 유통경로 길이의 선택조건

(1) 짧은 유통경로를 선택하는 경우

① 부패성이 있으며, 표준화가 되지 않은 제품 및 기술적으로 복잡한 전문품과 구매단위가 크고, 구매빈도수는 낮으며, 비 규칙적인 제품 등이 짧은 유통경로를 선택하는 제품의 특징을 지니고 있다.

② 생산자의 수는 적으며, 공급자의 시장진입과 탈퇴에는 제한이 있고, 지역적으로 집중적인 생산이 되며, 유통비용 측면에 있어서는 장기적으로 불안정하다.

(2) 긴 유통경로를 선택하는 경우

① 부패성이 없으며, 표준화가 되어 있는 제품 및 기술적으로 단순한 편의품과 구매단위는 작고, 구매빈도수는 높으며, 규칙적인 제품 등이 긴 유통경로를 선택하는 제품의 특징을 가지고 있다.

② 생산자의 수는 많으며, 공급자의 시장진입과 탈퇴에 제한이 없고, 지역적인 분산생산이 되며, 유통비용 측면에서 장기적으로 안정적이다. 고객들의 유통서비스 요구가 세련되고 복잡할수록 유통경로가 길어진다. 제조업자는 원가우위가 있는 제조부분만을 수행하고 나머지 마케팅기능들은 중간상에게 위임함으로서 유통경로의 길이는 길어지게 된다.

4. 유통경로 이론

(1) 연기-투기(postponement-speculation)이론

① 경로구성원들 중 누가 재고보유에 따른 위험을 감수하느냐에 의해 경로구조가 결정된다고 보는 이론이다.

② 유통경로에서 연기가 투기를 지배한다면 제조업자가 직접 소비자에게 상품을 전달할 것이므로 유통경로는 짧아진다.

③ 유통경로에서 투기가 연기를 지배한다면 유통경로에는 많은 중간상들이 이득을 노리고 진입을 할 것이므로 유통경로는 길어진다.

(2) 기능위양(functional spinoff)이론

① 각 유통기관은 비용 우위론을 갖는 마케팅 기능들을 수행하고, 기타 마케팅 기능들은 이를 보다 저렴하게 수행할 수 있는 경로 구성원에게 위양한다는 이론이다.

② 업무를 수행하는 데 소요되는 마케팅비용 또는 유통비용을 가장 적게 필요로 하는 유통경로기관이 해당 업무를 수행하는 방향으로 유통경로의 구조가 결정된다고 설명하는 유통경로 구조이론이다.

5. 유통산업의 사회적 경제적 역할

(1) 유통산업의 사회적 역할

① 사회 · 경제적 역할에 대한 긍정적인 역할로는 '교환과정의 효율성 제고', '분류기능의 효율적 수행', '거래 반복화의 용이성' 등을 중요한 역할로 인식하고 있다.

② 유통은 여러 가지의 사회적 기능을 수행하고 있는데, 매매기능, 보관기능, 운송기능, 금융기능, 보험기능, 정보통신 등의 기능을 수행함으로써 사회적 역할을 충실히 수행하고 있다.

(2) 프렌치와 라벤(French & Raven)의 유통경로상의 힘

① 보상력: 물질적, 심리적, 보호적 보상을 제공할 수 있는 능력을 말한다.

② 강권력: 행사에 따르지 않을 때 처벌이나 제재를 가할 수 있는 능력을 말한다.

③ 전문력: 상대방이 중요하게 인식하는 우수한 지식이나 경험 혹은 정보의 제공 능력을 말한다.

④ 준거력: 특정집단에 일체감을 갖고 있거나 갖게 되기를 바라기 때문에 발생하는 파워를 말한다.

⑤ 합법력: 오랜 관습 또는 공식계약에 의해 상대방에게 행동을 준수하도록 정당하게 요구할수 있는 권한을 말한다.

6. 유통경로에서 중간상 필요원칙

(1) 총 거래수 최소의 원칙

① 유통경로 상에 중간상이 개입함으로써 거래수가 결과적으로 단순화 · 통합화되어 실질적인 거래수와 거래비용이 감소하게 되어 유통의 효율화를 증대한다.

② 총 거래수가 증가를 하나 중간상의 개입으로 거래의 총량이 감소하게 되어 제조업자와 소비자 양자에게 실질적인 비용감소를 제공하게 된다.

(2) 분업의 원칙

① 유통경로에서 수행되는 수급조절, 수 · 배송, 보관, 위험부담 및 정보수집 등을 생산자와 유통기관이 상호 분업(分業)의 원리로써 참여한다면 보다 사회적 경제성과 능률성을 제고시킬 수 있다는 원칙이다.

② 제조업자는 생산과 유통을 전문화함으로써 보다 경제적이고 효율적인 유통기능의 수행이 가능하다는 것이다.

(3) 변동비 우위의 원칙

① 제조업체에서는 고정비가 차지하는 비중이 변동비보다 크기 때문에 생산량이 증가할수록 단위당 생산비용이 감소하는 규모의 경제에는 유리하다.

② 유통분야에서는 제조업과는 다르게 변동비의 비중이 상대적으로 커서 제조분야와 유통분야를 통합하여 대규모화하기 보다는 제조업자와 유통기관이 적당히 역할을 분담한다면 비용면에서 훨씬 유리하다는 원칙이다.

(4) 집중준비의 원칙

① 유통경로상에 가능하면 많은 수의 도매상을 개입시킴으로써 각 경로 구성원에 의해 보관되는 제품의 수량이 감소될 수 있다는 원리를 말한다.

② 소매상은 소량의 적정량만을 보관함으로써 원활한 유통기능을 수행할 수 있다는 원칙이다.

7. 유통경로시스템

(1) 유통경로 시스템

① 유통경로에서 유통서비스의 창출을 위한 유통기능은 경로 구성원 중 누군가가 수행해야 하며, 그 기능을 제거할 수는 없다.

② 유통경로구조이론 중 거래비용분석에서 거래의 반복발생빈도, 자산특유성, 기회주의, 불확실성 등은 시장실패를 설명하는 가정이나 변수와 관련이 있다.

(2) 유통경로 시스템의 기능

① 유통경로 구성원들이 수행하는 유통기능은 그들이 작용을 하는 기능에 따라 크게 전방기능 흐름, 후방기능 흐름, 양방기능 흐름의 3가지로 분류할 수가 있다.

② 전방기능 흐름은 수송·보관과 같은 물적 소유권이나 촉진과 같은 기능들은 생산자로부터 최종 소비자의 방향으로 흐르는 것을 말한다.

③ 후방기능 흐름은 주문이나 화폐(상품대금), 대금결제와 같이 최종 소비자로부터 소매상·도매상·생산자의 방향으로 흐르게 된다.

④ 양방기능 흐름은 거래를 협상하거나 금융기능과 위험부담기능, 정보와 같은 기능들을 말한다.

8. 유통경로의 통제와 통합

(1) 유통경로의 통제

① 유통경로에 대한 통제수준이 낮다면 독립적인 역할을 수행하는 중간상을 이용하는 것이 효과적이다.

② 유통경로에 대한 통제수준이 높다면 유통경로에 대한 수직적 통합의 정도가 강화되고 이러한 경우에는 기업에 의하여 지배받게 된다.

③ 높고 낮은 유통경로 통제수준을 적절히 가미한 프랜차이즈(가맹점) 계약이나 합자 방식의 통합도 있다.

④ 유통경로는 마케팅 믹스 중 환경변화에 대응하거나 조정을 하여야 할 필요가 생겼을 경우, 가장 유연성 있게 대응하기 어려운 요소이다.

(2) 유통구조의 수직적 통합

① 가격과 같은 시장정보가 자유롭게 노출되기 보다는 소수의 집단에게만 공유되어 있는 경우, 정보의 비대칭성이 발생하므로 이를 해소하기 위해 수직적 통합을 시도하게 된다.

② 제조업자가 유통경로를 수직적 통합할 경우, 상품의 적기적량을 공급하거나 확보하거나 생산과 유통활동을 조정함으로써 유통경로의 효율성을 높일 수 있다.

③ 거래 상대방에 대해 높은 수준의 통제력을 발휘할 수 있고 기회주의적인 행동을 방지할 수 있다. 수직적 통합형태 중에서 가장 흔한 것이 계약통합의 형태이다.

④ 유통경로를 수직적으로 통합하였을 때 나타나는 문제점은 전환 장벽의 극복비용(cost of overcoming mobility barriers), 운영 레버리지의 증대(increased operating leverage), 자본투자의 필요성이 증대된다.

(3) 시장커버리지 정책(market coverage policies)

① 유통경로가 집약적 유통경로에서 선택적 유통경로로, 나아가 전속적 유통경로로 옮겨갈수록 시장커버리지는 좁아진다.

② 경제정책적인 측면에서 관심을 가지는 문제는 브랜드 내 경쟁을 약화시키는 영역(지역)제한이 특정 시장에서의 브랜드 간 경쟁을 약화시키고 있는지에 대한 판단이다.

③ 브랜드 내 경쟁을 약화시키고자 하는 기업의 의도는 자사브랜드를 취급하는 중간상 중 특정인을 보호하여 이들로 하여금 상이한 브랜드를 취급하는 중간상과의 경쟁에 효과적으로 대응하도록 하는 데 있다.

④ 고객커버리지 제한에 대한 사법부의 독점규제도 시장커버리지 제한의 경우와 유사하게 적용된다. 즉 고객커버리지 제한정책은 경쟁을 상당히 감소시키는 효과를 보일 때 불법적인 것으로 간주된다.

(4) 영역제한에 대한 제조업체와 유통업체 전략

① 영역제한은 유통경로상 상이한 수준에서 이루어지는 수직적 제한과 동일수준에서 이루어지는 수평적 제한으로 구분된다.

② 제조업체가 오프라인 중간 유통상으로 하여금 자사 취급제품에 대한 인터넷판매를 금지하는 행위는 영역제한(territorial restrictions)의 범주에 포함된다.

③ 유통업체의 영역제한 위반사실을 찾아내기 어려운 경우 제조업체는 영역제한을 사후에 활용할 가능성이 높다.

④ 유통경로에서 대형 유통업체들이 경로파워를 얻게 된 이유는 유통업체들이 대형화, 다점포화 경쟁을 벌이면서 구매력을 확보하여 영향력이 증가하였고, 가격이 전략적 무기가 됨에 따라, 유통업체들이 규모의 경제를 추구하게 되었다.

⑤ 유통정보기술의 발달로 인해 재고관리, 배송, 주문 등에서 기술혁신을 이뤄 효율적 경영이 가능해지고 가격경쟁력이 생기고, 많은 소비용품 시장이 성숙기에 들어섬에 따라, 제조업자들이 유통업체에게 이전보다 많고 다양한 판매촉진을 경쟁적으로 제공하여 경로파워가 대형 유통업체들에게 유리하다.

9. 유통경로 갈등환경

(1) 유통경로의 갈등의 원인

① 제품 획득가능성과 관련한 문제, 중간상간의 경쟁수준과 관련한 문제, 교육훈련 비용 부담에 대한 문제, 신제품 출시시기에 대한 문제 등은 목표의 불일치 때문에 갈등이 발생한다.

② 경로갈등의 발생원인과 유형에 경로구성원들 간의 성장성과 수익성 목표에 대한 의견불일치가 발생될 수 있다. 각 경로구성원들이 수행해야 할 마케팅과업과 과업수행방법에 있어서 구성원들 간의 의견불일치가 경로갈등을 유발하기도 한다. 경로구성원들 간의 현실에 대한 지각의 차이로 같은 상황에 대해 서로 다른 반응을 보이게 됨에 따라 갈등이 유발된다.

(2) 유통경로 갈등의 유형

① 수직적(vertical)갈등: 유통경로의 다른 위치나 단계에 있는 경로 구성원 간의 갈등을 말하는 것이다.

② 수평적(horizontal)갈등: 유통경로의 동일한 위치나 단계에 있는 경로 구성원 간의 갈등을 말하는 것이다.

③ 업태 간(intertype)갈등: 경로상 같은 단계이지만 다른 유형의 경로 구성원들 간의 갈등으로, 최근 백화점과 할인점 간의 갈등이 그 예가 될 수 있다.

(3) 유통경로구성원 간에 발생하는 갈등

① 경로갈등은 유통시스템을 비효율적으로 만들기도 하지만, 적절한 수준의 갈등은 건설적인 경로성과를 가져다주기도 한다.

② 유통경로를 수직적으로 통합함으로써 유통경로 구성원간의 목표의 불일치를 해소하거나 사전에 방지할 수 있다.

③ 유통경로 구성원 간 목표 불일치(goal divergence)는 제조업체의 입장에서 유통점내 좋은 위치에 진열하고 싶어 하지만, 유통점의 입장에서는 판매에 도움이 되는 다른 제품을 그 위치에 두고자 하는 경우가 이에 해당한다.

④ 경로구성원 간 상권의 범위 결정과 그 상권 내에서의 역할에 대한 견해 차이가 발생하는 경우를 영역 불일치(domain divergence)라 한다. 유통경로에서 영역 불일치에 의한 갈등이 발생하게 되는 원인은 각 중간상이 거래하는 고객이 중복되기 때문이다.

(4) 유통경로의 갈등의 해결의 중재

① 유통채널 간의 갈등원인이 유통채널 간의 영역 중복에서 비롯되는 경우, 채널별 브랜드를 차별화하거나 채널별 제품을 차별화함으로써 함으로써 갈등을 해소할 수 있다.

② 유통경로상에 발생하는 갈등해결방법 중의 하나인 중재(conciliation)는 제3자를 개입시켜 경로갈등을 해소하기 위한 분쟁해결제도이다.

③ 중재(conciliation)는 단심제로 운영되기 때문에 비용과 시간을 절약할 수 있으며, 소송(재판)의 결과와 유사한 수준의 구속력이 발생한다는 장점을 지닌다.

④ 갈등을 해결하기 위한 전략으로는 회피, 수용, 경쟁, 타협, 문제해결 등이 있다. 그 중 회피는 가장 수동적 성격의 전략으로 두 구성원간의 상호의존도가 거의 없는 경우에 사용가능하다.

10. 수직적 마케팅 유통시스템(VMS ; vertical marketing system)

(1) 기업형 VMS(corporate VMS)

① 생산과 유통의 연속적인 단계를 하나의 소유권이나 자본참여를 통하여 결합하는 형태이다.

② 경로구성원간의 역할과 갈등을 공식적인 규정에 따라 내부적으로 조정할 수 있다.

(2) 계약형 VMS(contractual VMS)

① 공식적인 계약을 근거로 생산과 유통의 연속적인 단계에 참여하는 경로구성원들을 결합하는 형태이다.

② 계약형VMS의 대표적인 형태로 도매상후원의 자발적인 연쇄점형태와 소매상협동조합, 프랜차이즈시스템을 들 수 있다.

(3) 관리형 VMS(administered VMS)

① 경로 구성원들의 활동에 대한 통제정도는 「기업형 VMS 〉계약형 VMS 〉관리형 VMS」의 순으로 통제정도의 강도가 형성된다.

② 동일자본이거나 공식적이고 명문화된 계약 배경이 없어도, 점유율이 높거나 판매망이 넓은 제조업자나 유통업자가 경로리더가 되거나 경로 구성원을 지원하는 형태이다.

11. 소매 업태

(1) 소매업의 정의

① 소매업(retail trade, retailing)이란 유통경로에서 유통 말단에 위치하여 최종 소비자에게 상품 및 서비스 등의 판매활동을 수행하는 업종이다.

② 소매상은 소매업을 직접 수행하는 상인을 지칭한다. 제조업자나 도매상도 소비 자를 상대로 직접 소매활동을 할 수 있으나 소매상이라고 할 수는 없다.

③ 미국 AMA에서는 최종소비자에게 판매하는 전체판매액 가운데 비율이 50% 이상인 조직체를 소매상이라 정의하고 있다.

④ 소매상의 기능은 생산자, 도매상들이 소비자 가까이에서 접촉할 수 있게 인력과 점포를 제공하며, 소비자의 요구를 파악하여 공급선에 제공하고, 공급선의 상품 을 판매하기 위한 광고, 상품 진열 등을 제공한다. 또한 상품구색에 대한 재고를 부담함으로써 공급선의 비용감소와 소비자의 구매편의를 돕는다.

(2) 소매상의 업종·업태

① 소매활동이 상점을 위주로 이루어질 때 이 점포를 소매점이라고 한다. 소매활동 은 이 밖에도 사람·우편·전화 또는 자동판매기와 같은 판매방법에 따라 수행 되기도 하며, 거리나 소비자의 집에서 이루어지는 경우도 있다.

② 업종(type of business)이란 의류점, 식품점, 서점 등과 같이 주로 무엇을 판매 하고 있는가에 의한 분류이다. 업태(type of operation)란 판매방법이나 점포의 운영형태의 차이를 기준으로 한 분류이다.

(3) 소매상 업태개념

① 소비자 욕구의 다양화로 이에 대응하고자 하는 유통기업이 상품의 판매방법, 가격 그리고 제공하는 서비스 등을 다른 기업과 차별화하고자 하는 경향이 증가 하고 있는 것은 업태개념 때문이다.

② 최근 소매기업은 제조업자의 판매 대리기관으로서의 역할을 수행하기 보다는 독자적이고 모험적으로 사업을 전개하고자 하는 성향이 강해지고 있는 것은 업태개념 때문이다.

③ 점포가 취급하는 상품의 물리적 특성을 강조하여 판매하는 방식에서 탈피하여 소비자의 편익이나 가치를 중시하는 경영방식이 기업의 성과에 있어 중요한 영향을 미친다는 인식이 확산되고 있는 것은 업태개념 때문이다.

(4) 인터넷 소매업

① 인터넷상에서 수행하는 소매업으로서 온라인소매업의 경우 채널지원형보다는 카테고리킬러형을 추구하는 것이 더욱 안전하다.

② 온라인과 오프라인채널은 서로 경쟁 혹은 적대적인 관계라기보다 상호보완적인 관계로 시너지효과가 나올 수 있도록 활용하는 것이 바람직하다.

③ 인터넷 소매업은 제품전략과 연계하여 제품과 서비스의 묶음(bundling), 관련 제품의 교차판매(cross-selling) 등을 추구하는 것이 바람직하다.

④ 인터넷 소매업은 표적고객 및 시장의 특성에 맞추어 온라인과 오프라인 채널을 차별적·차등적으로 적용하는 것이 유용한 전략이 될 수 있다.

12. 소매업의 기능

(1) 소비자에 대한 기능

① 소매상은 여러 공급업체로부터 제품과 서비스를 제공받아 다양한 상품구색을 갖춤으로써 고객이 선택할 수 있는 폭을 넓혀준다.

② 소매상은 광고, 판매원, 매장 내 진열 등을 통하여 고객에게 제품과 관련된 정보를 제공해 주며, 소비자에게 A/S나 제품의 배달, 설치, 사용방법의 교육 등과 같은 서비스를 제공한다.

(2) 생산자 및 공급자에 대한 기능

① 주문처리 기능으로 점포내 POS 시스템을 활용하여 주문처리가 가능하도록 하며 고객서비스 대행기능으로 생산자가 제공해야 할 고객서비스를 소매상이 대행하여야 한다.

② 상품의 구입과 판매시점까지의 보관기능을 수행함으로써, 이에 따르는 위험과 비용을 부담하게 되어 도매업자나 생산자의 부담을 덜 수 있다.

③ 소매업이 판매를 증대시키기 위하여 스스로 소비자들에게 여러 광고를 하는데, 이러한 효과는 결과적으로 생산자 및 도매업자들의 판매 촉진을 도와주게 된다.

(3) 취급상품의 다양성(variety)

① 상품의 넓이 또는 폭(goods width): 상품의 종류가 많다는 것을 의미하며 해당 제품 내의 다양한 브랜드의 수를 말한다.

② 상품의 깊이(goods depth): 각 브랜드 중 한 가지의 단위에서 얼마나 깊이 있는 상품이 있는지를 말한다.

③ 상품의 구색(goods assortment): 상품 브랜드의 폭과 깊이를 어느 정도 제대로 갖추어져 있는지를 의미한다.

(4) 상품의 깊이와 넓이에 관한 의사결정

① 백화점과 대형마트(할인점)를 상품의 깊이 측면에서 비교할 경우, 백화점이 대형 마트에 비해 상품의 깊고, 넓이는 백화점이 할인점이 좁다.

② 상품구색의 관점에서 전문점은 깊이 측면에서 넓이보다 강조를 하고, 유(형)점포와 무(형)점포의 비교에서는 상품의 깊이나 넓이측면의 확장가능성으로 보면 무점포업태가 비용측면에서 더욱 유리하다.

(5) 마진과 회전율에 의한 소매상의 구분과 전략

① 소매상의 재무적 능력은 상품의 이익률(margin)과 상품의 회전율(turn over)을 기반으로 결정된다.

② 일반적으로 상품의 회전율 높으면 상품의 수익률이 높은 비례관계를 갖는 경우가 많지만, 반드시 그렇다고는 볼 수 없다.

13. 소매업태의 기능

(1) 백화점(Department Store)

① 백화점이란 하나의 매장 내에 일괄구매와 비교가 가능하도록 상품 부문별로 구색을 갖추어 진열, 판매하는 대규모 소매상으로는 가장 오래된 소매기관이다.

② 백화점은 선매품(選買品)을 중심으로 편의품에서 전문품에 이르기까지 다양한 상품 구색을 갖추고 대면(對面) 판매, 현금 및 신용(크레디트카드)에 의한 정찰(正札) 판매, 그리고 풍부한 인적 · 물적 서비스를 제공함으로써 판매 활동을 전개하는 상품 계열별 · 부문적으로 조직화된 대형 소매상이다.

(2) 전문점(Specialty Store)

① 전문점이란 단일품목 중 극히 한정된 품종만을 전문적으로 취급하는 특정품 판매점을 의미한다.

② 전문점의 제품은 전문적 구색과 서비스 제공에 있다. 전문점은 단 하나의 제품 계열을 취급하기도 하고, 소수의 제한된 제품계열을 취급하기도 하는데, 특징은 특정제품 계열에 대하여 매우 깊이 있는 제품구색을 갖추고 있다는 것이다.

(3) 편의점(Convenience Store ; CVS)

① 편의점은 상품 편의성을 특징으로 하고 있다. 가격에 있어서는 편의점은 할인점이나 슈퍼마켓보다 다소 높은 가격을 유지한다.

② 편의점의 효용은 24시간 영업으로 시간적 편리성, 근린형으로서 거리상의 편리성, 상품배치의 단순화로 상품선택의 편리성, 상품구색의 테마가 명확하여 이용에 편리성을 고객들에게 준다.

(4) 할인점(Discount Store ; DS)

① 할인점은 박리다매의 원칙에 입각하여 상품을 일반 상점보다 항상 저렴한 가격으로 판매하는 대규모 점포를 말한다.

② 대형마트는 저렴한 가격, 잘 알려진 브랜드, 셀프서비스 등의 특징을 지니며, 각 제품군내에서는 상품회전율이 높은 품목을 중심으로 취급한다.

③ 저렴한 가격, 유명브랜드 판매, 셀프서비스, 건물임대료가 저렴한 지역에 위치, 평범한 내부시설과 매일저가정책(EDLP)을 추구함에 있으며, 점차적으로 자체 브랜드상품(PL ; Private Label, PB ; Private Brand)의 비중을 높이고 있다.

④ 할인점은 대량으로 판매하기 위하여 저가의 가격정책을 취하고 있기 때문에 낮은 마진율을 가져오지만, 대량판매로 구매력이 신장되고 제품의 회전율이 향상됨으로써 재고비용의 감소를 가져오게 된다.

(5) 회원제 창고형 도소매점(Membership Wholesale Club ; MWC)

① 회원제 도매클럽은 일정한 회비를 정기적으로 내는 회원들에게만 30~50%의 할인된 가격으로 정상적인 제품 들을 판매하는 유통업태를 말한다. 우리나라의 대표적인 업태로 코스트코(Costco) 롯데 빅마켓이 있다.

② 회원가입에 의한 회원판매제로 진열비용을 대폭 삭감하여 할인점보다 20~30% 싼 가격으로 제공하는 회원제 창고형 도·소매업태로서 카드(현금)판매 무배달(無配達)창고형 점포로, 진열방식은 팔레트 쌓기 방식으로 진열대에 상품을 상자 단위로 쌓아놓고 고객이 직접 고르게 하여 점포운영비를 최소화하고 있다.

(6) 아웃렛점(Outlet Store)

① 아웃렛점은 상설 할인매장(Factory Outlet)이라고도 하며 메이커와 백화점의 비인기 상품, 재고품, 기획상품, 하자(瑕疵)상품 및 이월(移越)상품 등을 주로 취급한다.

② 제조업자가 소유 및 운영하는 염가매장으로 자신의 회사 명의로 대폭적인 할인가격(30~70%)에 판매한다. 상설 할인 매장들은 특정 지역에 밀집되어 상설 할인몰 또는 할인 소매센터가 형성되기도 한다.

(7) 카테고리 킬러(Catagory Killer ; CK)

① 카테고리킬러는 전문품 할인점(Special Discount Store)이라고도 하는데, 한 가지(또는 한정된) 상품군을 깊게 취급하며 할인점보다 저렴한 가격으로 판매하는 소매업태를 말한다.

② 카테고리킬러는 깊이 있는 제품구색, 우수한 고객서비스, 고가격의 점포특성을 가지는 전문점과 차별되며, 어느 정도의 깊이를 가진 다양한 상품군들을 취급하는 할인과 차별화되는 점포형태이지만 매장은 할인점과 비슷하다.

14. 무점포 소매상

(1) 무점포 소매상의 개념

① 무점포 소매상은 비교적 최근에 도입되고 있는 소매업태이지만 교통난·맞벌이 등으로 쇼핑시간의 여유가 없는 소비자들에게 시간을 절약해 주는 효용을 제공해 주고 있다.

② 소매업자 입장에서는 무점포이므로 점포비용이 절감되며, 입지조건에 관계없이 목표고객에게 접근이 가능하고, 고객의 잠재수요를 자극할 수 있는 이점을 가진다는 점에서 앞으로 계속된 성장이 예상된다.

(2) 텔레마케팅(Telemarketing)

① 텔레마케팅(telemarketing)은 텔레커뮤니케이션(telecommunication)과 마케팅(marketing)을 합성한 용어로 고객과의 1대1 커뮤니케이션을 통하여 고객유지, 고객만족 향상, 신규고객 확보를 실현하는데 사용되는 마케팅 수단이다.

② 인바운드 텔레마케팅(in-bound telemarketing)은 고객이 외부에서 기업으로 전화를 거는 경우를 말하며, 이는 고객의 능동적인 참여를 전제로 하고 있다.

③ 아웃바운드 텔레마케팅(out-bound telemarketing)은 기업이 고객이나 잠재고객에게 전화를 걸어 적극적으로 마케팅 활동을 실행하는 것을 말한다.

(3) 자동판매기(Automatic Vending)

① 1980년대 이후 급성장하는 무점포형 소매업의 하나로 편의품을 취급하지만 점차 취급품목이 확대되고 있다.

② 점포를 통해 판매하기 어려운 장소와 시간에 제품을 24시간 기계를 이용하여 24시간 판매가 가능한 소매방식이다.

(4) 통신(우편) 판매(Direct Mail)

① 통신판매란 공급업자가 광고매체(주로 우편으로 보낸 카탈로그)를 통하여 판매하고자 하는 상품 또는 서비스에 대한 광고를 하고 판매를 하는 것을 말한다.

② 통신 판매업자는 제품의 광고를 위해 통신판매 책자를 만들어 소비자에게 발송하고, 소비자는 구매의사를 표시하는 판매방식은 카탈로그판매(Catalog marketing)이다.

(5) 방문 판매(Direct Selling)

① 방문판매는 오래된 무점포 소매업으로, 직접 소비자와 대면을 하므로 제품에 대한 최신정보와 제품의 영향에 대한 정보를 상세히 설명할 수 있다.

② 유제품의 한국 야쿠르트, 학습지의 판매와 교육을 동시에 하고 있는 웅진과 대교 등의 출판업계와 1980년대 중반까지의 화장품 업체들의 주된 판매방식이었다.

15. 소매업태의 변화이론

(1) 소매업 아코디언 이론(Retail Accordion Theory)

① 상품믹스에 따라 유통업태의 변화를 설명하는 이론으로 다양한 제품을 취급하는 종합점포유형에서 몇몇 종류의 전문제품에 집중하는 전문 업체유형으로 변했다가 다시 다양한 제품을 취급하는 종합점포로 전환하는 형식이다.

② 상품구색 측면에서 수축과 확장을 반복하면서 업태의 발달과정이 전개되고 있다고 설명하는 소매업 발달이론으로 상품구색이 넓은 소매상(종합점)에서 상품구색이 좁은 소매상(전문점)으로, 다시 되풀이하는 것으로 아코디언처럼 제품구색이 늘었다 줄었다 하는 과정을 되풀이하는 이론이다.

③ 유통기관이 취급하는 상품계열의 성격, 즉 광협(廣狹)에 따라 설명하려는 이론으로 종합상품계열을 가진 유통기관은 보다 전문화된, 즉 한정된 상품계열을 가지는 기관으로 대체되고, 이는 다시 종합상품계열을 가진 기관에 대체되어 순환적으로 반복된다고 본다.

(2) 소매업 수레바퀴 가설(The Wheel of Retailing Hypothesis)

① 소매상이 시장에 진입하기 위해 「진입단계 – 성장단계 – 쇠퇴단계」의 세 단계로 구성되어 있다. 시장진입 초기에 저가격, 저마진, 저서비스의 가격소구 방식으로 소매시장에 진입한다.

② 기존시장에 있는 고가격, 고마진, 높은 서비스의 다른 소비업태와의 경쟁으로 성공적인 시장진입을 하면 동일 유형의 소매점 사이의 경쟁이 격화된다. 따라서 경쟁적 우위를 확보하기 위하여 다른 업태와 차별화를 시도한다.

③ 일단 목표시장(소매업계)에서 받아들여지면 이 새로운 소매기관은 고급화 과정에 접어든다. 소매기관들이 처음에는 혁신적인 형태에서 출발하여 성장하다가 새로운 개념을 가진 신업태에 그 자리를 양보하고 사라지게 된다.

④ 시장진입에 성공한 신업태의 고급화는 또 다시 새로운 소매업태의 혁신적인 등장을 불러일으킨다. 수레바퀴가설에 부합하는 업태는 TV홈쇼핑, 회원제 창고형 소매점, 인터넷 전자상거래, 카테고리킬러형 전문점 등이 있다.

(3) 변증법 이론(Dialectic Theory)

① 소매기관의 변증법적 과정이론은 두 개의 서로 다른 경쟁적인 소매업태가 하나의 새로운 소매업태로 합쳐지는 소매업태 혁신의 합성이론을 의미한다.

② 소매업태가 발전해 나가는 모습이 마치 변증법의 正(thesis), 反(antithesis), 合(synthesis)의 논리에 따라 변화가 이루어짐을 설명하려는 것이다.

(4) 소매 수명주기 이론(Retail Life Cycle Theory)

① 소매 수명주기 이론에서 소매상은 유통업태가 시간이 지남에 따라 일정한 단계(도입기 → 성장기 → 성숙기 → 쇠퇴기)를 거쳐 발전한다는 이론이다.

② 성장기에는 충성고객의 확보와 취급 상품계열의 확대를 통해 소매상의 매출액과 이익률이 급속히 증가하며, 시장점유율을 높이는 것이 강조된다. 이기간 중에 이익률은 최대를 달성하지만, 말기로 갈수록 이익의 증가보다 비용압박이 커져 매출액은 계속 증가하나 이익률은 답보상태에 들어간다.

③ 성숙기에는 시장점유율이 최대로 되고 매출액 역시 최대가 되지만 조직의 비대화로 인해 통제상 애로점이 발생하고, 새로운 혁신적인 소매업태가 도입되어 경쟁이 격화됨으로써 이익은 계속 감소하게 된다. 생존을 위한 벤치마킹, 다운사이징, 리스트럭처링, 리엔지니어링 등의 새로운 혁신적인 조직도입을 위한 새로운 경영기법을 구사하여야 한다.

16. 도매업태

(1) 도매업의 개념

① 도매업은 상품을 대량으로 매입하거나 수집하여 다수의 소매상에게 소량으로 분산하여 판매하는 업태로, 거래수량 및 매매단위의 원칙에서 비교적 규모가 큰 유통 업태를 지칭한다.

② 좁은 의미로는 상품유통상 분배상업에 속한다고 할 수 있으며, 소매상업에 대해 최종적으로 상품을 공급하는 단계의 도매업을 지칭한다. 도매업을 수행하는 상인을 도매상이라고 한다.

(2) 생산자를 위해 수행하는 기능

① 제조업자를 대신하여 다양한 업태의 소매상에 대응하여 합리적인 비용으로 거래 관계를 수행하는 시장담당기능은 제조업자에게 커다란 도움이 된다.

② 도매상이 특정지역이나 전체 시장의 판매를 대행해 준다면, 제조업자는 적은 수의 도매상과 판매접촉을 수행하면 되므로 비용절감 효과를 얻을 수 있다.

③ 제조업자를 대신해서 도매상이 재고를 갖게 되기 때문에 제조업자는 재고관리를 효율적으로 수행할 수 있어 재고비용을 줄일 수가 있다.

(3) 소매상을 위해 수행하는 기능

① 도매업이 소매업을 위한 기능으로는 소단위판매, 신용과 금융제공, 기술지원 및 상품의 구색을 갖추는 기능 등이 있다. 도매상은 소매상에 대하여 할인판매나 경영원조 · 조언 · 지도를 실시한다.

② 도매상이 완제품, 부품, 반제품을 소매상에게 제공하는 것은 제조업자가 수행하는 것보다 효율적일 수 있다.

③ 도매상이 대량으로 구매한 제품을 소량으로 나누어서 소매상에게 필요한 양만큼씩 공급하게 된다.

(5) 중간상과 도매상

① 중간상(仲間商)은 제조기업과 소비자 사이에 존재하기에 중간상(소매상 또는 도매상)이라한다.

② 중간상이 제공하는 서비스는 업태에 따라 다양하기 때문에 고객에 대한 서비스를 최소화하는 업태는 제품 판매에 수반되는 서비스를 제공하지 않을 수 있다.

③ 중간상은 생산자가 제시하는 구색 수준과 소비자가 요구하는 구색 수준의 차이를 극복해주는 '분류기능'을 수행하는데, 동질적인 제품을 소량의 단위로 축소하는 분할(allocation)기능 수행이 이에 속한다.

④ 중간상은 제품의 구매와 판매에 필요한 정보탐색의 노력을 감소시켜, 제조업자의 기대와 소비자 간의 차이를 조정해 주며, 제조업자와 소비자 사이에 구매와 판매를 보다 용이하게 해주고, 교환과정에 있어 거래비용 및 거래 횟수를 감소시켜 주 있다.

17. 도매상의 유형

(1) 완전기능(서비스형) 도매상(Full Service Wholesaler)

① 일반상품 도매상
  - ㉠ 일반상품도매상(general merchandise wholesaler)은 서로 간에 관련성이 없는 다양한 제품을 취급하는 도매상이다.
  - ㉡ 전문적인 제품이 아닌 일반적인 잡화에 해당하는 전기제품, 전자제품, 농기계, 가구제품, 주방용품 등 다양한 품목을 거래한다.

② 한정상품 도매상
  - ㉠ 한정상품도매상(general line wholesaler)은 서로 연관되어 있는 소수의 상품라인을 집중적으로 취급하는 도매상을 말한다.
  - ㉡ 철물이나 가구처럼 어느 정도 연관성이 있는 상위의 제품들을 몇 가지 동시에 취급하는 도매상을 말한다.

③ 전문품 도매상
  - ㉠ 전문품 도매상(specialty wholesaler)은 불과 몇가지의 전문품 라인만을 취급하는 도매상이다.
  - ㉡ 폭이 좁고 깊이가 깊은 구색에서 전문적인 시장정보와 수준 높은 대 고객서비스의 제공이 가능하다.

(2) 한정기능(서비스형) 도매상(Limited-service Wholesaler)

① 현금무배달 도매상(cash and carry wholesaler)
  - ㉠ 현금거래 도매상이며, 재고회전이 빠른 한정된 계열의 제품만을 소규모 소매상에게 현금지불을 조건으로 판매를 하며 배달은 하지 않는 도매상이다.
  - ㉡ 소매상에게 신용을 제공하지 않기 때문에 거래대상 소매상이 제한적이기는 하지만 재무적인 위험을 질 염려가 없다.

② 직송 도매상(drop shipper)
  - ㉠ 직송 도매상은 상품을 구매하고자 하는 소매상 고객들과 협상을 통해 계약을 체결하고, 상품에 대한 소유권을 갖지만 직접 재고를 유지하지 않는 도매상으로 주로 석탄, 목재, 중장비 등을 취급하는 도매상이다.
  - ㉡ 보관이 어렵거나 비싼 제품인 경우에는 물리적인 소유를 함으로써 생길 수 있는 위험을 부담하지 않게 된다.

③ 트럭 도매상(truck jobber)
  - ㉠ 과일과 야채 등의 신선식품을 취급하며 소규모의 슈퍼마켓을 비롯하여 소규모 채소 상인이나 병원 및 호텔 등을 순회하며 현금판매를 실시하는 도매상이다.
  - ㉡ 과일이나 야채 등과 같은 부패성이 있는 제품이나 식료품을 공급하는데, 주로 정해진 경로를 따라서 정해진 소매상을 찾아 이동하는 형태이다.

④ 진열장 도매상(rack jobber)
  ㉠ 진열장 도매상은 소매상들에게 매출비중이 높지 않으면서 회전율이 높은 용품 등을 판매하며 소매 점포까지 직접 트럭배달을 해주면서 소매상을 대신하여 진열대에 진열하거나 재고를 관리해주는 도매상이다.
  ㉡ 도매상이 진열해 준 제품이라도 판매가 된 제품에 대해서만 값을 치르고, 팔리지 않은 제품은 반품도 할 수 있기 때문에 소매상이 제품 진부화로 인해 감당해야 할 위험도 최소화시켜 준다.

20. 프랜차이즈(Franchise) 유통관리 시스템

(1) 체인 소매업의 종류

① 레귤러 체인(Regular Chain)
  ㉠ 단일자본에 의한 체인스토어를 말한다. 어떤 기업이 전부 자기자본으로 체인점을 설립하여 점포 전개를 한 것이다.
  ㉡ 레귤러체인은 다른 용어로는 회사형 체인, 또는 직영점 체인이라고 일컫고 있다. 예를 들어 KFC, 맥도널드가 있다.

② 볼런터리 체인(Voluntary Chain)
  ㉠ Voluntary Chain이란 각각의 소매점이 경영적으로는 독립되어 있으면서도 상품의 구매나 판촉 등을 공동으로 행하는 방식을 말한다.
  ㉡ 가맹본부가 도매업자라 할지라도 조직의 주체는 어디까지나 소매업이며 체인경영의 의사결정에 참가하는 등 소매업간에 횡적 연락이 중시된다. 예를 들어 슈퍼연합체가 있다.

③ 프랜차이즈 체인(Franchise Chain)
  ㉠ Franchise Chain이란 자본과 경영노하우를 가진 본부가 주체가 되어 가맹점을 모집하고 다 점포화를 모색하는 것을 말한다.
  ㉡ 조직의 형태는 볼런터리 체인에 흡사하여 가맹본부와 가맹점이 모두 독립자본의 사업자이지만 운영의 주체는 가맹본부에 있으며 가맹점은 체인경영의 의사결정에 적극적으로 참가하지 않는다.

(2) 프랜차이즈 유통관리시스템의 정의

① 프랜차이저(franchisor)가 프랜차이지(franchisee)에게 프랜차이저의 상호, 상표, 노하우 및 기타기업의 운영방식을 사용하여 제품이나 서비스를 판매할 수 있도록 허가하는 것을 프랜차이즈 시스템이라 말한다.
② 프랜차이즈 본부가 계약을 통해 가맹점에게 일정기간 동안 자신들의 상표상호 기업운영방식 등의 사용권한을 부여하고, 가맹점은 이에 대한 대가로 본부에 초기 가입비와 매출액에 대한 일정비율 또는 일정금액의 로얄티를 지불한다.

③ 프랜차이즈시스템이 지니고 있는 특성은 판매와 관련된 단순한 권리만 부여를 하는 것이 아니다. 프랜차이저는 본사, 본부, 가맹점주 등으로 부르고, 프랜차이지는 지점 혹은 가맹점이라고 부른다.

(3) 프렌차이즈 시스템의 특징

① 유통경로상 모든 구성원 즉 제조업자에서부터 서비스 전문업체, 도매상 및 소매상 등 어떤 경로 구성원도 프랜차이즈 본부의 역할을 할 수 있다.
② 프랜차이즈시스템은 전통적 유통경로나 관리형 VMS(vertical marketing system), 자발적 연쇄점 및 소매상 협동조합보다 유연성측면에서는 불리한 특징을 가지고 있다.
③ 프랜차이즈 시스템운영에 있어서 프랜차이즈 본부는 프랜차이즈 가맹점뿐만 아니라 직영점을 운영할 수 있으며, 각자의 수를 적절히 조절하거나 각각의 경영성과를 비교하여 경로구조의 조정을 시도하는 것이 법적으로 허용된다.

(4) 프랜차이저(Franchisor)의 장·단점

① 프랜차이즈 본부의 입장에서는 과도한 자본을 투자하지 않고 가맹점과 위험을 분담함으로써 보다 빠르게 시장을 확대할 수 있는 장점을 가진다.
② 프랜차이즈 시스템은 자본이 풍부하지 않은 프랜차이즈본부가 자본에 대한 직접투자 없이 가맹점을 통하여 사업을 확장할 수 있는 시스템이다.
③ 광범위한 지역에 걸쳐 단기간에 판매망을 확보할 수 있는 장점이 있고 공동으로 대량 구매를 하기 때문에 규모의 경제를 달성할 수 있다.
④ 판매촉진 활동으로 공동으로 광고를 하면 개별점포의 경우보다 많은 광고를 할 수 있으며, 높은 광고효과를 기대할 수 있다.
⑤ 본부의 입장에서 본 장점은 자본조달의 용이성, 구매 및 판매에 있어서 신속한 규모의 경제 달성, 지역적 특수성 고려가능성, 과도한 관리업무의 배제, 낮은 노사문제 발생빈도 등을 들 수 있다.

(5) 프랜차이지(Franchisee)의 장·단점

① 프랜차이저가 합리적인 방법에 따라 개발한 프랜차이즈 사업상품을 이용하고, 그에 따라 영업을 하기 때문에 프랜차이지가 실패할 위험성이 적다.
② 사업경험이 없더라도 프랜차이저의 교육 프로그램, 경영방식, 매뉴얼 등에 의해 쉽게 사업을 할 수 있다.
③ 프랜차이저가 개발한 우수한 품질의 상품, 점포, 디자인, 지명도가 높은 상표명을 사용하므로 처음부터 소비자의 신뢰를 받을 수 있다.
④ 프랜차이저가 공동 집중구매를 통해 원재료를 공급해 주기 때문에, 품질과 가격면에서 우월한 공급을 받을 수 있다.

⑤ 잠재가맹점의 입장에서 프랜차이즈 시스템을 선호하는 이유로는 사업개시부터 효과적인 경영의 가능, 독립사업가로서의 만족감, 실패위험의 감소, 사업경험이 부족할 경우 본부의 경영노하우 활용 등을 들 수 있다.

(6) 거래 비용 이론(Transaction Cost Theory)

① 거래비용(Transaction Cost)은 어떠한 재화 또는 서비스 등을 거래하는데 수반되는 비용으로, 시장에 참여하기 위해 드는 비용이라 할 수 있다.

② 코즈(Coase)의 관점에서는 기업이 존재하는 이유는 시장을 통해 시장을 통한 거래비용이 기업조직을 통한 경제활동비용에 비하여 훨씬 더 높기에 내부조직이 생겨난다는 것이다.

③ 효율적인 경제조직이란 거래비용을 절감해서 개인적인 편익을 사회적인 편익에 근접시키는 제반 제도이다. 여기에서 '거래비용'은 재화의 교환에 따르는 탐색 비용, 교환의 조건에 따르는 교섭비용, 계약을 실시하기 위한 실시 비용 등을 포함하는 것으로 정의된다.

④ 가치의 가격뿐 아니라 거래 전에 필요한 정보수집단계, 협상단계, 계약이 준수하는데 필요한 비용, 처음 계약의 불완전으로 인한 비용 등 전체적인 면에서의 비용을 모두 포함한다.

02 전략(STRATEGY)

1. 유통기업의 전략 (Strategy)

(1) 유통전략의 개념

① 유통기업전략이란 유통기업이 자신의 내부역량과 미래 환경변화를 정확히 판단하여 기업이 나아가야 할 방향을 구체적으로 제시하는 것이라고 할 수 있다.

② 유통기업의 내부역량에 대한 판단은 어느 정도 확실성을 가지는 반면 미래 환경변화에 대한 판단은 매우 높은 불확실성을 가지고 있다. 시장대응전략은 제품수명주기전략, 포트폴리오전략을 주로 사용한다.

(2) 유통경영의 내부적 환경요소 분석

① 내부적인 요소는 회사의 정책이나 방침, 기업의 특이한 조직문화, 기업 내 종업원, 회사 내 노동조합 등 회사 내에서 발생하고 찾을 수 있는 요소들이다.

② 내부적인 환경분석의 목적은 기업이 보유한 내부자원과 능력을 평가하여 자사의 강점과 약점을 파악하여 강점을 활용하거나 새로운 자원이나 능력의 개발과 축적을 통해 강점을 강화함으로써 경쟁우위를 지속하려는 것이다.

(3) 유통경영의 외부적 환경요소 분석

① 유통경영의 외부적인 환경요소는 거시환경과 과업(산업)환경으로 기업이 영업을 수행하는 과정에서 기업내부를 제외한 모든 환경 및 시스템을 의미한다.

② 기업의 거시환경(Macro Environment)은 기업과 직접적인 교환관계를 갖지는 않으나, 산업의 수요, 기업의 수익 등에 중요한 영향을 주므로 경영자는 거시환경의 분석을 통해 사업의 기회와 위협을 세밀히 분석해야 한다.

③ 거시 경제적환경(macroeconomic environment)으로 경제성장, 이자율 등 금리구조, 자국화폐의 가치, 즉 환율변화, 인플레이션율의 변화 등이 있고, 기술환경(technological environment)으로는 기술의 변화 속도, 신기술의 탄생 등이 다.

④ 사회적환경(social environment)은 사회적 가치관, 신념, 인식, 규범 등의 변화이고, 인구 통계적 환경(demographic environment)은 인구구성 혹은 구조의 변화이다.

⑤ 정치적, 법적환경(political and legal environment)은 정치권력 및 법적/제도적 규제장치의 변화이며, 글로벌 환경(global environment) 다른 국가의 경제발전 이행 및 속도를 들 수 있다.

2. 풀과 푸시전략(Pull & Push Strategy)

(1) 풀 마케팅 전략(pull marketing strategy)

① 최종 구매자들의 브랜드 애호도가 높은 경우나 관여도가 높은 상품의 경우에 사용하는 것이 더욱 적합하다.

② 소비자가 제품의 브랜드 명성을 보고 판매매장으로 찾아오도록 소비자 등을 미는 것을 풀 마케팅(pull marketing)이라고 한다.

③ 전속적 유통(exclusive distribution)은 중간상의 푸시(push)보다는 소비자의 풀(pull)에 의해서 팔리는 상품인 고가의 상품에 적합하다.

④ 풀 전략을 사용하는 제조업체는 제품에 대한 광고나 그 밖의 프로모션 지출을 통해 (최종)소비자가 그 브랜드를 알고 찾아와 구매할 수 있도록 만드는 것이다.

⑤ 유통업체의 경제성 측면 즉 마진율은 풀 채널전략의 경우가 푸시 채널전략의 경우보다 상대적으로 낮다.

⑥ 풀 전략(pull strategy)의 경우 막대한 광고와 매스마케팅을 위한 고정비용이 유발됨으로 대형브랜드에 더욱 적합하다.

⑦ 푸시 마케팅 전략(push marketing strategy)을 하는 제조업체는 유통가격을 결정하는 데 있어 풀 마케팅 전략(pull marketing strategy)브랜드만큼의 주도권을 가질 수 없다.

(2) 푸시 마케팅 전략(push marketing strategy)

① 제조업자가 유통업자들을 대상으로 하는 촉진정책으로 충동구매가 잦은 상품의 경우에 사용하며, 브랜드에 대한 선택이 점포 안에서 주로 이루어지는 경우에 더욱 적합하다.

② 푸시전략은 지속적으로 판매되는 상품을 판매하는 유통업체에 더욱 유리하며, 제조업체의 현장 마케팅지원에 대한 요구수준은 풀 마케팅 전략(pull marketing strategy)채널보다 푸시마케팅 전략(push marketing strategy)채널이 상대적으로 더욱 높다.

③ 유통업체의 마진율은 푸시 채널전략의 경우가 풀 채널전략의 경우보다 상대적으로 높고, 커뮤니케이션의 용이성 측면에서 보면 풀 채널전략은 니치(틈새)마켓보다 오히려 매스마켓에 더욱 적합한 전략이다.

④ 잘 알려지지 않은 브랜드의 제품을 손님이 많이 드나드는 유통매장을 통해 고객 앞으로 밀어내는 것을 푸시마케팅(push marketing)이라고 한다.

⑤ 제조업체가 자사신규제품에 대한 시장을 창출하는 것을 소매유통업체에게 주로 의존하는 것은 푸시(push)전략에 가깝다.

⑥ 소매업체가 이미 소규모의 특수고객집단을 목표로 하고 있는 경우 푸시전략(push strategy)이 더욱 유리하지만, 푸시 마케팅을 하는 제조업체는 유통가격을 결정하는 데 있어 풀 브랜드만큼의 주도권을 가질 수 없다.

3. 다각화와 집중화전략(Diversification& Focus Strategy)

(1) 다각화전략(Diversification Strategy)

① 다각화전략은 개별 사업부문의 경기순환에서 오는 위험을 분산시킬 수 있는 수단이 되기 때문에 자원이 풍부한 기업에서 수행을 하는데 매력이 있다.

② 동일 기업 내의 여러 사업체가 공동으로 활용하거나 축적된 유통경영노하우 및 관리시스템 등의 기능을 서로 보완하여 활용하는 경우에도 상승효과(synergy effect)가 발생한다.

③ 기술 또는 브랜드와 같은 많은 무형의 경영자원을 확보하고 있는 경우, 이런 무형의 자원을 활용할 수 있는 관련 사업으로 다각화를 하는 것이 범위의 경제성을 활용하기 위해서는 수익률을 증대시킨다.

(2) 집중화 전략(Focus Strategy)

① 집중화전략은 소매유통업체가 상품구매에 있어서 하나 혹은 소수의 제조(공급)업체와 집중적으로 거래하는 것이다.

② 집중화 전략은 마이클 포터(Michael E. Porter) 교수가 제시한 원가 우위 전략, 차별화 전략과 더불어 세 가지 본원적 전략 중 하나이다.

③ 집중화 전략은 특정 시장, 즉 특정 소비자 집단, 일부 품목, 특정 지역 등을 집중적으로 공략하는 것을 뜻한다.

④ 원가우위전략과 차별화 전략이 전체 시장을 대상으로 한 것임에 반하여 집중화 전략은 특정 시장에만 집중하는 전략이다.

⑤ 집중전략을 실시하는 상품의 특징은 공산품과 같은 경우이고, 농산품은 분산 전략이 유리한 특징이 있다.

(3) 마이클포터(Michael Porter)의 5가지요인

① Porter의 5가지 경쟁유발요인(Five Forces Theory of Industry Structure)은 개별기업의 전략에 영향을 미치는 요소를 크게 다섯 가지로 분류하고 있다.

② 포터의 산업구조 모형에 의하면 산업내 경쟁이 낮을수록, 진입장벽이 높을수록, 공급자의 교섭력이 낮을수록, 구매자의 교섭력이 낮을수록, 대체재의 위협이 낮을수록 해당산업의 수익률이 높아진다.

③ 기업의 원자재 조달능력은 광범위한 정보, 대규모 구매를 가능케 하는 규모, 거래당사자로서의 명성 등과 같은 자원의 결합에 의해 생성되며, 일반적으로 기업의 경영자원 분석에 많이 사용되는 틀은 Porter의 가치사슬(Value Chain)이다.

03 조직 및 인사과리

1. 조직 구조의 의의

(1) 조직문화

① 조직문화(Organization Culture)는 조직내 구성원들이 공유하고 있는 가치, 신념, 그리고 기본적 가정들의 총합으로, 구성원들의 사고방식과 행동방식에 중요한 영향을 미치는 요소이다.

② 조직의 구성과 관리 측면에는 계획, 조직화, 지휘, 통제 등의 관리 요소가 있으며, 조직화에는 선발, 훈련, 직원역량을 개발하는 것, 적재적소에 인재를 배치하는 것, 권한과 책임을 표시하는 조직구조를 설정하는 것, 자원 배분, 업무 할당, 목표 달성을 위한 절차를 구축하는 것 등이 있다.

(2) 리더십

① 리더십(leader ship)의 사전적 의미는 무리의 지도자로서 갖추어야 할 자질로서 일을 결정하는 능력, 무리를 통솔하는 능력, 사람들에게 존경과 신뢰를 얻는 능력 따위가 해당된다.

② 리더십의내용에는 지도자의 퍼스낼리티(personality) 특징을 활동력, 결단력, 설득력, 책임감, 지적인 능력으로 보고 이를 리더십의 중심이 되게 한다.

③ 리더십의 기초는 남을 이끄는 것이 아니라 자기 스스로를 옳은 방향으로 이끄는 '셀프리더십' 즉, 자기경영 리더십이다.

④ 리더십이란 조직 구성원들이 그 조직 목적 달성에 자발적으로 협력하도록 유도하는 작용과 기능을 말하며, 권력에 바탕을 둔 지배는 해당하지 않고 어디까지나 조직 구성원의 자발적인 협력을 자극해 나가는 특징으로 볼 수 있다.

(3) 리더십의 상황적합성이론(contingency theory)

① 피들러(F. E. Fiedler)는 리더십을 과업지향적인 유형과 관계지향적인 유형으로 구분하여, 리더가 어떤 유형의 리더십을 갖고 있는지를 측정하기 위해 최소선호 동료 설문지를 개발한 상황이론의 대표적인 학자이다.

② 피들러(Fiedler)의 이론에서는 리더의 특성을 LPC(least preferred co-worker) 설문에 의해 측정하고, LPC 점수가 높을수록 관계 지향적 리더십으로 정의하고 있다. 피들러는 상황이 리더에게 호의적인 경우에 과업지향적인 리더십스타일이 적합하다고 하였다.

③ 리더십이론 중 블레이크와 무튼(R. R. Blake & J. Mouton)의 관리격자 모형은 리더십을 일에 대한 관심과 인간에 대한 관심에 따라 구분하였고, 인간중심형의 경우 분위기는 좋지만 조직목표달성에는 효과적이지 않을 수 있다. 과업중심형의 경우 업무성과에 대한 관심만 높기에 조직 분위기가 경직될 수도 있으며, 무관심형의 경우 자신의 자리만 보존하려는 무사안일형 리더이다.

(4) 목표관리(MBO ; Management By Objectives)

① MBO는 지시적인 통제관리 방식을 지양하고 목표설정에서부터 부하를 참여시킴으로써 조직의 목표를 자신의 목표가 되도록 만든다. 이것은 부하의 능력과 존재를 긍정적으로 인식하는 것이어서 동기부여 및 부하의 사기앙양에 도움을 준다.

② 상사위주의 지시적관리가 아니라 공동목표를 설정 및 이행, 평가하는 전 과정에서 아래 사람의 능력을 인정하고 그들과 공동노력을 함으로써 개인목표와 조직목표 사이에, 상부목표와 하부목표 사이에 일관성있는 관리방식을 말한다.

2. 조직 구조의 형태

(1) 라인 조직

① 라인조직은 각 조직구성원이 한 사람의 직속상관의 지휘나 명령에 따라 활동하고 동시에 그 상위자에 대해서만 책임을 지는 형태이다.

② 라인은 각자 이질적(異質的) 업무를 담당하고 있으므로 현실적 결정에서 떠나 장기적, 전사적인 결정에 전념할 수 있는 체제를 지향한다.

(2) 네트워크 조직

① 외부 기관과 신뢰의 기반 위에서 상호 전략적 제휴를 체결하고, 외부 기관과 상호 협력적 아웃소싱(outsourcing) 등을 체결한다.

② 현재의 조직 기능을 경쟁력 있는 핵심 역량(Core Competence) 중심으로 합리화한다. 수직적인 위계적 조직이 아니고 수평형의 유기적 조직이다.

(3) 제품별 영업조직(product sales force structure)

① 특히 다양한 제품계열을 가지고 있는 기업의 경우에 적합하다.

② 그 제품에 맞게 조직을 조직화 하였기에 상대적으로 높은 영업비용이 소요된다.

③ 특정제품(군)에 대한 집중영업으로 인해 제품에 대한 지식과 전문성이 강화된다.

④ 제품 조직은 제품을 시장특성에 따라 대응함으로써 소비자의 만족을 증대시킬 수 있다.

⑤ 소비재 기업보다는 산업재를 취급하는 기업일수록 이런 형태의 조직이 더욱 유리하다.

(4) 사업부제(별) 조직

① 사업별 조직은 제품, 고객, 지역, 프로젝트 등을 기준으로 종업원들의 직무를 집단화하여 조직을 몇 개의 부서로 구분하는 것을 말한다.

② 각 사업부 내부에 기능식 부문화가 이루어지는 형태로서사업부제 단위 사업부는 다른 사업부들과는 독립적으로 운영할 수 있는 자원을 가지고 있다.

(5) 매트릭스(matrix) 조직

① 매트릭스 조직은 기능별 및 부서별 명령체계를 이중적으로 사용하여 조직을 몇 개의 부서로 구분하는 것을 말한다. 이 구조는 기능식 구조이면서 동시에 사업부 제적인 구조를 가진 상호연관된 구조이다.

② 매트릭스 구조는 계층적인 기능식 구조에 수평적인 사업부제 조직을 결합한 부문화의 형태로서 조직의 구성원은 종적으로 기능별 조직의 자기부서와 횡적으로 프로젝트에 동시에 소속되어 근무하는 형태이다.

③ 두 명의 관리자로부터 지휘를 받는 매트릭스 설계하의 종업원은 누가 의사결정에 대하여 권한과 책임이 있는지를 결정하는 데 혼란스러움을 겪게 되어 역할갈등이 심화된다.

(6) 집권(集權) 조직

① 집권조직(centralized organization)이란 경영관리 권한이 최고경영자 또는 상위의 관리계층에 집중되어 있는 상태에서 관리가 이루어지는 조직을 의미한다.

② 의사결정의 중요성이 있는 다액지출이 필요하다든가 또는 종업원 근로 의욕에 큰 영향을 주는 것과 같은 중요사항은 상층에 권한이 있는 집권적 결정사항이다.

③ 지리적으로 분산되어 있는 점포들 간의 노력을 일원화 하여 공급업체로부터 물품을 저가에 공급받을 수 있으며, 기업전체를 위해 영역별로 가장 우수한 인력이 의사결정을 할 수 있게 하는 기회를 제공한다.

(7) 분권(分權) 조직

① 분권 조직(decentralized organization)은 의사결정권이 하위의 조직계층에 대폭 이양되어, 각 부문 경영자가 계획·관리 면에서 일정한 자주성을 가지는 경영의 관리방식으로 권한의 배분이 분산적으로 행하여지는 것을 말한다.

② 분권적 조직은 권한의 분산을 특징으로 하며, 분권 조직의 기초가 되는 권한은 특히 라인 권한을 중심으로 한다. 오늘날 대기업에서는 상대적으로 분권관리가 보다 합리적으로 이루어지고 있으므로 대개는 분권관리의 형태를 취하고 있다.

③ 직능적 분권조직이란, 제조·판매·재무·인사 등과 같이 어떤 부문에서 수행되는 기능을 중심으로 조직단위를 설정함으로써 형성되는 분권적 조직이다.

④ 지역시장의 취향에 맞게 상품을 조정하기에 유리하며, 지역 관리자들이 적합한 판매원을 고용하기 위해 결정하는데 유리하다.

3. 직무 분석(Job Analysis)

(1) 직무 기술서(Job description)

① 직무기술서는 과업(일)중심적인 직무분석에 의해 얻어지고 과업요건에 초점을 맞추고 있다.

② 직무의 성격, 내용, 이행 방법 등과 직무의 능률적인 수행을 위하여 직무에서 기대되는 결과 등을 간략하게 정리해 놓은 문서라고 할 수 있다.

③ 직무기술서에 공식적으로 부과되어 있지는 않지만 서로가 도와주고 추가적인 일을 자발적으로 하고, 불필요한 갈등을 피하면서 이따금 성가시거나 불편함도 우아하게 참아내는 조직의 효과에 기여하는 활동을 조직시민행동(organizational citizenship behavior)이라한다.

(2) 직무 명세서(Job specification)

① 직무 명세서는 직무를 만족스럽게 수행하는 데 필요한 종업원의 행동, 기능, 능력, 지식, 자격증 등을 일정한 형식에 맞게 기술한 문서를 말한다.

② 직무 명세서는 직무 그 자체의 내용을 파악하는 데 초점을 둔 것이 아니라 직무를 수행하는 사람의 인적 요건에 초점을 맞춘 것이다.

③ 직무 명세서를 작성할 때에는 직무 기술서의 내용을 토대로 하여 그 직무의 수행에 적합한 인적 특성을 도출할 수도 있고, 특정 직무에 대해 전문적 식견을 가지고 있는 사람에게 그 직무를 수행에 필요한 요건을 물어서 작성할 수도 있다.

(3) 직무 평가(Job Appraisal)

① 직무기술서와 직무명세서의 기초로 이루어지고, 직무의 중요도, 난이도, 위험도 등의 평가 요소에 의해 직무의 상대적 가치를 평가하는 것을 말한다.

② 조직 구성원의 합리적인 임금 격차를 결정하는 데 그 목적이 있으며, 직무평가는 직무 자체의 가치를 결정하는 것이지 구성원 개개인을 평가하는 것이 아니다.

(4) 직무 설계(Job Design)

① 직무 기술서와 직무 명세서가 마련되면 이러한 정보를 활용함으로써 직무를 설계 하거나 재설계(redesign)할 수 있게 된다.

② 직무 성과(job performance)를 제고함과 동시에 직무 만족(job satisfaction)을 향상시키기 위한 것이기 때문에 어떤 직무 설계 방안들은 직무 성과를 개선하는 데 중점을 두기도 한다.

(5) 직무 순환(job rotation)

① 조직구성원에게 돌아가면서 여러직무를 수행하게 하는 것을 말하며 조직 구성원 의 작업 활동을 다양화함으로써 지루함이나 싫증을 감소시켜준다는 데 있다.

② 작업자가 수행하는 직무끼리 상호교환이 가능해야 하고 작업흐름에 있어서 커다 란 작업 중단 없이 직무간의 원활한 교대가 전제되어야 한다.

(6) 직무 확대(job enlargement)

① 한 직무에서 수행되는 과업의 수를 증가시키는 것을 말하는데, 직무의 다양성을 증대시키기 위해 직무를 수평적으로 확대시키는 방안을 말한다.

② 직무확대를 통한 직무설계에서는 직무수행에 요구되는 기술과 과업의 수를 증가 시킴으로써 작업의 단조로움과 지루함을 극복하여 높은 수준의 직무 만족으로 이끌어갈 것으로 기대하고 있다.

(7) 리차드 해크맨 & 그레그 올드햄 (Greg R. Oldham)의 핵심 직무특성

① 기술 다양성(Skill Variety): 직무를 수행하는데 있어 여러 가지 기능이나 재능을 사용하는 다양한 활동들이 요구되는 정도와 그의 기능과 능력을 발휘할 수 있도 록 하는 기회를 제공하는 정도를 의미한다.

② 과업정체성(Task identity): 한 개인이 맡는 직무는 한 부분이기 보다 전체 단위를 알 수 있고 수행할 때 작업에 대한 의미를 크게 느낀다. 직무가 요구하는 전체로 서의 완결정도를 의미하는 것으로 직무의 전체 작업 중에서 차지하고 있는 범위 의 정도를 말한다.

③ 과업중요성(Task significance): 자기 직무가 다른 사람의 작업이나 행동에 큰 영향을 미치는가에 관한 문제다. 직무자체가 관련조직이나 일반사회의 다른 사람들의 생활에 실질적인 영향을 미치는 정도를 의미한다.

④ **자율성(Autonomy)**: 작업자들이 작업의 일정과 방법을 채택하는데 부여된 자유, 독립성, 재량권 등을 말한다. 자율성이 많은 작업에 종사하는 사람들은 그 작업의 성공과 실패에 대해서 보다 많은 책임감을 느끼게 된다. 이에 따라 개인의 내적인 노력을 보다 많이 쏟게 된다. 따라서 자율성은 작업결과의 책임감과 관계가 있다.

⑤ **피드백(feedback)**: 작업자가 행한 일이 얼마나 유효하게 수행되었는가에 대한 정보를 습득하는 정도를 말한다. 작업자는 이에 따라 그가 행한 일에 대한 결과를 알게 되고 자기가 취한 방법에 대해 수정을 하거나 개선하게 된다.

4. 인사 고과

(1) 행위기준고과법(BARS)

① 주관적인 개인특질에 기초를 두고 있는 전통적인 인사고과 시스템이 갖는 취약점을 극복하고 보완하기 위해 개발된 기법 중의 하나로 바로 행위기준에 의한 인사 고과법이다.

② 직무를 수행하는데 나타나는 중요한 사실을 추출해서 몇개의 범주로 나눈 후 각 범주에 해당하는 중요한 사건을 척도에 의해 평정을 하는 인사고과 기법으로 행위기준고과법은 평정척도법과 중요사건 기술법을 혼용하여 보다 정교하게 계량적으로 수정한 기법이다.

(2) 인사 고과상의 오류중 현혹 효과(halo effect)

① 현혹 효과는 한 분야에 있어서의 어떤 사람에 대한 호의적인 또는 비호의적인 인상을 말하는데, 이는 다른 분야에 있어서의 그 사람에 대한 평가에 영향을 주는 경향을 말하며 후광효과(後光效果)라고도 한다.

② 현혹효과에서는 자기가 좋아하는 사람이나 성실해 보여서 좋은 인상을 준 사람은 실제의 업무 성과와는 관계없이 능력 있는 사람으로 판단해 버리는 잘못된 판단을 할 수가 있다.

(3) 인사 고과상의 오류중 상동적 태도(Stereotyping)

① 상동적 태도는 현혹효과와 유사한 점이 많이 있다. 현혹효과가 한 가지 특성에 근거한 것이라면, 상동적태도는 한 가지 범주나 집단에 따라 판단하는 오류로서 그들이 속한 집단의 특성에 근거하여 다른 사람을 판단하는 경향을 많다.

② 미국인은 개인주의이고 물질적이며, 한국인은 매우 부지런하며, 흑인은 운동에 소질이 있으며, 이탈리아인은 정열적이라는 것 등이 있다. '남자들은 아이를 돌보는데 관심이 없다' 라는 지각을 바탕으로 특정 남성을 판단하는 것과 같이, 그 사람이 속한 집단을 지각하고 이를 바탕으로 그 사람을 판단하는 지각과정중의 오류를 상동적태도라 한다.

(4) 인사 고과상의 오류중 관대화 경향(leniency tendency)

① 특정의 피평가자의 인상이나 요소를 감안하여 실제 능력이나 실적보다도 더 높게 평가하고 그 피평가자에게 후한 점수를 주는 평가자의 오류를 의미한다.

② 관대화 경향이 나타나는 이유로 평가 결과가 나쁜 경우에 그 원인이 평가자의 통솔력 · 지도력 부족 등으로 오인할까봐 평가자가 후한 점수를 준다.

(5) 인사 고과상의 오류중 귀인(歸因)상의 오류

① 사람들은 자신의 성공은 능력이나 노력과 같은 내재적 요인으로 귀인하고 실패에 대해서는 운이나 다른 동료 탓이라고 귀인하는 경향을 귀인의 이기적 편견(self-serving bias)이라고 한다.

② 만약 어떤 사람이 어떤 잘못을 취했을 때 그것이 의도적이었다면 그에 대한 심한 감정을 가지는 경향이 있으며 그것이 비의도적이었다면 덜 비판적이거나 온정적으로 판단하려는 경향이 있다.

5. 인적자원의 보상

(1) 임금관리

① 임금관리에 있어, 임금체계, 임금수준, 임금형태의 3가지를 결정하여야 한다. 임금관리를 위해서는 공정성, 적정성, 합리성 등의 원칙이 지켜져야 한다.

② 기업의 임금수준을 결정할 때 고려해야 할 요소로는 정부의 정책이나 법규, 기업의 손익분기점, 근로자의 생계비수준 등을 고려해야 한다.

(2) 기본급

① 기본급(base pay)이란 본봉이라고도 하는데, 조직체가 일정한 룰(rule)에 의거하여 지급하며 조직 구성원들에 대해 공통적 · 고정적으로 지급하는 임금이다.

② 기본급 결정기준의 생활 보장의 원칙은 최소한의 생활보장이 가능할 정도로 보장이 되어야 한다는 생계비원칙으로 근로자 입장을 말하며, 노동 대가의 원칙은 자신이 노력한 시간과 희생의 공정한 대가를 지급되어야 한다는 생산성원칙으로 기업측의 입장을 말한다.

(3) 직무3면 등가원칙

① 어떤 사람이든 직무를 수행할 때 권한과 책임, 의무를 가져야 하는데, 이때 이 세 가지의 그 범위는 같아야 한다는 원칙으로, 즉 직무에는「권한 = 책임 = 의무」의 등식이 성립되어야 한다는 것을 직무의 3면 등가법칙이라 한다.

② 업무 진행과정에 있어서 책임/권한/의무의 3개 부문이 균형을 맞추어 실행되어야 한다는 원칙이다. 주어진 의무에 상응한 권한이 주어지지 않은 경우 발생하는 것이 소위 "의무정체"이고, 의무란, 주로 일정한 행위가 실행되도록 요청하는 것으로서 여기서는 책임과 권한에 대한 실행을 요청하는 것을 의미한다.

6. 인적 자원의 개발

(1) 종업원 평가와 피드백

① 공식적인 평가와 비공식적인 평가를 함께 사용하는 것이 좋고, 종업원들은 평가 방식에 대해 알고 있을 때 진정한 의미의 평가라 여긴다.

② 평가를 통한 피드백은 종업원의 실력을 향상시킬 수 있으며, 편견을 갖고 판단하지 않도록 평가 오류를 줄이기 위해 노력해야한다.

(2) 직장 내 교육훈련(OJT ; On the Job Training)

① 비 관리자를 위한 교육훈련으로 직장내 교육훈련은 부여받은 직무를 수행하면서 직속상사와 선배사원이 담당하는 교육훈련이다.

② 직장내 교육훈련은 훈련과 생산이 직결되어 있어 경제적이고 강의장 이동이 필요치 않지만 작업수행에 지장을 받는다.

(3) 직장 외 훈련(Off-JT ; Off the Job training)

① 비 관리자를 위한 교육훈련으로 직장 외 교육훈련은 연수원이나 교육원 등과 같은 곳에서 받는 집합교육을 말하며 많은 종업원에게 훈련을 시킬 수 있다.

② 교육훈련은 교육훈련을 담당하는 전문가 및 전문시스템에 의해서 교육훈련을 실시하기 때문에 훈련효과가 높다.

7. 재무관리

(1) 재무관리의 개념

① 재무관리(financial management)는 기업의 자금조달 및 자금운영에 관하여 계획하고 관리하는 다양한 활동을 말한다.

② 경영활동을 자본의 전환과정으로 이해한다면, 재무관리는 자본조달이라는 고유 영역뿐만 아니라 전체 활동의 눈에 띄지 않는 부분을 자본운용으로서 간접적으로 관리하는 데까지 이르지 않으면 안 된다.

(2) 화폐의 시간가치

① 화폐의 시간가치(time value of money)의 정의는 화폐는 동일한 금액이라도 시점에 따라 그 가치가 다르다는 것을 말한다. 즉, 오늘의 1원과 1년 후의 1원의 가치가 다르다.

② 동일한 금액이라도 미래의 현금보다는 지금의 현금을 선호하는 경향이 강하다. 미래의 현금흐름을 현재의 화폐가치로 할인한 가치를 현재가치라 한다.

③ 예를들어 현재의 100과 1년 후의 105가 동일한 가치를 가진다면 1년의 시간가치는 5% 인 것으로 말할 수 있다. 5%는 이자개념이고, 100은 현재가치(PV: Present Value) 105는 미래가치(FV: Future Value)이다.

(3) 레버리지

① 레버리지 비율(leverage ratio)은 일반적으로 레버리지는 기업의 부채의존도 이며, 유동성비율과 함께 단기 채권자의 재무위험을 측정하는데 사용된다. 즉 레버리지 비율은 타인자본의 의존도와 이자의 지급능력을 판단하는 비율이다.

② 레버리지 효과(leverage effect)는 부동산투자에 있어서 Leverage효과는 타인 으로부터 빌린 자본을 지렛대 삼아 자기자본이익률을 높이는 것을 말하며 지렛 대효과라고도 한다. 이런 레버리지 효과가 있기 위해서는 차입하는 비용이 자본 비용보다 싸야 한다.

(4) 순현재가치법

① 순현가(Net Present Value, NPV)는 투자의 결과 발생하는 현금유입의 현가에 서 현금유출의 현가를 차감한 것을 의미한다. 즉, 순현금유입의 현재가치의 합계 를 의미한다. 이 순현재가치법은 여러기법들 중 가장 신뢰할 수 있는 기법이다.

② 적정할인율(appropriate discount rate) r은 해당 투자안이 가지는 투자위험에 상응하는 할인율을 뜻하며, 그 투자안이 벌어 들여야 하는 최소한의 수익률로서 소요자본의 요구수익률(required rate of return)을 의미한다.

(5) 포트폴리오 이론

① 포트폴리오효과(분산효과)는 포트폴리오를 구성함으로써 기대수익률을 감소시키 지 않으면서 투자위험을 줄이는 효과를 말한다.

② 포트폴리오의 위험은 체계적 위험과 비체계적 위험으로 구분 하며, 체계적 위험 은 포트폴리오를 구성함으로써 제거되는 위험이고, 비체계적 위험은 포트폴리오 를 구성하여도 제거되지 않고 남아있는 위험을 말한다.

(6) 체계적 위험

① 체계적 위험(Systematic Risk)은 주식과 채권 등의 모든 증권에 공통된 증권 위험의 일부로서 분산투자에 의해 제거될 수 없는 위험을 말한다.

② 주식시장 전반에 영향을 주어 발생하는 위험으로 영향을 미치는 요인은 경기 변동, 인플레이션, 경상수지, 사회, 경제, 정치적 환경 등 거시적 변수율이 있다.

(7) 비체계적 위험

① 비체계적 위험 (Unsystematic or Residual Risk)은 주식시장 전반의 움직임에 관계없이 특정 개별주식에 한정된 위험으로 잔차위험 이며, 분산투자로 인해 위험을 서로 상쇄시켜서 위험을 완전히 줄일 수가 있다.

② 시장수익률의 변동에 기인하지 않는 것으로서, 주식시장 전체의 변동과 관계없 는 기업고유의 요인인 경기변동과 조업상태, 관리능력, 노사문제, 특허이용, 광 고캠페인, 소비자의 반응, 소송, 정부관계, 기업이미지 등에 기인하는 위험이다.

(8) 옵션

① 옵션(option)이란 미리 정해진 가격으로 정해진 기간 동안에 특정 자산을 사거나 팔 수 있는 권리가 부여된 증권을 말한다.

② 옵션거래에서는 기초자산을 사거나 파는 가격이 미리 정해져 있으면, 이 가격을 옵션의 행사가격이라 한다.

③ 콜 옵션(call option)은 옵션소유자가 미리 정해진 날짜에 정해진 가격으로 특정 주식을 살 수 있는 권리를 말한다. 콜옵션은 행사가격으로 주식을 살 수 있는 권리이므로 만기일에 주식의 가격이 높을수록 옵션소유자에게 유리하다.

④ 풋 옵션(put option)은 옵션소유자가 정해진 날짜에 정해진 가격으로 특정 주식을 팔 수 있는 권리로 소유자는 주식가격이 낮을수록 유리하다. 그 이유는 시장에서 싸게 거래되는 주식을 풋 옵션의 행사를 통해 비싸게 팔 수 있기 때문이다.

8. 매입 역할

(1) 직매입

① 백화점들의 일반적인 경영방식과 달리 우리나라의 대형마트들은 직매입을 주로 하고 있다. 대형마트들이 직매입할 수 있는 이유는 다점포경영에 의한 구매력이 뒷받침되기 때문이다.

② 구속계약(拘束契約: Tying contract)은 상품매입과 관련된 법적, 윤리적 문제의 하나로써, 사고자 하는 상품을 구입하기 위해서 사고 싶지 않은 상품까지도 소매업체가 구입하도록 하는 공급업체와 소매업체간에 맺는 협정을 말한다.

(2) 위탁 매입

① 신상품의 시험판매, 계절상품, 고가품, 행사품 등에 적합한 매입 방법으로서, 위험이 높거나 신제품, 가격이 비싼 제품인 경우에 주로 많이 이용하며, 소매업자에게 제공한 제품의 소유권이 공급업자에게 있다.

② 소매업자는 일정 기간동안 제품을 진열하여 최종 소비자에게 제품을 판매한 후 사전에 결정된 일정비율의 커미션을 받고 남은 제품은 공급업자에게 반품하게 된다. 주로 수요 예측이 어렵고 위험이 높은 제품인 경우에 사용한다.

(3) 약정매입(구매)

① 소매업자가 납품받은 상품에 대한 소유권을 보유하되 일정 기간 동안에 팔리지 않은 상품은 다시 납품업자에게 반품하거나 혹은 다 팔린 후에 대금을 지급하는 권리를 보유하는 조건으로 구매하는 방식이다.

② 약정구매(memo random buying)에서 소매업자는 상품이 팔리지 않아 발생할 수 있는 위험을 최소화하거나 없앨 수 있어 영업의 안정성을 높일 수 있다.

(4) 매입의 집중전략과 분산전략

① 집중전략은 소매유통업체가 상품구매에 있어서 하나 혹은 소수의 제조(공급)업체와 집중적으로 거래하는 것이다.

② 유통업체가 가능한 한 다수의 제조(공급)업체와 거래를 진행함으로써 구매위험을 분산시키는 것은 분산전략의 효과이다.

③ 집중전략의 경우보다 분산전략을 선택하면 상품의 다양성을 더욱 증가시킬 수 있는 장점이 있다.

04 물류(LOGISTICS)

1. 물류의 흐름

(1) 물류

① 물적 유통에서 생산이 형태효용을 창출하고 소비가 소유효용을 창출하는 의미가 있다면 물류는 시간효용과 장소효용을 창출함으로써 양자를 연결시킨다.

② 물적 유통은 구체적으로는 수송, 포장, 보관, 하역 및 통신의 여러 가지 활동을 포함하며, 상거래에 있어서는 유형적인 물자를 운송하므로 재화의 공간적 · 시간적인 한계를 극복하게 해준다.

(2) 물류의 구성과 영역

① 상류(商流)는 생산자와 생산자, 생산자와 판매자, 도매상과 소매상, 생산자와 소비자 및 판매자와 소비자 사이에 상거래 계약이 성립된 후 상품 대금을 지불하고 상품의 소유권을 이전하는 단계를 총칭한다.

② 물류(物流)는 일반적으로 상거래가 성립된 후 그 물품인도의 이행기간 중에 생산자로부터 소비자에게 물품을 인도함으로써 인격적 · 시간적 · 공간적 효용을 창출하는 경제활동이다.

③ 경제활동을 활성화 시키기 위해서는 상류(수주, 발주 및 마케팅 등과 같은 상업적 행위)와 물류의 흐름을 분리시킨다. 지점이나 영업소에서 하고 있던 물류활동은 배송센터나 공장의 직배송(直配送) 등을 통하여 수행되어야 한다.

(3) 순 물류와 역 물류

① 순 물류(Forward Logistics)

㉠ 동종제품의 포장형태가 균일하고, 가격이 동일하다.

㉡ 물류계획의 수립 및 실행이 용이하고, 재고 관리가 편리하고 정확하다.

㉢ 제품수명주기 관리가 가능하다.

㉣ 속도의 중요성을 인지한다.

㉤ 비용의 투명성이 높다.

② 역 물류(Reverse Logistics)

ㄱ 동종제품의 포장형태가 상이하고, 가격이 상이하다.

ㄴ 물류계획의 수립 및 실행의 어려움이 있고, 재고 관리가 어렵고 부정확하다.

ㄷ 제품수명주기에 어려움이 있다.

ㄹ 상품처리의 중요성을 인지한다.

ㅁ 비용의 투명성이 낮다.

(4) 물류관리와 고객 서비스

① 거래 전 요소로는 명시화된 회사정책, 회사조직, 시스템의 유연성 등이 있다.

② 거래 중 중 요소로는 주문 충족률, 정시배달, 미배송 잔량, 재고 품질수준, 정시배달, 환적, 제품의 대체 등을 들 수 있다.

③ 거래 후 요소로는 설치, 보증, 변경, 수리, 제품추적, 고객 클레임, 불만 등을 들 수 있다.

(5) 물류의 원칙

① 3S1L원칙은 신속하게(Speedy), 확실하게(Surely), 안전하게(Safely), 저렴하게 (Low)를 말한다.

② 7R's원칙은 적절한 상품(Right commodity)을 적절한 품질(Right quality)로서 적절한 양(Right quantity)만큼, 적절한 시기에(Right time), 적절한 장소에(Right place), 적절한 인상(Right impression)을 주면서 적절한 가격(right price)으로 거래처에 전달하는 것을 소기의 목적으로 하고 있다. 여기에서 '적절한'이란 고객이 요구하는 서비스 수준을 의미한다.

(6) 물류비 분류체계

① 세목별 물류비는 재료비, 노무비, 경비, 이자 등이다.

② 영역별 물류비는 조달물류비, 사내물류비, 판매물류비 등을 포함한다.

③ 위탁물류비는 물류기능의 일부 또는 전부를 외부의 물류업자나 자회사에게 위탁하여 지불하는 비용이다.

④ 관리항목별 물류비 중 운송수단별 물류비는 해상, 항공, 육로, 철도 등의 운송수단에 지출된 비용을 의미한다.

2. 물류활동 영역

(1) 조달물류(Inbound Logistics)

① 생산에 필요한 각종 원자재와 부자재, 물자가 조달처로부터 운송되어 매입자의 창고 등에 보관, 관리되고 생산공정에 투입되기 직전까지의 물류활동을 말한다.

② 조달물류활동은 공급자 선정, 구매주문 발주, 입하, 검수, 원자재 재고관리 및 품질관리, 구매협상, 원자재 원가산정 등을 포함한다.

(2) 생산물류(Manufacture Logistics)

① 생산물류는 자재창고에서의 출고로부터 생산 공정으로의 원자재, 부품 등이 생산 공정에 투입될 때부터 생산, 포장에 이르기까지의 물류활동이다.

② 운반, 생산 공정에서의 하역, 그리고 창고입고까지의 전 과정을 의미하며, 물자가 생산공정에 투입되어 제품으로 만들어지기까지의 물류활동을 말한다.

(3) 판매물류(Outbound Logistics)

① 판매물류는 판매로 인하여 완제품이 출고되어 제품이 소비자에게 전달될 때까지의 수송 및 배송활동의 물류활동을 말한다.

② 제품이 제품창고로부터 제품의 출고, 배송센터까지의 수송, 배송센터로부터 각 대리점이나 고객에게 배송되는 작업이 모두 포함된다.

(4) 사내물류(Inter-company logistics)

① 사내물류(Inter-company logistics)의 흐름은 「원재료 공급 → 생산 공정 → 수송 → 보관→ 거래처 납품」의 과정을 거친다.

② 물자가 생산 공정에 투입되어 제품으로 만들어져 판매를 위하여 물류창고나 배송창고에 입고되는 과정 중 회사의 내부에서 행하여지는 물류활동을 말한다.

(5) 반품물류(Reverse Logistics)

① 판매된 제품의 교환이나 반품을 위해 판매자에게 되돌아오는 물류활동이다.

② 최근 전자상거래의 확산과 더불어 판매된 제품이 주문과 상이하거나, 제품 하자에 따른 교환 등이 증가하고 있다.

(6) 회수물류(Recycle Logistics)

① 회수물류에는 용기의 회수(맥주, 우유병 등), 팔레트 · 컨테이너의 회수, 원재료의 재이용(유리, 철, 고지), 반품 등이 있다.

② 회수물류는 최근 전자상거래의 확산에 따라 판매된 제품이 상이하거나 문제점이 발생하여 교환 등으로 기업의 서비스나 비용절감 측면에서 그 중요성이 높아지고 있는 물류 영역이다.

(7) 폐기물류(Scrapped Logistics)

① 임시 보관장소가 필요한 빈깡통이라든지, 전문업자가 존재하는 고지나 빈병 또는 철물 등은 행정기관 또는 전문업자와의 상호보조가 필요한 일이다.

② 사회시스템과의 연계 없이 기업이 스스로 행하는 회수나 반품에 있어서는 일반적인, 즉 전방 물류와의 결합을 생각하지 않으면 안된다.

(8) 환경물류(Green Logistics)

① 환경물류란 제품을 생산하기 위한 설계단계에서부터 판매되어 소비자 사용에 이르기까지, 필요한 물류의 환경적 유해요인을 최소화하는 것을 말한다.

② 용기의 제조, 회수, 재생 혹은 재사용 공정에 있어서 환경오염 방지에 대한 대응, 오수(汚水), 폐유, 에너지절약을 기본으로 한 Reduce(감량화, 감용화), Reuse(재사용), Recycle(재자원화) 등을 들 수 있다.

3. 기업의 재고관리

(1) 재고관리시스템
① 재고(inventory)란 기업이 미래에 사용할 목적으로 생산을 용이하게 하거나 또는 고객으로부터의 수요를 만족시키기 위하여 유지하는 원자재, 재공품, 완제품, 부품 등 재고를 최적상태로 관리하는 것을 의미한다.
② 재고를 유지하기 위해서는 많은 비용이 필요하므로, 경영자들에게 재고감소에 대한 많은 노력이 요구되고 있다.

(2) 재고관리의 목적
① 발주시점관리란 재고가 품절되지도 과잉되지도 않게 발주시점을 관리하는 것을 의미한다. 발주에서 입고까지의 조달기간의 평균 판매량에 안전재고량을 더한 것이 발주점이다.
② 재고유지비, 재고부족비, 주문비의 관계에서 전체비용이 최소가 되는 점이 최적주문량이 된다. 정기발주는 주로 부정량발주를 하게 되는데 이는 정기적으로 필요한 재고량을 파악하여 주문하는 방식이다.

(3) 재고비용의 종류
① 주문비용(발주비용 ; ordering or procurement cost) : 필요한 자재나 부품을 외부에서 구입할 때 구매 및 조달에 수반되어 발생되는 비용이다.
② 재고유지비용(inventory holding cost or carrying cost) : 재고품을 실제로 유지 · 보관하는 데 소요되는 비용이다.
③ 재고부족비용(shortage cost, stockout cost) : 재고가 부족하여 고객의 수요를 만족시키지 못할 때 발생하는 비용(일종의 기회비용)으로서 이것은 판매기회의 손실도 크지만 고객에 대한 신용의 상실은 기업입장에서 가장 큰 손실인 것이다.
④ 총재고비용(total inventory cost) : 총재고비용 = 주문비용(준비비용)+재고유지비용+재고부족비용(out-of-stock)으로 구성되며 재고 유지비용, 주문비용 둘사이의 관계는 서로 상충(trade-off) 관계를 나타내게 된다. 즉, 재고 유지비용이 감소하면 주문비용이 증가하게 된다.

(4) 재고와 관련된 비용
① 최적 재주문량에 대한 결정은 재고유지비, 주문비 및 재고부족비의 비용항목들을 합한 총재고비용이 최소가 되는 점이 최적주문량이 된다.

② 재고의 조달기간(lead time)은 보충되어야 할 재고의 필요성에 대한 인식시점과 주문 후 상품이 점포에 도착하는 시점 사이의 시간을 말한다.

(5) EOQ(Economic Order Quantity) 모형

① 경제적 주문량 모형(EOQ)의 기본가정

㉠ 주문비용과 단가는 주문량 Q에 관계없이 일정하고, 매번 주문시 주문량이 동일하다.

㉡ 미납주문은 허용되지 않고, 주문 기간 중에 수요량, 주문원가, 유지원가, 조달 기간(lead time)이 확실하게 알려져 있고 일정하다.

㉢ 재고 단위당 구입원가는 1회당 주문량에 영향을 받지 않으며, 재고 부족원가 는 없다.

㉣ EOQ계산시 연간 수요량, 1회 주문비용, 평균재고유지비는 계산하는데 필요 한 정보이고, 주문량 Q는 한 번에 입고된다.

② 총 재고 관련 원가(TC)=재고 주문원가+재고 유지원가

㉠ 재고 주문원가 $= \dfrac{D(\text{수요량})}{Q(1\text{회 주문량})} \times O(1\text{회 재고 주문원가})$

㉡ 재고 유지원가=평균 재고량×단위당 재고 유지원가 $= \dfrac{Q}{2} \times C$

㉢ $EOQ = \sqrt{\dfrac{2 \cdot D \cdot O}{C}} = \sqrt{\dfrac{2 \times \text{총수요량} \times \text{재고 주문원가}}{\text{단위당 재고 유지원가}}}$

(6) Two-Bin 재고 분석시스템

① Two-Bin시스템은 가장 오래된 재고관리기법 중의 하나로 가격이 저렴하고 사 용빈도가 높으며, 조달기간이 짧은 자재에 대해 주로 적용하는 간편한 방식이다.

② ABC분석의 C급 품목에 대하여 효과적인 관리방법의 하나로 인식되고 있으며, Double Bin System 또는 포장법이라고도 불리 우고 있다.

③ Two-Bin 시스템은 저가품에 주로 적용되는데, 재고 수준을 계속 조사할 필요 가 없다는 장점이 있다.

(7) 정량과 정기재고 분석시스템

① 정량주문시스템(fixed-order quantity system)은 재고가 일정수준(발주점)에 이르면 주문하는 시스템으로 발주점법이라고도 부른다. 주문량이 중심이 되 므로 Q시스템, 계속적인 실사를 통하여 재고수준을 체크하므로 연속실사방식 (continuous review system)이라고도 부른다.

② 정기주문시스템(fixed-order period system)은 일정시점이 되면 정기적으로 적당한 양을 주문하는 방식이다. 이 방식은 주문시기 중심이므로 P시스템이라 고도 하며, 정기적으로 재고수준을 조사하므로 정기실사방식(periodic review system)이라고도 부른다.

4. 물류 표준화와 공동화

(1) 물류 표준화

① 물류 표준화는 포장 · 하역, 보관 수송 및 정보 등 각각의 물류기능 및 단계에서 사용되는 물동량의 취급단위를 표준화 또는 규격화하고 여기에 이용되는 기기 · 용기 · 설비 등의 강도나 재질 등을 통일시키는 것을 말한다. 물류합리화 측면에서 물류비용과 서비스 수준 사이의 상충관계(trade-off)를 고려하여 그 수준을 적정하게 조정하여야 한다.

② 표준화의 주요 내용은 기기 및 설비들의 규격 · 치수 · 제원 등이고, 주요 대상은 포장용기, 랙, 트럭적재함 등으로 유닛로드(unit load) 시스템이 필요하고, 물류 표준화 체계의 근간이 되며, 물류시스템을 구성하는 각 요소, 즉 수 · 배송 수단, 하역기기 및 시설 등의 기준척도가 되는 것을 물류모듈(Module)이라한다.

(2) 물류 공동화

① 물류 공동화는 물류비용의 절감을 위하여 자사의 물류 시스템을 타사의 물류 시스템과 연계시켜 하나의 시스템으로 운영하는 것이며, 화물거점 시설까지 각 화주 또는 각 운송업자가 화물을 운반해 오고 배송면에서 공동화하는 유형의 공동 수 · 배송시스템은 배송공동형이다.

② 물류 공동화는 자사의 물류 시스템과 타사의 물류 시스템이 동일지역과 동일업종을 중심으로 공유되는 것을 말한다. 고객의 제품 수주에서부터 판매되기까지의 물류를 주문, 제품의 수집, 운송, 집하(보관), 배송기능으로 분류하여야 한다.

(3) 물류센터

① 물류센터의 위치(입지)는 화물의 흐름을 잘 고려하여 결정해야 하며, 이를 위해 일반적으로 5가지 중요한 요소(PQRST)를 분석해야 한다. 이들 5가지 요소는 화물(Product or Material), 수량(Quantity), 경로(Route), 서비스와 시간(Service and Time)으로 구분된다.

② 물류센터는 배송시간 · 배송비용을 절감할 수 있는 상품의 수요가 많은 지역에 있어야 하고, 효율적인 물류배분에 초점을 맞추어 위치를 선정해야 한다.

(4) 보관의 10가지 원칙

① 통로대면 보관의 원칙 : 입, 출고를 용이하게 하고 창고내 레이아웃의 기본원칙이다.

② 높이 쌓기의 원칙 : 물품을 고층으로 적재하는 것으로 평적보다 팔레트 등을 이용하여 용적효율을 향상시킨다.

③ 선입선출의 원칙 : Life Cycle의 최소화를 목적으로 하는 원칙이다.

④ 회전대응보관의 원칙 : 물품회전율 빈도수에 따라 구분하는 원칙이다.

⑤ 동일성 · 유사성의 원칙 : 관리효율, 생산성향상을 목적으로 하는 원칙이다.

⑥ **중량특성(重量特性)의 원칙** : 대형, 중량물은 하층, 소형, 경량물은 상층에 적재하는 원칙이다.

⑦ **형상특성의 원칙** : 표준품은 랙에 보관하고 비표준품은 별도 보관하는 것으로 형상에 따라 보관 방법을 변경하여 형상특성에 맞게 보관한다.

⑧ **위치표시의 원칙** : '단순화 – 소인화 – 효율화'를 기준으로 보관품의 장소와 선반 번호 등의 위치를 표시함으로서 업무의 효율화 증대, 적재하는 원칙이다.

⑨ **명료성의 원칙** : 식별표시로 신입사원 실수 최소화하기위해 시각적으로 보관품을 용이하게 식별할 수 있도록 보관한다.

⑩ **네트워크 보관의 원칙** : 물품의 정리와 출고가 용이하도록 관련 품목을 한 장소에 모아서 보관한다.

5. 전략적 물류기법

(1) 물류 아웃소싱(Logistics Outsourcing)

① 기업이 고객 서비스의 향상, 물류비 절감 등 물류활동을 효율화할 수 있도록 물류기능 전체 혹은 일부를 외부의 전문업체에 위탁·대응하는 업무를 말한다.

② 제조업체는 핵심역량사업에 집중할 수 있고, 기업의 경쟁우위 확보 및 사회적 비용의 절감과 국가경쟁력 강화에기여할 수 있다.

(2) 제3자 물류(Third party Logistics ; 3PL)

① 제3자 물류는 화주기업이 고객서비스향상, 물류비절감, 물류활동의 효율성 향상 등의 목표를 달성할 수 있도록 물류경로 내의 다른 주체와 일시적이거나 장기적인 관계를 가지고 있는 것을 말한다.

② 제3자 물류를 실행함으로써 운영비용과 자본비용 감소효과, 서비스 개선효과, 핵심역량에 대한 집중효과 및 물류관리를 위한 인력의 절감 효과가 발생한다.

③ 부품이나 완제품의 조달에서 시작하여 완제품의 판매에 이르기까지의 모든 과정에서 발생하는 물류기능의 전체 혹은 일부를 전문 물류업체가 화주업체로부터 위탁을 받아 수행하는 물류활동이다.

(3) 제4자 물류(Forth party Logistics ; 4PL)

① 단순하게 제1자 물류(자가물류), 제2자 물류(자회사 물류), 제3자 물류(물류 활동의 외부 위탁)의 분류 체계에 근거하여 그 다음 단계로 제4자 물류라고 한다.

② 물류업무 수행능력 및 정보기술, 컨설팅 능력을 보유한 업체가 공급망상의 모든 활동에 대한 계획과 관리를 전담하여, 다수의 물류업체 운영 및 관리를 최적화함으로써 생산자와 유통업체 간에 효율화를 도모하는 데 있다.

③ 제4자 물류 운용모델에는 시너지 플러스(Synergy Plus), 솔루션 통합자(Solution Integrator), 산업혁신자(Industry Innovator) 모델이 있고 제3자 물류업체와 물류 컨설팅업체, IT업체의 결합된 형태이다.

6. 물류기기와 시스템

(1) 랙(Rack)

① 팔레트 랙(Pallet Rack) : 팔레트에 쌓아올린 물품의 보관에 이용되는 랙으로 범용성이 있는 형태이며 화물의 종류가 여러 가지라도 유연하게 보관할 수 있다.

② 드라이브 인 랙(Drive In Rack) : 한쪽에 출입구를 두며 지게차를 이용하여 실어 나르는데 사용하는 랙으로 소품종다량 또는 로트(Lot)단위로 입출고될 수 있는 화물을 보관하는 데 최적격이다.

③ 적층 랙(Pile Up Rack) : 선반을 다층식으로 겹쳐 쌓은 랙으로 최소의 통로를 최대로 높게 쌓을 수 있어 경제적이며, 상면면적효율과 공간활용이 좋고, 입출고 작업과 재고관리가 용이하다.

④ 모빌 랙(Mobile Rack) : 보관공간이 크고 작음에 맞춰 레이아웃을 자유자재로 변경할 수 있어 효율적이며, 공간이용이 뛰어나 2~3단의 적재가 신속하게 되므로 작업 효율이 높고, 앞면이 개방형이므로 적재상태로 물품의 출납이 가능하다.

(2) 유닛 로드 시스템(Unit Load System)

① 복수의 화물을 팔레트나 컨테이너 등을 이용하여 단위화 시켜 일괄적으로 하역 및 수송함으로써 물류의 효율성을 높이기 위한 시스템으로 도입을 위해서는 수송 장비 적재함의 규격표준화가 필요하다.

② 협동일관수송을 가능하게 해주며, 하역작업의 기계화 및 자동화, 화물파손방지, 적재의 신속화, 차량회전율의 향상 등을 가져와 물류비절감에 크게 기여한다.

(3) 일관 팔레트(pallet)

① 일관팔레트화란 화물 이동의 출발지점으로부터 최종도착지점까지 팔레트상에 적재된 화물을 운반, 하역, 수송, 보관하는 물류과정 중 최초에 팔레트에 적재된 화물의 형태를 변형시키지 않고 팔레트 화물의 흐름을 만드는 것을 말한다.

② 장점으로는 작업능률의 향상, 인력의 절약, 상품단위화를 위한 포장의 간소화, 포장비의 절약, 물품의 파손·오손·분실의 방지, 물품의 검수 및 점검의 용이, 고단적의 용이성 및 적재공간의 절약, 작업의 표준화·계획화·기계화가 용이, 물품이동이 용이, 자동차·화차의 운용효율의 향상 등이 있다.

③ 단점으로는 넓은 작업공간 및 통로를 필요, 팔레트나 컨테이너의 관리가 복잡, 설비비가 일반적으로 높음, 팔레트나 컨테이너 자체의 체적 및 중량 만큼 물품의 적재량이 줄어든다는 것 등이 주요 단점이다.

(4) 팔레트 풀 시스템(PPS ; Pallet Pool System)

① 즉시교환방식: 유럽식방식으로서 유럽 각국의 국영철도에서 송화주가 국철에 팔레트 로드 형태로 수송하면 국철에서는 이와 동수의 공 팔레트를 주어 상계 하며, 수하인은 인수한 팔레트와 동수의 팔레트를 국철에 인도하는 방식이다.

② 리스 & 렌탈 방식: 호주식으로 팔레트 풀을 운영하는 기관이 사용자의 요청에 따라 규격화된 팔레트를 사용자의 소재지의 가까운 데포에서 공급해 준다.

7. 공급체인망관리(SCM)

(1) SCM의 개념

① SCM은 「협력업체(공급) → 제조공장(제조) → 물류센터(유통) → 유통업체(판매) → 소비자(고객)」의 단계를 거치는 자재 및 제품의 흐름이다.

② SCM은 공급자로부터 최종 소비자에게 상품이 도달되는 모든 과정으로서 공급 사슬관리라고 하며, 제품, 정보, 재정의 흐름을 통합하고 관리하는 것을 말한다.

(2) 공급체인(Supply Chain)구성 요소

① 상위 흐름 공급사슬(Upstream Supply Chain)은 조직의 첫째 상단에 있는 2차 원자재 공급상과 1차 원자재 공급상 간의 공급사슬이다.

② 하위 흐름 공급사슬(Downstream Supply Chain)은 제품을 최종 고객에게 전달 하는데 관련된 전 과정을 지칭한다.

(3) SCM의 산업별 표현 방법

① 의류 부문(QR ; Quick Response)

② 식품 · 잡회 부문(ECR ; Efficient Consumer Response)

③ 신선식품 부문(EFR ; Efficient Food Service Response)

④ 의약품 부문(EHCR ; Efficient Healthcare Consumer Response)

(4) 민첩(Agile)공급사슬

① 민첩(Agile)공급사슬은 간편한 구성관리로 즉시 사용한 구조로 되어있으며 산업별 장점들을 시스템에 반영하고 있다.

② 영업과 배송은 적시에 적량을 고객에게 서비스하는 것이 최우선과제라면 생산에 서는 생산원가 절감이 우선인 경우가 그렇다.

(5) 린(Lean)공급사슬

① 린(Lean)의 사전적 의미는 얇은, 마른, (비용을)절감한 이란 뜻을 가지고 있다. 정확하게 자재구매에서부터 생산, 재고관리, 유통에 이르기까지 모든과정에 손실을 최소화하여 최적화한다는 개념이다.

② 상품의 다양성 측면에서 보면 린공급사슬의 경우가 애쥐얼공급사슬의 경우보다 낮다. 린 경영혁신을 성공적으로 추진하기 위해서는 전사적 조직문화가 밑바탕 이 되면서 경영층과 전 사원이 한 방향으로 참여할 때 그 시너지가 발휘된다.

8. SCM의 성과측정도구와 연관도구

(1) 균형성과 표(BSC ; Balanced Score Card)

① 조직의 비전과 경영목표의 실행을 최적화하는 경영관리기법으로 하버드 비즈니스 스쿨의 Kaplan 교수와 경영 컨설턴트인 Norton이 공동으로 개발하였다.

② 주요 성과지표로는 재무, 고객, 내부프로세스, 성장과 학습 등이 있으며 기존의 재무성과 중심의 측정도구의 한계를 극복하기 위해 개발되었다.

(2) SCOR(Supply Chain Council& Supply Chain Operation Reference) 모형

① SCOR는 비즈니스 프로세스의 관점에서 해당 기업의 공급업체로부터 고객에 이르기까지 계획(plan), 공급(source), 생산(make), 인도(deliver), 회수(return)가 이루어지는 공급망을 통합적으로 분석한다는 데 그 기초를 두고 있다.

② 조직 내·외부의 관점에서 성과를 측정할 수 있으며, 공습사슬관리의 성과측정을 위해 개발된 모형이고 계획, 조달, 제조, 인도, 반환 등의 5가지 기본 프로세스를 가지고 있다.

③ SCOR에서는 공급망 성과측정을 위해 공급망의 신뢰성(reliability), 유연성(flexibility) 대응성(responsiveness), 비용(cost), 자산(asset) 등 크게 5가지 분야의 성과측정 분야를 제시하고 있다.

(3) EVA (Economy Value Added)법

① EVA는 기업이 영업활동을 통해 얻은 세후 영업이익으로부터 자본비용을 제외한 금액을 말한다. 영업을 통해 창출한 부가가치의 순증가분을 따져 볼 수 있다.

② 부가가치 생산성(Value-Added Productivity)은 상품 매출이라는 목표를 달성하기 위해 필요한 비용과 생산성 성과를 측정하는 지표로 기업의 공급사슬 프로세스를 운영하기 위해 자원을 얼마나 효율적으로 관리하는 지표이다.

(4) 채찍 효과(Bull Whip effect)

① 공급사슬에서 최종 소비자로부터 멀어지는 정보는 정보가 지연되거나 왜곡되어 수요와 재고의 불안정이 확대되는 현상으로 부정확한 수요예측, 도·소매상의 일괄주문과 과잉주문, 생산업체의 유동적인 제품 가격정책 말한다.

② 공급망 전체로는 재고가 많게 되고 고객에 대한 서비스 수준도 떨어지며 생산능력 계획의 오류, 수송상의 비효율, 생산계획의 난맥 등과 같은 악영향이 발생될 것이다.

③ 채찍효과 방지책으로는 공급망에 걸쳐있는 중복 수요의 예측을 가급적 하지 말고, 가급적 대량의 배치 주문을 적당한 규모에 해당하는 것으로 줄이고, 공급경로(supply chain)간의 강력한 파트너십을 구축해야 하고, 채찍효과의 대처 방안으로 불확실성의 제거, 공급사슬상의 수요 및 재고정보 공유, 변동 폭의 감소, 짧은 리드타임 등이 있다.

(5) 가치사슬(Value Chain)

① 주요활동(primary activity)에는 입고물류(inbound logistics), 운영(operation), 출고물류(outbound logistics), 마케팅 및 판매(marketing & sales) 활동, 서비스(service)가 있다.

② 지원활동(support activity)은 기본활동을 보조하기 위하여 '기업하부구조', '인적자원관리', '기술개발', '구매활동', '기획, 디자인' 등이 있다.

9. 수요예측

(1) 정성적 예측방법

① **전문가 의견법** : 전문가들이 의견을 자유롭게 교환하여 일치된 예측결과를 얻는 기법이다.

② **시장조사법** : 앙케이트를 통해 조사하는 방법. 시간과 비용 소요. 정성적 기법중 가장 수리적 예측방법이다.

③ **수명주기 유추법** : 신제품과 비슷한 기존제품의 제품수명주기 단계에서의 수요 변화에 관한 과거의 자료를 이용하여 수요의 변화를 유추해보는 방법이다.

④ **델파이법** : 설계된 절차의 앞부분에서 어떤 일치된 의견으로부터 얻어지는 정보와 의견의 피드백을 중간중간 삽입하여, 연속적으로 질문 적용하는 기법이다.

(2) 정량적 예측방법

① **시계열 예측법** : 장기추세, 순환변동, 계절변동, 불규칙 변동(사건들) 등 이다.

② **인과형 예측기법** : 수요를 종속변수로 수요에 미치는 요인을 독립변수로 설정하여 양자간의 수요에 미치는 영향. 즉, 인과관계에 있는 요인들을 분석하여 수요를 예측하는 방법이다.

기업윤리와 유통법규

1. 기업윤리(Business Ethics)

(1) 유통기업의 사회적 책임

① 기업의 사회적책임(Corporate Social Responsibility)은 기업이 사회제도, 사회의 구성원으로서 기업이 마땅히 지켜야 하는 도덕적 기준을 의미한다.

② 기업의 사회적책임이란 기업이 생산 및 영업활동을 하면서 환경경영, 윤리경영, 사회공헌과 노동자를 비롯한 지역사회 등 사회 전체에 이익을 동시에 추구하며, 그에 따라 의사결정 및 활동을 하는 것을 말한다.

(2) 기업가 정신(entrepreneurship)

① 기업가정신(entrepreneurship)은 기업의 본질인 이윤추구와 사회적 책임의 수행을 위해 기업가가 마땅히 갖추어야할 자세나 정신이다.

② 기업가정신을 경영자정신이라고도 하며, 일을 처리하는 인내력, 목표설정능력, 적절한 모험심, 효율적인 스트레스관리, 정보를 다루는 능력, 새로운 아이디어를 내는 창조성 등이 있어야 한다.

(3) 영업사원의 윤리성 문제

① 영업활동과정에서 영업사원의 비윤리적 행위가 나타나면 즉각적인 조치를 취해야 하고, 스스로 해결하도록 기다려서는 안 된다.

② 영업사원은 고객과 기업을 인적으로 연결하는 역할을 하며, 회사를 대표하여 소비자를 접점에서 접촉하기에 그들의 윤리적, 비윤리적 행위는 회사이미지와 직결되기에 중요하다.

2. 유통관련법규

(1) 유통산업발전법상 대규모점포

① 하나 또는 2 이상의 연접되어 있는 건물 안에 하나 또는 여러 개로 나누어 설치되는 매장일 것

② 상시 운영되는 매장일 것

③ 매장면적의 합계가 3천m² 이상일 것

(2) 유통산업발전법상 대규모점포 등에 대한 영업시간의 제한

① 특별자치시장·군수·구청장은 건전한 유통질서확립, 근로자의 건강권 및 대규모 점포등과 중소유통업의 상생발전을 위하여 필요하다고 인정하는경우 대규모점포 중「대형마트로 등록된 대규모점포 와 준대규모점포」에 대하여 영업시간제한을 명하거나 의무휴업일을 지정하여 의무휴업을 명할 수 있다.

② 연간 총매출액 중「농수산물 유통 및 가격안정에 관한 법률」에 따른 농수산물의 매출액 비중이 55퍼센트 이상인 대규모점포 등으로서 해당 지방자치단체의 조례로 정하는 대규모점포 등에 대하여는 그러하지 아니하다.

③ 「대형마트로 등록된 대규모점포와 준대규모점포」에 대하여 영업시간 제한은 특별시장·군수·구청장은 오전 0시부터 오전 10시까지의 범위에서 영업시간을 제한할 수 있다.

④ 특별자치시장·군수·구청장은 매월 이틀(2일)을 의무휴업일로 지정하여야 한다. 이경우 의무휴업일은 공휴일 중에서 지정하되, 이해당사자와 합의를 거쳐 공휴일이 아닌 날을 의무휴업일로 지정할 수 있다. 영업시간 제한 및 의무휴업일 지정에 필요한 사항은 해당 지방자치단체의 조례로 정한다.

(3) 유통산업발전법상 유통산업시책의 기본방향

① 유통산업의 국제경쟁력 제고
② 유통산업에서의 소비자 편익의 증진
③ 유통산업의 지역별 균형발전의 도모
④ 유통산업의 종류별 균형발전의 도모
⑤ 유통구조의 선진화 및 유통기능의 효율화 촉진
⑥ 유통산업에서의 건전한 상거래질서의 확립 및 공정한 경쟁여건의 조성
⑦ 중소유통기업(유통산업을 경영하는 자로서 「중소기업기본법」 제2조에 따른 중소기업자에 해당하는 자를)의 구조개선 및 경쟁력 강화
⑧ 그 밖에 유통산업의 발전을 촉진하기 위하여 필요한 사항

(4) 유통산업발전법 제24조1항 유통관리사의 직무

① 유통경영 · 관리 기법의 향상
② 유통경영 · 관리와 관련한 계획 · 조사 · 연구
③ 유통경영 · 관리와 관련한 진단 · 평가
④ 유통경영 · 관리와 관련한 상담 · 자문
⑤ 그 밖에 유통경영 · 관리에 필요한 사항

(5) 유통산업발전법상 소매점포의 개설 및 입지

① 대규모점포등의 위치가 전통상업보존구역에 있을 때에는 등록을 제한할 수 있다.
② 대규모점포등의 위치가 전통상업보존구역에 있을 때에는 등록에 조건을 붙일 수 있다.
③ 대규모점포를 개설하려는 자는 영업을 시작하기 전에 특별자치시장 · 시장 · 군수 · 구청장에게 등록하여야 한다.
④ 전통상업보존구역에 준대규모점포를 개설하려는 자는 영업을 시작하기 전에 상권영향평가서 및 지역협력 계획서를 첨부하여 등록하여야 한다.
⑤ 준대규모점포를 개설하려는 자는 영업을 시작하기 전에 산업통상자원부령으로 정하는 바에 따라 상권영향평가서 및 지역협력계획서를 첨부하여 특별자치시장 · 시장 · 군수 · 구청장에게 등록하여야 한다. 등록한 내용을 변경하려는 경우에도 또한 같다.

(6) 소비자기본법상 소비자의 기본적 권리

① 물품 또는 용역으로 인한 생명 · 신체 또는 재산에 대한 위해로부터 보호받을 권리
② 물품 및 용역을 선택함에 있어서 필요한 지식 및 정보를 제공받을 권리
③ 물품 및 용역을 사용함에 있어서 거래상대방 · 구입 장소 · 가격 및 거래조건 등을 자유로이 선택할 권리
④ 소비생활에 영향을 주는 국가 및 지방자치단체의 정책과 사업자의 사업 활동 등에 대하여 의견을 반영시킬 권리

⑤ 물품 및 용역의 사용 또는 이용으로 인하여 입은 피해에 대하여 신속·공정한 절차에 의하여 적절한 보상을 받을 권리

⑥ 합리적인 소비생활을 영위하기 위하여 필요한 교육을 받을 권리

⑦ 소비자 스스로의 권익을 옹호하기 위하여 단체를 조직하고 이를 통하여 활동할 수 있는 권리

⑧ 안전하고 쾌적한 소비생활 환경에서 소비할 권리

(5) 소비자기본법상 사업자의 책무

① 사업자는 소비자에게 물품 등에 대한 정보를 성실하고 정확하게 제공하여야 한다. 사업자는 물품 등을 공급함에 있어서 소비자의 합리적인 선택이나 이익을 침해할 우려가 있는 거래조건이나 거래방법을 사용하여서는 아니 된다.

② 사업자는 소비자의 개인정보가 분실·도난·누출·변조 또는 훼손되지 아니하도록 그 개인정보를 성실하게 취급하여야 하며, 사업자는 물품 등의 하자로 인한 소비자의 불만이나 피해를 해결하거나 보상하여야 하며, 채무불이행 등으로 인한 소비자의 손해를 배상하여야 한다.

(6) 방문판매 등에 관한 법률상 청약 철회 기간

① 방문판매 또는 전화권유판매의 방법으로 재화 등의 구매에 관한 계약을 체결한 소비자는 계약서를 받은 날부터 14일. 다만, 그 계약서를 받은 날보다 재화 등이 늦게 공급된 경우에는 재화 등을 공급받거나 공급이 시작된 날부터 14일 기간 이내에 그 계약에 관한 청약철회 등을 할 수 있다.

② 계약서를 받지 아니한 경우, 방문판매자등의 주소 등이 적혀 있지 아니한 계약서를 받은 경우, 방문판매자등의 주소 변경 등의 사유로 기간 이내에 청약철회 등을 할 수 없는 경우에는 방문판매자등의 주소를 안 날 또는 알 수 있었던 날부터 14일 기간 이내에 그 계약에 관한 청약철회 등을 할 수 있다.

③ 계약서에 청약철회 등에 관한 사항이 적혀 있지 아니한 경우에는 청약철회 등을 할 수 있음을 안 날 또는 알 수 있었던 날부터 14일 기간 이내에 그 계약에 관한 청약철회 등을 할 수 있다.

④ 방문판매업자등이 청약철회 등을 방해한 경우에는 그 방해 행위가 종료한 날부터 14일 기간이내에 그 계약에 관한 청약철회 등을 할 수 있다.

(7) 할부거래에 관한 법률상 할부계약 청약의 철회

① 소비자는 계약서를 받은 날부터 7일. 다만, 그 계약서를 받은 날보다 재화 등의 공급이 늦게 이루어진 경우에는 재화 등을 공급받은 날부터 7일의 기간(거래 당사자가 그 보다 긴 기간을 약정한 경우에는 그 기간)이내에 할부계약에 관한 청약을 철회할 수 있다.

② 소비자는 계약서를 받지 아니한 경우, 할부거래업자의 주소 등이 적혀 있지 아니한 계약서를 받은 경우, 할부거래업자의 주소 변경 등의 사유로 기간 이내에 청약을 철회할 수 없는 경우에는 그 주소를 안 날 또는 알 수 있었던 날 등 청약을 철회할 수 있는 날부터 7일. 단,그 계약서를 받은 날보다 재화 등의 공급이 늦게 이루어진 경우에는 재화 등을 공급받은 날부터 7일의 기간(거래당사자가 그 보다 긴 기간을 약정한 경우에는 그 기간)내에 할부계약에 청약을 철회할 수 있다.

③ 소비자는 할부거래업자가 청약의 철회를 방해한 경우에는 그 방해 행위가 종료한 날부터 7일의 기간(거래당사자가 그 보다 긴 기간을 약정한 경우에는 그 기간)이내에 할부계약에 관한 청약을 철회할 수 있다.

(8) 식품위생법상 식품이력추적관리 등록기준

① 식품을 제조 · 가공 또는 판매하는 자 중 식품이력추적관리를 하고자 하는 자는 보건복지부령으로 정하는 등록기준을 갖추어 해당 식품을 식품 의약품 안전청장에게 등록할 수 있다.

② 등록한 식품을 제조 · 가공 또는 판매하는 자는 식품이력추적관리에 필요한 기록의 작성 · 보관 및 관리 등에 관하여 식품 의약품 안전청장이 정하여 고시하는 "식품이력 추적관리기준"을 준수하여야 한다.

③ 등록을 한 자는 등록사항이 변경된 경우 변경사유가 발생한 날부터 1개월 이내에 식품 의약품 안전청장에게 신고하여야 한다.

④ 등록한 식품에는 식품 의약품 안전청장이 정하여 고시하는 바에 따라 식품이력 추적관리의 표시를 할 수 있다.

⑤ 등록의 유효기간은 등록한 날부터 3년으로 한다.

⑥ 보건복지부장관 또는 식품 의약품 안전청장은 제1항에 따라 등록을 한 자에게 예산의 범위 안에서 식품이력추적관리에 필요한 자금을 지원할 수 있다.

⑦ 식품 의약품 안전청장은 제1항에 따라 등록을 한 자가 식품이력 추적관리기준을 준수하지 아니한 때에는 그 등록을 취소하거나 시정을 명할 수 있다.

SUBJECT 2
상권분석

01 상권(TRADE AREA)

1. 상권(商圈)

(1) 상권의 개념

① 상권(trade area)이란 시장지역 또는 배후지라고도 부르며 점포와 고객을 상행위와 관련하여 흡수할 수 있는 지리적 영역이고, 한 점포가 고객을 흡인할 수 있는 지역의 한계 범위(geographic area)를 지칭하는 말이다.

② 상권의 계층적 구조는 지역상권(general trading area), 지구상권(district trading area), 개별점포 상권(individual trading area) 등으로 분류될 수 있으며, 상권의 크기는 규모에 따라 지역상권, 지구상권, 개별점포상권(지점상권)으로 구분된다.

③ 상권의 크기는 소비자와의 물리적 거리와 밀접한 관련이 있다. 상권의 크기는 주택가에 입지할수록 좁아지고, 주변에 점포가 많으면 넓어지고 상권 간에도 계층성이 존재한다.

④ 중소점포의 경우에도 유명 전문점은 동일 위치의 경쟁점포보다 점포상권의 규모가 크며, 한 점포의 상권은 지역상권, 지구상권, 개별점포 상권을 모두 포함하는 것이지만, 이와 같이 엄격히 구분하지는 않는다.

⑤ 신호등의 위치, 좌회전 로(路)의 존재, 접근로의 경사도 등도 상권의 범위에 영향을 미치며, 경관이 좋고 깨끗하다든지, 도로주변이 불결하다든지 하는 심리적 요소도 상권범위에 영향을 미친다.

(2) 고객흡인율에 따른 상권

① 점포의 상권은 일반적으로 1차상권(primary trading area), 2차상(secondary trading area), 한계상권(fringe trading area)으로 구성된다. 한계상권을 3차상권이라고도 한다.

② 1차상권은 경쟁점포들과의 상권중복도가 낮고, 1차상권은 2차, 3차상권에 비해 상대적으로 소비자의 밀도가 높으며, 2차상권은 1차상권에 비해 소비자의 내점 빈도가 낮다. 3차상권은 소비수요의 흡인비율이 가장 낮은 지역이다.

③ 판매량 측면에서의 상권은 판매량에 따라 1차 상권, 2차 상권, 3차 상권 및 영향권 등으로 구분하여 각 상권별 판매량에 따른 상권의 범위이다.

④ 상권은 특정 마케팅 단위나 집단이 상품과 서비스를 판매하고 인도함에 있어 비용과 취급규모 측면에서의 특정경계에 의해 결정되는 경제적인 범위이다. 상권은 점포의 매출 및 고객이 창출되는 지리적으로 인접한 구역을 말하는데, 두 세 개의 구역으로 분리될 수 있다.

(3) 업종 유형과 상권

① 동일 업종이라 하더라도 점포의 규모나 품목의 구성에 따라 상권의 범위가 달라지며, 상품구성의 폭과 깊이를 크게 하여 다목적구매와 비교구매를 가능하게 하는 것도 상권의 범위를 넓히는 요인이 된다.

② 생필품의 경우, 소비자는 구매거리가 짧고 편리한 장소에서 구매하려 하기 때문에 이런 상품을 취급하는 업태는 주택지에 근접한 입지를 취하는 것이 좋다.

③ 점포의 규모가 비슷하더라도 업종이나 업태에 따라 점포들의 상권범위는 차이를 보인다. 동일한 위치에서 입지조건의 변화가 없고 점포의 전략적 변화가 없어도 상권의 범위는 유동적으로 변화하기 마련이다.

④ 동일한 지역시장에 입지한 경우에도 점포의 규모에 따라 개별점포들 간의 상권범위에는 차이가 있고, 점포면적과 상품구색이 유사할 때에도 판촉활동이나 광고활동의 차이에 따라 점포들 간의 상권범위가 달라진다.

⑤ '포켓상권'이라는 것은 상권이 포켓(주머니) 모양이라서, 아파트 사람들이 물건을 살 때 멀리 외부로 나가지 않는 형태로서 도로, 산, 강에 둘러싸인 상권을 말한다.

⑥ 잠재수요를 파악하고, 구체적인 입지계획을 수립하며, 기존 점포들과의 차별화 포인트를 찾아내기 위해서 고객에 대한 이해를 바탕으로 보다 표적화된 구색과 판매촉진전략을 수립하기 위해서 상권분석이 직접적으로 필요하다.

(4) 업종 유형과 상권

① 도심상권은 중심업무지구(CBD)를 포함하며 상권의 범위가 넓고 소비자들의 체류시간이 긴 편이다.

② 부도심상권은 간선도로의 결절점이나 역세권을 중심으로 형성되는 경우가 많으나, 도시전체의 소비자를 유인하지는 못한다.

③ 역세권상권은 지하철이나 철도역을 중심으로 형성되며 지상과 지하 부지를 입체적으로 연계하여 고밀도 개발이 이루어지는 경우가 많다.

④ 근린상권은 점포인근 거주자들을 주요고객으로 하는 생활밀착형 업종의 점포들이 입지하는 경향이 있다.

(5) 상권 설정법

① **고객리스트를 통한 상권 설정법**: 특정점포의 고객정보를 상권 설정을 위한 샘플로 활용하는 방법을 말한다.

② **앙케이트 조사를 통한 상권 설정법**: 상권을 설정하기 위해서 점포에 찾아온 고객을 직접 대상으로 하는 방법이다.

③ **실사(實査)에 의한 상권 설정법**: 상권 설정시 해당 지역을 직접 돌아다니면서 자신의 경험적 감각을 활용한 상권파악방법으로 실사 상권설정법이 있다.

④ **단순원형 상권 설정법**: 일반적으로 가장 많이 활용되는 상권설정 방법이다.

2. 소매포화지수(Index of Retail Saturation ; IRS)

(1) 소매포화지수(IRS)

① 소매포화지수(IRS)는 한 시장지역 내에서 특정소매업태 또는 집적소매시설의 단위 면적당 잠재수요를 말한다.

② 지역시장의 수요 잠재력을 총체적으로 측정할 수 있는 지표로 많이 이용되며, 신규점포에 대한 시장 잠재력을 측정하는 데 유용하게 사용된다.

③ IRS는 지역시장의 수요 잠재력을 총체적으로 측정할 수 있는 지표로 많이 이용되며 특정 시간 내에서의 특정 제품계열에 대한 점포면적당 잠재 매출액을 의미하는 지수로서 값이 클수록 시장의 포화정도가 높아 시장의 매력도는 높아진다.

④ IRS의 값이 크면 클수록 공급보다 수요가 상대적으로 많은 것을 의미하며 따라서 신규점포를 개설할 시장기회는 더욱 커지며, 시장의 포화정도가 낮다는 것을 의미한다.

(2) 소매포화지수(IRS)의 특징과 산식

① 소매 수요가 아무리 높다고 하더라도 기존 점포들 간의 경쟁이 매우 치열한 상황이라면 지역시장의 매력도는 낮아진다.

② IRS에서는 점포가 비슷한 전통적인 수퍼마켓 등은 적용이 용이하나 스포츠 용품 또는 가구점등 전문화된 점포에 적용이 어렵다.

③ IRS 값은 특정업태가 가지는 시장에서의 단위면적당 잠재수요로서 클수록 신규점포개설에 유리하다.

④ 지역시장의 수요 잠재력을 총체적으로 측정할 수 있는 지표로 많이 이용되는 것이 소매포화지수(IRS)이다.

⑤ 수요를 측정하기 위해서는 인구수와 가처분 소득을 통한 소매 구매력의 조사. 수요측정지표로 가구 구성원의 연령, 구성원 수, 인구밀도, 유동성이 있다.

⑥ 한 지역시장의 점포포화(store saturation)란 기존 점포만으로 고객의 욕구를 충족시킬 수 있는 상태를 의미한다.

⑦ IRS는 지역시장에서 특정업태의 수요 잠재력을 측정할 수 있다는 것은 해당지역의 잠재적인 판매규모를 잘 예측해야 적정한 수준의 매장규모를 선택할 수 있기 때문이다.

$$IRS = \frac{수요}{특정업태의\ 총매장면적}$$

$$= \frac{지역시장의\ 총가구수 \times 가구당\ 특정업태에\ 대한\ 지출비}{특정업태의\ 총매장면적}$$

(3) 소매포화지수(IRS)의 단점

① 미래의 신규수요를 반영하지 못한다.

② 거주자들이 지역시장 밖에서의 쇼핑정도나 수요를 측정, 파악하기 어렵다.

③ 경쟁의 양적인 측면만 고려되고 질적인 측면에 대한 고려가 되고 있지 않다.

3. 시장 확장 잠재력(Market Expantion Potential ; MEP)

(1) 시장 확장 잠재력(MEP)

① 마케터는 신규점포가 입지할 지역시장의 매력도를 평가할 때, 기존 점포들에 의한 시장 포화 정도뿐 아니라 시장 성장 잠재력(MEP)을 함께 고려해야 한다.

② MEP 값은 특정 지역시장이 앞으로 얼마나 신규 수요를 창출할 수 있는 가능성이 있는가를 예측할 수 있는 지표이다.

③ MEP값은 타 지역에서의 쇼핑지출액을 근거로 계산되며 이 값이 클수록 타 지역에서 쇼핑을 더 많이 한다는 의미이며, 타지역 쇼핑의 정도가 높을수록 시장 확장 잠재력은 커진다.

(2) MEP와 IRS의 관계

① MEP란 지역시장이 미래에 신규 수요를 창출할 수 있는 잠재력을 반영하는 지표이다. 하지만 IRS는 반영하지 못하는 한계점을 지니고 있다.

② MEP를 활용하면 IRS의 한계성을 보완할 수 있으므로 이 두 가지 지표를 보완적으로 사용하면 좋다. IRS 점수가 높은 경우는 시장 포화도(市場飽和度)가 낮아 경쟁이 별로 없는 경우이다.

③ MEP는 IRS의 단점을 보완하는 지표로서, 구체적으로는 거주자들이 지역시장 외에 다른 시장에서의 쇼핑 지출액을 추정하여 계산이 가능하다. 이 경우 다른 지역의 쇼핑 정도가 높을수록 시장 확장 잠재력은 증가하게 된다.

(3) IRS와 MEP의 평가

① 지역시장 매력도는 IRS와 MEP를 함께 사용하여 평가될 수 있는데, 시장 매력도는 네 가지 유형으로 분류하고 있다.

② IRS와 MEP의 점수가 모두 높은 지역시장이 가장 매력적인(Most Attractive)시장이며, 지금이나 미래에도 시장은 부지 가격만 적정하다면 아주 좋은 지역이다.

③ IRS가 높고, MEP가 낮은 지역은 지금은 시장의 매력이 높은 지역이지만, 앞으로의 발전가능성은 불확실한 지역이므로 지금과 미래의 중요성의 평가자의 주관에 따라 구분된다.

④ IRS가 낮고, MEP가 높은 지역은 지금은 비 매력적이지만 향후에 유망한 지역으로 적절한 시기에 개발한다.MEP 점수가 높은 경우는 총수요의 증가 가능성이 높다는 것을 나타낸다.

⑤ MEP와 IRS 점수가 모두 낮은 가장 비 매력적인(Least Attractive)시장은 치열한 시장경쟁과 낮은 시장 성장 가능성 때문에 신규점포의 진출은 어렵게 되며 검토 대상이 되지 않는다.

4. 상권 조사(商圈 調査)

(1) 상권 조사의 절차

① 상권에 대한 2차적인 지역정보를 수집해야 한다.

② 지역 상권에 대한 상권 지도를 작성한다.

③ 상권 내의 지역에 대한 관찰조사를 실시한다.

④ 직접 방문하여 정성조사 및 정량조사를 실시한다.

(2) 할당표본추출법

① 소비패턴조사를 위해 실시할 때 가장 일반적으로 사용할 수 있는 방법이다.

② 상권이나 공간이용실태 등에 대한 표본조사를 실시할 때 가장 일반적으로 사용할 수 있는 방법이다.

(3) 공간적 상호작용모델

① 목표상권 내에서 구매를 하는 소비자의 쇼핑행위(spatial behavior) 패턴을 실증분석하는데 이용된다.

② 해당상권 내의 경쟁점포들에 대한 소비자의 지출패턴이나 소비자의 쇼핑여행 패턴을 반영함으로써 특정점포의 매출액과 상관규모들보다 정확하게 예측할 수 있는 상권분석 이론이다.

(4) 상권조사를 위한 표본 추출방법

① 표본 추출단위의 선정은 조사대상이 누구인지를 결정하는 단계로 표적집단을 정의한 후 이루어진다. 표본크기의 결정은 조사대상의 수를 결절하는 것으로 일반적으로 큰 표본이 작은 표본보다 신뢰성이 높은 결과를 예측한다.

② 표본추출절차는 응답자를 선정하는 방법을 결정하는 것으로서 대표성이 있는 표본을 추출하려 노력해야 한다. 단순무작위 추출과 층화표본추출은 확률표본 추출방법으로 표본을 선택할 가능성을 감안하여 사용하는 방법이다.

③ 편의 표본추출방법은 모집단에 대한 정보가 전혀 없거나, 모집단 구성요소 간에 차이가 별로 없다고 판단될 때, 선정의 편리성에 기준을 두고, 조사자가 마음대로 표본을 선정하는 방법이다.

④ 층화표본추출법(stratified sampling)으로 상권조사를 할 때 X라는 상표를 소비하는 전체 모집단에 대해 구매량을 중심으로 빈번히 구매하는 사람(heavy users)과 가끔 구매하는 사람(light users)으로 분류하고, 각각의 집단에서 무작위로 일정한 수의 표본을 추출하는 표본추출방식이다.

⑤ 회귀분석(回歸分析, regression analysis)은 표본의 수가 충분하게 확보되어야 하며, 소매점포의 성과에 영향을 미치는 요소들을 파악하는데 도움이 되고, 점포성과에 영향을 미치는 영향변수에는 상권 내 경쟁수준이 포함될 수 있다. 점포성과에 영향을 미치는 영향변수에는 상권내 소비자들의 특성이 포함될 수 있다.

제 2과목 : 상권 분석

(5) 상권조사와 분석방법

① 상권조사 방법은 전수조사와 표본조사로 크게 구분할 수 있다. 조사지역의 대상 자가 많을수록 전수조사가 어려워 표본 조사가 많이 사용된다.

② 조사지역의 대상자가 많을수록 전수조사는 많은 비용과 시간을 필요로 하기에 경우에 따라서 전수조사 자체가 아예 불가능 한 경우 표본조사를 실시한다.

③ 모집단을 구성하는 구성원들의 명단이 기재된 표본프레임이 있는 경우 확률표본 추출법을 통해 표본을 추출한다.

④ 상권분석중 공간적 독점형 분석에는 완전한 독점형과 부분적 독점형으로 구분하 여 분석하며, 시장 침투형 분석에서는 고객분포와 시장침투율을 중심으로 분석 한다. 분산시장형 분석에서는 지역단위로 표적시장을 정하고 세대비율과 고객 특성을 중심으로 분석한다.

5. 신규 점포에 대한 상권 분석 방법 중 기술적(서술적) 방법에 의한 상권 분석

(1) 체크리스트(checklist) 방법

① 체크리스트 방법은 상권의 규모에 영향을 미치는 요인들을 점검하여 상권을 측정하며, 단일점포의 입지를 결정하는데 활용하는 방법이다.

② 상권의 범위에 영향을 미치는 요인들은 매우 많으나 크게 상권 내의 제반 입지의 특성, 상권 고객 특성, 상권 경쟁구조로 나누어진다.

③ 간편하고 비용도 다른 평가방법에 비해 적게 들고, 판매활동이나 상황에 따라 체크리스트를 다르게 적용할 수 있으므로 상대적으로 유연성이 높은 장점이 있지 만, 주관성, 여러 변수, 해석의 다양성, 변수선정의 문제 등이 단점으로 작용한다.

(2) 유추법(Analog method)

① 유추법의 개념

㉠ 유추법은 하버드 비즈니스 스쿨의 애플바움(W. Apple baum)교수가 개발한 방법으로 점포형태, 매출, 업태, 지역 여건 등이 유사한 기존점포를 확인하여 신규점포의 예상 매출액을 계산해 내는 방법이다.

㉡ 신규점포와 특성이 비슷한 유사점포를 선정하여 상권범위를 추정한 결과를 자 사점포의 신규입지에서의 매출액(상권규모)을 추정하는 데 이용하는 방법이다.

② CST(Customer Spotting Technique) map

㉠ 유추법에 의한 상권 규모의 측정은 CST(Customer Spotting Technique) map의 지도를 이용하여 고객들의 거주지를 그림으로 표시함으로써 상권규모 를 가시화시키기도 한다.

㉡ CST는 방문했던 고객들의 명함을 모두 수집하여 시내지도를 펼쳐놓고 지금 까지 다녀간 손님들의 주소를 명함에서 찾아 지도에 핀을 꽂아 표시해보고, 지도상에 핀이 꽂혀있는 상태를 토대로 상권을 파악하여 전단지를 배포하려 고 하는 경우에 이용이 가능하다.

③ 유추법의 특징

    ㉠ 점포는 CST map을 이용하여 1차 상권, 2차 상권 및 한계 상권을 결정할 수 있다. 유통업자들은 규모가 다른 동심원을 그려가면서 각 원이 차지하는 고객 비율을 산출할 수가 있다.

    ㉡ 유통업자가 기존의 점포 근처에 신규점포를 개점하려고 한다면, 신규점포가 기존 점포의 고객을 어느 정도 잠식할 것인지를 고려해야 하는데 CST map은 이러한 분석을 가능하게 한다.

    ㉢ 유추법은 유사점포를 실제 자료를 이용하여 고객들의 구매패턴을 반영하기 때문에 매우 현실적인 추정이 가능하지만 분석담당자의 주관적인 판단이 개입하는 부분이 많기 때문에 자칫 오류를 범할 가능성이 있으며, 유사점포를 여러개 선정하여 결과를 비교하여 신설점포의 경우와 비교하는 방식을 택한다면 보다 효율적이고 정확한 추론이 가능하다.

7. 신규 점포에 대한 상권 분석 방법 중 규범적 모형에 의한 상권 분석

(1) 중심지 이론(central place theory)

① 중심지 이론의 개념

    ㉠ 중심지 이론은 '소비자들이 유사점포 중의 한 점포를 선택할 때 그 중 가장 가까운 점포를 선택하며', '중심성(centrality)의 크기는 인구규모에 비례 한다'고 독일의 크리스탈러(Christaller)에 의해 1933년에 처음으로 제시되었다.

    ㉡ 중심지는 배후 거주지역에 대해 다양한 상품과 서비스를 제공하며 교환의 편의를 제공하는 장소를 의미하며, 유통서비스 기능의 최대도달거리와 수익을 실현하는 데 필요한 최소수요충족거리가 일치하는 상권구조를 예측한다.

    ㉢ 중심지 이론에 의하면 중심지(central place)는 배후 거주지역에 대해 다양한 상품과 서비스를 제공하고 특정점포가 취급하는 상품의 구색과 수요를 추정하며 교환의 편의를 도모하기 위해 상업·행정기능이 밀집된 장소다.

    ㉣ 중심지 이론에 의하면 일정한 공간범위 안에서 소매활동들이 어떤 형태로 분포하게 될 것인지를 상품구색의 관점에서 예측이 가능하다는 이론이다. 지역에 중심지가 한 곳이 존재한다면 가장 이상적인 상권의 형상은 원형이 된다.

② 중심지 이론의 특징

    ㉠ 중심지 이론에 의하면 한 도시 또는 지역 내에 여러 상업 중심지가 존재할 때 각 상업 중심지로부터 상업 서비스 기능을 제공받을 수 있는 가장 이상적인 배후 상권의 모양은 정육각형이다.

    ㉡ 정육각형의 형상을 가진 상권은 유통 서비스 기능의 최대 도달거리(range)와 수익을 실현하는 데 필요한 최소수요 총족거리(threshold size)가 일치하는 공간 구조이다.

ⓒ 생산자와 소비자 모두 완전한 지식을 갖는 합리적 경제인으로 보며, 하나의 중심지가 있을 때 고려하는 상권은 원형의 형태로 구성된다. 각 지역에서 중심지까지 이동하는 노력의 정도는 거리에 비례하고, 주민의 구매력과 소비형태는 동질적인 것으로 가정한다.

③ 최소 수요 충족거리 (the threshold size)
    ㉠ 최소수요 충족거리란 상업중심지의 정상이윤 확보에 필요한 최소한의 수요를 발생시키는 상권범위를 말한다. 상권범위가 최소수요 충족거리보다 크게 되면 중심지의 상업시설은 초과이윤을 얻게 된다.
    ㉡ 상업중심지가 중심지로서의 역할을 다하려면 제품과 서비스를 제공하는 기능을 계속적으로 수행할 수 있도록 수요가 발생해야 한다.

④ 재화의 도달범위(the outer range of goods or service)
    ㉠ 중심지에서 제공되는 상업기능이 배후지역 거주자에게 제공될 수 있는 한계거리, 최대 도달거리를 내기 위해서는 기본적으로 중심지는 최소 요구치를 확보하고 있어야 한다.
    ㉡ 중심지기능이 중심지로부터 미치는 한계점을 의미하며, 이론적으로 최대 도달점은 최소 요구치보다 커야 상업적인 중심지가 존재 가능하게 된다.

⑤ 중심지(the central place)
    ㉠ 배후지(hinterland)라고도 하며 중심지가 특정 공간에 유일하게 하나만 존재한다면 가장 이상적인 배후지의 모양은 둥근 원처럼 나타날 것이다.
    ㉡ 원형의 배후지가 서로 외접하게 되면 중심지 상호 간에는 어떤 중심지의 중심지 기능도 받지 못하는 소외된 저장 공간 지역이 생긴다.

(2) 레일리(Reilly)의 소매중력(인력)의 법칙

① 레일리(Reilly) 법칙의 개념
    ㉠ 레일리의 소매중력의 법칙에 의하면 두 경쟁 도시(A, B) 그 중간에 위치한 소도시(C)의 거주자들로부터 끌어들일 수 있는 상권 규모는, 그들의 인구에 비례하고 각 도시와 중간(위성)도시 간의 거리 제곱에 반비례한다는 것이다.
    ㉡ 중심도시 A, B에 인접한 도시 C는 두 도시에 의해 상권이 분할되는 현상을 나타내며 이를 정리하여 방정식으로 표현하였다. 개별점포의 상권경계보다 이웃 도시들 간의 상권경계를 결정하는데 주로 이용하고 점포 간 밀집도가 점포의 매력도를 증가시킨다.
    ㉢ 레일리의 소매중력의 법칙(law of retail gravitation)은 이와 같이 다양한 점포들 간의 밀집이 점포의 매력도를 증가시키는 경향이 있음을 고려하고 있으며, 이웃 도시들 간의 상권 경계를 결정하는 데 주로 이용된다.

② 레일리(Reilly) 법칙의 내용
    ㉠ 소비자들은 보다 먼 거리에 위치한 점포가 보다 나은 쇼핑 기회를 제공함으로써 여행의 추가 노력을 보상한다면, 기꺼이 먼 거리까지 쇼핑을 하러간다.

ⓛ 먼 거리에 위치한 점포의 상품가격과 교통비를 합한 총 가격이 거주지점포를 이용할 경우의 구입비용보다 전체적으로 싸다면 소비자는 보다 싼 가격의 상품을 구매하기 위해 기꺼이 먼 거리까지 쇼핑을 하러 간다는 것이다.

ⓒ 소비자들의 구매 결정이 점포까지의 거리보다는 점포가 보유하고 있는 질 높은 상품이나 상품구색의 다양성, 저렴한 가격등과 같은 쇼핑기회에 의해 결정된다고 보았다.

③ 레일리(Reilly) 법칙의 전개과정과 산식

ⓐ 이론의 핵심내용은 두 경쟁도시 혹은 상업시설(A, B) 사이에 위치한 소도시 혹은 상업시설(C)로부터 A, B 도시(상업시설)가 끌어들일 수 있는 상권범위 즉, A, B 가 중간의 소도시(상업시설) C로부터 각각 자신에게 끌어들이는 매출액을 규정하는 것이다.

ⓑ 레일리의 소매중력의 법칙은 Converse가 개발한 breaking point(분기점, 무차별점) 공식으로 나타낼 수 있으며, 이는 두 도시(A, B) 간의 상권 경계를 계산하는 데 이용된다. 분기점(무차별점) C는 두 도시의 상대적인 상업 매력도가 동일한 위치이다.

$$\frac{R(A)}{R(B)} = \frac{P(A)}{P(B)}\left[\frac{D(B)}{D(A)}\right]^2$$

$R(A)$: A시의 상권 규모(C로부터 A시에 흡인되는 구매력)
$R(B)$: B시의 상권 규모(C로부터 B시에 흡인되는 구매력)
$P(A)$: A시의 인구
$P(B)$: B시의 인구
$D(A)$: C로부터 A까지의 거리
$D(B)$: C로부터 B까지의 거리

④ 레일리(Reilly) 법칙의 한계

ⓐ Reilly가 제시한 이론은 편의품, 선매품, 전문품 등의 상품유형별 차이를 고려하지 않아 실제 상황에 적용할 때에는 이에 대한 고려가 필요하다.

ⓑ 레일리 법칙에서는 특정 상업지구까지의 거리는 주요 도로를 사용하여 측정되지만, 소비자들이 샛길이나 간선도로를 이용할 경우 거리는 보다 길지만 여행시간이 짧게 걸릴 수 있으므로 상업지구까지의 거리보다 여행시간이 나은 척도가 될 수 있다.

ⓒ 실제거리는 소비자가 지각하는 거리와 일치하지 않을 수도 있다. 소비자의 편의성 및 서비스가 낮고 복도가 혼잡한 점포는 보다 쾌적한 환경의 점포보다 고객에게 지각되는 거리는 더 클 수 있다.

(3) 레일리(Reilly) 법칙의 수정이론

① 컨버스(Converse)의 수정이론의 개념

⊙ 두 도시 사이의 분기점(breaking-point)의 정확한 위치를 결정하기 위해 소매중력의 법칙을 수정하였다.

⊙ 두 도시 사이의 거래가 분기되는 분기점(breaking point)의 정확한 위치를 결정하기 위한 분기점공식을 이용한 상권분석방법으로 인접한 두 도시간의 상권경계는 두 도시간의 인구비율에 의해 구할 수 있다는 설명을 했다.

$$D(A) = \frac{d}{1 + \sqrt{\dfrac{P(B)}{P(A)}}} \quad \text{또는} \quad D(B) = \frac{d}{1 + \sqrt{\dfrac{P(A)}{P(B)}}}$$

$D(A)$: A시로부터 분기점까지 거리 $D(B)$: B시로부터 분기점까지 거리

d : A시와 B시 간의 거리($= D(A) + D(B)$)

$P(A)$: A시의 인구 수 $P(B)$: B시의 인구 수

② 컨버스의 소매인력이론 제1법칙

⊙ 도시 A와 B를 연결하는 직선상에서 A와 B 각 도시의 주 세력권, 즉 A 도시와 B 도시의 상권의 분기점을 구하는 모델이다.

⊙ 경쟁도시인 A와 B에 대해 어느 도시로 소비자가 상품을 구매하러 갈 것인가에 대한 상권분기점을 찾아내는 일이다. 이것은 주로 선매품과 전문품에 적용되는 모델이다.

8. 신규 점포에 대한 상권 분석 방법 중 확률적 모형에 의한 상권 분석

(1) 허프 모형(Huff Model)

① 허프 모형(Huff model)의 개념

⊙ 미국 UCLA대학 경제학교수인 HUFF박사가 1963년 제창한 모델로 제창되기 전에 도시단위로 행하여 졌던 소매인력론을 소매상권의 개별(상업)단위로 전환하여 전개한 이론이다. 소비자의 특정상업시설에 대한 효용(매력도)은 상업시설규모와 점포까지 거리에 좌우된다는 가정하에 진행된다.

⊙ 허프(Huff) 모형은 특정 지역에 거주하는 소비자가 특정 소매점에서 구매할 확률을 결정하는 것으로 소비자들의 점포 선택과 소매 상권의 크기를 예측하는 데 널리 이용되어 온 확률적 점포 선택 모형들 중 대표적인 모형이다.

⊙ 허프(David Huff)가 1960년대 초 처음으로 점포의 상권을 추정하기 위한 확률적 모형을 소개했는데 소비자의 특정 점포에 대한 효용은 점포의 크기에 비례하고 점포까지의 거리에 반비례한다고 가정하였다.

② 허프 모형(Huff model)의 내용

　㉠ 소비자의 특정 점포에 대한 효용은 점포의 크기와 점포까지의 거리에 좌우된다. 소비자의 점포에 대한 효용은 점포의 매장이 크면 클수록 증가하고, 점포까지의 거리는 멀면 멀수록 감소한다고 보았다.

　㉡ Huff의 중력모델에서는 점포가 가진 경쟁의 매력도 및 고객으로부터 점포나 쇼핑센터까지의 거리나 이동시간을 고려한다. 거주지에서 점포까지의 교통시간을 이용하여 상권을 분석한 모델은 허프의 확률모델이다.

　㉢ 소비자가 매장의 크기와 이동시간을 고려하여 여러 대안 점포 중에서 특정점포를 선택할 확률을 구할 수 있다

③ 허프 모형(Huff model)의 산식

　㉠ Huff모델에 의한 신규점포의 예상매출액 산식은 '특정지역의 잠재수요의 총합×특정지역으로부터 계획지로의 흡인율'로 나타낼 수 있다.

　㉡ Huff모델에 있어서 지역별 또는 상품별 잠재수요를 예측하는 방법은 '지역별 인구 또는 세대수×업종별 또는 점포별 지출액'으로 나타낸다.

　㉢ 허프(Huff) 모형을 이용해, 신규점포의 전체시장을 나눈 소규모 고객집단에서의 예상매출액을 계산하고자 할 때 '그 지역의 인구수', '일인당 식료품 지출비', '전체시장을 나눈 소규모 고객집단지역 거주자의 신규점포에서의 쇼핑확률'이 필요하다.

　㉣ 규범적모형과 확률적 모형의 차이점은 확률적 모형에서는 소비자의 효용함수를 결정하기 위하여 실제 소비자의 점포선택행동을 이용하는 반면 규범적인 모형에서는 효용함수의 모수(a, b)값이 사전에 결정된다는 차이가 있다.

　㉤ 전문품의 경우에는 점포크기의 모수가 거리차이의 모수보다 더 중요하다. 일반적으로 점포크기에 대한 모수(민감도)와 점포까지의 거리에 대한 모수는 서로 반대되는 성격을 갖게 되어 역수로 표현되기도 한다.

$$P_{ij} = \frac{S_j{}^a D_{ij}{}^b}{\displaystyle\sum_{k=1}^{j} S_k{}^a D_{ik}{}^b}$$

P_{ij} : 소비자 i 가 점포 j 를 선택할 확률
S_j : 점포 i 의 매장 크기
D_{ij} : 소비자 i 가 점포 j까지 가는 데 걸리는 시간 또는 거리
a : 소비자의 점포 크기에 대한 민감도(중요도)를 반영하는 모수(parameter)
b : 소비자의 점포까지의 거리에 대한 민감도(중요도)를 반영하는 모수
j : 소비자가 고려하는 총 점포의 수

【Huff 모형】

(2) 허프 모형(Huff model)의 수정모델

① 허프 모형은 점포의 크기만으로 점포 매력도를 측정하는 데 이용하였는데, 이는 특정 점포의 상권 규모와 매출액을 예측하는 데 한계가 있었고, 점포매력도가 점포의 크기 이외에 취급제품의 가격, 판매원의 서비스 등 다른 요인들로부터 영향을 받을 수 있음을 고려하지 않았다.

② 수정Huff모델에서 소비자가 어느 상점에서 구매하는 확률은 그 상점의 '매장면적에 비례하고 그 곳에 도달하는 거리의 제곱에 반비례'한다고 하였다. 상업시설 간의 경쟁구조 파악, 최적상업시설 또는 매장면적 유추, 매출액 추정, 상권지도 작성, 상업시설 또는 점포를 방문할 수 있는 고객 수 산정 등이다.

(3) Luce 모델

① 수리심리학에서 널리 알려진 Luce의 선택공지에 이론적 근거를 두고 개발된 것으로 Luce 모델은 확률적 점포선택모델이다.

② 어떤 소비자가 특정한 점포를 선택할 확률은 그가 고려하는 점포 대안들의 개별 효용의 총합에 대한 특정한 점포의 효용의 비율에 의해 결정된다.

③ Luce 모형은 점포성과(매출액)와 소매환경변수간의 관계를 확률적인 관계로 가정하여 분석하는 확률적 모형에 속한다.

④ Luce 모형의 선택공리에 따르면 소비자가 특정 점포를 선택할 가능성은 소비자가 해당점포에 대해 인지하는 접근 가능성, 매력 등 소비자 행동적 요소로 형성된 상대적 효용에 따라 결정된다고 보았다.

⑤ 소비자의 특정 점포에 대한 구매흡인 패턴은 확률적 모형에서는 소비자가 그 점포에 대해 갖는 상대적 효용에 있다고 한다. 즉, 특정점포에 대해 지각된 효용이 클수록 소비자가 그 점포의 단골이 될 가능성이 크다.

⑥ 예를 들어 어느 소비자가 A, B, C 등 세 개의 점포를 고려하고 각 점포에 대한 효용이 4, 6, 8이라고 한다면 그중 B를 선택할 확률은 6/(4+6+8)=0.33이다. 이를 공식으로 하면 다음과 같다.

$$P_{ij} = \frac{U_{ij}}{\sum_{j=1}^{\infty} U_{ij}}$$

D_{ij} : 소비자 i 가 점포 j 를 선택할 확률
U_{ij} : 소비자 i 에 있어서 점포 j 의 효용
j : 소비자가 고려하는 점포의 총합

02 입지(LOCATION)

1. 도매와 소매입지(立地)

(1) 입지(Location)

① '소매업에서 가장 중요한 것이 입지이고, 다음으로 중요한 것도 입지이며, 그 다음도 입지'라는 격언처럼 입지는 사업의 성패를 가르는 가장 중요한 요인이다.

② 입지는 여건에 따라 상급지, 중급지, 하급지로 유동 분류할 수 있다. 입지는 정적이고 공간적 개념인 데 비하여, 입지 선정은 동적이고 공간적·시간적인 개념이다.

③ 입지선정시 업종과의 부합성을 반드시 검토하여야 하는데, 일반적으로 좋은 입지라고 보는 곳도 업종과 부합되지 않으면 나쁜 입지가 된다.

④ 도심지역에서 입지는 대도시나 소도시의 전통적인 도심 상업지역으로 중심 상업지역이라고도 하며, 소매업에서 가장 성공적인 도심 입지는 그 지역에 많은 주민들이 거주하는 지역이다.

(2) 입지(Location)선정

① 입지 위치에 따라서는 엄청난 매출과 이익이 보장되므로, 점포의 위치는 사업 성공의 여부를 결정짓는 중요한 요인이 되고 있다.

② 입지 선정시 최대한의 투자 수익률과 이익을 보장해 줄 수 있는 곳을 신중하게 결정하여야 한다. 점포입지를 결정하게 되면 쉽게 변경을 하기 어렵기 때문이다.

③ 입지의 효용은 영원한 것이 아니다. 한 시기의 좋았던 장소라도 시간이 흐름에 따라 나빠질 수 있고, 나빴던 장소도 상황이나 시간의 흐름에 따라 다시 좋아질 수 있기 때문이다.

(3) 입지(Location)선정의 중요 요소

① 입지선정 평가 작업에 있어서 접근성, 현재 및 미래의 수익성에 대한 평가 작업 이외에도 시장규모의 확장가능성, 매출의 성장가능성에 대한 예측이 중요하다.

② 입지의 경제성은 권리금, 임대료, 부지비용 등 입지의 코스트를 생산성과 관련하여 분석한다.

③ 동일한 상권 내에서도 장소가 좋으면 상권의 범위가 넓고, 장소가 나쁘면 상권의 범위는 좁다는 특징이 있다. 점포의 입지선정이 잘못되면 고객확보를 위하여 광고나 판매촉진과 같은 추가적인 노력이 필요하다.

④ 대형 유통집적시설을 설계할 때 유리한 입지조건으로는 누구나 찾아올 수 있는 핵 점포가 있는 것이 유리하고, 자동차의 접근이 용이한 간선도로망에 인접하는 것이 유리하며, 인구가 충분히 증가할 가능성이 있고, 잠재적인 성장가능성이 높은 곳이 좋다. 주차장을 구비하여 도보상권 뿐만 아니라 차량접근성도 고려해야 한다.

2. 상업지의 조건

(1) 출점을 위한 입지평가방법

① 주먹구구식방법: 경영자의 지금까지의 경험이나 주관적인 사업능력에 의존하는 방법을 말한다.

② 체크리스트방법: 특정입지에서의 매출 · 비용에 영향을 주는 요인들을 살펴보는 방법을 말한다.

(2) 상업지의 입지조건 중 물리적 조건

① 지반, 노면, 가로구조 등을 물리적 조건이라 한다.

② 건물의 외형, 가로의 구조, 부지의 형상, 인접 건물의 형태, 대기환경 등으로 구분할 수 있다.

(3) 상업지의 입지조건 중 사회 · 경제적 조건

① 번영의 정도

② 고객의 교통수단과 접근성

③ 배후지 및 고객의 양과 질

3. 소매점의 집적특성

(1) 소매집적의 개념

① 소매집적(小賣集積, retail cluster)은 동종 및 이종 소매업종과 소매업태가 공통적인 목표하에 서로 관련성을 가지고 한 장소에 모인 집단소매시스템을 말한다.

② 소매상이 집적기능을 수행하기 위해서는 그 지역사회의 커뮤니티 기능을 수행할 수 있어야 한다. 커뮤니티 기능은 그 지역주민이 그 지역에 입지하고 있는 소매집적 시설에 대해 요구하는 여러 가지 지역 편의기능을 말한다.

③ 도매상의 입지전략은 영업성과에 대한 입지의 영향은 소매상보다 도매상의 경우가 더 작고, 도매상은 보통 소매상보다 임대료가 저렴한 지역에 입지하며, 최종소비자의 접근성을 고려하여 입지를 결정한다. 분산도매상은 물류의 편리성을 고려하여 입지를 결정하며, 수집도매상의 영업성과에 대한 입지의 영향은 매우 제한적이다.

(2) 소매집적의 커뮤니티 기능

① 편의적 기능: 셀프서비스나 원스톱 쇼핑기능을 말한다.

② 지역적 기능: 그 지역의 발전과 자연을 충실히 보존하는 기능을 말한다.

③ 인간적 기능:그 지역 번화가에 많은 사람이 모여 오락성과 인간적 친밀성을 교환하는 기능을 말한다.

④ 상징적 기능: 그 지역의 중심 특성을 표현하는 것으로 유명백화점, 유명토산품점, 유명음식점 및 유명서비스점 등의 기능을 말한다.

(3) 누적유인의 원리

① 누적유인의 원리(the principle of cumulative attraction)는 유사하고 상호보완적인 점포들이 함께 모여 있는 것이 독립적으로 있는 것보다 더 큰 유인력을 가지고, 동일한 제품을 판매하는 점포의 수가 많을수록 상권내 매출이 높아진다.

② 누적유인의 원리는 특정 입지를 매력적으로 만들 수 있으며 상호 보완상품을 판매하는 점포들 간에 적용할 수 있는 원리이다.

③ 골동품점, 자동차대리점, 신발 및 의류점 등이 서로 인접해 있을 때 경영성과가 독립적으로 있을 경우보다 좋다면 누적유인의 원리로 설명할 수 있다.

④ 직접 경쟁하는 점포들에게 적용이 될 수 있으며, 선매품, 전문품, 목적구매품이 적용가능하고, 누적유인의 원리와 관계가 가장 적은 상품유형은 편의품이다.

4. 도심 입지(CBDs)

(1) 도심 입지의 개념

① 도심 입지는 대도시와 중·소도시의 전통적인 도심의 상업지역을 말하며 이러한 곳은 다양한 상업 활동으로 인해 많은 사람들을 유인하는 지역이다.

② 도심 입지는 전통적인 도심 상업지역이며, 입지를 조성하기위해서는 계획성보다는 무계획성으로 인하여 조성되어 있는 것이 일반적이다.

③ 상업활동으로도 많은 사람을 유인하지만 출퇴근을 위해서도 이곳을 통과하는 사람이 많고, 주차문제, 교통혼잡 등이 교외 쇼핑객들의 진입을 방해하며, 백화점, 전문점, 은행 등이 밀집되어 있다.

(2) 도심 입지의 특징

① 도심 입지의 상업 활동은 많은 사람들을 유인하고, 그 곳이 대중교통의 중심지이며 도시 어느 곳에서든지 접근성이 가장 높은 지역이다.

② 도심 입지는 최근에 부도심과 외곽도심의 급격한 발달, 중상류층의 거주 지역 이전, 교통체증 등의 원인으로 과거와 같이 고객 흡인력이 없다.

③ 도심 입지는 대체로 중상류층 이상의 사람들이 다니며 오피스타운이 인근지역에 발달해 있고 지가와 임대료가 매우 비싼 지역으로 볼 수 있다.

5. 백화점(Department store)

(1) 백화점의 개념

① 백화점(百貨店)은 의류, 가정용품, 장식품 등 다양한 상품을 폭넓게 취급하는 점포 또는 각종 상품을 부문별로 구성하여 최종 소비자가 일괄 구매할 수 있도록 직영 형태로 운영되는 대규모 점포이다.

② 주로 도심 및 교통망의 결절점에 입지하며, 유동인구, 인근지역 소비자의 소비 형태 등을 고려하여야 한다. 입지의 지리적, 환경적 요인을 분석하여 소비자의

흡인률을 높일 뿐만 아니라 강한 집객력을 배경으로 제품구색의 폭이 넓으며 점포건물의 층별 제품구색 차별화를 구현하는 MD구성 및 문화레저산업과의 연계 등을 통한 차별화된 전략이 요구된다.

③ 백화점은 하나의 매장 내에 일괄구매와 비교구매가 가능하도록 선매품을 중심으로 편의품에서 전문품에 이르기까지 다양한 상품 구색을 갖추고 대면판매, 현금 및 신용에 의해 정찰 판매한다.

④ 잘 알려진 백화점으로는 신세계, 롯데, 현대백화점 등이 있으며, 새로운 업태의 출현과 교통체증, 주차공간의 부족 등에 의해 주로 도심에 입지한 백화점에서의 구매를 기피하는 경향이 있다.

(2) 백화점의 입지 선정 시 고려사항

① 국내 백화점의 경우 신업태의 출현과 교통체증, 주차공간의 부족 등으로 주로 도심지에 위치한 백화점에서의 구매를 기피하는 경향이 점차 발생하여 백화점 또한 도시 외곽의 부도심지로 입지를 옮기거나 지방에 지점을 여러개 두는 다점 포영업을 시도하고 있다.

② 상점과 상호 간의 관계, 상점가 업종구성 및 성격구분 등 백화점은 중심상업지역과 지역쇼핑센터 등의 좋은 입지여건을 고려해야 하고, 고객을 유치하기 위해서는 주차장, 교통시간, 백화점의 인지도, 가격의 합리성 등 기타 환경조건 등을 고려해야 한다.

(3) 입지별 백화점 유형

① 도심형 백화점: 가장 전형적인 형태로, 도심 중심 상업지역에 위치하고 있으며, 대규모의 상품을 취급하는 곳이다.

② 터미널형 백화점: 대도시 내의 교외 교통망과 시내 교통망과의 접속점을 중심으로 한 상업지구에 위치하며, 역사의 건축물과 결합된 형태도 있다.

③ 교외형 백화점: 미국에서 발달한 형태로, 교외 주택지역의 교통 중심지역에 위치하는 것으로 건물은 저층이지만 대규모이며 넓은 주차장을 갖는 것이 특징이다.

6. 의류패션전문점(fashion specialty stores)

(1) 의류패션 전문점의 개념

① 패션 전문점(fashion specialty stores)의 상품구색에서 가장 비중이 높은 상품유형은 선매품이다.

② 도심 중앙이나 쇼핑몰에 다수가 포진하고 있으므로, 지나가는 통행인들을 유인하기 위하여 항상 좋은 상품을 진열하는 전략을 세우고 실행해야 한다.

③ 의류패션 전문점의 입지는 자신들의 고객에게 오락과 즐거움의 기회를 제공하여 많은 사람을 유인하고, 소비자들이 여러 점포를 다니면서 비교구매를 할 수 있도록 배려한다.

④ 중심상업지역, 중심상업지역 인근, 지역 또는 슈퍼지역 쇼핑센터 등 대부분의 쇼핑센터, 의류 · 전문 센터, 테마 · 페스티벌 센터에서 영업성과가 좋다.

(2) 의류패션 전문점의 입지

① 의류패션 전문점의 입지는 오락과 즐거움을 제공할 수 있고, 비교구매가 가능한 중심상업지역 또는 인근 지역의 입지가 좋은 입지이다.

② 의류패션 전문점은 백화점보다 더 인기가 있는 곳이라 생각되는 곳에 주로 위치하지만 백화점에서 인기를 끄는 것과 같은 이유로 전문점의 특성과는 부합된다.

③ 입지는 주로 중심 상업지역(CBD), 중심 상업지역 인근 쇼핑센터, 의류 전문센터 등이 가장 유리하다. 인구통계변수들 가운데 패션전문점의 입지선정에 대한 영향력으로는 상권 내 가구들의 평균 소득, 상권 내 가구 수와 가구 평균 구성원의 숫자, 상권 내 현재 인구수와 인구수의 증감 여부를 고려해야 한다.

(3) 의류패션 전문점의 특징

① 의류패션 전문점은 경영성과, 즉 매출액 및 수익측면에서 우위에 있는 군집(도심)입지를 선호하는 경향이 강하다.

② 의류패션 전문점은 중심상업지역, 중심상업지역 인근, (슈퍼)지역 쇼핑센터, 의류전문 센터, 테마페스티벌 센터에서 영업성과가 좋다.

7. SPA & VMD

(1) SPA(Speciality retailer's store of Private label Apparel)

① SPA는 1986년에 미국 청바지 회사인 갭이 도입한 개념이다. 전문점(Speciality retailer)과 자사 상표(Private label) 그리고 의류(Apparel)라는 합성어로 '제조직매형 전문점'이라 한다.

② SPA기업은 의류제조업자가 브랜드 제품의 기획과 생산 및 소매활동에 이르기까지를 일괄적으로 시스템화하여 전개하는 기업을 의미하기도 한다.

③ SPA는 매장 모든 팔 수 있는 상품을 만들기 위해 정확하게 예상을 해야 한다. 기획, 생산, 유통의 합리화를 이루며 비용 절감을 통하여 가격경쟁력을 갖추고, 소비자가 원하는 상품을 찾아내어 적시에 적정한 장소에 공급함을 목표로 한다.

(2) VMD(Visual Merchandising)

① 비주얼(visual)과 머천다이징(merchandising)의 합성어이다.

② 비주얼(visual)은 고객이 어느 곳에서든 볼 수 있는 장소에 상품을 배치하여, 그 상품의 장점과 매력을 고객에게 시각적으로 호소하기 위한 것을 말한다.

③ 머천다이징(Merchandising)은 기업의 마케팅 목표를 실현하기 위해 특정의 상품과 서비스를 장소, 시간, 가격, 수량별로 시장에 내놓았을 때에 따르는 계획과 관리를 말하는 것으로, 마케팅 핵심을 형성하는 활동을 말한다.

④ VMD는 특정한 목표에 적합한 특정의 상품과 서비스를 조합하여 적절한 장소, 시간, 수량, 가격 등을 계획적 · 조직적으로 조정하고 체계화하는 활동이다.

8. Shopping Center의 개요

(1) 쇼핑센터의 의의

① 쇼핑센터는 도심 지역의 소비자들이 교외로 이전하면서 전문적인 개발업자에 의한 지역 상황과 수요 분석을 통해 규모 · 레이아웃 · 점포구성 · 만족 등이 계획적으로 개발 · 관리 · 운영되는 대표적인 집합형 소매점을 말한다.

② 쇼핑센터는 상업기업의 지리적 집단으로, 특정의 상권에 대해 입지규모 형태 등에 관하여 전체적으로 계획 · 개발 · 관리되고 있다. 이는 계획적 · 집합적인 소매상점의 지리적 집합체로서 계획적인 것만을 지칭한다.

③ 복합쇼핑몰은 쇼핑을 하면서 여가도 즐길 수 있도록 의류 및 잡화를 판매하는 매장은 물론 영화관, 식당 등을 포함한 대규모 상업시설을 의미하는 소매업태의 형태이다.

④ 쇼핑센터는 도시 근교의 광대한 토지를 확보하여 드라이브인 극장 등의 시설을 갖추고, 백화점 등 규모가 큰 소매점을 중심으로 하여 연쇄점, 전문점, 소매점 등을 모아 원스톱 쇼핑(one-stop shopping)이 가능하도록 계획적으로 만들어진 대규모 상점이라고 할 수 있다.

(2) 현대식 쇼핑센터

① 테마식 쇼핑센터(Theme shopping Center): 각각의 소매업체들은 점포의 외부환경에 대한 고민을 해당 관리업체에게 위임할 수 있다.

② 소도시 센터: 소규모의 지역사회와 그 주변지역을 상권으로 하는 일종의 미니몰(mini-malls)로서 커뮤니티 센터를 본떠 규모를 압축한 형태이다.

③ 전문점(Speciality) 센터: 입주점 배치시 백화점을 핵점포로 하지 않고 전문점 · 식당 · 극장 · 야외극장 등으로만 구성되는 중역형(中域型) 쇼핑센터이다.

④ 혼용(Mixed-use) 센터: 소매점과 오락 및 커뮤니티 시설을 혼용한 쇼핑시설로서 전통적인 입주점 믹스 외에 아이스 스케이트장 · 민속박물관 · 디스코텍 · 사회평생교육원 · 간이 테마파크 등 문화적 · 종합 생활적 유형을 갖춘 쇼핑센터이다.

(3) 쇼핑센터 내부의 입지 전략

① 목적구매점포(destination stores)는 쇼핑센터의 핵점포(anchor stores)에서 가까운 곳 보다는 임대료가 낮은 곳에 입지해도 무방하다.

② 충동구매상품이 구색에서 차지하는 비율이 높은 소매점포는 가능한 한 핵점포에 근접한 곳에 입지해야 한다.

③ 혼잡도는 사람들이 밀집되어 복잡한 정도뿐만 아니라 자동차의 밀집에 따른 복잡한 정도를 모두 포함하고 있는 개념이다.

④ 혼잡도가 일정수준을 넘어 너무 혼잡하면 쇼핑속도가 떨어지고 고객 불만을 야기하여 매출이 하락하지만, 적정수준의 혼잡도는 오히려 고객에게 쇼핑의 즐거움을 더해 주기도 한다.

(4) 동선(動線)

① 고객들의 이동궤적을 의미하는데 자석(customer generator)과 자석을 연결하는 선으로 나타나기도 한다. 주동선이란 자석과 자석을 잇는 가장 기본이 되는 선을 말하며, 접근동선이란 동선으로 접근할 수 있는 동선을 말한다.

② 복수의 자석이 있는 경우의 동선을 부동선이라 하며, 경제적사정으로 많은 자금 이 필요한 주동선에 입지하기 어려운 점포는 부동선(副動線)을 중시한다.

(4) 쇼핑센터의 외부입지 전략

① 쇼핑센터의 이용자가 주거지로부터 쇼핑센터까지 이르는 데 소요되는 시간과 거리, 이용 교통수단을 고려하여 입지를 선정해야 한다.

② 교외형과 도심형의 쇼핑센터를 확실하게 구분하여, 각각의 특성에 맞게 목표를 설정하고 있어야 한다.

③ 핵점포, 몰, 코트, 전문상가, 사회 · 문화 시설 등 쇼핑센터를 구성하는 시설의 연계 체계를 자세히 고려하여야 하며 고객을 위한 휴식공간, 사회시설, 문화시설 의 제공을 고려해야 한다.

④ 인접 소매업체가 동일한 표적고객을 대상으로 상호보완적인 구색을 제공하고 있다면 매우 좋은 점포위치라고 할 수 있다.

(5) 쇼핑센터의 사회적 기능

① **상업 기능**: 쇼핑센터의 기본 기능이며 규모나 형태, 입지 등에 맞는 소매기능이 발휘될 수 있도록 하여야한다.

② **커뮤니티 기능**: 공공서비스를 제공하는 장소 또는 축제나 클럽 등 지역생활자가 필요로 하는 장소를 제공한다.

③ **공공적 기능**: 금융서비스, 오락, 행정 및 공공서비스 등과 같은 다양한 공적 서비 스를 제공한다.

④ **고용의 창출**: 소매업은 대면판매를 하기 때문에 이에 필요한 다수 고용인을 확보 함으로써 지역경제에 이바지한다.

(6) 스트립 쇼핑센터의 유형

① **네이버후드 센터**(Neighborhood Center): 소비자와 가장 가까운 지역에서 소비자 들의 일상적인 욕구를 충족시키기 위하여 편리한 쇼핑장소를 제공하도록 설계된 곳을 말한다.

② 커뮤니티 센터(Community Center): 지구 중심으로 위치하고 있으며, 네이버후드 센터보다는 좀더 다양한 범위의 일반적인 상품을 제공하고 있다.

③ 파워 센터(Power Center): 소매업의 업태분류 중 카테고리 킬러, 대형 마트를 핵 점포(anchor store)로 유치하는 것이 가장 적절하다.

9. 노면 독립입지(Freestanding Sites)

(1) 노면 독립입지의 개념

① 노면 독립입지란 여러 업종의 점포가 한곳에 모여 있는 군집 입지와 달리, 전혀 점포가 없는 곳에 독립하여 점포를 운영하는 형태를 말한다.

② 독립지역은 다른 소매업체들과는 지리적으로 떨어진 지역을 의미하며, 통상적으로 독립지역에 위치한 소매점은 다른 소매업체들과 고객을 공유하지 않는다.

③ 독립입지는 군집입지의 상반되는 개념으로 중심시가지 보다 토지 및 건물의 가격이 싸고, 대형점포를 개설할 경우 소비자의 일괄구매(one-stop shopping)를 가능하게 하며, 비교구매를 원하는 소비자에게는 그다지 매력적이지 않다.

④ 노면 독립입지의 장점은 넓은 주차공간, 영업시간, 제품에 대한 규제의 완화, 고객을 위한 큰 편의성 등이 있다. 다른 소매업체들과 지리적으로 떨어진 지역을 의미한다.

(2) 노면독립입지에 적합한 업종

① 통행인들에 대하여 가급적 가시성이 높은 위치에 있어야 하고 특정 입지 안에 직접 경쟁하는 점포가 비교적 적어야 한다.

② 점포 경영자가 점포의 간판, 영업시간, 상품구색에 대해 결정권을 가지고 있는 영업이어야 한다.

③ 다른 업체와 비교 우위에 있는 확실한 기술력을 보유하고 있는 전문성이 있는 업종이나 다른 업체와 비교하여 뛰어난 마케팅능력을 보유하고 있으며, 충분히 능력을 발휘할 자신이 있는 업종이 적합하다.

④ 대규모 자본을 투자하여 다른 업체와 확실한 비교 우위를 설정하여 고객 스스로 찾아올 수 있도록 할 수 있는 서비스와 시설 규모가 갖춰진 업종이 적합하다.

(3) 노면 독립입지에 적합한 정책

① 규모의 정책을 실시하여 저비용·저가격으로 대규모 판매를 실시해야 하는 경우에 적합하다.

② 시간이나 장소적 제약을 받는 쇼핑몰이나 쇼핑센터의 운영 규제와는 상이한 독자적인 점포 정책을 실시할 필요가 있는 경우에 적합하다.

③ 일정한 크기의 토지와 형태가 요구되는 업종의 경우에 적합하고, 물적유통의 네트워크상에서 비용 절감을 위하여 특정한 위치가 필요한 경우에 적합하다.

10. 복합용도 개발(MXDs ; mixed-use developments)

(1) 복합용도 개발의 정의

① 주거와 상업, 업무, 문화 등 3가지 이상의 기능들을 상호 밀접하게 연관시켜 편리성과 쾌적성을 제고시킨 건물 또는 건물군의 개발을 말한다.

② 개발업체들은 넓은 보도나 대규모 진열창 등에 세세한 주의를 기울여 특별히 인간적인 느낌이 있어야 한다.

③ 복합용도 개발은 하나의 복합건물에 다양한 용도 즉 쇼핑센터, 오피스타워, 호텔, 주상복합건물, 컨벤션센터 등을 복합적으로 결합시킨 것을 말한다.

(2) 복합용도 개발의 특징

① 복합용도 개발은 개발업체들이 공간을 보다 생산적으로 사용할 수 있기 때문에 복합용도개발을 선호한다.

② 특정한 지역에 같은 기능을 하는 점포들이 몰려 있어서 많은 고객들을 점포로 유인할 수 있기 때문에 소매업체들에게 인기가 높다.

③ 오피스개념의 도심지에 주거기능을 도입함으로써 도넛 현상인 도심 공동화 현상을 어느 정도 방지할 수 있어 도시에 활력소가 된다.

④ 개발가능성이 높기 때문에 재개발을 수행함으로써 도심지역의 토지 이용 효율성을 높일 수 있다.

(3) 복합용도 개발의 필요성

① 젊은 독신자나 젊은 부부처럼 도시 내·외에서 살고자 하는 사람들에게 양질의 주택을 공급할 수 있으며 이로 인해 도심공동화 현상을 방지할 수 있다.

② 도심지 내에서 반드시 필요한 근린생활시설 및 각종 편의시설의 설치가 가능하게 되어, 도심지가 생동감이 넘치고 다양한 삶의 장소로 변화가 가능하다.

③ 도심지발전에 있어서 복합기능의 수용에 따라 상업기능전용의 증가현상을 억제함으로써 도시의 균형잡힌 발전을 도모할 수 있다.

④ 주거지와 직장의 거리가 단축됨으로 인해 개인적으로 출퇴근 시 교통비용과 시간의 절약이라는 이점이 있으며 교통 혼잡도 완화할 수 있다.

⑤ 도심지 주변에 소재하고 있는 소규모 개인업체인 도소매업, 광고업, 인쇄업 등이 서비스 역할을 담당하는 유흥지역으로 변경되는 것을 억제할 수 있다.

⑥ 주상복합용도 건물의 건설로 인하여 기존 시가지 내의 공공시설을 활용함으로써 신시가지 또는 신도시의 도시기반시설과 공공서비스 시설 등에 소요되는 공공 재정이나 민간 자본을 절감할 수 있다.

⑦ 각종 업무나 주거시설 등 기능별로 주차자의 집중 이용 시간대가 분산되기 때문에, 한정된 주차 공간을 효율적으로 이용할 수 있다.

11. 넬슨(R. L. Nelson)의 소매입지이론

(1) 넬슨(R. L. Nelson)이론의 개념

① R.L Nelson은 소매인력법칙을 보완하여 매장면적과 거리 외 점포의 물리적 속성에 해당되는 다른 요인도 흡인력에 영향을 미치고 있다고 보았다.

② 넬슨은 최대의 이익을 얻을 수 있는 매출고를 확보하기 위하여 점포가 어디에 위치하고 있어야 하며, 어디에 입지해야 하는지를 알기 위하여 입지선정을 위한 8가지 평가원칙을 제시하였다.

(2) 넬슨(R. L. Nelson)의 입지선정의 8가지 평가방법

① **상권의 잠재력**: 현재 관할 상권 내에서 취급하는 상품, 점포 또는 상업시설의 수익성 확보가 가능한가에 대한 검토가 이루어져야 한다.

② **접근 가능성**: 동일한 상권 내의 고객들을 자신의 점포로 유인하는 데 있어서 어떠한 장애요소가 접근할 수 있는 가능성을 방해하는지를 살펴보는 것이다.

③ **성장 가능성**: 주변의 인구 증가와 일반 고객들의 소득증가로 인하여 시장 규모나 선택한 사업장과 유통상권이 얼마나 성장할 수 있겠는가를 평가하는 방법이다.

④ **중간 저지성**: 경영자가 속한 상권지역 내의 기존 점포나 상권 지역이 고객과 중간에 위치하여 경쟁점포나 기존의 상권으로 접근하려는 고객을 중간에서 저지할 수 있는 가능성을 평가하는 방법이다.

⑤ **누적적 흡인력**: 동일업종의 집적에 의해 고객을 끌어들일 수 있는 가능성으로 경영자가 속한 상권지역 내에 영업 형태가 비슷하거나 동일한 점포가 집중되어 있어 고객의 흡인력을 극대화할 수 있는 가능성 및 사무실, 학교, 문화시설, 체육시설 등에 인접함으로써 고객의 흡수가 유리한 조건인가를 평가하는 방법이다.

⑥ **양립성**: 상호보완관계가 있는 점포들이 근접하여 입지함으로써 고객이 흡입될 가능성으로 경영자가 진입할 상권에 상호 보완관계에 있는 점포가 서로 인접해 있어서 고객의 흡인력을 얼마나 높아지게 할 수 있는가의 가능성을 검토하는 방법이다.

⑦ **경쟁 회피성**: 장래 경쟁점이 신규 입점함으로써 고려대상 점포나 유통단지에 미칠 영향 정도나 경쟁점(경쟁 유통단지)의 입지, 규모, 형태 등을 감안하여 고려대상 점포나 유통단지가 기존점포와의 경쟁에서 우위를 확보할 수 있는 가능성의 정도를 평가하는 방법이다.

⑧ **용지 경제성**: 경영자가 진입할 상권의 입지 가격이나 비용 등으로 인한 수익성과 생산성의 정도를 검토 평가하여 수익성 및 생산성이 가장 확실하게 보장되는 용지를 선택해야 한다.

12. 라이프스타일(Life style)

(1) 라이프스타일의 의의

① 라이프스타일(Life style)은 개인이나 가족의 가치관 때문에 나타나는 다양한 생활양식·행동양식·사고양식 등 생활의 모든 측면의 문화·심리적 차이를 전체적인 형태로 나타낸 말이다.

② 해당지역 인구의 라이프스타일 특징은 특정 소매업체가 추구하고 있는 표적시장과 일치해야 하는데 한 지역의 인구수와 소득이 구매력을 결정짓는 중요한 요건일 수 있기 때문이다.

③ 라이프스타일 변수분석의 초점은 표적고객들의 특징을 파악하는 것으로 나타날 수 있다. 인구통계와 라이프스타일의 특성은 소득문제, 가족문제, 교육문제 등 인구의 특색을 나타낼 수 있는 모든 변수들은 인구학적인 특징에 포함한다.

④ 소매점포 입지선정과정에서 상권 내 소비자들의 라이프스타일의 변화 동향을 의류패션전문점, 스포츠용품점, 문화용품점 등을 통해 파악할 수가 있다.

(2) 라이프스타일의 특징

① 상당히 많은 제품들이 고객들의 라이프 스타일에 의해 영향을 받으며, 구매된 상품은 구매자 라이프 스타일을 표현한 것임을 알 수 있다. 많은 기업들이 구매자의 라이프 스타일에 따라 그들의 시장을 세분화하고 있다.

② 라이프 스타일에 의한 시장세분화는 심리분석적 세분화기법 중 가장 대표적인 방법이다. 이 방법은 주로 사람들의 활동(Activity), 관심(Interest), 의견(Opinion)을 기준으로 몇 개의 집단으로 구분하는데, 영문표기의 머릿글자를 따서 AIO 분석이라고 한다.

(3) 전체 인구의 변화

① 현재 우리나라 총 인구의 증가율은 세계에서 최저에 속하지만, 절대적인 총 인구의 증가는 미약하게나마 계속 증가하고 있는 상황이다.

② 총 인구의 증가는 개인의 소득 증가와 함께 유통업의 계속적인 발전 가능성을 의미한다. 따라서 특정 거래지역에서 소매점을 개설하는 경우에는 그 지역 총 인구의 증가 요인을 면밀히 검토하여 거기에 맞는 대책을 수립해야 한다.

③ 과거에 우리나라의 인구 구조는 피라미드 구조였다. 하지만 지금은 항아리 형으로 바뀌었는데, 이러한 전체적인 인구 구조의 변경사항은 새로운 시장의 탄생과 기존 시장의 쇠퇴를 말한다고 할 수 있다.

(4) 이동성의 증대

① 자가용 보급의 확대로 소비자들의 이동성이 커지면서 시 외곽지역으로 외식하는 것과 원거리 지역의 쇼핑센터에서 쇼핑을 하는 일이 빈번하게 생기게 되었다.

② 이러한 기동성의 증가로 인해 이제는 대도시에 살든 농촌지역에 살든지의 소비
제품 구매에 있어서 거의 차이가 발생하지 않는다. 이러한 소비자들은 어느 곳에
서나 브랜드 상품을 선호하고 품질보증에도 높은 관심을 보이고 있다.

13. 경쟁 상황의 분석

(1) 경쟁 상황 파악

① 경쟁을 시작하기 전에 경쟁상황을 파악하기 위하여 동일상권 내의 업종별 점포
수, 업종의 비율, 업종별 층별 분포도 등을 상세하게 파악하여야 한다.
② 건물의 각층 구성비에 따라서 상권의 좋고 나쁨에 대한 판단을 할 수 있으므로,
건물의 층별 점포구성을 조사 · 분석하여야 한다.
③ 서비스업종이 많으면 서비스업종으로 출점하는 것이 유리하고, 판매업종이 많으
면 판매업종으로 출점하는 것이 좋으므로 점포를 개점할 때에는 판매업종과
서비스 업종의 구조를 조사하여 분석해야 한다.

(2) 경쟁점 분석

① 경쟁점 분석은 상품구성 분석, 가격대 분석, 부문별 상품배치상태 분석 등을
포함한다.
② 경쟁점의 상품구성 분석의 주요 대상은 상품계열구성, 품목구성, 상품구성의
기본정책 등이다.
③ 경쟁점의 상품구성은 고객의 구매동기와 구매빈도수, 가격대, 가격 대비 품질 등
을 중심으로 분석한다.
④ 상품을 세분화하여 경쟁점과 상생할 수 있도록 차별성과 양립성을 동시에 추구
해야 한다.

출점(出店)

1. 상가건물 임대차보호법과 권리금

(1) 상가건물 임대차보호법의 목적

① 상가건물 임대차보호법은 상가건물 임대차에 관하여 '민법에 대한 특례를 규정하
여 국민 경제생활의 안정을 보장함을 목적'으로 한다.
② 임차권등기명령 절차에 관한 규칙은 주택임대차보호법과 상가건물임대차보호
법이 임차권등기명령절차의 시행에 관하여 대법원규칙에 위임한 사항 및 기타
주택임대차보호법과 상가건물임대차보호법의 시행에 필요한 사항을 규정함을
목적으로 한다.

(2) 상가건물 임대차보호법의 임대기간

① 기간을 정하지 아니하거나 기간을 1년 미만으로 정한 임대차는 그 기간을 1년으로 본다. 다만, 임차인은 1년 미만으로 정한 기간이 유효함을 주장할 수 있다.

② 임대차가 종료한 경우에도 임차인이 보증금을 돌려받을 때까지는 임대차 관계는 존속하는 것으로 본다.

(3) 상가건물 임대차보호법의 계약갱신요구권

① 임대인은 임차인이 임대차기간이 만료되기 6개월 전부터 1개월 전까지 사이에 계약갱신을 요구할 경우 정당한 사유 없이 거절하지 못한다.

② 임차인의 계약갱신요구권은 최초의 임대차기간을 포함한 전체 임대차기간이 10년을 초과하지 아니하는 범위에서만 행사할 수 있다.

③ 갱신되는 임대차는 전 임대차와 동일한 조건으로 다시 계약된 것으로 본다. 다만, 차임과 보증금은 차임 또는 보증금이 임차건물에 관한 조세, 공과금, 그 밖의 부담의 증감이나 경제 사정의 변동으로 인하여 상당하지 아니하게 된 경우에는 당사자는 장래의 차임 또는 보증금에 대하여 증감을 청구할 수 있다.

④ 임대인이 제1항의 기간 이내에 임차인에게 갱신 거절의 통지 또는 조건 변경의 통지를 하지 아니한 경우에는 그 기간이 만료된 때에 전 임대차와 동일한 조건으로 다시 임대차한 것으로 본다. 이 경우에 임대차의 존속기간은 1년으로 본다.

⑤ 제4항의 경우 임차인은 언제든지 임대인에게 계약해지의 통고를 할 수 있고, 임대인이 통고를 받은 날부터 3개월이 지나면 효력이 발생한다.

(4) 권리금(fore gift, 權利金)

① 상가임대차 과정에서 다루게 되는 권리금을 산정할 때 근거가 되는 유무형의 재산적 가치는 영업시설·비품, 거래처, 신용, 상가건물의 위치 등 이고, 임대료 지불수단은 해당하지 않는다.

② 권리금은 바닥권리금, 영업권리금, 시설권리금으로 나뉜다. 바닥권리금은 말 그대로 상권과 입지를 말하며, 영세권이나 유동인구가 많은 곳일수록 바닥권리금이 높다.

③ 영업권리금은 사업자가 얼마나 많은 단골을 확보했는지의 여부다. 단골이 많을수록 기본매출이 높아지는데, 참고로 영업권리금이 높은 업종은 학원이다. 이는 학생 수가 곧 매출로 직결되기 때문이다.

④ 시설권리금은 감가상각 후 남은 시설의 가치를 말한다. 권리금은 상가를 매입하거나 임차할 때 관행적으로 인정되지만, 상가임대차보호법상 상가 권리금에 관한 명확한 법 규정은 존재하지 않는다.

⑤ 영업보상금 산정기준이 되는 토지보상법 또한 권리금을 인정하지 않고 있다. 즉, 임대차계약이 종료되더라도 임대인은 원칙적으로 권리금 반환에 대한 의무를 지지 않는다.

2. 다점포 경영

(1) 다점포 경영의 의의

① 다점포경영은 규모의 이익과 효율을 고려하여 계획적으로 여러 지역에 출점하는 것을 말한다.

② 다점포경영은 본점을 통한 대량매입과 각 지점을 통한 대량판매의 동시 실현을 목표로 하는 경영시스템을 의미한다.

③ 다점포경영은 동일업종이나 업태의 수를 증가시킴으로써 구매자에 대한 구매력을 향상시킬 수 있다.

(2) 다점포전략의 영향

① 동일한 상권 안에 새로운 점포를 출점하는 전략은 내부경쟁을 통해 성과가 나쁜 자사(自社) 점포의 성과를 개선하는 효과를 가져올 수 있다.

② 동일한 상권을 자사 점포로 포화시키는 전략은 점포 간 시너지를 통해 경쟁점포의 고객을 자사 고객으로 전환하는 효과를 가져올 수 있다.

③ 소매점이 동일한 상권 안에 복수의 점포를 출점하는 경우 물류, 광고 등의 공동활동에서 규모의 경제를 누릴 수 있고 점포 신설에 따른 한계이익이 한계비용을 초과하는 범위 안에서는 회사 전체적인 입장에서 더 큰 이익을 얻을 수 있다.

④ 동일 상권 내에 복수 및 다수의 점포운영은 고객의 접근성 및 편리성을 보다 높일 수 있을 뿐만 아니라 단수의 점포로는 규모가 지나치게 비대해져서 발생할 수 있는 비효율적인 경영을 막을 수 있다.

(3) 다점포 경영의 장 · 단점

① 본사에서 대량으로 매입하여 지점에 공급하기 때문에 같은 물건이라도 단독경영을 수행하는 경쟁의 관계에 있는 업체보다 상대적으로 적은 비용으로 공급받을 수 있어 비용을 절감하여 원가에서 우위를 접할 수 있다.

② 본사나 다른 지점에서 수행하거나 시행함으로 인하여 금융권에 안정적이라는 인식을 주어 개설비용의 융자, 상품의 외상구매 등의 효과를 얻을 수 있고, 이미 알려진 상품과 상호의 사용으로 광고, 홍보 효과를 증가시킬 수 있다.

③ 지점은 본사에서 훈련된 전문인력이 파견되어 시장 변화와 상황을 조사하고, 그에 알맞은 상품을 개발해 유사규모의 소매업태에 비해 시장 변화에 발빠르게 대응이 가능하다.

④ 촉진 및 유통활동에 있어서 규모의 경제를 실현할 수 있고, 해당 상권이 포화되어 경쟁업체에 대해 진입장벽을 형성할 수 있으며, 기업의 브랜드 가치를 높이고 사회적 이미지를 강화할 수 있다.

⑤ 본사의 영업 확대와 사업 확장으로 도산이나 부도가 발생하게 되면 본사의 지원으로 유지되는 가맹점들은 다른 업종과의 경쟁에서 상당히 불리한 위치에 처하게 된다.

⑥ 다점포 경영전략은 동종업종의 경쟁악화로 인해 제살 깎아 먹기라는 비난을 면하기 어렵다. 본사에서는 상품과 유니폼 등을 본부 운영방침대로 정하여 획일적으로 공급하기 때문에 지점운영의 독립성과 다양성이 제한될 수밖에 없다.

(4) 점포로의 접근성

① 접근성(accessibility)은 고객들이 통행 발생지역으로부터 자기가 원하는 특정한 지역이나 장소로 이동하는 데 있어서의 어떠한 장애요인이나 방해 없이 진입과 퇴출이 자유로운 상황을 말한다.

② 접근성은 점포의 입지나 상권을 결정하는데 있어서 상당히 중요하게 고려되는 요소이다. 이러한 접근성은 거리상태, 통행량, 통행시간, 매력 등에 의하여 결정되며, 이러한 접근가능성이 높을수록 교통량이 증가하는 특징이 있다.

③ 점포입지의 장애물로는 산, 강, 인조 조형물, 철로, 공원 등의 존재유무를 의미하며 지역내 소득의 수준격차도 점포접근에 대한 장애물로 작용할 수 있다.

④ 소매점포의 일반적인 전략수립과정은 「상권분석 → 입지선정 → 점포계획 → 소매믹스설계」의 순으로 전략을 수립한다.

3. 내점객(來店客) 조사방법

(1) 고객점표법

① 소비자들로부터 획득한 정보를 이용하여 1차 상권과 2차 상권을 확정하는 기법으로 윌리엄 애플바움(William Applebaum)이 내점객을 조사하기 위해서 개발한 내점객 조사방법이다. 고객점표도에는 대상 점포에서 쇼핑을 하는 고객들의 지리적 분포가 나타난다.

② 점포에 출입하는 고객들을 무작위로 인터뷰하여 인터뷰 내용으로 고객들의 거주지나 출발지를 확인하고, 이를 격자 도면상에 표시하여 점표도를 완성하여 격자별 인구를 계산한다. 이 경우 격자의 크기는 필요에 따라 조절이 가능하며, 격자별 매상고를 추정하여 계산한다. 몇 개의 격자를 그룹화하여 상권을 확정한다.

(2) 점두조사

① 점두조사는 방문하는 소비자의 주소를 파악하여 자기점포의 상권을 조사하는 방법이다.

② 매 시간별로 구분해서 조사하며, 평일, 주말, 휴일, 경축일, 일요일 등으로 구분 조사하고, 소비자를 지도상에 분포되게 할 수 있도록 주소 단위로 한다.

(3) 타임페어법

① 점포에서 역까지의 전철과 버스노선별 소요시간 및 요금을 조사하여 상권을 파악하는 방법이다.

② 타임페어법은 소비자들의 이용도가 높은 교통수단일수록 조사 방법에 유리하다

4. 시장점유율법(Market Share Approach)

(1) 시장점유율법의 개념

① 총시장잠재력은 상권의 시장잠재력의 척도인 1인당 소비액(지출액)과 상권 내 인구수를 곱한 값이다.

② 시장점유율은 시장의 총 잠재 매출액 중에서 점포가 차지하는 매출 비율이며 「점포의 가구당 판매액÷가구당 잠재판매액」의 수식으로 표현된다.

③ 상권별 시장점유율 자료인 시장점유율법에서 고려할 사항은 상권내 인구수와 1인당 소비액 또는 가구당 소비액을 계산하는 것이다.

④ 슈퍼마켓 연구의 내용과 일치하며, 다른 점은 선행연구에서 '상품의 질'을 예비조사 결과를 참고하여 '식품의 신선도'로 바꾼 것이다.

(2) 매출추정의 절차

① 경쟁지역과의 접근성 등의 변수를 고려하여 업태의 상권을 추정한다.

② 인구조사자료를 기초로 하여 상권 내 인구수를 파악한다.

③ 상권의 시장잠재력 척도인 1인당 소비액을 추정한다.

④ 인구수와 1인당 지출액을 곱하여 총 시장 잠재력을 구한다.

(3) 구매력 지수(BPI : Buying Power Index)

① 특정지역 상권의 전반적인 수요를 평가하는 도구로 활용되며, 지역상권 수요에 영향을 미치는 핵심변수를 선정하고, 이에 일정한 가중치를 부여 하여 지수화한 것을 의미한다.

② 전체 인구에서 해당지역 인구가 차지하는 비율이며, 전체 소매매출에서 해당지역의 소매매출이 차지하는 비율이고, 전체가 처분소득(또는 유효소득)에서 해당지역의 가처분소득(또는 유효소득)이 차지하는 비율이다.

(4) 테넌트(tenant) 관리

① 테넌트(tenant)는 상업시설의 일정한 공간을 임대하는 계약을 체결하고 해당 상업시설에 입점하여 영업하는 임차인을 말한다.

① 테넌트(tenant)는 상업시설의 일정한 공간을 임대하는 계약을 체결하고 해당 상업시설에 입점하여 영업을 하는 임차인을 일컫는 말이다.

③ 앵커 테넌트(anchor tenant)는 상업시설 전체의 성격을 결정짓는 요소로 작용하며 해당 상업시설로 많은 유동인구를 발생시키기도 한다.

④ 앵커 테넌트(anchor tenant)는 핵점포(key tenant) 라고도 하며 백화점, 할인점, 대형서점 등 해당 상업시설의 가치를 높여주는 역할을 한다.

⑤ 마그넷 스토어(magnet store)는 쇼핑센터의 이미지를 높이고 쇼핑센터의 회유성을 높이는 점포를 말한다. 테넌트믹스(tenant mix)는 상업시설의 머천다이징 정책을 실현하기 위해서는 시설내 테넌트간에 보완적인 정책을 진행해야 한다.

SUBJECT 3
유통마케팅

01 마케팅(MARKETING)

1. 유통마케팅

(1) 유통마케팅 기능

① 유통마케팅의 기능으로 소유권 이전 기능은 구매(buying) 및 판매(selling)를 통해 소유권을 이전시키는 기능으로서, 마케팅의 가장 본질적 기능이다.

② 운송 및 저장을 통해 물적유통 기능을 수행한다. 유통조성 기능은 마케팅의 교환 기능이나 상적·물적 유통 기능이 합리적으로 수행되도록 보조하는 기능을 말한다.

(2) 유통마케팅의 패러다임

① 시장점유율보다 고객점유율에 초점을 두고, 세분화 및 표적시장 선정보다는 바람직한 고객포트폴리오 구축에 힘쓴다.

② 단기적 매출 증가보다 장기적 고객자산 증가를 중요시하며, 단품보다는 수명이 더 긴 상표에 대한 경험의 개선을 강조한다.

(3) 마케팅 발전단계

① 저조
  ㉠ 기능 지향적, 계층적
  ㉡ 제품추구, 주주이해 추구적
  ㉢ 판매상 탐색, 공급업자 탐색, 경쟁사에 대응하기

② 양호
  ㉠ 과정 지향적, 네트워크
  ㉡ 시장추구, 이해 관계자 추구적
  ㉢ 판매상 지원, 공급업자 선호, 경쟁사에 대한 벤치마킹

③ 탁월함
  ㉠ 결과 지향적, 팀워크
  ㉡ 고객만족추구, 사회지향 추구적
  ㉢ 판매업자와 동반자, 공급업자와 동반자, 경쟁사를 앞지르기

2. 유통 마케팅전략(Distribution Marketing Strategy)

(1) 유통마케팅 전략의 수립

① 고객지향적 마케팅 전략을 실행함에 있어 네 가지 중요한 단계인 시장 세분화, 표적시장의 선정, 차별화 및 포지셔닝의 단계로 나누어 보는 작업이 필요하다.

② 서로 다른 욕구, 특징 혹은 행동을 가진 상이한 고객집단으로 분류하는 것을 시장 세분화라고 하며, 이때 각 고객집단은 서로 다른 제품 혹은 마케팅믹스를 요구할 때만 시장세분화의 의의가 있으며 세분화 된 시장 중 하나 또는 소수의 세분시장에 초점을 맞추는 것을 틈새마케팅 혹은 집중마케팅이라고 한다.

③ 시장을 세분화하는 방법은 존재하지 않으므로 마케터는 어떤 것이 시장 세분화 기회를 가장 잘 제공하는가를 파악하기 위해 다양한 변수를 검토해야 한다.

④ 자원이나 경영노하우 등 기업이 가진 내부적인 능력이 제한되어 있는 기업은 모든 자원을 한곳에 집중을 시키는 집중적 마케팅 전략이 유리하다.

(2) 전략적 계획수립의 중심적 역할

① 얼마나 많은 자원을 각 사업부에 할당할 것이며 어느 사업단위를 제외할 것인가를 결정하고 사업부의 계획을 수립하며 각 사업단위 내 제품수준에서 그 목표를 성취하기 위한 마케팅 계획을 수립해야 한다.

② 모든 기업본부가 수립해야 할 4가지 계획은 기업사명을 정의, 전략적 사업단위(SBU)수립, SBU에 재원을 할당하고 부과, 성장기회 평가의 식으로 구분한다.

3. 시장 세분화

(1) STP 전략의 수립

① 시장 세분화(market segmentation): 전체시장을 기업이 제공하는 마케팅믹스에 대하여 유사한 반응을 할 것으로 추정되는 동질적 고객집단으로 나누는 과정으로 지리적 변수, 인구통계적 변수, 행동적 변수, 심리묘사적 변수 등을 기준으로 시장을 구분할 수 있다.

② 표적 시장선택(selection of target market): 여러 개의 세분시장들 중에서 경쟁제품보다 고객의 욕구를 더 잘 충족시킬 수 있는 세분시장을 선정하는 것이다.

③ 제품 포지셔닝(product positioning): 소비자의 마음속에 경쟁상표와 비교하여 경쟁우위를 제공하는 위치에 자사상표를 구축하려는 노력을 말한다.

(2) 시장 세분화의 기준

① 하워드 모스코위츠(Howard Moskowitz)는 세상에는 다양한 입맛을 가진 소비자 집단들이 존재하기 때문에 단 하나가 아닌 여러 개의 스파게티 소스가 존재한다고 주장하였다. 이 주장을 받아들인 Campbell's Soup회사는 가장 대중적인 하나 대신 서로 다른 여러 종류의 스파게티 소스를 생산하였다.

② 시장세분화 기준변수를 크게 고객행동변수와 고객특성변수(인구통계적 변수 및 심리분석적 변수)로 구분하였을 때, 추구편익(혜택)은 고객행동변수로 분류된다.

③ 차별적 마케팅 전략은 A대형마트는 추석을 맞이하여 4인 가족 단위의 명절 선물세트를 출시함과 동시에 1인 가구의 증가 추세에 힘입어 혼자서 술 마시고 밥을 먹는 사람들(흔히 '혼술·혼밥족') 전용의 명절 선물세트를 출시하는 것이다.

세분화 기준	변 수
지리적 변수	지역, 인구밀도, 도시의 크기, 기후
인구 통계적 변수	나이, 성별, 가족규모, 가족수명주기, 소득, 직업교육수준, 종교
심리 분석적 변수	사회계층, 생활양식, 개성
행태적 변수	추구라는 편익, 사용량, 제품에 대한 태도, 상표충성도, 상품구매단계, 가격에 대한 민감도

4. 현대적 마케팅 활동

(1) 소셜네트워크서비스(SNS) 마케팅

① SNS(Social Network Service: 소셜 네트워크 서비스)는 1인 미디어, 1인 커뮤니티, 정보 공유 등을 포괄하는 개념이며, 스마트폰을 이용한 소셜커머스 판매비중의 증가율이 스마트폰을 이용한 오픈마켓보다 높아지는 추세이다.

② 소셜 커머스는 음식점, 커피숍, 공연 등 지역 기반의 서비스 상품에 대한 공동구매로 시작하였고, 1, 2위 업체의 경우 소수의 상품을 낮은 가격에 판매할 때 활용하며, 큐레이션 커머스(curation commerce) 형태를 띠고 있다.

③ 소셜네트워크 서비스를 이용하여 홈페이지를 만드는 것이 가능하다. 트위터 마케팅, 스마트폰 마케팅, 카페마케팅, 페이스북 마케팅 등도 SNS의 일종이다.

(2) 노이즈 마케팅(noise marketing)

① 노이즈 마케팅은 상품의 홍보를 위해 고의적으로 각종 이슈를 만들어 소비자의 호기심을 불러일으키는 마케팅기법으로 특히 단기간에 최대한 인지도를 높이기 위한 경우에 쓰인다.

② 주로 좋은 내용보다는 자극적이고 좋지 않은 내용의 구설수를 퍼뜨려 소비자의 입에 오르내리게 한다. 비록 부정적인 이미지로 굳혀질 수 있는 위험이 있지만, 반대로 매출은 올라간다는 결과가 있다.

(3) 버즈마케팅(Buzz Marketing)

① 소비자가 상품을 구입하는 과정에서 광고보다는 소문이 더 많은 영향을 미치는 것으로 나타났다.

② 대형마트에서 식품의 신선도 등을 고려하여 마감이 임박한 시간이면 거의 매일 제한세일판매를 한다는 소문을 소비자들이 미리 알고, 기업들이 소비자들로 하여금 자발적으로 상품에 대한 소문을 내도록하는 마케팅 기법을 버즈마케팅(Buzz Marketing)라고 한다.

(4) 바이럴 마케팅 (Viral Marketing)

① 고객으로 하여금 업체를 대신해 주변의 다른 사람에게 재화나 서비스를 광고하게 만드는 마케팅 방법으로 어떤 회사나 그 회사의 제품에 관한 홍보를 소비자들의 입을 빌어 전하는 방식이다.

② 입소문(구전, WOM: Word of Mouth), 버즈 마케팅(Buzz Marketing), 네트워크마케팅(Network Marketing), 체험마케팅(Experience Marketing), 바이럴마케팅(Viral Marketing), 이 모든 마케팅전략은 사실 타겟 유저들에게 기업의 메시지를 전달하는 방법상의 유사한 면을 가지고 있다.

③ 바이럴은 이메일이나 온라인 전파에 관련된 분야로 한정 짓기도 하지만 포괄적인 입소문 마케팅의 한 영역으로 다루고 있다. 이러한 '입에서 입으로' 전하는 광고 효과는 기존 오프라인 마케팅에서도 활용되고 있는 것으로 빠른 시일 내에 큰 효과를 볼 수 있는 마케팅 수단 중의 하나이다.

(5) 데이터베이스 마케팅(Database Marketing)

① 고객을 만족시키기 위한 경영의 한 형태로서, 각종 1차 자료와 정보를 수집·분석하고 개인에 대해 차별적 정보를 제공하여 고객의 만족을 극대화하는 마케팅 수단을 말한다.

② 기업이 고객에 대한 여러 가지 다양한 정보를 컴퓨터를 이용하여 Database화 하고, 구축된 고객 데이터를 바탕으로 고객 개개인과의 지속적이고 장기적인 관계(Relationship)구축을 위한 마케팅 전략을 수립하고 집행하는 여러활동이다.

③ 컴퓨터의 활용가치가 높으며 고객과의 관리를 기초로 하고 있다. 따라서 정보기술을 바탕으로 한 과학적 마케팅기법, 고객정보와 거래정보의 교차활용, 일대일 커뮤니케이션 중시, 고객의 데이터 마이닝 중시, 기업의 장기이익 실현을 중시하는 마케팅 기법이다.

(6) 다이렉트 마케팅(direct marketing)

① 직접 마케팅이라고도 하며 무점포소매업의 일종으로 직접마케팅의 경로들에는 직접우편, 카탈로그, 텔레마케팅, 상호 작용적TV, 웹사이트 및 모바일 기기 등 상호작용적 경로를 들 수 있다.

② 거의 모든 세분시장에 알맞도록 메시지를 맞춤화하고 개인화하며, 관계를 구축할 수 있을 뿐만 아니라 적절한 시기에 대부분의 관심 있는 고객들에게 접근하며, 대안적 매체와 메시지들을 쉽게 검증할 수 있고 결과를 측정할 수 있다.

③ 직접마케팅은 중간유통상의 개입 없이 직접적인 경로를 통하여 고객에게 제품 및 서비스를 전달하는 활동을 의미하므로 판매인력을 통한 인적판매 및 현장 방문판매의 경우가 이에 해당한다.

5. 마케팅 믹스(Marketing Mix)

(1) 마케팅 Mix의 개념

① 마케팅믹스(Marketing Mix)란 마케팅의 목표를 합리적으로 달성하기 위하여 마케팅 경영자의 의사결정사항이다.

유통 마케팅

② 일정한 환경적 조건을 전제로 하여 일정한 시점에서 전략적 의사결정으로 선정한 마케팅 수단들이 적절하게 결합 내지 조화되어 있는 상태를 가리킨다.

(2) 핵심제품(Core product)

① 마케팅목표를 달성하기 위해서는 마케팅믹스의 네 가지 요소인 제품(Product), 유통(Place), 촉진(Promotion), 가격(Price)를 어떻게 통합할 것인가 하는 것이 중요한 문제가 된다. 여기에서 4P는 공급자중심에서 살펴본 것이다.

② 공급자 중심의 4P를 소비자 중심으로 전환을 하면 4C가 성립되는데 고객의 가치(Customer value), 고객비용(Cost to the customer), 고객의 편의성(Convenience), 고객커뮤니케이션(Communication)으로 구분을 할 수 있다.

6. 제품(Product)

(1) Product의 개념

① 제품(상품: Product)은 기본적 욕구 또는 2차적 욕구를 충족시켜 주는 이점들의 복합체로서 물리적 대상물, 서비스, 사람, 장소, 조직, 아이디어 또는 상기의 실체들의 복합체 등이 포함된다.

② 코틀러(P. kotler)는 제품의 개념을 3가지 수준인 핵심제품(Core product), 형태상·실체적 제품(formal or tangible product), 확장제품(augmented product)으로 구분하였다.

(2) 핵심제품(Core product)

① 핵심제품은 핵심 편익(benefit)이나 서비스를 가리킨다. 구매자가 진정으로 구매하는 것은 무엇인가의 응답이다.

② 소비자가 제품을 구입할 때, 그들이 획득하고자 하는 핵심적인 이점이나 문제를 해결해주는 서비스로 구성된다.

(3) 형태상·실체(유형) 제품(formal or tangible product)

① 보통사람들이 일반적으로 상품이라고 하며 눈으로 보고, 손으로도 만져볼 수 있도록 구체적으로 드러난 물리적인 속성 차원의 상품이라고 말할 수 있다.

② 품질과 특성, 상표, 디자인, 포장, 라벨 브랜드네임(brand name), 품질(Quality), 특징(features), 스타일링(styling)이 포함된다.

(4) 확장제품(augmented product)

① 핵심제품과 유형제품에 추가적인 고객 서비스와 이점을 결합한 것으로서 효용가치를 증가시키는 부가 서비스 차원의 상품을 확장제품이라고 말한다.

② 유형상품에 보증, 반품, 배달, 설치, A/S, 사용법 교육, 신용, 상담 등의 서비스를 추가하여 상품의 효용 가치를 증대시키는 것을 말한다.

7. 제품믹스(Product Mix)

(1) 제품믹스(Product Mix)의 구조

① 하나의 기업 혹은 하나의 사업단위(Business Unit)가 생산 및 판매하는 모든 제품들을 일컬어 제품믹스(Product Mix)라고 한다. 제품믹스는 각기 넓이와 길이 그리고 깊이를 가진다. 믹스와 계열은 같은 의미로 쓰여 진다.

② 제품믹스의 구조는 제품믹스의 폭(넓이 Width), 제품 계열의 길이(Length), 제품계열의 깊이(Depth, Breadth)로 이루어져 있다.

③ 제품믹스의 넓이란 '기업이 가지고 있는 전체 제품라인 수'를 말하고, 제품믹스의 길이란 '제품믹스 내에 있는 전체 제품의 수'를 말하며, 제품믹스의 깊이란 '특정 제품라인 내에 있는 한 제품이 창출해내는 품목의 수'를 의미한다.

④ 제품믹스 중에서 유사한 성능 및 용도를 가지거나 유사한 고객층 및 가격대를 가진 상품군들의 집합을 제품계열(product line)이라고 한다.

(2) 제품믹스(계열)의 폭(넓이 ; Width)

① 제품믹스(Product Mix)의 폭은 해당기업의 생산·판매하는 제품 계열의 수를 의미한다.

② 현대자동차에서 승용차, 버스, 트럭, 승합차라면 이회사의 제품믹스의 폭(넓이)은 4가된다.

(3) 제품믹스(계열)의 길이(Length)

① 제품계열(product line)의 길이는 제품믹스(계열)의 폭(넓이)중 하나의 길이나 또는 전체중의 평균이라 할 수 있다.

② 승용차계열의 에쿠스, 제네시스, 그랜저, 소나타, 아반테가 있다면 그 회사의 제품계열은 5라고 할 수 있다.

(4) 제품믹스(계열)의 깊이(Depth, Breadth)

① 제품믹스의 깊이는 한 품목에 포함된 변형(Version)의 수, 즉 동일한 상표로 제공되고 있는 상이한 형태와 규격을 갖는 품목의 수를 말한다.

② 소나타의 종류는 다양하게 있다. 소나타1, 소나타2, 소나타3, EF소나타, NF소나타가 있을시 깊이는 5가 된다.

8. 가격(Price)

(1) 하이로우 가격설정(High-Low pricing)

① 하이로우 가격설정전략은 EDLP전략보다 높은 가격을 제공하면서, 때로는 낮은 가격으로 할인하기도 하는 가격전략이다. 백화점이나 슈퍼마켓 등이 주로 High-low 가격전략을 사용하고 EDLP 전략보다는 광고비용이 더 드는 경향이 있다.

② 하이로우 가격설정전략에서 동일한 상품으로 다양한 고객의 특성에 소구할 수 있는 장점이 있으며, 고객에게 세일은 고객을 흥분시키는 효과를 발생시키고, 재고를 줄이는 효과가 있다.

③ 고객은 가격이 품질의 척도라고 생각하고, 품질의 신뢰성을 가질 수 있다. 초기의 고가전략은 고객들에게 높은 품질의 믿음을 제공하는 효과가 있을 수 있다.

(2) 시장 침투가격 정책(penetration price policy)

① 신제품을 시장에 도입하는 초기에 저가격을 설정함으로써 별다른 판매저항 없이 신속하게 시장에 침투하여 시장을 확보하고자 하는 성장전략 가운데서 혁신성이나 위험이 가장 낮고, 시간적으로도 가장 단기적인 성격의 성장전략이다.

② 침투가격을 추진하는 특정업체가 광범위한 영역의 보완재를 가지고 있어 침투가격을 사용하는 제품을 소위 "총알받이"로 사용할 수 있는 경우에는 경쟁사들이 특정기업의 침투가격을 허용하지 않는다.

(3) 초기 고가격 정책(skimming price policy)

① 상층흡수 가격정책은 신제품을 시장에 도입하는 초기에 먼저 고가격을 설정함으로써 가격에 비교적 둔감한 고소득층을 흡수하고, 그 뒤 차차 가격을 인하시킴으로써 가격에 민감한 저소득층에게 침투하고자 하는 정책이다.

② 잠재 구매자들이 가격과 품질 간의 연상을 강하게 갖고 있는 경우나 대량생산으로 인한 원가절감 효과가 크지 않은 조건에서 유리하다. 투자액을 조기에 회수할 목적이거나 수요의 가격 탄력도가 낮은 제품인 경우에 해당한다.

(4) 홀·짝수 가격 책정(odd-even pricing)

① 홀·짝수 가격책정은 소비자가 어떤 가격을 높은 가격 또는 낮은 가격으로 인지하느냐 하는 사실에 기초를 둔다.

② 40,000원이라는 가격보다 39,990원이나 39,980에 더싸게 반응하는 경향이 있다. 가격이 홀수 가격보다 낮추어져서 짝수가격이 되어도 수요는 변함이 없게 된다.

(5) 명성가격 책정(prestige pricing)

① 전통적인 우하향(右下向) 수요곡선은 소비자들의 수요가 가격이 상승(하락)하면 줄어든다(증가한다는)는 가정에 기초하고 있다.

② 소비자들은 가격을 품질이나 지위의 상징으로 여기므로 명품 같은 경우 가격이 예상되는 범위 아래로 낮추어지면 오히려 수요가 감퇴할 수 있다.

(6) 비선형가격설정(nonlinear pricing)

① 비선형 가격결정(non-linear pricing)이란 제품이나 서비스의 단가가 소비자가 구입하는 양에 따라 달라지는 가격체계로 「전화요금=기본요금 + 사용횟수 ×1회 사용료」로 나타낼 수 있다.

② 고객의 마음속에는 가격은 그리 중요한 평가의 수단이 될 수 없다. 항공사가 시행하고 있는 단골고객 프로그램(frequent flier program)은 기본적으로 비선형가격 설정방법이라고 말할 수 있다.

(7) 손실 유도 가격 결정(loss leader price policy)

① 특정 품목의 가격을 대폭 인하하여 가격을 결정하면 고객을 끌어모으는 방법으로서 그 품목의 수익성은 악화된다.
② 최근 P백화점은 고객유인을 목적으로 유명 브랜드 A상품에 대한 대폭적인 가격인하를 단행하여 다른 상품들의 판매증진을 도모하고자 하였다.

(8) 가산치 가격책정(Mark up pricing)

① 마크업(mark up) 가격책정은 도매상과 소매상이 사용하는 단순한 방법이다.
② 가산치의 비율은 산업별, 기업별, 제품별로 다양하다. 예를 들어 소매상 가산치는 경쟁과 정상이윤폭 뿐만 아니라 소매비용, 생산자가 제안한 소매가격, 그리고 재고 회전율 같은 요소들도 중요하게 고려되어진다.

$$\text{Mark up} = \frac{(\text{판매가격} - \text{제품원가})}{\text{판매가격}}$$

(9) 원가기반 가격결정(cost-based pricing)

① 제품을 생산하고, 유통시키고, 판매하는데 드는 비용에 노력과 위험감수의 적정 수준의 보상율을 더하여 가격을 책정하는 것이다. 가격결정은 제품의 원가에다 업계에서 사용하는 마진(markup)을 더한 가격으로 책정하는 것이다.
② 제품지향적인 측면이 강하여 제품의 가치에 기초하여 가격을 결정하는 것으로 원가기반가격결정의 내용으로는 원가가산, 손익분기, 목표이익 가격결정 기법이 있고, 「제품 → 원가 → 가격 → 가치 → 고객」의 순이라 생각하면 된다.

(10) 가치 기반 가격결정(value-based pricing)

① 고객의 가치에 기초하여 가격을 결정하는 것으로 구매자의 가치기반을 중심으로 고객중심에서 출발을 하는 것이다. 고객이 느끼는 가치를 원가보다 먼저 고려하여 고객이 느끼는 가치에 맞게 가격을 책정해야 한다.
② 경쟁사 제품에 대해 소비자가 인식하는 가치도 파악하여야 하며, 가격이 먼저 결정되고 이를 생산하기 위한 원가가 분석되므로 「고객 → 가치 → 가격 → 원가」 순이라 생각 하 면된다.

(11) 재판매 가격 유지 정책(resale price maintenance policies)

① 제조업자가 도매상 및 소매상과의 계약에 의하여 자기회사 제품의 도·소매가격을 사전에 설정해 놓고 이 가격으로 자사제품을 재판매하게 하는 전략이다.

② 자사제품이 도·소매상의 손실유인상품(loss leader)으로 이용되는 것을 방지하여, 가격안정과 명성을 유지하기 위하여 유통업계와 계약을 통해 일정 가격으로 거래되도록 하는 것을 말한다.

(12) 오픈 가격 정책(open price policy)

① 제조회사가 자기 회사 제품의 권장소매가격을 책정하지 않고 유통회사에게 가격 책정을 맡긴다. 아이스크림 등과 같은 편의품이 오픈가격제 품목에 해당된다.

② 실제 판매가보다 부풀려 소비자가격을 표시한 뒤 할인해 주는 할인판매의 폐단을 근절시키기 위해 도입된 것으로 유통업체간의 경쟁을 촉진시켜 상품가격을 전반적으로 낮추는 효과를 달성하고자 하는 것이다.

(13) 이분가격 정책(two party price policy)

① 소비자가 재화나 서비스를 사용하는 데 있어서 지불하는 가격의 형태가 2중 구조를 가진다는 개념에서 시작을 하였다.

② 1차로 요금인 고정비(first tariff)를 부과하고 소비량이나 사용량에 따라 2차로 요금(second tariff)을 부과하는 형태로 핸드폰이나 택시요금 등에 적용된다.

(14) 준거가격(reference pricing)

① 구매자가 가격이 비싼지 싼지를 판단하는 데 기준으로 삼는 가격을 말하며, 유보가격(Max)과 최저 수용가격(Min)의 사이에 존재한다.

② 소비자들은 제품구매를 검토하는 경우 준거가격을 이용하는데 준거가격이란 관찰된 가격과 비교할 소비자들이 기억하는 내적인 판단기준가격 또는 통보된 일상적인 소매가격과 같은 외적인 준거의 틀이 되는 가격을 의미한다.

(15) 노획가격(captive pricing)

① 일단 어떤 제품을 싸게 판 다음 그 상품에 필요한 소모품이나 부품을 비싸게 파는 정책을 말하며, 종속가격이라고도 한다.

② 즉석카메라, 프린트의 경우 본체에 대한 가격은 낮게 책정하고 정기적으로 교체가 필요한 본체에 부속된 소모품에 대해서는 상대적으로 높은 마진을 부과한다.

(16) 묶음가격(price bundling)

① 두 가지 이상의 제품이나 서비스를 하나의 패키지로 묶어 특별가격으로 판매하는 정책을 말한다. 패스트푸드점의 감자와 햄버거 콜라를 한 가격으로 판매를 하는 것을 말한다.

② 다발가격 매김이라고도 하고, 대개 보완재의 경우에 많이 실시한다. 컴퓨터 본체, 소프트웨어, 주변단말기, 부속품 등을 하나의 시스템으로 판매하는 것이다.

③ 묶음가격은 개별적인 상품은 팔지 않고 묶음으로만 판매하는 순수묶음가격과 개별적인 상품도 파는 혼합묶음가격으로 나눌 수 있는데 후자가 더 많은 이익을 내는 것으로 알려져 있다.

(17) 관습가격(customary price)

① 캔 음료나 껌 등은 오랫동안 대부분의 제조업자가 동일한 가격을 상당기간 유지하여 왔기 때문에 소비자가 그 가격을 당연하게 받아들이게 된다. 이 가격을 관습가격이라고 한다.

② 관습가격이 형성되어 버린 상품은 낮은 가격을 설정하여도 매출이 그다지 늘어나지 않는다. 반대로 가격을 높게 설정하면 매출이 상당히 줄어들게 된다.

(18) 가격차별(price differentiation)

① 같은 상품에 대해서 개별 고객마다 또는 세분 시장마다 다른 가격을 받는 것을 가격차별이라고 한다.

② 가격차별이 성공하기 위한 조건으로는 가격차별이 현행법에 에 저촉되지 않아야 하고, 고객들이 싼 값에 사서 비싼 값에 팔 수 없어야 하며, 고객들이 가격차별에 대해 나쁜 감정을 갖지 말아야 한다. 제값을 낼 의향이 있는 고객에게는 할인하지 말아야 한다.

③ 직접적 가격차별은 똑같은 상품에 가격차별을 실시하는 것이다. 학생할인, 항공요금, 수량확인, 이중요율(예 : 전화요금), 할인시간 가격, 할인쿠폰 등을 예로 들 수 있다.

9. 소비자 행동

(1) 소비자 행동의 이해

① 소비자의 인지 부조화(cognitive dissonance)는 소비자들은 자신들이 이미 선택 구매한 브랜드에 유리하도록 자신들의 태도를 변화시킴으로써 그들이 내린 의사결정에 대한 정당성을 강화하려는 경향이 있다는 것을 말한다.

② 소비자가 어떤 대상(제품)에 대하여 관심을 가지는 정도를 관여도 혹은 몰입도(involvement level)라고 한다. 관여의 정도가 높아지면(고관여 ; high involvement level) 대체로 구매의사 결정 시 긴 과정을 거치고, 관여의 정도가 낮으면(저관여 ; low involvement level) 그 과정은 비교적 짧아진다.

③ 소비가 구매행동(Dissonance Reducing Behavior)유형 중 부조화 감소 구매행동은 소비자의 관여도가 높은 제품을 구매할 때, 구매 후 결과에 대하여 위험부담이 높은 제품 및 주로 고가의 제품이나 전문품을 구매할 때 빈번하게 발생하며, 각 상표 간 차이가 미미한 제품을 구매할 때 비번하게 발생한다.

(2) 습관적 구매행동

① 습관적 구매행동은 소비자의 관여도가 낮고 브랜드간 차이가 별로 나지 않는 상황에서 일어난다. 가격이 싸고, 구매주기가 짧은 이러한 제품에 대해 구매자는 낮은 관여도를 보인다.

② 광고를 반복 노출하여 브랜드에 대한 확신(brand conviction)보다는 브랜드에 대한 친숙성(brand familiarity)을 창출하고, 저관여 제품을 광고 하는데 있어, 광고문구는 중요한 포인트 몇 개만 강조해야 한다.

10. 소비자 구매의사 결정과정

(1) 문제인식의 단계

① 현재의 상황이 부적절하다고 판단하게 되면 적절한 상황이 되도록 수단을 찾게 되는데 이것을 문제의 인식(problem recognition)이라고 한다.

② 자신이 스스로 문제를 인식하는 것과 주변의 외부적인 자극에 의해서 인식하게 되는 경우가 있는데 전자를 내적요인 또는 내적환경(internal factor or internal environment)에 의한 문제인식이라 하고, 후자를 외적요인 또는 외적환경(external factor or external environment)에 의한 문제인식이라 한다.

(2) 정보탐색의 단계

① 정보가 이미 소비자에게 있는 경우에는 내적탐색(internal search)을 통하여 문제를 해결하지만, 소비자 자신에게 정보가 없는 경우에는 외부에서 정보를 찾게 되는 외적 탐색(external search)을 하게 된다.

② 합리적인 구매의사결정자의 점포선택 과정으로는 「욕구인식 → 점포관련 정보탐색 → 점포평가 → 점포선택 → 점포방문」 등으로 나누어서 생각할 수 있다.

(3) 대안 평가의 단계

① 대안평가 시의 주요 요소들은 제품의 특성, 중요성, 상표신념, 효용함수 등이 있다. 최적의 대안은 소비자에게 가장 큰 효용(utility)을 제공하는 것이다.

② 제품이나 브랜드를 선택하기까지는 보다 복잡한 과정을 거치게 된다. 이러한 과정을 소비자의 정보처리과정(Consumer information processing)이라고 한다.

(4) 구매(purchase)결정의 단계

① 소비자는 각 대안들의 비교평가과정을 거쳐 가장 호의적인 태도를 갖는 대안, 즉 가장 마음에 드는 대안을 구매한다.

② 구매는 의사결정 이후 곧바로 이루어지기도 하고 상당기간 후에 이루어지기도 한다. 의사결정 이후 오랜 기간이 지나 구매가 이루어지면 소비자의 태도는 구매로 이어지지 않을 수도 있다.

(5) 구매 후 평가(post purchase evaluation) 단계

① 인지부조화(cognitive dissonance)는 소비자의 관여도가 높은 제품을 구매할 때 주로 발생하며, 주로 고가의 제품이나 전문품을 구매할 때 빈번하게 발생한다.

② 구매 후 부조화(post-purchase dissonance)는 소비자가 구매후 느낄 수 있는 심리적 불편함을 말하며, 구매결정을 취소할 수 없을 때 발생할 가능성이 높다.

③ 기대불일치모형(expectancy disconfirmation model)에 의하면, 만족과 불만족은 소비자가 제품사용 후에 내린 평가가 기대 이상이냐 혹은 기대 미만이냐에 따라서 결정된다.

11. 브랜드(brand)

(1) 브랜드의 의의

① 브랜드는 판매자가 자신의 상품들을 다른 판매자의 상품과 구별하기 위한 이름, 문자, 기호, 도형, 또는 이들의 결합으로 정부에 등록되어 법적인 보호를 받는 상표(trademark, servicemark)를 포함한다.

② "제품은 모방할 수 있지만 브랜드는 모방할 수 없다"는 말은 브랜드가 모방할 수 없는 무형의 자산이라는 것을 의미하며, 어떤 제품의 독특한 이름, 상징물, 로고(logo) 혹은 이들의 결합을 가리킨다.

③ 기업은 자사의 브랜드에 대해 배타적 사용권을 확보하고 법률적인 보호를 받기 위해 브랜드를 특허청에 등록할 수 있는데 이를 등록상표라고 한다.

(2) 브랜드개발전략

① 기업은 브랜드 개발과 관련하여 4가지 선택대안을 고려할 수 있는데, 이는 라인확장, 브랜드확장, 복수브랜드 및 신규브랜드를 의미하는 것이다.

② 기존의 제품범주내에서 새로운 형태, 컬러, 사이즈 및 원료 그리고 새로운 향 등을 가진 신제품에 기존 브랜드명을 함께 사용하는 경우를 라인확장이라고 한다.

③ 기존 브랜드명의 파워가 점차 약해진다고 판단될 경우 새로운 브랜드명을 도입, 개발하는 것을 신규브랜드 도입이라고 한다.

④ 복수상표(브랜드) 전략은 본질적으로 동일한 상품에 대해 두 개 이상의 상이한 상표(브랜드)를 설정하여 별도의 품목으로 차별화하는 전략이다.

(3) 제조업자 브랜드(NB: national brand)와 유통업자 브랜드(PB: private brand)

① NB(national brand)제품과 PB(private brand)제품의 구분은 브랜드 소유권이 누구에게 있느냐에 따라 구분하며 브랜드 사용권, 브랜드 신청 및 획득권, 소속 상품의 특성을 구성하고 변형할 수 있는 권한이 제조업자에게 있으면 제조업자브랜드, 유통업자에게 있으면 유통업자브랜드라고 할 수 있다.

② 제조업자 브랜드(NB: national brand, manufacturer's brand)는 제조업자가 자사제품에 대하여 브랜드를 결정하는 것이며, 유통업자브랜드(PB: private brand, distributer's brand)는 유통업자가 자체적으로 제품기획(product planning)을 하고 제조(혹은 위탁제조)하여 브랜드를 결정하는 것이다.

③ NB(national brand)제품과 PB(private brand)제품의 구분은 브랜드화의 과정 즉 「시장분석 → 개발 → 생산 → 커뮤니케이션 → 판매」의 전 과정을 누가 실행

하느냐에 따라결정되며, PB상품은 NB에 비해 상품에 대한 인지도, 품질에 대한 인지도 등은 떨어지나 상대적으로 소비자가 지불하는 가격 면에서 저렴하다.

④ 소비자들은 일반적으로 NB를 더욱 선호하는 반면, 유통업자들은 PB를 더욱 선호하는 경향이 있다. 전체 판매상품 혹은 매장 진열상품 중에서 PB상품의 구성비가 많을수록 점포이미지에 부정적인 영향을 미칠 수 있다.

(4) 공동브랜드

① 공동브랜드(co-brand)는 두 개 이상의 기업들이 연합하여 공동으로 사용하기 위하여 개발된 브랜드를 말한다.

② 국내의 경우 특히 브랜드파워가 약한 중소기업들이 조합을 통하거나 기업간 연합 형태로 개발하는 경우가 많다.

(5) 브랜딩(Branding)

① 브랜딩이란 브랜드 연상을 관리하는 것이다. 브랜드 관리란 브랜드 이름을 관리하는 것이 아니라 소비자 지각을 관리하는 것이다.

② 소비자 지각을 관리하려면 소비자의 브랜드 접촉점을 관리해야 하며, 이 브랜드 접촉점 관리란 IMC에서 매우 중요한 개념이다.

③ 브랜딩을 위한 전략적 사고를 위해 통합적 마케팅 커뮤니케이션(Intergrated Marketing Communications)이 필요하다.

④ 유사 브랜딩(parallel branding)이란 선도 제조업체 브랜드의 상호 자체에 대한 모방이 아니라, 상호나 상품특성을 매우 흡사하게 모방하고 제조업체 브랜드가 아니라는 것을 명확히 하는 유통업체의 브랜딩이다.

(6) 브랜드충성도와 제품관여도

① 소비자가 개인적으로 브랜드에 관여되어 있는 정도가 높을수록 그 브랜드에 대한 충성도가 높다. 브랜드 충성도(brand loyalty)에 대한 인지적 정의는 몰입과 구매에 대한 관여도를 나타내는 것을 의미한다.

② 소비자들이 개인적으로 브랜드에 관여되어 있고, 그 구매를 위험한 것으로 인지했을 때 브랜드의 충성도가 가장 높지만, 습관적 구매는 저관여 수준 하에서 몰입 없이 한 브랜드를 반복적으로 구매하는 것을 의미한다.

(7) 제품관여도와 광고전략

① 고관여 제품의 광고는 폭넓은 정보 캠페인에 집중하는 것이 중요한데 반해, 저관여 제품의 경우는 몇가지 중요한 요점에 집중하는 것이 중요하다.

② 고관여 소비자는 구매 전에 상품 및 브랜드에 대한 평가를 하는 반면, 저관여 소비자의 경우 우선적으로 구매하며 구매 후에 브랜드에 대한 평가한다.

③ 소비자가 비교적 낮은 관여도를 보이며 특정상품에 대한 구매 경험은 많으나 브랜드 간의 차이를 인식하지 못하는 경우에 자주 일어나는 소비자 구매행동은 습관적 구매행동이다.

④ 반복되는 단문메시지를 사용하여, 수동적인 학습효과 향상, 점포내 진열과 포장과 같은 시각적 및 비(非)메시지 구성요소를 강조하며, 인쇄 매체보다 TV를 주요 수단으로 활용하는 것은 저관여 제품만의 광고전략 이다.

12. 브랜드자산(Brand Equity)

(1) 브랜드 자산의 개념

① 브랜드자산(brand equity)이란 브랜드를 가진 제품이 브랜드가 없는 경우에 비하여 그 브랜드가 부착됨으로써 획득하게 되는 차별적 마케팅효과를 말한다.

② 차별적 마케팅효과란 마케팅 노력에 대한 소비자 반응의 차이로서 '브랜드 애호도', '브랜드 인지도', '지각된 품질', '브랜드 연상'에 의해 나타난다.

> ❖ 브랜드 자산 = 브랜드 인지도 + 브랜드 이미지

(2) 브랜드개발전략

① 브랜드 확장(brand extension)이란 "높은 브랜드 가치를 갖는 한 브랜드의 이름을 다른 제품군에 속하는 신제품의 이름에 확장하여 사용하는 전략"을 말한다.

② 기존 브랜드명의 파워가 점차 약해진다고 판단될 경우 새로운 브랜드명을 도입, 개발하는 것을 신규브랜드 도입이라고 한다.

③ 패밀리 브랜드는 두 가지 방향에서 이루어진다. 한 브랜드가 성공하는 경우 이 브랜드를 다른 제품에 적용시키는 수평적인 패밀리 브랜드 전략으로 계열확장과 브랜드확장이 이에 해당한다.

④ 기존의 제품범주에 속하는 신제품에 완전히 새로운 브랜드를 사용하는 것을 다 상표전략(multi-brand strategy)이라 한다.

⑤ 같은 브랜드의 상품이 서로 다른 유통경로로 판매될 경우 경로간의 갈등(channel conflict)을 일으킬 위험이 있다.

⑥ 카테고리확장(category extension)은 기존 브랜드와 다른 범주에 속하는 신상품에 기존브랜드를 사용하는 것이다. 기존브랜드가 특정상품 범주와 밀접하게 관련이 있을 경우 카테고리 확장이 실패할 가능성이 있다.

13. BCG(Boston Consulting Group)matrix

(1) 개발사업(Question marks, Wild cats, Problem child)

① 사업 초기 영역이며, 빠르게 성장하는 시장을 잡기 위해서는 추가적인 시설투자와 노동력 투입 증대의 필요성 등으로 많은 자금이 요구되는 사업이다.

② 후발적 제품이라고도 하며, 주로 제품수명 주기상 아직 도입기에 있는 제품이 문제가 된다. 이러한 제품은 높은 성장성이 기대되고 있긴 하지만, 아직 시장 점유율이 낮다.

(2) 성장사업(Stars)

① 별(star)에 해당하는 제품은 지속적인 투자전략을 구사하고, 시장전략이 필요한 시점이며, 이 시점에서의 성패에 따라 미래시장에서의 지위를 알 수 있다.

② 성장이 둔화되거나 경기침체가 계속되면 'Stars' 제품은 'Cash Cows' 제품이며, 현금유입이 크기는 하지만, 시장성장 속도를 따라가고 경쟁자들의 공격을 방어하기 위해서는 현금유출이 크다.

(3) 수익주종사업(Cash Cows)

① 시장성장율은 작지만 상대적 시장점유율은 높고, 시장의 성장속도가 느리기 때문에 신규투자를 위한 자금이 많이 필요하지 않고, 시장점유율이 크기 때문에 판매량이 많아 이익을 가져다 줄 수 있다.

② 제품들은 일반적으로 높은 시장점유율 때문에 비용 효과를 보는 것으로 조사됐다. 여기에 속함 사업단위는 기업에 많은 유동자산을 공급해 주므로 기업에 대한 재무수단 기여도가 높은 제품이다.

③ 성장률이 낮으므로 기업은 신규투자를 위한 노력을 할 필요가 없다. 현금유입은 여전히 크지만 현금유출이 적으므로 순 현금유입은 늘어나게 된다. 여기에 속한 사업단위를 현금젖소라 하는 이유도 젖소가 우유를 공급하는 것과 같이 기업에 자금을 공급하기 때문이다.

(4) 사양사업(Dogs)

① 제품들은 문제가 많은 제품으로서 보통 제품수명 주기상으로 보면 포화기나 또는 퇴거기(쇠퇴기)에 속한다.

② 시장성장으로 보나 시장점유율로 보아서 매우 저조한 제품으로 현상유지가 최선이거나 대부분의 경우 제품 프로필에서 제외되어야 할 제품들이다.

③ 현금 투하량에 상관없이 수익성이 낮거나 손실이 발생하므로 차라리 시장에서 포기하는 전략을 선택하는 것이 최적이다.

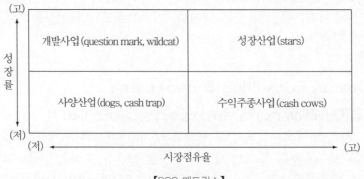

【BCG 매트릭스】

14. GE(General Electronic)matrix

(1) GE 매트릭스의 정의

① 컨설팅기업인 McKinsey사의 도움으로 General Electronic에 의해 개발된 GE 매트릭스는 표면상으로 BCG 매트릭스와 아주 유사하다.

② 시장매력도는 시장성장률, 시장규모, 시장진입의 어려움 정도, 경쟁자의 수와 유형, 기술적 요구사항, 이익 등 다른 기준의 관점에서 판단되어야 한다.

③ 경쟁적 지위는 시장점유율, 사업부의 크기, 차별적 우위의 강도, 연구개발능력, 생산능력, 원가통제, 경영자의 전문성 등을 포함한다.

(2) 맥킨지(Mckinsey) 사업포트폴리오분석

① 자사의 경쟁능력과 시장매력도를 기준으로 성장을 위한 투자, 선택적 투자, 현금 회수 및 처분 등의 자원할당방향을 결정하는 데 유용하다.

② 자사의 경쟁능력을 평가하는 요인으로는 성장률, 세분시장별 점유율, 고객충성 도, 마진, 유통, 기술력, 특허권, 마케팅 및 유연성 등이 포함된다.

③ 시장매력도를 평가하는 요인으로는 시장규모, 성장률, 고객만족수준, 경쟁정도, 가격수준, 수익성, 기술, 정부규제 및 경제적 트렌드에 대한 민감도 등이다.

15. 제품·시장성장 매트릭스(Product Market growth matrix)

(1) 제품·시장성장 매트릭스의 개념.

① 대부분의 기업은 자신의 사명 또는 목표를 성장에 두고 있다. 성장을 추구하는 과정에서 기업은 시장과 제품 모두를 고려해야만 한다. 이때 기업은 지금 사업을 계속해야 할 것인지 아니면 새로운 사업을 해야 할 것인지를 결정해야 한다.

② Ansoff에 의해 처음 제시된 제품·시장성장 매트릭스는 이러한 것을 잘 설명해 준다. 아래에서 보듯이 기본적으로 네 개의 제품·시장성장 전략이 있다.

(2) 시장침투(market penetration)

① 기존제품이나 소매서비스를 기존시장에 들어가는 내용으로 볼 수가 있는 것으로 시장침투라 한다.

② 기존고객에게 기존제품이나 서비스를 더 많이 판매함으로서 시장점유율을 늘려 기업성장을 도모하려는 전략이다.

(3) 시장개발(market development)

① 기존제품이나 소매서비스를 신규시장에 들어가 매출을 증가시키는 전략의 일종 으로 시장개발이나 새로운 시장을 개척하는 전략이다.

② 해외로 수출을 추진한다든지 상류층이 주로 사용하던 것을 고객층을 바꿔 대중 화를 시도한다든지 하는 방법을 주로 이용하는 것이 유리하다.

(4) 제품개발(product development)

① 기존제품이나 소매서비스를 기존시장에 들어가 매출을 증가시키는 전략의 일종으로 새로운 제품을 새로운 시장에 출시를 하기에 다각화 전략이다.

② 전혀 새로운 제품을 출품하거나 기존제품에 기능을 추가 또는 삭제해서 출시하여 소비자에게 변화된 제품을 제공하는 것이다. 핸드폰모델이 자꾸 바뀌어 출시되는 데 이용되는 전략이다.

(5) 다각화(diversification)

① 기존제품이나 소매서비스를 신규시장에 들어가 매출을 증가시키는 전략의 일종으로 새로운 제품을 새로운 시장에 출시를 하기에 다각화 전략(이업종 진출전략)이라한다.

② Ansoff에 의해 처음 제시된 제품·시장성장 매트릭스(product market growth matrix)는 이러한 것을 잘 설명해 준다. 아래에서 보듯이 기본적으로 네 개의 제품·시장성장 전략이 있다.

분 류		제품(소매서비스)	
		기존	신규
시장	기존	시장침투(Marketing penetration) (시장침투전략전략)	신제품 개발(product development) (업태개발전략)
	신규	시장개발·개척(Market development (다 점포전략)	다각화(diversification) (이업종 진출전략)

【제품·시장성장 매트릭스(product market growth matrix)】

16. SWOT

(1) SWOT의 개념

① 마케팅 전략은 기업 내부와 외부에서 끊임없이 변화하는 상황에 맞추어 기업의 마케팅 활동을 지속적으로 재계획하는 작업이다. 따라서 기업에서는 가장 많이 사용하는 방법으로 SOWT 분석 모델을 이용한다.

② SWOT 분석은 마케팅 전략 수립 시 가장 먼저 활용하는 전략 모델이라고 할 수 있으며, 사업의 목표를 달성하게 위한 방향을 잡아 대처하는 방법 또는 마케팅을 수립한다. 이는 내부적 여건으로 Strengths(강점)과 Weakness(약점)이 있고, 외부적 요인으로 Opportunities(기회), Threats(위협)이 있다.

(2) 강점(Strengths)

① 조직의 목표를 달성함에 있어서 효과적으로 사용하거나 보유하고 있거나 동원할 수 있으며, 활용가능한 조직의 모든 자원이나 능력을 말한다.

② 제품조직상 능률이나 유능한 인적자원, 유리한 시장점유율, 강력한 자금력, 소비자들에 의한 호의적인 이미지 등을 들 수 있다.

(3) 약점(Weakness)

① 조직의 목표를 달성하는데 있어 제한을 하는 한계나 결함을 말하는 것으로 경쟁자와 비교하여 나타나는 약점을 말한다.

② 기업조직상의 낡은 시설이나 적절하지 못한 연구와 개발, 의욕이 없는 경영자와 직원들, 지나친 패배의식, 미래에 대한 막연한 불안감 등을 들 수 있다.

(4) 기회(Opportunities)

① 조직 환경에 있어서 기업의 발전에 바람직한 어떤 상황으로 제품의 수요를 유발하게 하거나 욕구를 변화시키는 어떤 계기를 말한다.

② 새로운 시장 개척의 가능성, 강력한 경제성장, 상대적으로 약한 경쟁기업, 새로이 개발된 신규개발 기술, 출시전에 소비자들의 강력한 관심 들을 들 수 있다.

(5) 위협(Threats)

① 조직환경에 있어 기업의 발전에 바람직하지 못한 예측하지 못한 급박한 상황들을 말한다.

② 새로운 강력한 경쟁업체의 출현, 자원이 결핍한 상황, 소비자들의 급격한 기호변화, 시장에서의 새로운 규제조치, 대체품의 출현 등을 들 수 있다.

(6) SWOT분석의 수행

① 조직과 조직환경에 대하여 일련의 핵심적인 여건에 관한 자료(시장, 경쟁, 재무자원, 설비능력, 종업원, 재고, 마케팅, 유통시스템, 연구개발, 환경적 구조, 편판 등)를 수집한다.

② 수집한 자료가 조직의 기회, 위협, 강점, 약점 어느 것을 구성하는지 평가하고, 각 평가된 내용을 기록한다.

내부적 여건 외부적 요인	Strengths(강점)	Weakness(약점)
Opportunities(기회)	기회를 얻기 위해 강점이이용되는 전략	약점을 보완하기 위해 기회가 이용되는 전략
Threats(위협)	위협을 피하기 위해 강점이 이용되는 전략	약점을 최소화 하기 위해 위협을 최소화 하는 전략

【SOWT 분석 매트릭스】

유통 마케팅

17. 판매사원 동기부여

(1) 인적 판매(personal selling)

① 인적 판매(personal selling)는 시장상황 및 여건에 따라 보다 유연하고 탄력적인 적용이 가능하며 메시지가 사람 대 사람으로 전달된다는 점에서 메시지 노출 횟수당 커뮤니케이션비용이 TV광고보다 더욱 높다.

② 판매원의 효율성을 검토하기 위하여 판매관리자들이 사용하는 주요 지표로는 기간별 신규고객 및 상실고객 수, 접촉별 평균 판매방문시간, 판매원당 일일 평균 판매 방문 횟수 등을들 수 있다.

③ 판매원은 개개인의 고객과 이야기할 수 있기 때문에 인적판매는 가장 유연한 커뮤니케이션 방법이다. 인적판매 단점은 매우 높은 비용을 발생시킨다는 점이다.

(2) 판매원의 팀워크(Team Work)

① 유통매장에서의 Team Work란 각자가 주어진 역할을 올바로 수행하면서 동료를 지원하고 도우면서, 도움을 주는 것에 대해 생색을 내지 않는 것이며 팀이 하나가 되어 공동의 목표를 향해 매진하는 것으로 요약할 수 있다.

② Team work를 다지기 위해서 각 구성원들은 조직에서 정한 목표, 방침, 계획 등을 잘 이해(숙지)해야 하며, 정해진 자기의 직책을 자각하고 업무에 최선을 다할 뿐만 아니라 타인의 직책을 잘 이해하며 보조해 줄 수 있어야 하며, 타인과의 능동적인 협력을 아끼지 말아야 하며 먼저 호의를 베풀고 도움을 줌으로써 상호 신뢰를 쌓아 나가야 한다.

(3) 인센티브(Incentive)

① 인센티브 제도는 인센티브가 주어지는 영업활동에 대한 동기강화에 매우 효과적일 수 있는 반면 그 이외의 다른 업무를 경시하는 경향이 있다.

② 연봉제와 달리 종업원의 성과를 기준으로 지급되는 보수제도이며, 연봉제의 단점을 보완하고 종업원의 매출성과를 직적 높이고자 할 경우에 사용 된다.

(4) 보상(compensation plan)

① 보상제도는 영업사원으로 하여금 자사의 마케팅 목표에 부응하는 활동을 하도록 동기를 부여하는 핵심수단의 하나이다.

② 시장점유율을 높이는 것이 목표라면 보상계획은 성과급의 비율을 높이거나 신규 거래처확보에 대한 보너스를 강화하여야 한다.

③ 마케팅목표를 수익성 향상에 초점을 맞춘다면 종업원 보상계획은 기본급방식이 성과급방식보다 유리하며, 기존고객의 만족도향상에 주력하도록 하여야 한다.

(5) 외재적 보상(extrinsic rewards)과 내재적 보상(intrinsic rewards)

① 보상에 대한 정의는 학자들마다 다양하다. 포터(L. W. Porter)는 종업원의 직무 만족 요인을 설명함에 있어서 외재적 보상과 내재적 보상으로 구분을 하였다.

② 급여, 승진을 위한 전제조건의 하나인 경영(관리)자 연수프로그램 참가기회 제공하거나 매장에서 판매되는 상품에 대한 할인혜택, 현금보너스 혹은 보너스휴가 등은 외재적 보상으로 한다.

③ 직무의 확장이나 다양화로 발생할 수 있는 직무충실화, 성취감, 안정감, 도전감, 자아실현감 등을 내재적 보상으로 구분하여 경제적 대가 이외의 요소들을 보상의 개념에 포함시켰다.

(6) 정액 급여제(straight salary plan)

① 급여는 판매원이 근무하는 단위기간 동안의 고정수입을 말하며 판매원의 수입에 안정성과 보장성을 제공해 준다.

② 판매사원에게 소속감뿐만 아니라 수익성 및 안정성측면에서도 더욱 유리한 보상제도는 정액급여제(straight salary plan)를 적용해야 한다.

③ 급여제의 단점으로는 판매증가에 대한 직접적인 유인이 될 수 없으며, 판매량이나 마진과는 상관없이 고정비용의 성격을 가진다는 것 등이 있다.

④ 급여제는 주로 '신입 판매원이나 특정 사명을 띤 판매원', '신규영역의 개척', '장기간의 협상이 필요한 기술적 제품의 판매'와 같은 경우에 쓰인다.

(7) 성과급제(straight commission plan)

① 성과급제는 판매증진을 위한 특별한 유인책이 필요할 때, 진열이 이루어진 소매점 내에서의 판매의 경우에 유용하다.

② 판매원들이 총판매액이나 마진에 대한 일정액을 반대급부로 제공하는 것으로 최근 자신이 근무하는 대형 마트에서 할당된 판매실적에 따라 급여가 결정되는 것을 말한다.

③ 회사가 재정적으로 취약하고 금전적 보상이 판매량이나 마진과 직접적으로 관련되어 있을 때나 판매원 모두가 외근직 판매원들로서 그들의 활동에 대한 직접적인 감동이 거의불가능 할 때'에 유용하다.

18. 광고와 홍보

(1) 광고(advertising)

① 광고란 기업이 확인될 수 있는 광고주가 되어 광고대금을 지불하고 그들의 아이디어나 제품 또는 서비스에 대한 메시지를 비인적(非人的) 매체를 통해 소비자에게 제시하는 모든 활동을 의미한다.

② 광고는 인적판매에 비해 노출당 경제성이 뛰어나지만 설득효과가 떨어지는 단점이 있지만, 광고는 도달범위가 다른 부문보다 넓기 때문에 소매업체의 이미지 형성을 위한매우 효율적인 커뮤니케이션 방법이다.

(2) 홍보(publicity)

① 홍보(弘報)란 광고주가 대금을 지불하지도 않으면서도 라디오, 텔레비전 또는 신문과 같은 대량 매체를 통하여 제품이나 서비스 또는 기업체에 관하여 상업적으로 의미 있는 정보를 제공하는 것을 말한다.
② 뉴스 또는 기사로서 보도하도록 함으로써 수요(需要)를 자극하는 활동을 의미한다. 홍보(publicity)는 광고에 비해 신뢰성을 높일 수 있지만 통제가 어렵다.

(3) 광고와 홍보의 비교

① 홍보의 경우 광고와 달리 홍보내용을 전달해 주는 매체에 대한 직접적인 대가지불이 이루어지지 않는다.
② 커뮤니케이션 상대에 대한 설득력 관점에서 보면 광고 내용보다 홍보내용에 대한 고객의 수용성이 더욱 높다.

(4) 소매 촉진 활동의 분류

① 신뢰성 측면에서 보면 홍보나 구전의 효과가 광고나 인적 판매의 효과보다 높다.
② 고객과의 커뮤니케이션방법은 인적 및 비인적 그리고 비용비지불(費用非支拂)의 기준을 가지고 분류 및 체계화할 수 있다.

	impersonal	personal
paid	광고, 판매촉진. 점포분위기, 웹 사이트(web site)	인적판매, e-Mail
unpaid	홍보(publicity)	구전(word of mouth)

(5) 공중관계(PR ; Public Relation)

① 공중관계는 예상고객이 될 수 있는 사람에게 각종매체를 이용하여 적절한 정보를 제공하는 것을 말한다.
② 공중관계의 예로는 신문게재용 자료, 연설, 세미나, 로비, 자선적기부 등을 들 수 있다.

	판매 촉진	광 고	홍 보	인적 판매
기본목적	매출증대	이미지·선호도·태도개선·포지셔닝	신뢰 형성	판매 및 관계 형성
소비방법	이성적	감성적	감정적	이성적
기 간	단 기	장 기	장 기	단·장기
이익기여도	높 음	보 통	낮 음	높 음

19. 촉진(Promotion)

(1) 촉진수단

① 판매촉진 도구를 선정하고, 소비자 판촉도구(쿠폰, 현금 환불, 가격할인 패키지, 프리미엄, 광고용 판촉물, 단골고객에 대한 보상, 구매시점 진열, 콘테스트), 중간상 판촉도구(가격할인, 수당, 무료제품, 지원금)를 이용한다.

② 가격 촉진수단(할인쿠폰, 리베이트, 보너스 팩, 보상판매 등)은 가격을 인하하는 효과를 갖기 때문에 매출액에 미치는 효과가 매우 빠르고, 눈에 띄게 나타나기에 단기적으로 매출액을 높이는데 효과적이다.

③ 비 가격 촉진수단(샘플과 무료시용, 사은품, 현상경품, 게임, 콘테스트, 고정고객 우대프로그램)은 매출액에 미치는 효과는 늦지만, 고객의 이미지나 애호도를 높이기에는 효과적이다.

(2) 소매점 판매촉진(SP: sales promotion)

① 과다하게 사용할 경우 점포이미지를 손상시킬 수도 있다.

② 경쟁점에 의해 쉽게 모방될 수 있으며, 시장유지비용을 증대시킨다.

③ 판매증대 효과가 단기적이지만 소비자의 점포 방문률을 높일 수 있다.

④ 판매촉진은 소비자의 미래구매를 앞당기는 효과가 있다. 전략적인 성격보다는 정책적 성격이 더욱 강하다.

20. 판매촉진 도구

(1) 프리미엄(premium)

① 프리미엄은 광고의 특별한 형태로서 무료 선물이나 해당 제품을 구매할 수 있는 할인 쿠폰 등을 제공하는 것이다.

② 일정한 기간 동안 어떤 상품을 구입한 사람들에게 다른 상품을 무료 또는 낮은 가격으로 제공하는 것을 말한다.

(2) 쿠폰(coupons)

① 쿠폰은 소비자가 제품을 구매할 때 즉각적인 가격절감을 소비자에게 약속하는 하나의 인증이다.

② 쿠폰이 상환될 수 있는 시간을 단축하고, 소비자가 점내구매를 더 많이 하도록 제안하는 즉석 쿠폰의 상환은 상당히 호응이 클 것이다.

(3) 리베이트(Rebate)

① 리베이트는 소비자가 구매 후 구매영수증과 같은 증거서류를 기업에 제시할 경우 해당 제품에 대해 할인하여 금액을 환불해 주는 방법이다.

② 쿠폰과 그 성격이 비슷하지만 가격할인이 구매시점이 아니라 증거서류의 제시 시점이라는 점에서 다르다.

③ 쿠폰과 같이 가격차별수단으로 사용되어 기업에 이익을 가져다준다는 점에서 장점이라 할 수 있다.

(4) 보너스 팩(Bonus packs)

① 보너스 팩이란 같은 상품 또는 관련상품 몇 가지를 하나의 세트로 묶어 저렴한 가격에 판매하는 것을 말한다.

② 보너스 팩이란 대량 혹은 조기 구매를 유도함으로써 경쟁자의 침투를 견제할 수 있다는 장점을 지니고 있다.

21. 가격과비가격 판매촉진수단

(1) 가격촉진수단

① 중간상 공제: 유통업자가 제조업자를 위해 어떤 일을 해주는 대가로 제조업자가 상품대금의 일부를 공제해 주거나 또는 별도의 현금을 지불하는 것을 말한다.

② 입점 공제(slotting allowances): 소매업자가 신상품을 취급해주는 대가로 제조업 자가 소매업자에게 일정액수의 현금을 지불하는 것을 말한다.

③ 구매 공제(buying allowances): 도소매업자가 일정기간 내에 구매하는 상품에 대하여 구매가격의 일정비율을 공제해 주는 것을 말한다.

④ 광고 공제(advertising allowances): 소매업자가 자신의 광고물에 어떤 상품을 중점광고해 주는 대가로 상품구매가격의 일정비율을 공제해 주는 것을 말한다.

⑤ 진열 공제 (display allowances): 소매업자가 점포내의 어떤 상품을 일정기간 눈에 잘 띄게 진열해주는 대가로 구매가격의 일정비율을 공제해 주는 것을 말한다.

⑥ 기타 가격 촉진 수단: 대금지급 조건완화 리베이트는 흔히 쓰이는 가격판촉 수단 의 하나로 유통업자에 대한 대금지급 조건 등을 완화 해주는 것이다.

(2) 비가격촉진수단

① 콘테스트(contests): 중간상 판촉수단으로 일정기간동안 일정수준 이상의 판매 실적을 올린 유통업자의 판매원들에게 상을 주는 것을 말한다.

② 인센티브(incentive): 일정기간동안 어떤 상품을 판매하는 판매원이 일정수준이상 의 실적을 올리면 수량에 비례하여 일정액수의 보상금을 지급하는 것을 말한다.

22. 광고(Advertising)

(1) 성공적인 광고컨셉

① 광고매체 선정시 고려사항은 광고되는 제품의 종류와 표적고객의 매체 접촉 습관, 표적고객의 사회적 특성을 고려해야 한다.

② 광고(Advertising)의 일반적 특성은 보급성(pervasiveness), 각색성 (dramatization), 기명성(identified sponsor)이 있다.

③ 광고에서 유머소구(humor appeal)의 효과는 주의를 끄는데 효과적이며, 광고물과 광고하는 브랜드에 호감을 증가시킨다.

(2) 광고(Advertising)의 유형

① 네거티브 광고(negative advertising): 부정적이거나 금기시 되는 소재를 이용하여 시각적 충격을 주는 광고를 말한다.

② 서브리미널 광고(subliminal advertising): 잠재의식에 호소하는 광고로서 TV, 라디오, 영화 등에 인지 불가능한 속도 또는 음량으로 메시지를 보내 구매 활동에 자극을 주려는 광고이다.

③ 인포머셜(informercial): 정보(information)와 상업(commercial)의 합성어로 제품이나 점포에 대한 상세한 정보를 제공하여 소비자의 이해를 돕는 광고기법으로 광고라는 느낌을 최소화하는 방법이다.

④ 티저광고(teaser advertising): 초기에 일부만 드러내고 호기심을 자극한 후 점차 전체 모습을 구체화시키는 광고로 처음에는 상품명이나 광고주를 알아볼 수 있는 메시지를 피하게된다.

(3) POP광고의 개념

① POP(Point Of Purchase)광고는 소매점의 점포 입구나 점포 내에서 직접, 간접으로 판매촉진을 위하여 행하는 광고표시물의 일체를 말한다.

② POP(Point Of Purchasing)광고는 구매시점 광고로써 소매상의 점두나 점내를 활용하여 판촉 활동을 수행하는 점내 광고로서, 대량광고 매체에 대응한 광고 용어이다.

③ POP광고의 주목적은 첫째 손님을 점포 안으로 들어오도록 촉진하기 위한, 둘째 점내 유도를 위한 POP, 셋째 메시지 전달을 위한 POP, 넷째 점포 이미지형성을 위한 POP등 점포의 판매촉진을 수행하는 역할로서 쓰인다. 구매율을 높여 장사가 잘되게 만들기 위한 것이다.

(4) 광고(Advertising)의 도달범위

① 메시지가 복잡한 경우에는 도달범위(reach)보다는 빈도(frequency)를 높이는 것이 바람직하다.

② 도달률(Reach)은 고객 커뮤니케이션에서 표적시장 내에서 광고 매체에 노출된 실제 고객수를 의미하는 것이다.

③ 도달범위(reach) 「시청률, 발생부수」는 주어진 기간 동안 적어도 한 번 이상 특정 광고에 노출되는 청중의 수 또는 비율을 말한다.

④ 평균도달횟수(Gross Rating Points ; GRP)는 「도달범위(reach)×도달횟수(Frequency)」로 나타낼 수 있다.

⑤ 전체 시청자 5천만 명 중 3천만 명이 광고메시지에 한번 이상 노출시 그 매체비클의 도달범위는 60%가 된다. 지역신문에 판촉광고를 냈는데 그날 그 신문을 읽은 독자가 잠재고객 5,000명 중 40%에 해당 했다면, 도달률은 2,000명이다.

(5) 온라인에 특화된 마케팅 기법

① 퍼미션 마케팅(Permission Marketing): 소비자와의 장기적인 대화식 접근법으로 소비자를 자발적으로 마케팅과정에 참여하게 하는 것이다.

② 블로그 마케팅 (Blog Marketing): 판매를 목적으로 하는 광고뿐만 아니라 판매를 직접적인 목적으로 하지 않는 브랜드 광고를 게재하는 데 활용하는 것이다.

③ 바이러스 마케팅(Virus Marketing): 온라인 버전의 구전마케팅으로 고객들이 기업의 마케팅메시지를 친구, 가족 혹은 동료들에게 전달하면서 새로운 고객을 확대하는 것이다.

④ 버즈 마케팅(Buzz Marketing): 사실 타겟유저들에게 기업의 메시지를 전달하는 방법상의 유사한 면을 가지고 있다. 즉 Mass를 통하지 않고 Human Network 상에서 자연스럽게 소문이 나고 바이러스처럼 전파가 되어서 홍보가 되고, 구매동기를 불러일으키게 하는 것이다.

(6) 인터넷 광고효과 측정 관련 용어들

① 배너(banner)광고: 가장 흔한 형태는 광고인데, 웹페이지의 상하좌우 또는 중간에서도 볼 수 있다.

② 삽입광고(interstitial): 웹사이트 화면이 바뀌고 있는 동안에 출현하는 온라인 전시광고이 다.

③ 검색관련광고(search-related ads): 네이버나 다음과 같은 사이트에 검색엔진 결과와 함께나 타나는 링크와 텍스트를 기반으로 하는 광고를 말한다.

④ 히트(hits): 인터넷광고의 효과측정을 위해 제일 먼저 사용된 것으로 인터넷방문자가 다녀간 인터넷 페이지나 그래픽 총수를 의미한다.

⑤ 페이지 뷰(page view): 웹사이트(web site)가 방문자에게 제공한 페이지의 총 수를 의미한다.

⑥ 노출(exposure): 각 방문자가 배너광고에 접촉한 횟수를 의미한다.

⑦ 애드 뷰(Ad view): 배너파일이 얼마나 공적으로 다운로드 됐는가를 나타내는 횟수를 말한다.

⑧ 클릭률(Click ratio): 사용자가 광고를 방문하는 것을 말한다.

⑨ 이월효과(carryover effect): 광고의 효과가 인간의 기억 속에 얼마나 지속(carryover)되다가 소멸(decay)되는가를 설명하는 것이다.

⑩ 쿠키(Cookie): 인터넷 사용자가 웹 사이트(web site)에 접속했을 때 그 방문 기록을 담은 임시 파일로 크기가 4KB 밖에 되지 않아 '과자 부스러기처럼 작다'는 뜻에서 쿠키라 불린다.

점포(店鋪)

1. 점포구성(Store Construction)

(1) 점포의 배치 및 구성

① 상품보관 장소와 매장과의 거리가 멀면 비용이 증대되므로 상품보관 장소는 가급적 매장에서 가까워야 한다.

② 점포에서 상품의 접수공간은 점포의 후방에 배치하고, 대형점의 경우는 지하나 트럭의 접근이 용이한 곳에 배치한다.

③ 점포의 업무처리 능력을 향상시키기 위한 점포 배치 구성 중 선물포장 및 수리 등과 같은 서비스 공간은 가급적 매장 가까이에 있어야 한다.

④ 점포기획자가 상품진열의 효과를 높이기 위해 가장 중요하게 고려하여야 할 것은 상품과 점포이미지의 일관성, 식별성, 편의성, 연관성을 유지해야 한다.

⑤ 접수한 상품을 검품하고 가격표 및 기타 표시를 붙이는 마킹작업 등을 위한 공간은 접수상품과의 혼돈을 막기 위해 가급적 접수공간과 가까운 곳이어야 한다.

(2) 소매 점포믹스

① 소매점포의 머천다이징은 상품을 개발하고 확보하며, 관리하는 과정을 의미하는데, 성공적인 머천다이징을 위해서는 업종의 개념에 집착하기 보다는 업태의 개념을 수용할 수 있어야 한다.

② 소매시장 내의 경쟁이 격화되고 소매시장의 환경이 급변하는 최근의 추세에 따라 소매점은 안정적인 상품공급을 확보하기 위해 도매상이나 제조업체와 긴밀한 관계를 유지하여야 한다.

(3) 점포의 판매공간

① 블랙 룸(black room): 점포에서 고객이 들어갈 수 없는 시설 또는 공간이다.

② 일배 식품: 일일배송 상품으로 매일 일정한 시간대에 점포로 배송하는 상품이다.

③ 랙(rack): 상품진열 혹은 보관을 위해 사용되는 기둥과 선반으로 구성된 구조물이다.

④ 샌드위치 진열: 진열대 내에서 잘 팔리는 상품 곁에 이익은 높으나 잘 팔리지 않는 상품을 진열하는 것이다.

⑤ 페이싱(facing): 페이스에서 볼 수 있는 상품 재고량에 대한 풍족감을 심어주기 위해 같은 종류의 상품을 측면으로 여러 개씩 연속 진열하는 것이다.

유통 마케팅

2. 점포 디스플레이(Store Display)

(1) 디스플레이

① 디스플레이는 점내에 판매대를 설치하거나 배치하는 것과 조명의 색깔과 밝기 조절에 따라 상품을 배열하고 판매 장소 복도에 공간 배치 등 고객의 구매 욕구를 자극시킬만한 궁극적인 의도를 가지고 조성되는 것이다.

② 제품이 아무리 싸고 빈약하다고 해도 훌륭한 시설 아래 잘 전시되어 있으면 고객들의 눈에 고급품으로 보여 고객의 마음을 사로잡을 수 있도록 하는 것이 궁극적인 디스플레이의 목적이다.

(2) 디스플레이의 효과

① 다른 점포와의 차별화 효과를 얻는다.

② 점포와 상품의 이미지를 높이는 효과를 얻는다.

③ 고객으로 하여금 상품을 선택하기 쉬운 매장으로 만드는 효과가 있다.

④ 진열상품에 대한 구매욕구를 향상시킴으로써 보다 많은 충동구매를 촉진시킨다.

(3) 디스플레이의 원칙(AIDCA)

① A(Attention): 일반 사람들의 눈을 끌고 가격은 고객이 잘 알아볼 수 있는 곳에 붙이고, 잘 보이도록 해야 한다.

② I(Interesting): 그 상품의 세일즈 포인트를 강조해서 고객의 흥미를 갖게 한다.

③ D(Desire): 고객이 사고 싶다는 욕구를 불러일으키게 한다.

④ C(Confidence): 고객이 사는 것에 대해 확신을 불러일으킨다.

⑤ A(Action): 고객이 구매 행동을 구체적으로 옮기도록 한다.

(4) 윈도진열(Window display)

① 윈도진열은 점포에 대한 고객의 흡인력(吸引力)을 창조하고 점포 품격을 향상시키는 것이 주 목적이기 때문에 특선품구역(feature area)이라 할 수 있다.

② 보행객 및 아이쇼핑(eye-shopping) 고객을 점포 내로 끌어들여 고객별로 그 점포의 수준과 성격을 파악하게 하는 역할을 수행한다.

(5) 점두진열(Store-front display)

① 점두진열은 보통 보행객뿐만 아니라 아이 쇼핑 고객에 대하여 그 점포의 판매 상품과 제공 서비스가 훌륭하다는 신뢰감을 갖게 하고 구매하려는 분위기를 조성하는 기능이 있기 때문에 충동구매 상품을 배치하는 것이 유리하다.

② 점두진열은 매력있는 진열, 신뢰감을 갖는 진열, 빈틈없는 진열이라는 세 가지 요인을 충분하게 고려하여야 한다. 따라서 특선품구역(feature area)으로 간주할 수 있다.

(6) 점내진열(Interior display)

① 점내진열의 구성요소는 소비자의 구매심리라는 관점에서 심리적인 프로세스는 「주의 → 연상(連想) → 욕망 → 비교 → 확신 → 결정」과정을 거치게 된다.

② 고객은 점내에 진열된 상품을 자유롭게 바라보고 자유롭게 만져보고 연상하면서 상품 가격과 타 상품과의 비교를 통해서 구매결정을 할 수 있도록 진열한다.

(7) 수직적 진열(Vertical display)

① 수직이라는 의미는 물체를 실에 매달아 드리웠을 때 그 실이 보이는 방향 또는 그런 상태를 말한다.

② 수직적 진열은 벽이나 곤돌라를 이용하여 고객들에게 시각적인 효과를 주고 진열의 효과를 위한 상품을 진열하는 것을 말한다.

(8) 엔드 매대(End cap)진열

① 엔드 매대(end cap)는 통로 맨 끝에 배치된 매대를 말한다. 주로 충동구매상품을 엔드 매대 에 많이 배치하며, 소매점에서는 특별 판촉제품들을 엔드 매대에 배치하는 경우가 많다.

② 신학기, 명절, 발렌타이데이, 계절행사, 행사테마를 제안하는 공간으로 활용하여 관심 상품을 곤돌라에 진열하여 주 판매대인 곤돌라로 고객을 유인한다.

(9) 황금구역(Golden zone)진열

① 오늘날 소비자의 구매 습관 및 구매 동기는 대단히 다이나믹하게 변화하고 있다. 유통매장에서 특정제품이 주목을 받고 판촉효과를 극대화하기 위해서는 황금구역(golden zone)에 디스플레이 하는 것이 중요하다.

② 매장진열에서 유효진열범위 중 특히 골든라인(Golden Line)의 부분은 매출기여도가 가장 높을 것으로 예상되는 유효진열범위 내에서 가장 고객의 눈에 띄기 쉽고 또한 손이 닿기 쉬운 높이의 범위를 말한다.

③ 영업전략으로 황금구역에 디스플레이 해야 하는 상품으로는 중점판매상품, 계절상품, 캠페인상품, 광고상품을 들 수 있고, 판매수량 측면이나 매출액 그리고 수익성측면에서 기여도가 높은 상품의 경우 영업전략으로 황금구역에 디스플레이 해야 한다.

④ 황금구역의 진열을 확보하기 위해서는 상품공급기업의 영업사원들 스스로 황금구역진열을 통한 판촉효과를 스스로 인식하는 것이 중요하며, 위치로 눈높이에서 20도 내려간 곳을 중심으로 위 10도 그 아래 20도 사이를 말하며, 일반적으로 75cm~135cm의 진열공간의 높이 영역을 의미한다.

(10) 브랜드파워를 높일 수 있는 디스플레이

① 상품배치를 자사 브랜드만으로 가능하도록 제품화 하는 것을 풀라인 머천다이징(full-line merchandising)이라 하며 이를 실현하는 것이 중요하다.

② 자사제품이 백화점의 다양한 위치의 매장에 분산 전시되어 있다면 브랜드파워가 발휘되기어렵다. 따라서 자사 제품을 위한 단독코너를 만들고 한곳에서 집중적으로 보여 주면 브랜드에 대한 고객의 구매력이 더욱 향상될 수 있다.

(11) 테마별 진열(Theme-setting display)

① 테마별 진열(Theme-setting display)에서는 제품을 테마별로 특별한 분위기에 맞추어 진열하는 방식이다.
② 발렌타인데이나 크리스마스 혹은 여름의 바캉스 시즌에 특별한 매장진열을 선택하는 것이 이에 해당할 것이다.

(12) 선반 진열(Shelf display)

① 전진입체진열은 상품을 곤도라에 진열할 때 앞에서부터 진열하는 방식으로 상품인지가 가장 빠른 페이스 부분을 가급적 한 고객에게 정면으로 향하게 하는 진열의 원칙이다.
② 브레이크 업(break up) 진열은 진열라인에 변화를 주어 고객시선을 유도하여 상품과 매장에 주목율을 높이고자 하는 진열이다.
③ 샌드위치 진열은 진열대 내에서 잘 팔리는 상품 곁에 이익은 높으나 잘 팔리지 않은 상품을 진열해서 판매를 촉진하는 진열이다.
④ 라이트 업(right up)진열은 좌측보다 우측에 진열되어 있는 상품에 시선이 머물기 쉬우므로 우측에 고가격, 고이익, 대용량의 상품을 진열한다.
⑤ 트레이 팩 진열(tray pack)은 상품이 든 박스 아랫부분만 남기고 잘라내 그대로 쌓아 대량으로 진열하는 것으로 상품을 하나씩 꺼낼 필요도 없고 진열도 깨끗하게 할 수 있다. 상품을 대량진열에 적합하며 트레이 진열 이라고도 한다.
⑥ 더미(dummy)진열은 상품을 진열할 때 대량으로 보이게 하기위해서 상품 밑에 진열 보조기구를 이용하는 것으로 청과물 진열에서 너무 많이 쌓아올리면 아래 상품이 상하는 경우에 이용한다. 이런 진열은 상품의 진열이 매출을 좌우한다.
⑦ 벌크 진열(bulk display)은 과일이나 야채와 같은 상품들을 매대나 바구니 등에 쌓아놓는 방법으로 고객에게 저렴하다는 인식을 줄수 있고 충동구매를 유발하며 저가격과 저마진 상품에 어울리는 진열방법이다.

(13) 플래노그램(Planogram)

① planogram은 (plan+diagram)의 합성어로 실제 상품진열에서 무엇을 이용하여, 어떠한 방식으로, 그리고 어떻게 진열을 해야 할가에서 시작되었다.
② 소매업체가 정한 우선순위를 바탕으로 컴퓨터 프로그램을 활용해 플래노그램을 작성할 수 있으며, 사용자가 모델번호, 제품마진, 회전율, 제품포장의 크기 등 관련정보를 입력해야 한다.
③ 진열공간의 생산성을 평가하게 해주는 지침이나 분석프로그램에 해당한다. 상품을 점포 내에 어디에 어떻게 진열하는 것이 효과적인지 알 수 있다.

3. 점포 레이아웃(Store Lay out)

(1) 점포 레이아웃의 개념

① 점포 레이아웃(store lay-out)이란 매장과 비매장, 통로, 집기(什器), 디스플레이 도구와 진열장, 상품 등과 건물의 고정 시설들이 서로 적절한 관련성을 갖도록 정리 정돈하는 것을 말한다.

② 점포 레이아웃의 전제 조건은 부문별로 상품을 적정하게 할당 및 배치하고, 전체적인 레이아웃을 결정하며, 각 매장에 할당된 공간의 규모를 결정해야 한다.

(2) 점포 레이아웃의 기본계획

① 근접성 계획은 상품 라인의 근접 배치 여부를 매출과 직접 연결하여 계획을 수립하는 것을 말한다.

② 거품 계획이란 상품의 근접 배치 효과가 거품 형태와 같이 매장과 후방 시설들의 위치 및 크기에서 나타나는데, 예를 들어 패션 의류 매장을 개선하기 위해 패션 부문을 더욱 두드러지게 배치하는 것을 들 수 있다.

(3) 점포 레이아웃의 기본원칙

① 점포레이아웃은 소비자의 본능적 행동양식과 업종 및 업태 그리고 점포규모에 따라 적절하게 응용하여 조화를 이루도록 매장레이아웃의 원칙에 유의하여 매장을 배치하여야 한다.

② 매장의 입구 쪽에는 가격단가가 낮은 상품과 구매빈도가 높은 상품및 구매시간 단축상품을 배치하고, 안쪽부분은 상대적으로 구매빈도가 낮은 상품과 가격단가가 높은 상품을 배치한다.

③ 점포레이아웃(store layout)에서 구석구석까지 고객의 흐름을 원활하게 유도하도록 설계하며, 상품운반이 용이하고 고객의 이동은 방해받지 않도록 통로를 구성한다. 구매를 촉진시키기 위해 연관성 있는 상품을 한 곳에 모으며, 고객의 라이프스타일에 따라 상품을 결합하여 고객의 불필요한 동선을 줄이고, 고객동선은 가능한 한 길게, 작업동선은 가능한 한 짧게 한다.

(4) 점포 레이아웃의 버블(Bubble)계획

① 버블계획은 전반적으로 제품을 진열하는 매장 공간, 고객서비스 공간, 창고 등과 같은 점포의 주요 기능공간의 규모와 위치를 간략하게 보여주는 것을 말한다.

② 이러한 계획은 소매상의 전략적 목표를 표현할 수 있어야 한다. 즉, 소매상이 점포에서 강조하고자 하는 부분을 고객의 눈에 잘 보이는 곳에 배치한다.

(5) 점포 레이아웃의 블록(Block)계획

① bubble 계획에서 간략하게 결정된 배치를 점포의 각 구성부문의 실제 규모와 형태까지 세부적으로 결정하며, 고객서비스 공간, 창고공간, 기능적 공간 각각은 기능적 필요나 크기에 따라 배치한다.

유통 마케팅

② 블록계획은 거품계획이 완성된 후 실제매장의 전체 영업면적을 그린 배치도의 작성계획을 말한다. 따라서 점포를 기본 계획 원칙에 따라 레이아웃을 하기 위해서는 점포의 특징에 따라 몇 가지 회전력(回轉力)에 맞추면 된다.

4. 점포 레이아웃 유형

(1) 격자형(Grid type)레이아웃

① 격자형(格子型)은 반복적인 패턴으로 설비나 통로를 사각형으로 배치하는 형태이다. 고객들은 이러한 고정물을 중심으로 위 아래로 매장을 돌아보게 된다.

② 고객 대부분이 점포 전체를 구경하기 원하는 경우에는 적당하지만 특정제품을 찾는 경우에는 부적절하다. 이러한 격자형은 슈퍼마켓에 가장 적합한 형태이다.

(2) 자유형(Free-form)레이아웃

① 소매점의 레이아웃(layout)시, 비품과 통로를 비대칭적으로 배치하는 방법으로 주로 규모가 작은 전문점 매장이나 여러 개의 작은 전문점 매장이 모여 있는 다형점포에서 주로 채택하는 레이아웃 방식이다.

② 자유 유동형은 매장의 판매 공간을 정면의 전체 패턴으로 바꾸지 않고서도 집기를 삽입하거나 제거함으로써 축소하거나 확장할 수 있다. 직선 통로를 없애고 고객이 우회하여 움직이도록 함으로써 상품이 고객들에게 많이 노출된다.

③ 충동구매를 촉진하고 소규모 의류점에 적합한 형태로 디스플레이와 동선을 자유롭게 구성하는 방식으로서 자유형은 격자형에 비해 공간 생산성이 떨어진다는 한계점을 가지고 있다.

(3) 루프형(Loop type)레이아웃

① 루프형은 일련의 굴곡 통로로서 고리처럼 연결되고 있다는 점에서 프리 플로형과 비슷하지만 점포 내부가 경주로(競走路)처럼 뻗어나가 있어 경주로형(race back) 배치라고도 부른다.

② 고객들이 여러 매장들을 손쉽게 들러 볼 수 있고, 충동구매를 조장한다. 주된 통로를 중심으로 여러 매장 입구가 연결되어 있으며, 진열된 제품을 고객들에게 최대한 노출시킬 수 있다는 장점을 지니고 있으며, 주요 고객통로를 통해 고객의 동선을 유도할 수 있다.

5. 점포 내부 환경

(1) 조 명

① 점포에 있어 조명은 매출액과 밀접한 관련이 있다. 일반적으로 점포의 주체적 수행 기능은 판촉이므로 조명(照明)의 중요한 기능은 진열된 상품을 부각시켜 고객을 유인함으로써 효과적으로 매출액을 증대시키는 역할을 한다.

② 점포의 점두(店頭) 밝기는 통행객의 주의를 높이며, 쇼윈도의 조명은 고객의 관심을 유인하여 매력을 증대시키는 역할을 한다. 조명의 역할은 점내에 고객 유인, 상품에 대한 고객 유인, 상품 선택의 유인이 주요한 내용이다.

(2) 조 도

① 점포의 점내(店內)에서는 조도(照度)를 통해 상품의 인상도를 높이는 동시에 가격표나 쇼카드를 명시하여 구매에 대한 흥미를 야기하는 역할을 수행하며, 점내를 따뜻하고 쾌적하게 하여 룸의 분위기를 연출하게 된다.

② 배분되는 조도(照度)는 입지에 따라 인근의 조명 수준에 균형을 맞추어야 하며, 출입구보다 점포 안쪽의 조도를 더 높여주어야 한다.

(3) 색 채

① 점포내부의 색(色)은 고객의 입장에서 선택하고, 여성상대 사업은 흰색과 파스텔을 사용해 밝고 호화로운 느낌을 주도록 하고, 어린이가 주고객인 유치원·장난감가게 등은 노랑 빨강 파랑 등 원색을 사용하는 것이 기본이다. 특히 젊은 층을 상대로 하는 점포일수록 파격적인 색(色)과 디자인을 써야 손님을 끌 수 있다.

② 배색(配色)은 맑은 색에서 탁한 색 순으로 배열하고, 밝은 색에서 어두운 색 순으로 배열하며, 옅은 색에서 짙은 색 순으로 배열한다. 명도 차이가 높은 색끼리의 배색은 경쾌하고 가벼운 느낌을 준다.

③ 색채는 일부 문화나 지역에 따라서 다소 상이할 수도 있지만, 색채 마케팅에서 각각의 색상이 주는 느낌은 일반적으로 상당한 공통점을 가지고 있다. 노랑은 "희망, 광명, 유쾌, 명랑, 경박" 등의 연상을 일으키는 색체라 할 수 있다.

6. 점포 외부 환경

(1) 점포 외부환경의 개념

① 점포외부환경은 가격, 상품 구색, 머천다이징과 더불어 고객을 자점으로 흡인(吸引)하기 위한 가장 큰 매력 포인트가 되기 때문에 디자인이 실패하지 않도록 충분한 사전 검토 작업이 필요하다.

② 고객의 시선을 끌어들이기에 적합하게 해야 하며, 고객의 발길을 점포로 유도해야 하기 때문에 외관적으로는 점포 자체를 소구(訴求)하는 기능을 가지고 있다.

(2) 점포의 진열 창

① 진열된 상품이 고객의 주의를 끌고 고객이 관심을 가질 수 있도록 하여야 한다. 진열창(display windows)은 점포의 대표적인 상품 또는 고객을 유인하기 위한 전략상품(세일품목, 계절상품, 신제품, 기획상품 등)을 진열하여 점포의 이미지를 전달하여야 한다.

② 진열창의 내용은 계절 또는 명절특수 등의 기회가 있을 때 주기적으로 바꾸어 줘야 한다. 고객의 변화하는 구매 욕구를 먼저 파악하고, 고객을 점포에 흡인하는 역할을 수행하고, 점포 품격을 표시하며, 고객의 시선을 점포 내로 유도하는 역할을 담당한다.

③ 고객의 구매 결정상 심리적 프로세스로서 AIDMA 원리를 쇼윈도 연구에 응용할 수 있는데 이는 주의(attention), 흥미와 관심(interest), 구매 욕망(desire), 기억(memory), 구매 행동(action) 등의 5단계를 말한다.

(3) 점포의 주차장

① 소점포에 있어서 주차장은 필수는 아니지만 자동차 1,000만대 시대를 살고 있는 고객을 위한 서비스 차원에서 고려되어져야 한다.

② 독자적으로 주차장 확보가 어려운 경우라면 인근의 주차장 이용방법을 제시하는 사업주의 고객배려가 필요하다.

7. 포장(Packing)

(1) 포장의 상품기능

① 상품의 내용물을 다양한 위험으로부터 보호하는 기능이 있다.

② 소비자가 상품을 편리하게 운반하고 사용하게 하는 기능이 있다.

③ 상품포장의 기능은 크게 상품기능, 의사전달기능, 가격기능 등으로 분류된다.

④ 상품 내용물 즉 일정한 수량을 정해진 단위에 알맞도록 적재하는 기능이 있다.

(2) 상업포장과 공업포장

① 공업포장의 경우 판촉을 고려하지만 절대적인 것은 아니고, 상업포장의 경우 판촉이 중요하다.

② 공업포장은 물류활동이고, 상업포장은 상류활동이다. 즉, 공업포장은 물류수단이고 상업포장은 판촉수단의 하나이다.

③ 공업포장은 보호를 전제로 항상 최저비용을 추구하지만, 상업포장은 매출신장을 위해 비용 상승도 감수한다.

④ 상업포장은 구매자 또는 소비자와 직접 접촉한다는 것을 염두에 두어야 하는 반면, 공업포장은 상품보호가 가장 중요하므로 최우선으로 하여야 한다.

8. 머천다이징(MD;Merchandising)

(1) Merchandising의 이해

① 머천다이징을 우리말로 표현하면 '상품화계획'이라 부르기도 한다. 기본 틀은 '적정한 상품의 선정과 관리'에 있다고 봐야 할 것이다.

② 머천다이징이란 매장에서의 판매활동 전반에 대한 관리활동, 즉 상품화, 전시, 판매, 배송, 애프터서비스, 재고관리 및 고객관리를 말한다. 머천다이징 정책에는 가격대, 상품의 차별성, 상품의 다양성 등이 포함되는 요인이다.

(2) Visual Merchandising의 개념

① **구성**: Visual Merchandising의 구성 요소로는 VP(Visual Presentation), PP(Point of sale Presentation) ,IP(Item Presentation)로 구성이 되어있다.

② VP(Visual Presentation): 점포의 쇼윈도나 매장 입구에서 유행, 인기, 계절 상품 등을 제안하여 고객이 매장으로 접근하게 하기 위한 진열이며, 중점상품과 중점 테마에 따른 매장 전체이미지 표현한다.

③ PP(Point of Presentation): 매장 내 고객의 시선이 자연스럽게 닿는 벽면, 쇼케이스 그리고 테이블 상단 등을 활용하여 어디에 어떤 상품이 있는가를 알려주는 진열이며, 상품을 정면으로 진열하여 주력 상품의 특징을 시각적으로 표현하고 상품의 이미지를 효과적으로 표현한다.

④ IP(Item Presentation): 상품을 분류, 정리하여 보기 쉽게 진열하여 하나하나 상품에 대해 고객이 구입의지를 결정하도록 하는 진열이며, 각각 상품들을 보고 만지고 고르기 쉽도록 지원한다.

(3) Visual Merchandising의 특징

① 매장에서 진열된 식품을 더욱 신선하게 보이도록 하기 위해 에어커튼을 하거나 특수조명등을 이용하는 것 등을 포함해서 전체적으로 매장을 눈에 잘 띄게 만드는 행위를 가장 잘 표현해 준다.

② 스토리에 근거한 효과적 연출과 매장 자체에 대한 커뮤니케이션 파워를 부여해야 한다. 즉, 매스컴이나 구전 등으로 상품정보는 얻을 수 있다 해도 소비자가 상품과 만나는 매장 자체의 파워가 구매행동에 큰 영향을 미치기 때문에 매장을 시각적, 감각적으로 돋보이도록 하는 연출이 중요하고, 그 개발이 필요하다고 할 수 있다.

(4) Scrambled merchandising

① 스크램블드 머천다이징(Scrambled merchandising)은 소매상에서 상품품목을 고려하여 취급 상품을 조합하여 재편성하는 것을 말한다.

② 브랜드별 배치법은 유명 브랜드별로 구별하여 진열하는 방법으로서 예를 들어 화장품 · 가전제품 · 고급 패션 의류에서 브랜드별로 진열하는 경우를 말한다.

③ 구매 동기별 배치법은 특정 사안에 따라 필요한 상품을 배치하는 것으로 예를 들어 답례용이나 예물용 상품을 조합하여 진열하는 경우를 말한다.

④ 무드별 배치법은 패션성이 강한 상품이나 고급 상품 그리고 취미 및 기호성이 강한 상품을 조합하여 특정 진열 테마를 설정하고 진열하는 방법을 말한다.

유통 마케팅

03 상품, 서비스, CRM

1. 상품(商品)

(1) 상품품질 판단기준 속성

① 상품의 기능이 소비자의 예상과 일치할 확률에 대한 문제를 신뢰성이라하고, 기능을 효과적으로 발휘하는 기간을 사용기간이라 한다.

② 상품을 수리해서 정상적으로 작동시킬 수 있는가에 대한 문제는 지속성 및 수선 용이성 이라한다.

(2) 상품구색(Assortment)

① 상품구색(assortment)은 상품의 폭(넓이)(goods width)과 상품 깊이(goods depth)로 구분할 수 있다.

② 소매상이 고객에게 제공하는 상품 구성의 넓이와 깊이는 개별 유통업태 및 유통 상의 마케팅전략에 따라 상이하다.

③ 상품의 넓이와 깊이에 대한 의사결정은 상품 구성정책의 핵심적 의사결정요소로 표적구매자들의 기대와 일치시키면서 다른 소매상과 차별화할 수 있어야 한다.

④ 상품구성의 넓이는 브랜드나 스타일 및 품목의 수의 다양성을 의미하며 상품의 깊이는 한 기업이 현재 취급하고 있는 상품계열의 종류가 많고 적은 정도를 나타내 주는 상대적인 개념이다.

⑤ 전문성은 특정 제품의 카테고리 내에서의 단품 수, 다양성은 한 점포 내 또는 부문 내에서 취급하는 상품 카테고리 종류의 수, 가용성은 특정 단품의 수요에 대해 충족되는 비율을 나타내는 것을 말한다.

(3) 소비용품

① 소비용품은 편의품(convenience goods), 선매품(shopping goods), 전문품 (speciality goods)으로 구분을 하는데 이러한 구분은 소비자가 구매의사결정을 위해 투입하는 비용과 노력의 정도인 구매관습에 의한 구분이다.

② 일반적으로 가격이 저렴하나 보석, 자동차 같은 예외적인 고급품도 있으며, 이를 구매하는 사람은 구매상품에 대한 지식이 판매자에 비해서 상대적으로 적고, 욕 구 충족이라는 관점에서 구매하는 것이 일반적이다.

(4) 산업용품

① 산업용품은 개인적인 욕구를 충족시키는데 사용되는 것이 아니라 기업의 욕구를 충족시키고 있는 것이다. 기업과 산업 활동의 수행에 사용하도록 예정된 목적을 갖는 것이 산업용품의 궁극적인 목표이다.

② 산업재 유통업자는 상인도매상의 특수한 형태로 또 다른 생산(제조)업체나 기관을 대상으로 상품을 판매하는 중간상의 형태이다.

③ 산업재시장은 더 적은 수의 그러나 더 큰 규모의 구매자를 가지고 있으며, 고객은 지역적으로 더 집중되어 있다.

④ 산업재 구매자 수요는 최종 소비자 수요로부터 나오고, 산업재 시장에서의 수요는 더 비탄력적이다. 즉 수요가 단기적 가격변화에 덜 영향을 받는다.

⑤ 한쪽에는 굉장히 일상적인 의사결정인 단순 재 구매, 단순 재 구매 상황에서 구매자는 어떠한 변경사항도 만들지 않고 재 주문하는 것을 말한다.

(5) 소비재와 산업재

① 산업재구매자는 소비재구매자에 비해 상품에 대한 전문지식이 상대적으로 높으며 또한 산업재구매의 경우 소비재 구매의 경우보다 더욱 계획적, 합리적 구매가 이루어진다.

② 산업재구매자는 공급업자의 제공물이 유사한 경우, 어떤 공급업자이든 구매요구 조건을 만족시킬 수 있으므로 구매자들은 그들이 받은 개인적인 측면을 중시하게 되며, 경쟁제품이 실질적으로 다른 경우 자신들의 선택에 더욱 책임을 지며 따라서 경제적 요인에 더 많은 주의를 기울인다.

(6) 수명주기(PLC ; product life cycle)에 의한 상품

① **도입기 상품**: 도입기 상품은 방금 발매된 신상품으로 메이커는 소비자를 상대로 해서 대규모의 광고와 샘플을 제공해야 한다.

② **성장기 상품**: 성장기 상품은 메이커, 소매점에서는 높은 수준의 매출과 이익을 확보할 수가 있다. 전략은 중소득 수용자를 표적시장으로 하며, 도입기보다는 약간 다양한 제품을 공급하고, 설득위주의 촉진전략을 구사한다. 성장기에서 마케팅 목표는 시장점유율 확대, 가격정책은 시장침투가격(저가격), 유통정책은 집중적 유통(intensive channel), 촉진정책은 보다 다양한 소비자들에게 인지도를 강화하는데 초점을 두어야 한다.

③ **성숙기 상품**: 성숙기의 상품은 치열한 경쟁으로 인해 이익이나 매출은 급신장 하지 않으나 지속적으로 소비자들이 찾는 상품이므로 상품믹스에 포함시켜야 한다. 성숙기의 수요는 포화상태가 되고 판매 신장률도 점차로 정체되고 있다. 상품의 라이프 사이클상 도입기 및 성장기를 지나 성숙기에 들어섰을 경우가 저가격 지향적 마케팅전략 및 정책이 활용되기 가장 좋은 상황이다.

④ **쇠퇴기 상품**: 쇠퇴기에는 매출, 이익이 급격히 감소하기 때문에 메이커 중에는 채산이 맞지 않아 철수하는 업체도 증가하고 있다.

(7) 위조(僞造)상품

① 상표법에서는 정당한 권원이 없는 제3자가 특허청에 등록된 상표를 그 지정상품과 동일 또는 유사한 상품에 사용하거나, 등록상표와 유사한 상표를 사용하여

유통마케팅

상표권 또는 전용사용권을 침해하는 상품을 위조상품으로 정의하고 있다.

② 부정경쟁방지 및 영업비밀보호에 관한 법률에서는 특허청에 등록되지 않았지만 국내에 널리 인식된 타인의 상표와 동일 또는 유하게 만들어 상품에 사용하여 타인의 상품과 오인혼동을 일으키는 상품을 말한다.

③ 위조상품은 시장이 있는 국가에서 합법적으로 보호하는 트레이드 마크, 저작권, 특허의 라이센스 없이 만들고 판매된 상품이다. 위조상품을 방지하기 위한 트레이드 마크, 저작권,특허는 지적자산의 범주에 포함된다.

④ 위조상품은 타인의 상표와 동일 또는 유사하게 만들어 상품에 사용하여 타인의 상품과 오인혼동을 일으키는 상품을 말한다.

2. 상품 구성 계획

(1) 상품분류

① 소매기업은 상품을 체계적으로 점차 좁혀가면서 가장 협소한 개념까지 이르게 된다.

② 단계별 분류를 가장 포괄적인 구분부터 협소한 구분까지 순서는 「Group – Department – Classification – Category – SKU」의 순서이다.

③ 상품카테고리 관리란 유통업체와 상품공급업체 간 분리되어 있는 머천다이징과 재고관리 등의 기능을 상품별로 모두 통합하는 것을 뜻하며, 매입에서 판매까지의 기능을 상품별로 수직통합하는 것을 의미하고, 유통업체와 상품공급업체가 새로운 정보기술을 활용하여 구매의사결정에 관련된 활동을 공동으로 추진하는 활동을 말한다.

(2) 상품 가용성

① 상품 가용성이란 특정 단품의 시장수요에 대해 상품 공급면에서 만족되는 비율을 의미한다.

② 특정상품의 가용성을 높이려면 이러한 상품의 고객 수준에 대해 품절이 발생하지 않도록 우수한 재고를 확보해야 한다. 하지만 과다한 재고보유시는 과도한 유동성이 필요하기 때문에 가용자금의 유동성이 낮아진다.

③ 유통업체가 안전재고를 결정하기 위해서는 유지하고자 하는 상품가용성에 대한 적정수준을 우선적으로 결정해야 한다.

(3) 노브랜드제품(no name product) 전략

① 소비자에게 가격이 저렴한 소박한 제품으로 느끼게 하고 싶을 경우에 사용한다.

② 가격 탄력성이 높은 소비자에게 효과적으로 접근할 수 있기 때문에 사용한다.

③ 더욱 경제적으로 만들 수 있는 초과생산능력을 보유하고 있을 경우에 사용한다.

(4) 재고회전율위주의 상품구색

① 신선한 상품은 오래되고 낡은 상품에 비해 잘 팔리기 때문에 높은 재고회전율은 매출량 을 증대시킨다.

② 회전율이 높으면 진부화의 위험에서 벗어날 수 있으며, 시장기회로부터 현금 확보가 높고, 빠른 회전율은 판매원의 사기앙양에 도움이 된다.

3. 서비스(SERVICE)

(1) 서비스의 의의

① 자유재와 구분되는 경제재는 형태의 유무에 따라 다시 유형재와 무형재로 분류하며 '서비스'상품이라 불리기도 하는 무형재화는 유형 재화와 다른 다양한 특성을 내포하고 있다.

② 서비스란 제품 판매를 위해 제공되거나 판매에 부수적으로 제공되는 행위, 편익, 만족이라고 미국 마케팅협회(AMA)에서 정의하고 있다.

(2) 서비스의 특징

① 무형성(Intangibility): 서비스는 기본적으로 가시적인 실체가 따로 없기 때문에 볼 수도 없고 만질 수도 없으며 이러한 서비스는 쉽게 전시되거나 전달할 수도 없다는 무형성의 특징을 보이고 있다.

② 비(非)분리성(Inseparability): 동시성이라는 용어로도 사용되며, 대부분의 서비스는 생산과 동시에 소비되는 특징을 가지고 있기 때문에 수요와 공급을 맞추기가 어려우며 서비스는 반품될 수 없다.

③ 이질성(Heterogeneity): 서비스를 제공하는 사람이나 고객, 서비스 시간, 장소에 따라, 즉 누가, 언제, 어떻게 제공하느냐에 따라 내용과 질에 차이가 발생하게 된다. 서비스는 이질성을 지니고 있어 유형 제품과 달리 특히 표준화와 품질관리가 매우 어렵다.

④ 소멸성(Perishability): 판매되지 않은 서비스는 사라진다는 개념이다. 서비스는 일시적으로 제공되는 편익으로서 생산하여 그 성과를 저장하거나 다시 판매할 수 없다. 마케팅 문제는 변동하는 수요에 탄력적으로 대응하는 방안을 강구하여야 하고, 수요와 가용능력을 일치시키기 위해 노력해야 한다. 서비스는 소멸성으로 인하여 재고관리가 어렵기 때문에 수요관리가 적합하게 이루어져야 한다.

재 화	서비스	서비스의 특징
유 형	무 형	· 서비스는 저장할 수 없다. · 서비스는 쉽게 전시되거나 전달할 수도 없다.
생산과 소비의 분리성	생산과 소비의 동시성	· 고객이 거래에 참여하고 영향을 미친다. · 종사원이 서비스 결과에 영향을 미친다. 대량생산이 어렵다.

표 준	이 질	· 서비스 제공과 고객만족은 종사원의 행위에 달렸다. · 서비스 품질은 많은 통제 불가능한 요인에 달렸다.
비소멸	소 멸	· 서비스는 수요과 공급의 일치가 어렵다. · 서비스는 반품될 수 없다.

(3) 서비스 준거가격 책정의 어려움

① 서비스는 무형이고, 서비스기업은 그들이 제공하는 서비스를 다양하게 형상화 할 수 있으므로 이에 따라 가격구조가 복잡할 수 있기 때문이다.

② 서비스가 완료되기 전까지는 소비자가 서비스가 어느 정도 행해지게 될지에 대해서 알지 못하기 때문이다. 서비스 상품의 경우 고객의 개인적인 욕구의 차이 가 너무나 많기 때문이다.

③ 고객이 가격비교를 위해 수집해야 할 정보가 너무 많으며, 비교가 가능하도록 유사한 서비스를 진열하는 경우도 거의 없기 때문이다.

④ 서비스 가격은 판매가격과 상품원가를 잘 파악하여 책정하여야 한다. 이러한 가 격책정에는 '원가중심', '수요중심', '경쟁중심'으로 접근을 하여야 하며, 공급중심 가격정책은 재화의 공급을 기준으로 가격을 책정한다.

⑤ 서비스의 불확실성 제거활동 품질 보증의 범위를 확대하고, 광고를 통하여 고품 질의 이미지를 주며, 품질 보증의 기간을 확장한다.

(4) 서비스의 생산성 측정

① 작업측정법(work measurement methods): 스톱 워치법, 워크 샘플링법, 예정 표준 시간법 등이 있다.

② 총합 비교법(aggregate comparative methods): 결정적 방법으로 수학적 프로 그래밍 기법이 있고, 통계적 기법으로는 회귀분석의 통계 기법이 있다.

③ 품질 플러스법(quality plus techniques): 서비스의 품질을 이용하여 측정하는 방법을 말한다.

④ 실제 오차 연구법(practive variation studies): 통계적으로 오차의 범위를 정해 두고 있으며, 실질적으로 투입과 산출에 있어 오차가 얼마나 나는지를 측정하는 방법을 말한다.

(5) 서비스의 신용속성

① 신용속성(credence attributes)은 건강진단이나 증권투자 등 전문적인 서비스를 받은 후 일정 시간 내에는 알 수 없으며, 시간이 지남에 따라 경험·인식하게 되는 서비스품질의 속성을 말한다.

② 신용속성(credence attributes)은 고객이 서비스를 수혜받은 후에도 그 서비스 에 대한 가치를 인식하지 못하는 것을 말하는데, 이에는 다시 탐색 속성(search attributes)과 경험 속성(experience attributes)으로 구분된다.

4. 서비스 품질의 측정 도구 : SERVQUAL

(1) 서비스품질 격차모형

① 서비스품질 격차모형은 고객이 지각한 품질상의 문제점을 기업 내의 결점이나 격차(gap)와 연결시키는 개념적 모형이다.

② 서비스의 품질을 분석하는 이론적 모델로서 소위 PZB이 제시한 Gap모델을 들 수 있다. 이들은 Gap이 발생하는 원인을 분석하며, 또한 원인에 따른 해결책을 제시함으로써 서비스 품질을 향상시킬 수 있는 이론적 모델을 제시하고 있다.

③ 서비스품질의 갭 모형(quality gap model)을 근거로 고객만족을 조사하기 위한 효과적인 도구로서 기대한 서비스(expected service)와 인지된 서비스(perceived service)의 차이를 측정한다.

(2) SERVQUAL의 5개 차원 : RATER

① 신뢰성(Reliability): 서비스품질 평가 10개 차원과 동일한 차원으로 서비스에 대한 신뢰성을 바탕으로 정확하게 업무를 수행하는 능력을 말한다.

② 확신성(Assurance): 서비스품질 평가 10개 차원 중 능력 · 예절 · 신빙성 · 안전성으로 구성되어 있다. 고객에 대한 직원들의 지식과 예절 및 신빙성과 안전성 그리고 자신감을 전달하는 능력을 말한다.

③ 유형성(Tangible): 서비스품질 평가 10개 차원과 동일한 차원으로 눈으로 구분 가능한 설비나 장비, 오토바이, 계산대, 서빙 도구 등 물리적으로 구성되어 있는 외양을 말한다.

④ 공감성(Empathy): 서비스품질 평가 10개 차원 중 가용성 · 커뮤니케이션 · 고객이해 등으로 구성되어 있다. 서비스를 제공하는 회사가 고객에게 제공하는 개별적인 배려와 관심을 말한다.

⑤ 대응성(Responsiveness): 서비스품질 평가기준의 10개 차원과 동일한 차원으로 고객에 대한 도움은 항상 준비되어 있으며 언제든지 서비스를 제공하겠다는 것을 말한다.

5. 고객과의 접촉정도와 서비스 매트릭스

(1) 서비스 프로세스의 격차 모형

① 노동집중도 정도란 시설이나 가치에 대한 노동 비율 정도를 말한다.

② 고객과의 상호작용 개별화 정도는 고객이 서비스와 상호작용하는 정도를 말한다.

③ 고객과의 접촉 및 고객화 정도가 높은 서비스 조직에서는 서비스표준화가 아닌 차별화에 중점을 두어야 한다.

④ 노동집약도가 높은 서비스 조직에서는 인력자원에 대한 교육, 훈련과 종업원 복지 등에 대한 의사결정의 중점을 두어야 한다.

유통마케팅

```
높음
     〈대중 서비스〉          〈전문 서비스〉
     • 학교, 학원            • 변호사
노     • 은행업               • 세무사, 회계사
동     • 도매상               • 건축사, 설계사
집     • 소매상               • 의사, 약사
중
도     〈서비스 팩토리〉        〈서비스 숍〉
     • 호 텔                • 병 원
     • 항공사               • 자동차 정비소
     • 운송업               • 전자 서비스
     • 여가시설              • 휴대폰 고객서비스센터
낮음 ◄─────────────────────────► 높음
         고객과의 상호작용/개별화 정도
```

(2) 서비스 프로세스의 격차 모형

① 서비스공장(service factory): 고객과의 접촉정도와 노동집약도의 정도가 모두 낮은 서비스 조직으로 항공사, 호텔 등이 포함된다.

② 서비스 숍(service shop): 고객화 정도가 높고, 노동집약도는 낮은 서비스 조직으로 서비스공급의 스케쥴링(scheduling), 비수기와 성수기의 수요관리 등에 의사결정의 중점을 두어야 한다.

③ 전문서비스(professional service): 고객화의 정도와 노동집약도가 모두 높은 서비스 조직으로 의사, 변호사, 회계사, 건축사 등이다.

④ 대중서비스(general public service): 고객화의 정도는 낮지만 노동집약도가 높은 지역으로 학교, 은행업, 도매성과 소매상 등이다.

6. 고객관리(Customer Management)

(1) 고객의 의의

① '고객'이라는 용어는 顧(돌아볼 고), 客(손 객), 접대하는 사람이나 기업의 입장에서 볼 때 다시 보았으면, 또 와주었으면 하는 사람을 말한다.

② 고객이란 좁은 의미로 특정점포나 기업의 제품이나 서비스를 구매하거나 이용하는 소비자를 말한다.

③ 고객은 제품을 구매하는 당사자이기 때문에 제품구매 결정에 있어서 기업이 제공하는 서비스의 질이나 품질 등을 면밀히 검토하여 최종구매를 결정하게 된다.

(2) 고객의 분류

① 기업에서 사용하는 고객의 개념은 제품과 서비스를 제공받는 최종 소비자를 말하며, 이는 협의의 고객이다.

② 외부고객(external customer)이란 제품을 생산하는 기업의 종사자가 아닌 사람들로서 제품이나 서비스를 구매하는 사람들을 일컫는 협의의 고객, 즉 우리들이 보통 말하는 고객이다.

③ 내부고객(internal customer)은 제품의 생산을 위해 부품을 제공하는 업자나 판매를 담당하는 세일즈맨 등 제품 생산이나 서비스 제공을 위해 관련된 기업 내 모든 종사원들도 고객의 범주에 포함시키는 개념이다.

(3) 고객 그룹 명칭

① 다운시프트(Downshift): 치열한 경쟁에서 벗어나 느긋하고 여유 있는 삶을 추구하는 무리를 말한다.

② 여피(Yuppie): 고등교육을 받고, 도시 근교에 살며, 전문직에 종사하여 고소득을 올리는 일군(一群)의 젊은이들로서 1980년대 젊은 부자를 상징한다. 여피란 젊은(young), 도시화(urban), 전문직(professional)의 세 머리글자를 딴 'YUP'에서 나온 말이다.

③ 슬로비(Slobbie): "천천히 그러나 훌륭하게 일하는 사람(Slower But Better Working People"의 약자로, 빠르게 돌아가는 현대 생활의 속도를 조금 늦춰 넉넉하게 살아가려고 하는 사람들이다. 물질보다는 마음을, 출세보다 자녀를 중시한다.

④ 로하스(Lohas): 건강과 지속 가능함(지속 성장성)을 추구하는 라이프 스타일을 말한다. 개인의 육체적인 측면과 정신적 건강의 조화를 통해 행복한 삶을 추구하는 라이프 스타일이 웰빙이며, 개인뿐만 아니라 사회와 후세의 건강과 행복한 삶을 추구하는 것, 즉 사회적 웰빙이 로하스인 것이다.

(4) 고객관계집단의 유형

① 나비집단: 수익성은 높지만, 충성유지 기간이 짧은 고객을 뜻한다. 기업의 제공물과 고객욕구간의 적합성이 높지만 나비처럼 짧은 기간동안 자사의 제공물을 즐기다가 다른 기업으로 옮긴다.

② 방문객집단: 낮은 수익성과 짧은 충성기간을 가진 고객을 말하는데, 기업의 제공물과 고객의 욕구간에 적합성이 별로 없다. 이러한 고객에게는 전혀 투자할 필요가 없다.

③ 진정한 친구집단: 수익성이 높고 충성기간이 긴 고객이다. 고객의 욕구와 기업 제공물간에 적합성이 높다. 기업은 이들에게 감동을 주고, 이들을 유지/육성하기 위해 관계구축에 지속적으로 투자하기를 원한다.

④ 따개비집단: 충성기간은 길지만 수익성이 별로 없는 고객으로, 고객욕구와 기업 제공물간의 적합성이 제한되어 있다. 수익성을 향상하기 위한 노력에도 불구하고 수익성이 향상되지 않는다면 거래를 포기해야 한다.

(5) 고객 개발과정

① 고객개발과정의 시발점에 '가정할 수 있는 고객들(suspects)'은 제품이나 서비스를 구매할 가능성이 있는 사람을 의미하고, 이들로부터 가장 가능성이 있는 예상 잠재고객(prospects)을 결정한다.

② 기업은 예상잠재고객이 '첫 번째 구매고객'으로 전환되기를 희망하며 그 후 '반복 고객'으로 그리고 기업이 특별하게 인식하고 다루어야 하는 '단골고객'으로 전환되기를 추구(희망)한다.

③ 기업은 일반적으로 '단골고객'을 회원고객 그리고 '옹호자'로, '옹호자'를 '동반자'로 변환(희망)한다.

7. 고객의 중요성

(1) 고객 충성도

① 특정한 제품에 대한 고객들의 정열적인 관심도와 높은 호응도를 말한다. 이러한 고객 충성은 기업에게는 꼭 필요한 자산이라고 할 수 있다.

② 고객 충성이 높은 제품은 시장에서 상대적 가치가 높다고 볼 수 있다. 이는 다른 브랜드보다 선택하는 면이 넓고 크기 때문에 자산과 가치의 평가가 높아진다.

(2) 고객 생애 가치

① 고객생애가치(LTV : customer lifetime value)는 한 고객이 평균적으로 기업에 기여하는 미래수익의 현재가치를 말한다. 고객 생애 가치에서는 고객들의 이탈률이 낮을수록 고객 생애 가치는 증가하며, 이러한 고객 생애 가치는 매출액을 말하는 것이 아니고 이익을 말하는 것이다.

② 현재의 고객과 잠재적인 고객의 고객생애가치를 현재가치로 할인하여 모두 합한 것을 고객자산(customer equity)이라한다.

(3) 고객접점

① 고객접점(MOT ; Moments of truth)은 고객과 기업이 접촉하여 그 제공된 서비스에 대해 느낌을 갖는 15초간의 진실의 순간을 말한다.

② 진실의 순간은 고객이 서비스 품질에 대한 강한 인상을 가지게 되는 시점을 의미한다. 바로 어느 한 순간에 고객의 신뢰를 잃을 수도 있고 얻을 수도 있다.

8. 고객관계관리(CRM ; Customer Relationship Management)

(1) CRM의 개념

① CRM이란 '신규 고객 확보, 기존 고객 유지 및 고객 수익성 증대를 위하여, 지속적인 커뮤니케이션을 통해 고객 행동을 이해하고, 영향을 주기 위한 광범위한 접근'으로 정의하고 있다.

② CRM은 고객에 대한 매우 구체적인 정보를 바탕으로 개개인에게 적합하고 차별적인 제품 및 서비스를 제공하며, 이를 통해 고객과의 개인적인 관계를 지속적으로 유지하고 단골고객과 일대일 커뮤니케이션을 가능하게 해 주는 것이다.

③ CRM은 상거래관계를 통한 고객과의 신뢰형성을 강조하고, 단기적인 영업성과 향상보다 중·장기적인 마케팅 성과향상에 중점을 둔다. 고객충성도를 극대화하기 위해 개별고객의 구체적 정보를 관리하고 고객과의 접촉점을 세심하게 관리하는 과정으로 고객 획득, 고객 유지, 고객 육성 모두를 다룬다

④ 사소한 다수의 고객보다는 한 사람의 우수한 고객을 통하여 기업의 수익성을 높이고, 새로운 고객보다는 기존의 우수한 고객을 유지하는 것에 중점을 두고 있다.

⑤ CRM은 특히 고객강화에 중점을 두고 있으므로 불특정 다수를 상대로 하는 것은 CRM의 주관심이 아니다. 고객관계관리에서는 고객충성도 강화에 목적을 두고 있으며, 고객획득보다는 고객유지에 중점을 두고, 제품판매보다는 고객관계에 중점을 둔다.

(2) CRM의 목적

① CRM의 목적은 신규고객의 유지로부터 시작하는 고객관계를 고객의 전생애에 걸쳐 유지함으로써 장기적으로 고객의 수익성을 극대화하는 것이다.

② 고객 1인으로부터 창출될 수 있는 이익규모는 오래된 고객일수록 높다. 이와 같은 현실로 인해 기존 고객을 유지하는 것의 중요성이 부각되는 것이다.

③ CRM의 핵심내용 중 하나로 고객동요(customer churn), 즉 높은 고객이탈율을 막는 것을 들 수 있다. 이를 위해 기업은 우선 고객유지율을 정의하고 측정해야 하며, 고객감소의 여러 원인을 구분하여 보다 잘 관리할 수 있도록 함으로써 고객상실률 감소를 위해 노력한다.

④ 과거에는 모든 고객을 대상으로 관계를 형성하기 위한 대량마케팅을 실시했으나 최근 들어이 보다는 수익성이 높은 소수의 고객들을 대상으로 관계를 구축하려고 노력한다.

9. 고객 컴플레인(complain)

(1) 고객 컴플레인의 개념

① 고객이 컴플레인을 하는 것은 상품을 구매하는 과정에서 또는 구매한 상품에 관하여 품질, 서비스, 불량 등으로 인하여 불만을 제기하는 것을 말하며, 이는 매장 내에서 종종 발생할 수 있다.

② 고객의 오해나 편견 등을 풀어주는 일을 컴플레인(complain) 처리라고 하며 이것은 판매 담당자에게는 중요한 업무 중의 하나이다.

(2) 고객 컴플레인(complain)의 판매자측 발생원인

① 고객에 대한 판매원의 무성의한 태도 역시 문제가 된다. 고객의 요구에 대해 무응답으로 일관하거나, 무시하는 행위를 하거나, 모른다거나 답변이 성실하게 보이지 않는 행동을 지속하게 된다.

유통 마케팅

② 판매 담당자는 제품에 대하여 지식이 부족하거나 잘못된 지식으로 고객에게 혼돈을 유발할 수가 있기 때문에 판매 담당자는 판매 이전에 상품에 대한 지식을 충분히 습득하여 고객에게 편안감을 갖도록 설명해야만 한다.

③ 판매원의 무리한 판매 권유도 문제가 된다. 고객은 판매원의 지나친 강매에 이후의 구매 심리도 소멸되므로 손님이 원하는 기간에 비교할 수 있도록 기다리는 자세가 필요하다.

(3) 고객 컴플레인(complain)의 고객측 발생원인

① 고객의 잘못된 행동은 자신의 잘못된 판단에 의해 구매한 제품을 마치 그 제품의 상표, 가격, 품질상의 하자가 있다는 구실로 반품을 요구하는 이기적인 행동을 하는 경우를 들 수 있다.

② 여러 곳을 비교 선택해야 함에도 불구하고 마치 이곳이 가장 좋다는 인식하에 구입한 뒤에 품질이나 가격에서 더 유리한 곳을 발견하고 교환을 요구하는 고객 이기적인 행위를 들 수 있다.

(4) 컴플레인발생시 판매원의 대응

① 신속한 문제해결을 위해 명료한 설명을 제공하고, 고객들의 감정적 대응을 줄이기 위해 적극적으로 고객의 불만을 경청한다.

② 판매원은 고객의 잘못이나 고객측의 착오에 의한 불평이라도 고객에게 충분하게 설명을 한 뒤에 설득하여 이해시켜야 한다.

③ 설령 판매 담당자의 잘못이 없는 경우에도 고객을 일방적으로 밀어붙이는 식의 설명이나 해결책은 오히려 고객의 반발을 야기할 수 있으므로 인내심을 갖고 겸손하고 정성스러운 자세로 고객에게 대해야 한다.

(5) 고객 컴플레인(complain)처리 단계

① 고객 입장 청취 단계
② 사실 확인 단계
③ 해결책 검토 단계
④ 고객과 타협 단계
⑤ 처리 결과 검토 단계

(6) 고객 컴플레인(complain)처리 방법

① 고객 컴플레인의 처리 방법으로 주로 MTP법이 사용되었는데 MTP법은 더 높은 고객 만족 향상이라는 차원에서 처리되어야 한다.

② 고객불평을 받았을경우에 처리를 하는 구성요소로는 사람(Man ; 판매담당자 → 판매관리자), 시간(Time ; 즉각처리 → 충분한 시간을 두고 처리), 장소(Place ; 판매장소 → 사무실 · 소비자 상담실)를 바꾸어 컴플레인을 처리하는 방법이다.

04 시장조사와 성과평가

1. 마케팅 조사(Marketing Research)

(1) 마케팅조사의 정의

① 마케팅조사는 크게 2차 자료(secondary data)와 1차 자료(primary data)로 구분되어지는데 2차 자료는 조사를 수행하고 있는 조사자가 아닌 다른 주체에 의해서 이미 수집된 자료이며, 1차 자료는 조사자가 조사를 시행하는 가운데 직접 수집해야할 자료이다.

② 기업 이미지분석을 위해 모은 고객 서베이자료는 1차자료에 해당하며, 관찰조사, 실험조사, 설문조사 등으로 직접 수집한 자료이다. 문제해결을 위한 조사 설계에 근거하여 수집되는 정보이며, 정확도, 신뢰도, 타당성 평가가 가능하다.

③ 조사자는 1차 자료, 2차 자료 또는 두 자료 모두를 수집할 수 있으며 1차 자료의 조사방법으로 관찰조사, 표적 집단조사, 질문조사, 행동자료 및 실험이 있다. 2차 자료는 조사자가 속해있는 내부자료(internal secondary data)와 타기관에서 생성해낸 모든 자료인 외부자료(external secondary data)로 구분을 할 수 있다.

(2) 마케팅 조사에서 표본선정

① 표본추출(convenience sampling)은 비확률 표본추출이며, 조사자가 편리하게 조사할 수 있는 대상들로 표본을 추출하는 것이다. 표본추출과정은 「모집단의 설정 → 표본프레임의 결정 → 표본추출방법의 결정→ 표본크기의 결정 → 표본추출의 순서」로 이루어진다.

② 표본의 크기가 커질수록 조사비용과 조사시간이 증가하게 되지만 표본오류는 감소하게 된다.

③ 비표본오류(non-sampling error)에는 조사현장의 오류, 자료기록 및 처리의 오류, 불포함 오류, 무응답 오류가 있다.

④ 층화표본추출(stratified sampling)은 확률표본추출이며, 모집단을 서로 상이한 소집단들로 나누고 각 소집단들로부터 표본을 무작위로 추출하는 방법이다.

⑤ 표본프레임(sample frame)이란 모집단에 포함된 조사대상자들의 명단이 수록된 목록을 의미한다.

⑥ 군집표본추출(cluster sampling)은 확률 표본추출이며, 모집단을 서로 상이한 소집단들로 나누고, 그 집단 자체를 모두 표본으로 선정하거나 그 중 일부를 표본으로 선정하는 것이다.

⑧ 판단 표본 추출(Judgement/ Purposive Sampling)법은 신제품 조사를 위해 표적시장을 잘 반영하리라고 생각되는 집단을 대상으로 설문조사를 하며, 모집단의 대표성보다는, 면접과정에서 풍부한 정보를 수집하기 위해 제품이나 산업에 대해 많은 정보를 갖고 있는 표본을 선정하는 비확률 표본 추출방법이고, 향후 경제전망에 대한 면접조사를 위해, 일반인보다 경제부분의 전문가들을 선별하여 면접에 참여하도록 한다.

⑨ 단순무(부)작위 표본추출(simple random sampling)은 확률표본추출이며 모집단내의 각 대상이 표본에 뽑힐 확률이 모두 동일한 표본 추출방법이다.

⑩ 할당표본추출(quota sampling)은 비확률 표본추출이며 모집의 특성을 반영하도록 미리 할당된 비율에 따라 표본을 추출하는 것이다.

(3) 시장조사의 종류

① 효과적인 의사결정을 위한 정보추출에 사용되는 조사는 탐색조사, 기술조사, 인과조사의 3가지 대표적인 종류로 구분할 수 있다.

② 조사목적이 구체적이지 못하고 이용할 자료가 명확하지 않으면 일단 탐색조사를 수행하고, 탐색조사 결과보다 정확한 정보획득을 위한 추가적인 조사가 필요하면 기술조사나 인과조사를 실시한다.

③ 조사목적이나 구체적인 자료가 명확하면 처음부터 탐색조사 없이 인과조사나 기술조사를 하되, 조사 목적상 인과관계에 대한 검증이 필요하면 인과조사를 하고, 아니면 기술 조사를 한다.

【조사의 종류】

조사목적 / 조사방법	조사의 특징	조사종류
탐색조사 관찰법(observation)	현재의 여러 현상을 관찰함으로써 마케팅 조사자가 1차 자료 정보를 수집할 수 있는 현재에 관련된 자료에 국한된 상황	• 문헌조사 • 사례조사 • 전문가 의견조사 • 표적집단면접법(FGI) • 개인 면접법
기술조사 질문조사법(survey)	• 관련 내용을 목표 시장의 고객에게 그들의 지식, 신념, 선호, 만족 등에 관하여 알기 위하여 또는 그 정도를 측정하기 위하여 질문하여 정보 수집 • 여러 용도로 이용할 수 있어 1차 자료 조사로 가장 많이 이용	• 횡단조사 • 시계열조사 • 패널조사 • 서베이조사
인과조사 실험법(experiment)	• 실제 상황을 조작하여 여러 가지 변수를 통제하면서 그들에게 상이한 처리를 가한 후 그 인과관계를 살핌. • 적절한 통제가 있을 경우에는 확실한 방법	• 원시실험단계 • 순수실험단계 • 유사실험설계

(4) 층화표본추출법(stratified sampling)

① 마케팅조사를 할 때 X라는 상표를 소비하는 전체 모집단에 대해 구매량을 중심으로 빈번히 구매하는 사람(heavy users)과 가끔 구매하는 사람(light users)으로 분류하고, 각각의 집단에서 무작위로 표본을 추출하는 표본추출방식이다.

② 모집단을 어떤 기준에 따라 상이한 소집단으로 나누고 이들 각각 소집단들로부터 표본을 무작위로 추출하다. 비례 혹은 불비례, 할당표본추출법(quata)과 유사하지만 각 소집단에서 랜덤(random)하게 표본을 추출하면 층화표본 추출법이고 그렇지 않으면 할당표본추출법이고, 다른 기법과 함께 사용해도 된다.

(5) 컨 조인트분석(Conjoint Analysis)

① 제품대안들에 대한 소비자의 선호 정도로부터 소비자가 각 속성(attribute)에 부여하는 상대적 중요도(relative importance)와 각 속성수준의 효용(utility)을 추정하는 분석방법이다.

② 컨 조인트 분석의 목표는 고객 개개인이 개별 서비스속성의 각 수준에 대하여 얼마만큼의 선호도를 부여하는지를 추정하고자 하는 것이다.

(6) Delphi Method

① 델파이기법(Delphi Method)은 수요예측 방법 중에서 정성적 분석법에 해당하는 것으로 특정기술이나 제품에 대한 전문가들의 의견을 종합하고 조정하여 하나의 예측치로 도달해가는 집단적 합의의 방법이다.

② 전문가들은 패널로 참석하게 되고, 진행자는 예측치를 수집하여 평균과 예측치의 분포를 계산하여 전문가들에게 제공하고 이를 고려하여 다시 예측을 하도록 하는 방법이다.

③ 전문가들을 대면회합을 위해 한 장소에 모이게 할 필요 없이 그들의 평가를 이끌어낼 수 있고, 의사결정과정에서 타인의 영향력을 배제하는 장점이 있다.

(7) 설문조사

① 어의차이 척도법(semantic differential scale)은 서로 어의가 상반되는 형용사나 표현을 붙인 척도로 점포의 이미지를 측정하기 위한 설문으로 명품백화점 매장의 이미지는 「현대적이다 -2, -1, 0, +1, +2, 복고풍이다」 양극단에 의해서 척도를 구성하는 방식으로 '밝다와 어둡다' 로 극단을 설정하여 척도의 중앙점은 중위점(neutral point)이며, 기업·상표·광고 이미지에 대한 소비자 태도 조사에 사용하며, 요인분석 등 다변량 분석에 적용이 용이하다.

② 민족지학적 연구(Ethnographic Research)는 한 문화적 집단의 삶의 연구로 신선식품을 제조하는 A사는 자사가 개발한 신제품에 적합한 유통경로를 고민하고 있고, 제품에 대한 소비자들의 반응을 궁금해 하고 있다면, 가설검증을 위한 정성분석에 필요한 자료의 수집에 적합한 조사방법이지만 실험조사(experimental research)에 비해 내적 타당성이 낮은 조사방법이다.

2. 영업 손익

(1) 영업 손익의 개념

① 영업 손익은 일반기업이 영업 수행 과정에서 발생하는 손해와 이익이라고 할 수 있다. 현재 우리나라의 기업회계기준에 의하면 분명한 영업 손익을 계산하는 기준이 제시되어 있다.

② 우리나라는 한국 채택 국제회계기준(K-IFRS: international financial reporting standard)국제회계기준을 채택하고 있으며, 현재 기업회계기준에 의한 영업손익을 구하기 위한 포괄손익계산서의 작성기준은 다음과 같다.

(2) 회계의 목적

① 회계의 목적(objective of accounting)이란 회계가 지향하는 목표가 되는 것으로, 재무회계의 목적, 재무보고의 목적, 또는 재무제표의 목적이라고도 부른다.

② 정보 이용자가 의사결정을 하는데 유용한 정보를 제공하는 것으로 해석하고 있다. 이는 광범위하게 정의된 것으로 회계의 기본 목적이라고 할 수 있다.

	매출액
(−)	매출원가
	매출총손익
(−)	판매비와 관리비
	영업손익

(3) 재무회계(financial accounting)

① 투자자, 금융기관을 비롯한 기업 외부의 정보 이용자에게 유용한 정보를 제공하는 것을 가장 기본적인 목적으로 하는 회계이다.

② 재무회계방식은 관리회계방식에 비해 상세한 물류비의 파악이 곤란하기 때문에 구체적인 업무평가나 개선목표의 달성에 한계가 있다.

(4) 관리회계(managerial accounting)

① 기업 경영자에게 유용한 정보를 제공하는 것을 목적으로 관리회계는 경영자의 의사결정 유형에 적합한 회계 정보를 제공해야 한다.

② 관리회계에서 제공하는 회계 정보는 경영자의 특정 의사결정에 적합한 정보가 되어야 하므로 특수 목적의 재무보고서라 한다.

3. 포괄손익계산서와 재무상태표

(1) 포괄손익계산서

① 손익계산서(income statement, profit and loss statement)는 일정 기간 동안 기업실체의 경영성과에 대한 정보를 제공하는 재무보고서이다.

② 포괄주의 관점에서 작성한 손익계산서는 일정 기간 동안 소유주와의 자본거래를 제외한 모든 원천에서 순자산이 증가하거나 감소한 정도와 그 내역에 대한 정보를 제공한다.

③ 손익계산서에는 해당 회계기간을 표시하기 위하여 항상 회계기간 시작부터 끝까지 하는 기간이 표시된다. 이런 점에서 일정시점의 재무상태를 나타내는 대차대조표를 정태적 재무제표라고 하는 반면, 일정 기간 동안의 경영성과를 나타내는 손익계산서를 동태적 재무제표라 한다.

(2) 재무상태표(대차대조표)

① 재무상태표상 좌측은 자산이라 하여 현금자금이나 상품의 재고상태, 외상매출금, 수취어음, 예금 및 현금은 차변(좌변)항목들을 표시해 준다.

② 비유동자산은 현금으로 전환되기 위해 1년 이상 걸리는 자산을 의미한다. 제한된 수명을 가지고 있으므로 자산의 가치는 시간이 지나면서 작아진다. 따라서 자산원가에서 감가상각액을 공제함으로써 비유동자산을 파악할 수 있다.

③ 유동부채는 유동자산처럼 1년 내에 지불되어야 할 채무를 말하며 외상매입금, 지급어음 및증식부채(accrued liabilities, 아직 지불하지 않은 세금, 급여, 임대료, 수도광열비 및 기타미지불채무)가 가장 주된 유동부채이다.

④ 비유동부채는 1년 후에 갚아야 할 채무이다. 재무상태표(대차대조표)의 비유동부채 항목에기장하는 지급어음은 1년 후에 갚아야 할 채무이며 채권과 부동산의 저당권도 여기에 포함된다.

4. 손익분기점(BEP) 분석

(1) 손익분기점(BEP)의 개념

① 손익분기점분석(the break-even point analysis)은 손익분기점을 파악하기 위해 비용 및 매출액 수준과 이익 사이의 관계를 분석하는 기법으로 총수익과 총비용이 일치하게 되는 판매수량 혹은 매출액을 의미한다.

② 경영자가 손익분기점(break-even point) 분석을 통해 어떤 특정가격과 원가구조 하에서 기업이 얼마나 판매해야만 손익이 분기되는가를 예측하는 방법 또는 판매액이 손익분기가 되는데 시간이 소요되는가의 관점에서 예측할 수 있다.

$$\text{⊙ 손익분기점 매출액} = \frac{\text{고정비}}{\text{공헌이익률}}$$

$$\text{⊙ 손익분기점 판매량} = \frac{\text{고정비}}{\text{단위당 공헌이익}}$$

$$\text{⊙ 목표이익손익분기점 판매량} = \frac{\text{고정비+목표이익}}{\text{단위당 공헌이익}}$$

(2) BEP 분석 기법

① 공헌이익법은 손익분기점에서 총 공헌이익이 고정비와 일치한다는 사실에 초점을 맞추어서 총공헌이익과 고정비가 일치하는 판매량이나 매출액을 계산하는 방법이다.

② 등식법은 CVP 분석의 기본 등식을 사용하되 손익분기점에서는 이익도 손실도 발생하지 않으므로 영업이익을 0(영)으로 놓고 손익분기점 판매량이나 매출액을 계산하는 방법이다.

5. 비율 분석지표

(1) 회전율(turnover ratio)

① 순이익률은 '순이익÷순매출액'으로 계산될 수 있으며, 기업이 경영을 얼마나 잘하는지를 나타내지만, 주어진 매출수준에서 그 기업이 얼마나 자원을 잘 활용하고 있는지는 보여주지 않는다.

② 상품재고회전율이란 특정기간(보통 1년) 동안 점포 내에서 재고가 평균적으로 얼마나 여러 번 순환되는가 하는 것이며 일반적으로 재고회전율이 클수록 좋다.

③ 자산회전율은 '순매출액÷총자산'으로 계산되며, 자산을 얼마나 잘 활용하는지 보여주는 지표가 되지만, 경영 효율성을 측정하는 적절한 수단이라고 보기는 어렵다.

④ 레버리지비율(leverage ratio)은 일반적으로 레버리지는 기업의 부채의존도를 의미하며, 유동성비율과 함께 단기채권자의 재무위험을 측정하는데 사용된다.

⑤ 수익성비율(Profitability ratio)은 경영의 총괄적인 효율성의 결과를 매출에 대한 수익이나 투자에 대한 수익으로 나타내는 비율들을 말한다. 기업이 이익을 얻기 위해 다양한 자원을 얼마나 효율적으로 사용하는지를 측정한다.

⑥ 활동성비율(Activity Ratio)은 기업이 소유하고 있는 자산들을 얼마나 효과적으로 이용하고 있는가를 측정하는 비율이 바로 활동성 비율이다.

(2) GMROI(Gross Margin Return On Inventory Investment)

① GMROI는 재고투자수익률(총 마진수익률)이라고도 하며 협소한 유통매장의 진열대에서 제거나 추가돼야 할 상품에 대한 의사결정의 기준(척도)을 제공한다.

② 유통업체에서 카테고리관리를 할 때, 카테고리별 재무목표를 설정하기 위하여 이익, 매출, 회전율을 결합하여 판단하여야 한다.

$$\odot \text{ GMROI산식} = \frac{\text{투자수익률}}{\text{평균재고자산}} = \frac{\text{투자수익률}}{\text{매출액}} \times \frac{\text{매출액}}{\text{평균재고자산}}$$

$$= \text{매출액 이익률} \times \text{재고자산 회전율}$$

(3) Open-to-buy

① 최대재고량결정

㉠ Open-to-buy(매입가능 단위)는 주문량을 결정하는 기법으로 미국에서 주로 사용을 하는 기법이다.

㉡ 최대재고량은 소매업자가 재주문과 배달기간동안 예상되는 판매에 필요한 제품 수량에 예상하지 못한 판매나 문제발생에 대비한 안전재고를 더한 수량이다.

㉢ 최대재고량은 현재 재고량과 주문중인 수량이 전혀 없는 경우 구매하는 상품의 수량을 말한다.

② Open-to-buy의 계산

㉠ 최대재고량={재 주문기간+배달기간}×{판매율}+{안전재고}

㉡ Open-to-buy=최대재고량-{현재 재고량+주문량}

6. Maslow의 욕구단계이론

(1) 생리적 욕구(physical need)

① 생리욕구는 인간의 가장 기본적인 욕구인데, 여기에는 물, 음식, 집, 육체적 편안함 등이 있다.

② 기업 경영자들은 종업원에게 급여를 줌으로써 생리욕구를 충족시킬 수 있도록 해준다.

(2) 안전의 욕구(safety need)

① 안전욕구를 반영하는 행동은 노조에 가입한다든가, 신분이 보장된 직업을 구한다든가, 의료보험이나 노후대책으로서 직업을 선택하는 것이다.

② 경영자는 급여 또는 보너스, 안전한 작업조건, 직업보장 등을 통해서 이러한 욕구를 충족시킬 수 있게 해준다.

(3) 소속의 욕구(social need)

① 소속욕구는 안전욕구가 최소한이나마 충족되었을 때 나타난다. 사람들은 다른 사람들과의 소속감, 친화 등을 원한다.

② 동료들과의 상호작용을 통해서 이러한 욕구를 만족시킨다. 경영자는 종업원들에게 야유회, 체육대회 등을 통해 이러한 욕구를 충족시켜줄 수 있다.

(4) 존경의 욕구(esteem need)

① 다른 사람들로부터 자신의 능력에 대해 인정을 받고 싶어 하는 욕구이다.

② 존경욕구의 충족은 자부심과 자신감, 자신의 중요성 인식 등에 의해 이루어진다.

(5) 자아실현의 욕구(self-realization need)

① 매슬로우의 욕구단계 중에서 가장 높은 단계는 자아실현과 관련된 욕구이다.

유통마케팅

② 자아실현은 자신의 기술이나 능력 그리고 잠재력을 최대한으로 활용하고자 하는 욕구를 말한다.

7. 허쯔버그의 두 요인이론(Two-Factor Theory)

(1) 위생요인(hygiene factors)

① 작업의 환경과 관련된 요인들이고, 이러한 요인들을 미리 예방함으로써 불만족을 없앨 수 있다는 위생학적 측면이 강조되었기 때문이다.

② 위생요인은 종업원의 실제 작업 활동과 직접적으로 관련이 되어 있지는 않지만 작업환경의 일부로 위생요인의 질이 낮을 때 종업원들은 불만족을 느끼게 된다.

(2) 동기요인(motivation factors)

① 종업원들은 작업에 만족을 느끼고 좋은 성과를 낼 수 있다. 동기요인의 예로는 성취감, 다른 사람들의 인정, 승진, 일 그 자체, 성장·발전의 가능성 등이 있다.

② 봉급, 작업조건, 감독, 상사와의 관계는 동기요인(motivator)에 해당하는 것으로 위생요인이 충족되더라도 구성원을 동기화시키지 못하면 큰 의미가 없기에 성과향상을 위해서는 동기요인을 충족시켜야 한다고 주장한다.

8. 알더퍼의 ERG이론

(1) ERG이론의 내용

① 알더퍼(alderfer)는 매슬로우의 욕구단계이론이 갖는 한계성에 대한 대안으로 ERG이론을 제시하였다.

② 존재욕구(Existence needs), 관계욕구(Relatedness needs), 성장욕구(Growth needs)로 나누었으며, 이들의 첫 글자를 따서 ERG이론이라고 하였다.

(2) ERG이론의 특징

① 매슬로우는 「만족-진행(satisfaction-progression)」과정 만을 강조한데 비하여, 알더퍼 낮은 욕구로의 퇴행과정도 있다고 보았다. 즉, 「좌절-퇴행(frustration-regression)」요소가 가미되어 있다.

② 알더퍼는 두 가지 이상의 욕구가 동시에 작용할 수 있다고 보았다. 사람마다 세 가지 욕구의 크기가 서로 다르다고 하였다.

9. 기대이론(Expectancy Theory)

(1) 기대이론의 개념

① 개인이 특정한 성과를 달성했을 때 최종적인 보상을 받을 수 있는 가능성이다.

② 주관적 믿음을 기대(expectancy)라고 하며, 이는 '0'부터 '1'까지의 값을 가진다.

(2) 기대이론의 내용

① 능력 보강을 통해 업적을 낼 수 있다는 자신감을 얻도록 해야 한다. 무능력은 열심히 해도 업적이 오르지 않고, 자신이 바라는 욕구를 채울 수 없을 것이다.

② 업적이 높은 사람에게는 어떤 방법으로든지 보상을 하여 줌으로써 구성원들에게 노력하면 보상을 받는다는 확신을 줘야 한다.

10. X이론, Y이론(X theory & Y theory)

(1) X이론, Y이론의 개념

① 맥그리거(Douglas McGregors)는 인간의 본성에 대한 두 가지 서로 다른 견해를 제기하였다. 기본적으로 인간 본성에 대한 부정적인 관점을 X이론(X theory)이라 하고 긍정적인 관점을 Y이론(Y theory)이라 한다.

② 기본적으로 인간 본성에 대한 부정적인 관점을 X이론(X theory)이라 하고 긍정적인 관점을 Y이론(Y theory)이라 한다.

(2) X이론의 전제

① 인간은 선천적으로 일을 싫어하며, 가능한 한 일을 하지 않고 지냈으면 한다. 종업원은 대체로 평범하며, 자발적으로 책임을 지기보다는 명령받기를 좋아하고 안전제일주의의 사고·행동을 취한다.

② 기업 내의 목표달성을 위해서는 통제·명령·상벌이 필요하며, 외재적 통제, 일방적 의사소통, 과거의 잘못 발견 등이 문제가 된다.

(3) Y이론의 전제

① X이론을 대신할 새로운 인간관으로서 다음과 같은 Y이론을 제창하였는데, Y이론은 인간의 행동에 관한 여러 사회과학의 성과를 토대로 한 것이다.

② 종업원들은 적극적이며, 자발적으로 일할 마음을 가지게 되고, 개개인의 목표와 기업목표의 결합을 꾀할 수 있으며, 능률을 향상시킬 수 있다고 보았다.

【내용이론의 비교】

고 차 ↑ 욕 구 수 준 ↓ 저 차	욕구단계이론	ERG이론	성취동기이론	2요인이론	내재적 ↑ 동 기 부 여 ↓ 외재적
	자아실현욕구	성장의 욕구(G)	성취욕구	동기요인 (내생요인)	
	존경의 욕구		권력욕구		
	사회적 욕구	관계의 욕구(R)	친교욕구		
	안전의 욕구			위생요인 (외생요인)	
	생리적 욕구	존재의 욕구(E)			

SUBJECT 4
유통정보

01 정보(INFORMATION)

1. 정보(情報)

(1) 정보의 의미

① 정보(information)는 미래의 불확실성을 감소시키고, 개인이나 조직이 의사결정을 하는데 사용되도록 의미 있고 유용한 형태로 처리된 것이며, 인간이 판단하고 의사결정을 내리고 행동할 때 그 방향을 정하도록 도와준다.

② 현대정보는 어떤 행동을 취하기 위한 의사결정을 하기 위해 수집한 각종 자료를 처리하는 데이터 상호관계를 말한다. 정보의 처리과정은 데이터(Data)를 수집하고, 입력시킨 후 가공처리를 거쳐 출력과정을 거친 후 정보를 활용한다.

(2) 정보의 특성

① 신뢰성(Reliability): 신뢰성 있는 정보는 그 원천 자료와 수집 방법에 관련이 있기 때문에 소문만 가지고 전달될 수 없다.

② 경제성(Economical): 필요한 정보를 얻기 위해서는 경제성이 있어야 한다. 경계성이 없으면 정보라 할 수 없다.

③ 적시성(Timeliness): 정보는 필요로 하는 시점에 제공될 때 그 가치를 발휘하게 된다. 시기를 놓친 정보는 가치가 없다.

④ 관련성(Relevancy): 정보는 의사결정자에게 매우 중요하므로 의사결정자와 관련성이 있는 정보를 제공해야 한다.

⑤ 정확성(Accuracy): 정보는 소문처럼 오류나 왜곡, 변질되어선 안된다. 정보의 정확성을 해치는 가장 큰 요인은 수집단계에서 발생하는 오류이다.

⑥ 입증 가능성(Verifiability): 정보는 입증 가능해야 한다. 입증 가능성은 같은 정보에 대해 다른 여러 정보원을 체크함으로써 살펴볼 수 있다.

⑦ 완전성(Completion): 문제해결에 필요한 정보가 완비된 정도를 의미하며 중요한 정보가 충분한 것이 완전한 정보이다.

⑧ 접근성(Accessibility): 정보는 공간적으로 쉽게 접근 가능할수록 가치가 증대된다. 인터넷상의 정보는 VAN에 존재하는 정보보다 접근성이 높다.

(3) 정보과부하

① 정보과부하(information overload)란 인간이 입력신호를 받아들여 그에 따른 반응(또는 출력)을 나타낼 수 있는 능력에는 한계가 있다.

② 인간의 정보처리능력을 초과하는 경우에는 소위 정보과부하(information overload)가 일어나게 되어 반응률(성과)이 오히려 감소하는 경향을 보인다.

③ 인간은 정보과부하를 막기위해 불요불급한 정보를 미리 제외하는 여과과정 (filtering)을 통해 입력정보의 양을 자신이 다룰 수 있는 범위 내로 조절하게 된다.

④ 정보시스템구축에 있어서 경영자들에게 "필요한 정보를 제공하는 것" 못지 않게 "필요 없는 정보를 제공하지 않는 것"이 중요하다.

⑤ 정보과부하 현상을 예방하기 위해서는 불필요한 정보 제외하고, 경험적 준거 체계를 이용하며, 체계적 의사결정과정을 활용해야 한다.

2. 정보와 유사 개념

(1) 자료(Data)

① 자료(Data)란 정보작성을 위하여 필요한 자료를 말하는 것으로, 이는 '아직 특정 의 목적에 대하여 평가되지 않은 상태의 단순한 여러 사실'이다.

② 데이터는 어떤 현상이 일어난 사건이나 사상을 사실 그대로 기록한 것으로 숫자, 기호, 문자, 음성, 그림, 비디오 등으로 표현된다.

(2) 지식(Knowledge)

① 지식(知識)이란 이와 같은 동종의 정보가 집적되어 일반화된 형태로 정리된 것으로, '어떤 특정목적의 달성에 유용한 추상화되고 일반화된 정보'라고 할 수 있다.

② 지식이란 정보가 축적되어 체계화되고, 한층 더 농축된 상태로 원리적, 통일적으로 조직되어 객관적 타당성을 요구할 수 있는 판단의 체계로서 다양한 종류의 정보가 축적되어 특정 목적에 부합하도록 일반화된다.

(3) 지혜(Wisdom)

① 지혜(智慧/知慧)는 이치를 빨리 깨우치고 사물을 정확하게 처리하는 정신적 능력이다. 지식에 의해서 얻을 수 있는 것이라는 의미에서 발전하여, 지금은 주로 사리를 분별하며 적절히 처리하는 능력을 가리킨다.

② 지혜는 효과적이고 효율적으로 지각과 지식을 적용하므로 원하는 결과를 생성하는 능력이며 많은 사람들이 이해 할 수 있는 근거가 있어야 한다.

3. 정보화 사회

(1) 정보화 사회의 개념

① 정보화 사회(information society)는 정보가 유력한 자원이 되고, 정보의 처리·가공에 의한 가치의 생산을 중심으로 발전해가는 사회를 말한다.

② 정보화 사회(情報化社會)는 정보가 경쟁력의 원천이 되는 사회로 정보·기술(IT)을 통해 가치 있는 정보가 창출·활용되고, 대량의 정보처리 능력을 가진 컴퓨터에 의해 주도되는 사회를 말한다.

(2) 정보화 사회의 특징

① 정보의 원활한 유통으로 인한 사회생활 전 분야에서의 정보이용 및 정보시스템의 일반화가 이루어 질 것이며, 산업구조는 자원을 대량 소비하는 '하드웨어(hardware)형 경제구조'를 거쳐 정보화, 지식집약화, 서비스화 등으로 집약되는 이른바 '소프트웨어(software)형 경제구조'로 전환 될 것이다.

② 소품종 대량생산 위주에서 다품종 소량생산 위주로 바뀔 것이며, 더불어 자원, 에너지의 유한성 문제를 극복하기 위하여 에너지 자원 절약형 시스템을 구축하려는 욕구와 함께 에너지 다소비형 산업의 비중이 감소하고 상대적으로 에너지 소비가 적은 서비스 산업의 비중 증대로 자원 절약형 시스템이 이룩될 것이다.

4. 정보화 사회의 문제

(1) 과다한 정보의 홍수

① 정보화 시대의 정보의 형태나 종류가 인간이 충분히 소화해 내지 못할 만큼 방대하고, 무질서와 체계 없이 난립된 상태로 유통되고 있다.

② 과다하고 소화되지 못한 정보들은 인간 본연의 가치창출과 욕구충족을 실행하지 못하고 정보에 의존하는 수동적인 인간으로 변화시킬 가능성이 높다.

(2) 개인의 사생활 침해

① 전산망의 구축과 관련하여 개인의 정보가 권력기관이나 타인에게 노출되어 불법적으로 사용될 가능성이 매우 높아지고 있다.

② 대다수의 개인 정보들이 자신도 모르게 대내외적으로 영리목적 이나 다른 목적에 활용될 수 있는 문제가 발생하여 뜻하지 않는 피해를 발생시킬 수 있다.

(3) 지식의 격차 증가

① 정보의 빈자(Information Poor)와 정보의 부자(Information Rich) 간의 지식의 격차(Knowledge Gap)가 더욱 가속화되어 정보 소외계층의 불평등한 형태가 이루어질 수 있다.

② 정보의 빈부 격차는 나중에 부 의 격차(Riches/Wealth Gap)로 발생을 하여 사회적 갈등을 발생시켜 사회문제화 될 수 있다. 따라서 누구나 쉽게 정보에 접근할 수 있는 장치들이 마련되어야 한다.

(4) 전통 문화의 소멸

① 정보화는 지구화, 국제화, 지구촌, 글로벌 등의 형태로 정보가 보다 많은 채널을 통해 유통되고 있다.

② 정보화는 국제사회에서 각 나라마다 가지고 있는 고유한 가치관과 고유의 전통 문화를 사라지게 한다. 또한 외래문화가 전통 문화를 잠식하여 국가의 정체성을 바꾸는 형태로 변모할 수 있는 심각한 우려를 발생시키고 있다.

5. 정보화 사회의 기업환경변화

(1) 글로벌 시장체제로의 전환

① 글로벌 시장체제는 각국의 기업들이 자국의 영업 판매 방식에서 탈피하여 세계를 영업권으로 두고 판매하는 글로벌 기업으로 변모하고 있다는 것을 말한다.

② 진입장벽을 완화시키고, 무관세와 관세인하, 외국인의 투자확대, 자유시장 경제체제의 유입 등과 같이 세계무역의 진입장벽을 완화시키고 경쟁을 확대·심화시키는 동시에 소규모 틈새시장(Niche Marketing)과 타깃 고객을 대상으로 한 경쟁 우위전략을 모색하고 있다.

(2) 소비 패턴의 다양화 · 특성화 · 고급화 · 개인화

① 기업들로 하여금 대량생산 시스템에서 소량생산 시스템으로 나아가 맞춤형 생산 시스템으로의 전환을 요구하기 때문에 제품의 수명 주기는 계속 단축되고 있다.

② 글로벌경쟁 아래에서 기업은 정보화된 소비자의 트렌드를 신속히 파악하고 대응함으로써 보다 큰 수익을 창출할 수 있다.

(3) 제품 수명 주기의 단축

① 글로벌 소비자는 어디에서 생산되든지 간에 자신에게 알맞은 제품을 구매하길 원하기 때문에 각국의 기업들은 특화된 제품으로 글로벌 소비자들의 주문에 맞게 소량생산 시스템을 유지하고 있어야 한다.

② 다양한 정보 매체를 통해 상품의 유통경로 및 제조원가나 제조일까지도 파악이 가능한 정보능력을 이용함으로써 소비자들은 신속한 대응에 따른 제품의 시장 진입을 단축화시키는 것이 가능하다.

(4) 클라우드 서비스(Cloud Service)

① 클라우드 컴퓨팅은 인터넷 기반(cloud)의 컴퓨팅(computing) 기술을 의미하는 것으로 인터넷 상의 유틸리티 데이터 서버에 프로그램을 두고 그때그때 컴퓨터나 휴대폰 등에 불러와서 사용하는 웹에 기반한 소프트웨어 서비스이다.

② 클라우드 서비스를 통해 유통사업자들도 유통·물류기업 주문정보와 상품정보, 출고, 배송에 필요한 정보통신기술 인프라와 매출정보, 재고정보관리, 정보보안, 정보보안 운송장출력시스템 등 각종 애플리케이션 프로그램을 사용해 경영효율화를 추구 할 수 있다.

③ 영국의 유통회사 테스코의 경우 매장 내 위성항법시스템과 고객의 스마트폰 간의 연동을 통해 고객이 편리하게 쇼핑할 수 있도록 도와주는 것이 대표적이다.

④ 테스코에서는 스마트폰 애플리케이션을 활용해 매장 위치 찾기, 원하는 제품 쉽게 찾기, 고객의 쇼핑 리스트에 맞는 최적의 이동 경로 등을 제공하고, 스마트폰 카메라로 제품 바코드를 스캔하면 진열대에서 즉시 결제 등의 서비스도 제공된다. 쇼핑의 편의성과 효율성을 획기적으로 향상시킨 혁신 서비스인 것이다.

6. 정보와 의사결정(Decision Making)

(1) 의사결정의 의의

① 의사결정(Decision Making)이란 가장 바람직한 상태를 달성하기 위하여 하나 또는 그 이상의 대안 중에서 가장 유리하고 실행 가능한 최적대안을 선택하는 의식적 과정이라고 정의할 수 있다.

② 의사결정을 한다는 것은 의식적으로 사려깊은 행동이라고 볼 수 있다. 따라서 반사적인 반응이나 무의식적인 행동은 반응행동이나 습관이라고 하지 의사결정 이라고 하지 않는다. 의사결정 과정의 순서는 「문제 파악 → 대안 탐색과 결과 예측 → 대안의 비교, 분석, 평가 → 최적의 대안 선택 → 대안 실행 및 평가」이다.

(2) 의사결정 종류

① 의사결정의 형태에 따라 규범적 의사결정과 기술적 의사결정으로 구분한다.

② 의사결정의 주체에 따라 개인적 의사결정과 조직적 의사결정으로 구분한다.

③ 의사결정의 조직계층에 따라 전략적 의사결정과 관리적 의사결정으로 구분한다.

④ 업무처리 절차의 규정정도에 따라 정형적 의사결정과 비정형적 의사결정으로 구분한다.

7. 의사결정(Decision Making) 오류

(1) 최근성 오류(Recency bias)

① 과거정보 보다 최근에 주어진 정보에 더 큰 비중을 두고 의사결정을 내리는 경우를 말한다.

② 경영자는 과거로부터 축적되어온 정보보다 최근의 정보에 현혹되는 오류를 범할 수도 있다는 것이다.

(2) 정당화 추구 오류(Search for supportive evidence bias)

① 경영자는 선택된 대안을 실행하면서 '무언가 잘못되어 가고 있다'라는 느낌을 받을 수가 있다. 잘못된 대안을 선택하고 실행을 되돌리지 못하는 경우를 정당화 추구 오류라 한다.

② 이러한 경우 즉시 과오와 문제점을 파악하고 인정하며 또다른 효과적인 대안을 선택하여 빠른 문제의 접근이 최적의 상황이 된다.

(3) 문제에 대한 과소평가 오류(Underestimating uncertainty bias)

① 친숙하거나 유리한 사건의 확률은 과대평가하고, 부정적인 사건발생의 확률에 대해서는 과소평가하는 경향의 오류를 말한다.

② 경영자의 지나친 낙관주의, 경영자의 자신과 기업 역량에 대한 자신감이 과도한 경우, 새로운 정보를 받아들이지 않으려는 보수성이 강한 경영자 같은 오류의 복합 요인이다.

(4) 동일시 오류(Illusory correlations bias)

① 과거의 성공에 취해 현재 상황보다는 과거 상황의 연장선상에서 의사결정을 하는 경향으로 인식할 때 생길 수 있는 오류를 말한다.

② 모든 문제는 실제로 각기 다른 문제인데도 동일한 상황을 적용하여 평가하기 때문에 발생하는 오류를 말한다.

(5) 단기적 성과 지향 오류(Preoccupation with the short term bias)

① 경영자는 단기적으로 손해가 발생하더라도 장기적인 이익이 되는 방향으로 의사결정을 선택해야만 정당하다.

② 올바른 선택을 하고도 부정적인 결과에 민감한 나머지 섣부른 판단을 하는 경우가 많다. 단기적 성과 지향 오류는 단기 손실보다도 장기 이익의 형태로 의사결정을 내리지 못하는 경우를 지칭한다.

(6) 실패의 외부 귀인 오류(Attribution of success and failure bias)

① 사람들은 '성공은 내 탓, 실패는 남의 탓'으로 돌리는데 경영자들도 성공은 자신의 탓으로, 실패는 외부적인 환경 요인으로 돌리는 경우가 일반적이다.

② 경영자가 문제 해결에 실패한 경우에 운이나 외부 환경 탓으로 돌린다면 의사결정의 실패가 되풀이되는 악순환이 되풀이될 가능성이 높아지는 경우를 말한다.

(7) 언어나 문맥의 표현 차이 오류(Poor framing bias)

① 문맥상의 해석의 다양성이 의사결정의 문제를 만들 수 있다.

② 결론적이지 못한 애매한 표현이 지나치게 많은 경우에 발생할 수 있는 오류이다.

8. 유통정보 시스템

(1) 시스템의 정의

① 시스템은 하나 또는 그 이상의 공동목표를 달성하기 위해 투입물을 산출물로 전환시키는 체계적인 처리과정이다.

② 전체적으로 통일된 하나의 개체를 형성하면서 상호작용을 하는 구성요소들의 집합체로서 시스템의 내부는 정해진 목표를 달성하기 위한 처리기능을 수행하는 구성요소들을 포함한다.

(2) 정보 시스템의 정의

① 정보 시스템은 특정 응용분야의 활동과 관련된 자료를 수집·분석·처리하여 의사결정을 하는 데 필요로 하는 정보를 제공해 줄 수 있는 인간과 컴퓨터시스템의 구성요소들로 이루어진 시스템이다.

② 정보 시스템은 정보를 수집하고 활용 목적에 맞게 변환시켜서 정보를 필요로 하는 부서나 적절한 사용자에게 적시에 공급하는 역할을 수행하는 인간과 기계의 통합적 시스템을 말한다.

(3) 유통정보시스템의 개발단계
　① 주요 경로 기능의 결정 및 기능수행자의 결정
　② 각 경로 기능수행에 필요한 마케팅정보 결정
　③ 정보 수집자와 사용자 및 전달방법의 결정
　④ 잡음 요소의 규명 및 이의 제거방안 결정

(4) 유통정보시스템 설계를 위한 5단계
　① 경로시스템에 있어서 핵심 의사결정 영역의 확인
　② 의사결정이 이루어지는 각 수준(제도, 도매, 소매)의 확인
　③ 의사결정을 내리기 위해 필요한 정보(매장, 재고, 인력)를 확인
　④ 유통정보를 제공하는 방법과 시스템 운영환경의 설계 및 확인
　⑤ 유통정보를 보완할 수 있는 각종 정보화 프로그램(POS, SCM, ECR 등) 확인

(5) 정보기술의 유통 경로 기능에 미치는 영향
　① 신속하고 저렴한 수송방법을 가능하게 한다.
　② 최적의 제품구색을 갖추는 데 도움을 제공한다.
　③ 유통기업의 투자 폭을 적정 수준에서 유지시킨다.
　④ 도소매상의 구매계획에 도움을 주어 재고량을 감소시킨다.

9. 유통정보시스템 구축 위한 데이터

(1) 내부 데이터베이스(Internal Data Base)
　① 내부 데이터베이스의 의의
　　㉠ 유통정보를 위한 기업의 내부 데이터베이스는 기업이 주관하는 업무에 관련된
　　　데이터이다.
　　㉡ 생산 · 조달 · 판매 · 운영 · 물류업무 및 고객 서비스 업무 등과 관련된 데이터
　　　베이스를 말한다.
　② 내부 데이터베이스의 유형
　　㉠ 조달 물류 관련 데이터 : 원자재,부자재,입찰, 공급자, 조달가격, 보관비용 등
　　㉡ 생산 관련 데이터 : 생산계획, 생산비용, 생산공정, 원부자재,완성품 재고 등
　　㉢ 판매 물류 관련 데이터 : 재고, 출하, 창고관리, 운송,하역등에 관련된 데이터
　　㉣ 판매 영업 관련 데이터 : 수요 예측, 판매수당, 주문서, 견적서, 외상매출 등의
　　　데이터
　　㉤ 고객 서비스 관련 데이터 : 고객 불만처리대장, 고객 성향, 고객 서비스 기록
　　　등의 데이터

(2) 외부 데이터베이스(External Data Base)

① 외부 데이터베이스의 의의

    ㉠ 유통기업을 중심으로 비즈니스와 관련된 여러 연구기관 및 기업환경과 관련된 데이터로서 협력업체, 경영정보, 서비스 제공정보, 연구결과, 시장분석, 소비자분석, 정치·경제환경 분석, 사회문화 정보 등으로 광범위하다.

    ㉡ 기업의 목표와 연관될 수 있는 정보를 DB화한 것으로써, 주로 SCM, EDI 등과 같은 정보 활용기법들이 사용되고 있다.

② 외부 데이터의 유형

    ㉠ 기술 정보 : 생산기술, 공정기술, IT기술, 솔루션, 처리기술, 표준기술 등

    ㉡ 경제 환경 정보 : 각종 경제지표, 경기 동향, 환율, 증시, 부동산, 무역수지 등

    ㉢ 고객 정보 : 상권 분석, 인구 분석 통계, 소비자 심리 조사, 구매 패턴 조사, 수요 조사 등

    ㉣ 경쟁사 정보 : 신상품 정보, 시장 점유율, 마케팅 정보, 고객관리 정보 등

    ㉤ 사회 문화 정보 : 이혼, 종교, 세대 차이, 문화 관련 정보 등

    ㉥ 정치 환경 정보 : 법률 정보, 규제 정보, 기관 정보, 표준 정보, 선거 정보 등

(3) 빅 데이터(BIG DATA)

① 기존의 정형화된 데이터뿐만 아니라, 비정형적 데이터까지 포함한 방대한 양의 데이터를 수집하여 다양한 관점에서 신속하게 패턴이나 예측 정보를 제공한다.

② 디지털 환경에서 생성되는 방대한 규모의 정보량, 실시간성으로 인한 데이터 생성 및 이동 속도의 증가, 다양한 형태로 존재하는 데이터 등의 구성요소를 갖추고 있다. 따라서 이의 분석은 사람들의 행동양식이나 해당 사회의 성격을 정의하려는 학자들은 물론이고 생산 성을 향상시키고 새로운 성장 동력을 발굴하려는 기업들 도 널리 활용하고 있다.

③ 이의 분석 사례들을 살펴보면, '한국의 직장인들이 가장 즐겨 먹는 점심은 뭘까?' 또는 '흰눈이 펑펑 내리는 한겨울, 사람들이 가장 많이 찾는 제품은 무엇일까' 등을 찾아 볼 수 있다.

④ 빅 데이터의 효용 가치는 다양한 변수 사이의 새로운 관계를 발견하며, 표본 추출된 데이터 분석이 아닌 전수분석이 이루어지면서 정보의 왜곡이 줄어든다. 데이터의 양이 커지면서 작은 데이터에서는 사용할 수 없었던 새로운 데이터 분석 기법을 적용할 수 있으며, 사건 발생 시점과 데이터 감지 시점 사이의 지연이 거의 없어 실시간 나우캐스팅 (nowcasting)이 가능하다.

⑤ 데이터베이스 관리시스템(DBMS)은 다수의 사용자와 응용 프로그램들이 데이터를 공유하는 것이 가능하도록 지원하고, 데이터 간의 불일치가 발생하지 않도록 하여 데이터의 일관성을 유지할 수 있다. 데이터베이스의 접근 권한이 없는 사용자로부터 데이터베이스의 모든 데이터에 대한 보안을 보장한다.

지식(KNOWLEDGE)

02

1. 지식 경영 (Knowledge Management)

(1) 지식 경영의 개념

① 지식경영(knowledge management)이란 기업의 지식 관련 경영활동의 효과성을 극대화하고, 지식자산으로부터 최대의 부가가치를 창출하기 위해 지식을 창출, 갱신, 적용하는 일련의 체계적이고 명시적이며 의도적인 활동이다.

② 지식경영(knowledge management)은 지식을 창출, 저장, 전이, 적용하려고 조직에서 개발한 일련의 비즈니스 프로세스로서 환경에서 학습하고 지식을 비즈니스 프로세스에 통합하는 조직의 능력을 향상 시키는데 초점을 맞추고 있다.

③ 지식경영(knowledge management)은 지식을 획득하고 획득된 지식을 활용하여 새로운 부가가치를 창출하는 모든 경영활동으로 보유된 지식의 활용이나 새로운 지식의 창출을 통해 수익을 올리거나 미래에 수익을 올릴 수 있는 역량을 구축하는 모든 활동들을 말한다.

(2) 노나카의 지식경영

① 1995년 노나카와 다케우치는 사회화는 경험을 공유하고 이에 따라 사고모형이나 기량과 같은 암묵지를 창조해 내는 과정이며, 암묵지를 형식지로 표현하는 과정은 외부화, 형식지들을 체계적으로 조직하여 지식체계에 통합시키는 과정을 종합화라 한다. DB나 컴퓨터 네트워크는 종합화를 하는데 훌륭한 도구이다.

② 지식경영시스템은 지식의 검색 및 수정기능이 있어야 하며 공동의 지식창고를 구축할 수 있는 컴퓨터 정보시스템이 필요하고, 지식 디렉토리를 만들어 사용자들이 특정분야의 전문가를 찾을 수 있도록 해야 한다. 지식오염을 막기 위해 지식경영 책임자나 지식창조 관리자들은 시스템에 확보된 정보가 정확하고 유용한지를 확인하는 관리가 필요하다.

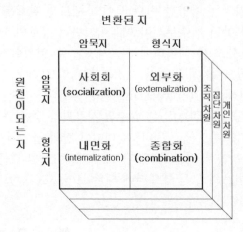

③ 지식변환의 4가지창에서 암묵지에서 암묵지로는 사회화(socialization: 신체로 지를 얻는다), 암묵지에서 형식지로는 외부화(externalization: 생각이나 노하우를 말이나 형태로 표현한다), 형식지에서 형식지로는 종합화(combination: 말이나 형태를 조합한다), 형식지에서 암묵지로는 내면화(internalization: 말이나 형태를 체득한다)의 창을 보이고 있다.

2. 전사적 지식 관리 (Knowledge Management)시스템

(1) 구조적 지식시스템

① 구조적 지식시스템(structured knowledge systems)은 기업 어딘가에 존재하는 구조적 텍스트 문서, 보고서나 발표 자료 형태이다.

② 구조적 지식을 라이브러리 형태로 구성하여 이를 기업 어디에나 접근할 수 있도록 조직화 하고, 이러한 형태의 시스템들을 구축하는 것이다.

(2) 반구조적 지식 시스템

① 반구조적 지식 시스템(semi structured knowledge)은 관리자들의 이메일, 음성 메일, 채팅 내용, 비디오, 디지털 사진, 부로셔나 게시판 등으로 구성되어있다.

② 다소 구조적이지 못한 문서 형태로 기업 내부 어딘가에 존재하는 정보들이 요구되는 반구조적 지식을 관리하는 시스템으로 산업체에서는 디지털 자산관리시스템이라고 한다.

3. 지식작업시스템

(1) 투자 워크스테이션

① 투자 워크스테이션(investment workstation)은 금융 중개인, 금융거래자, 포트폴리오관리자들 등 금융 산업에서 시간과 지식을 활용을 극대화 하기위해 사용하는 전문화된 것을 말한다.

② 워크스테이션은 오류가 적은 정보를 원스톱(one-stop)으로 빨리 제공함으로써 주식 선택에서 고객 기록 갱신까지의 전체 투자과정을 효율적으로 처리할 수 있게 한다.

(2) 가상현실

① 가상현실(假想現實)은 컴퓨터 등을 사용한 인공적인 기술로 만들어낸 실제와 유사하지만 실제가 아닌 어떤 특정한 환경이나 상황 혹은 그 기술 자체를 의미한다. 이때 만들어진 가상의(상상의) 환경이나 상황 등은 사용자의 오감을 자극하며 실제와 유사한 공간적, 시간적 체험을 하게함으로써 현실과 상상의 경계를 자유롭게 드나들게 한다.

② 가상현실을 설명하는 데 필요한 요소는 3차원의 공간성, 실시간의 상호 작용성, 몰입 등이다. 3차원의 공간성이란 사용자가 실재하는 물리적 공간에서 느낄 수 있는 상호작용과 최대한 유사한 경험을 할 수 있는 가상공간을 만들어 내기 위해 현실 공간에서의 물리적 활동 및 명령을 컴퓨터에 입력하고 그것을 다시 3차원의 유사 공간으로 출력하기 위해 필요한 요소를 의미한다.

(3) 증강현실(augmented reality, AR)

① 가상현실(VR)의 한 분야로 실제 환경에 가상 사물이나 정보를 합성하여 원래의 환경에 존재하는 사물처럼 보이도록 하는 컴퓨터 그래픽 기법이다. 디지털 미디어에서 빈번하게 사용된다. 세계 최초의 AR폰 '팹2 프로'는 구글의 AR 플랫폼이 적용된 스마트폰이다.

② 위치정보시스템(GPS)과 증강현실기술 기반으로 개발된 '포 켓몬 고'는 출시와 동시에 가장 핫한 게임으로 주목 받았다. 증강현실은 우리 주변에 포켓몬이 진짜로 있는 것 같이 합성하여 보여준다. 어도비 디지털 인덱스(Adobe Digital Index)에 따르면, 소셜 미디어에서 포켓몬이 언급 되는 횟수가 매일 50만 건에 달하며, 애플 및 구글 스토어의 인기 및 매출 순위를 장악하고 있다고 한다.

03 BAR-CODE

1. 바코드(Bar Code)

(1) 바코드(Bar Code)의 개념

① 바코드(Bar Code)는 다양한 폭을 가진 Bar(검은 막대)와 Space(흰 막대)의 배열 패턴으로 정보를 표현하는 부호 또는 부호체계라 한다.

② 바코드는 가느다란 줄과 굵은 줄 2가지 폭을 가지는 백과 흑의 평행줄로 이루어지는 막대, 여백, 전달 부호줄 및 광학식 문자 인식을 위한 자형(0)으로 구성되어 매체상에 인쇄된 표시를 말한다.

(2) 바코드(Bar Code)의 기능

① 바코드는 문자나 숫자를 나타내는 검은 바와 흰 공간의 연속으로 바와 스페이스를 특정하게 배열해 이진수 0과 1의 비트로 바뀌게 되고 이들을 조합해 정보로 이용하게 되는데 이들은 심벌지라고 하는 바코드 언어에 의해 정의된 규칙에 의해 만들어진다.

② 바코드(Bar Code)는 스캐너(Scanner) 또는 리더(Reader)라고 불리는 장치를 이용하여 상품의 제조업체, 품명 또는 가격을 정확하고, 간단하고 쉽게 읽어들일 수 있도록 고안된 것이다. 바코드 사용의 가장 중요한 효과들 중의 하나는 다른 장치와 비교하는 경우 정보를 가장 정확하게 입력시킬 수 있다는 데 있다.

2. 바코드(Bar Code) 구조

(1) Quiet Zone

① 바코드(Bar Code)를 보면 시작 문자 앞과 끝 문자의 뒤에 여백이 있는데 이 여백 부분을 말한다.
② 바코드의 시작과 끝을 명확하게 구현하기 위한 필수적인 요소이며, 바코드 심벌 좌측 공간을 전방 여백, 우측 공간을 후방 여백이라 한다.

(2) Start/Stop Character

① 시작 문자(Start Character) : 심벌의 맨 앞부분에 있는 문자로서 데이터의 입력 방향과 바코드의 종류를 스캐너에 알려주는 기능을 수행한다.
② 멈춤 문자(Stop Character) : 바코드의 심벌이 끝났다는 것을 알려주어 바코드 스캐너(Scanner) 양쪽 어느 방향에서든지 데이터를 읽을 수 있도록하게 해준다.

(3) Check Digit

① 검사 문자(check digit)는 메시지가 정확하게 읽혔는지 검사하는 것이다.
② 검사 문자(Check digit)는 정보의 정확성이 요구되는 분야에 이용되고 있다.

(4) Interpretation Line

① 바코드의 윗부분 또는 아랫부분을 말한다.
② 사람의 육안으로 식별 가능한 숫자, 문자, 기호 등 정보가 있는 부분을 말한다.

(5) Bar/Space

① 바코드는 가장 넓은 바와 가장 좁은 바 그리고 스페이스로 구성되어 있다.
② 바코드의 가장 좁은 바와 스페이스를 'X'디멘션(dimension)이라고 부른다.
③ 'X'디멘션이 바코드 구조상 가장 최소 단위를 이루는 것으로 모듈이라 한다.
④ 바코드의 좁은 바/Space와 넓은 바/Space는 1:2 내지 1:3 정도의 비율이 필요한데, 표준적인 비율은 1:2.5이다.

(6) Symbology

① 각 나라마다 고유의 언어(한글, 영어, 불어...)가 있듯이 바코드에도 여러 언어가 있는 것을 말한다.
② 동일 Data라 할지라도 Symbology에 따라 Bar와 Space의 조합패턴이 다르게 표현되는데 이러한 독립된 바와 스페이스의 조합 패턴을 하나의 심벌이라 한다.
③ 데이터를 바코드로 표시하는 방법을 의미하고, 같은 데이터라도 심볼 체계에 따라 다르게 표현하며, 심볼의 구조는 코드의 종류에 따라 상이하다.

【바코드 구조도】

3. 데이터(Data) 배열에 따른 분류(2차원 바코드)

(1) 2차원 바코드의 개념

① 2차원 바코드 안에 물품의 번호, 가격, 수취자, 수량 등의 다양한 많은 데이터를 포함한다. 바코드가 훼손되어 데이터가 손상이 되더라도 오류를 검출하고 복원하는 능력이 탁월하다.

② 특유의 인식패턴을 가지고 있어 바코드 리더로 어떤 방향에서 입력을 받더라도 판독이 용이하고 한국어를 비롯한 외국어, 그래픽정보까지 표현할 수 있다.

③ 4각형의 검은색 바와 흰 바의 조합을 통해 문자와 숫자를 표시하는 매트릭스형 2차원 바코드를 말한다. 4각형의 바를 랜덤 도트(Random dot)라 하는데 스캐너는 심벌 아래쪽과 좌측을 감싸는 L자모양의 두꺼운 바를 기준으로 하여 랜덤 도트가 표시한 데이터를 판독한다.

(2) Data Matrix 바코드

① Data Matrix 바코드는 미국의 International Data Matrix사가 개발하였으며 오류검출 및 복원 알고리즘에 따라 유형이 구별된다.

② Data Matrix 바코드 모듈의 모양은 정사각형 또는 직사각형 모양을 갖는다. 따라서 최대한 모듈의 모양을 지키는 것과 모듈, 배경, 조명의 요소 중 바코드의 영역만을 얻는 것이 최적의 2진화가 될 것이다.

(3) QR 바코드

① QR code는 일본에서 개발된 것으로 물류관리나 공장자동화에 적합하도록 고안되었으며, 흑백 격자무늬 패턴으로 정보를 나타내는 매트릭스 형식의 이차원 바코드이다.

② QR코드는 주로 한국, 일본, 영국, 미국 등에서 많이 사용되며 명칭은 덴소 웨이브(Denso Wave)의 등록상표 Quick Response에서 유래하였다.

③ QR코드(버전 40 기준)의 최대표현 용량은 숫자 7,089자, 문자(ASCII) 4,296자, 한자 등 아시아 문자 1,817자 등이며, 네 모서리 중 세 곳에 위치한 검출 패턴을 이용해서 360도 어느 방향에서든지 데이터를 읽을 수 있다는 장점이 있다.

④ QR코드는 종횡으로 2차원 형태를 가져서 더 많은 정보를 가질 수 있으며, 숫자 외에 알파벳과 한자 등 문자 데이터를 저장할 수 있다. 농담의 판별이 가능한 색조라면 색상이 들어가도 상관 없다. 유통, 물류 분야에서 기존 바코드를 대체하는 개념으로 출발한 QR코드는 별도의 리더기 없이 휴대폰을 리더기로 활용할 수 있어, 명함과 같은 개인적인 서비스까지 그 범위가 급속도로 확대되고 있다.

4. GS1 코드체계

(1) GS1(Global Standard No.1)

① GS1은 상품및 거래처의 식별과 거래정보의 교환을 위한 국제표준 식별코드, 바코드, 전자문서의 개발 · 보급 · 관리를 전담하고 있는 최고의 민간기구이다.

② GS1(국제표준 상품코드관리 기관)은 상품의 식별과 상품정보의 교류를 위한 국제표준 바코드 시스템의 개발 및 보급을 전담하는 세계 100개국이 넘는 국가가 가입한 최고의 민간기구이다.

(2) GTIN(Global Trade Item Number)

① 표준상품식별코드, 상품품목코드라 불리 우고 있으며 거래단품에 사용되는 EPC 관련 코드로 상품을 식별하기위해 사용되는 번호체계로 상품식별코드에는 아무런 의미도 담겨있지 않으며 상품에 대한 정보는 데이터베이스에서 검색이 된다.

② GTIN의 종류에는 GS1-8(8자리), GS1-13(13자리), GS1-14(14자리)가 있으며, 이를 전산으로 처리할 경우에는 모두 14자리로 입력해야 하므로 각 코드의 앞에 '0'을 채워 14자리로 만든 후 데이터베이스에 입력한다.

(3) 국내의 GS1코드

① 우리나라에서 제조되어 판매되는 상품의 고유번호체계도 이 시스템을 따르며, 상품을 다른 상품과 구별해주는 식별기호다. 기존에는 KAN(KOREA Article Number)으로 나타냈었다.

② '국제표준 상품코드관리 기관'으로부터 국가 번호 코드로 '880'을 부여받았으며 대한상공회의소 유통물류진흥원에서 국내 유통 정보화를 전담하고 있다.

③ GS1 Korea(대한상공회의소 유통물류진흥원)는 한국을 대표하여 1988년 GS1에 가입하였으며, 국제표준 바코드 시스템의 보급 및 유통정보화를 전담하고 있는 글로벌 기관이다.

④ GS1코드는 백화점, 슈퍼마켓, 편의점 등 유통업체에서 최종 소비자에게 판매되는 상품에 사용되는 코드로서 상품 제조 단계에서 제조업체가 상품 포장에 직접 인쇄하게 된다.

⑤ GS1코드는 제품에 대한 어떠한 정보도 담고 있지 않으며 GS1코드를 구성하고 있는 개별 숫자들도 각각의 번호 자체에 어떤 의미도 담고 있지 않다. 즉, GS1코드는 제품 분류(Product Classification)의 수단이 아니라 제품 식별의 수단으로 사용된다.

(4) GS1-13 : 표준형

① **국가식별코드(3자리)**: 대한민국은 항상 880으로 시작되며, 세계 어느 나라에 수출되더라도 우리나라 상품으로 식별된다. 1981년까지 GS1에 가입한 국가는 국가식별코드가 2자리이며, 1982년 이후에 가입 국가는 3자리이다. 그러나 국가식별코드가 원산지를 나타내는 것은 아니다.

② **제조업체코드(6자리)**: 6자리 제조업체코드는 「대한상공회의소 유통물류진흥원」에서 제품을 제조하거나 판매하는 업체에 부여한다.

③ **상품품목코드(3자리)**: 제조업체코드 다음의 3자리는 제조업체코드를 부여받은 업체가 자사에서 취급하는 상품에 임의적으로 부여하는 코드이다.

④ **체크 디지트(1자리)**: 스캐너에 의한 판독 오류를 방지하기 위해 만들어진 코드다.

(5) GS1-8 : 단축형

① 국가 번호는 모두 '880' 3자리로 구성된다.
② 단축형의 경우 제조업체 코드는 3자리로 구성된다.
③ 단축형의 경우는 상품 코드가 1자리이기 때문에 업체에서 '0~9'까지 10가지 단품에 부여할 수 있다.
④ 단축형, 표준형 모두 체크 디지트는 1자리이다.
⑤ GS1-8 은 GS1-13 심벌을 인쇄하기에 충분하지 않은 포장면적을 갖는 작은 상품의 경우에 적용된다.

(6) GS1-39

① UPC나 GS1(GS1-8, GS1-13, GS1-14)을 사용하고 있는 유통분야를 제외한 전 분야에서 가장 널리 사용되고 있으며, 미 국방성 · 자동차업계 · 보건성 · 국제항공협회 등에 채택되었다.
② 한 개의 Character는 Bar 5개와 그 사이에 4개의 Space로써 9개의 요소 중 항상 3개가 넓고 6개는 좁아 3 of 9이라고도 한다.

(7) GS1-128

① GS1-128 바코드는 단품이나 박스의 식별이외에 상품의 이동, 추적, 보관,

생산관리 등에서 요구되는 다양한 속성정보를 응용식별자(AI: Application Identifier)와 GS1-128바코드를 사용하여 담을 수 있는 1차 선형 바코드이다.

② 물류단위(박스, 팔레트, 콘테이너 등)에 다양한 정보를 표시하고자 하였으며, 기업간, 산업간에 상호호환이 가능한 표준정보를 담을 수 있는 코드에 대한 욕구가 발생하였다.

(8) GLN(Global Location Number)

① GS1 Korea에 가입한 회원의 경우에는 국가식별코드, 업체코드, 로케이션식별코드, 체크디지트 등으로 구성된 13자리 코드체계를 이용한다.

② 조직의 성격이나 물리적 위치에 관계없이 개별 조직을 찾을 수 있도록 도와주며, 관련 데이터베이스에서 조직의 자료를 얻기 위한 기능으로서 활용될 수 있다.

(9) EPC(Electronic Product Code)

① EPC(Electronic Product Code)코드는 GS1 표준바코드와 마찬가지로 상품을 식별하는 코드이다.

② 차이점은 바코드가 품목단위의 식별에 한정된 반면, EPC 코드는 동일 품목의 개별상품까지 원거리에서 식별할 수 있다는 것이다.

【Global Trade Item Number(GTIN, 국제거래단품식별코드)】

헤 더	업 체 코 드 (EPC Manager)	상 품 코 드 (Object Class)	일 련 번 호 (Serial Number)
$H_1 H_2$	$M_1 M_2 M_3 M_4 M_5 M_6 M_7$	$O_1 O_2 O_3 O_4 O_5 O_6$	$S_1 S_2 S_3 S_4 S_5 S_6 S_7 S_8 S_9$

5. KorEANnet(코리안넷)

(1) KorEANnet의 정의

① 코리안넷(Koreannet)은 표준바코드(GS1-13, GS1-8, GS1-14)가 부착된 상품의 상세정보를 표준화 시켜 데이터베이스에 등록하고, 이를 제조, 물류, 유통업체가 인터넷 및 EDI를 통해 실시간으로 활용할 수 있도록 지원하는 전자카탈로그서비스이다.

② 코리안넷은 동일한 상품임에도 제조업체가 유통업체에 따라 이중으로 상품정보 입력 작업을 해야 했던 국내 유통관행상의 문제를 해결하는 핵심적인 역할을 담당하게 될 것이다. 코리안넷을 통하여 제조업체와 유통업체 모두 정확하고 표준화된 상품정보의 검색 및 교환서비스를 제공받을 수 있다.

(2) KorEANnet의 주요기능

① 상품정보 및 등록관리: 글로벌 상품분류표준(UNSPSC), 상품속성표준(GDD) 기반의 상품정보를 관리하며, 상품의 정보를 등록, 변경, 조회, 관리가 가능하다.

② **유통업체 상품정보 전송**: 등록한 정확한 상품정보는 코리안넷과 연계된 제휴유통업체 쪽으로 신규상품의 정보가 전송된다.

③ **국내 유통상품 조회**: 제조업체와 유통업체에서 원하는 상품을 검색하고, 업체별, 상품군별 상품정보 검색이 가능하고, 상품이미지를 포함한다.

④ **자사상품홍보**: 상공회의소 코칭비즈 홈페이지 및 다양한 제휴사업을 통한 코리안넷 등록상품 홍보를 한다.

⑤ **데이터 동기화** : 상품정보 데이터동기화(Data synchronization)는 효율적 유통망관리(SCM)의 기본이자 핵심요소로서 정확한 상품정보를 제공하며 유통업체와 제조업체 간의 주요기능인 상품등록과 변경, 주문, 상품조회, 제품정보 등에 적합하다.

6. 바코드(Bar Code) 인쇄와 스캐너

(1) 바코드인쇄

① 표준형 바코드규격으로 상품식별코드(GTIN-13)을 나타낼 때에는 최소한 가로 3cm, 새로 2.1cm 이상을 유지해야한다.

② 바코드의 최소치는 표준규격의 80%를 기준으로 하지만 경우에 따라서는 그 이하로의 축소도 인쇄도 가능하나 계산대(POS)에서 판독 불가능한 경우를 대비해야 한다.

③ 최대규격은 표준규격의 200%까지, 최소치에서의 세로 길이는 1.8cm까지 사용하도록 권장된다. 높이를 축소한 경우 스캐너가 레이저가 바코드와 수직인경우만 판독가능하다.

④ 바코드는 좌우로 일정한 여백을 확보해야 하는데 제작 완료된 바코드 원판(필름마스터)에는 항상 상하좌우 4곳에 코너마크가 여백을 표시하게 되어 있다.

(2) 바코드인쇄 색상

① 스캐너는 어두운바와 밝은바(공간)의 색상을 대조하여 바코드를 판독하기에 검은색, 군청색, 진한녹색, 진한 갈색바에 백색, 노랑, 오렌지바탕이 가능하다.

② 판독이 불가능한 색상조합을 보면 스캐너는 적색의 레이저광선을 사용하여 바코드를 판독하기 때문에 적색계통의 색상은 모두 백색으로 감지를 하여 판독이 불가능하다. 적색/백색, 갈색/녹색, 흑색/군청색, 백색/흑색, 노랑색/백색, 흑색/녹색 등은 판독이 불가능하다.

③ 바탕을 백색으로 사용하고 바의 색상으로 적색, 노랑색, 오렌지 등을 사용하면 기계에서 바탕은 물론 바의 색상까지 모두 백색으로 감지를 하기에 판독이 되지를 않는다. 흑색바탕에 백색을 바의 색상으로 사용한 경우에도 바탕색으로 사용될 색상(백색)과 바의 색으로 사용할 색상(흑색)이 되 바뀌어 기계에서 인식을 할 수가 없다.

7. 국내 물류코드 시스템(GTIN-14)

(1) 표준 물류 바코드 시스템

① 박스단위상품에 적용하는 코드로서 국내 및 전 세계 제조업체, 유통업체, 물류업체 모두에게 공통적으로 사용 할 수 있다. 주의할 점은 표준물류바코드는 일반 소매점의 계산대(POS)를 통과하지 않는(비 소매용) 포장단위에서만 사용한다.

② 표준 물류코드가 필요한 이유는 생산에서 소비자에 이르는 유통단계별 상품 이동정보의 신속, 정확한 추적과 입출고, 피킹(picking)과 소팅(sorting)의 신속화 및 효율화, 수주에서 납품까지의 시간단축, 재고조사, 재고간리의 합리화, 일일 판매상황 파악에 의한 생산계획 및 판매계획 조정을 위해 필요하다.

③ 국내 물류코드 시스템(GTIN-14)은 수송 상품의 관리 수준을 높이는 것이 필요하게 되었으며, 이를 위해서 고안된 표준 분류 체계가 바로 GS1-14(EAN-14)이다. GS1-14(EAN-14)는 운송을 하거나 준비를 하는 박스 단위의 물류 상품 코드이며, 박스 내부의 단품은 GS1-13(EAN-13)상품 코드체계를 따른다.

(2) ITF(Interleaved Two of Five)

① 표준 물류바코드(ITF-14)는 표준물류코드(GTIN-14)를 나타낼 때 사용하는데 일반적으로 골판지 상자에 직접 인쇄를 하기에 인쇄요건이 까다롭지 않은 표준 물류바코드(ITF-14)가 사용된다.

② 단품은 색상, 사이즈, 크기 단위로 세분화된 형태를 말하며 표준 바코드는 시스템이 식별할 수 있도록 ITF-14란 바코드 심벌이 사용된다.

③ 5개의 바(Bar) 중 2개의 넓은 바를 가지고 있어서 이름이 2 of 5가 되었고, 1개 숫자 표시에 이용되는 바는 2개의 넓은 바와 3개의 좁은 바로 구성된다.

(3) GS1-14

① 업체간 거래 단위인 물류단위(Logistics Unit), 주로 골판지박스에 사용되는 국제표준 물류바코드로서 생산공장, 물류센터, 유통센터 등의 입·출하 시점에 판독되는 표준바코드이다.

② GS1-14는 국내및 전세계 제조업체, 유통업체, 물류업체 모두가 공통적으로 사용할 수 있는 국제 표준 물류 바코드이기 때문에 수출입에 사용되고 있다.

③ 물류 식별 코드 1자리, 국별 식별 코드 3자리, 제조업체 코드 6자리, 상품 품목 코드 3자리, 체크 디지트 1자리 등으로 구성되어 있다.

물류식별코드	국가코드	업체코드	상품코드	체크디지트
1	880	123456	009	9
8개들이	대한민국	대한제과	꿀 시리얼	–

8. 국제 표준 도서 번호(ISBN)

(1) ISBN의 의의와 구조

① 국제 표준 도서 번호(ISBN ; International Standard Book Number)는 현재 전세계 90여개국에서 서점 정보와 출판물의 판매 정보, 재고 현황을 신속, 정확하게 파악하기 위하여 활용되는 10자리의 숫자로 구성된 번호 체계를 의미한다.

② 대한민국은 1990년 8월 24일 베를린에 본부를 두고 있는 International ISBN Agency로부터 국별 번호 '89'를 취득하게 되었다. 국별 번호 앞에는 13자리로 맞추기 위하여 접두어(prefix) 3자리 숫자를 열거하는데 977(정기간행물), 978(단행본)을 의미한다. 현재는 국가번호가 포화상태가 되어 '89'대신 '11'번호를 사용하고 있다.

③ ISBN 제도에 가입하려면 다음 서류를 준비하여「국립중앙도서관 한국문헌번호센터」에 직접 신청하면 된다. 국내 ISBN Agency인 국립중앙도서관 내「한국문헌번호센터」에서 ISBN 매뉴얼을 확정함으로써 국내 출판업계 및 서점에서도 같은 ISBN 시스템을 활용한 본격적인 정보관리 시스템을 구축할 수 있는 발판을 마련하는 계기가 되었다.

(2) ISBN 부여 대상자료

① 지도

② 마이크로 형태자료

③ 카세트에 녹음된 도서

④ 마이크로 컴퓨터 소프트웨어

⑤ 점자자료(도서 및 오디오테이프)

⑥ 복합매체 출판물(Mixed Media Publication)

⑦ 팸플릿(앞 뒤 표지를 제외한 5~48페이지 자료)

⑧ 도서(정부간행물, 교과서, 학습참고서, 만화 등을 포함)

⑨ 전자출판물(기계가독형 테이프(출력 가능한 자료에 한함), CD-ROM 등)

⑩ 교육용으로 제작된 필름, 비디오테이프, 오디오테이프, 투명도, 슬라이드를 포함한 기타 유사 매체 자료

(3) ISBN 부여 제외되는 자료

① 선전용 팸플릿

② 일기장, 달력, 광고물과 같은 수명이 짧은 자료

③ 표제지와 본문없이 인쇄된 화첩, 미술작품, 지도, 악보 등 낱장자료

④ 연속간행물(단 1회 간행물인 연감, 연보 등은 도서번호와 연속간행물 번호를 동시에 부여)

9. RFID(Radio Frequency Identification)

(1) RFID의 개념

① RFID는 자동인식(AIDC) 기술의 한 종류로서 micro-chip을 내장한 Tag에 저장된 데이터를 무선 주파수를 이용하여 비접촉 방식으로 Reading하는 기술을 말한다.

② 주파수 대역이 높을수록 인식속도가 빠르고, 환경에 민감하게 반응하며, 주파수 대역에 따라서 응용분야의 적합성이 다를 수 있다.

③ RFID(Radio Frequency IDentification)는 자동인식(Automatic Identification)기술의 하나로써 데이터 입력장치로 개발된 무선(RF ; Radio Frequency)으로 통하는 인식 기술이다.

④ 전자 TAG(반도체칩)를 사물에 부착하여, 사물이 주위 상황을 인지하고 기존 IT 시스템과 실시간으로 정보를 교환하고 처리할 수 있는 기술을 말한다.

⑤ Tag 안에 물체의 ID를 담아 놓고, Reader와 Antenna를 이용해 Tag를 부착한 동물, 사물, 사람 등을 판독, 관리, 추적할 수 있는 기술이다.

⑥ RFID 기술은 궁극적으로 여러 정보를 동시에 판독하거나 수정, 갱신할 수 있는 장점을 가지고 있으며 물류, 보안 분야 등 현재 여러 분야에서 각광받고 있다.

⑦ 새롭게 창조된 기술이 아니라 2차 세계대전 당시 영국 공군이 적 전투기를 식별하는 데 사용되었으며 현재는 민간에 RFID 기술이 도입되어 진화 발전되었다.

⑧ 무선주파수를 이용해 상품과 사물에 내장된 정보를 근거리에서 읽어내는 기술로서 물류, 유통, 조달, 군사, 식품, 안전 등 다양한 산업 영역에서 경제적 파급효과를 창출할 수 있는 핵심기술로 각광받고 있다.

⑨ 1973년에 마리오 카둘로가 특허를 취득한 장비는 진정한 최초의 RFID라고 할 수 있다. 메모리를 갖추고 전파로 통신하는 RFID의 특징이 있었고, 카둘로의 특허는 전파, 음파, 빛까지 통신에 사용하는 아이디어를 포함하고 있었다.

(2) RFID의 특징

① 판독기에서 나오는 무선신호를 통해 상품에 부착된 태그를 식별하여 데이터를 호스트로 전송하는 시스템이다.

② 직접 접촉을 하지 않아도 자료를 인식할 수 있으며 인식 방향에 관계없이 ID 및 정보 인식이 가능하다.

③ RFID활용에 있어서 요구되는 시스템 표준은 H/W 및 S/W에 대한 기술표준, Tag의 데이터 Syntax에 관한 활용표준, 사용 가능한 주파수 범위에 대한 규정 등으로 구성된다.

④ 미들 웨어, 객체 정보서버, 객체 이력서버, RFID 검색서비스 등이 RFID 서비스 네트워크를 구성하고 있다.

(3) RFID의 장점

① Tag에 붙은 데이터를 받아 들이는데 인식되는 시간이 짧고 Tag는 재사용이 가능하다. Tag는 원하는 시스템이나 환경에 맞게 설계 및 제작이 가능하고 유지보수가 간편하며, 유지비가 들지 않는다.

② RFID시스템은 Tag의 데이터 변경 및 추가가 자유롭고, 일시에 다량의 Tag 판독이 가능하며, 냉온, 습기, 먼지, 열 등의 열악한 판독환경에서도 판독률이 높고 이동 과정을 실시간으로 추적할 수 있는(Traceability)장점이 있다.

③ 위조된 의약품을 추적할 수 있으며 또한 테러리즘과 싸울 수 있을 뿐만 아니라 RFID 태그(tag)는 읽기전용 태그(tag)와 한 번 만 입력이 가능하고 변경이 불가능한 태그(tag) 그리고 수회에 걸쳐 데이트 입력과 변경이 가능한 태그(tag)로 구분된다.

(4) RFID의 단점

① Tag의 가격이 고가이며, 태그의 인식률이 완전하지 못하며, 인프라스트럭처 구축비용이 고가이다.

② RFID 기술을 활용한 전자봉인(Electronic Sealing)을 이용하여 화물의 도난 및 손실 예방할 수 있는 반면 이 물품을 휴대하고 있는 사람들을 추적할 수 있게 됨으로써 개인뿐만 아니라 기업과 정부에 중대한 위협이 될 수도 있다.

(5) PML 서버

① RFID(Radio Frequency IDentification)시스템 체계에서 제품의 구체적 정보를 저장하고 있는 서버이다.

② PML(Physical Markup Language) 서버는 Savant가 모아온 정보들, 즉 제품명을 비롯해 현재 상태, 위치 등을 PML 형태로 저장·보관되고 데이터를 제공하는 기능을 수행하는 시스템이다.

(6) RFID의 구성요소

① 태그(Tag): 상품에 부착되며 데이터가 입력되는 IC칩과 안테나로 구성되며, 리더와 교신하여 데이터를 무선으로 리더에 전송하고, 배터리 내장 유무에 따라 능동형과 수동형으로 구분된다.

② 안테나(Antena): 무선주파수를 발사하며, 태그로부터 전송된 데이터를 수신하여 리더로 전달하고, 다양한 형태와 크기로 제작 가능하며 태그의 크기를 결정하는 중요한 요소이다.

③ 리더(Reader): 주파수 발신을 제어하고, 태그로부터 수신된 데이터를 해독한다. 용도에 따라 고정형, 이동형, 휴대용으로 구분하며, 안테나 및 RF회로, 변·복조기, 실시간 신호처리 모듈, 프로토콜 프로세서 등으로 구성되어있다.

④ 호스트(Host): 한 개 또는 다수의 태그로부터 읽어 들인 데이터를 처리하며, 분산되어 있는 다수의 리더 시스템을 관리한다. 리더로부터 발생하는 대량의 태그 데이터를 처리하기 위해 에이전트 기반의 분산 계층구조로 되어 있다.

10. 마킹(marking)의 유형

(1) 소스 마킹(Source marking)

① 소스 마킹의 의의

㉠ 상표의 제조업체가 자사가 생산 또는 출하하는 상표의 포장이나 용기에 바코드를 인쇄하는 것이다.

㉡ 소스 마킹을 바코드 판독을 근간으로 하고 있는 POS 시스템이 설치된 점포에서 판매되고 있는 소비재 상품이 주된 대상이나 산업재까지 그 영향이 확대되고 있다.

② 소스 마킹의 과정

㉠ 누가 (Who) 상품제조업체나 판매원이 한다.

㉡ 언제 (When) : 상품을 제조과정이나 판매시 한다.

㉢ 어디에(Where) : 포장이나 용기에 한다.

㉣ 무엇을(What) : 해당상품 번호를 나타내는 바코드 심벌을 한다.

㉤ 어떻게(How) : 포장이나 용기를 인쇄할 때 동시에 바코드를 인쇄한다.

㉥ 왜 (Why) : 판매신장과 재고관리 등 내부관리를 위해한다.

(2) 인스토어 마킹(In store marking)

① 인스토어 마킹의 의의

㉠ 인스토어 마킹은 소매점에서 바코드 프린터 등의 마킹기기를 이용하여 라벨에 바코드를 인쇄하여 상품에 부착하는 것을 말한다.

㉡ 인스토어 마킹은 각각의 소매 점포에서 청과, 생선, 정육 등을 포장하면서 일정한 기준에 의해 라벨러(Labeller)를 이용하여 바코드 라벨을 출력, 이 라벨을 일일이 사람이 직접 상품에 붙이는 것을 말한다.

② 인스토어 마킹의 과정

㉠ 소스 마킹된 상품의 고유 식별 번호는 전 세계 어디서나 동일 상품을 동일 번호로 식별하지만 소스 마킹이 안 된 상품은 동일 품목이라도 소매업체에 따라 각각 번호가 달라질 수 있다.

㉡ 인스토어 마킹은 기존의 작업내용을 좀 더 적합하고 편하게 수행을 하는 과정에서 개발된 마킹이 되기에 고객들 입장보다는 매장의 편리함을 더 고려한 내용이라 할 수 있다.

11. 판매시점 정보관리 시스템(Point Of Sales ; POS)

(1) POS 시스템

① POS(Point of Sale)는 판매시점 정보관리 시스템으로써, 무슨 상품이 언제, 어디에서, 얼마나 팔렸는지를 파악할 수 있도록 상품이 판매되는 시점에 판매 정보를 수집하여 관리하는 시스템을 지칭하는 말이다.

② POS시스템은 상품별 판매 정보가 컴퓨터에 보관되는데 매입시점의 정보관리, 발주시점의 정보관리, 배송시점의 정보관리와 같은 수준이 있다. 판매시점의 정보만을 관리하는 시스템은 협의의 POS시스템 개념이라 할 수 있다.

③ POS시스템을 도입함으로써 고객은 상품을 원하는 시기에 원하는 양 만큼 구매 할 수 있도록 관리체계를 계획할 수 있으며, 기업은 팔릴 수 있는 양 만큼 공급할 수 있어 매출과 이익을 극대화할 수 있도록 긍정적으로 작용한다.

④ POS시스템은 POS 터미널과 스토어 컨트롤러, 호스트 컴퓨터 등으로 구성되어 있으며, 상품코드 자동판독장치인 바코드리더가 부착돼 있다. 외식업, 유통업, 서비스업 등 각종 분야에서 활용되며 실시간으로 매출을 등록하고, 등록된 매출 자료의 자동 정산 및 집계를 가능하게 해준다.

(2) 점포별 데이터(store data)

① 점포별 자료는 점포 별로 수집된 판매 제품의 품목명, 수량, 가격, 판촉 등에 관한 자료로서 특정 점포에서 판매된 품목, 수량, 가격 그리고 판매시점의 판촉 여부 등에 관한 자료를 통해 점포운영과 관련된 데이터를 획득할 수 있다.

② 전국에서 표본이 되는 점포를 선정하여 그 점포에서 판매된 품목이나 수량, 가격, 판매시점의 판촉여부 등을 월 1회 또는 2회 정도 수집하며, 이렇게 수집된 데이터 는 지역별, 품목별로 구분되어 유통업체나 일용품 제조업체에게 판매된다.

③ 수집된 점포데이터를 통해 어떤 지역에서 어떤 품목이 어느 정도 판매되는 지를 파악할 수 있으며 자사의 시장점유율, 타사의 가격정책 및 타사의 판촉활동 여부 등에 관한 정보를 통해 마케팅담당자의 의사결정에 도움을 줄 수 있다.

(3) 고객별 데이터(panel data)

① 고객별 자료는 구매 가정별로 구매한 제품과 관련된 자료이다. 패널데이터를 가장 많이 활용하는 집단은 체인점들이며 이들은 "ABC분석"이라고 불리는 기법 을 가장 많이 사용한다.

② ABC분석의 목적은 기여도가 상대적으로 낮은 품목을 찾아내어 제품믹스에서 탈락시키고, 이 패널데이터를 이용하여 재고관리도 하고 있음을 볼 수 있다.

③ 고객이 소비자 ID카드를 가지고 구매를 하게 되면 그때마다 고객의 ID번호와 바코드의 제품 고유번호가 동시에 입력되게 된다. 결과적으로 어떤 고객이 어떤 제품을 구매하는지를 분석하게 되어 점포 경영 전략을 활용할 수 있게 해 준다.

(4) POS 데이터의 분석

① 매출 분석: 부문별 분석, 단품별 분석, 시간대별 분석, 계산월별 분석 등
② 고객 정보 분석: 고객 수 분석, 부문별 고객 단가 분석, 시간대별 고객 수 분석 등
③ 시계열 분석: 전년 동기 대비 분석, 전월 대비 분석, 목표 대비 분석 등
④ 상관관계 분석: 상품 요인 분석, 영업 요인 분석, 관리 요인 분석 등

(5) POS 시스템에서 사용되는 코드

① 종업원 코드: 종업원 관리에 이용
② 거래처 코드: 수발주, 대금결제 등에 사용
③ 상품 품목 코드: GS1(KAN)-13은 3,4,5,6자리, GS1(KAN)-8은 1자리로 이용

(6) 하드 메리트(hard merit) 효과

① 하드 메리트(hard merit)는 POS 시스템 기기를 도입함에 따라 기기 자체의 기능 수행만으로도 모든 기업이 향유할 수 있는 단순이익, 직접효과를 들 수 있다.
② 하드 메리트(hard merit)는 고객서비스 향상 면에서 고객의 대기 시간을 단축시킬 수 있고, 상품의 체크아웃 과정에서 신뢰도를 제고시키며 점포에 대한 신용도를 높일 수 있다.

(7) 소프트메리트(soft merit)

① 소프트메리트(soft merit)는 기기를 도입하는 것 자체로만으로는 기대할 수 없고 시스템을 도입한 기업의 활용능력에 따라 그 크기가 달라진다.
② POS 시스템에서 출력한 자료 활용과정에서 얻게 되는 간접효과 또는 활용효과로서 POS 데이터를 활용하여 상품력(merchandising)을 강화시키는 이익으로 간접효과 또는 활용효과이다.
③ 활용효과(soft merit)의 전제조건으로는 '정보활용 수준의 명확화', '타 정보와의 결합 활용', '데이터의 정밀도 유지' 등을 들 수 있다.
④ soft merit에는 로스관리(1차 로스관리, 매가관리), 단품관리(사양상품 배제, 특매관리), 상품구색과 매대관리(상품개발, 그룹핑, 매대별 배분)등이 속한다.

12. EDI & VAN & CALS

(1) EDI(Electronic Data Interchange)

① EDI란 기업과 행정관청 사이에서 교환되는 행정 서식을 일정한 형태를 가진 전자 메시지를 변환 처리하여 상호 간에 합의한 통신 표준에 따라 컴퓨터와 컴퓨터 간에 교환되는 전자문서 교환시스템을 의미한다.
② EDI는 선적요청서(S/R), 주문서(P/D), 상업송장(C/I) 등 기업간 교환되는 서식이나 수출입 허가서(E/L 및 I/L), 수출입 신고서(E/D 및 I/D), 수출입 허가장

(E/P 및 I/P) 등에 사용되며, 다량 자료의 반복적 교환이나 가입된 거래 상대자에게의 공식서류 전달을 위해 이용된다.

③ EDI의 데이터 표준이란 자료항목의 syntax와 semantic에 대한 규칙을 말하고, EDI 표준이란 사용자 간의 전자문서의 내용, 구조, 통신방법 등에 관한 표준 규칙을 말한다.

(2) VAN(Value Added Network)

① 부가가치 통신망(VAN)이란 공중 전기통신 사업자로부터 회선을 임차하거나 또는 통신 사업자가 통신회선을 직접 보유한 회선에 컴퓨터를 이용한 네트워크를 구성하여 정보를 축적, 처리, 가공, 변환 하여 부가가치를 부여한 음성, 화상 등의 정보를 정보 이용자들에게 제공하기 위한 사업을 말한다.

② VAN은 Many-to-many Systems, Third-party networks라 불리 우며, 단순한 전송 기능상의 정보의 축적이나 가공, 변환처리 등의 부가가치를 부여한 음성 또는 데이터 정보를 제공해 주는 광범위하고 복합적인 서비스의 집합이라고 할 수 있다.

(3) CALS의 개념

① CALS(Commerce At Light Speed)란 광속 상거래로서 초고속 경영통합 정보 시스템으로 1982년 미국 국방성의 병참 지원체제로 개발된 것으로 최근에는 민간에까지 급속도로 확산되어 산업 정보화의 마지막 무기이자 제조 · 유통 · 물류산업의 인터넷이라고 평가받고 있다.

② CALS는 기업의 설계, 생산 과정과 이를 보급, 조달하는 물류 지원 과정을 연결시키고 이들 과정에서 사용되는 다양한 정보를 디지털화하여 종이없이 컴퓨터에 저장, 활용함으로써 업무를 과학화, 자동화하는 개념이다.

③ 설계, 제조, 유통 과정, 보급, 조달 등 물류 지원 과정을 비즈니스 리엔지니어링을 통해 조정하고, 동시공학(同時工學, Concurrent engineering)적 업무처리 과정으로 연계하며 다양한 정보를 디지털화하여 통합 DB에 저장하고 활용하는 것을 목적으로 한다.

13. 인터넷(Internet)

(1) 인터넷의 구조

① ISDN(Integrated Swiched Digital Network): 현재의 공중전화망에 「end to end 디지털」 접속 능력을 추가함으로써 발전된 통신망으로 전화, 팩스, 데이터 통신, 비디오텍스 등의 서비스를 통합하여 제공하며 광케이블을 사용한다.

② B-ISDN(Broadband Integrated Services Digital Networks): 광대역 종합정보 통신망은 광범위 서비스를 제공하는 디지털 공중통신망으로 음성, 저속 데이터

통신, 고속 데이터 통신, 정지화상 및 고해상도의 동화상에 이르기까지 다양한 서비스를 제공하는 고속 통신망을 말한다.

③ ADSL(Asymmetric Digital Service Line): 비대칭 디지털 가입자 회선은 하나의 전화선에 음성 정보와 데이터 통신을 함께 전송하는 통신망이다.

④ VDSL(Very high data rate Digital Subscriber Line): 초고속 디지털 가입자 회선과 일반 가정의 전화선을 이용해 양 방향으로 빠른 속도의 전송이 가능하고 많은 양의 데이터를 초고속으로 전송할 수 있어 '광섬유의 가정화(FTTH ; FIber to The Home)'를 위한 최종단계로 평가되는 기술이다.

(2) 미들웨어(Middle Ware)

① 좁은 범위로는 한 기업에 설치된 다양한 하드웨어, 네트워크 프로토콜, 응용 프로그램, 근거리통신망 환경, PC 환경 및 운영체제의 차이를 메워주는 소프트웨어를 말한다. 즉, 복잡한 이기종(異機種) 환경에서 응용 프로그램과 운영환경 간에 원만한 통신을 이룰 수 있게 해주는 소프트웨어이다.

② 인터넷의 보급과 중앙에 집중된 메인프레임(mainframe) 컴퓨팅 파워를 업무의 특성에 따라 다중의 호스트(host)로 분리하고자 하는 다운사이징(downsizing) 기법, 기존에 구축된 독립적인 이기종의 시스템들을 하나의 네트워크로 연결하고자 하는 SI(system integration: 시스템통합) 기법이 등장하면서 기존의 집중식 컴퓨팅(centralized computing)은 급격히 분산 컴퓨팅(distributed computing)으로 변하였다.

(3) 인트라넷(Intranet)

① 인트라넷은 방화벽(Firewall)을 설치하여 보안에 역점을 두었으며 외부의 Data 전송이나 접속은 일정한 보안과정을 거친 후 활용할 수 있도록 했으며, 일반적으로 외부의 데이터는 통제한다.

② 어떠한 조직 내에 속해 있는 사설 네트워크로 조직의 정보와 컴퓨팅 자원을 구성원들 간에 서로 공유가 가능하고 개인별 사용자 ID와 암호를 부여하여 인증되지 않은 사용자로부터의 접근을 방지하지만, 공중 인터넷에 접속할 때는 방화벽 서버를 통과해야하고, 고객이나 협력사, 공급사와 같은 회사 외부사람들에게 네트워크 접근 허용이 금지되어 있다.

(4) 엑스트라넷(Extranet)

① 엑스트라넷(Extranet)은 일부 비즈니스 정보나 운영을 제조업체, 공급업체, 협력업체, 고객 또는 다른 비즈니스 업체들과 안전하게 공유하기 위해 IP와 공중 전화망을 사용하는 사설망이다.

② 엑스트라넷은 관련기업들 간의 보안문제를 걱정하지 않고 전용망처럼 활용할 수 있는 인터넷을 말한다. 기업 상호 간의 네트워크로서 인터넷과 같이 제한성이 없는 것이 아닌 일정한 관련 기업들 간의 네트워크이다.

14. 신속 대응(QR ; Quick Response)

(1) QR system의 개념

① 신속대응시스템(QR시스템)은 소비자의 만족을 극대화하기 위해 제조업자와 공급업자 및 운송업자가 긴밀한 협조관계를 유지하기 위한 시스템이다.

② QR시스템은 생산에서 판매에 이르기까지 시장정보를 즉각적으로 수집하여 대응하며 회전율이 높은 상품에 적합한 시스템이며, 구성요소로는 EDI, 인터넷 등 통신시스템, POS시스템, KAN 코드 등이 있다.

③ 생산, 유통관계의 거래 당사자가 협력하여 소비자에게 적절한 시기에 적절한 양을 적정한 가격으로 제공하는 것이 목표이며 소비자의 개성화나 가격지향시대에 적응하기 위해 기업의 거래선과 공동으로 실시하는 리엔지니어링의 개념이다.

④ 소비자 중심의 시장 환경에 신속히 대응하기 위한 시스템으로서 생산에서 유통에 이르기까지 표준화된 전자거래 체제를 구축하고, 기업 간의 정보 공유를 통한 신속, 정확한 납품과 생산 및 유통기간의 단축, 재고의 감축, 반품 로스의 감소 등을 실현하기 위한 산업 정보화의 체계이다.

(2) QR시스템의 목표

① 신기술 접목을 통한 상품의 기획·구매·생산·유통과정상의 재고수준 절감 및 소요기간을 단축시킨다.

② QR은 정보기술과 참여기술의 활동을 통해 상품에 대한 소비자들의 반응에 신속히 대처하며 비용을 절감한다는 목표를 두고 있다.

③ QR은 상품을 공급함에 있어서 소비자들이 원하는 시간에 맞추어 공급하고, 불필요한 재고를 없애서 비용을 감소시킨다는 원칙이 출발점이다.

④ QR은 POS나 EDI 등의 정보기술을 활용하여 발주에서 제품이 조달되는 기간을 단축시켜 소비자가 원하는 상품을 즉시 보충할 수 있게 pull시스템을 사용한다.

⑤ QR이 추구하는 목적은 제품개발의 짧은 사이클화를 이룩하고, 소비자의 욕구에 신속대응하는 정품을, 정량에, 적정가격으로, 적정장소로 유통시키는 데 있다.

⑥ QR은 원자재 조달과 생산, 배송에서의 누적 리드타임을 단축시키고, 미국의 패션의류업계가 수입의류의 급속한 시장잠식에 대한 방어목적으로 개발하였다.

(3) QR시스템과 ECR비교

① ECR은 가격이 싼 상품에, QR은 가격이 비싼 상품에 적합하다.

② ECR은 회전율이 높은 상품에, QR은 회전율이 낮은 상품에 적합하다.

③ ECR은 자동발주 연속보충 시스템이고, QR은 타이밍에 맞는 보충이 중요한 상품에 적합하다.

④ ECR은 크로스도킹 방식의 상품납입이 적합하고, QR은 진열된 상태에서의 상품납입(FRM)방식이 적합하다.

⑤ 수요가 예측가능하고 마진이 낮으며 제품유형이 다양하지 않은 기능적 상품의 경우에는 ECR이 QR보다 적절하다.

⑥ QR(Quick Response)시스템에서 점포에 그대로 진열할 수 있도록 행거(hanger) 설치와 가격 태그(tag)가 부착된 상품이 물류센터를 경유하지 않고 공장으로부터 소매점포로 직접 보내는 것을 지칭하는 용어는 FRM(Floor Ready Merchandise)이다.

15. EOS & CAO & Cross Docking

(1) EOS(Electronic Ordering System)

① EOS는 발주자의 컴퓨터에 입력된 주문 자료가 수신자의 컴퓨터로 직접 전송되도록 구축된 주문시스템으로 전자주문시스템 또는 자동발주시스템이라고 한다.

② POS데이터를 통하여 상품의 부작용을 컴퓨터가 거래처에 자동으로 주문하여 항상 신속하고 정확하게 해당 점포에 배달해 주는 시스템을 말한다.

③ 소매점의 EOS 구축목적은 '발주의 시스템화', '품절예방', '점포재고의 적정화' 등을 예로 들 수 있고, 재고관리는 물론 주문처리까지 자동화해서 자원계획과 구입 간소화를 추구할 수 있다.

(2) CAO(Computer Assisted Ordering)

① CAO는 소매 점포의 자동 발주 시스템으로서 실제 재고가 소매 점포에서 설정한 기준치 이하로 떨어지면 자동으로 보충 주문이 발생되는 것을 말한다.

② CAO는 POS를 통해 얻어지는 상품 흐름에 대한 정보와 계절적인 요인에 의해 소비자 수요에 영향을 미치는 외부 요인에 대한 정보를 컴퓨터를 이용하여 통합·분석해서 주문서를 작성하는 시스템을 말한다.

③ POS 데이터와 EOS를 연계해서 활용이 가능하고, 소비자의 수요에 신속한 대응이 가능하며, 주문내용은 EDI를 통해 물류센터로 전송이 가능한 것은 유통업체와 제조업체가 규격화된 표준문서를 사용하기 때문이다.

(3) Cross Docking

① 크로스 도킹은 배달된 상품을 수령하는 즉시 중간 저장 단계가 거의 없거나 전혀 없이 배송지점으로 배송하는 것을 말한다. 즉, 받은 상품을 창고에 저장하지 않고 곧바로 소매점포로 배송하는 물류시스템이다.

② 크로스 도킹은 창고나 물류 센터로 입고되는 상품을 보관하는 것이 아니라 즉시 배송할 준비를 하는 물류 시스템을 말한다.

③ 물류 센터에서의 크로스 도킹은 매우 짧은 특징이 있으므로 배달된 상품을 수령하는 즉시 중간 저장 단계가 거의 없거나 전혀 없이 배송지점으로 배송하는 것이므로, 배송의 동시화가 핵심적인 요인이 된다.

④ 크로스 도킹의 목적은 유통업체나 도매·배송업체의 물류 센터에서 발생할 수
있는 비 생산적인 재고를 최소화하거나 없게 하는 것을 목적으로 한다.

⑤ 크로스 도킹의 장점은 상품이 창고 로케이션으로 입고되고 출고되는 데 소요
되는 시간과 비용을 고려하지 않아도 된다는 것이다. 이는 재고 MIS 시스템에
연결 데이터를 입력함으로써 가능해진다.

16. CRP& CPFR

(1) CRP(Continuous Replenishment process)

① 끊임없는 상품 보충(CRP)은 소비자의 수요에 근거해서 제조업체 또는 공급업체
가 유통업체의 재고를 자동보충해주는 방식이다.

② 유통공급망 내의 주문량에 근거한 상품의 판매 데이터를 근거로 하여 적절한
양을 항시 보충해 주는 시스템의 일종이다.

③ 제조업체 또는 공급업체가 유통업체의 POS 자료를 근거로 해서 상품보충을
하며, 유통업체는 재고보충을 위해 VMI(vendor managed inventory) 기법을
이용한다.

④ pull 방식은 상품을 소비자의 수요에 근거하여 소매상이 요구할 때에만 공급자가
공급하는 끌어당기기 방식으로 CRP와 거의 일맥상통하다.

(2) CPFR(Collaborative Planning Forecasting and Replenishment)

① 협업설계 예측 및 보충(CPFR)은 공급사슬 흐름을 개선하기 위해서 공급자와
구매자가 협동해서 계획수립 및 수요예측을 한다.

② 협업적 계획수립을 위해서는 공급사슬상의 파트너들이 주문정보에 대한 실시간
접근이 가능해야 하며, 구매자(유통업자) 입장에서 재고품절로 인한 판매기회를
상실하는 경우가 줄어든다.

③ CPFR은 소매업자 및 도매업자와 제조업자가 고객서비스를 향상하고 업자들
간에 유통총공급망(SCM)에서의 정보의 흐름을 가속화하여 재고를 감소시키는
경영전략이자 기술이다.

④ CPFR의 기본적인 목적은 카테고리 관리원칙(category management
principle)에 근거한 거래 파트너 간에 특정시장을 목표로 한 사업계획을 공동으
로 수립하는 것이다.

17. VMI & CMI

(1) VMI(Vendor Managed Inventory)

① 공급자 재고관리(VMI)란 공급자인 제조업자나 도매업자가 소매업 재고관리를
소매업체를 대신해서 하는 것을 말한다.

② 소매업체는 유통업체나 제조업체에 판매와 재고에 관한 정보를 제공해야 하고 치밀하게 자동 보충 발주를 해야만 한다.

③ 소매업체의 판매 · 재고데이터를 기초로 공급업자가 주문서를 작성해 유통업체에게 전송하며, 동시에 상품을 유통업체에 보충하는 프로세스를 말한다.

(2) CMI(Co-Managed Inventory)

① 공동 재고관리(CMI)란 제조업체와 유통업체가 공동으로 상품 보충 시스템을 관리하는 것을 말한다. 제조업체와 유통업체 상호 간에 제품 정보를 서로 공유하고 있어야 한다.

② CMI는 제조업체가 발주 확정을 하기 전에 발주 권고를 유통업체에게 보내어 상호합의 후 발주 확정이 이루어진다.

(3) VMI와 CMI의 차이점

① VMI는 제조업체가 제품의 발주를 확정하면 유통업체의 의사에 상관없이 바로 유통업체로 상품의 배송을 하게 된다.

② CMI는 제조업체가 제품을 발주하기 전에 주문 제안서를 작성하여 유통업체에 보내어 상호 협의하여 발주 수량과 기간이 정해진다.

18. 물류정보기술

(1) TRS

① TRS(Trunked Radio System)란 주파수 공용통신이라고 하며 중계국에 할당된 여러 개의 채널을 공동으로 사용하는 무전기 시스템이다.

② 이동 차량이나 선박 등 운송수단에 탑재하여 이동 간의 정보를 리얼 타임(real time)으로 송수신할 수 있는 통신 서비스이다.

③ 정보의 실시간 처리를 바탕으로 화주의 수요에 신속히 대응할 수 있고, 화주의 화물 추적이 용이해진다.

(2) AVLS

① 차량 위치 추적 시스템 (AVLS : Automatic Vehicle Location System)은 차량, 선박, 항공에 장착된 GPS 수신기와 그 밖의 위치센서의 정보를 통해 이동체의 현 위치를 실시간에 계산하여 운행자와 중앙관제소에 알려주는 기능을 한다.

② AVLS는 이동체의 위치 및 이동상태를 파악하고, 차량의 최적배치, 실태파악 및 분석, 안내, 통제, 운영 등과 관련한 일련의 작업들을 자동화한 시스템이다.

② 위성 위치 확인 시스템(GPS)과 무선 통신망 및 차량용 단말기를 이용, 차량의 현재 위치와 진행 방향 등 운행 현황을 중앙 관제 센터를 통해 실시간으로 음성과 문자로 운전자에게 전달하는 시스템. 지능형 교통 시스템의 물류 운영 시스템(CVO)의 핵심 분야이다.

(3) GPS

① GPS(Global Positioning System)란 미국 국방부에서 개발한 새로운 위성항법 시스템으로 주 관제국은 미국에 있고, 인공위성을 활용하는 정보기술 분야이다.

② 관성항법(慣性航法)과 더불어 어두운 밤에도 목적지에 유도하는 측위(測位)통신 망으로서 그 유도기술의 핵심이 되는 것은 3개의 인공위성을 이용한 GPS이다.

③ 자동항법장치에도 응용되어 자동차나 선박의 운항에도 이용되는데 선박이나 차량 위치 추적을 통한 전천후 항해를 지원하고 물류관리에 이용되는 통신망이다.

④ GPS를 도입하면 자연 재해로부터 사전 대비를 통해 재해를 회피할 수 있고 토지 조성공사에도 작업자가 건설용지를 돌면서 지반 침하와 침하량을 측정하여 리얼타임으로 신속하게 대응할 수 있다.

(4) GIS

① GIS(Geographic Information System)는 지리적으로 참조 가능한 모든 형태의 정보를 효과적으로 수집, 저장, 갱신, 조정, 분석, 표현할 수 있도록 설계된 컴퓨터의 하드웨어와 소프트웨어 및 지리적 자료 그리고 인적자원의 통합체를 말하며, 지표면에 위치한 장소를 설명하는 자료를 모으고, 이를 이용할 수 있게 하는 컴퓨터 시스템이라고 할 수 있다.

② GIS는 다양한 지구표면정보의 참조를 위하여 공간적으로 위치를 표현하는 지형 정보와 그 형태와 기능을 설명·보완하는 비도형 속성정보를 그래픽과 데이터베이스의 관리기능 등과 연계하여 정보를 저장, 추출, 관리, 분석하여 사용자를 지원하는 정보체계 관련기술이다.

(5) ITS

① ITS(Intelligent Transport System)는 도로와 차량 등 기존 교통의 구성요소에 첨단의 전자, 정보, 통신기술을 적용시켜 교통시설을 효율적으로 운영하고 통행 자에 유용한 정보를 제공한다.

② 지능형 교통 시스템은 도로, 차량, 신호 등 기존 교통체계에 정보, 통신, 전자, 제어 등의 기술을 접목시켜 다양하게 수집된 정보로 안전하고 신속하게 교통 체계를 자동 제어하는 시스템이다.

③ 도로와 차량 등 기존 교통의 구성요소에 첨단의 전자, 정보, 통신기술을 적용 시켜 교통시설을 효율적으로 운영하고 통행자에 유용한 정보를 제공한다.

④ ITS를 활용한 서비스로는 교통량에 따라 실시간으로 변화하는 신호제어 시스템, 과속차량 자동단속 시스템, 통행료 자동징수 시스템, 버스 도착 예정시간 안내 등을 들 수 있다.

19. 기타 정보기술

(1) ECR

① ECR(Efficience Consumer Response)은 1990년대 초 미국에서 슈퍼마켓들의 매출신장률 저조의 해결방안으로 도입되었으며 소비자의 만족에 중점을 두고 공급사슬 효율을 극대화하기 위한 새로운 모델이다.

② 전자문서화 된 정보교환과 원활한 제품흐름이 시스템 도입의 성공 요건이며, 식품산업에 적용하기 위한 SCM의 변형인 식품잡화 부문의 SCM이다.

③「공급업체-제조업체-유통업체」컴퓨터에 의한 자동발주(CAO)를 기본으로 하며 활용의 직접적인 이점이라면 매장의 상품구색 최적화를 들 수 있다.

④ 식품산업의 공급사슬관리를 위한 모형으로 성과향상을 위해서는 카테고리관리, 활동기반 원가처리 등이 필요하다. ECR의 효율적 머천다이징은 상품의 브랜드 관리에서 카테고리 관리로 변화시킴으로서 실현한다.

(2) EHCR

① EHCR(Efficient Healthcare Consumer Response)은 EHR이다.

② 공급체인 내에서 발생하는 모든 비효율적인 요소들을 제거하여 관리비용을 최소화하려는 기법이다.

(3) APS

① APS(Advanced planning & Scheduling)는 MRP의 문제점과 한계를 극복하기 위해서 컴퓨터 기술과 논리적인 알고리즘이 발전함에 따라 기업의 생산성과 재고 및 생산비용을 체계적으로 관리할 수 있도록 자동화된 의사결정 시스템이다.

② 원자재 공급업체로부터 구매 및 조달 활동, 생산설비 내에서의 수요 예측, 생산계획, 생산 스케줄링 등의 기능, 최종 제품의 고객으로의 수·배송에 이르는 모든 정보를 통합적으로 관리할 수 있는 자동화된 의사결정 시스템이다.

(4) Ubiquitous

① 유비쿼터스는 라틴어로 '언제' '어디에서나 있는'을 뜻하는 말로 사용자가 컴퓨터나 네트워크를 의식하지 않는 상태에서 장소에 구애받지 않고 자유롭게 네트워크게 접속할 수 는 환경을 의미한다.

② 유비쿼터스 네트워크를 구축하기 위해서는 정보 기술(IT)의 고도화가 전제되어야 한다. 컨버전스 기술의 일반화, 광대역화, IT 기기의 저가격화 등이 없이는 모든 기기에 통신 능력을 부여하는 것이 어렵기 때문이다.

③ Ubiquitous 컴퓨팅은 소형의 칩들이 무선네트워크를 통해 연결되어 작동되며, 마크 와이저가 처음 사용한 개념이다. 사용하기 쉬운 컴퓨터 개발을 위해 제안된 아이디어로 센서, 프로세서, 커뮤니케이션, 인터페이스, 보안 등을 핵심기술요소로 한다.

(5) XML(eXtensible Markup Language)

① W3C에서 개발된, 다른 특수한 목적을 갖는 마크업 언어를 만드는데 사용하도록 권장하는 다목적 마크업 언어이다. XML은 SGML의 단순화된 부분집합으로, 다른 많은 종류의 데이터를 기술하는 데 사용할 수 있다.

② XML은 주로 다른 종류의 시스템, 특히 인터넷에 연결된 시스템끼리 데이터를 쉽게 주고받을 수 있게 하여 HTML의 한계를 극복할 목적으로 만들어졌다.

(6) HTML(Hyper Text Markup Language)

① 1989년 팀 버너스리가 WWW의 하이퍼텍스트 시스템을 고안하면서 최초의 웹 서버와 웹 브라우저 그리고 HTML이 탄생되었다.

② HTML은 SGML(Standard Generalized Markup Language)을 모태로 만들어진 표준 언어로 웹 페이지의 제목, 문단, 그리고 하이퍼링크와 같은 내용들은 모두 꺾쇠('〈과〉')에 둘러싸인 '태그'로 작성된다.

③ HTML5는 기존의 플러그인들을 번거롭게 설치할 필요 없이 동영상이나 오디오 플레이어를 브라우저 상에서 곧바로 구현하는가 하면 포토샵 같은 프로그램이나 게임까지 브라우저로 즐길 수 있게 구현한다.

04 데이터(DATA)

1. 데이터 웨어하우스

(1) Data Warehouse

① W.H.Inmon에 의하면 데이터웨어하우스를 경영자의 의사결정을 지원하는 주제중심적(subject-oriented)이고 통합적(integrated)이며, 비휘발성(nonvolatile)이고, 시간에 따라 변화(time-variant)하는 데이터의 집합이라 정의 하였다.

② 기존의 데이터베이스가 업무·거래처리의 신속, 정확, 효율화를 목적으로 구축되어지는데 반해 데이터 웨어하우스는 분석을 통한 기업의 전략 수립이나 의사결정을 효율적으로 지원하는 것이 주요한 목적이다.

(2) Data Warehousing

① 데이터 웨어하우징이란 데이터의 수집 및 처리에서 도출되는 정보의 활용에 이르는 일련의 프로세스라고 정의할 수 있다.

② 데이터 웨어하우징은 그 자체로 하나의 개념이 아니라, 데이터의 접근, 추출, 분석 그리고 최종사용자에게 데이터를 보여주는 작업과 함께 상관관계를 이루고 있는 개념이다.

(3) DW 특징

① **주제 지향성(Subject-Oriented)**: 조직성(organization)이라고도 하며, 고객, 거래처, 공급자, 상품 등과 같은 주제별로 구성되며, 자료가 일정한 주제별로 집합, 각 자료는 다른 하드웨어나 운영체제에서도 서로 제한을 받지 않고 작동되어야 한다.

② **통합성(Integrated)**: 일관성(consistency)이러고도 하며, 데이터 웨어하우스의 데이터는 속성의 이름, 코드의 구조, 도량형 단위 등의 일관성을 유지하며 전사적 관점에서 하나로 통합된 개념이다.

③ **시계열성(Time Variant)**: 데이터 웨어하우스는 일정 기간 동안 수집된 데이터를 갱신 없이 보관하는 일, 월, 분기, 년 등과 같은 기간 관련 정보를 함께 저장하기에 경향 예측, 비교가 가능하다.

④ **비휘발성(Non-Volatile)**: 데이터 웨어하우스 내의 데이터는 일단 적재(loading)가 완료되면 일괄처리 작업에 의한 갱신 이외에는 DB에 삽입(insert)이나 삭제(delete)등의 변경이 수행되지 않는다.

(4) Data Mining

① 대량 데이타군 내에서 경향과 패턴을 발견해내는 기법, 데이터 항목들 간의 관계를 발견하기 위해 통계적인 기술을 사용하는 기법을 말한다. 데이터마이닝에서 얻을 수 있는 정보 유형에는 연관, 순차, 분류, 군집, 예측 정보 등이 있다.

② 데이터마이닝은 원래의 자료 그 자체만으로는 제공되지 않는 정보를 추출하기 위해 다양한 기술을 활용 하여 대량의 정보 속에서 일정한 경향과 관계를 찾아내고, 미래행위를 예측하고 의사결정을 이끌어 내도록 지원한다.

(5) Data Mart

① 데이터 마트(Data Mart)란 데이터의 한 부분으로서 특정 사용자가 관심을 갖는 데이터들을 담은 비교적 작은 규모의 데이터 웨어하우스(Data warehouse)를 말한다. 즉, 한두 개의 특별한 영역에 중점을 둔 데이터 웨어하우스이다.

② Data Mart는 데이터 웨어하우스를 축소한 소규모 버전을 통해 데이터 웨어하우스 구축의 높은 비용 대비 낮은 비용으로 창출할 수 있으며, 주로 전략적 사업단위나 부서를 위해 설계된 작은 웨어하우스이다.

(6) OLAP

① OLAP(On Line Analytical Processing)은 데이터의 분석과 관리를 위해서 다차원의 데이터를 모으고, 관리하고, 프로세싱하고, 표현하기 위한 응용 프로그램 및 기술을 말한다.

② 최종 사용자가 데이터베이스에 쉽게 접근하여 필요로 하는 정보를 직접 작성하고 의사결정에 활용하는 일련의 과정으로서, 데이터 웨어하우스나 CRM시스템에서 데이터 접근 및 활용전략에 있어 매우 중요한 기술 요소이다.

(7) OLAP& Data Warehousing

① 초기 데이터웨어하우징의 초점이 의사결정을 지원할 수 있는 정보기반의 구축에 있었던 반면, OLAP은 정보의 효과적인 활용 측면에 보다 초점을 맞추었다.

② 초기 데이터웨어하우징이 전사적 의사결정 지원환경의 전 단계인 데이터 통합과 관리, 인프라 구축의 측면을 강조한 반면, OLAP은 데이터접근과 활용, 애플리케이션 구축측면을 강조하였다.

③ 데이터웨어하우징의 초점은 구축에서 활용으로, 즉 '어떻게 데이터웨어하우스를 활용할 것인가'라는 측면으로 옮겨지게 되었다. 데이터웨어하우징이 구축단계에서 활용단계로 급속하게 발전함에 따라 OLAP은 데이터웨어하우징 환경으로 급격히 통합되었다.

(8) OLAP과 CRM의 비교

① Analytical CRM은 데이터 웨어하우스, 데이터 마이닝, OLAP을 이용하여 고객의 다양한 분석을 접근하는 확장된 DW로 해석된다.

② Operational CRM이나 Collaborative CRM은 ERP가 가지고 있는 기능 중에서 고객 접촉과 관련된 기능을 강화하여 ERP 기능을 확장하거나 인터넷에 대응하는 신개념의 e-CRM이다.

2. e - SYSTEM

(1) e - CRM

① 시대적 흐름에 따라 발생한 것이 e-CRM이며, e-CRM은 e-Busienss 경쟁력을 위해 현대 온라인 비즈니스에 있어서는 필수 불가결한 요소가 되었으며, 웹분석은 e-CRM에서, 특히 웹사이트에서 발생하는 데이터들을 수집 및 저장하는 단계이다.

② IT기술을 이용하여 가치 있는 고객을 발굴하고 양성하여 고객의 생애가치를 최대화 할 수 있도록, 다양한 데이터의 분석을 수행하고, 자동화된 마케팅 프로세스를 구현하는 것을 인터넷 고객관계관리(e-CRM)라고 한다.

③ 인터넷을 활용한 단일 통합 채널을 통해서 고객과 접촉하며, 지역적 및 시간적 한계를 극복할 수 있는 고객 관리방법으로서 음성, 동영상, FAQ 등 다양한 기술을 이용해서 고객 응대를 할 수 있다.

(2) e - CRM의 단계

① 분석적 CRM(Analytical CRM): 고객의 자료를 분석하는 시스템을 말하며, 흔히 data miming을 비롯한 Data Warehouse나 Data Mart에 해당하는 것으로서 많은 통계패키지들과 분석결과를 손쉽게 볼 수 있는 user interface들로 구성되어 있다.

② 운영적 CRM(Operational CRM): 분석된 결과를 활용해서 각각의 고객들에게 제품과 서비스를 제공하는 것으로 e-mail 이나 SMS를 통해서 세차권을 자동으로 발송하는 시스템이다.

③ 협업적 CRM(Collaborative CRM): CRM의 협업적 단계에서는 운영적 단계와 분석적 단계에서 나온 다양한 자료들을 합하여 모형을 총합한다.

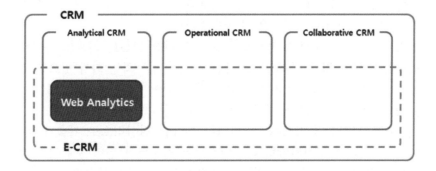

(3) e-Procurement

① 인터넷을 통해 기업의 구매 및 조달 문제를 처리함으로써 업무의 효율성과 상당한 비용의 절감을 가져온 방법으로 전자구매 또는 전자조달이라고 한다.

② 물품 선택, 구매 요건, 승인, 주문, 운반, 결제, 수령까지 구매 프로세스 전체를 인터넷을 통하여 자동화하는 것이다.

③ 기업의 구매비용을 절감시켜 기업 경쟁력을 강화하고자 하는 전자구매 시스템을 말하며, 구매·조달의 투명성을 확보하는 부수적인 효과를 거둘 수 있다.

④ 구매절차의 간소화, 구매와 배송 과정에서의 불필요한 행정절차와 오류의 감소, 더 좋은 가격과 품질의 상품과 서비스를 공급할 수 있는 새로운 공급자의 발굴 가능성 등이 있다.

⑤ e-procurement는 구매 프로세스의 효율화에 중점을 두고 있으며, e-marketplace는 구매와 판매가 효율적으로 이루어져 거래가 발생하도록 하는 데 중점을 두고 있다.

(4) e-Catalog

① 전자카탈로그는 상품 및 서비스의 거래조건, 가격, 거래처 등의 표준화된 단일 장소를 제공함으로써 다양한 전자상거래를 지원하는 도구를 제공한다.

② 구매자가 인터넷을 통하여 정보를 쉽고 빠르게 찾을 수 있도록 전자적으로 제품에 관련된 정보 등을 구성하여 저장하며, 고객의 선호도나 요구에 맞춘 맞춤식 전자카탈로그가 제공되기도 한다.

③ 전자카탈로그를 통해 고객에게 상품에 대한 자세한 정보를 제공하며, 고객의 구매를 유도하며, 소매활동을 하는 무점포 소매업의 한 형태이다.

④ 전자카탈로그는 종이카탈로그에 비하여 상품 정보의 신속한 변경이 가능하고 강력한 검색기능을 가지며, 배달비용이 없고 배포지역이 넓다.

⑤ 전자카탈로그는 움직이는 사진과 같은 동적인 정보표현이 가능하고, 구매와 판매 프로세스의 연결이 가능하다는 장점이 있다.

⑥ 전자카탈로그는 공급자 입장에서 상품과 서비스에 대한 광고와 촉진의 목적을 성실히 수행한다. 전자카탈로그는 구매자 입장에서는 구매 의사결정을 위한 상품과 서비스에 대한 정보검색을 가능하게 한다.

⑦ 전자카탈로그의 장점은 전자적 방식으로 제작하므로, 기존의 종이로 제작하는 것보다 비용이 훨씬 적게 들고, 제품에 대한 정보의 변화가 있으면 신속히 대응할 수 있으며, 움직이는 사진도 표시할 수 있어 생생한 느낌을 줄 수 있다. 또한 넓은 지역에 상품 정보를 배포하는 데 비용적인 면에서 저렴하다.

⑧ 전자카탈로그의 단점으로는 개발하는 데에는 현실적으로 기술과 비용측면에서 어려움이 많고, 전자카탈로그 소비자들이 컴퓨터와 인터넷에 쉽게 접근이 가능해야 하고, 이것을 다룰 수 있는 기술적인 능력도 겸비하고 있어야 한다.

05 전자 상거래

1. 전자상거래(EC)

(1) 전자상거래의 개념

① 전자상거래 시장이란 생산자(producers)·중개인(intermediaries)·소비자(consumers)가 디지털 통신망을 이용하여 상호거래하는 시장으로 실물시장(physical market)과 대비되는 가상시장(virtual market)을 의미한다.

② 전자상거래는 거래대상 지역이 광범위하고, 유통채널이 직접유통경로이며, 고객의 수요파악이 더욱 용이하고, 허브사이트(hub site)는 각각 독자적 영역을 구축한 전문사이트들이 모여 하나의 사이트를 만들고 그 사이트 내에서 다양한 내용을 제공하는 것을 말한다.

③ 포털사이트는 인터넷 사용자가 필요로 하는 대부분의 서비스를 원스톱으로 제공하는 것을 말하며, 포털사이트를 구성하는 4가지 핵심요소는 컨텐츠(contents), 커뮤니티(community), 커머스(commerce), 커넥션(connection) 등이다.

(2) 디지털 상품(Digital Goods)

① 디지털 상품은 실제로 만져볼 수 없으며, 컴퓨터를 통해서 볼 수 있다. 디지털제품의 생산 및 유통과정에 적용될 수 있는 법칙은 수확체증의 법칙이다.

② 디지털 상품의 대표적인 것은 인터넷을 통해 구입하는 MP3 파일, 게임, 인터넷을 통한 주식정보 등이다.

③ 디지털 상품은 생산 초기비용이 들지만 한번 생산된 상품을 추가 생산 시에는 거의 비용이 들지 않아 재생산이 쉽다.

④ 디지털 상품은 배송에 신경을 쓸 필요가 없으며, 다양하게 변형시켜 판매가 가능하고, 디지털 상품은 불법복제가 가능하다.

(3) UNSPSC 상품분류

① 유엔 표준제품 및 서비스 분류체계(UNSPSC ; United Nations Standard Products and Services Classification)로 모든 상품과 서비스를 분류하는 분류코드로 분류코드는 식별코드와 구별해야 한다.

② 전 세계적으로 가장 널리 알려지고 활용되고 있는 전 산업대상의 전자상거래용 상품분류체계로 UNDP(United Nations Development Programme)와 D&B(Dun & Bradstreet)가 공동으로 개발하였다.

③ 8자리 숫자 분류 코드와 영문 분류 코드로 구성되며, 전자상거래 시 상품정보를 검색하거나 상품의 비용 및 통계 분석을 하는 데 중요한 역할을 한다.

④ 우리나라에서는 GS1 korea 가 UNSPSC 한국어 버전 개발등 국내보급사업을 전담하고 있다. 국제적으로는 GS1 US가 UNSPSC의 글로벌 운영을 맡고 있다.

(4) MRO

① MRO(Maintenance, Repair and Operations materials)는 생산에 직접 소요되는 물품은 아니지만 설비와 시설물 유지 보수에 필요한 물품에서부터 사무용품, 청소용품 등 각종 소모성 자재에 이르기까지 원자재를 제외한 기업생산과 관련된 모든 자재를 포괄한다.

② 복사지, 프린터 토너, 필기구 등 사무용품 등 기업의 유지, 보수, 운영 활동에 투입되는 자재는 물론이고, 전선케이블 등 전기전자제품과 윤활유, 가스 등 연료류, 볼트 베어링 등 기계부품 등이 포함된다.

(5) Versioning

① 버저닝은 동일한 한 제품을 기반으로 다양한 형태의 제품을 출시한다는 의미로서 이들 다양한 제품군은 각기 다른 타깃을 겨냥하여 제작된다.

② 그 제품에 높은 가치를 부여하는 사람에게는 높은 가격에 판매를 하고 낮은 가치를 부여하는 사람에게는 저가로 판다는 개념이다.

2. 구조화된 전자상거래(EC)

(1) 구조화된 EC

① 좁은 의미의 전자상거래를 지칭하는 말로서, 표준화된 거래 형식과 데이터 교환방식에 따라 조직적이고 체계적으로 이루어지는 거래를 의미하며, 구조화된 전자거래로는 EDI, EC, CALS 등이 있고, E-mail은 해당 사항이 아니다.

② 구조화된 전자상거래에의 종류에는 B2B, B2C, B2G, G2C 등이 있다. B는 원래 비즈니스(Business)를 의미하지만 전자상거래에서는 기업이라는 뜻이고 C는 일반 소비자(Consumer), 고객(Customer)을 말하며 G는 정부(Government), 2는 to를 뜻한다.

(2) e-Business시대의 유통산업 특성

① e-Business 시대는 IT산업의 발달로 인해 마케팅전략에 있어서 소비자 대상이 불특정 소비자에서 특화된 소비자로 전환되고 있다.

② e-Business에서는 전통적 상거래 방식과 비교해볼 때 인터넷을 통하여 생산자와 소비자가 직접 만나게 되므로 상품전달과 정보전달 기능은 대폭 축소된다.

③ 상품유통 위주에서 정보유통 위주로 전환되고 있고, 시장지배체제가 제조업체 위주에서 유통업체 위주로 전환되고 있으며, 경영관리의 핵심이 개별 기업관리 중심에서 통합 공급체인 관리 중심으로 전환되고 있다.

(3) B2B

① B2B는 현재 거래주체에 의한 비즈니스 모델 중 거래 규모가 가장 큰 전자상거래 분야이다. 거래주체인 기업과 기업이 전자상거래를 하는 것으로 기업이 기업을 대상으로 각종 물품을 판매하는 방식이다.

② B2B 거래는 구매자와 판매자간에 직접 이루어 질 수도 있고, 온라인 중개상을 통해 이루어 질 수도 있다. 직접적 생산자원뿐만 아니라 간접적 생산자원도 온라인상에서 구매함으로써 많은 거래비용을 줄일 수 있다.

(4) B2C

① 전자상거래 업체에 적용되는 물류관리는 B2C의 경우, B2B에 비해 불특정 다수의 고객을 대상으로 배송이 이루어진다. 컴퓨터 및 통신기술을 통해 시장요구 사항에 신속하게 대응할 수 있는 능력을 갖춰야 하고, 주문된 제품 혹은 서비스를 신속하게 고객에게 전달할 수 있는 효율적인 배송 프로세스를 갖춰야 한다.

② B2C에서는 시스템의 페이지 로딩속도가 빠르며, 언제나 접속가능하고 중간에 끊김이 없어야 하고, 보안위협으로부터 거래데이터를 보호하기 위한 암호화 및 인증기술이 적용된 지불시스템을 갖춰야 한다.

(5) B2G

① 인터넷에서 이루어지는 기업과 정부 간의 상거래를 말한다. B2G에서 G는 단순히 정부를 뜻하기도 하지만 넓게 보면 지방정부, 공기업, 정부투자기관, 교육기관, 국제기구 등의 의미를 지니고 있다.

② B2G는 때로 전자조달 서비스를 포함하기도 하는데, 기업들은 정부 기관의 구매요건 등을 파악하는 한편, 정부 기관은 관련 기업들에게 제안서 제출 등을 요구할 수 있다.

(6) C2C

① C2C는 소비자 간의 일대일 거래가 이루어지는 것을 말하며, 온라인 커뮤니티, 옥션, 와와컴, 셀피아 등 경매 형태를 말하며 때로는 P2P라고도 한다.
② P2P는 인터넷에 연결되어 있는 여러 가지 형태의 리소스(저장 공간, CPU 파워, 콘텐츠, 그리고 연결된 컴퓨터를 쓰고 있는 사람 그 자체)를 이용하는 일종의 응용 프로그램이다.

(7) G2C

① 개인과 정부와의 전자상거래는 상당히 미미하다. 세금이나 각종 부가세 등을 인터넷으로 처리하는 것이 있다.
② 정부는 생활보호지원금(Welfare payment)이나 자진 신고 세금환불(Self-Assessed Tax Returns) 등을 전자적으로 수행하는 형태를 말한다.

(8) Mobile Commerce

① M-커머스(M-Commerce)는 스마트 폰, 개인 정보 단말기, 기타 이동 전화 등을 이용한 은행 업무, 지불 업무, 티켓 업무와 같은 서비스를 하는 비즈니스 모델, 무선 데이터 장비를 이용하여 정보, 서비스, 상품 등을 교환하는 것이다.
② Mobile은 이동성(mobility)과 휴대성(portability), 편재성(ubiquity), 위치성(localization), 접근성(reach ability) 이라는 특성을 지니고 있다.

(9) 보안 시스템(Firewall-방화벽 시스템)

① 웹을 이용한 전자상거래의 문제점은 결제 보안과 고객 정보에 대한 해킹, 시스템의 노출 등으로 다양한 보안상의 문제점을 가지고 있으며 이러한 문제점의 해결을 위한 안전 장치로서 사용되는 시스템이다.
② EC의 결제시스템에서 신용카드, 자동이체, 온라인 뱅킹, 휴대폰 결제 등의 쉽고 빠른 온라인 결제 방식을 제공하고 있으므로 더욱 보안의 안전성이 요구된다. 서킷 게이트웨이 방화벽시스템은 단순하면서도 확실한 보안 기능을 제공한다.

(10) 정보보안의 위협과 관련된 용어

① 스니퍼: 네트워크에서 데이터의 흐름을 모니터 할 수 있는 프로그램 장치이다.
② 에드웨어: 인터넷 광고주들이 컴퓨터 사용자의 동의 없이 광고를 보여줄 수 있도록 하는 것이다.
③ 패킷변조: 인터넷을 통해 전송 중인 패킷의 내용을 변경하거나 네트워크에 침투하여 컴퓨터 디스크의 데이터를 변경하는 것이다.
④ 권한 상향 조정: 시스템의 손상을 입힐 목적으로 접근하는 사용자에게 당초에는 허가되지 않은 권한을 시스템이 승인하도록 유도하는 과정이다.
⑤ 트래픽 패딩(Traffic Padding): 트래픽 분석 시도를 방해하기 위해서 데이터 스트림 안의 빈곳에 비트를 채워 넣는 것이다.

⑥ 피싱(phishing): 이메일, 메신저, 문자메시지 등 다양한 방법으로 정상적인 메시지로 위장하여, 거짓정보를 주어 사용자를 속이는 가짜 바이러스다.

⑦ 암호화(Encipherment): 데이터를 읽을 수 없는 형태로 변환하는 데 수학적 알고리즘을 사용하는 것으로 데이터를 변환하고 다시 복구하는 것은 알고리즘과 거기에 사용되는 키에 따라서 달라진다.

⑧ 디지털 서명(Digital Signature): 데이터 수신자가 데이터의 발신자의 무결성을 입증하고 위조를 막도록 데이터에 붙이는 데이터나 데이터 단위의 암호적 변경을 말한다.

⑨ 데이터 무결성(Data Integrity): 데이터 단위나 데이터 단위들의 스트림의 무결성을 확신하는데 사용되는 다양한 메커니즘을 말한다.

3. 전자상거래의 암호화 시스템

(1) 대칭형 또는 비밀키 암호(Symmetric or Secret key cryptography)화 방식

① 암호화(encryption)와 복호화(decryption)에 동일한 키를 사용하는 암호 방식의 총칭으로 공통키 암호방식 또는 관용 암호방식이라고도 한다.

② 암호화 속도가 빠르고, 안전성을 위해 키(key)를 자주 바꿔야 한다. 네트워크 사용자가 증가함에 따라 관리해야 하는 키의 개수가 증가하며, 상대적으로 키 분배가 어렵다.

③ 대칭키(Symmetric-key) 암호방식으로 DES(Data Encryption Standard)는 블록 암호의 일종으로, 송·수신자가 동일한 키에 의하여 암호화 및 복호화 과정을 수행한다. DES는 대칭키 암호이며, 56비트의 키를 사용한다. 암호화 알고리즘이 간단하고 편리하지만 키 관리가 어렵다.

(2) 비대칭형 또는 공개키 암호(Public key cryptography)화 방식

① 비 대칭키(Asymmetric-key) 암호방식으로 비밀키는 메시지의 복호화에 이용되는 키이고, 메시지의 암호화는 수신자의 공개키를 이용하며, 암호화 및 복호화에 사용되는 키가 서로 다르다.

② 대칭키시스템보다 키의 길이가 길고, 알고리즘 수행속도가 매우 느리고, 실제로 암호화에는 대칭키가 사용되며 비대칭키는 대칭키를 전달할 때 사용된다. 암호화 속도는 느리지만 키 관리가 쉽고, 대표적으로 RSA가 있다.

③ 공개키 암호화 기법은 공개되는 공개키(public key)와 본인만 사용하는 비밀키(private key)로 구성되는 것으로 공개키와 비밀키를 별도로 관리하기 때문에 키 관리가 용이하며 암호화와 사용자 인증이 동시에 이뤄진다는 특징이 있다. 이는 전자 문서의 디지털서명, 부인봉쇄에 사용된다. 그러나 알고리즘이 복잡해 속도가 느리다는 단점을 가지고 있다.

4. 전자결제(Electronic Settlement)

(1) 전자결제 시스템

① 인터넷 상거래를 통해서 상품을 구입하고 대금을 결제할 때 사용하고 쇼핑몰과 계약된 은행이나 카드사의 온라인 결제를 통해서 대금을 지불하는 시스템이다.

② 네트워크에 의한 안전한 상거래를 지원하기 위한 전자결제시스템은 결제수단에 따라 신용카드결제시스템, 전자화폐결제시스템, 전자수표결제시스템, 전자자금 이체시스템 등으로 구분할 수 있으며 이것들은 현재 전자상거래의 주된 대금결제방식으로 그 통용성이 인정되고 있다.

③ 전자화폐는 일반적으로 유통성, 양도가능성, 범용성, 익명성 등 현금의 기능을 갖추고 있을 뿐만 아니라 원격송금성, 수송상의 비용절감, 금액의 분할 및 통합의 유연성, 전자성 등의 특징을 가지고 있으며 현금의 단점 또한 보완하는 기능을 가지고 있다.

(2) 전자결제 시스템의 전제 조건

① 전자결제의 수단은 암호화를 하여 위조되거나 조작되어 사용되지 않도록 해야 하는 것이 원칙이다. 전자결제 시스템에 사용되기 위해서는 현금 거래보다 신속하고 사용하기 편리해야 한다.

② 소비자가 물품을 구매할 때에는 사생활이 보호되어야 하고, 또한 돈세탁 방지 기능, 거래 내역에 대한 세금징수 등의 기능 모두 다 전제되어야 한다. 기존의 결제 방식은 고객의 정보나 프라이버시가 노출되었으나 전자결제는 국제적인 보안 표준인 SET를 적용하여 높은 안전성이 보장된다.

5. 전자화폐(Electronic Cash)

(1) 전자화폐 시스템

① 전자화폐는 일반적으로 유통성, 양도가능성, 범용성, 익명성 등 현금의 기능을 갖추고 있으며 현실의 화폐형식을 그대로 모방하여 실제 사용법과 특성을 같게 만든 것으로 선불카드, 직불카드·디지털 현금을 응용하는 시스템이다.

② 전자화폐는 화폐적 가치가 어떻게 저장되었는가에 따라서 IC 카드형과 네트워크형으로 나뉜다. IC 카드형 전자 화폐는 카드에 내장된 IC칩 중에 전자 화폐에 해당되는 전자정보가 저장되어 있다. IC 카드를 가지고 있는 사람은 누구나 가맹점에서 전자 화폐로 쇼핑을 할 수 있다.

(2) 전자화폐(electronic cash)시스템의 종류

① 전자화폐에 가치를 어디에 저장하는지의 저장하는 방식에 따라 온라인(on-line) 방식과 오프라인 방식(off-line)이 있다.

② IC카드형과 네트워크형이 있으며 카드형은 다시 마그네틱 테이프의 자기띠형과 IC카드형으로 나눌 수 있고 사용방법에 따라 접촉식과 비접촉식이 있다.

③ 네트워크형은 별도의 카드를 소지하지 않고서도 은행의 주 컴퓨터의 전산망 내지는 인터넷을 통하여 거래 은행 등에 개개인의 화폐가치가 해당하는 정보를 저장하여 두고 있다가 필요할 때마다 네트워크를 통하여 대금결제를 할 수 있다.

(3) IC카드형 전자 화폐

① 대부분의 시스템에서 전자화폐를 일명 전자지갑이라고 부르는 IC카드에 저장하여 사용한다. IC카드형 전자화폐로 몬덱스(Mondex)카드가 있다.

② IC카드형 전자화폐는 화폐 가치의 이전 가능성에 따라 개방형과 폐쇄형으로 나뉘며 개방형은 카드 상호 간 가치 이전이 가능한 반면 폐쇄형은 불가능하다.

③ 종류에는 비자 캐시, 몬덱스, 아방트, 프로튼, 덴몬트 등이 있고, 몬덱스가 개방형에 속하고 대부분의 경우는 보안을 이유로 폐쇄형의 방식을 택하고 있다.

(4) 네트워크형 전자화폐

① 네트워크형 전자화폐는 주로 컴퓨터 속에 담겨져 있는데 네트워크상의 상점에서 지불을 할 때 사용되는 것을 말한다.

② 네트워크형 전자화폐는 인터넷과 같은 통신망을 통하여 거래 은행의 예금을 인출하여 공중 통신망의 은행 계좌 또는 공중망과 연결된 컴퓨터에 화폐가치를 저장하였다가 전자상거래의 대금을 지급하는 것이다.

③ 인터넷형 전자화폐는 컴퓨터를 통해서만 화폐가치를 저장하고 있는데 인터넷을 통해서 자금 이체가 가능하다.

(5) 양도 여부에 따른 분류

① 양도형은 개방형(Open-Loop) 전자화폐라 하며, 전자화폐 소지자 간에 화폐가치가 자유롭게 이전할 수 있는 화폐를 말한다. 개방형 전자화폐에는 Mondex Card가 있다.

② 양도불가형은 폐쇄형(Closed-Loop) 전자화폐라하며, 소지자 간에 화폐가치가 이전되는 것은 허용되지 않으며 다만 소지자에서 가맹점으로 가맹점에서 발행기관으로의 일방적인 가치 이전만이 가능하고, 네덜란드 DigiCash사의 E-Cash, 미국의 Cyber Coin 등 대부분의 전자화폐가 이에 해당한다.

6. 보안(Security)과 거래 안전장치

(1) SET(Secure Electronic Transation)

① 인터넷을 비롯한 모든 종류의 네트워크에서 안전하게 금융 결제를 할 수 있도록 해주는 공개적인 보안체제이다.

② 인터넷 전자상거래에 대한 금융결제를 안전하게 할 수 있도록 하는 보안상의 규격으로 SET를 이용한 결제 수단은 비단 인터넷에만 국한되지 않는다. 스마트카드나 직불카드, IC카드에도 이용될 수 있다.

내 용	SSL	SET
비용	저비용	고비용
사용 편리성	간편함	다소 어려움
안전성	다소 낮음	높음
조작 가능성	상점 단독 가능	다자간의 협력필요
특징	세션 계층에서 작동	정보의 비밀보장

(2) SSL(secure socket layer)

① SSL(secure sockets layer)은 인터넷 프로토콜(Internet protocol)이 보안면에서 기밀성을 유지하지 못한다는 문제를 극복하기 위해 개발되었다.
② 현재 전세계에서 사용되는 인터넷 상거래시 요구되는 개인정보와 크레디트카드 정보의 보안 유지에 가장 많이 사용되고 있으며, 최종 사용자와 가맹점 간의 지불 정보 보안에 관한 프로토콜이다.

(3) 에스크로(ESCROW)

① 에스크로(Escrow)는 결제대금 예치제도'로 통용되고 있으며, 전자상거래의 안전성을 높이기 위한 제도를 위해 거래 대금을 제3자에게 맡긴 뒤 물품 배송을 확인하고 판매자에게 지불하는 제도이다.
② 판매자도 후불제를 했을 경우 구매자에게 채권추심을 하는 등의 각종 위험과 비용을 절감해 안심하고 거래를 진행할 수 있는 장점이 있다. 따라서 구매자와 판매자 양측을 전자상거래상의 피해사고로부터 보호할 수 있다.
③ 전자상거래에서의 에스크로서비스는 쇼핑몰(전자)보증보험과 같은 소비자피해 보상보험과는 근본적인 차이가 있다. 즉, 에스크로서비스는 구매자뿐 아니라 판매자가 입을 수 있는 피해도 예방하여 거래의 양 당사자를 모두 보호하는 성격이 강하다.
④ 구매자와 판매자 간 「거래 조건 합의 → 에스크로 사업자에 대한 구매자의 대금 결제 → 판매자의 상품배송 → 구매자의 상품수령 확인 → 에스크로 사업자는 상품대금을 송부」한다.
⑤ 에스크로 또는 소비자 피해보상 보험계약이 제외되는 경우는 신용카드로 구매하는 거래나 배송이 필요하지 않는 재화 등을 구매하는 거래(예 : 인터넷게임, 인터넷 학원수강 등)와 소액거래, 분할되어 공급되는 재화 등을 구매하는 거래는 제외된다. 전자상거래법에 따르면 총 결제금액에 상관없이 의무적으로 에스크로 시스템을 이용하도록 돼 있다.

부록 최근기출문제

2021. 11. 06 유통관리사 2급

제1과목 유통 · 물류 일반(01~25)

01 공급자주도형재고관리(VMI:Vendor Managed Inventory)에 대한 내용으로 옳은 것은?

① VMI는 공급자가 고객사를 위해 제공하는 가치향상 서비스 활동이다.

② VMI는 생산공정의 효율적 관리를 위해 우선순위계획, 능력계획, 우선순위통제관리, 능력통제관리 등을 수행하는 생산관리시스템이다.

③ VMI에서는 고객사가 재고를 추적하고, 납품일정과 주문량을 결정한다.

④ VMI를 활용하면 공급자는 재고관리에 소요되는 인력이나 시간 등 비용절감 효과를 얻을 수 있다.

⑤ CMI(Co-Managed Inventory)보다 공급자와 고객사가 더 협력적인 형태로 발전한 것이 VMI이다.

 ② VMI는 생산공정의 효율적 관리를 위해 우선순위계획, 능력계획, 우선순위통제관리, 능력통제관리 등을 수행하는 재고관리시스템이다.
③ VMI에서는 공급사가 재고를 추적하고, 납품일정과 주문량을 결정한다.
④ VMI를 활용하면 공급자는 재고관리에 소요되는 인력이나 시간 등 비용이 증가한다.
⑤ VMI보다 공급자와 고객사가 더 협력적인 형태로 발전한 것이 CMI(Co-Managed Inventory)이다.

02 직무분석과 직무평가에 대한 설명으로 옳지 않은 것은?

① 직무분석이란 과업과 직무를 수행하는데 요구되는 인적자질에 의해 직무의 내용을 정의하는 공식적 절차를 말한다.

② 직무분석에서 직무요건 중 인적 요건을 중심으로 정리한 문서를 직무기술서라고 한다.

③ 직무분석은 효과적인 인적자원관리를 위해 선행되어야 할 기초적인 작업이다.

④ 직무평가는 직무를 일정한 기준에 의거하여 서로 비교함으로써 상대적 가치를 결정하는 체계적인 활동을 말한다.

⑤ 직무평가는 직무의 가치에 따라 공정한 임금지급 기준, 합리적인 인력의 확보 및 배치, 인력의 개발 등을 결정할 때 이용된다.

 직무분석에서 직무요건 중 인적 요건을 중심으로 정리한 문서를 직무명세서라고 한다.

03 조직문화에 대한 설명으로 옳지 않은 것은?

① 한 조직의 구성원들이 공유하는 가치관, 신념, 이념, 지식 등을 포함하는 종합적인 개념이다.

② 특정 조직 구성원들의 사고판단과 행동의 기본 전제로 작용하는 비가시적인 지식적, 정서적, 가치적 요소이다.

③ 조직구성원들이 공통적으로 생각하는 방법, 느끼는 방향, 공통의 행동 패턴의 체계이다.

④ 조직 외부 자극에 대한 조직 전체의 반응과 임직원의 가치의식 및 행동을 결정하는 요인을 포함한다.

⑤ 다른 기업의 제도나 시스템을 벤치마킹하는 경우 그 조직문화적가치도 쉽게 이전된다.

 다른 기업의 제도나 시스템을 벤치마킹한다고 해도 기업본연의 문화는 이전되지 않는다.

04 유통경로구조를 결정하기 위해 체크리스트법을 사용할 때 고려해야 할 요인들에 대한 설명으로 옳지 않은 것은?

① 재무적 능력이나 규모 등의 기업요인

② 시장규모와 지역적 집중도 등의 시장요인

③ 제품의 크기와 중량 등의 제품요인

④ 경영전문성이나 구성원 통제 등에 대한 기업요인

⑤ 구매빈도와 평균 주문량 등의 제품요인

 구매빈도와 평균 주문량 등의 제품요인은 유통경로를 평가하는 것이다.

05 유통경영환경에 대한 설명으로 옳지 않은 것은?

① 거시환경은 모든 기업에 공통적으로 영향을 미치는 환경이다.

② 과업환경은 기업의 성장과 생존에 직접적 영향을 미치는 환경으로 기업이 어떤 제품이나 서비스를 생산하는가에 따라 달라진다.

③ 인구분포, 출생률과 사망률, 노년층의 비율 등과 같은 인구통계학적인 특성은 사회적 환경으로 거시환경에 속한다.

④ 제품과 종업원에 관련된 규제 및 환경규제, 각종 인허가 등과 같은 법과 규범은 정치적, 법률적 환경으로 과업환경에 속한다.

⑤ 경제적 환경은 기업의 거시환경에 해당된다.

 제품과 종업원에 관련된 규제 및 환경규제, 각종 인허가 등과 같은 법과 규범은 정치적, 법률적 환경으로 거시환경에 속한다.

06 기업 내에서 일어날 수 있는 각종 윤리상의 문제들에 대한 설명으로 가장 옳지 않은 것은?

① 다른 이해당사자들을 희생하여 회사의 이익을 도모하는 행위는 지양해야 한다.
② 업무 시간에 SNS를 통해 개인활동을 하는 것은 업무시간 남용에 해당되므로 지양해야 한다.
③ 고객을 위한 무료 음료나 기념품을 개인적으로 사용하는 것은 지양해야 한다.
④ 회사에 손해를 끼칠 수 있는 사안이라면, 중대한 문제라 해도 공익제보를 하는 것은 지양해야 한다.
⑤ 다른 구성원들에게 위협적인 행위나 무례한 행동을 하는 것은 지양해야 한다.

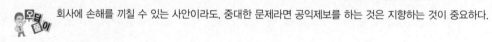 회사에 손해를 끼칠 수 있는 사안이라도, 중대한 문제라면 공익제보를 하는 것은 지향하는 것이 중요하다.

07 중간상이 있음으로 인해 각 경로구성원에 의해 보관되는 제품의 총량을 감소시킨다는 내용이 의미하는 중간상의 필요성을 나타내는 것으로 가장 옳은 것은?

① 효용창출의 원리　　② 총거래수 최소의 원칙
③ 분업의 원리　　④ 변동비 우위의 원리
⑤ 집중준비의 원리

 ① 효용창출의 원리 : 투입에 대하여 산출적인 측면이 가능하다.
② 총거래수 최소의 원칙 : 유통경로의 수를 줄여주는 것이다.
③ 분업의 원리 : 경로상 각각의 주체들이 업무를 맞는 것이 중요하다는 것이다.
④ 변동비 우위의 원리 : 유통업에서는 고정비보다는 변동비가 우위가 있다는 것이다.

08 최근 유통시장 변화에 대해 기술한 내용으로 옳지 않은 것은?

① 신선식품 배송에 대한 수요가 증가하고 있다.
② 외식업체들은 매장에 설치한 키오스크를 통해 주문을 받음으로써 생산성을 높이고 고객의 이용 경험을 완전히 바꾸는 혁신을 시도하고 있다.
③ 온라인 쇼핑시장의 성장세가 두드러지면서 유통업체의 배송 경쟁이 치열해지고 있다.
④ 가공·즉석식품의 판매는 편의점 매출에 긍정적인 영향을 주었다.
⑤ 상품이 고객에게 판매되는 단계마다 여러 물류회사들이 역할을 나누어 서비스를 제공하는 풀필먼트 서비스를 통해 유통 단계가 획기적으로 단축되고 있다.

 상품이 고객에게 판매되는 단계마다 여러 물류회사들이 역할을 나누어 서비스를 제공하면 유통단계가 늘어 난다.

09 아래 글상자의 ㉠, ㉡, ㉢에서 설명하는 유통경로의 효용으로 옳게 짝지어진 것은?

> ㉠ 소비자가 제품이나 서비스를 구매하기에 용이한 곳에서 구매할 수 있게 함
> ㉡ 소비자가 제품을 소비할 수 있는 권한을 갖는 것을 도와줌
> ㉢ 소비자가 원하는 시간에 제품과 서비스를 공급받을 수 있게 함

① ㉠ 시간효용, ㉡ 장소효용, ㉢ 소유효용
② ㉠ 장소효용, ㉡ 소유효용, ㉢ 시간효용
③ ㉠ 형태효용, ㉡ 소유효용, ㉢ 장소효용
④ ㉠ 소유효용, ㉡ 장소효용, ㉢ 형태효용
⑤ ㉠ 장소효용, ㉡ 형태효용, ㉢ 시간효용

 유통경로가 창출하는 효용은 4가지가 있는데 문제에서는 형태효용은 없고 나머지는 있다.

10 아웃소싱과 인소싱을 비교해 볼 때 아웃소싱의 단점을 설명한 것으로 옳지 않은 것은?

① 부적절한 공급업자를 선정할 수 있는 위험에 노출된다.
② 과다 투자나 과다 물량생산의 위험이 높다.
③ 핵심지원활동을 잃을 수도 있다.
④ 프로세스 통제권을 잃을 수도 있다.
⑤ 리드타임이 장기화 될 수도 있다.

과다 투자나 과다 물량생산의 위험이 높다는 것은 인 소싱의 단점이다.

11 아래 글상자에서 설명하는 동기부여 이론으로 옳은 것은?

> ○ 봉급, 근무조건, 작업 안전도와 같은 요인들은 불만을 없앨 수는 있으나 만족을 증대시키지 못한다.
> ○ 성취욕, 우수한 업적에 대한 인정, 문제해결 지원 등은 직원들의 만족감을 증대 시킬 뿐만 아니라 우수한 실적을 계속 유지하는 데 큰 영향을 준다.

① 매슬로(Maslow)의 욕구단계이론
② 맥그리거(Mcgregor)의 XY이론
③ 앨더퍼(Alderfer)의 ERG이론
④ 허츠버그(Herzberg)의 두 요인 이론
⑤ 피들러(Fiedler)의 상황적합성이론

① 매슬로(Maslow)의 욕구단계이론 : 생리적 욕구(physical need), 안전의 욕구(safety need), 소속의 욕구(social need), 존경(자존)의 욕구(esteem need), 자아실현의 욕구(self–realization need)의 단계로 진행된다.

② 맥그리거(Mcgregor)의 XY이론 : 기본적으로 인간본성에 대한 부정적인 관점을 X이론(X theory)이라 하고 긍정적인 관점을 Y이론(Y theory)이라 한다.

③ 앨더퍼(Alderfer)의 ERG이론 : 종업원의 관계욕구나 성장욕구가 좌절되면, 존재욕구가 더 커지게 되어 월급 등 물질에 대한 욕구가 더 커질 수 있기 때문에 관리자는 종업원의 상위욕구 충족에 관심을 가져야 한다.

⑤ 피들러(Fiedler)의 상황적합성이론 : 네 가지 변수로 구성되는데 즉, 원인 변수로 리더십 유형, 상황변수로는 리더–부하의 관계, 과업구조, 직위권력 등이다. 원인변수인 리더십 유형의 측정은 리더의 동기적 측면(the motivational aspects of the leader)을 측정하려는 것이고, 나머지 세 가지 상황변수들은 상황유리성(the situational favorableness for the leader)을 측정하려는 것이다.

12 물류의 상충(trade off) 관계에 대한 설명으로 가장 옳지 않은 것은?

① 기업의 물류합리화는 상충관계의 분석이 기본이 된다.

② 기업 내 물류기능과 타 기능 간의 상충관계 역시 효율적 물류관리를 위해 고려해야 한다.

③ 제조업자와 운송업자 및 창고업자 등 기업조직과 기업 외 조직 간의 상충관계 또한 고려해야한다.

④ 상충관계에서 발생하는 문제점을 극복하기 위해서는 물류 흐름을 세분화하여 부분 최적화를 달성해야 한다.

⑤ 배송센터에서 수배송 차량의 수를 늘릴 경우 고객에게 도착하는 배송시간은 짧아지지지만 물류비용은 증가하는 경우는 상충관계의 사례에 해당한다.

상충관계에서 발생하는 문제점을 극복하기 위해서 물류 흐름을 세분화하면 비용적인 측면과 서비스측면에서 점점 더 괴리감이 발생하여 최적화(부분 최적화)를 달성할 수 없다.

13 식품위생법(법률 제18363호, 2021.7.27., 일부개정) 상, 아래 글상자의 (　　)안에 들어갈 용어로 옳게 나열된 것은?

○ (㉠)(이)란 식품, 식품첨가물, 기구 또는 용기·포장에 존재하는 위험요소로서 인체의 건강을 해치거나 해칠 우려가 있는 것을 말한다.

○ (㉡)(이)란 식품 또는 식품첨가물을 채취·제조·가공·조리·저장·소분·운반 또는 판매하거나 기구 또는 용기·포장을 제조·운반·판매하는 업(농업과 수산업에 속하는 식품 채취업은 제외한다)을 말한다.

① ㉠ 합성품, ㉡ 식품이력추적관리　　② ㉠ 화학적 합성품, ㉡ 공유주방
③ ㉠ 위해, ㉡ 영업　　④ ㉠ 식품위생, ㉡ 영업자
⑤ ㉠ 위험요소, ㉡ 집단급식소

제2조(정의) 이 법에서 사용하는 용어의 뜻은 다음과 같다.
1. "식품"이란 모든 음식물(의약으로 섭취하는 것은 제외한다)을 말한다.
2. "식품첨가물"이란 식품을 제조 · 가공 · 조리 또는 보존하는 과정에서 감미(甘味), 착색(着色), 표백(漂白) 또는 산화방지 등을 목적으로 식품에 사용되는 물질을 말한다. 이 경우 기구(器具) · 용기 · 포장을 살균 · 소독하는 데에 사용되어 간접적으로 식품으로 옮아갈 수 있는 물질을 포함한다.
3. "화학적 합성품"이란 화학적 수단으로 원소(元素) 또는 화합물에 분해 반응 외의 화학 반응을 일으켜서 얻은 물질을 말한다.
4. "기구"란 다음 각 목의 어느 하나에 해당하는 것으로서 식품 또는 식품첨가물에 직접 닿는 기계 · 기구나 그 밖의 물건(농업과 수산업에서 식품을 채취하는 데에 쓰는 기계 · 기구나 그 밖의 물건 및 「위생용품 관리법」 제2조제1호에 따른 위생용품은 제외한다)을 말한다.
가. 음식을 먹을 때 사용하거나 담는 것
나. 식품 또는 식품첨가물을 채취 · 제조 · 가공 · 조리 · 저장 · 소분[(小分): 완제품을 나누어 유통을 목적으로 재포장하는 것을 말한다. 이하 같다] · 운반 · 진열할 때 사용하는 것
5. "용기 · 포장"이란 식품 또는 식품첨가물을 넣거나 싸는 것으로서 식품 또는 식품첨가물을 주고받을 때 함께 건네는 물품을 말한다.
5의2. "공유주방"이란 식품의 제조 · 가공 · 조리 · 저장 · 소분 · 운반에 필요한 시설 또는 기계 · 기구 등을 여러 영업자가 함께 사용하거나, 동일한 영업자가 여러 종류의 영업에 사용할 수 있는 시설 또는 기계 · 기구 등이 갖춰진 장소를 말한다.
6. "위해"란 식품, 식품첨가물, 기구 또는 용기 · 포장에 존재하는 위험요소로서 인체의 건강을 해치거나 해칠 우려가 있는 것을 말한다.
9. "영업"이란 식품 또는 식품첨가물을 채취 · 제조 · 가공 · 조리 · 저장 · 소분 · 운반 또는 판매하거나 기구 또는 용기 · 포장을 제조 · 운반 · 판매하는 업(농업과 수산업에 속하는 식품 채취업은 제외한다. 이하 이 호에서 "식품제조업등"이라 한다)을 말한다. 이 경우 공유주방을 운영하는 업과 공유주방에서 식품제조업등을 영위하는 업을 포함한다.
10. "영업자"란 제37조제1항에 따라 영업허가를 받은 자나 같은 조 제4항에 따라 영업신고를 한 자 또는 같은 조 제5항에 따라 영업등록을 한 자를 말한다.
11. "식품위생"이란 식품, 식품첨가물, 기구 또는 용기 · 포장을 대상으로 하는 음식에 관한 위생을 말한다.
12. "집단급식소"란 영리를 목적으로 하지 아니하면서 특정 다수인에게 계속하여 음식물을 공급하는 다음 각 목의 어느 하나에 해당하는 곳의 급식시설로서 대통령령으로 정하는 시설을 말한다.
　가. 기숙사
　나. 학교, 유치원, 어린이집
　다. 병원
　라. 「사회복지사업법」 제2조제4호의 사회복지시설
　마. 산업체
　바. 국가, 지방자치단체 및 「공공기관의 운영에 관한 법률」 제4조제1항에 따른 공공기관
　사. 그 밖의 후생기관 등
13. "식품이력추적관리"란 식품을 제조 · 가공단계부터 판매단계까지 각 단계별로 정보를 기록 · 관리하여 그 식품의 안전성 등에 문제가 발생할 경우 그 식품을 추적하여 원인을 규명하고 필요한 조치를 할 수 있도록 관리하는 것을 말한다.
14. "식중독"이란 식품 섭취로 인하여 인체에 유해한 미생물 또는 유독물질에 의하여 발생하였거나 발생한 것으로 판단되는 감염성 질환 또는 독소형 질환을 말한다.
15. "집단급식소에서의 식단"이란 급식대상 집단의 영양섭취기준에 따라 음식명, 식재료, 영양성분, 조리방법, 조리인력 등을 고려하여 작성한 급식계획서를 말한다.

14 신용등급이 낮은 기업이 자본을 조달하기 위해 발행하는 것으로 높은 이자율을 지급하지만 상대적으로 높은 위험을 동반하는 채무 수단으로 가장 옳은 것은?

① 변동금리채　　　　　　② 연속상환채권
③ 정크본드　　　　　　　④ 무보증채
⑤ 보증채

① 변동금리채 : 변동금리채권(Floating Rate Bond 또는 Note)는 일반적인 고정금리채권(스트레이트본드)과는 달리 채권이자가 시장금리에 연동되는 채권이다.
② 연속상환채권 : 발행이 종료될 때까지 규칙적인 간격으로 각기 다른 만기의 사채를 발행하는 것이다.
④ 무보증채 무보증채(non-guaranteed bond) : 금융기관 등의 지급보증 을 받아 발행하는 채권을 보증채라 한다. 무보증채는 지급보증없이 신용도만으로 발행하는 채권이다. 종전에는 은행보증 회사채가 주류를 이루었으나 외환위기이후 금융기관들이 지급보증을 기피하면서 무보증채가 회사채 시장을 주도하고 있다.
⑤ 보증채 : 원리금과 이자를 채권보유자에게 보증하는 것이다.

15 리더십에 대한 설명으로 가장 옳지 않은 것은?

① 민주적 리더십은 종업원이 더 많은 것을 알고 있는 전문직인 경우에 효과적이다.
② 독재적 리더십은 긴박한 상황에서 절대적인 복종이 필요한 경우에 효과적이다.
③ 독재적 리더십은 숙련되지 않거나 동기부여가 안 된 종업원에게 효과적이다.
④ 독재적 리더십은 자신의 지시를 따르게 하기 위해 경제적 보상책을 사용하기도 한다.
⑤ 자유방임적 리더십은 종업원에게 신뢰와 확신을 보여 동기요인을 제공한다.

민주적 리더십은 참여 또는 공유 리더십이라고도 하며, 이 그룹의 구성 요소가 의사 결정 프로세스에서 적극적인 역할을하는 그룹 또는 팀을 지시하는 방법이다. 어떤 상황에서는 다른 환경보다 효과적이기는 하지만 성공적인 환경에도 적용 할 수 있다.

16 앤소프(Ansoff, H. I.)의 성장전략 중 아래 글상자에서 설명하는 전략으로 가장 옳은 것은?

○ 기존제품을 전제로 새로운 시장을 개척함으로써 성장을 도모하려는 전략을 말한다.
○ 가격이나 품질면에서 우수한 자사 제품을 새로운 세분시장에 배치함으로써 시장 확대가 이루어지도록 하는 전략이다.

① 시장침투전략   ② 제품개발전략
③ 시장개발전략   ④ 코스트절감전략
⑤ 철수전략

① 시장침투전략 : 기존제품으로 기존시장에 들어가는 것
② 제품개발전략 : 새로운 제품으로 기존시장에 들어가는 것
③ 시장개발전략 : 기존제품으로 새로운 시장에 들어가는 것
④ 코스트절감전략 : 비용을 절감하는 전략
⑤ 철수전략 : 더 이상 시장에서 유지하는 것 보다 철수하는 것이 유리

17 도매상과 관련된 내용으로 옳지 않은 것은?

① 과일, 야채 등 부패성 식품을 공급하는 트럭도매상은 한정기능도매상에 속한다.
② 한정상품도매상은 완전기능도매상에 속한다.
③ 현금무배달도매상은 거래대상소매상이 제한적이기는 하지만 재무적인 위험을 질 염려는 없다는 장점이 있다.
④ 직송도매상은 일반관리비와 인건비를 줄일 수 있다는 장점이 있다.
⑤ 몇 가지의 전문품 라인만을 취급하는 전문품도매상은 한정기능도매상에 속한다.

 몇 가지의 전문품 라인만을 취급하는 전문품도매상은 완전기능도매상에 속한다.

18 제3자 물류에 대한 설명으로 가장 옳은 것은?

① 거래기반의 수발주 관계
② 운송, 보관 등 물류기능별 서비스 지향
③ 일회성 거래관계
④ 종합물류서비스 지향
⑤ 정보공유 불필요

 종합물류서비스 지향은 자사물류시스템을 구축하는 것이 유리하다.

19 보관 효율화를 위한 기본적인 원칙과 관련된 설명으로 가장 옳지 않은 것은?

① 위치표시의 원칙 – 물품이 보관된 장소와 랙 번호 등을 표시함으로써 보관업무의 효율을 기한다.
② 중량특성의 원칙 – 물품의 중량에 따라 보관 장소의 높낮이를 결정한다.
③ 명료성의 원칙 – 보관된 물품을 시각적으로 용이하게 식별할 수 있도록 보관한다.
④ 회전대응 보관의 원칙 – 물품의 입출고 빈도에 따라 장소를 달리해서 보관한다.
⑤ 통로대면보관의 원칙 – 유사한 물품끼리 인접해서 보관한다.

 통로대면보관의 원칙 – 입·출고를 용이하게 하고 창고내 레이아웃의 기본원칙이다.
네트워크 보관의 원칙 – 유사한 물품끼리 인접해서 보관한다.

20 유통산업의 다양한 역할 중 경제적, 사회적 역할로 가장 옳지 않은 것은?

① 생산자와 소비자 간 촉매역할을 한다.
② 고용을 창출한다.
③ 물가를 조정한다.
④ 경쟁으로 인해 제조업의 발전을 저해한다.
⑤ 소비문화의 창달에 기여한다.

 경제적, 사회적 역할은 경쟁으로 인하면 좋은 품질을 만들고, 제조업의 발전을 높인다.

21 경로성과를 평가하기 위한 척도의 예가 모두 올바르게 연결된 것은?

① 양적 척도 – 단위당 총 유통비용, 선적비용, 경로과업의 반복화 수준
② 양적 척도 – 신기술의 독특성, 주문처리에서의 오류수, 악성부채비율
③ 양적 척도 – 기능적 중복 수준, 가격인하 비율, 선적오류 비율
④ 질적 척도 – 경로통제능력, 경로 내 혁신, 재고부족방지비용
⑤ 질적 척도 – 시장상황정보의 획득 가능성, 기능적 중복수준, 경로과업의 반복화 수준

 ① : 양적 척도 – 단위당 총 유통비용, 선적비용 : 질적 척도 – 경로과업의 반복화 수준
② : 질적 척도 – 신기술의 독특성, : 양적 척도 – 주문처리에서의 오류수, 악성부채비율
③ : 질적 척도 – 기능적 중복 수준 : 양적 척도 –가격인하 비율, 선적오류 비율
④ : 질적 척도 – 경로통제능력, 경로 내 혁신 : 양적 척도 –재고부족방지비용

22 아래 글상자에서 공통적으로 설명하고 있는 유통경영전략 활동으로 가장 옳은 것은?

○ 유통경영전략 실행과정에서 많은 예상치 않은 일들이 발생하기 때문에 지속적으로 실시되어야 한다.
○ 유통경영목표가 성취될 수 있도록 성과를 측정하고 성과와 목표사이의 차이가 발생한 원인을 분석하고 시정조치를 취한다.
○ 성과에 대한 철저한 분석과 시정조치 없이, 다음번에 더 나은 성과를 기대하기 어렵다.

① 유통마케팅 계획수립
② 유통마케팅 실행
③ 유통마케팅 위협 · 기회 분석
④ 유통마케팅 통제
⑤ 유통마케팅 포트폴리오 개발

① 유통마케팅 계획수립 : 소비자의 필요와 욕구를 충족시키기 위해 시장에서 평가하고 파악하는 것
② 유통마케팅 실행 : 계획수립의 내용을 구체적화 하는 과정
③ 유통마케팅 위협·기회 분석 : 기업내부와 외부에서 끊임없이 변화하는 상황에 맞추어 기업의 마케팅
활동을 지속적으로 재계획하는 작업
⑤ 유통마케팅 포트폴리오 개발 : 포트폴리오 분석을 통해 수익성이 낮거나 성장성이 없는 제품라인을 제거
할 수 있음

23

기업의 의사결정기준을 경제적 이익에 근거한 기업가치인 경제적 부가가치를 중심으로 하는 사업
관리기법으로 가장 옳은 것은?

① 상생기업경영　　　　　　　② 크레비즈
③ 가치창조경영　　　　　　　④ 펀경영
⑤ 지식경영

 ① 상생기업경영 : 기업 경영환경을 구성하는 경쟁자, 종업원 등 과 함께하는 경영방침
② 크레비즈(Crebiz) : 크리에이티브 비즈니스(Creative Business)의 줄임말로 '창조사업'을 뜻함
④ 펀(Fun)경영 : 경영인이 리더십을 발휘해 사내 근무환경을 재미있게 만들고 활력이 넘치도록 만드는
경영방식
⑤ 지식경영 : 지식경영이란 바로 이와 같은 지식 창조 과정, 즉 지식을 획득·창출, 축적, 공유, 활용함
으로써 핵심 역량을 강화하여 기업 가치를 증대시키는 과정

24

제품의 연간 수요량은 4,500개이고 단위 당 원가는 100원이다. 또한 1회 주문비용은 40원이며 평균
재고유지비는 원가의 25%를 차지한다. 이 경우 경제적 주문량(EOQ)으로 가장 옳은 것은?

① 100단위　　② 110단위　　③ 120단위　　④ 1,000단위　　⑤ 1,200단위

$$EOQ = \sqrt{\frac{2 \cdot D \cdot O}{C}} = \sqrt{\frac{2 \times 총수요량 \times 재고주문원가}{단위당재고유지원가}}$$

$$= \sqrt{\frac{2 \times 4,500 \times 40}{100 \times 25\%}} = 120단위$$

25

공급사슬관리(SCM)의 실행과 관련한 설명으로 가장 옳지 않은 것은?

① 공급업체와 효과적인 커뮤니케이션이 적시에 이루어져야 한다.
② 장기적으로 강력한 파트너십을 구축한다.
③ 각종 정보기술의 효과적인 활용보다 인적 네트워크의 활용을 우선시한다.
④ 경로 전체를 통합하는 정보시스템의 구축이 중요하다.
⑤ 고객의 가치와 니즈를 이해하고 만족시킨다.

 각종 정보기술의 효과적인 활용하여 물적 유통기구의 네트워크의 활용을 중요시한다.

제2과목 상권 분석(26~45)

26 상가건물이 지하1층, 지상5층으로 대지면적은 300㎡이다. 층별 바닥면적은 각각 200㎡로 동일하며 주차장은 지하1층에 200㎡와 지상1층 내부에 100㎡로 구성되어 있다. 이 건물의 용적률은?

① 67%　　　　② 233%　　　　③ 300%　　　　④ 330%　　　　⑤ 466%

 ⊙용적률 = 건물연면적÷토지면적 = (200㎡×4+100㎡)÷300㎡ = 300%

27 수정Huff모델의 특성과 관련한 설명 중 가장 옳지 않은 것은?

① 수정Huff모델은 실무적 편의를 위해 점포면적과 거리에 대한 민감도를 따로 추정하지 않는다.
② 점포면적과 이동거리에 대한 소비자의 민감도는 '1'과 '-2'로 고정하여 인식한다.
③ Huff모델과 같이 점포면적과 점포까지의 거리 두 변수만으로 소비자들의 점포선택확률을 추정할 수 있다.
④ 분석과정에서 상권 내에 거주하는 소비자의 개인별구매행동 데이터를 활용하여 예측의 정확도를 높인다.
⑤ Huff모델 보다 정확도는 낮을 수 있지만, 일반화하여 쉽게 적용하고 대략적 추정을 가능하게 한 것이다.

 분석과정에서 상권 내에 거주하는 소비자의 개인별구매행동 데이터를 활용하여 예측의 정확도를 높이는 것이 아니라 확률을 높인다.

28 소매점포의 상권범위나 상권형태를 설명한 내용 중에서 가장 옳지 않은 것은?

① 현실에서 관찰되는 상권의 형태는 점포를 중심으로 일정거리 이내를 포함하는 원형으로 나타난다.
② 상품구색이 유사하더라도 판촉활동이나 광고활동의 차이에 따라 점포들 간의 상권범위가 달라진다.
③ 입지조건과 점포의 전략에 변화가 없어도 상권의 범위는 다양한 영향요인에 의해 유동적으로 변화하기 마련이다.
④ 동일한 지역시장에 입지한 경우에도 점포의 규모에 따라 개별 점포의 상권범위는 차이를 보인다.

⑤ 점포의 규모가 비슷하더라도 업종이나 업태에 따라 점포들의 상권범위는 차이를 보인다.

 현실에서 관찰되는 상권의 형태는 점포를 중심으로 일정거리 이내를 포함하는 원형이 아니라 아메바와 같이 정형화 되지 않은 상태로 나타난다.

29 지역시장의 수요잠재력을 총체적으로 측정할 수 있는 지표로 많이 이용되는 소매포화지수(IRS)와 시장 성장잠재력지수(MEP)에 대한 설명으로 옳지 않은 것은?

① IRS는 한 지역시장 내에서 특정 소매업태의 단위 매장면적당 잠재수요를 나타낸다.
② IRS가 낮으면 점포가 초과 공급되어 해당 시장에서의 점포간 경쟁이 치열함을 의미한다.
③ IRS의 값이 클수록 공급보다 수요가 상대적으로 많으며 시장의 포화정도가 낮은 것이다.
④ 거주자의 지역외구매(outshopping) 정도가 낮으면 MEP가 크게 나타나고 지역시장의 미래 성장가능성은 높은 것이다.
⑤ MEP와 IRS가 모두 높은 지역시장이 가장 매력적인시장이다.

 거주자의 지역외구매(outshopping) 정도가 높으면 MEP가 크게 나타나고 지역시장의 미래 성장가능성은 높다.

30 현 소유주의 취득일과 매매과정, 압류, 저당권 등의 설정, 해당 건물의 기본내역 등이 기록되어 있는 공부서류로 가장 옳은 것은?

① 등기사항전부증명서
② 건축물대장
③ 토지대장
④ 토지이용계획확인서
⑤ 지적도

 ① 등기사항전부증명서 : 말소된 등기사항을 포함하여 등기기록에 기록된 사항의 전부를 증명하는 증명서를 말한다.
② 건축물대장 : 건물의 소재 · 번호 · 종류 · 구조 · 면적, 소유자의 주소 · 성명 등을 등록하여 건물의 상황을 명확하게 하는 장부. 건물의 소재 · 번호 · 종류 · 구조 · 면적, 소유자의 주소 · 성명 등을 등록하여 건물의 상황을 명확하게 하는 장부.
③ 토지대장 : 토지의 소재지와 지번, 지목, 면적, 소유자 주소와 성명, 주민등록번호 등. 토지에 대한 기초사항들이 수록된 지적공부
④ 토지이용계획확인서 : 지역 · 지구 등의 지정내용, 그 지역 · 지구 등 안에서의 행위제한 내용 및 토지 거래계약에 관한 허가구역 등이 기재되어 토지의 이용 및 도시계획 시설 결정여부 등을 알 수 있는 서류로서 토지이용계획확인서를 통해 해당 부동산의 용도지역 · 용도지구, 앞으로의 개발계획수립여부 등을 확인할 수 있습니다
⑤ 지적도 : 지적도(地籍圖, cadastral map) 지적도란 지적공부의 일종으로 필지별 소재, 경계, 지목, 면적 등을 도형으로 표시한 것이다. 토지대장에 등록된 토지에 대하여 작성된 도면이라는 뜻으로 토지대장의 부도(付圖)라 한다.

31 글상자 안의 내용이 설명하는 상권 및 입지분석방법으로 가장 옳은 것은?

> 소매점포의 매출액을 예측하는데 사용되는 간단한 방법의 하나이다. 어떤 지역에 입지한 한 소매점의 매출액 점유율은 그 지역의 전체 소매매장면적에 대한 해당 점포의 매장면적의 비율에 비례할 것이라는 가정하에서 예측한다.

① 체크리스트법
② 유사점포법
③ 점포공간매출액비율법
④ 확률적상권분석법
⑤ 근접구역법

 ① 체크리스트법 : 고객들의 체크항목으로 상권을 분석
② 유사점포법 : 주변의 유사점포를 기준으로 상권을 분석
④ 확률적상권분석법 : 허프 등 전형적인 확률적인 방법에 의해 상권을 분석
⑤ 근접구역법 : 점포와 가까운 곳을 비교하여 상권을 분석

32 상권을 구분하거나 상권별 대응전략을 수립할 때 필수적으로 이해하고 있어야 할 상권의 개념과 일반적 특성을 설명한 내용 중에서 가장 옳지 않은 것은?

① 1차상권이 전략적으로 중요한 이유는 소비자의 밀도가 가장 높은 곳이고 상대적으로 소비자의 충성도가 높으며 1인당 판매액이 가장 큰 핵심적인 지역이기 때문이다.
② 1차상권은 전체상권 중에서 점포에 가장 가까운 지역을 의미하는데 매출액이나 소비자의 수를 기준으로 일반적으로 약 60% 정도까지를 차지하지만 그 비율은 절대적이지 않다.
③ 2차상권은 1차상권을 둘러싸는 형태로 주변에 위치하여 매출이나 소비자의 일정비율을 추가로 흡인하는 지역이다.
④ 3차상권은 상권으로 인정하는 한계(fringe)가 되는 지역범위로, 많은 경우 지역적으로 넓게 분산되어 위치하여 소비자의 밀도가 가장 낮다.
⑤ 3차상권은 상권내 소비자의 내점빈도가 1차 상권에 비해 높으며 경쟁점포들과 상권중복 또는 상권잠식의 가능성이 높은 지역이다.

 3차상권은 상권내 소비자의 내점빈도가 1차 상권에 비해 낮으며 경쟁점포들과 상권중복 또는 상권잠식의 가능성이 낮은 지역이다.

33 상가건물 임대차보호법(약칭: 상가임대차법)(법률 제17471호, 2020.7.31.,일부개정)에서 규정하는 임차인의 계약갱신 요구에 대한 정당한 거절사유에 해당하지 않는 것은?

① 임차인이 3기의 차임액에 해당하는 금액에 이르도록 차임을 연체한 사실이 있는 경우
② 임차인이 임대인의 동의 없이 목적 건물의 전부 또는 일부를 전대(轉貸)한 경우
③ 임차인이 임차한 건물의 전부 또는 일부를 고의나 중대한 과실로 파손한 경우
④ 서로 합의하여 임대인이 임차인에게 상당한 보상을 제공한 경우
⑤ 최초의 임대차기간을 포함한 전체 임대차기간이 5년을 초과한 경우

 최초의 임대차기간을 포함한 전체 임대차기간이 10년을 초과한 경우

34 일반적으로 인간은 이익을 얻는 쪽을 먼저 선택하고자하는 심리가 있어서 길을 건널 때 처음 만나는 횡단보도를 이용하려고 한다는 법칙으로 가장 옳은 것은?

① 안전우선의 법칙   ② 집합의 법칙
③ 보증실현의 법칙   ④ 최단거리 실현의 법칙
⑤ 주동선 우선의 법칙

 ① 안전우선의 법칙 : 목적점포로 접근시 보행자의 안전성을 우선 고려하는 것
② 집합의 법칙 : 모여 있는 점포를 선택하는 기준
④ 최단거리 실현의 법칙 : 가급적 빠르게 목적점포에 접근하고자 하는 고객의 심리
⑤ 주동선 우선의 법칙 : 지름길 보다는 기본적인 다수의 고객들이 접근하는 길로 접근하는 것

35 아래 글상자는 소비자에 대한 점포의 자연적 노출가능성인 시계성을 평가하는 4가지 요소들을 정리한 것이다. 괄호 안에 들어갈 용어를 나열한 것으로 가장 옳은 것은?

(㉠) : 어디에서 보이는가?
(㉡) : 무엇이 보이는가?
(㉢) : 어느 정도의 간격에서 보이는가?
(㉣) : 어떠한 상태로 보이는가?

① ㉠ 거리, ㉡ 주제, ㉢ 기점, ㉣ 대상
② ㉠ 거리, ㉡ 대상, ㉢ 기점, ㉣ 주제
③ ㉠ 대상, ㉡ 거리, ㉢ 기점, ㉣ 주제
④ ㉠ 기점, ㉡ 대상, ㉢ 거리, ㉣ 주제
⑤ ㉠ 기점, ㉡ 주제, ㉢ 거리, ㉣ 대상

시계성을 평가하는 4가지 요소들을 정리한 것으로 옳게 열고된 것은 ④의 내용이 된다.

36 상권분석을 위해 활용하는 지리정보시스템(GIS)의 기능 중 공간적으로 동일한 경계선을 가진 두 지도 레이어들에 대해 하나의 레이어에 다른 레이어를 겹쳐 놓고 지도형상과 속성들을 비교하는 기능으로 옳은 것은?

① 버퍼(buffer)
② 위상
③ 주제도 작성
④ 중첩(overlay)
⑤ 프레젠테이션 지도 작업

○ 주제도(thematic map) 작성: 속성정보를 요약하여 표현한 지도를 작성하는 것이며, 면, 선, 점의 형상으로 구성된다.
○ 데이터 및 공간조회: 지도상에서 데이터를 조회하여 표현하고, 특정 공간기준을 만족시키는 지도를 얻기 위해 조회도구로써 지도를 사용하는 것이다.
○ 위상(位相, topology) : 지도지능(map intelligence)의 일종이며, 이는 개별 지도형상에 대해 경도와 위도 좌표체계를 기반으로 다른 지도형상과 비교하여 상대적인위치를 알 수 있는 기능을 부여하는 역할을 한다.
○ 레이어(layer): 점, 선, 면을 포함하는 개별 지도 형상(map features)으로 구성되어 있다.
○ 버퍼(buffer): 어떤 지도형상, 즉 점이나 선 혹은 면으로부터 특정한 거리이내에 포함되는 영역인 버퍼를 통해 상권 혹은 영향권을 표현할 수 있다.
○ 중첩(overlay): 공간적으로 동일한 경계선을 가진 두 지도 레이어(layer)들에 대해 하나의 레이어에 다른 레이어를 겹쳐 놓고 지도형상과 속성들을 비교하는 기능으로 교차, 결합, 절단, 지우기, 동일성 등이 있다.

37 상권분석을 위한 데이터를 소비자를 대상으로 직접 수집하는 방법의 하나로서, 내점객조사법과 조사대상의 특성이 가장 유사한 것은?

① 그룹인터뷰조사법
② 편의추출조사법
③ 점두조사법
④ 지역할당조사법
⑤ 가정방문조사법

① 그룹인터뷰조사법 : 동질의 소수 응답자 집단을 대상으로 특정한 주제에 대하여 자유롭게 토론하는 가운데 필요한 정보를 찾아 나가는 방법
② 편의추출조사법 : 비확률 표본추출이며, 조사자가 편리하게 조 사할 수 있는 대상들로 표본을 추출하는 것
④ 지역할당조사법 : 특정한 지역에 적당한 양을 배분하여 조사하는 기법
⑤ 가정방문조사법: 일일이 가가호호를 방문하여 조사를 하는 방법

38 대형상업시설인 쇼핑센터의 전략적 특성은 테넌트믹스(tenant mix)를 통해 결정된다. 앵커점포(anchor store)에 해당하는 점포로서 가장 옳은 것은?

① 핵점포   ② 보조핵점포
③ 대형테넌트   ④ 일반테넌트
⑤ 특수테넌트

 테넌트(tenant)는 상업시설의 일정한 공간을 임대하는 계약을 체결하고 해당 상업시설에 입점하여 영업하는 임차인(임차점포)을 말하며, 대형, 일반, 특수는 용어 자체를 붙인 것이다. 문제의 핵점포(anchor stores)란 소매단지 안으로 고객을 유인하는 역할을 담당하는 입점점포를 가리킨다.

39 한 지역의 소매시장의 상권구조에 영향을 미치는 다양한 요인들에 대한 설명으로 가장 옳지 않은 것은?

① 인구의 교외화 현상은 소비자와 도심 상업 집적과의 거리를 멀게 만들어 상업집적의 교외 분산화를 촉진한다.
② 대중교통의 개발은 소비자의 거리저항을 줄여 소비자의 이동거리를 증가시킨다.
③ 자가용차 보급은 소비자를 전방위적으로 자유롭게 이동할 수 있게 하여 상권간 경쟁영역을 축소시킨다.
④ 교외형 쇼핑센터의 건설은 자가용차를 이용한 쇼핑의 보급과 함께 소비자의 쇼핑패턴과 상권구조를 변화시킨다.
⑤ 소비자와 점포사이의 거리는 물리적거리, 시간거리, 심리적거리를 포함하는데, 교통수단의 쾌적함은 심리적 거리에 영향을 미친다.

 자가용차 보급은 소비자를 전방위적으로 자유롭게 이동할 수 있게 하여 상권간 경쟁영역을 확대시킨다.

40 소규모 소매점포의 일반적인 상권단절요인으로 가장 옳지 않은 것은?

① 강이나 하천과 같은 자연지형물
② 왕복2차선 도로
③ 쓰레기 처리장
④ 공장과 같은 C급지 업종시설
⑤ 철도

 상권단절요인은 자연적 요소, 인공적 요소, 소득적 요소 등이 있으며 왕복2차선 도로는 인공적인 요소이지만 단절요인으로 보기에는 차선이 짧다.

41 상권분석 방법 중 애플바움(W. Applebaum)이 제안한 유추법에 대한 설명으로 가장 옳지 않은 것은?

① 유사한 점포의 상권정보를 활용하여 신규점포의 상권규모를 분석한다.

② 유사점포는 점포 특성, 고객 특성, 경쟁 특성 등을 고려하여 선정한다.

③ 고객스포팅기법(CST)을 활용하여 유사점포의 상권을 파악한다.

④ 유사점포의 상권을 구역화하고, 회귀분석을 통해 구역별매출액을 추정한다.

⑤ 유사점포의 상권 구역별 매출액을 적용하여 신규점포의 매출액을 추정한다.

 유사점포의 상권을 구역화하고, 회귀분석을 통해 구역별매출액을 추정한다는 것은 유추법의 내용이 된다.

42 중심상업지역(CBD : central business district)의 일반적 입지특성에 대한 설명으로 가장 옳지 않은 것은?

① 대중교통의 중심이며 백화점, 전문점, 은행 등이 밀집되어 있다.

② 주로 차량으로 이동하므로 교통이 매우 복잡하고 도보통행량이 상대적으로 적다.

③ 일부 중심상업지역은 공동화(空洞化) 되었거나 재개발을 통해 새로운 주택단지가 건설된 경우도 있다.

④ 상업활동으로 많은 사람을 유인하지만 출퇴근을 위해서 통과하는 사람도 많다.

⑤ 소도시나 대도시의 전통적인 도심지역에 해당되는 경우가 많다.

 주로 차량으로 이동하므로 교통이 매우 복잡하지만 도보로 이동하는 사람도 많으므로 통행량이 상대적으로 많다.

43 점포의 위치인 부지 특성에 대한 일반적인 설명으로 가장 옳지 않은 것은?

① 건축용으로 구획정리를 할 때 한 단위가 되는 땅을 획지라고 한다.

② 획지 중 두 개 이상의 도로가 교차하는 곳에 있는 경우를 각지라고 한다.

③ 각지는 상대적으로 소음, 도난, 교통 등의 피해를 받을 가능성이 높다는 단점이 있다.

④ 각지는 출입이 편리하여 광고 효과가 높다.

⑤ 각지에는 1면각지, 2면각지, 3면각지, 4면각지 등이 있다.

각지에는 1면각지, 2면각지, 3면각지 등이 있지만 4면 각지는 없다.

44 아래 글상자의 상황에서 활용할 수 있는 분석 방법으로 가장 옳은 것은?

> ○ 다수의 점포를 운영하는 경우 소매점포 네트워크 설계
> ○ 신규점포를 개설할 때 기존 네트워크에 대한 영향 분석
> ○ 기존점포의 재입지 또는 폐점여부에 관한 의사결정

① 레일리모형
② 회귀분석모형
③ 입지배정모형
④ 시장점유율모형
⑤ MCI모형

 ① 레일리모형: 두 경쟁도시(A,B) 그중간에 위치한 소도시(C)의 거주자들로부터 끌어들일 수 있는 상권
규모는, 그들의 "인구에 비례하고 각 도시와 중간(위성)도시 간의 거리의 제곱에 반비례 한다"는 것이다.
② 회귀분석모형: 회귀분석(回歸分析,regression analysis)은 관찰된 연속형 변수들에 대해 독립변수와 종
속변수 사이의 상관관계를 나타내는 선형 관계식을 구하는 기법 및 이렇게 얻은 모형의 적합도를 측정
하는 분석 방법이다 회귀분석은 시간에 따라 변화하는 데이터나 어떤 영향, 가설적 실험, 인과 관계의
모델링 등의 통계적 예 측에 이용될 수 있으며 모형에 포함되는 독립변수들은 서로 관련성이 높다고 좋
은 것은 아니다.
④ 시장점유율모형: 경쟁 시장에서 어떤 상품의 총판매량 가운데 한 기업의 상품이 차지하는 비율로 평가
를 한다.
⑤ MCI모형: MCI모델의 유인변수(誘因變數)로써 점포규모 외에도 상품구색, 가격, 분위기, 점포장식 등과
같은 변수를 추가하고 저항변수에는 교통시간 외에도 교통비용, 교통안전도, 이동 중의 안락감, 교통편
의도 같은 질적특성을 포함하고 있다.

45 점포의 매출액에 영향을 미치는 요인은 크게 입지요인과 상권요인으로 구분할 수 있다. 이 구분에서
입지요인으로 가장 옳지 않은 것은?

① 고객유도시설 – 지하철 역, 학교, 버스정류장, 간선도로, 영화관, 대형소매점 등
② 교통 – 교통수단, 교통비용, 신호등, 도로 등
③ 시계성 – 자연적 노출성, 고객유도시설, 간판, 승용차의 주행방향 등
④ 동선 – 주동선, 부동선, 복수동선, 접근동선 등
⑤ 규모 – 인구, 공간범위 등

점포입지를 분석할 때 상권보다 입지에 더욱 의존하는 타입의 업태로는 의류업, 식료 품업, 슈퍼마켓,
음식업 등이 있고, 택배업이나 목적점포는 상권에 의존을 하게 된다. 인구, 공간범위 등은 상권요인이다.

제3과목 유통 마케팅(46~70)

46 고객에 대한 판매자의 바람직한 이해로서 가장 옳지 않은 것은?

① 고객별로 기업에 기여하는 가치 수준이 다르다.
② 고객은 기업에게 다른 고객을 추가로 유인해주는 주체이기도 하다.
③ 고객은 제품과 서비스의 개선을 위한 제언을 제공한다.
④ 고객은 제품 또는 서비스로부터 더 많은 가치를 얻기 위해 기업과 경쟁한다.
⑤ 고객의 범주에는 잠재적으로 고객이 될 가능성이 있는 가망고객들도 포함될 수 있다.

 고객은 제품 또는 서비스로부터 더 많은 가치를 얻기 위해 기업과 경쟁하는 것은 아니며, 기업이 고객들에게 선택 받기위해 경쟁을 한다.

47 유통목표의 달성 성과를 평가하기 위한 방법으로 옳지 않은 것은?

① 소비자 기대치와 비교
② 경로구성원 간 갈등비교
③ 업계평균과 비교
④ 경쟁사와 비교
⑤ 사전 목표와 비교

 유통목표의 달성 성과를 평가하기 위한 방법은 다양하게 있다. 크게 정성적, 정량적 방법이 있으며, 내부와 외부도 있다. 문제에서는 외부적인 요소는 경쟁사와의 비교가 된다.

48 응답자들이 제공하기 꺼리는 민감한 정보를 수집하는 조사방법으로 가장 옳은 것은?

① 관찰조사　　　　　　　　　② 우편설문조사
③ 온라인 서베이　　　　　　　④ 개인별 면접
⑤ 표적집단 면접

② 우편설문조사: 우편이나 팩스를 이용하여 설문지를 보내고, 응답자가 완성한 설문지를 역시 우편 이나 팩스로 보내도록 함으로써 데이터를 수집하는 것을 가리킨다. 우편조사는 조 사원의 인건비를 절약할 수 있다는 장점이 있다.
③ 온라인 서베이: 고객에 대한 직접 자료를 수집하는 것이다.
④ 개인별 면접: 개개인에게 질문하여 정확한 정보를 얻을 수 있다.
⑤ 표적집단 면접: 동질의 소수 응답자 집단을 대상으로 특정한 주제에 대하여 자유롭게 토론하는 가운데 필요한 정보를 찾아 나가는 방법으로, 일반적인 조사에서 가장 많이 사용되는 탐색조사 방법 중의 하나이다.

49 몇몇 인기상품의 가격을 인상한 다음 판매감소를 겪고 있는 소매점의 경영자 A는 빠르게 그리고 효율적으로 판매하락을 초래한 상품을 찾아내려고 한다. 다음 중 A가 사용할 조사 방법으로서 가장 옳은 것은?

① 외부 파트너를 활용한 조사
② 내부 판매실적 자료의 활용
③ 명품회사의 마케팅 첩보 입수
④ 경쟁자의 전략에 관한 정보의 수집
⑤ 명성이 높은 마케팅조사 회사를 통한 조사

 내부 판매실적 자료의 활용하거나 1차, 2차 자료를 빠르게 활용하는 것이 유리하다.

50 "이미 판매한 제품이나 서비스와 관련이 있는 제품이나 서비스를 추가로 판매하는 것"을 의미하는 용어로 가장 옳은 것은?

① 교차판매   ② 유사판매   ③ 결합판매
④ 묶음판매   ⑤ 상향판매

 ② 유사판매: 전년도와 직접 비교 한 비즈니스 또는 회사가 게시 한 판매이며, 인수, 손실 또는 전년도에 없었던 기타 상황으로 인한 판매는 모두 제거된다.
③ 결합판매: 결합판매란 개별적으로 판매 가능한 여러 종류의 서비스를 하나의 상품으로 묶어서 판매 하는 행위이다. 따라서 결합판매는 이용자가 하나씩 구입할 수 있는 개별 서비스의 존재가 전제되어야 한다. 따라서 결합판매라 함은 통상 혼합결합판매(mixed bundling)을 의미하고 순수결합판매(pure bundling)와 구별된다. 순수결합판매는 이용자가 개별상품을 하나씩 구입할 수 없고, 단지 함께 구입 할 수밖에 없는 경우를 말한다. 현행 전기통신사업법은 순수결합판매를 금지행위로 규제하고 있다.
④ 묶음판매: 두 가지 이상의 제품이나 서비스를 하나의 패키지로 묶어 특별가격으로 판매하는 정책으로 패스트푸드점의 감자와 햄버거 콜라를 한 가격으로 판매를 하는 것을 말한다.
⑤ 상향판매: 격상판매 또는 추가판매라고도 하며 특정한 상품 범주 내에서 상품 구매액을 늘 리도록 업그 레이드된 상품의 구매를 유도하는 판매활동의 하나로 이익 창출과 더불어 고객의 만족도를 향상시킬 수 있는 방법 중의 하나이다.

51 서비스스케이프(servicescape)에 대한 설명으로 가장 옳지 않은 것은?

① 서비스스케이프의 품질수준을 측정하기 위해 서브퀄(SERVQUAL)모델이 개발되었다.
② 서비스스케이프를 구성하는 요인 중 디자인 요소는 내부인테리어와 외부시설(건물 디자인, 주차장 등)을 포함한다.
③ 서비스스케이프를 구성하는 요인 중 주변적 요소는 매장(점포)의 분위기로서 음악, 조명, 온도, 색상 등을 포함한다.

④ 서비스스케이프를 구성하는 요인 중 사회적 요소는 종업원들의 이미지, 고객과 종업원간의 상호교류를 포함 한다.

⑤ 서비스스케이프가 소비자행동에 미치는 영향을 설명하는 포괄적인 모형들은 일반적으로 자극-유기체-반응(stimulus-organism-response)의 프레임워크를 기초로 한다.

 PZB(Parasuraman, Zeithaml and Berry)등은 자신들이 분류한 서비스 품질 의 10가지 차원을 5가지로 통합하여 'SERVQUAL'(service+quality)라고 하였다. SERVQUAL은 서비스 품질의 핵심적인 요소로서 서비스품질 평가에 많이 이용된다.

52 고객관계관리(CRM, Customer Relationship Management)에 대한 설명으로 가장 옳지 않은 것은?

① 고객에 대한 정보를 활용하여 고객관계를 구축하고 강화시키기 위한 것이다.

② 고객의 고객생애가치(customer lifetime value)를 극대화하는데 활용되고 있다.

③ 기존우량 고객과 유사한 특징을 지닌 유망고객을 유치하기 위해 활용되고 있다.

④ 기존에 구매하던 제품과 관련된 다른 제품들의 구매를 유도하는 업셀링 (up-selling)을 통해 고객관계를 강화하는 것이다.

⑤ 고객의 지출을 증가시켜 소비점유율(share of wallet)을 높이는데 활용되고 있다.

 기존에 구매하던 제품과 관련된 다른 제품들의 구매를 유도하는 교차판매 전략(Cross-Selling Strategy) 을 통해 고객관계를 강화하는 것이다.

53 아래 글상자에서 설명하는 머천다이징 전략으로 가장 옳은 것은?

○ 식료품 종류만 취급하던 슈퍼마켓에서 가정용품을 함께 취급함
○ 약국에서 의약품과 함께 아기 기저귀 등의 위생용품과 기능성 화장품을 동시에 판매함
○ 책을 판매하는 서점에서 오디오, 가습기 등의 가전제품을 함께 판매함

① 크로스 머천다이징(cross merchandising)
② 탈상품화 머천다이징(decommodification merchandising)
③ 스크램블드 머천다이징(scrambled merchandising)
④ 선택적 머천다이징(selective merchandising)
⑤ 집중적 머천다이징(intensive merchandising)

 머천다이징을 우리말로 표현하면 '상품기획' '상품화계획'이라 부르기도 한다. 기본 틀은 '적정한 상품의 선 정과 관리'에 있다고 봐야 할 것이다.
① 크로스 머천다이징(cross merchandising): 연관된 상품을 함께 진열하거나 연관된 상품을 취급하는 점 포들을 인접시키는 것

② 탈상품화 머천다이징(decommodification merchandising): 자본주의사회에서 노동자는 시장에서 노동력을 파는 대가로 임금을 받고, 이 임금을 가지고 인간의 기본적인 복지수요 (의, 식, 주 및 교육, 의료 등등)를 해결한다. 이를 인간 노동력의 상품화 (commodification)과정이라고 부를 수 있는데, 탈상품화 (decommodification)는 이에 대응하는 개념으로 노동자가 시장의 임금에 의존하지 않고도 사회적 급부를 통해 인간다운 생활을 유지할 수 있는 정도를 의미한다.

④ 선택적 머천다이징(selective merchandising): '상품기획' '상품화계획'을 선택적으로 관리하는 것을 말한다.

⑤ 집중적 머천다이징(intensive merchandising) '상품기획' '상품화계획'을 특정상품이나 서비스에 맞추어 집중하는 경우를 말한다.

54 단품관리(unit control)의 효과로서 가장 옳지 않은 것은?

① 매장효율성 향상   ② 결품감소

③ 과잉 재고의 감소   ④ 명확한 매출기여도 파악

⑤ 취급상품의 수 확대

 취급상품의 수의 축소가 되어야 단품관리에 적합하다.

55 상품믹스를 결정할 때는 상품믹스의 다양성, 전문성, 가용성 등을 따져보아야 한다. 이에 대한 설명으로 옳지 않은 것은?

① 다양성이란 한 점포 내에서 취급하는 상품카테고리 종류의 수를 말한다.

② 가용성을 높이기 위해서는 특정 단품에 대해 품절이 발생하지 않도록 재고를 보유하고 있어야 한다.

③ 전문성은 특정 카테고리 내에서의 단품의 수를 의미한다.

④ 상품믹스를 전문성 위주로 할지, 다양성 위주로 할지에 따라 소매업태가 달라진다.

⑤ 다양성이 높을수록 점포 전체의 수익성은 높아진다.

 다양성이 높으면 높을수록 점포 전체의 수익성은 낮아진다. 여기서 다양성은 보완성적인 측면이 아니라 대체성적인 측면을 말한다.

56 아래 글상자에서 설명하고 있는 ㉠ 소매상에 대한 소비자 기대와 ㉡ 소매점의 마케팅믹스를 모두 옳게 나타낸 것은?

㉠ 소비자는 소매점에서 구매 이외에 제품지식 또는 친교욕구를 충족하고 싶어함

㉡ 목표고객의 라이프 스타일을 연구하여 이에 부응하는 상품을 개발하고 확보하며 관리하는 활동

① ㉠ 서비스   ㉡ 정보와 상호작용
② ㉠ 촉진   ㉡ 상품
③ ㉠ 정보와 상호작용   ㉡ 머천다이징
④ ㉠ 입지   ㉡ 서비스
⑤ ㉠ 점포분위기   ㉡ 공급업자관리

 문제에서는 정보와 상호작용과 머천다이징의 내용이 적합하다.

57 아래 글상자의 내용 중 협동광고(cooperative advertising)가 상대적으로 중요한 촉진 수단으로 작용하는 상품들을 나열한 것으로 가장 옳은 것은?

> ㉠ 구매빈도가 높지 않은 상품   ㉡ 상대적으로 고가의 상품
> ㉢ 인적서비스가 중요한 상품   ㉣ 상표선호도가 높은 상품
> ㉤ 충동구매가 높은 상품   ㉥ 개방적 경로를 채택하는 상품

① ㉠, ㉡, ㉢   ② ㉡, ㉢, ㉥
③ ㉢, ㉣, ㉤   ④ ㉣, ㉤, ㉥
⑤ ㉢, ㉣, ㉥

 협동광고란 일반적으로 유통기관이 어떤 상표에 대하여 광고 를 하고 제조업자가 그 비용을 일부 또는 전부 부담하는 광고로 제조업자의 상품 에 대한 정보를 소비자에게 전달하는 기능을 하게 된다. 문제에서 이러한 내용에 적합한 것은 ㉠, ㉡, ㉢의 내용이 된다.

58 점포 배치 및 디자인과 관련된 설명으로 옳지 않은 것은?

① 자유형 점포배치는 특정 쇼핑경로를 유도하지 않는다.
② 경주로형 점포배치는 고객들이 다양한 매장의 상품을 볼 수 있게 하여 충동구매를 유발하려는 목적으로 활용된다.
③ 격자형 점포배치는 소비자들의 제품탐색을 용이하게 하고 동선을 길게 만드는 장점이 있다.
④ 매장의 입구는 고객들이 새로운 환경을 둘러보고 적응하는 곳이므로 세심하게 디자인해야 한다.
⑤ 매장 내 사인물(signage)과 그래픽은 고객들의 매장탐색을 돕고 정보를 제공한다.

격자형배치는 기둥이 많고 기둥 간격이 좁은 상황에서도 설비비용을 절감할 수 있으며, 통로폭이 동일하기 때문에 건물전체 필요면적이 최소화된다. 따라서 동선은 짧게 된다.

59 유통마케팅투자수익률에 대한 설명으로 가장 옳은 것은?

① 정성적으로 측정할 수 있는 마케팅 효과만을 측정한다.
② 마케팅투자에 대한 순이익과 총이익의 비율로써 측정한다.
③ 마케팅활동에 대한 투자에서 발생하는 이익을 측정한다.
④ 고객의 획득과 유지 등 마케팅의 고객 관련 효과를 고려하지 않는다.
⑤ 판매액, 시장점유율 등 마케팅성과의 표준측정치를 이용해 평가할 수는 없다.

 유통기업의 마케팅활동에 대한 총투자에서 발생하는 총이익을 측정한다.

60 마케팅 커뮤니케이션 수단들에 대한 설명으로 가장 옳지 않은 것은?

① 신뢰성이 높은 매체를 통한 홍보(publicity)는 고객의 우호적 태도를 형성하기 위한 좋은 수단이다.
② 인적판매는 대면접촉을 통하기 때문에 고객에게 구매를 유도하기에 적절한 도구이다.
③ 판매촉진은 시험적 구매를 유발하는데 효과적인 도구이다.
④ 광고의 목적은 판매를 촉진하기 위한 것이라면, 홍보는 이미지와 대중 관계를 향상시키는데 목적이 있다.
⑤ 광고는 시간과 공간의 제약은 없으나 다른 커뮤니케이션 수단들에 비해 노출당 비용이 많이 소요된다는 단점이 있다.

 광고는 시간과 공간의 제약은 없으나 다른 커뮤니케이션 수단들에 비해 노출당 비용이 많이 소요된다는 단점이 있지만 인적촉진 수단에 비해서는 적은 비용이 소요된다.

61 아래 글상자의 내용은 상품수명주기에 따른 경로관리방법을 기술한 것이다. 세부적으로 어떤 수명주기 단계에 대한 설명인가?

> ㉠ 충분한 제품공급을 위해 시장범위 역량을 지닌 경로구성원을 확보
> ㉡ 통제가 성장을 방해하는 것이 아니라는 점을 경로구성원에게 확신시킴
> ㉢ 경쟁 제품들의 경로 구성원 지원 현황 조사 및 감시

① 도입기　　　　② 성장기　　　　③ 성숙기
④ 쇠퇴기　　　　⑤ 재도약기

① 도입기 : 방금 발매된 신상품으로 메이커는 소비자를 상대로 해서 대규모의 광 고와 샘플을 제공하는 등의 적극적인 판매촉진 활동으로 상품의 존재를 알리고 사 용해 보도록 권유하는 한편, 유통업자에게 적극적인 취급을 요청해야 한다.
③ 성숙기: 신규수요보다도 대체수요에 중점을 두어야 하며, 한정된 시장에서 메이커간 및 소 매점 간의 경쟁도 격화되며, 유통집약도를 지속적으로 강화 및 유지하는 것이다.
④ 쇠퇴기: 매출, 이익이 급격히 감소하기 때문에 메이커 중에는 채산이 맞지 않아 철수하는 업체도 증가하고 있으며 쇠퇴기 정책으로는 가격을 인하하며, 기존제품에 대한 제품폐기, 진부화정책, 대체제품 개발, 제품다양화 확대, 기업합병 등이 있다.
⑤ 재도약기: 기존의 상승효과가 다시 시작됨을 말한다.

62. 편의점이 PB상품을 기획하는 이유로 가장 옳지 않은 것은?

① 편의점은 대형마트나 수퍼마켓보다 비싸다는 점포이미지를 개선시킬 수 있다.
② PB상품이 NB상품에 비해 점포차별화에 유리하다.
③ 소량구매 생필품 중심으로 PB상품을 개발하여 매출을 높일 수 있다.
④ PB상품이 중소 제조업체를 통해 납품될 경우, NB상품을 공급하는 대형 제조업체에 비해 계약조건이 상대적으로 유리할 수도 있다.
⑤ NB상품 보다 수익률은 낮지만 가격에 민감한 소비자욕구에 부응할 수 있다.

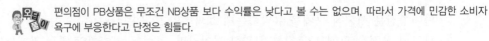
편의점이 PB상품은 무조건 NB상품 보다 수익률은 낮다고 볼 수는 없으며, 따라서 가격에 민감한 소비자 욕구에 부응한다고 단정은 힘들다.

63. 병행수입상품에 대한 설명으로 가장 옳지 않은 것은?

① 상표 등 지적재산권의 보호를 받는 상품이다.
② 미국에서는 회색시장(gray market) 상품이라고 부른다.
③ 제조업자나 독점수입업자의 동의 없이 수입한 상품이다.
④ 외국에서 적법하게 생산되었기 때문에 위조상품이 아니다.
⑤ 수입업자들은 동일한 병행상품에 대해 서로 다른 상표를 사용해야 한다.

수입업자들은 동일한 병행상품이라면 동일한 상표를 사용해야 한다.

64. 옴니채널(omni channel) 소매업에 대한 설명으로서 가장 옳은 것은?

① 세분시장별로 서로 다른 경로를 통해 쇼핑할 수 있게 한다.
② 동일한 소비자가 점포, 온라인, 모바일 등 다양한 경로를 통해 쇼핑할 수 있게 한다.
③ 인터넷만을 활용하여 영업한다.
④ 고객에게 미리 배포한 카달로그를 통해 직접 주문을 받는 소매업이다.
⑤ 인포머셜이나 홈쇼핑채널 등 주로 TV를 활용하여 영업하는 소매업이다.

온라인, 오프라인, 모바일 등 고객을 둘러싸고 있는 모든 쇼핑채널 들을 유기적으로 연결해 고객이 어떤 채널에서든 같은 매장을 이용하는 것처럼 느낄 수 있도록 한 매장의 쇼핑환경을 말한다.

65 구매시점광고(POP)에 대한 설명으로 가장 옳지 않은 것은?

① 구매하는 장소에서 이루어지는 광고로서 판매촉진활동에 대한 효과 측정이 용이하다.
② 스토어트래픽을 창출하여 소비자의 관심을 끄는 역할을 한다.
③ 저렴한 편의품을 계산대 주변에 진열해 놓는 활동을 포함한다.
④ 판매원을 돕고 판매점에 장식효과를 가져다주는 역할을 한다.
⑤ 충동적인 구매가 이루어지는 제품의 경우에는 더욱 강력한 소구 수단이 된다.

 구매하는 시점에서 이루어지는 광고로서 판매촉진활동에 대한 효과 측정이 용이하다.

66 공산품 유통과 비교한 농산물 유통의 특징으로서 가장 옳지 않은 것은?

① 보관시설 등이 잘 갖추어지지 않은 경우 작황에 따른 가격 등락폭이 심하게 나타난다.
② 보관 및 배송 등에 소요되는 유통비용이 상대적으로 더 크다.
③ 부패하기 쉽기 때문에 적절한 보관과 신속한 배송 등이 더 중요하다.
④ 크기, 품질, 무게 등에 따라 표준화하고 등급화하기가 더 힘들다.
⑤ 가격 변동이나 소득 변동에 따른 수요변화가 더 탄력적이다.

 가격 변동이나 소득 변동에 따른 수요변화가 더 비탄력적이다.

67 상품의 진열방식 중 상품들의 가격이 저렴할 것이라는 기대를 갖게 하는데 가장 효과적인 진열 방식은?

① 스타일, 품목별 진열　　　　　　　② 색상별 진열
③ 가격대별 진열　　　　　　　　　　④ 적재진열
⑤ 아이디어 지향적 진열

 진열은 얼마만큼 기술적으로 하느냐에 따라 하늘과 땅 차이라고 할 수 있는데, 판매 때문이라고 할 수 있을 정도로 중요한 위치에 다가섰다. 적재진열은 많은 상품들을 진열하기에 용이하며, 고객들에 상품들의 가격이 저렴할 것이라는 기대를 갖게 하는데 가장 효과적인 진열방식이다.

68 다음 중에서 새로운 소매업태가 나타나게 되는 이유를 설명하는 이론으로 가장 옳지 않은 것은?

① 소매수명주기 이론　　② 수레바퀴 이론
③ 소매 아코디언 이론　　④ 소매 인력이론
⑤ 변증법적 이론

 소매 인력이론은 상권분석에서 레일리가 주장한 도시들 간의 상권경계를 결정하는 이론이다.

69 매장 외관인 쇼윈도(show window)에 대한 설명 중 가장 옳지 않은 것은?

① 매장 외관을 결정짓는 요소 중 하나로 볼 수 있다.
② 돌출된 형태의 쇼윈도의 경우 소비자를 입구 쪽으로 유도하는 효과가 있다.
③ 지나가는 사람들의 시선을 끌어 구매욕구를 자극하는 효과가 있다.
④ 설치형태에 따라 폐쇄형, 반개방형, 개방형, 섀도박스(shadow box)형이 있다.
⑤ 제품을 진열하는 효과는 있으나 점포의 이미지를 표현할 수는 없다.

 쇼윈도(show window)는 제품을 진열하는 효과와 점포의 이미지를 표현할 수 있다.

70 다음 중 모든 구매자들에게 단일의 가격을 책정하는 것이 아닌 개별고객의 특징과 욕구 및 상황에 맞추어 계속 가격을 조정하는 가격전략은?

① 초기 고가격 전략
② 시장침투 가격전략
③ 세분시장별 가격전략
④ 동태적 가격전략
⑤ 제품라인 가격전략

 ① 초기 고가격 전략: 신제품을 시장에 도입하는 초기에 먼저 고가격을 설정하여 가격에 비교적 둔감한 고소득층을 흡수하고, 그 뒤 차차 가 격을 인하시켜 가격에 민감한 저소득층에게 침투하고자 하는 정책이다.
② 시장침투 가격전략: 신제품을 시장에 도입하는 초기에 저가격을 설정함으로써 별다른 판매저항 없이 신속하게 시장에 침투하여 높은 시 장점유율 확보하고자 하는 대중적인 제품이나 수요의 가격탄력성이 높은 제품에 많이 사용된다.
③ 세분시장별 가격전략: 시장세분화를 마케팅전략에 유용하게 사용하려면 세분시장은 측정가능성, 접근가 능성, 규모적정성, 세분시장 내 동질성과 세분시장 간 이질성과 같은 요건을 갖추고 있어야 한다.
⑤ 제품라인 가격전략: 우선 모든 종류의 취급상품에 대하여 중, 고, 저(cheapest full-line price, best-selling full-line price, highest full-line price) 3단계의 매매를 설정하고 이 매매는 각 가격단계 에서 해당상품이 가장 잘 판매되는 수준을 설정한다.

제4과목 유통 정보(71~90)

71 아래 글상자의 ( ) 안에 들어갈 용어로 가장 옳은 것은?

> 소비자의 구매패턴 변화는 유통산업 구조에 변화를 가져와, 옴니채널(Omni Channel)에서 온라인 상거래의 범위를 오프라인으로 확장한 서비스를 제공하는 ( ) 방식의 사업모델이 활발히 적용되고 있다.

① O2O(Online to Offline)
② O2O(Online to Online)
③ O2M(One to Multi spot)
④ O2M(One to Machine)
⑤ O2C(Online to Customer)

 최근 주목받는 IT 비즈니스로 O2O 서비스가 있다. O2O는 Online to Offline을 줄여 쓴 것으로 온라인과 오프라인을 연결하는 비즈니스를 O2O 서비스하며, O2O 서비스는 온라인에서 주문 및 결제를 하고 오프라인에서 실제 서비스나 제품을 받을수 있는 서비스로 스마트폰과 태블릿의 대중화로 인해 모바일 인터넷 사용이 활발해 지면서 새로운 비즈니스 모델로 각광받고 있다.

72 유통업체가 POS(point of sales)시스템을 도입하여 얻을 수 있는 효과로 가장 옳지 않은 것은?

① 상품 계산을 위해 판매원이 상품정보를 등록하는 시간을 단축하여 고객대기시간 단축 가능
② 판매원의 수작업에 의한 입력 누락, 반복 입력 등과 같은 입력 오류 감소
③ 자동발주시스템(Electronic Order System: EOS)과 연계하여 주문관리, 재고관리, 판매관리의 정보를 통한 경영활동 효율성 확보
④ 신속한 고객 정보의 수집과 관리를 통해 합리적 판촉전략 수립 및 고객 만족도 개선
⑤ 경쟁 유통업체의 제품 구성 및 판매 동향 분석을 통한 경쟁력 제고

 POS(Point of Sale)는 판매시점 정보관리시스템으로써, 무슨 상품이, 언제, 어디에 서, 얼마나 팔렸는지를 파악할 수 있도록 상품이 판매되는 시점에 판매정보를 수집 하여 관리하는 시스템을 지칭하는 말이다. 즉, 경쟁 유통업체의 제품 구성 및 판매 동향 분석을 통한 경쟁력 제고를 알 수는 없다.

73 아래 글상자에서 설명하고 있는 용어를 나열한 것으로 가장 옳은 것은?

> ㉠는 유행에 관심이 많고 소비를 놀이처럼 즐기는 사람을 지칭하는 용어이다. 생산적인 소비자를 일컫는 프로슈머(prosumer)에서 한 단계 진화하여 참여와 공유를 통해 개인의 만족과 집단의 가치를 향상시키는 능동적인 소비자를 말한다. 필립 코틀러(Philip Kotler)의 '사회구조가 복잡해지고 물질적으로 풍요로워질수록 소비자는 재미를 추구한다.'는 주장을 반영한 소비 형태이다.
>
> ㉡는 에너지를 소비도 하지만 생산도 하는 사람을 지칭하는 용어이다. 스마트 그리드가 구축되면 일반 가정이나 사무실에서도 소형 발전기, 태양광, 풍력 등을 이용한 신재생 에너지를 생산하고 사용한 후 여분을 거래할 수 있다.

① ㉠ 모디슈머   ㉡ 스마트너
② ㉠ 플레이슈머   ㉡ 스마트너
③ ㉠ 플레이슈머   ㉡ 에너지 프로슈머
④ ㉠ 트랜드슈머   ㉡ 에너지 프로슈머
⑤ ㉠ 트랜드슈머   ㉡ 스마트 프로슈머

문제에서 언급하고 있는 용어는 플레이슈머, 에너지 프로슈머의 내용이다. 이외의 몇가지 용어정리를 하면 아래와 같다.

모디슈머 : 유통 판로를 바꾸면서 소비자가 유행을 만들면 기업이 따라오는 모습도 연출됐다. 모디슈머(Modisumer)는 수정하다는 뜻의 'Modify'에 소비자 'Consumer'를 결합한 말로 제조업체가 제시하는 방식이 아닌 자신만의 아이디어로 제품을 새롭게 활용하는 소비자를 뜻한다

스마트너 : 기능이 제한되어 있지 않고 응용 프로그램을 통해 상당 부분 기능을 변경하거나 확장할 수 있는 제품을 가리킨다.

트랜드슈머 : 바야흐로 '팬슈머' 시대다. 2020년을 이끌 트렌드 키워드로도 주목 받고 있다.

팬슈머 : '팬(fan)'과 '소비자(consumer)'가 결합한 합성어로 상품·브랜드 등의 생산과정에 참여하는 소비자를 뜻한다.

74 아래 글상자의 ㉠, ㉡에 해당되는 각각의 용어로 가장 옳은 것은?

> 전통적인 경제학에서 기업의 생산활동은 ㉠이 주로 적용된다고 가정하고 있다. 정보화 사회에 들어서면서 컴퓨터산업을 포함한 정보통신 산업분야에서는 이러한 현상이 적용되지 않는다. 오히려 ㉡이 적용되고 있다. 브라이언아서 교수는 농업이나 자연자원을 많이 소모하는 대량생산 체제에서는 ㉠이 지배하고, 첨단기술의 개발과 지식중심의 생산 체제에서는 반대로 ㉡이 지배한다고 주장하였다.

① ㉠ 수확체증의 법칙, ㉡ 수확불변의 법칙
② ㉠ 수확체증의 법칙, ㉡ 수확체감의 법칙
③ ㉠ 수확체감의 법칙, ㉡ 수확불변의 법칙
④ ㉠ 수확체감의 법칙, ㉡ 수확체증의 법칙
⑤ ㉠ 수확불변의 법칙, ㉡ 수확체감의 법칙

문제에서는 ㉠ 수확체감의 법칙, ㉡ 수확체증의 법칙의 내용을 묻는 것이다.

75 EDI 시스템에 대한 설명으로 가장 옳지 않은 것은?

① EDI 시스템은 데이터를 효율적으로 교환하기 위해 전자문서표준을 이용해 데이터를 교류하는 시스템이다.

② EDI 시스템은 기존 서류 작업에 비해 문서의 입력오류를 줄여주는 장점이 있다.

③ EDI 시스템은 국제표준이 아닌, 기업간 상호 협의에 의해 만들어진 규칙을 따른다.

④ EDI 시스템은 종이 문서 없는 업무 환경을 구현해 주는 장점이 있다.

⑤ EDI 시스템은 응용프로그램, 네트워크 소프트웨어, 변환 소프트웨어 등으로 구성된다.

 EDI(Electronic Data Interchange)란 기업과 행정관청 사이에서 교환되는 행정서 식을 일정한 형태를가진 전자메시지로 변환 처리하여 상호간에 합의한 통신표준에 따라 컴퓨터와 컴퓨터 간에 교환되는 전자문서 교환시스템을 의미한다. EDI 시스템은 국제간 상호 협의에 의해 만들어진 규칙을 따른다.

76 QR코드의 장점으로 가장 옳지 않은 것은?

① 작은 공간에도 인쇄할 수 있다.

② 방향에 관계없는 인식능력이 있다.

③ 바코드에 비해 많은 용량의 정보를 저장할 수 있다.

④ 훼손에 강하며 훼손 시 데이터 복원력이 매우 좋다.

⑤ 문자나 그림 등의 이미지가 중첩된 경우에도 인식률이 매우 높다.

 QR코드는 바코드의 단점을 보완하며, 주로 한국, 일본, 영국, 미국 등에서 많이 사 용되며 명칭은 덴소 웨이브의 등록상표 Quick Response에서 유래하였다. 문자나 그림 등의 이미지가 중첩된 경우에는 인식률이 매우 낮다.

77 아래 글상자에서 설명하는 용어로 가장 옳은 것은?

> ○끌어모음이라는 뜻과 꼬리표라는 의미의 합성어이다.
> ○특정 단어 앞에 '#'을 사용하여 그 단어와 관련된 내용물을 묶어 주는 기능이다.
> ○SNS에서 마케팅을 위해 활발하게 이용된다.

① 스크롤링(Scrolling) ② 롱테일의 법칙(Long Tail Theory)

③ 크롤링(Crawling) ④ 해시태그(Hashtag)

⑤ 둠스크롤링(Doomscrolling)

① 스크롤링(Scrolling) : 화면이 보여줄 데이터로 꽉 차면 새로운 줄이 그 화면의 상단 또는 하단에 나타나고, 모든 다른 데이터는 한 줄씩 위나 아래로 자리를 옮기는 것을 의미한다.
② 롱테일의 법칙(Long Tail Theory): 파레토법칙(20:80법칙)과 거꾸로 「80%의 '사소한 다수'가 20%의 '핵심소수'보다 뛰 어난 가치를 창출한다」는 이론으로서, 이 때문에 '역(逆) 파레토법칙'이라고도 한다.
③ 크롤링(Crawling): 웹 페이지를 가져와서 데이터를 추출하는 것으로 크롤링하는 소프트웨어를 크롤러(crawler)라고 한다.
⑤ 둠스크롤링(Doomscrolling): 최후 심판의 날과 세계의 종말을 포함하는 부정적인 의미의 둠(doom)과 스마트폰 또는 컴퓨터 화면을 상하로 움직이는 스크롤링(scrolling)의 합성어다.

78 데이터마이닝에서 사용하는 기법과 그에 대한 설명으로 가장 옳지 않은 것은?

① 추정 – 연속형이나 수치형으로 그 결과를 규정, 알려지지 않은 변수들의 값을 추측하여 결정하는 기법
② 분류 – 범주형 자료이거나 이산형 자료일 때 주로 사용하며, 이미 정의된 집단으로 구분하여 분석하는 기법
③ 군집화 – 기존의 정의된 집단을 기준으로 구분하고 이와 유사한 자료를 모으고, 분석하는 기법
④ 유사통합 – 데이터로부터 규칙을 만들어내는 것으로 어떠한 것들이 함께 발생하는지에 대해 결정하는 기법
⑤ 예측 – 미래의 행동이나 미래 추정치의 예측에 따라 구분되는 것으로 분류나 추정과 유사 기법

군집 분석(Clustering) – N개의 개체들을 대상으로 P개의 변수를 측정하였을 때 관측한 P개의 변수 값을 이용하여 N개 개체들 사이의 유사성 또는 비유사성의 정도를 측정하여 개체들을 가까운 순서대로 군집화 하는 통계적 분석방법이다.

79 아래 글상자의 괄호 안에 공통적으로 들어갈 용어로 가장 옳은 것은?

데이터 수집과 활용을 통해 데이터 경제를 가속화하기 위한 대책으로 2020년 정부가 발표한 디지털 뉴딜 사업에는( )에 대한 계획이 포함되어 있다. ( )은(는) 우리나라의 유무형 자산이나 문화유산, 국가행정정보 등의 공공정보를 데이터화하여 수집·보관하고, 필요한 곳에 사용할 수 있도록 하는 것이다.

① 데이터 댐
② 국가DW
③ 빅데이터프로젝트
④ 대한민국AI
⑤ 디지털 트윈

② 국가DW : 국가 데이터웨어하우스를 발하며, 국가의 데이터를 분석하는 것이다.
③ 빅데이터프로젝트 : 다양한 데이터를 바탕으로 특별한 프로젝트를 수행하는 것이다.
④ 대한민국AI: 국내 인공지능(AI) 기업 정보와 제품, 기술 등이 총 망라된 인공지능 스타트업이다.
⑤ 디지털 트윈: 디지털 트윈(digital twin)은 미국 제너럴 일렉트릭(GE)이 주창한 개념으로, 컴퓨터에 현실 속 사물의 쌍둥이를 만들고, 현실에서 발생할 수 있는 상황을 컴퓨터로 시뮬레이션함으로써 결과를 미리 예측하는 기술이다.

80 오늘날 공급사슬관리는 IT의 지원 없이 작동할 수 없다. 공급사슬관리에 일어난 주요 변화로 옳지 않은 것은?

① 공급자 중심에서 고객중심으로 – 비용보다는 유연한 대응력 즉 민첩성이 핵심요인
② 풀(pull)관행에서 푸시(push)관행으로 – 생산 풀로부터 소비자 주문 또는 구매를 근거로 하는 푸시관행으로 이동
③ 재고에서 정보로 – 실질 수요에 대한 더 나은 가시성확보가 중요
④ 운송과 창고관리에서 엔드투엔드 파이프라인관리가 강조 – 가시성과 시간단축 중요
⑤ 기능에서 프로세스로 – 급변하는 환경에 다 기능적이고 시장지향적인 프로세스에 초점

푸시(push)관행에서 풀(pull)관행으로 – 생산 푸시로부터 소비자 주문 또는 구매를 근거로 하는 풀 관행으로 이동

81 국가종합전자조달 사이트인 나라장터를 전자상거래 거래주체별 모델로 구분하였을 때 가장 옳은 것은?

① B2B   ② G2B   ③ G4C   ④ B2C   ⑤ C2C

G2B : 정부 전자조달. 물품이나 용역의 입찰, 공문서 교환 등
① 기업 대 기업(B2B: Business-To-Business): 현재 거래주체에 의한 비즈니스 모델 중 거래 규모가 가장 큰 전자상거래 분야이다. 거래주체인 기업과 기업이 전자상거래를 하는 것으로 기업이 기업을 대상으로 각종 물품을 판매하는 방식이다.
③ G4C(Government for Citizen) : 민원24는 국민 누구나 행정기관 방문 없이 집, 사무실 등 어디서나 1년 365일 24시간 민원을 안내/신청/열람/발급할 수 있도록 대한민국 정부에서 운영하는 전자민원 서비스이다.
④ 기업과 개인 간의 거래(B2C: Business To Customer): 기업은 소비자가 상품을 검색할수 있는 전자상품 카탈로그를 인터넷상의 쇼핑 사 이트에 구축하고 있다.
⑤ 개인과 개인 간의 전자상거래(C2C: Customer to Customer): 소비자와 소비자간의 인터넷상에서 소비자끼리 물건을 팔고 사는 것을 뜻하며, 소비자는 소비의 주체인 동시에 공급의 주체라고 할 수 있다.

82 대칭키 암호화 방식에 해당되지 않는 것은?

① IDEA(International Data Encryption Algorithm)
② SEED
③ DES(Data Encryption Standard)
④ RSA(Rivest Shamir Adleman)
⑤ RC4

 RSA(Rivest Shamir Adleman)은 비대칭형 또는 공개키암호(Public key cryptography)화 방식이다.

83 공급사슬관리를 위한 정보기술로 적절성이 가장 낮은 것은?

① VMI(Vendor Managed Inventory)
② RFID(Radio-Frequency Identification)
③ PBES(Private Branch Exchange Systems)
④ EDI(Electronic Data Interchange)
⑤ CDS(Cross Docking Systems)

 PBES(Private Branch Exchange Systems) : 사설교환기로 회사에서 사용되는 일정 수의 외부 전화회선을 모든 직원이 공유하고, 내선에 연결되어 있는 내부사용자들 간에 전화를 자동으로 연결해주기 위한 전화교환 시스템이다.

84 지식경영을 위한 자원으로써 지식을 체계화하기 위해 다양한 분류 방식을 활용해 볼 수 있다. 다음 중 분류방식과 그 내용에 대한 설명으로 가장 옳지 않은 것은?

① 도서관형 분류 - 알파벳/기호로 하는 분류
② 계층형 분류 - 대분류·중분류·소분류로 분류
③ 인과형 분류 - 원인과 결과 관계로 분류
④ 요인분해형 분류 - 의미 네트워크에 기반하여 공간적으로 의미를 구성
⑤ 시계열적 분류 - 시계열적으로 과거, 현재, 미래의 사상, 의의의 변화를 기술

 요인분해형 분류 - 요인분해 또는 기여도분석은 기준시점에 대한 비교시점의 수량적 변동을 원인이 되는 개별 요인들의 기여들로 분해하여 설명하는 통계분석 방법론이다.

85 빅데이터의 핵심 특성 3가지를 가장 바르게 제시한 것은?

① 가치, 가변성, 복잡성
② 규모, 속도, 다양성
③ 규모, 가치, 복잡성
④ 가치, 생성 속도, 가변성
⑤ 규모, 가치, 가변성

빅 데이터는 디지털 환경에서 생성되는 방대한 규모의 정보량, 실시간으로 인한 데이터 생성 및 이동속도의 증가, 다양한 형태로 존재하는 데이터 등의 구성요소를 갖추 고 있다. 핵심 특성 3가지는 규모, 속도, 다양성이 있다.

86 고객관리를 위해 인터넷 쇼핑몰을 운영하는 A사는 웹로그분석을 실시하고 있다. 아래 글상자의 ( ) 안에 들어갈 용어로 가장 옳은 것은?

> 방문자가 웹 브라우저를 통해 웹사이트에 방문할 때 브라우저가 웹 서버에 파일을 요청한 기록을 시간과 IP 등의 정보와 함께 남기는데 이것을 ( )라고 한다. 이 로그는 웹사이트의 트래픽에 대한 가장 기초적인 정보를 제공하며 서버로부터 브라우저에 파일이 전송된 기록이므로 Transfer Log 라고도 한다.

① 리퍼럴 로그(referrer log)
② 에이전트 로그(agent log)
③ 액세스 로그(access log)
④ 에러 로그(error log)
⑤ 호스트 로그(host log)

(1) 엑세스 로그(Access_Log)엑세스 로그파일은 트랜스퍼 로그파일이라고도 한다. 일반적인 사항을 모두 기록하며, 접속자가 들어와서 웹 서버에서 한 행동을 그대로 보여줄 수 있다. 그러므로 이 정보는 차후에도 많은 이용가치가 있기 때문에 아주 중요하다.
(2) 리퍼럴 로그(Referer_Log)리퍼럴 로그는 화살표로 표시되며, 방문자가 사이트를 방문하기 위하여 어떠한검색엔진을 활용하였으며, 사이트를 들어오기 위해서는 어떠한 키워드를 검색하여 방문하였으며, 방문자가 사이트를 방문하기 위하여 거친 URL 경로는 어떠한것이 있는지를 알 수 있기 때문에 검색된 키워드를 통해 고객들이 원하는 콘텐츠를 구성할 수 있고, 검색엔진과 링크페이지를 통해 인터넷 광고 매체 선정 및서치 엔진 키워드 구성 등의 프로모션 전략 방안을 설정하여 타깃 화 된 웹 프로모션 전략 방안을 설정하여 웹 프로모션을 전개할 수 있다.
(3) 에이전트 로그(Agent_Log)에이전트 로그는 사이트를 접속하는 방문자의 웹 브라우저 타입 및 버전, OS의 종류, 화면해상도 애플리케이션 프로그램 종류 등에 관한 정보를 제공해 최적화된 웹 사이트를 구성할 수 있는 단서를 제공해주고 있다.
(4) 에러 로그(Error_Log)에러 로그는 웹 서버에서 발생하는 모든 에러와 접속 실패에 대하여 에러가발생한 시간과 에러의 내용을 기록한다. 이는 시스템에서 발생할 수 있는 에러에대한 기록이기 때문에 웹 서버에 문제가 생긴 경우 문제 해결을 수행하는 경우는 이를 저장하여 시스템에 문제가 생길 경우 이를 통하여 문제 해결을 쉽게 할수 있다. 대부분 에러 로그는 상태코드에 404나 505등이 기록된다.

87 유통업체의 관리문제를 해결하기 위해 활용되는 의사결정지원시스템 모델 중 수학적 모형으로 작성하여 그 해를 구함으로써 최적의 의사결정을 도모하는 수리계획법의 예로 가장 옳지 않은 것은?

① 시뮬레이션(Simulation)
② 목표계획법(Goal Programming)
③ 선형계획법(Linear Programming)
④ 정수계획법(Integer Programming)
⑤ 비선형계획법(Non-Linear Programming)

 시뮬레이션의 정의: 물리적 또는 추상적인 시스템을 모델로 표현하고, 그 모델을 사용해서 실험을 하는 일. 다시 말해, 시뮬레이션(영어: simulation)은 실제로 실행하기 어려운 실험을 간단히 행하는 모의실험을 뜻한다. 실제로 모형을 만들어 하는 물리적 시뮬레이션과, 수학적 모델을 컴퓨터상에서 다루는 논리적 시뮬레이션이 있음. 공학상의 설계 및 사회 현상 분석 등에 쓰이는데, 방대한 수치 계산을 고속으로 처리하는 실시간(實時間)의 시뮬레이션은 컴퓨터의 이용으로 비로소 가능해졌음.

88 파일처리시스템과 비교하여 데이터베이스시스템의 특징을 설명한 것으로 가장 옳지 않은 것은?

① 특정 응용프로그램을 활용해 개별 데이터를 생성하고 저장하므로 데이터를 독립적으로 관리할 수 있다.
② 조직내 데이터의 공유를 통해 정보자원의 효율적 활용이 가능하다.
③ 데이터베이스에 접근하기 위해 인증을 거쳐야 하기에 불법적인 접근을 차단하여 보안관리가 용이하다.
④ 프로그램에 대한 데이터 의존성이 감소하게 됨으로써 데이터의 형식이나 필드의 위치가 변화해도 응용프로그램을 새로 작성할 필요가 없다.
⑤ 표준화된 데이터 질의어(SQL)를 이용하여 필요한 데이터에 쉽게 접근하고 정보를 생성할 수 있다.

 특정 응용프로그램을 활용해 개별 데이터를 생성하고 저장하더라도 데이터를 독립적으로 관리할 수는 없다.

89 디지털 시대의 경영환경 특징으로 가장 옳지 않은 것은?

① 무형의 자산보다 유형의 자산이 중시된다.
② 지식상품이 부상하고 개인의 창의력이 중시된다.
③ 정보의 전달 속도가 빨라 제품수명주기가 단축된다.
④ 기술발전 속도가 빠를 뿐만 아니라 사업 범위가 글로벌화 되어 경쟁이 심화된다.
⑤ 기업 간 경쟁이 심화되어 예측이 어려워짐으로써 복잡계시스템으로서의 경영이 요구된다.

유형의 자산보다 무형의 자산이 중시된다.

90 전자금융거래시 간편결제를 위한 QR코드 결제 표준에 대한 내용으로 가장 옳지 않은 것은?

① 고정형QR 발급시 별도 위변조 방지 조치(특수필름부착, 잠금장치 설치 등)를 갖추어야 한다.
② 변동형 QR은 보안성 기준을 충족한 앱을 통해 발급하며 위변조 방지를 위해 1분 이내만 발급이 유지되도록 규정한다.
③ 자체 보안기능을 갖추어야 하며 민감한 개인ㆍ신용정보 포함을 금지하고 있다.
④ 고정형 QR은 소상공인 등이 QR코드를 발급ㆍ출력하여 가맹점에 붙여두고, 소비자가 모바일 앱으로 QR코드를 스캔하여 결제처리하는 방식이다.
⑤ 가맹점주는 가맹점 탈퇴ㆍ폐업 즉시 QR코드 파기 후 가맹점 관리자에게 신고해야 한다.

 4차 산업혁명이 확산됨에 따라 우리나라에서도 QR코드를 이용한 결제시스템이 확산하고 있다. 이에 따라 최근에 많은 QR결제 시스템이 등장하고 있는데, 아직은 완성된 QR결제 시스템이 형성되지 않았으며 또한 사용률 역시 미흡한 것이 현실이다.
변동형 QR은 보안성 기준을 충족한 앱을 통해 발급하며 위변조 방지를 한다. 1분 이내만 발급이 유지되도록 규정하면 의미가 없다.

정 답

1과목:유통 · 물류일반(1~25)	2과목:상권분석(26~45)
3과목:유통마케팅(46~70)	4과목:유통정보(71~90)

01 ①	02 ②	03 ⑤	04 ⑤	05 ④	06 ④	07 ⑤	08 ⑤	09 ②	10 ②
11 ④	12 ④	13 ③	14 ③	15 ①	16 ③	17 ⑤	18 ④	19 ⑤	20 ④
21 ⑤	22 ④	23 ③	24 ③	25 ③	26 ③	27 ④	28 ①	29 ④	30 ①
31 ③	32 ⑤	33 ⑤	34 ③	35 ④	36 ④	37 ③	38 ①	39 ③	40 ②
41 ④	42 ②	43 ⑤	44 ③	45 ⑤	46 ④	47 ②	48 ①	49 ②	50 ①
51 ①	52 ④	53 ③	54 ⑤	55 ⑤	56 ③	57 ①	58 ③	59 ③	60 ⑤
61 ②	62 ⑤	63 ⑤	64 ②	65 ①	66 ⑤	67 ④	68 ④	69 ⑤	70 ④
71 ①	72 ⑤	73 ③	74 ④	75 ③	76 ⑤	77 ④	78 ③	79 ①	80 ②
81 ②	82 ④	83 ③	84 ④	85 ②	86 ③	87 ①	88 ①	89 ①	90 ②

유통관리사2급

부록 최근기출문제

2021. 08. 21 유통관리사 2급

제1과목 유통 · 물류 일반(01~25)

01 운송수단을 결정하기 전에 검토해야 할 사항에 대한 설명으로 가장 거리가 먼 것은?

① 운송할 화물이 일반화물인지 냉동화물인지 등의 화물의 종류
② 운송할 화물의 중량과 용적
③ 화물의 출발지, 도착지와 운송거리
④ 운송할 화물의 가격
⑤ 운송할 화물이 보관된 물류센터의 면적

 운송수단은 트럭, 비행기, 철도 등을 말하는 것으로 이를 결정하기 전에 검토해야 할 사항은 화물의 종류, 중량과 용적, 거리, 가격 등을 말하지만 물류센터의 면적은 입지와 관련이 있다.

02 SCM 관리기법 중 JIT(Just In Time)에 대한 내용으로 옳은 것은?

① JIT는 생산, 운송시스템의 전반에서 재고부족으로 인한 위험 요소를 제거하기 위해 안전재고 수준을 최대화한다.
② JIT에서 완성품은 생산과정품(Work In Process)에 포함시키지만 부품과 재료는 포함시키지 않는다.
③ 구매측면에서는 공급자의 수를 최대로 선정하여 호혜적인 작업관계를 구축한다.
④ 수송단위가 소형화되고 수송빈도가 증가하므로 수송과정을 효과적으로 점검, 통제하는 능력이 중요하다.
⑤ 창고설계 시 최대재고의 저장에 초점을 맞추는 것이지 재고이동에 초점을 맞추는 것은 아니다.

 ① JIT는 생산, 운송시스템의 전반에서 재고부족으로 인한 위험 요소를 제거하기 위해 안전재고 수준을 최소화한다.
② JIT에서 완성품은 생산과정품(Work In Process)에 포함며 부품과 재료도 포함시킨다.
③ 구매측면에서는 공급자의 수를 최소로 선정하여 호혜적인 작업관계를 구축한다.
⑤ 창고설계 시 최소재고의 저장에 초점을 맞추는 것이며 재고이동에 초점을 맞추는 것은 아니다.

03 운송에 관련된 내용으로 옳지 않은 것은?

① 해상운송은 최종목적지까지의 운송에는 한계가 있기 때문에 피시백(fishy back) 복합운송서비스를 제공한다.
② 트럭운송은 혼적화물운송(LTL: Less than Truckload)상태의 화물도 긴급 수송이 가능하고 단거리 운송에도 경제적이다.

③ 다른 수송형태에 비해 철도운송은 상대적으로 도착시간을 보증할 수 있는 정도가 높다.

④ 항공운송은 고객이 원하는 지점까지의 운송을 위해 버디백(birdy back) 복합운송 서비스를 활용할 수 있다.

⑤ COFC는 철도의 유개화차 위에 컨테이너를 싣고 수송하는 방식이다.

 TOFC(Trailer on Flat Car) : 컨테이너를 적재한 Trailer를 Roll On Roll Off 방식으로 화차에 상·하차하는 방식으로 선로 끝부분에 설치된 램프를 통해 적재 및 하역(피기패커를 이용할 수도 있음)
COFC(Container on Flat Car) : 화차 위에 컨테이너만 싣는 방식으로 지게 차, Transfer Crane, Reach Stacker 등으로 상·하차

04 ROI에 대한 내용으로 옳지 않은 것은?

① 투자에 대한 이익률이다.

② 순자본(소유주의 자본, 주주의 자본 혹은 수권자본)에 대한 순이익의 비율이다.

③ ROI가 높으면 제품재고에 대한 투자가 총이익을 잘 달성했다는 의미이다.

④ ROI가 낮으면 자산의 과잉투자 등으로 인해 사업이 성공적이지 못하다는 의미이다.

⑤ ROI가 높으면 효과적인 레버리지 기회를 활용했다는 의미로도 해석된다.

 투자자본수익률(投資資本收益率, return on investment)은 투자자의 어떤 자원 투자로 인해 얻어진 이익 을 말한다. 높은 투자자본수익률은 투자가 투자비용 대비 좋은 성과를 낸다는 뜻이다. ROI가 높으면 자본 에 대한 투자가 총이익을 잘 달성했다는 의미이다.

05 아래 글상자는 포장설계의 방법 중 집합포장에 대한 설명이다. ㉠과 ㉡에서 설명하는 용어로 가장 옳은 것은?

> ㉠ 수축 필름의 열수축력을 이용하여 팔레트와 그 위에 적재된 포장화물을 집합포장하는 방법
> ㉡ 주로 생선, 식품, 청과물 등을 1개 또는 복수로 트레이에 올려 그 주위를 끌어당기면서 엷은 필름으로 덮어 포장하는 방법

① ㉠ 밴드결속,   ㉡ 테이핑

② ㉠ 테이핑,   ㉡ 슬리브

③ ㉠ 쉬링크,   ㉡ 스트레치

④ ㉠ 꺽쇠·물림쇠,   ㉡ 골판지상자

⑤ ㉠ 접착,   ㉡ 슬리브

 슈링크포장-열수축성 플라스틱 필름을 팔레트화물에 씌우고 슈링크터널을 통과시킬때 가열하여 필름을 수축시켜서 팔레트와 밀착시키는 방식이다.물이나 먼지도 막아내기 때문에 우천시의 하역이나 야적보관 도 가능하게된다. 스트레치포장-스트레치포장기를 사용하여 플라스틱필름을 화물에 감아서 움직이지 않 게 하는 방법으로 슈링크방식과는 달리 열처리를 행하지 않고 통기성은 없다.비교적 비용이 높은 것이 단 점이며 사용되는 팔레트는 부착하는 것이 바람직하다

06 도·소매 물류를 7R을 활용하여 효과적으로 관리하는 방법에 대한 설명으로 가장 옳지 않은 것은?

① 적절한 품질의 제품을 적시에 제공해야 한다.
② 최고의 제품을 저렴한 가격으로 제공해야 한다.
③ 좋은 인상으로 원하는 장소에 제공해야 한다.
④ 적정한 제품을 적절한 양으로 제공해야 한다.
⑤ 적시에 원하는 장소에 제공해야 한다.

 7R's원칙은 적절한 상품(Right commodity)을 적절한 품질(Right quality)로서 적절한 양(Right quantity)만큼, 적절한 시기(Right time)에, 적절한 장소에(Right place), 적절한 인상(Right impression)을 주면서 적절한 가격(Right price)으로 거래처에 전달하는 것을 소기의 목적으로 하고 있다. 여기에서 '적절한'이란 고객이 요구하는 서비스수준을 의미한다.

07 기업이 외부조달을 하거나 외주를 주는 이유로 옳지 않은 것은?

① 비용 상의 이점
② 불충분한 생산능력 보유
③ 리드타임, 수송, 창고비 등에 대한 높은 통제가능성
④ 전문성 결여로 인한 생산 불가능
⑤ 구매부품의 품질측면의 우수성

 리드타임, 수송, 창고비 등에 대한 높은 통제가능성이 있으면 자가 관리가 적합하다.

08 인적자원관리에 관련된 능력주의와 연공주의를 비교한 설명으로 옳지 않은 것은?

구분	능력주의	연공주의
㉠ 승진기준	직무중심(직무능력기준)	사람중심(신분중심)
㉡ 승진요소	성과, 업적, 직무수행능력 등	연력, 경력, 근속년수, 학력 등
㉢ 승진제도	직계승진제도	연공승진제도
㉣ 경영내적요인	일반적으로 전문직종의 보편화 (절대적은 아님)	일반적으로 일반직종의 보편화 (절대적은 아님)
㉤ 특성	승진관리의 안정성/ 객관적 기준 확보 가능	승진관리의 불안정/ 능력평가의 객관성 확보가 힘듦

① ㉠   ② ㉡   ③ ㉢   ④ ㉣   ⑤ ㉤

 인적자원관리(HRM)는 훈련이나 교육을 통해 채용의 부족한 판단이나 좀 더 효율적이고 능률적인 인간으로의 전환을 목적으로 삼을 수밖에 없는 것이다. ㉤의 내용은 서로가 반대의 상황이다.

09 포트폴리오 투자이론에 관련된 설명으로 옳지 않은 것은?

① 포트폴리오란 투자자들에 의해 보유되는 주식, 채권 등과 같은 자산들의 그룹을 말한다.
② 포트폴리오 수익률은 개별자산의 수익률에 투자비율을 곱하여 모두 합한 값이다.
③ 포트폴리오 가중치는 포트폴리오의 총 가치 중 특정자산에 투자된 비율을 말한다.
④ 체계적 위험은 주식을 발행한 각 기업의 경영능력, 발전가능성, 수익성 등의 변동가능성으로 개별주식에만 발생하는 위험이다.
⑤ 비체계적 위험은 분산투자로 어느 정도 제거가 가능한 위험이다.

 주식을 발행한 각 기업의 경영능력, 발전가능성, 수익성 등의 변동가능성으로 개별주식에만 발생하는 위험을 비체계적 위험(Unsystematic or Residual Risk)이라한다.

10 조직 내에서 이루어지는 공식, 비공식적인 의사소통의 유형과 그 설명이 가장 옳지 않은 것은?

① 개선보고서와 같은 상향식 의사소통은 하위계층에서 상위계층으로 이루어진다.
② 태스크포스(task force)와 같은 하향식 의사소통은 전통적 방식의 소통이다.
③ 다른 부서의 동일 직급 동료 간의 정보교환은 수평식의사소통이다.
④ 인사부서의 부장과 품질보증팀의 대리 간의 의사소통은 대각선 방식의 의사소통이다.
⑤ 비공식 의사소통 채널의 예로 그레이프바인(grapevine)이 있다.

특정한 계획이나 긴급을 요구하는 문제 처리에 있어 프로젝트팀(project team)이라든가 태스크포스(task force)라 불리는 임시적조직이 있다.

11 아래의 글상자에서 설명하고 있는 동기부여전략으로 옳은 것은?

> ○ 자신의 업무와 관련된 목표를 상사와 협의하여 설정하고 그 과정과 결과를 정기적으로 피드백한다.
> ○ 구체적인 목표가 동기를 자극하여 성과를 증진시킨다.
> ○ 목표가 완성되었을 경우 상사와 함께 평가하여 다음 번 목표 설정에 활용한다.

① 목표관리이론　　　　　② 직무충실화이론
③ 직무특성이론　　　　　④ 유연근로제
⑤ 기대이론

② 직무충실화이론 : 직무성과가 직무수행에 따른 경제적 보상보다도 개개인의 심리적 만족에 달려 있다는 전제하에 직무수행 내용과 환경를 재설계하려는 방법이다.
③ 직무특성이론 : 직무특성이론은 직무의 특성이 직무수행자의 성장욕구수준에 부합할 때, 직무가 그/그녀에게 보다 큰 의미와 책임감을 주게 되므로 동기유발측면에서 긍정적인 성과를 낳게 된다고 주장하는 동기부여이론이다.
④ 유연근로제 : 유연근무제(Purple job)는 종업원 자신이 선택에 따라 근무시간·근무환경을 조절할 수 있는 제도를 말한다. 종업원은 근무시간 등을 스스로 선택할 수 있음으로 근무 중 생산성이 증가할 수 있다.

⑤ 기대이론 : 기대이론은 다른말로 가치 이론이라고도 한다. 브룸의 기대이론을 보면 특정행동과 보상 간의 관계에 있어서 그 행동이 보상을 가지고 올 것을 확실하게 기대할 수 있는 상황, 또 그 행동이 가지고 올 보상이 얼마나 매력적인지에 따라서 개인은 특정행동에 대해 동기부여될 수 있다고 설명하는 이론이다.

12 유통경로 상에서 기업이 현재 차지하고 있는 위치의 다음 단계를 차지하고 있는 경로구성원을 자본적으로 통합하는 경영전략을 설명하는 용어로 옳은 것은?

① 규모의 경제   ② 분업의 원칙
③ 변동비 우위의 법칙   ④ 범위의 경제
⑤ 집중화 전략

> 범위의 경제(Economies of scope)란 하나의 기업이 2가지 이상의 제품을 함께 생산할 경우, 2가지를 각각 따로 생산하는 경우보다 생산비용이 적게 드는 현상이다.

13 유통경영 전략계획 수립에 대한 설명으로 가장 옳지 않은 것은?

① 기업수준의 전략계획수립은 조직의 목표 및 역량과 변화하는 마케팅 기회 간의 전략적 적합성을 개발·유지하는 과정을 말한다.
② 기업수준의 전략계획수립은 기업 내에서 이루어지는 다른 모든 계획수립의 근간이 된다.
③ 기업수준의 전략계획수립과정은 기업전반의 목적과 사명을 정의하는 것으로 시작된다.
④ 기업수준의 전략계획이 실현될 수 있도록 마케팅 및 기타 부서들은 구체적 실행계획을 수립한다.
⑤ 기업수준의 전략계획은 기능별 경영전략과 사업수준별 경영전략을 수립한 후 전략적 일관성에 맞게 수립해야 한다.

> 유통기업의 전략은 기업수준의 전략과 사업부수준의 전략으로 구분할 수 있는데, 기 업이 다각화되지 않았다면 사업부수준의 전략은 필요 없다.

14 유통경로에서 발생하는 각종 현상에 관한 설명으로 가장 옳지 않은 내용은?

① 유통경로의 같은 단계에 있는 경로구성원 간의 경쟁을 수평적 경쟁이라고 한다.
② 제조업자는 수직적 마케팅 시스템을 통해 도소매상의 판매자료를 공유함으로써 효율적 재고관리, 경로전반의 조정개선 등의 이점을 얻을 수 있다.
③ 가전제품도매상과 대규모로 소매상에 공급하는 가전제조업자와의 경쟁은 업태 간 경쟁이다.

④ 이미지, 목표고객, 서비스 등 기업전략의 유사성 때문에 수평적 경쟁이 생기는 경우도 많다.

⑤ 유통기업은 수직적 경쟁을 회피하기 위해 전방통합, 후방통합을 시도하기도 한다.

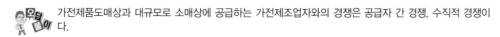 가전제품도매상과 대규모로 소매상에 공급하는 가전제조업자와의 경쟁은 공급자 간 경쟁, 수직적 경쟁이다.

15 기업의 과업환경에 속하지 않는 것은?

① 경쟁기업　　　　　　② 고객
③ 규제기관　　　　　　④ 협력업자
⑤ 인구통계학적 특성

 거시환경(Macro environment)은 1차 과업환경과 2차 과업환경에 영향을 미치는 사회, 경제, 정치, 법률적, 기술, 인구통계적, 환경 등을 말한다.

16 기업의 이해관계자별 주요 관심사에 관한 설명으로 옳지 않은 것은?

구분	이해관계자	이해관계자의 관심사
㉠	기업주/경영자	기업평판, 경쟁력
㉡	종업원	임금과 근무조건, 복리후생제도, 채용관행과 승진제도
㉢	노동조합	허위정보, 과대광고, 폭리, 유해상품
㉣	소비자/고객	제품의 안전성, 적정가격, 서비스수준과 품질보장
㉤	유통업체/거래처	입찰과 납품 시 합법적 행위, 대금결제의 합법성

① ㉠　　　　② ㉡　　　　③ ㉢　　　　④ ㉣　　　　⑤ ㉤

 노동조합의 관심은 노조에 가입이 된 노동자들의 이해에 관심이 많다.

17 청소년보호법(법률 제17761호, 2020.12.29., 타법개정) 상, 청소년유해약물에 포함되지 않는 것은?

① 주류　　　　　　② 담배　　　　　　③ 마약류
④ 고 카페인 탄산음료　　　⑤ 환각물질

 주류, 담배, 마약류, 환각물질 등이며, 그밖에 중추신경에 작용하여 습관성, 중독성, 내성 등을 유발하여 인체에 유해작용을 미칠 수 있는 약물 등 다음의 기준에 따라 관계 기관의 의견을 들어 청소년보호위원회가 결정하고 여성가족부장관이 이를 고시한 것, 청소년의 정신기능에 영향을 미쳐 판단력 장애 등 일시적 또는 영구적 정신장애를 초래할 수 있는 약물일 것, 청소년의 신체기능에 영향을 미쳐 정상적인 신체발육에 장애를 초래할 수 있는 약물일 것, 습관성, 중독성, 내성(耐性) 또는 금단증상 등을 유발함으로써 청소년의 정상적인 심신발달에 장애를 초래할 수 있는 약물일 것이다.

18 '재고를 어느 구성원이 가지는가에 따라 유통경로가 만들어 진다'라고 하는 유통경로 결정 이론과 관련한 내용으로 옳지 않은 것은?

① 중간상이 재고의 보유를 연기하여 제조업자가 재고를 가진다.
② 유통경로의 가장 최후시점까지 제품을 완성품으로 만들거나 소유하는 것을 미룬다.
③ 자전거 제조업자가 완성품 조립을 미루다가 주문이 들어오면 조립하여 중간상에게 유통시킨다.
④ 특수산업용 기계 제조업자는 주문을 받지 않는 한 생산을 미룬다.
⑤ 다른 유통경로 구성원이 비용우위를 갖는 기능은 위양하고 자신이 더 비용우위를 갖는 일은 직접 수행한다.

> 다른 유통경로 구성원이 비용우위를 갖는 기능은 위양하고 자신이 더 비용우위를 갖는 일은 직접 수행한다는 이론은 '기능위양이론'에 해당한다.

19 상인 도매상은 수행기능의 범위에 따라 크게 완전기능 도매상과 한정기능도매상으로 구분한다. 완전기능도매상에 해당되는 것으로 옳은 것은?

① 현금으로 거래하며 수송서비스를 제공하지 않는 현금무배달도매상
② 제품에 대한 소유권을 가지고 제조업자로부터 제품을 취득하여 소매상에게 직송하는 직송도매상
③ 우편을 통해 주문을 접수하여 제품을 배달해주는 우편주문도매상
④ 서로 관련이 있는 몇 가지 제품을 동시에 취급하는 한정 상품도매상
⑤ 트럭에 제품을 싣고 이동판매하는 트럭도매상

> 서로 연관되어 있는 소수의 상품라인을 집중적으로 취급하는 도매상을 말한다.

20 소비자기본법(법률 제17290호, 2020.5.19., 타법개정) 상, 소비자중심경영의 인증 내용으로 옳지 않은 것은?

① 소비자중심경영인증의 유효기간은 그 인증을 받은 날 부터 1년으로 한다.
② 소비자중심경영인증을 받은 사업자는 대통령령으로 정하는 바에 따라 그 인증의

표시를 할 수 있다.

③ 소비자중심경영인증을 받으려는 사업자는 대통령령으로 정하는 바에 따라 공정거래위원회에 신청하여야 한다.

④ 공정거래위원회는 소비자중심경영인증을 신청하는 사업자에 대하여 대통령령으로 정하는 바에 따라 그 인증의 심사에 소요되는 비용을 부담하게 할 수 있다.

⑤ 공정거래위원회는 소비자중심경영을 활성화하기 위하여 대통령령으로 정하는 바에 따라 소비자중심경영인증을 받은 기업에 대하여 포상 또는 지원 등을 할 수 있다.

오답풀이 소비자중심경영인증의 유효기간은 그 인증을 받은 날 부터 2년으로 한다.

21 최근 국내외 유통산업의 발전상황과 트렌드로 옳지 않은 것은?

① 제품설계, 제조, 판매, 유통 등 일련의 과정을 늘려 거대한 조직을 만들어 복잡한 가치사슬을 유지하고 높은 재고비용을 필요로 하는 가치사슬이 중요해졌다.

② 소비자의 구매 패턴 등을 담은 빅데이터를 기반으로 생산과 유통에 대한 의사결정이 이루어지고 있다.

③ 글로벌 유통기업들은 무인점포를 만들고, 시범적으로 드론 배송서비스를 시작하였다.

④ 디지털 기술 및 다양한 기술이 융합됨에 따라 온라인 플랫폼을 통하여 개인화된 제품으로 변화된 소비자선호에 대응할 수 있게 되었다.

⑤ VR/AR 등을 이용한 가상 스토어에서 물건을 살 수 있다.

오답풀이 가치사슬(value chain)상 공급사슬관리는 상품의 적정재고관리와 점포로의 적시공급체계 구축을 통해 재고를 감축하고 품절을 예방함으로써, 재고비용절감과 품절로 인한 기회비용손실을 예방할 수 있다.

22 중간상이 행하는 각종 분류기능 중 ㉠과 ㉡에 들어갈 용어로 옳은 것은?

> – (㉠)은/는 생산자들에 의해 공급된 이질적인 제품들을 크기, 품질, 색깔 등을 기준으로 동질적인 집단으로 나누는 기능을 의미한다.
> – (㉡)은/는 동질적인 제품을 소규모 단위로 나누는 기능을 의미한다.

① ㉠수합(accumulation), ㉡등급(sort out)
② ㉠등급(sort out), ㉡분배(allocation)
③ ㉠분배(allocation), ㉡구색(assortment)
④ ㉠구색(assortment), ㉡수합(accumulation)
⑤ ㉠수합(accumulation), ㉡분배(allocation)

① 분류(sorting out) : 생산과정에서 다양한 공급원으로부터 제공된 이질적 제품들을 상대적으로 동질적 집단으로 구분하는 것을 말한다. 즉, 이질적인 생산물을 동질적인 단위로 나누는 과정을 말한다.
② 구색(assortment) : 상호 연관성이 있는 제품들로 일정한 구색을 갖추어 함께 취급하는 것을 말하는데 즉, 이질적인 것이 모두 다시 모이는 단계를 말한다. 하지만, 반드시 이런 뜻만 있는 것은 아니라는 것을 알아야 한다.
③ 수합(accumulation) : 다양한 공급원으로부터 소규모로 제공되는 동질적 제품을 한 곳에 모아 대규모 공급이 가능하게 만드는 것을 말한다.
④ 분배(allocation) : 수합된 동질적 제품들을 구매자가 원하는 소규모단위로 나누는 것 을 말한다.

23 유통산업의 개념 및 경제적 역할에 대한 설명으로 가장 옳지 않은 것은?

① 유통산업이란 도매상, 소매상, 물적 유통기관 등과 같이 유통기능을 수행·지원하는 유통기구들의 집합을 의미한다.
② 우리나라의 경우 1960년대 이후 주로 유통산업 부문중심의 성장을 이루었으나, 1980년대 이후에는 제조업의 육성과 활성화가 중요 과제가 되었다.
③ 유통산업은 국민경제 및 서비스산업 발전에 파급효과가 크고 성장잠재력이 높은 고부가가치 산업으로 평가되고 있다.
④ 유통산업은 경제적으로 일자리 창출에 크게 기여하고 있는 산업이며 서비스산업 발전에도 중요한 역할을 하고 있다.
⑤ 유통산업은 모바일 쇼핑과 같은 신업태의 등장, 유통단계의 축소 등의 유통구조의 개선으로 상품거래비용과 소매가격하락을 통해 물가안정에도 기여하고 있다.

우리나라의 경우 1960년대 이후 주로 제조업 부문중심의 성장을 이루었으나, 1980년대 이후에는 유통산업의 육성과 활성화가 중요 과제가 되었다.

24 마이클 포터(Michael Porter)의 산업구조분석모형(5-forces model)에 대한 설명으로 옳지 않은 것은?

① 공급자의 교섭력이 높아질수록 시장 매력도는 높아진다.
② 대체재의 유용성은 대체재가 기존 제품의 가치를 얼마나 상쇄할 수 있는지에 따라 결정된다.
③ 교섭력이 큰 구매자의 압력으로 인해 자사의 수익성이 낮아질 수 있다.
④ 진입장벽의 강화는 신규 진입자의 진입을 방해하는 요소가 된다.
⑤ 경쟁기업간의 동질성이 높을수록 암묵적인 담합가능성이 높아진다.

포터의 산업구조 모형에 의하면 산업내 경쟁이 낮을수록, 진입장벽이 높을수록, 공 급자의 교섭력이 낮을수록, 구매자의 교섭력이 낮을수록, 대체재의 위협이 낮을수록 해당산업의 수익률이 높아진다.

25 중간상의 사회적 존재 타당성에 대한 설명 중 그 성격이 다른 하나는?

① 제조업은 고정비가 차지하는 비율이 변동비보다 크다.
② 제조업자가 중간상과 거래하여 사회적 총 거래수가 감소한다.
③ 유통업은 고정비보다 변동비의 비율이 높다.
④ 중간상이 배제되고 제조업이 유통의 역할을 통합하는 것이 비용측면에서 이점이 크지 않다.
⑤ 제조업체가 변동비를 중간상과 분담함으로써 비용면에서 경쟁 우위를 차지할 수 있다.

 중간상 필요원칙 중에서 총거래수 최소의 원칙을 말하는 것이며 나머지는 비용측면의 내용을 말한다.

제2과목 **상권 분석(26~45)**

26 소매점 개점을 위한 투자계획에 관한 설명으로 가장 옳지 않은 것은?

① 투자계획은 개점계획을 자금계획과 손익계획으로 계수화한 것이다.
② 자금계획은 자금조달계획과 자금운영계획으로 구성된다.
③ 손익계획은 수익계획과 비용계획으로 구성된다.
④ 자금계획은 투자활동 현금흐름표, 손익계획은 연도별손익계산서로 요약할 수 있다.
⑤ 물가변동이 심하면 경상가격 대신 불변가격을 적용하여 화폐가치 변동을 반영한다.

 자금계획은 회사의 경영전략과 사업계획을 바탕으로 자금수지를 예측하고 국내외 금융시장의 여건을 분석하는 업무이다.

---

27 아래 글상자 속의 설명에 해당하는 상업입지로서 가장 옳은 것은?

> 주로 지방 중소도시의 중심부에 형성되는 커뮤니티형상점가이다. 실용적인 준선매품 소매점 및 가족형 음식점들이 상점가를 형성하며, 대부분의 생활기능을 충족시킨다.

① 거점형 상업입지　　　　　② 광역형 상업입지
③ 지역중심형 상업입지　　　④ 지구중심형 상업입지
⑤ 근린형 상업입지

 이문제는 정답이 ④번인데 시행기관은 ③으로 했고, 항의결과 복수답안 ③, ④이다.

28 점포를 개점할 때 고려해야할 전략적 사항에 대한 설명으로 옳지 않은 것은?

① 점포는 단순히 하나의 물리적 시설이 아니고 소비자들의 생활과 직결되며, 라이프스타일에도 영향을 미친다.

② 상권의 범위가 넓어져서 규모의 경제를 유발할 수 있기 때문에, 점포의 규모는 클수록 유리하다.

③ 점포개설로 인해 인접 주민 또는 소비자단체의 민원제기나 저항이 일어나지 않도록 사전에 대비하여야 한다.

④ 취급하는 상품의 종류에 따라 소비자의 이동거리에 대한 저항감이 다르기 때문에 상권의 범위가 달라진다.

⑤ 경쟁관계에 있는 다른 점포의 규모나 위치를 충분히 검토하여야 한다.

 상권의 범위가 넓다고 규모의 경제를 유발하지는 않는다. 점포의 규모는 클수록 넓은 상권의 범위를 가지지만 반드시 유리하다고 할 수는 없다.

29 상권설정이 필요한 이유로 가장 옳지 않은 것은?

① 지역내 고객의 특성을 파악하여 상품구색과 촉진의 방향을 설정하기 위해

② 잠재수요를 파악하기 위해

③ 구체적인 입지계획을 수립하기 위해

④ 점포의 접근성과 가시성을 높이기 위해

⑤ 업종선택 및 업태개발의 기본 방향을 확인하기 위해

 점포의 접근성과 가시성을 높이기 위함은 입지적인 측면과 밀접하다.

30 현재 "상가건물 임대차보호법"(법률 제17471호, 2020.7. 31., 일부개정) 등 관련 법규에서 규정하고 있는 상가임대료의 인상률 상한(청구당시의 차임 또는 보증금 기준)으로 옳은 것은?

① 3%   ② 4%   ③ 5%   ④ 7%   ⑤ 9%

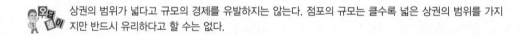

제11조(차임 등의 증감청구권)
① 차임 또는 보증금이 임차건물에 관한 조세, 공과금, 그 밖의 부담의 증감이나 「감염병의 예방 및 관리에 관한 법률」 제1급감염병 등에 의한 경제사정의 변동으로 인하여 상당하지 아니하게 된 경우에는 당사자는 장래의 차임 또는 보증금에 대하여 증감을 청구할 수 있다. 그러나 증액의 경우에는 대통령령으로 정하는 기준(차임 또는 보증금의 증액청구는 청구당시의 차임 또는 보증금의 100분의 5의 금액을 초과하지 못한다)에 따른 비율을 초과하지 못한다.
② 증액 청구는 임대차계약 또는 약정한 차임 등의 증액이 있은 후 1년 이내에는 하지 못한다.

31 입지후보지에 대한 예상 매출금액을 계량적으로 추정하기 위한 상권분석기법이 아닌 것으로만 짝지어진 것은?

① 유사점포법(analog method), 허프모델(Huff model)
② 허프모델(Huff model), 체크리스트법(Checklist method)
③ 티센다각형(Thiessen polygon)모형, 체크리스트법(Checklist method)
④ 회귀분석(regression analysis)모형, 허프모델(Huff model)
⑤ 다항로짓모델(multinomial logit model), 유사점포법(analog method)

 티센다각형(Thiessen polygon)모형 : 근접구역법인 최근접상가 선택가설에 근거하여 상권을 설정하며, 상권에 대한 기술적이고 예측적인 도구로 사용될 수 있다. 시설간 경쟁정도를 쉽게 파악할 수 있으며, 하나의 상권을 하나의 매장에만 독점적으로 할당하는 방법이다.
체크리스트법(Checklist method) : 상권의 규모에 영향을 미치는 요인들을 점검하여 상권을 측정한 다. 상권의 규모에 영향을 미치는 다양한 요인들을 수집하여 이들에 대한 목록을 작 성하고 각각에 대한 평가를 통해 시장 잠재력과 상권의 구조를 예측하는 방법이다.

32 소매점의 입지와 상권에 대한 설명으로 가장 옳은 것은?

① 입지 평가에는 점포의 층수, 주차장, 교통망, 주변 거주인구 등을 이용하고, 상권 평가에는 점포의 면적, 주변 유동인구, 경쟁점포의 수 등의 항목을 활용한다.
② 입지는 점포를 이용하는 소비자들이 분포하는 공간적 범위 또는 점포의 매출이 발생하는 지역 범위를 의미한다.
③ 상권은 점포를 경영하기 위해 선택한 장소 또는 그 장소의 부지와 점포 주변의 위치적 조건을 의미한다.
④ 입지를 강화한다는 것은 점포가 더 유리한 조건을 갖출 수 있도록 점포의 속성들을 개선하는 것을 의미한다.
⑤ 입지는 일정한 공간적 범위(boundary)로 표현되고 상권은 일정한 위치를 나타내는 주소나 좌표를 가지는 점(point)으로 표시된다.

 ① 상권 평가에는 점포의 층수, 주차장, 교통망, 주변 거주인구 등을 이용하고, 입지 평가에는 점포의 면적, 주변 유동인구, 경쟁점포의 수 등의 항목을 활용한다.
② 상권은 점포를 이용하는 소비자들이 분포하는 공간적 범위 또는 점포의 매출이 발생하는 지역 범위를 의미한다.
③ 입지는 점포를 경영하기 위해 선택한 장소 또는 그 장소의 부지와 점포 주변의 위치적 조건을 의미한다.
④ 입지를 강화한다는 것은 점포가 더 유리한 조건을 갖출 수 있도록 점포의 속성들을 개선하는 것을 의미한다.
⑤ 상권은 일정한 공간적 범위(boundary)로 표현되고 입지는 일정한 위치를 나타내는 주소나 좌표를 가지는 점(point)으로 표시된다.

33 시계성 관점에서 상대적으로 좋은 입지에 대한 설명으로 가장 옳지 않은 것은?

① 차량 이용보다는 도보의 경우에 더 먼 거리에서부터 인식할 수 있게 해야 한다.

② 간판은 눈에 띄기 쉬운 크기와 색상을 갖춰야 한다.

③ 건물 전체가 눈에 띄는 것이 효과적이다.

④ 교외형인 경우 인터체인지, 대형 교차로 등을 기점으로 시계성을 판단한다.

⑤ 주차장의 진입로를 눈에 띄게 하는 것도 중요하다.

 차량 이용의 경우에 더 먼 거리에서부터 인식할 수 있게 해야 한다.

34 지도작성체계와 데이터베이스관리체계의 결합으로 상권분석의 유용한 도구가 되고 있는 지리정보시스템(GIS)의 기능에 대한 설명으로 옳은 것은?

① 버퍼(buffer) - 지도상에서 데이터를 조회하여 표현하고, 특정 공간기준을 만족시키는 지도를 얻기 위해 조회도구로써 지도를 사용하는 것이다.

② 주제도(thematic map) 작성 - 속성정보를 요약하여 표현한 지도를 작성하는 것이며, 면, 선, 점의 형상으로 구성된다.

③ 위상 - 지리적인 형상을 표현한 지도상에 데이터의 값과 범위를 할당하여 지도를 확대·축소하는 등의 기능이다.

④ 데이터 및 공간조회 - 어떤 지도형상, 즉 점이나 선 혹은 면으로부터 특정한 거리 이내에 포함되는 영역을 의미하며, 면의 형태로 나타나 상권 혹은 영향권을 표현하는데 사용될 수 있다.

⑤ 프레젠테이션 지도작업 - 공간적으로 동일한 경계선을 가진 두 지도 레이어들에 대해 하나의 레이어에 다른 레이어를 겹쳐 놓고 지도 형상과 속성들을 비교하는 기능이다.

 ① 버퍼(buffer) : 지도 주변의 거리의 단위나 시간을 나타내는 구역이다. 버퍼는 근접 분석에 유용하다. 버퍼는 물체의 일부를 따른 모든 노드에서 특성한 최대 거리를 갖는 점들의 집합에 의해 결정된 경계 영역으로 정의되는 영역이다.

③ 위상 : 네트워킹 구조내에서의 네트워크 노드와 미디어의 물리적 구성이다. 어떤 지도형상, 즉 점이나 선 혹은 면으로부터 특정한 거리 이내에 포함되는 영역을 의미하며, 면의 형태로 나타나 상권 혹은 영향권을 표현하는데 사용될 수 있다.

④ 데이터 및 공간조회 - 지도상에서 데이터를 조회하여 표현하고, 특정 공간기준을 만족시키는 지도를 얻기 위해 조회도구로써 지도를 사용하는 것이다.

⑤ 프레젠테이션 지도작업 - 어떤 지도형상, 즉 점이나 선 혹은 면으로부터 특정한 거리 이내에 포함되는 영역을 의미하며, 면의 형태로 나타나 상권 혹은 영향권을 표현하는데 사용될 수 있다.

35 동일하거나 유사한 업종은 서로 멀리 떨어져 있는 것보다 가까이 모여 있는 것이 고객을 유인할 수 있다는 입지평가의 원칙으로 옳은 것은?

① 보충가능성의 원칙
② 점포밀집의 원칙
③ 동반유인의 원칙
④ 고객차단의 원칙
⑤ 접근 가능성의 원칙.

 ① 보충가능성의 원칙 : 유사하거나 상호보완적인 제품, 또는 관계를 가지고 있는 점포 가 인접해 있으면 고객을 공유할 가능성이 높아져 고객을 유인할 수 있다는 점을 설명하는 개념이다.
② 점포밀집의 원칙(principle of store congestion) : 동일상권 내에 동일한 업종이 서로 한곳에 모여 입지하여야 유리하다는 원칙이지만 유사한 점포와 보완점포가 너무 많이 모여 있어서 교통 혼잡과 같은 문제가 발생할 수 있다.
④ 고객차단원칙(principle of interception) : 경쟁점포의 출점으로 기존고객의 내점율이 감소하게 된다.
⑤ 접근가능성의 원칙(principle of approach possibility) : 입지대안을 평가하기 위한 어떤 원칙으로 고객의 입장에서 점포를 방문하는 심리적, 물리적 특성과 관련된 원칙이다. 지리적으로 인접해 있거나 교통이 편리하다든지, 점포이용이 시간적으로 편리하다든지 하면 입지의 매력도가 높아진다.

36 한 도시 내 상권들의 계층성에 대한 설명으로 가장 옳지 않은 것은?

① 지역상권은 보통 복수의 지구상권을 포함한다.
② 지역상권은 대체로 도시의 행정구역과 일치하기도 한다.
③ 일반적으로 점포상권은 점포가 입지한 지구의 상권보다 크지 않다.
④ 같은 지구 안의 점포들은 특성이 달라도 상권은 거의 일치한다.
⑤ 지방 중소도시의 지역상권은 도시 중심부의 지구상권과 거의 일치한다.

 같은 지구 안의 점포들은 특성이 다르면 상권도 다르게 된다. 점포상권의 규모를 보면 전문품을 취급하는 점포의 상권은 선매품을 취급하는 점포 의 상권보다 크고, 선매품을 취급하는 점포의 상권은 편의품을 판매하는 점포의 상권보다 크다.

37 페터(R. M. Petter)의 공간균배의 원리에 대한 내용으로 가장 옳지 않은 것은?

① 경쟁점포들 사이의 상권분배 결과를 설명한다.
② 상권 내 소비자의 동질성과 균질분포를 가정한다.
③ 상권이 넓을수록 경쟁점포들은 분산 입지한다.
④ 수요의 교통비 탄력성이 클수록 경쟁점포들은 집중 입지한다.
⑤ 수요의 교통비 탄력성이 0(영)이면 호텔링(H. Hotelling)모형의 예측결과가 나타난다.

 수요의 교통비 탄력성이 적을수록 경쟁점포들은 집중 입지한다.

38 상권분석은 지역분석과 부지분석으로 나누어진다. 다음 중 지역분석의 분석항목 만으로 구성된 것은?

① 기후 · 지형 · 경관, 용도지역 · 용적률, 기존 건물의 적합성, 금융 및 조세 여건
② 인구변화 추세, 기후 · 지형 · 경관, 도로망 · 철도망, 금융 및 조세 여건
③ 용도지역 · 용적률, 기존 건물의 적합성, 인구변화 추세, 도로망 · 철도망
④ 인구변화 추세, 민원발생의 소지, 토지의 지형 · 지질 · 배수, 금융 및 조세 여건
⑤ 민원발생의 소지, 용도지역 · 용적률, 도로망 · 철도망, 공익설비 및 상하수도

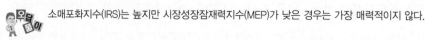
지역분석(regional analysis)은 지역의 다양한 항목들을 말한다. 즉, 인구변화 추세, 기후 · 지형 · 경관, 도로망 · 철도망, 금융 및 조세 여건 등을 분석하는 것을 말한다.

39 지역시장의 매력도를 분석할 때 소매포화지수(IRS)와 시장성장잠재력지수(MEP)를 활용할 수 있다. 입지후보가 되는 지역시장의 성장가능성은 낮지만, 시장의 포화정도가 낮아 기존 점포간의 경쟁이 치열하지 않은 경우로서 가장 옳은 것은?

① 소매포화지수(IRS)와 시장성장잠재력지수(MEP)가 모두 높은 경우
② 소매포화지수(IRS)는 높지만 시장성장잠재력지수(MEP)가 낮은 경우
③ 소매포화지수(IRS)는 낮지만 시장성장잠재력지수(MEP)가 높은 경우
④ 소매포화지수(IRS)와 시장성장잠재력지수(MEP)가 모두 낮은 경우
⑤ 소매포화지수(IRS)와 시장성장잠재력지수(MEP)만으로는 판단할 수 없다.

소매포화지수(IRS)는 높지만 시장성장잠재력지수(MEP)가 낮은 경우는 가장 매력적이지 않다.

40 일반적인 백화점의 입지와 소매전략에 관한 설명으로 가장 옳지 않은 것은?

① 입지조건에 따라 도심백화점, 터미널백화점, 쇼핑센터 등으로 구분할 수 있다.
② 대상 지역의 주요산업, 인근지역 소비자의 소비행태 등을 분석해야 한다.
③ 선호하는 브랜드를 찾아다니면서 이용하는 소비자가 존재함을 인지해야 한다.
④ 상품 구색의 종합화를 통한 원스톱 쇼핑보다 한 품목에 집중해야 한다.
⑤ 집객력이 높은 층을 고려한 매장 배치나 차별화가 중요하다.

한 품목에 집중해야 한다는 것은 전문점의 입지 전략과 같다.

41 업종형태와 상권과의 관계에 대한 아래의 내용 중에서 옳지 않은 것은?

① 동일 업종이라 하더라도 점포의 규모나 품목의 구성에 따라 상권의 범위가 달라진다.
② 선매품을 취급하는 소매점포는 보다 상위의 소매 중심지나 상점가에 입지하여 넓은 범위의 상권을 가져야 한다.
③ 전문품을 취급하는 점포의 경우 고객이 지역적으로 밀집되어 있으므로 상권의 밀도는 높고 범위는 좁은 특성을 갖고 있다.
④ 상권의 범위가 넓을 때는, 상품품목 구성의 폭과 깊이를 크게 하고 다목적구매와 비교구매가 용이하게 하는 업종/업태의 선택이 필요하다.
⑤ 생필품의 경우 소비자의 구매거리가 짧고 편리한 장소에서 구매하려 함으로 이런 상품을 취급하는 업태는 주택지에 근접한 입지를 취하는 것이 좋다.

 전문품을 취급하는 점포의 경우 상권의 밀도는 좁고 범위는 넓은 특성을 갖고 있다.

42 상권 조사 및 분석에 관한 설명으로서 가장 옳지 않은 것은?

① 유추법을 활용해 신규점포의 수요를 예측할 수 있다.
② 고객스포팅기법(CST)을 활용하여 상권의 범위를 파악 할 수 있다.
③ 이용가능한 정보와 상권분석 결과의 정확성은 역U자 (즉, ∩)형 관계를 갖는다.
④ 동일한 결론을 얻는데 적용한 분석기법이 다양할수록 분석결과의 신뢰도가 높다.
⑤ 회귀분석을 통해 복수의 변수들 각각이 점포 수요에 미치는 영향을 추정할 수 있다.

 이용가능한 정보와 상권분석 결과의 정확성은 일자형 관계를 갖는다.

43 쇼핑센터의 공간구성요소들 중에서 교차하는 통로를 연결하며 원형의 광장, 전이공간, 이벤트 장소가 되는 것은?

① 통로(path)　　　　② 결절점(node)
③ 지표(landmark)　　④ 구역(district)
⑤ 에지(edge)

 ① 통로(path) : 고객들의 이동경로를 말한다.
③ 지표(landmark) : 특정지역의 구성품목이나 상품을 나타내는 표식을 말한다.
④ 구역(district) : 특정상품을 판매하는 구역을 말한다.
⑤ 에지(edge) : 판매대의 구석이나 모서리를 말한다.

44 크리스탈러(Christaller)의 중심지이론과 관련된 설명으로 가장 옳지 않은 것은?

① 중심지란 배후지의 거주자들에게 재화와 서비스를 제공하는 상업기능이 밀집된 장소를 말한다.

② 배후지란 중심지에 의해 서비스를 제공받는 주변지역으로서 구매력이 균등하게 분포하고 끝이 없이 동질적인 평지라고 가정한다.

③ 중심지기능의 최대도달거리(도달범위)는 중심지에서 제공되는 상품의 가격과 소비자가 그것을 구입하는 데 드는 교통비에 의해 결정된다.

④ 도달범위란 중심지 활동이 제공되는 공간적 한계를 말하는데 중심지로부터 어느 재화에 대한 수요가 0이 되는 곳까지의 거리를 의미한다.

⑤ 상업중심지의 정상이윤 확보에 필요한 최소한의 수요를 발생시키는 상권범위를 최대수요 충족거리라고 한다.

 상업중심지의 정상이윤 확보에 필요한 최소한의 수요를 발생시키는 상권범위를 최소수요 충족거리(the threshold size)라고 한다.

45 빅 데이터의 유용성이 가장 높은 상권분석의 영역으로 가장 옳은 것은?

① 경쟁점포의 파악　　　　② 상권범위의 설정
③ 상권규모의 추정　　　　④ 고객맞춤형 전략의 수립
⑤ 점포입지의 적합성 평가

 빅 데이터(big data)란 기존 데이터베이스 관리도구의 능력을 넘어서는 대량(수십 테라바이트)의 정형 또는 심지어 데이터베이스 형태가 아닌 비정형의 데이터 집합조차 포함한 데이터로부터 가치를 추출하고 결과를 분석하는 기술이다. 이를 통해 고객맞춤형 전략을 수립할 수 있다.

제3과목　유통 마케팅(46~70)

46 유통마케팅 성과 평가에 대한 설명으로 가장 옳지 않은 것은?

① 유통마케팅 성과측정 방법은 크게 재무적 방법과 마케팅적 방법으로 나눌 수 있다.

② 재무적 방법은 회계 데이터를 기초로 성과를 측정한다.

③ 마케팅적 방법은 주로 고객들로부터 수집된 데이터를 이용하여 성과를 측정한다.

④ 마케팅적 방법은 과거의 성과를 보여주지 못하지만 미래를 예측할 수 있다는 장점이 있다.

⑤ 재무적 방법과 마케팅적 방법을 상호보완적으로 활용하여 측정하는 것이 효과적이다.

마케팅적 방법도 과거의 성과를 보여주며, 이를 통해 미래를 예측할 수 있다는 장점이 있다.

47 아래 글상자의 상황에서 A사가 선택할 수 있는 분석방법으로 가장 옳은 것은?

> 공기청정기를 판매하는 A사는 다양한 판매촉진을 통해 매출부진에서 벗어나고자 한다.
> 가격인하와 할인쿠폰행사 그리고 경품행사가 매출향상에 효과적인가를 판단하기 위해 각 판촉방법
> 당 5개 지점의 자료를 표본으로 선정하여 판촉유형이 매출에 미치는 효과여부에 관한 조사를 실시
> 하기로 했다.

① 요인분석(factor analysis)
② 회귀분석(regression analysis)
③ 다차원척도법(MDS, Multi-Dimensional Scaling)
④ 표적집단면접법(FGI, Focus Group Interview)
⑤ 분산분석(ANOVA, analysis of variance)

 ① 요인분석(factor analysis) : 다수의 변수들이 있을 때 변수 간 상관관계를 이용하여 변수의 숫자를 처리
하기 쉬운 수준으로 줄이기 위하여 사용하는 분석기법이다.
② 회귀분석(regression analysis) : 회귀분석이란 '주어진 데이터를 가장 잘 나타낼 수 있는 수식을 찾아
내는 방법'이라고 정의하며, 회귀모형을 통해 점포 특성, 상권 내 경쟁 수준 등 다양한 변수들이 점 포
성과에 미치는 상대적 영향을 측정할 수 있다.
③ 다차원척도법(MDS, Multi-Dimensional Scaling) : 경쟁상품들의 포지셔닝맵을 작성하는데 주로 사용된
다. 유사성 자료 또는 근접성 자료를 공간적 거리로 시각화한다.
④ 표적집단면접법(FGI, Focus Group Interview) : 동질의 소수 응답자 집단을 대상으로 특정한 주제에 대
하여 자유롭게 토론하는 가운데 필요한 정보를 찾아 나가는 방법으로, 일반적인 조사에서 가장 많이
사용되는 탐색조사 방법 중의 하나이다.

48 촉진믹스에 대한 설명으로 옳지 않은 것은?

① 광고는 커뮤니케이션을 위한 직접적인 비용을 지불한다는 점에서 홍보(publicity)와 구분된다.
② 인적판매는 소비자 유형별로 개별화된 정보를 전달할 수 있다.
③ 인적판매의 경우 대체로 타 촉진믹스에 비해 고비용이 발생한다.
④ 판매촉진의 주된 목적은 제품에 대한 체계적이고 설득력 있는 정보를 제공하는 것이다.
⑤ 광고는 제품 또는 서비스 정보의 비대면적 전달방식이다.

 판매촉진(Sales promotion)은 최종고객이나 경로상의 다른 고객에 의해 관심, 사용(trial), 구매를 자극하는
촉진활동을 말한다. 이는 소비자, 중간상, 기업자신의 종업원을 겨냥한 것이다. 다른 촉진 수단인 광고,
홍보, 인적 판매 등과 비교하여 판매촉진은 보통 빠르게 시행되고 더 빠르게 결과를 얻게 된다.

49 아래 글상자는 로열티(고객충성도)의 유형을 설명하고 있다. ㉠, ㉡, ㉢에 들어갈 용어를 순서대로 나열한 것으로 옳은 것은?

> – (㉠) : 그냥 예전부터 하던 대로 습관화되어 반복적으로 특정 제품을 구매하는 경우
> – (㉡) : 반복구매 정도는 낮지만 호감의 정도는 높아 다소의 노력을 기울여서라도 특정 제품이나 브랜드를 구입하는 경우
> – (㉢) : 특정 제품에 대한 애착과 호감의 수준이 높고 반복구매가 빈번하게 발생하며 때로 긍정적 구전을 하는 경우
> – 비로열티(no loyalty) : 어떤 차선책을 찾을 수 없어 특정제품을 반복적으로 선택하는 경우

① ㉠ 잠재적 로열티, ㉡ 초우량 로열티, ㉢ 타성적 로열티
② ㉠ 초우량 로열티, ㉡ 타성적 로열티, ㉢ 잠재적 로열티
③ ㉠ 타성적 로열티, ㉡ 잠재적 로열티, ㉢ 초우량 로열티
④ ㉠ 잠재적 로열티, ㉡ 타성적 로열티, ㉢ 초우량 로열티
⑤ ㉠ 초우량 로열티, ㉡ 잠재적 로열티, ㉢ 타성적 로열티

 문제는 로열티(고객충성도)의 유형을 설명하고 있으며, 순서대로 타성적 로열티, 잠재적 로열티, 초우량 로열티의 내용이다.

50 고객서비스에 대한 설명으로 가장 옳지 않은 것은?

① 고객서비스는 고객에게 만족스러운 쇼핑경험을 제공하기 위해 소매업체가 수행하는 일련의 활동과 프로그램을 의미한다.
② 고객서비스는 소비자들이 구매한 상품에서 느낄 수 있는 가치를 증진시킨다.
③ 소매업체는 보다 많은 단기적 이익을 추구하려는 전술적 관점에서 고객서비스를 제공한다.
④ 좋은 고객서비스는 경쟁사가 모방하기 어렵고 고객들이 점포를 다시 찾게 만드는 전략적 이점을 제공한다.
⑤ 훌륭한 고객서비스 제공을 통해 점포들은 상품을 차별화하고 고객충성도를 구축하며 지속가능한 경쟁우위를 확보하려고 한다.

소매업체는 장기적 이익을 추구하려는 전술적 관점에서 고객서비스를 제공해야 한다.

51 판매원의 고객서비스와 판매업무 활동에 대한 설명으로 가장 옳지 않은 것은?

① 판매원의 판매업무 활동은 고객에게 상품에 대한 효용을 설명함으로써 구매결정을 내리도록 설득하는 것을 의미한다.

② 개별 소비자의 구매 성향에 맞게 고객서비스를 조정하는 고객화 접근법(customization)은 최소화된 비용으로 고객을 설득 시킬 수 있는 직접적 판매활동이다.

③ 전체 고객집단에 대하여 동일한 고객서비스를 제공하는 것을 표준화 접근법(standardization)이라 한다.

④ 판매업무 활동의 마지막 단계는 고객의 니즈에 부합하면서 판매가 만족스럽게 이루어지도록 하는 판매종결(closing)기능이다.

⑤ 고객으로부터 얻은 정보를 기업에게 전달하는 역할도 판매업무 활동의 하나이다.

 개별 소비자의 구매 성향에 맞게 고객서비스를 조정하는 고객화 접근법(customization)은 최소화된 비용으로 고객을 설득 시킬 수 있는 간접적 판매활동이다. 세계적인 미래학자 앨빈 토플러 박사는 한 강연에서 "단순히 좋은 제품을 싼 가격에 만들어 팔던 제조 마인드의 시대는 갔다. 소비자들의 니즈가 매우 빠르게 고급화, 다양화함에 따라 지금까지의 대량 소비 시대는 가고 맞춤 소비 시대가 올 것이다. 이러한 변화의 흐름을 잘 파악해서 철저하게 고객에 니즈를 충족시킬 수 있는 기업만이 비로소 경쟁의 대열에 성공할 것이다" 라고이야기 했다.

52 성공적인 고객관계관리(CRM)의 도입과 실행을 위해 고려해야 할 사항으로 옳지 않은 것은?

① 고객을 중심으로 모든 거래 데이터를 통합해야 한다.

② 고객의 정의와 고객그룹별 관리방침을 수립해야 한다.

③ 고객관계관리는 전략적 차원이 아닌 단순 정보기술 수준에서 활용해야 한다.

④ 고객 분석에 필요한 고객의 상세정보를 수집해야 한다.

⑤ 고객 분석결과를 활용할 수 있도록 제반 업무절차를 정립하고 시행해야 한다.

 고객관계관리는 전략적 차원으로 장기적인 측면에서 활용해야 한다.

53 고객관계관리(CRM)에 기반한 마케팅활동으로 가장 옳지 않은 것은?

① 비용을 최소화할 수 있는 고객확보 활동

② 고객과의 신뢰를 쌓아가는 전략적 마케팅 활동

③ 수익성 높은 고객의 분류 및 표적화 마케팅

④ 중간상을 배제한 고객과의 직접적 · 개별적 커뮤니케이션

⑤ 교차판매와 상향판매의 기회 증대 및 활용

 CRM은 중간상을 배제한다고 할 수 없으며 고객과의 직접적 · 개별적 커뮤니케이션을 강화하는 전략이라고 할 수 있다.

54 아래 글상자 ㉠, ㉡, ㉢에 들어갈 용어로 옳은 것은?

> 일반적으로 소비자는 어떤 상품을 살 때, 과거 경험이나 기억, 외부에서 들어온 정보 등에 의해 특정 가격을 떠올리게 되는데 이를 (㉠)이라 한다. 또한, 소비자마다 최하 얼마 이상 최고 얼마 미만의 가격이라면 사겠다고 생각하는 범위가 존재하는데 이를 (㉡)이라 한다. 그러나 항상 이렇게 합리적인 방식으로 가격에 반응하지는 않는다. 소비자는 디자이너 명품 의류나 주류, 시계와 같은 제품에 대해서는 가격을 품질이나 지위의 상징으로 여기는 경우가 있다. 따라서 소비자가 지불가능한 가장 높은 가격을 유지하는 전략을 (㉢) 전략 이라 한다.

① ㉠ 준거가격, ㉡ 할증가격, ㉢ 수요점화가격수준
② ㉠ 준거가격, ㉡ 명성가격, ㉢ 할증가격
③ ㉠ 준거가격, ㉡ 명성가격, ㉢ 수요점화가격수준
④ ㉠ 준거가격, ㉡ 수요점화가격수준, ㉢ 명성가격
⑤ ㉠ 할증가격, ㉡ 준거가격, ㉢ 수요점화가격수준

 가격정책의 문제로 ④이 정답이다.

55 아래 글상자 보기 중 머천다이저(MD)가 상품을 싸게 구매할 수 있는 일반적인 상황을 모두 고른 것은?

> ㉠ 주문을 많이 하는 경우
> ㉡ 반품 없이 모두 직매입하는 경우
> ㉢ 현찰로 물품대금을 지불하는 경우
> ㉣ 경쟁업체들이 취급하지 못하는 제조업체 제품(NB)들을 매입하는 경우

① ㉠, ㉡   ② ㉠, ㉢   ③ ㉠, ㉣
④ ㉠, ㉡, ㉢   ⑤ ㉠, ㉡, ㉢, ㉣

 ㉣ 경쟁업체들이 취급하지 못하는 제조업체 제품(NB)들을 매입하는 경우는 오히려 비싸게 매입을 해야 한다.

56 다음 중 머천다이징(merchandising)을 뜻하는 의미로 가장 옳은 것은?

① 상품화계획   ② 상품구매계획
③ 재고관리계획   ④ 판매활동계획
⑤ 물류활동계획

 상품화계획 또는 제품화계획이라는 이름이 가장 기본적이다.

57 제품구색의 변화에 초점을 맞춘 소매업태이론으로서, 소매상은 제품구색이 넓은 소매업태에서 전문화된 좁은 구색의 소매업태로 변화되었다가 다시 넓은 구색의 소매업태로 변화되어 간다고 설명하는 이론으로 가장 옳은 것은?

① 소매수명주기이론　　　　　　　② 소매변증법이론
③ 소매아코디언이론　　　　　　　④ 소매차륜이론
⑤ 소매진공이론

 소매업 아코디언 이론(Retail Accordion Theory) : 종합상품계열을 가진 유통기관은 한정된 상품계열을 가지는 기관에 대체되고, 다 시 종합상품계열을 가진 기관에 대체되는 과정이 순환적으로 반복된다. 가격파괴 할인점에 이어 한정된 상품 계열을 가지는 카테고리 킬러가 등장하고, 다시 슈퍼센터나 파워센터처럼 종합상품계열을 갖춘 업태가 번갈아 가며 등장한다.

58 아래 글상자에서 수직적 경쟁과 관련하여 옳은 내용만을 모두 나열한 것은?

> ㉠ 유통경로상의 서로 다른 경로 수준에 위치한 경로 구성원간의 경쟁을 의미한다.
> ㉡ 유사한 상품을 판매하는 서로 상이한 형태의 소매업체간 경쟁을 뜻한다.
> ㉢ 자체상표(PB) 확산으로 발생하는 유통업체와 제조업체와의 경쟁도 수직적 경쟁에 포함된다.
> ㉣ 체인 간의 경쟁, 협동조합과 프랜차이즈 간의 경쟁도 수직적 경쟁에 포함된다.
> ㉤ 수직적 경쟁이 치열해질수록 횡적/수평적 관계로 경쟁을 완화하려는 욕구가 커진다.

① ㉠, ㉡, ㉢　　　　　② ㉡, ㉢, ㉤　　　　　③ ㉠, ㉢, ㉤
④ ㉡, ㉢, ㉣　　　　　⑤ ㉢, ㉣, ㉤

 ㉡ 유사한 상품을 판매하는 서로 상이한 형태의 소매업체간 경쟁을 뜻한다.
㉣ 체인 간의 경쟁, 협동조합과 프랜차이즈 간의 경쟁도 수직적 경쟁에 포함된다.
위 내용은 수평적경쟁의 내용이 된다.

59 다음 중 온 · 오프라인(O2O) 유통전략을 실행한 결과의 사례로서 가장 옳지 않은 것은?

① 온라인 몰을 통해서 구매한 식품을 근처 오프라인 매장에서 원하는 시간에 집으로 배송 받음
② 모바일 앱을 통해 영화 · TV프로그램 등의 콘텐츠를 구매하고 TV를 통해 시청함
③ PC나 모바일 앱으로 상품을 주문한 후 원하는 날짜 및 시간에 점포에 방문하여 픽업함
④ 온라인을 통해 구매한 제품에 대해 환불을 신청한 후 편의점을 통해 제품 반품함
⑤ 모바일 지갑 서비스를 통해 쿠폰을 다운받아 매장에서 결제할 때 사용함

모바일 앱을 통해 영화·TV프로그램 등의 콘텐츠를 구매하고 TV를 통해 시청함은 오프라인의 내용을 통할 필요가 없다.

60 최근 우리나라에서 찾아볼 수 있는 소매경영환경의 변화로 가장 옳지 않은 것은?

① 소비자의 편의성(convenience)추구 증대
② 중간상 상표의 매출 증대
③ 온라인채널의 비약적 성장
④ 하이테크(hi-tech)형 저가 소매업으로의 시장통합
⑤ 파워 리테일러(power retailer)의 영향력 증대

 하이터치(hi-touch)형 중고가 소매업으로의 시장통합을 추구하고 있다.

61 엔드진열(end cap display)에 대한 설명으로 가장 옳지 않은 것은?

① 진열된 상품의 소비자들에 대한 노출도가 높다.
② 소비자들을 점내로 회유시키는 동시에 일반 매대로 유인하는 역할을 한다.
③ 생활제안 및 계절행사 등을 통해 매력적인 점포라는 인식을 심어줄 수 있다.
④ 상품정돈을 하지 않으므로 작업시간이 절감되고 저렴한 특가품이라는 인상을 준다.
⑤ 고마진 상품진열대로서 활용하여 이익 및 매출을 높일 수 있다.

 엔드매대(end cap)는 매장의 중앙이나 통로 맨 끝에 배치된 매대를 말하며 주로 충동구매상품을 엔드매대에 많이 배치하며, 소매점에서는 특별 판촉제품들을 엔드 매대에 배치하는 경우가 많다.

62 중간상을 비롯한 유통경로 구성원들에게 제공하는 판매촉진 방법으로 옳지 않은 것은?

① 중간상 가격할인
② 협력광고
③ 판매원 교육
④ 지원금
⑤ 충성도 프로그램

 충성도 프로그램은 고객에 대한 전략이 된다.

63 레이아웃의 유형 중 격자형 점포배치(grid layout)가 갖는 상대적 특성으로 가장 옳지 않은 것은?

① 비용 대비 효율성이 매우 높다.
② 공간의 낭비를 크게 줄일 수 있다.
③ 심미적으로 가장 우수한 배열은 아니다.
④ 고객의 충동구매를 효과적으로 자극한다.
⑤ 같은 면적에 상대적으로 더 많은 상품을 진열할 수 있다.

 고객의 충동구매를 효과적으로 자극할 수 있는 것은 자유형이 유리하다.

64 아래 글상자에서 공통적으로 설명하는 가격전략은?

> ㉠ A대형마트에서는 비누와 로션 등을 3개씩 묶어서 판매함
> ㉡ 초고속인터넷과 IPTV를 따로 가입할 때보다 함께 가입하면 할인된 가격으로 제공

① 종속제품 가격전략(captive product pricing)
② 부산물 가격전략(by-product pricing)
③ 시장침투 가격전략(market-penetration pricing)
④ 묶음제품 가격전략(product-bundle pricing)
⑤ 제품라인 가격전략(product line pricing)

 묶은 가격전략은 칫솔과 치약과 같은 상품의 결합이라고 판단을 한다.

65 유통시장을 세분화할 때 세분화된 시장이 갖추어야 할 요건으로 가장 옳지 않은 것은?

① 세분화된 시장의 크기나 규모, 구매력의 정도가 측정 가능해야 함
② 세분시장별 수익성을 보장하기 위한 시장성이 충분해야 함
③ 마케팅 활동을 통해 세분화된 시장의 소비자에게 효과적으로 접근할 수 있어야 함
④ 자사가 세분화된 시장에서 높은 경쟁우위를 갖고 있어야 함
⑤ 세분시장별 효과적인 마케팅 믹스가 개발될 수 있어야 함

 자사가 세분화된 시장에서 높은 경쟁우위를 갖고 있다면 굳이 세분화 전략을 세울 필요가 없다.

66 점포구성에 대한 설명으로 가장 옳지 않은 것은?

① 점포는 상품을 판매하는 매장과 작업장, 창고 등의 후방으로 구성된다.

② 점포를 구성하는 방법, 배치 방법을 레이아웃이라 한다.

③ 점포 구성 시 고객의 주동선, 보조 동선, 순환동선 모두를 고려해야 한다.

④ 점포 레이아웃 안에서 상품을 그룹핑하여 진열 순서를 결정하는 것을 조닝(zoning)이라 한다.

⑤ 명확한 조닝 구성을 위해 외장 출입구 및 점두 간판의 설치 위치를 신중하게 결정해야 한다.

 외장 출입구 및 점두 간판의 설치 위치는 조닝의 내용과 관련이 없다.

67 다음 중 자체상표(private brand) 상품의 장점으로 가장 옳지 않은 것은?

① 다른 곳에서는 구매할 수 없는 상품이기 때문에 차별화된 상품화 가능

② 유통기업이 누릴 수 있는 마진폭을 상대적으로 높게 책정 가능

③ 유통단계를 축소시킴으로써 비교적 저렴한 가격으로 판매 가능

④ 유통기업이 전적으로 권한을 갖기 때문에 재고소요량, 상품회전율 등의 불확실성 제거 가능

⑤ 유사한 전국상표 상품 옆에 저렴한 자체상표 상품을 나란히 진열함으로써 판매촉진효과 획득 가능

 PB는 유통업자가 자체적으로 제품기획(product planning)을 하고 제조(위탁제조)하여 브랜드를 결정하는 것이다. 유통기업이 전적으로 권한을 갖지만 재고소요량, 상품회전율 등의 불확실성은 항상 존재한다.

68 아래 ㉠과 ㉡에 들어갈 성장전략으로 알맞게 짝지어진 것은?

	기존제품	신제품
기존시장	㉠	
신시장		㉡

① ㉠ 시장침투전략,   ㉡ 제품개발전략

② ㉠ 시장침투전략,   ㉡ 다각화전략

③ ㉠ 시장개발전략,   ㉡ 제품개발전략

④ ㉠ 시장개발전략,   ㉡ 다각화전략

⑤ ㉠ 수직적통합전략,   ㉡ 신제품전략

㉠ 시장침투전략 : 기존제품이나 기존소매서비스를 기존시장에 들어가는 내용으로 볼 수가 있는 것 으로 시장침투라 한다. 여러 성장전략 가운데서 혁신성이나 위험성이 가장 낮고 시간적으로도 가장 단기적인 성격의 성장전략이라고 볼 수 있다.
㉡ 다각화전략 : 신규제품이나 신규소매서비스를 신규시장에 들어가 매출을 증가시키는 전략의 일종으로 새로운 제품을 새로운 시장에 출시를 하기에 다각화전략이나 이업종진출 전략 이라는 용어로 사용한다.

69 다음 중 판매를 시도하기 위해 고객에게 다가가는 고객접근 기술로 가장 옳지 않은 것은?

① 고객에게 명함을 전달하며 공식적으로 접근하는 상품혜택 접근법
② 판매하고자 하는 상품을 고객에게 제시하며 주의와 관심을 환기시키는 상품 접근법
③ 고객의 관심과 흥미를 유발시켜 접근해 나가는 환기접근법
④ 고객에게 가치 있는 무언가를 무료로 제공하면서 접근하는 프리미엄 접근법
⑤ 이전에 구매한 상품에 대한 정보제공이나 조언을 해주며 접근하는 서비스 접근법

 고객에게 명함을 전달하며 공식적으로 접근하는 방법은 자신의 신분을 상대방에게 전하는 것이며 상품혜택 접근법은 판매를 함에 있어 적합한 방법이다.

70 다음 중 각 상품수명주기에 따른 관리전략을 연결한 것으로 옳지 않은 것은?

① 도입기 – 기본형태의 상품 출시
② 성장기 – 상품 확대, 서비스 향상
③ 성숙기 – 브랜드 및 모델의 통합, 품질보증의 도입
④ 쇠퇴기 – 경쟁력 없는 취약상품의 철수
⑤ 쇠퇴기 – 재활성화(reactivation)

 브랜드 및 모델의 통합은 성숙기의 내용이나 품질보증의 도입은 성장기의 내용이 된다.

제4과목 유통 정보(71~90)

71 아래 글상자에서 설명하는 기능으로 가장 옳은 것은?

> A사는 온라인과 오프라인 매장을 동시에 운영하는 코스메틱 유통회사이다. 따라서 창고 환경(온도, 습도 등)과 제품재고에 대한 실시간 상황 관리가 무엇보다 중요하다고 판단하였다. 창고관리시스템을 구축할 때, 실시간으로 창고환경과 물품별 재고현황 등을 한 화면에서 파악할 수 있도록 하였다.

① 시스템자원관리
② 주문처리집계
③ 항온항습센서
④ 재고관리통계
⑤ 대시보드

① 시스템자원관리 : 시스템을 바탕으로 자원을 관리하는 시스템을 말한다.
② 주문처리집계 : 특정 기간이나 일정의 주문을 모두 합한 내용을 말한다.
③ 항온항습센서 : 실내공기에 영향을 받는 각종 장비나 기기가 최상의 상태에서 작동될 수 있도록 공기 상태를 조절해 주는 다기능 공조 기기를 말하는 것이다.
④ 재고관리통계 : 재고의 모든 내용을 관리하고 통계의 내용이다.

72 4차 산업혁명 시대에는 다양한 인공지능 알고리즘을 활용해 혁신적인 유통 솔루션이 개발되고 있다. 유통솔루션 개발에 활용되는 다음의 알고리즘 중 딥러닝이 아닌 것은?

① CNN(Convolutional Neural Network)
② DBN(Deep Belief Network)
③ RNN(Recurrent Neural Network)
④ LSTM(Long Short-Term Memory)
⑤ GA(Genetic Algorithm)

유전 알고리즘(Genetic Algorithm)은 자연세계의 진화과정에 기초한 계산 모델로서 존 홀랜드(John Holland)에 의해서 1975년에 개발된 전역 최적화 기법으로, 최적화 문제를 해결하는 기법의 하나이다. 생물의 진화를 모방한 진화 연산의 대표적인 기법으로, 실제 진화의 과정에서 많은 부분을 차용(채용)하였으며, 변이(돌연변이), 교배 연산 등이 존재한다. 또한 세대, 인구 등의 용어도 문제 풀이 과정에서 사용된다.

73 전형적인 조직구조는 피라미드와 유사하며 조직 수준별로 의사결정, 문제해결, 기회포착에 요구되는 정보유형이 각기 다르다. 조직구조를 3계층으로 구분할 때, 다음 중 운영적 수준에서 이루어지는 의사결정과 관련된 정보 활용 사례로 가장 옳지 않은 것은?

① 병가를 낸 직원이 몇 명인가?

② 코로나19 이후 향후 3년에 걸친 고용수준 변화와 기업에 미치는 영향은?
③ 이번 달 온라인 쇼핑몰 구매자의 구매후기 건수는?
④ 지역별 오늘 배송해야 하는 주문 건수는?
⑤ 창고의 제품군별 재고 현황은?

 코로나19 이후 향후 3년에 걸친 고용수준 변화와 기업에 미치는 영향을 분석하고 의사 결정하는 것은 전략적인 내용이고, 나머지는 운영적인 내용이 된다.

74 전자상거래에서 거래되는 제품들의 가격인하 요인으로 가장 옳지 않은 것은?

① 신디케이트 판매
② 경쟁심화에 따른 가격유지의 어려움
③ 최저 가격 검색 가능
④ 인터넷 판매의 낮은 경비
⑤ 사이트의 시장점유율 우선의 가격 설정

신디케이트 판매는 몇 개의 기업이 연합하여 생산 할당이나 판매 따위를 독점적으로 행하는 조직이므로 오히려 가격을 올리는 효과가 있다.

75 아래 글상자의 (   )안에 들어갈 내용을 순서대로 나열한 것으로 가장 옳은 것은?

	자료	정보	지식
구조화	(㉠)	단위필요	(㉡)
부가가치	(㉢)	중간	(㉣)
객관성	(㉤)	가공필요	(㉥)
의사결정	관련 없음	객관적사용	주관적사용

① ㉠ 어려움, ㉡ 쉬움, ㉢ 적음, ㉣ 많음, ㉤ 객관적, ㉥ 주관적
② ㉠ 쉬움, ㉡ 어려움, ㉢ 적음, ㉣ 많음, ㉤ 객관적, ㉥ 주관적
③ ㉠ 어려움, ㉡ 쉬움, ㉢ 많음, ㉣ 적음, ㉤ 주관적, ㉥ 객관적
④ ㉠ 쉬움, ㉡ 어려움, ㉢ 많음, ㉣ 적음, ㉤ 주관적, ㉥ 객관적
⑤ ㉠ 어려움, ㉡ 쉬움, ㉢ 적음, ㉣ 많음, ㉤ 주관적, ㉥ 객관적

'지식'의 창출과정은 흔히 앨런 켄트로(Allen Kentro)의 '지식삼각형'(Knowledge Triangle)으로 설명된다. 이를 들여다보면 이러하다. 삼각형을 바닥에서부터 위로 삼등분 한다고 할 때 삼각형의 가장 바닥에는 '데이터'가 위치하며, 그 위에는 '데이터'의 가공물인 '정보'가 위치하고, 또 다시 그 위에는 '정보'의 가공물인 '지식'이 위치한다. 다시 말해 데이터를 부가성 있게 가공할 때 이로부터 정보가 도출되며, 항진적(亢進的)으로, 정보를 부가성 있게 가공할 때 이로부터 지식이 창출된다는 것이다. 문제의 정답은 ②의 내용이 적합하다.

76 A사는 기업활동에 관련된 내외부자료를 관리 영역별로 각기 수집·저장관리하고 있다. 관리되고 있는 자료를 한 곳에 모아 활용하기 위해서, 자료를 목적에 맞게 적당한 형태로 변환하거나 통합하는 과정을 거쳐야 한다. 수집된 자료를 표준화시키거나 변환하여 목표 저장소에 저장할 수 있도록 도와주는 기술로 가장 옳은 것은?

① ETL(Extract, Transform, Load)
② OLAP(Online Analytical Processing)
③ OLTP(Online Transaction Processing)
④ 정규화(Normalization)
⑤ 플레이크(Flake)

② OLAP(Online Analytical Processing) : 온라인 분석처리(OLAP : OnLine Analytical Processing)는 다차원으로 이루어진 데 이터로부터 통계적인 요약정보를 제공할 수 있는 기술이며, 데이터의 분석과 관리를 위해서 다차원 데이터를 모으고, 관리하고, 프로세싱하고, 표현하기 위한 응용 프로그 램 및 기술이다.
③ OLTP(Online Transaction Processing) : 온라인 거래처리(OLTP : OnLine Transaction Processing) 여러 과정(또는 연 산)이 하나의 단위 프로세스로 실행되도록 하는 프로세스를 말한다.
④ 정규화(Normalization) : 관계형 데이터베이스의 설계에서 중복을 최소화하게 데이터를 구조화하는 프로세스를 정규화(Normalization)라고 한다. 데이터베이스 정규화의 목표는 이상이 있는 관계를 재구성하여 작고 잘 조직된 관계를 생성하는 것에 있다. 일반적으로 정규화란 크고, 제대로 조직되지 않은 테이블들과 관계들을 작고 잘 조직된 테이블과 관계들로 나누는 것을 포함한다. 정규화의 목적은 하나의 테이블에서의 데이터의 삽입, 삭제, 변경이 정의된 관계들로 인하여 데이터베이스의 나머지 부분들로 전파되게 하는 것이다.
⑤ 플레이크(Flake) : 평평하고 불규칙적인 모양의 재료 조각.플레이크의 최대 크기가 표시되지만 각각의 크기는 크게 다를 수 있다.

77 아래 글상자의 ( )안에 공통적으로 들어갈 용어로 가장 옳은 것은?

> – ( )는 창의성을 가지고 있는 소비자를 의미하며, 미국의 미래학자 앨빈 토플러가 제3의 물결이라는 저서에서 제시한 용어이다.
> – ( )는 기업의 신상품 개발과 디자인, 판매 등의 활동에 적극적으로 개입하는 소비자를 의미한다.

① 파워 크리에이터(power creator)　　② 크리슈머(cresumer)
③ 얼리어답터(early adopter)　　④ 에고이스트(egoist)
⑤ 창의트레이너(kreativitaaa)

① 파워 크리에이터(power creator) : 인지도가 높거나 힘이 있는 개인 창작자를 말한다.
② 크리슈머(cresumer) : '창조적인 소비자'라는 뜻이다. 제품을 구매하고 자신의 취향에 따라 다양한 방식으로 사용하기도 하며, 새로운 가치를 발견하고 자신만의 이야기를 담아내는 소비자를 말한다.
③ 얼리어답터(early adopter) : 모든 것을 초기에 받아들이거나 소비하는 사람을 말한다.
④ 에고이스트(egoist) : 자기 본위의 사람. 자부심이 강한 사람을 말한다.
⑤ 창의트레이너(kreativitaaa) : 독일어 이지만 영어로는 Creative Trainer(창의트레이너)로 학생이나 근로자의 창의력 향상을 위해 교육 프로그램과 컨설팅을 제공하는 창의교육 전문가를 말한다.

78 GS1 표준 식별코드에 대한 설명으로 가장 옳지 않은 것은?

① 식별코드는 숫자나 문자(또는 둘의 조합)의 열로, 사람이나 사물을 식별하는데 활용

② 하나의 상품에 대한 GS1 표준 식별코드는 전 세계적으로 유일

③ A아이스크림(포도맛)에 오렌지맛을 신규상품으로 출시할 경우 고유 식별코드가 부여되어야 함

④ 상품의 체적정보 또는 총중량의 변화가 5% 이하인 경우 고유 식별코드를 부여하지 않음

⑤ 상품 홍보 또는 이벤트를 위해 특정기간을 정하여 판매하는 경우는 고유 식별코드를 부여하지 않음

 상품 홍보 또는 이벤트를 위해 특정기간을 정하여 판매하는 경우에도 고유 식별코드를 부여해야 한다. 상품의 체적정보 또는 총중량의 변화가 20% 이하인 경우, 기존 상품의 미미한 변화(경미한 디자인 변화, 경미한 색상 변화)인 즉, 기존 상품의 미미한 변화가 있는 경우 동일한 상품식별코드를 부여한다.

79 아래 글상자의 (   ) 안에 들어갈 용어로 가장 옳은 것은?

> e-CRM은 단 한 명의 고객까지 세분화하여 고객의 개별화된 특성을 파악하고 이들 고객에게 맞춤 서비스를 제공하는 데 목적을 두고 구현한다. 이를 위해 다양한 정보를 수집하고 분석하여 활용하는데, 고객이 인터넷을 서핑하면서 만들어 내는 고객의 ( )는 고객의 성향을 파악할 수 있는 훌륭한 정보가 된다.

① 웹 로그(Web log)

② 웹 서버(Web Server)

③ 웹 사이트(Web Site)

④ 웹 서비스(Web Service)

⑤ 웹 콘텐츠(Web Contents)

 ② 웹 서버(Web Server) : HTTP를 통해 웹 브라우저에서 요청하는 HTML 문서나 오브젝트(이미지 파일 등)을 전송해주는 서비스 프로그램을 말한다.
③ 웹 사이트(Web Site) : 인터넷 프로토콜 기반의 네트워크에서 도메인 이름이나 IP 주소, 루트 경로만으로 이루어진 일반 URL을 통하여 보이는 웹 페이지 (Web Page)들의 의미 있는 묶음이다.
④ 웹 서비스(Web Service) : 네트워크 상에서 서로 다른 종류의 컴퓨터들 간에 상호작용을 하기 위한 소프트웨어 시스템이다. 웹 서비스는 서비스 지향적 분산 컴퓨팅 기술의 일종이다.
⑤ 웹 콘텐츠(Web Contents) : 웹 사이트에서 사용자 경험의 일부로 나타나는 텍스트, 시각적 또는 청각적 콘텐츠로 여기에는 텍스트, 이미지, 사운드, 비디오 및 애니메이션이 포함된다.

80 전자상거래 용어에 대한 해설로 가장 옳은 것은?

① 온라인 쇼핑몰 − 컴퓨터 등과 정보통신 설비를 이용하여 재화 또는 용역을 거래할 수 있도록 설정된 가상의 영업장

② 모바일 앱 – 모바일 기기의 인터넷 기능을 통해 접속하는 각종 웹사이트 중 모바일 환경을 고려하여 설계된 모바일 전용 웹사이트

③ 모바일 웹 – 스마트폰, 스마트 패드 등 스마트 기기에 설치하여 사용할 수 있는 응용 프로그램

④ 종합몰 – 하나 혹은 주된 특정 카테고리의 상품군 만을 구성하여 운영하는 온라인 쇼핑몰

⑤ 전문몰 – 각종 상품군 카테고리를 다양하게 구성하여 여러 종류의 상품을 구매할 수 있는 온라인쇼핑몰

> ② 모바일 웹– 모바일 기기의 인터넷 기능을 통해 접속하는 각종 웹사이트 중 모바일 환경을 고려하여 설계된 모바일 전용 웹사이트
> ③ 모바일 앱 – 스마트폰, 스마트 패드 등 스마트 기기에 설치하여 사용할 수 있는 응용 프로그램
> ④ 전문몰 – 하나 혹은 주된 특정 카테고리의 상품군 만을 구성하여 운영하는 온라인쇼핑몰
> ⑤ 종합몰 – 각종 상품군 카테고리를 다양하게 구성하여 여러 종류의 상품을 구매할 수 있는 온라인쇼핑몰

81 유통업체에서 비즈니스 애널리틱스(analytics)의 유형에 대한 설명으로 가장 옳지 않은 것은?

① 리포트(reports)는 비즈니스에서 요구하는 정보를 포맷화하고, 조직화하기 위해 변환시켜 표현하는 것이다.

② 쿼리(queries)는 데이터베이스로부터 정보를 추출하는 주요 매커니즘이다.

③ 알림(alert)은 특정 사건이 발생했거나, 이를 관리자에게 인지시켜주는 자동화된 기능이다.

④ 대시보드(dashboards)는 데이터 분석결과에 대한 이용자 이해도를 높이기 위한 데이터 시각화 기술이다.

⑤ 스코어카드(scorecards)는 숨겨진 상관관계 및 트렌드를 발견하기 위해 대규모 데이터를 분석하는 통계적 분석이다.

> 비즈니스 애널리틱스(Business analytics, BA)는 웹사이트의 실적을 높이고 온라인 비즈니스의 성공을 돕는 효율적인 웹사이트 분석 도구의 솔루션이다. 스코어카드(scorecards)는 최적의 의사결정에 활용되는 모형의 하나로 예측력이 높은 변수 집합을 뽑아내고, 각 고객(개인) 속성에 따라 변수구간별 점수가 부여되어 그 합에 의해 최종 값이 산출된다.

82 수집된 지식을 컴퓨터와 의사결정자가 동시에 이해할 수 있는 형태로 표현하기 위해 갖추어야 할 조건으로 가장 옳지 않은 것은?

① 추론의 효율성   ② 저장의 복잡성

③ 표현의 정확성   ④ 지식획득의 용이성

⑤ 목적달성에 부합되는 구조

저장이 복잡해지면 오히려 의사결정자에게 도움이 안 된다.

83 아래 글상자에서 설명하는 인터넷 서비스의 종류로 가장 옳은 것은?

> 네트워크상의 시스템 사용자가 자기 시스템의 자원에 접속하는 것처럼 원격지에 있는 다른 시스템에 접속할 수 있게 지원하는 서비스이다. 세계 어느 지역의 컴퓨터든지 그 컴퓨터가 인터넷에 연결만 되어 있으면 일정한 조건 충족시 시간이나 공간의 제약 없이 접속할 수 있다.

① FTP(File Transfer Protocol)
② Gopher
③ Telnet
④ Usenet
⑤ E-Mail

 ① FTP(File Transfer Protocol) : TCP/IP 프로토콜을 가지고 서버와 클라이언트 사이의 파일 전송을 하기 위한 프로토콜이다.
② Gopher : 고퍼는 웹 서비스가 개발되기 이전까지는 인터넷의 가장 쉬운 인터페이스로 사용되었다. 고퍼는 정보의 내용을 주제별 또는 종류별로 구분하여 메뉴로 구성함으로써, 인터넷에 익숙하지 않은 사람도 쉽게 정보를 찾아볼 수 있게 만들었다. 또, 고퍼는 인터넷의 다른 기능들, 즉 원격접속(telnet), 파일전송(ftp), 뉴스(news)등의 기능을 고퍼 메뉴 속에서 실행할 수 있고, 고퍼 서버들끼리 서로 연결되어 있어서 여러 개의 고퍼 서버를 이동하면서 자신이 필요로 하는 정보를 쉽게 찾을 수 있다. 미국 미네소타 대학에서 1991년에 개발된 것으로, 고퍼란 이름은 미네소타주의 별명이 "고퍼"라는 데에서 유래되었다.
④ Usenet : 인터넷을 이루는 한가지로, 유저 네트워크의 준말인데, 주로 텍스트 형태의 기사들을 전 세계의 사용자들이 공개된 공간에서 주고받아 토론할 수 있게 고안된 분산 네트워크이다.
⑤ E-Mail : 전자 우편은 컴퓨터 통신망(주로 인터넷)을 통해 편지를 주고받을 수 있는 시스템과 해당 편지를 일컫는다. 마이크로소프트에서는 전자 메일(electronic mail)이라는 용어를 사용한다.

84 RFID 도입에 따른 제조업자 측면에서의 이점으로 가장 옳지 않은 것은?

① 재고 가시성
② 노동 효율성
③ 제품 추적성
④ 주문 사이클 타임의 증가
⑤ 제조자원 이용률의 향상

 주문 사이클 타임의 감소

85 아래 글상자에서 공통적으로 설명하는 개념으로 가장 옳은 것은?

- 공급사슬 네트워크의 복잡성을 설명하는 개념으로, 공급사슬 네트워크의 특정한 부분에서 하나의 이벤트가 발생하면, 공급사슬 네트워크의 다른 부분에서 예측하지 못했던 문제가 발생한다는 것을 설명해 준다.
- 공급사슬 혼동 현상을 설명해주는 용어로, 아마존 강 유역 어딘가에서 나비가 날개를 펄럭이면, 수천 마일 떨어진 곳에서 허리케인이 만들어 질 수 있다는 개념이다.

① 파레토의 법칙(Pareto's principle)
② 기하급수 기술(exponential technology)
③ 메트칼프의 법칙(Law of Metcalfe)
④ 규모의 경제(economy of scale)
⑤ 나비효과(butterfly effect)

① 파레토의 법칙(Pareto's principle) : 전체 결과의 80%가 전체 원인의 20%에서 일어나는 현상'을 가리킨다. 예를 들어, 20%의 고객이 백화점 전체 매출의 80%에 해당하는 만큼 쇼핑하는 현상을 설명할 때 이 용어를 사용한다. 2 대 8 법칙이라고도 한다.
② 기하급수 기술(exponential technology) : 기하급수적 성장곡선을 따르는 모든 기술, 즉 주기적으로 그 능력이 2배가 되는 모든 기술을 가리킨다. 한 개가 두 개로 되는 점진적 발전이 아니라 두 개가 네 개로, 네 개가 여덟 개로 발전하는 기술로, 컴퓨터 기술이 가장 대표적인 기하급수 기술이다.
③ 메트칼프의 법칙(Law of Metcalfe) : 네트워크의 규모가 커짐에 따라 그 비용은 직선적으로 증가하지만 네트워크의 가치는 기하급수적으로 증가한다는 법칙이다.
④ 규모의 경제(economy of scale) : 투입규모가 커질수록 장기평균비용이 줄어드는 현상을 말하며 생산량을 증가시킴에 따라 평균비용이 감소하는 현상을 의미한다. 규모의 이익이라고도 한다.

86 아래 글상자에서 설명하는 유통정보시스템으로 가장 옳은 것은?

미국의 패션 어패럴 산업에서 공급망에서의 상품 흐름을 개선하기 위하여 판매업체와 제조업체 사이에서 제품에 대한 정보를 공유함으로써, 제조업체는 보다 효과적으로 원재료를 충원하여 제조하고, 유통함으로써 효율적인 생산과 공급체인 재고량을 최소화시키려는 시스템이다.

① QR(Quick Response)
② ECR(Efficient Consumer Response)
③ VMI(Vendor Management Inventory)
④ CPFR(Collaborative Planning, Forecasting and Replenishment)
⑤ e-프로큐어먼트(e-Procurement)

② ECR(Efficient Consumer Response) : 1990년대 초 미국에서 슈퍼마켓들의 매출신장률 저조의 해결방안으로 도입되어 소비자 만족에 중점을 두고 공급사슬 효율을 극대화하기 위한 새로운 모델이다.
③ VMI(Vendor Management Inventory) : 공급자 재고관리(Vendor Managed Inventory)란 공급자인 제조업자나 도매업자 가 소매업재고관리를 소매업체를 대신해서 하는 것을 말한다. 소매업체는 유통업체나 제조업체에 판매와 재고에 관한 정보를 제공해야 하고 치밀하게 자동 보충 발주를 해야만 한다.

④ CPFR(Collaborative Planning, Forecasting and Replenishment) : CPFR(Collaborative Planning Forecasting and Replenishment)은 협업설계 예측 및 보충이라고 하며, 유통과 제조업체가 정보교환 협업을 통하여 유통총공급망(SCM)에서의 정보의 흐름을 가속화하여 재고 를 감소시키는 경영전략이자 기술이다. 공급자 입장에서는 주문횟수가 줄어드는 이점이 있다.

⑤ e-프로큐어먼트(e-Procurement) : 인터넷을 통해 기업의 구매 및 조달 문제를 처리함으로써 업무의 효율성과 상당 한 비용의 절감을 가져온 방법으로 전자구매 또는 전자조달이라고 한다.

87 아래 글상자의 괄호 안에 공통적으로 들어갈 용어로 가장 옳은 것은?

> ( )은(는) 시간 경과에 의해 질이 떨어지거나 소실될 우려가 있는 자료를 장기 보존하는 것이다. 전산화된 자료라 해도 원본자료는 고유성을 띠며, 손실시 대체가 불가능하다.
> ( ) 구축의 목적은 기록을 보존하는 것에서 나아가 다양한 기록정보 콘텐츠를 구축, 공유, 활용하기 위함이다.

① 디지털아카이브
② 전자문서교환
③ 크롤링
④ 클라우드저장소
⑤ 기기그리드

② 전자문서교환 : 전자문서교환(EDI)은 컴퓨터간의 직접적인 자료의 교환을 통해서 기업조직 간, 기업간에 서류를 전자적 으로 대체하는 시스템으로 어느기업과도 데이터를 교환할 수 있다.

③ 크롤링 : 데이터를 수집하고 분류하는 것을 의미하며, 주로 인터넷 상의 웹페이지(html, 문서 등)를 수집해서 분류하고 저장하는 것을 뜻한다.

④ 클라우드 저장소 : 사진, 동영상, 파일 등을 안전하게 보관하고 공유하는 장소이다.

⑤ 기기그리드 : 그리드 컴퓨팅(영어: grid computing)은 분산 병렬 컴퓨팅의 한 분야로서, 원거리 통신망(WAN, Wide Area Network)으로 연결된 서로 다른 기종의(heterogeneous) 컴퓨터들을 하나로 묶어 가상의 대용량 고성능 컴퓨터(영어: super virtual computer)를 구성하여 고도의 연산 작업(computation intensive jobs) 혹은 대용량 처리(data intensive jobs)를 수행하는 것을 일컫는다.

88 노나카의 SECI모델을 근거로 아래 글상자의 내용 중 외재화(externalization)의 사례를 모두 고른 것으로 가장 옳은 것은?

> ⊙ 실무를 통한 학습
> ⓒ 숙련된 기능공의 지식
> ⓒ 숙련된 기능공의 노하우의 문서화
> ⓔ 형식적 지식을 통합하는 논문 작성
> ⓜ 이전에 기록된 적이 없는 구체적 프로세스에 대한 매뉴얼 작성

① ㄱ, ㄴ   ② ㄴ, ㄹ   ③ ㄷ, ㅁ
④ ㄱ, ㄷ, ㅁ   ⑤ ㄴ, ㄹ, ㅁ

 표출화/외부화(Externalization)는 제품개발과정의 콘셉트 창출, 최고경영자의 생각을 언어화하는 일, 숙련 노하우의 언어화, 고객의 암묵적인 니즈를 표출하고 현재화시키는 일을 말한다. 암묵지를 형식지로 표현하는 과정을 외부화라 한다. 문제에서는 ⓒ, ⓜ의 내용이 여기에 해당된다.

89 e-비즈니스 모델별로 중점을 두어야할 e-CRM의 포인트에 관한 설명 중 가장 거리가 먼 것은?

① 서비스모델의 경우 서비스차별화나 서비스 이용 행태 정보제공을 고려한다.
② 상거래모델의 경우 유사커뮤니티에 대한 정보제공을 고려한다.
③ 정보제공모델의 경우 맞춤정보제공에 힘쓴다.
④ 커뮤니티 모델의 경우 회원관리도구 제공에 힘쓴다.
⑤ 복합모델의 경우 구성하는 개별모델에 적합한 요소를 찾아 적용시킨다.

 인터넷을 활용한 단일 통합채널을 통해서 고객과 접촉하며, 지역적 및 시간적 한계를 극복할 수 있는 고객관리방법이다. 상거래모델의 경우 유사커뮤니티에 대한 정보제공을 하지는 않는다.

90 POS 시스템에 대한 설명으로 가장 옳지 않은 것은?

① POS 시스템은 유통업체에서 소비자의 상품구매 과정에서 활용되는 판매관리 시스템이다.
② POS 시스템으로부터 얻은 데이터는 유통업체에서 판매전략 수립에 활용된다.
③ POS 시스템에서 바코드의 정보를 인식하는 스캐너(scanner)는 출력장치이다.
④ POS 시스템은 시간별, 주기별, 계절별 상품의 판매특성을 파악하는데 도움을 제공한다.
⑤ 제조업체는 유통업체로부터 협조를 얻어 POS 시스템으로부터 얻은 데이터를 공유할 수 있고, 이를 통해 제품 제조전략을 수립하는데 도움을 제공한다.

 POS 시스템에서 바코드의 정보를 인식하는 스캐너(scanner)는 입력장치이다.

정 답

01 ⑤	02 ④	03 ⑤	04 ③	05 ③	06 ②	07 ③	08 ⑤	09 ④	10 ②
11 ①	12 ④	13 ⑤	14 ③	15 ⑤	16 ③	17 ④	18 ⑤	19 ④	20 ①
21 ①	22 ②	23 ②	24 ①	25 ②	26 ④	27 ③,④	28 ②	29 ④	30 ③
31 ③	32 ④	33 ①	34 ②	35 ③	36 ④	37 ④	38 ②	39 ②	40 ④
41 ③	42 ③	43 ②	44 ⑤	45 ④	46 ④	47 ⑤	48 ④	49 ③	50 ③
51 ②	52 ③	53 ④	54 ④	55 ④	56 ①	57 ③	58 ③	59 ②	60 ④
61 ④	62 ⑤	63 ④	64 ④	65 ④	66 ⑤	67 ④	68 ②	69 ①	70 ③
71 ⑤	72 ⑤	73 ②	74 ①	75 ②	76 ①	77 ②	78 ⑤	79 ①	80 ①
81 ⑤	82 ②	83 ③	84 ④	85 ⑤	86 ①	87 ①	88 ③	89 ②	90 ③

부록 최근기출문제

2021. 05. 15 유통관리사 2급

제1과목 유통 · 물류 일반(01~25)

01 두 가지 이상의 운송 수단을 활용하는 복합운송의 결합형태 중 화물차량과 철도를 이용하는 시스템으로 옳은 것은?

① 버디백 시스템(Birdy Back System)
② 피기백 시스템(Piggy Back System)
③ 피시백 시스템(Fishy Back System)
④ 스카이쉽 시스템(Sky-Ship System)
⑤ 트레인쉽 시스템(Train-Ship System)

 2가지 이상의 서로다른 운송방식에 의하여 이행되며, 트럭과 철도의 결합(piggy-back)으로 정식명칭은 Trailer on Flat Car이고, 철도와 항공의 결합(birdy-back), 트럭과 선박의 결합(fish-back) 등이 있다.

02 아래 글상자 ㉠과 ㉡에서 공통적으로 설명하는 품질관리비용으로 옳은 것은?

> ㉠ 제품이 고객에게 인도되기 전에 품질요건에 충족하지 못함으로써 발생하는 비용
> ㉡ 재작업비용, 재검사비용, 불량부품으로 인한 생산 중단비용

① 예방비용(prevention costs)
② 평가비용(appraisal costs)
③ 내부실패비용(internal failure costs)
④ 외부실패비용(external failure costs)
⑤ 생산준비비용(setup costs)

 내부실패비용(internal failure costs)은 생산이후 제품이 고객에게 인도되기 전에 품질요건에 충족하지 못함으로써 발생하는 비용으로 제품이 고객에게 인도되기 전에 품질요건에 충족하지 못함으로써 발생하는 비용이라고 정의할 수 있다.

03 기업에서 사용할 수 있는 수직적 통합 전략의 장점과 단점에 대한 설명으로 가장 옳지 않은 것은?

① 조직의 규모가 지나치게 커질 수 있다.
② 관련된 각종 기능을 통제할 수 있다.
③ 경로를 통합하기 위해 막대한 비용이 필요할 수 있다.
④ 안정적인 원재료 공급효과를 누릴 수 있다.
⑤ 분업에 의한 전문화라는 경쟁우위효과를 누릴 수 있다.

분업에 의한 전문화라는 경쟁우위효과를 누릴 수 있다는 내용은 수평적인 관계에서 발생을 할 수 있다.

04 아래 글 상자 ㉠과 ㉡에서 설명하는 직무평가(job evaluation)방법으로 옳은 것은?

> ㉠ 직무가치나 난이도에 따라 사전에 여러 등급을 정하여 놓고 그에 맞는 등급으로 평가
> ㉡ 직무등급법이라고도 함

① 서열법(ranking method)
② 분류법(classification method)
③ 점수법(point method)
④ 요소비교법(factor comparison method)
⑤ 직무순환법(job rotation method)

 직무평가(Job Appraisal)는 직무의 중요도, 난이도, 위험도 등의 평가요소에 의해 직무의 상대적 가치를 평가하는 것을 말한다. 문제에서는 분류법(classification method)적인 내용을 말한다.

05 자본구조에 관련하여 타인자본 중 단기부채로 옳지 않은 것은?

① 지급어음   ② 외상매입금
③ 미지급금   ④ 예수금
⑤ 재평가적립금

 재평가적립금 자산재평가법에 의하여 기업이 고정자산의 재평가를 하였을 경우의 재평가 차액은 기업의 재무건전화를 위한 배당, 이익 등에의 대체를 금지하여 자본적립금으로서 유보하는 것이다. 재평가세의 납부, 재평가자산의 매각 손, 평가손익의 전보, 결손전보, 자본금 전입 이외에는 사용되어서는 안 된다.

06 재고관리관련 정량주문법과 정기주문법의 비교 설명으로 옳지 않은 것은?

구분	정량주문법	정기주문법
㉠ 표준화	표준부품을 주문할 경우	전용부품을 주문할 경우
㉡ 품목수	많아도 된다.	적을수록 좋다.
㉢ 주문량	고정되어야 좋다.	변경가능하다.
㉣ 주문시기	일정하지 않다.	일정하다.
㉤ 구매금액	상대적으로 고가물품에 사용	상대적으로 값싼 물품에 사용

① ㄱ   ② ㄴ   ③ ㄷ   ④ ㄹ   ⑤ ㅁ

상대적으로 고가물품에 사용은 정기주문법, 상대적으로 값싼 물품에 사용은 정량주문법의 내용이 된다.

07 Formal 조직과 Informal 조직의 특징비교 설명으로 옳지 않은 것은?

구분	Formal 조직	Informal 조직
ㄱ	의식적 • 이성적 • 합리적 • 논리적으로 편성	자연발생적 • 무의식적 • 비논리적으로 편성
ㄴ	공통목적을 가진 명확한 구조	공통목적이 없는 무형구조
ㄷ	외형적 • 제도적 조직	내면적 • 현실적 조직
ㄹ	불문적 • 자생적 조직	성문적 • 타의적 조직
ㅁ	위로부터의 조직	밑으로부터의 조직

① ㄱ   ② ㄴ   ③ ㄷ   ④ ㄹ   ⑤ ㅁ

불문적 · 자생적 조직은 비공식(Informal)조직이고, 성문적 · 타의적 조직은 공식(Formal)조직의 내용이 된다.

08 유통기업은 각종 전략이외에도 윤리적인 부분을 고려해야 하는데, 이러한 윤리와 관련된 설명으로 가장 옳지 않은 것은?

① 윤리적인 것은 나라마다, 산업마다 다를 수 있다.
② 윤리는 개인과 회사의 행동을 지배하는 원칙이라 할 수 있다.
③ 회사의 윤리 강령이라도 옳고 그름을 살펴서 판단해야 한다.
④ 윤리는 법과 달리 처벌시스템이 존재하지 않으므로 간과해도 문제가 되지 않는다.
⑤ 윤리적인 원칙은 시간의 흐름에 따라 변할 수도 있다.

윤리는 법과 달리 처벌시스템이 존재하지 않지만 사회를 지탱하는 보이지 않는 법이므로 간과해서는 안 된다.

09 아래 글상자 내용은 기업이 사용하는 경영혁신 기법에 대한 설명이다. (   )안에 들어갈 용어로 가장 옳은 것은?

( )(은)는 기업이 통합된 데이터에 기반해 재무, 생산소요계획, 인적자원, 주문충족 등을 시스템으로 구축하여 관리하는 것을 말한다. 이 기법은 전반적인 기업의 업무 프로세스를 통합·관리하여 정보를 공유함으로써 효율적인 업무처리가 가능하게 한다.

① 리엔지니어링   ② 아웃소싱
③ 식스시그마   ④ 전사적자원관리
⑤ 벤치마킹

 ERP(Enterprise Resource Planning: 전사적 자원 관리)는 다양한 비즈니스 분야에서 생산, 구매, 재고, 주문, 공급자와의 거래, 고객서비스 제 공 등 주요 프로세스 관리를 돕는 여러 모듈로 구성된 통합 솔루션으로서 표준업무 절차에 맞추어 기업업무를 최적화 및 통합 관리하는 기업통합 정보시스템이다.

10 제3자 물류가 제공하는 혜택으로 옳지 않은 것은?

① 여러 기업들의 독자적인 물류업무 수행으로 인한 중복투자 등 사회적 낭비를 방지할 뿐만 아니라 수탁업체들의 경쟁을 통해 물류효율을 향상시킬 수 있다.
② 유통 등 물류를 아웃소싱함으로써 리드타임의 증가와 비용의 절감을 통해 고객만족을 높여 기업의 가치를 높일 수 있다.
③ 기업들은 핵심부문에 집중하고 물류를 전문업체에 아웃소싱하여 규모의 경제 등 전문화 및 분업화 효과를 극대화할 수 있다.
④ 아웃소싱을 통해 제조·유통업체는 자본비용 및 인건비 등이 절감되고, 물류업체는 규모의 경제를 통해 화주기업의 비용을 절감해 준다.
⑤ 경쟁력 강화를 위해 IT 및 수송 등 전문업체의 네트워크를 활용하여 비용절감 및 고객서비스를 향상시킬 수 있다.

 유통 등 물류를 아웃소싱함으로써 리드타임의 감소와 비용의 절감을 통해 고객만족을 높여 기업의 가치를 높일 수 있다.

11 유통환경 분석의 범위를 거시환경과 미시환경으로 나누어볼 때 그 성격이 다른 하나는?

① 경제적 환경
② 정치, 법률적 환경
③ 시장의 경쟁 환경
④ 기술적 환경
⑤ 사회문화적 환경

 시장의 경쟁 환경은 미시환경의 내용이다.

12 아래 글상자 ㉠과 ㉡에서 설명하는 유통경로 경쟁으로 옳게 짝지어진 것은?

> ㉠ 동일한 경로수준 상의 서로 다른 유형을 가지는 기업들 간 경쟁
> ㉡ 하나의 마케팅 경로 안에서 서로 다른 수준의 구성원들 간 경쟁

① ㉠ 수직적 경쟁,   ㉡ 수평적 경쟁
② ㉠ 업태 간 경쟁,   ㉡ 수직적 경쟁
③ ㉠ 경로 간 경쟁,   ㉡ 수평적 경쟁
④ ㉠ 업태 간 경쟁,   ㉡ 경로 간 경쟁
⑤ ㉠ 수직적 경쟁,   ㉡ 경로 간 경쟁

 동일한 경로수준 상의 서로 다른 유형을 가지는 기업들 간 경쟁을 업태 간 경쟁이라 하며, 하나의 마케팅 경로 안에서 서로 다른 수준의 구성원들 간 경쟁은 수직적 경쟁이라 한다.

13 팬먼(Penman)과 와이즈(Weisz)의 물류아웃소싱 성공전략에 관한 설명으로 옳지 않은 것은?

① 아웃소싱이 성공하려면 반드시 최고경영자의 관심과 지원이 필요하다.
② 아웃소싱의 궁극적인 목표는 현재와 미래의 고객만족에 있음을 잊지 말아야 한다.
③ 지출되는 물류비용을 정확히 파악하여 아웃소싱 시 비용절감효과를 측정해야 한다.
④ 아웃소싱의 가장 큰 장애는 인원감축 등에 대한 저항이므로 적절한 인력관리로 사기저하를 방지해야 한다.
⑤ 아웃소싱의 목적이 기업 전체의 전략과 일치할 필요는 없으므로 기업의 전사적 목적이 차별화에 있다면 아웃소싱의 목적은 비용절감에 두는 효율적 전략을 추진해야 한다.

 아웃소싱의 목적이 기업 전체의 전략과 일치할 필요가 있다. 기업의 전사적 목적이 차별화에 있다면 아웃소싱의 목적은 비용절감에 두는 효율적 전략을 추진해야 한다.

14 아래 글상자와 같이 소매점경영전략 변화에 지대한 영향을 준 환경요인으로 가장 옳은 것은?

> ㉠ 우리나라는 도매상이 매우 취약하고 제조업자의 유통 지배력이 매우 강하다.
> ㉡ 미국의 경우 광활한 국토를 가지고 있어 제조업자가 자신의 모든 소매업체를 관리하는 것이 어려워 일찍부터 도매상들이 발달했다.
> ㉢ 각국의 특성에 따라 고유한 형태의 유통경로가 존재한다.

① 유통경로의 지역성
② 유통경로의 비 탄력성
③ 유통경로의 표준성
④ 유통경로의 집중성
⑤ 유통경로의 탈 중계현상

 유통경로구조의 지역성이 강하며 문제에서는 지역성을 말하고 있다.

15 아래 글상자 ㉠과 ㉡에 해당하는 유통경로가 제공하는 효용으로 옳게 짝지어진 것은?

> ㉠ 24시간 영업을 하는 편의점은 소비자가 원하는 시점어느 때나 제품을 구매할 수 있도록 함
> ㉡ 제조업체를 대신해서 신용판매나 할부판매를 제공함

① ㉠ 시간효용, ㉡ 형태효용
② ㉠ 장소효용, ㉡ 시간효용
③ ㉠ 시간효용, ㉡ 소유효용
④ ㉠ 소유효용, ㉡ 시간효용
⑤ ㉠ 형태효용, ㉡ 소유효용

 ●유통경로가 창출하는 효용성
1. 시간적 효용(time utility) : 시간의 제약요소가 없다.
2. 장소적 효용(place utility) : 어디서든지 효용을 얻는다.
3. 소유적 효용(possession utility) : 리스나 대여를 통해서도 효용을 얻을 수 있다.
4. 형태적 효용(form utility : 소비자가 원하는 수준의 적절한 양을 분할하여 분배함으로써 얻게 되는 효용
   이다.

16 식품위생법 〔시행2 0 2 1 . 1 . 1 .〕(법률제 1 7 8 0 9호, 2020.12.29., 일부개정) 상에서 사용되는 각종
용어에 대한 설명으로 옳은 것은?

① "식품"이란 의약을 포함하여 인간이 섭취할 수 있는 가능성이 있는 제품을 말한다.
② "식품첨가물"에는 용기를 살균하는데 사용되는 물질도 포함된다.
③ "집단급식소"란 영리를 목적으로 다수의 대중이 음식을 섭취하는 장소를 말한다.
④ "식품이력추적관리"란 식품이 만들어진 후 소비자에게 전달되기까지의 과정을 말
   한다.
⑤ "기구"란 음식을 담거나 포장하는 용기를 말하며 식품을 생산하는 기계는 포함되지
   않는다.

① "식품"이란 모든 음식물(의약으로 섭취하는 것은 제외한다)을 말한다.

③ "집단급식소"란 영리를 목적으로 하지 아니하면서 특정 다수인에게 계속하여 음식물을 공급하는 다음 각 목의 어느 하나에 해당하는 곳의 급식시설로서 대통령령으로 정하는 시설을 말한다.

④ "식품이력추적관리"란 식품을 제조 · 가공단계부터 판매단계까지 각 단계별로 정보를 기록 · 관리하여 그 식품의 안전성 등에 문제가 발생할 경우 그 식품을 추적하여 원인을 규명하고 필요한 조치를 할 수 있도록 관리하는 것을 말한다.

⑤ "기구"란 다음 각 목의 어느 하나에 해당하는 것으로서 식품 또는 식품첨가물에 직접 닿는 기계 · 기구나 그 밖의 물건(농업과 수산업에서 식품을 채취하는 데에 쓰는 기계 · 기구나 그 밖의 물건 및 「위생용품 관리법」 제2조제1호에 따른 위생용품은 제외)을 말한다.

17 아래 글상자에 제시된 내용을 활용하여 경제적 주문량을 고려한 연간 총재고비용을 구하라. (기준 : 총재고비용 = 주문비 + 재고유지비)

> 연간 부품 수요량 1,000개, 1회 주문비 : 200원, 단위당 재고 유지비 : 40원

① 500원   ② 1,000원   ③ 2,000원

④ 3,000원   ⑤ 4,000원

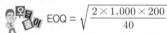 $EOQ = \sqrt{\dfrac{2 \times 1,000 \times 200}{40}} = 100개$

∴ 주문비 = (1,000/100)×200 = 2,000원, 유지비 = (100/2)×2,000원, 합계 = 4,000원

18 아래 글상자 ㉠, ㉡, ㉢에 해당하는 중간상이 수행하는 분류기준으로 옳게 짝지어진 것은?

> ㉠ 구매자가 원하는 소규모 판매단위로 나누는 활동
> ㉡ 다양한 생산자들로부터 제공되는 제품들을 대규모 공급이 가능하도록 다량으로 구매하여 집적하는 활동
> ㉢ 이질적인 제품들을 색, 크기, 용량, 품질 등에 있어 상대적으로 동질적인 집단으로 구분하는 활동

① ㉠ 분류(sorting out), ㉡ 수합(accumulation), ㉢ 분배(allocation)

② ㉠ 분류(sorting out), ㉡ 구색갖춤(assorting), ㉢ 수합(accumulation)

③ ㉠ 분배(allocation), ㉡ 구색갖춤(assorting), ㉢ 분류(sorting out)

④ ㉠ 분배(allocation), ㉡ 수합(accumulation), ㉢ 분류(sorting out)

⑤ ㉠ 구색갖춤(assorting), ㉡ 분류(sorting out), ㉢ 분배(allocation)

 ●소매상 사용 용어

① 분류(sorting out) : 생산과정에서 다양한 공급원으로부터 제공된 이질적 제품들을 상 대적으로 동질적 집단으로 구분하는 것을 말한다. 즉, 이질적인 생산물을 동질적인 단위로 나누는 과정을 말한다.

② 구색(assortment) : 상호 연관성이 있는 제품들로 일정한 구색을 갖추어 함께 취급하 는 것을 말하는데

즉, 이질적인 것이 모두 다시 모이는 단계를 말한다. 하지만, 반 드시 이런 뜻만 있는 것은 아니라는 것을 알아야 한다.

③ 수합(accumulation) : 다양한 공급원으로부터 소규모로 제공되는 동질적 제품을 한 곳에 모아 대규모 공급이 가능하게 만드는 것을 말한다.

④ 분배(allocation) : 수합된 동질적 제품들을 구매자가 원하는 소규모단위로 나누는 것 을 말한다.

19 아래 글상자 ㉠과 ㉡에서 설명하는 제조업체가 부담하는 유통비용으로 옳게 짝지어진 것은?

> ㉠ 제조업체가 유통업체에 신제품 납품 시 진열대 진열을 위해 지원하는 비용
> ㉡ 유통업체가 하자있는 상품, 생산된 지 오래된 상품, 질이 떨어지는 상품 등을 구매할 때 이를 보상하기 위해 지급하는 비용

① ㉠ 리베이트,   ㉡ 사후할인
② ㉠ 물량비례보조금,   ㉡ 거래할인
③ ㉠ 머천다이징 보조금,   ㉡ 현금할인
④ ㉠ 신제품입점비,   ㉡ 상품지원금
⑤ ㉠ 외상수금비,   ㉡ 소매점 재고보호 보조금

오답풀이 제조업체가 중간상에 부담하는 유통비용은 다양하게 구분을 할 수 있는데 문제에서는 신제품입점비, 상품지원금의 내용이다.

20 유통산업의 환경에 따른 유통경로의 변화를 다음의 다섯 단계로 나누어 볼 때 순서대로 나열한 것으로 옳은 것은?

> ㉠ 크로스채널 : 온, 오프라인의 경계가 무너지면서 상호 보완됨
> ㉡ 멀티채널 : 온, 오프라인의 다양한 채널에서 구매 가능하나 각 채널은 경쟁관계임
> ㉢ 듀얼채널 : 두 개 이상의 오프라인 점포에서 구매 가능
> ㉣ 싱글채널 : 하나의 오프라인 점포에서 구매
> ㉤ 옴니채널 : 다양한 채널이 고객의 경험관리를 중심으로 하나로 통합됨

① ㉠－㉡－㉢－㉣－㉤   ② ㉡－㉤－㉣－㉠－㉢
③ ㉢－㉠－㉡－㉤－㉣   ④ ㉣－㉢－㉡－㉠－㉤
⑤ ㉤－㉣－㉡－㉢－㉠

오답풀이 유통산업의 환경에 따른 유통경로의 변화를 다음의 다섯 단계로 나누어 볼 때 순서는 싱글채널이 처음으로 나오며, 마지막은 옴니 채널의 내용이다.

21 유통에 관련된 내용으로 옳지 않은 것은?

① 제품의 물리적 흐름과 법적 소유권은 반드시 동일한 경로를 통해 이루어지고 동시에 이루어져야 한다.

② 유통경로는 물적 유통경로와 상적 유통경로로 분리된다.

③ 물적 유통경로는 제품의 물리적 이전에 관여하는 독립적인 기관이나 개인들로 구성된 네트워크를 의미한다.

④ 물적 유통경로는 유통목표에 부응하여 장소효용과 시간효용을 창출한다.

⑤ 상적 유통경로는 소유효용을 창출한다.

 제품의 물리적 흐름과 법적 소유권은 기본적으로 동일한 경로를 통해 이루어지는 현상을 말하지만 반드시 동시에 이루어져야 할 필요는 없다.

22 자사가 소유한 자가 창고와 도, 소매상이나 제조업자가 임대한 영업 창고를 비교한 설명으로 가장 옳지 않은 것은?

① 충분한 물량이 아니라면 자가 창고 이용비용이 저렴하지 않은 경우도 있다.

② 자가 창고의 경우 기술적 진부화에 따른 위험이 있다.

③ 영업창고를 이용하면 특정지역의 경우 세금혜택을 받는 경우도 있다.

④ 영업창고를 이용하는 경우 초기투자비용이 높은 것이 단점이다.

⑤ 영업창고의 경우 여러 고객을 상대로 하므로 규모의 경제가 가능하다.

 영업창고를 이용하는 경우 초기투자비용이 낮은 것이 장점이다.

23 UNGC(UN Global Compact)는 기업의 사회적 책임에 대한 지지와 이행을 촉구하기 위해 만든 자발적 국제협약으로 4개 분야의 10대 원칙을 핵심으로 하고 있다. 4개 분야에 포함되지 않는 것은?

① 반전쟁(Anti-War) 　　　② 인권(Human Rights)

③ 노동규칙(Labour Standards) 　　　④ 환경(Environment)

⑤ 반부패(Anti-Corruption)

 ●유엔글로벌콤팩트 10대 원칙
UN Global Compact Ten Principles
인권, 노동, 환경과 반부패에 관한 유엔글로벌콤팩트의 10대 원칙은 세계적인 협의 과정과 더불어 다음과 같은 선언과 협약에서 유래하였습니다.
Human Rights
원칙 1.기업은 국제적으로 선언된 인권 보호를 지지하고 존중해야 하고,
Business should support and respect the protection of internationally proclaimed human rights;
원칙 2.기업은 인권 침해에 연루되지 않도록 적극 노력한다.
Make sure that they are not complicit in human rights abuses.

Labour
원칙 3.기업은 결사의 자유와 단체교섭권의 실질적인 인정을 지지하고,
Businesses should uphold the freedom of association and the effective recognition of the right to collective bargaining;
원칙 4.모든 형태의 강제노동을 배제하며,
the elimination of all forms of forced and compulsory labour;
원칙 5.아동노동을 효율적으로 철폐하고,
the effective abolition of child labour; and
원칙 6.고용 및 업무에서 차별을 철폐한다.
the elimination of discrimination in respect of employment and occupation.
Environment
원칙 7.기업은 환경문제에 대한 예방적 접근을 지지하고,
Businesses should support a precautionary approach to environmental challenges;
원칙 8.환경적 책임을 증진하는 조치를 수행하며,
undertake initiatives to promote greater environmental responsibility;
원칙 9.환경친화적 기술의 개발과 확산을 촉진한다
encourage the development and diffusion of environmentally friendly technologies.
Anti-corruption
원칙 10.기업은 부당취득 및 뇌물 등을 포함하는 모든 형태의 부패에 반대한다.

24 유통경로에서 발생하는 유통의 흐름과 관련된 각종 설명 중 가장 옳지 않은 것은?

① 소비자에 대한 정보인 시장 정보는 후방흐름기능에 해당된다.
② 대금지급은 소유권의 이전에 대한 반대급부로 볼 수 있다.
③ 소유권이 없는 경우에도 상품에 대한 물리적 보유가 가능한 경우가 있다.
④ 제조업체, 도, 소매상은 상품 소유권의 이전을 통해 수익을 창출한다.
⑤ 제조업체가 도매상을 대상으로, 소매상이 소비자를 대상으로 하는 촉진전략은 풀(Pull)전략이다.

 제조업체가 도매상을 대상으로, 소매상이 소비자를 대상으로 하는 촉진전략은 푸시(Push)전략이다.

25 물류활동에 관련된 내용으로 옳지 않은 것은?

① 반품물류 : 애초에 물품 반환, 반품의 소지를 없애기 위한 전사적 차원에서 고객요구를 파악하는 것이 중요하다.
② 생산물류 : 작업교체나 생산 사이클을 단축하고 생산평준화 등을 고려한다.
③ 조달물류 : 수송루트 최적화, JIT납품, 공차율 최대화 등을 고려한다.
④ 판매물류 : 수·배송 효율화, 신선식품의 경우 콜드체인화, 공동물류센터 구축 등을 고려한다.
⑤ 폐기물류 : 파손, 진부화 등으로 제품, 용기 등이 기능을 수행할 수 없는 상황이거나 기능수행 후 소멸되어야 하는 상황일 때 그것들을 폐기하는데 관련된 물류활동이다.

조달물류(Inbound Logistics)란 기업의 생산 활동에 필요로 하는 각종 원자재와 부자재, 물자가 조달처로부터 운송되어 매입자의 창고 등에 보관, 관리되고 생산 공정에 투입되기 직전까지의 물류활동을 말한다.

제2과목 상권 분석(26~45)

26 권리금에 대한 설명 중에서 옳지 않은 것은?

① 해당 상권의 강점 등이 반영된 영업권의 일종으로, 점포의 소유자에게 임차인이 제공하는 추가적인 비용으로 보증금의 일부이다.

② 상가의 위치, 영업상의 노하우, 시설 및 비품 등과 같은 다양한 유무형의 재산적 가치에 대한 양도 또는 이용에 대한 대가로 지급하는 금전이다.

③ 권리금을 일정 기간 안에 회복할 수 있는 수익성이 확보될 수 있는지를 검토하여야 한다.

④ 신축건물에도 바닥 권리금이라는 것이 있는데, 이는 주변 상권의 강점을 반영하는 것이라고 볼 수 있다.

⑤ 권리금이 보증금보다 많은 경우가 발생하기도 한다.

 해당 상권(입지)의 강점 등이 반영된 영업권(회계학적 용어)의 일종으로, 점포의 새로운 임차인이 기존 임차인에게 제공하는 추가적인 비용이다.

27 상권분석에 필요한 소비자 데이터를 수집하는 조사기법 중에서 내점객조사법과 조사대상이 유사한 것으로 가장 옳은 것은?

① 편의추출조사법
② 점두(店頭)조사법
③ 지역할당조사법
④ 연령별 비율할당조사법
⑤ 목적표본조사법

 점두조사는 방문하는 소비자의 주소를 파악하여 자기 점포의 상권을 조사하여, 상품구매를 위해 점포를 방문한 소비자를 대상으로 상권분석에 필요한 자료를 수집하는 방법으로 내점객조사법과 조사대상과 조사장소가 유사하다.

28 정보기술의 발전이 유통 및 상권에 미친 영향으로 가장 옳지 않은 것은?

① 메이커에서 소매업으로의 파워 시프트(power shift)현상 강화
② 중간 유통단계의 증가 및 배송거점의 분산화
③ 메이커의 영업거점인 지점, 영업소 기능의 축소
④ 수직적 협업체제 강화 및 아웃소싱의 진전
⑤ 편의품 소비재 메이커의 상권 광역화

> 정보기술의 발전이 유통 및 상권에 미친 영향은 중간 유통단계의 감소 및 배송거점의 집중화를 통해서 가능하다.

29 상권분석 및 입지선정에 활용하는 지리정보시스템(GIS)에 대한 설명으로서 가장 옳지 않은 것은?

① 개별 상점이나 상점가의 위치정보를 점(點)데이터로, 토지 이용 등의 정보는 면(面)데이터로 지도에 수록한다.
② 지하철 노선이나 도로 등은 선(線)데이터로 지도에 수록하고 데이터베이스를 구축한다.
③ 상점 또는 상점가를 방문한 고객을 대상으로 인터뷰조사를 하거나 설문조사를 하여 지도데이터베이스 구축에 활용한다.
④ 라일리, 컨버스 등이 제안한 소매인력모델을 적용하는 경우에도 정확한 위치정보를 얻을 수 있는 지리정보시스템의 지원이 필요하다.
⑤ 백화점, 대형마트 등의 대규모 점포의 입지선정 등에 활용될 수 있으나, 편의점 등 소규모 연쇄점의 입지선정이나 잠재고객 추정 등에는 활용가능성이 높지 않다.

> 백화점, 대형마트 등의 대규모 점포의 입지선정 등에 활용될 수 있으며, 편의점 등 소규모 연쇄점의 입지선정이나 잠재고객 추정 등에도 활용가능성이 높다.

30 상권에 대한 설명으로 가장 옳지 않은 것은?

① 재화의 이동에서 사람을 매개로 하는 소매상권은 재화의 종류에 따라 그 사람의 비용이나 시간사용이 달라지므로 상권의 크기가 달라진다.
② 고가품, 고급품일수록 소비자들은 구매활동에 보다 많은 시간과 비용을 부담하려 하므로 상권범위가 확대된다.
③ 도매상권은 사람을 매개로 하지 않기에 시간인자의 제약이 커져서 상권의 범위가 제한된다.
④ 보존성이 강한 제품은 그렇지 않은 제품에 비해 상권이 넓어진다.

⑤ 상권범위를 결정하는 비용인자(因子)에는 생산비, 운송비, 판매비용 등이 포함되며 그 비용이 상대적으로 저렴할수록 상권은 확대된다.

 도매 상권은 사람을 매개로 하지 않고 소매상을 대상으로 하기에 소매상보다는 상권이나 입지에 영향을 덜 받는다.

31 "교육환경 보호에 관한 법률(약칭: 교육환경법)"(법률 제17075호, 2020. 3. 24., 일부개정)에서 정한 초·중·고등학교의 "교육환경 절대보호구역"에서 영업할 수 있는 업종으로 가장 옳은 것은?

① 여관　　　　　　　　② PC방　　　　　　　　③ 만화가게
④ 담배가게　　　　　　⑤ 노래연습장

◑교육환경보호구역이란?
「교육환경 보호에 관한 법률」제8조(교육환경보호구역의 설정 등)에 따라 학생의 보건·위생, 안전, 학습과 교육환경 보호를 위하여 학교경계 또는 학교설립예정지 경계(이하 "학교경계등")로부터 직선거리 200미터의 범위 안의 지역을 지칭한다.
학생이 건강하고 쾌적한 환경에서 교육받을 수 있게 하는 것을 목적으로 한다.
▶설정권자
시·도 교육감(법 제8조 1항)
교육감의 권한 위임에 따라 관할 지역 교육지원청의 교육장이 설정·고시합니다.
▶설정 범위
절대보호구역 : 학교출입문으로부터 직선거리로 50미터까지인 지역(학교설립예정지의 경우 학교경계로부터 직선거리 50미터까지인 지역)
▶상대보호구역: 학교경계등으로부터 직선거리로 200미터까지인 지역 중 절대보호구역을 제외한 지역

32 소매점 상권의 크기에 영향을 미치는 주요 요인을 모두 나열한 것으로 가장 옳은 것은?

> ㉠ 소매점의 이미지
> ㉡ 기생점포(parasite store)의 입지
> ㉢ 소매점의 규모
> ㉣ 소매점의 접근성
> ㉤ 경쟁점포의 입지

① ㉠, ㉡, ㉢, ㉣, ㉤
② ㉡, ㉢, ㉣, ㉤
③ ㉠, ㉡, ㉢
④ ㉡, ㉣, ㉤
⑤ ㉠, ㉢, ㉣, ㉤

 상권내 기생점포만으로 고객이동을 발생시키지 못하며, 이곳의 상권은 해당지역의 쇼핑센터나 소매지역에서 주도적으로 성장하는 소매업체(목적점포)에 의해 결정된다.

33 크리스탈러(W. Christaller)의 중심지이론은 판매자와 소비자를 "경제인"으로 가정한다. 그 의미로서 가장 옳은 것은?

① 판매자와 소비자 모두 비용대비 이익의 최대화를 추구한다.
② 소비자는 거리와 상관없이 원하는 제품을 구매하러 이동한다.
③ 판매자는 경쟁을 회피하려고 최선을 다한다.
④ 소비자는 구매여행의 즐거움을 추구한다.
⑤ 소비자는 가능한 한 상위계층 중심지에서 상품을 구매한다.

인간은 합리적 사고로 의사 결정하며 최소비용으로 최대의 이익을 추구하는 경제인(economic man)이며, 지표공간은 균질적인 표면(isopic surface)이고, 교통수단은 유일하고 수송비용은 거리에 비례한다는 내용은 중심지이론의 가정이다.
② 소비자는 거리와 비례하여 원하는 제품을 구매하러 이동한다.
③ 판매자는 경쟁업체와 상생적인 측면에서 양립성을 추구한다.
④ 소비자는 구매여행의 즐거움을 추구하는 것은 레일리이론이다.
⑤ 소비자는 구매에서 이득을 주는 것에서 구매를 추구한다.

34 상권측정을 위한 '상권실사'에 관한 설명으로서 가장 옳지 않은 것은?

① 항상 지도를 휴대하여 고객이 유입되는 지역을 정확하게 파악하는 것이 바람직하다.
② 요일별, 시간대별로 내점고객의 숫자나 특성이 달라질 수 있으므로, 상권실사에 이를 반영해야 한다.
③ 내점하는 고객의 범위를 파악하는 것이 목적이므로 상권범위가 인접 도시의 경계보다 넓은 대형 교외점포에서는 도보고객을 조사할 필요가 없는 경우도 있다.
④ 주로 자동차를 이용하는 고객이 증가하고 있는바, 도보보다는 자동차주행을 하면서 조사를 실시하는 것이 더 바람직하다.
⑤ 기존 점포의 고객을 잘 관찰하여 교통수단별 내점비율을 파악하는 것이 중요하다.

상권 설정 시 해당 지역을 직접 돌아다니면서 자신의 경험적 감각을 활용한 상권파악방법으로 실사 상권설정법이 있다. 자동차를 이용하는 고객이 많아도 실제로 조사를 하기에는 도보를 통한 방법이 가장 적합하다.

35 허프(Huff)의 수정모델을 적용해서 추정할 때, 아래 글 상자 속의 소비자 K가 A지역에 쇼핑을 하러 갈 확률로서 가장 옳은 것은?

A지역의 매장면적은 100평, 소비자 K로부터 A지역까지의 거리는 10분거리. B지역의 매장면적은 400평, 소비자 K로부터의 거리는 20분거리.

① 0.30   ② 0.40   ③ 0.50   ④ 0.60   ⑤ 0.70

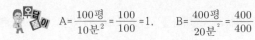

$$A = \frac{100\text{평}}{10\text{분}^2} = \frac{100}{100} = 1, \quad B = \frac{400\text{평}}{20\text{분}^2} = \frac{400}{400} = 1$$

∴ K가 A지역에 쇼핑을 하러 갈 확률 = 1/2 = 50%

36 매력적인 점포입지를 결정하기 위해서는 구체적인 입지조건을 평가하는 과정을 거친다. 점포의 입지 조건에 대한 일반적 평가로서 그 내용이 가장 옳은 것은?

① 점포면적이 커지면 매출도 증가하는 경향이 있어 점포규모가 클수록 좋다.
② 건축선 후퇴(setback)는 직접적으로 가시성에 긍정적인 영향을 미친다.
③ 점포 출입구 부근에 단차가 없으면 사람과 물품의 출입이 용이하여 좋다.
④ 점포 부지와 점포의 형태는 정사각형에 가까울수록 소비자 흡인에 좋다.
⑤ 평면도로 볼 때 점포의 정면너비에 비해 깊이가 더 클수록 바람직하다.

① 점포면적이 커지면 매출도 증가하는 경향이 있지만 점포규모는 판매상품에 따라 규모가 다르다.
② 건축선 후퇴(setback)는 직접적으로 가시성에 부정적인 영향을 미친다.
④ 일반적으로 점포 부지와 점포의 형태는 직사각형에 가까울수록 소비자 흡인에 좋다.
⑤ 평면도로 볼 때 점포의 깊이에 비해 정면너비가 더 클수록 바람직하다.

37 여러 층으로 구성된 백화점의 매장 내 입지에 관한 설명으로 가장 옳은 것은?

① 고객이 출입하는 층에서 멀리 떨어진 층일수록 매장공간의 가치가 올라간다.
② 대부분의 고객들이 왼쪽으로 돌기 때문에, 각 층 입구의 왼편이 좋은 입지이다.
③ 점포 입구, 주 통로, 에스컬레이터, 승강기 등에서 가까울수록 유리한 입지이다.
④ 층별 매장의 안쪽으로 고객을 유인하는데 최적인 매장배치 유형은 자유형배치이다.
⑤ 백화점 매장 내 입지들의 공간적 가치는 층별 매장구성 변경의 영향은 받지 않는다.

① 고객이 출입하는 층에서 가까운 층일수록 매장공간의 가치가 올라간다.
② 대부분의 고객들이 우측으로 돌기 때문에, 각 층 입구의 우측이 좋은 입지이다.
④ 층별 매장의 안쪽으로 고객을 유인하는데 최적인 매장배치 유형은 격자형배치이다.
⑤ 백화점 매장 내 입지들의 공간적 가치는 층별 매장구성 변경의 영향을 받는다.

38 소매점은 상권의 매력성을 고려하여 입지를 선정해야 한다. 상권의 매력성을 측정하는 소매포화지수(IRS: Index of Retail Saturation)와 시장성장잠재력지수(MEP:Market Expansion Potential)에 대한 설명으로 가장 옳은 것은?

① IRS는 현재시점의 상권 내 경쟁 강도를 측정한다.
② MEP는 미래시점의 상권 내 경쟁 강도를 측정한다.

③ 상권 내 경쟁이 심할수록 IRS도 커진다.

④ MEP가 클수록 입지의 상권 매력성은 낮아진다.

⑤ MEP보다는 IRS가 더 중요한 상권 매력성지수이다.

 ② MEP는 미래시점의 상권 내 수요를 예측한다.
③ 상권 내 경쟁이 심할수록 IRS도 적어진다.
④ MEP가 클수록 입지의 상권 매력성은 높아진다.
⑤ MEP와 IRS가 동시에 분석을 하여 매력성이 높은 것은 둘 다 높은 것이다.

39 소비자에 대한 직접적 조사를 통해 점포선택행동을 분석하는 확률모델들에 대한 설명으로 가장 옳은 것은?

① 점포에 대한 객관적 변수와 소비자의 주관적 변수를 모두 반영할 수 있는 방법에는 MNL모델과 수정Huff모델이 있다.

② 공간상호작용 모델의 대표적 분석방법에는 Huff모델, MNL모델, 회귀분석, 유사 점포법 등이 해당된다.

③ Huff모델과 달리 MNL모델은 일반적으로 상권을 세부지역(zone)으로 구분하는 절 차를 거치지 않는다.

④ Luce의 선택공리를 바탕으로 한 Huff모델과 달리 MNL모델은 선택공리와 관련이 없다.

⑤ MNL모델은 분석과정에서 집단별 구매행동 데이터 대신 각 소비자의 개인별 데이 터를 수집하여 활용한다.

 ① 점포에 대한 객관적 변수와 소비자의 주관적 변수를 모두 반영할 수 있는 방법에는 MNL모델과 수정 Huff모델이 있다.
② 공간상호작용 모델의 대표적 분석방법에는 Huff모델, MNL모델이며, 공간 상호작용이란 개념은 지리학 분야에서 유래되었다.
③ MNL모델과 달리 Huff모델은 일반적으로 상권을 세부지역(zone)으로 구분하는 절차를 거치지 않는다.
④ Luce의 선택공리를 바탕으로 한 Huff모델, MNL모델은 선택공리와 관련이 있다.
⑤ MNL모델은 분석과정에서 각 소비자의 개인별 데이터 대신 집단별 구매행동 데이터를 수집하여 활용한 다.

40 점포의 입지조건을 평가할 때 핵심적 요소가 되는 시계성은 점포를 자연적으로 인지할 수 있는 상태 를 의미한다. 시계성을 평가하는 4가지 요소들을 정리할 때 아래 글상자 ⊙과 ⓒ에 해당되는 용어로 가장 옳은 것은?

⊙ 보도나 간선도로 또는 고객유도시설 등에 해당되는 것으로 어디에서 보이는가?

ⓒ 점포가 무슨 점포인가를 한눈에 알 수 있도록 하는 것으로서, 무엇이 보이는가?

① ㉠ 거리 – ㉡ 주제   ② ㉠ 거리 – ㉡ 대상

③ ㉠ 거리 – ㉡ 기점   ④ ㉠ 기점 – ㉡ 대상

⑤ ㉠ 기점 – ㉡ 주제

 시계성이란 말 그대로 점포에 관한 모든 시각적 평가에 관한 문제이다. 시계성은 물론 고객의 입장에서 측정해야 한다. 여러 번 많은 수의 사람에 의해 평가를 반복하여 가장 보편적인 결혼을 이끌어내도록 한다. 시계성 평가는 다음 4가지 관점에서 이루어진다.
① 기점의 문제 : 상권의 특성상 어디서부터 보이는가?
② 대상의 문제 : 무엇이 보이는가?
③ 거리의 문제 : 어느 정도의 거리에서 보이기 시작하는가?
④ 주체의 문제 : 어떤 상태로 보이는가?

41 생산구조가 다수의 소량분산생산구조이고 소비구조 역시 다수에 의한 소량분산소비구조일 때의 입지 특성을 설명한 것으로 옳은 것은?

① 수집 기능의 수행이 용이하고 분산 기능 수행도 용이한 곳에 입지한다.
② 분산 기능의 수행보다는 수집 기능의 수행이 용이한 곳에 입지한다.
③ 수집 기능과 중개(仲介) 기능이 용이한 곳에 입지한다.
④ 수집 기능의 수행보다는 분산 기능의 수행이 용이한 곳에 입지한다.
⑤ 수집 기능과 분산 기능보다는 중개 기능의 수행이 용이한 곳에 입지한다.

 ② 분산 기능의 수행과 수집 기능의 수행이 용이한 곳에 입지한다.
③ 수집 기능과 분산 기능이 용이한 곳에 입지한다.
④ 수집 기능과 분산 기능의 수행이 용이한 곳에 입지한다.
⑤ 수집 기능과 분산 기능의 수행이 용이한 곳에 입지한다.

42 대형소매점을 개설하기 위해 대지면적이 1,000㎡인 5층상가건물을 매입하는 상황이다. 해당 건물의 지상 1층과 2층의 면적은 각각 600㎡이고 3~5층 면적은 각각 400㎡이다. 단, 주차장이 지하1층에 500㎡, 1층 내부에 200㎡, 건물외부(건물부속)에 300㎡ 설치되어 있다. 건물 5층에는 100㎡의 주민 공동시설이 설치되어 있다. 이 건물의 용적률로 가장 옳은 것은?

① 210%   ② 220%   ③ 240%

④ 260%   ⑤ 300%

 용적률 = (300+600+1,200)㎡/1,000㎡ = 210%

43 상권 유형별로 개념과 일반적 특징을 설명한 내용으로서 가장 옳은 것은?

① 부도심 상권의 주요 소비자는 점포 인근의 거주자들이어서, 생활밀착형 업종의 점포들이 입지하는 경향이 있다.

② 역세권상권은 지하철이나 철도역을 중심으로 형성되는 지상과 지하의 입체적 상권으로서, 저밀도 개발이 이루어지는 경우가 많다.

③ 부도심상권은 보통 간선도로의 결절점이나 역세권을 중심으로 형성되는바, 도시 전체의 소비자를 유인하지는 못하는 경우가 많다.

④ 도심상권은 중심업무지구(CBD)를 포함하며, 상권의 범위가 넓지만 소비자들의 체류시간은 상대적으로 짧다.

⑤ 아파트상권은 고정고객의 비중이 높아 안정적인 수요확보가 가능하고, 외부고객을 유치하기 쉬워서 상권 확대가능성이 높다.

① 주택가상권의 주요 소비자는 점포 인근의 거주자들이어서, 생활밀착형 업종의 점포들이 입지하는 경향이 있다.
② 역세권상권은 지하철이나 철도역을 중심으로 형성되는 지상과 지하의 입체적 상권으로서, 고밀도 개발이 이루어지는 경우가 많다.
④ 도심상권은 중심업무지구(CBD)를 포함하며, 상권의 범위가 넓고 소비자들의 체류시간도 상대적으로 길다.
⑤ 아파트상권은 고정고객의 비중이 높아 안정적인 수요확보가 가능하지만, 외부고객을 유치하기는 어려워 상권 확대가능성이 낮다.

44 소매점포 상권의 분석기법 가운데 하나인 Huff모델의 특징으로서 가장 옳은 것은?

① Huff모형은 점포이미지 등 다양한 변수를 반영하여 상권분석의 정확도를 높일 수 있다.

② 개별점포의 상권이 공간상에서 단절되어 단속적이며 타 점포 상권과 중복되지 않는다고 가정한다.

③ 개별 소비자들의 점포선택행동을 확률적 방법 대신 기술적방법(descriptive method)으로 분석한다.

④ 상권 내 모든 점포의 매출액 합계를 추정할 수 있지만, 점포별 점유율은 추정하지 못한다.

⑤ 각 소비자의 거주지와 점포까지의 물리적 거리는 이동시간으로 대체하여 분석하기도 한다.

① Huff모형은 매장면적과 거리를 반영하여 소비자효용의 정확도를 높일 수 있다.
② 개별점포의 상권이 공간상에서 상호작용 되어 지속적이며 타 점포 상권과 중복된다.
③ 개별 소비자들의 점포선택행동을 확률적 방법으로 분석한다.
④ 상권 내 모든 점포의 매출액 합계를 추정할 수 있지는 것은 유추법의 내용이다.

45 아래 글상자의 상권분석방법들 모두에 해당되거나 모두를 적용할 수 있는 상황으로서 가장 옳은 것은?

> 컨버스의 분기점분석,
> CST(customer spotting technique) map,
> 티센다각형(thiessen polygon)

① 개별 소비자의 위치 분석
② 소비자를 대상으로 하는 설문조사의 실시
③ 상권의 공간적 경계 파악
④ 경쟁점의 영향력 파악
⑤ 개별점포의 매출액 예측

 문제에서는 상권의 공간적인 내용과 특징을 분석하여 상권을 분석하고 경계를 설정하는 모델이다.

제3과목 　유통 마케팅(46~70)

46 회계데이터를 기초로 유통마케팅 성과를 측정하는 방법으로 옳은 것은?

① 고객 만족도 조사
② 고객 획득률 및 유지율 측정
③ 매출액 분석
④ 브랜드 자산 측정
⑤ 고객 생애가치 측정

 마케팅활동을 통해 달성된 성과 부분을 정확하게 파악하여 조직 내 타부서 및 경쟁자의 성과와 비교할 수 있는 평가방법을 찾고자 하는 기업의 노력은 더욱 증가하고 있다. 문제에서는 객관적인 평가방법의 내용을 묻는 것으로 매출액분석이 적합하다.

47 유통마케팅 조사과정 순서로 가장 옳은 것은?

① 조사목적 정의 – 조사 설계 – 조사 실시 – 데이터분석 및 결과해석 – 전략수립 및 실행 – 실행결과 평가
② 조사목적 정의 – 조사 실시 – 조사 설계 – 데이터분석 및 결과해석 – 전략수립 및 실행 – 실행결과 평가

③ 조사목적 정의 – 조사 설계 – 조사 실시 – 전략수립 및 실행 – 데이터분석 및 결과해석 – 실행결과 평가

④ 조사목적 정의 – 실행결과 평가 – 전략수립 및 실행 – 조사 실시 – 데이터분석 및 결과해석 – 대안선택 및 실행

⑤ 조사목적 정의 – 조사 실시 – 데이터분석 및 결과해석 – 조사 설계 – 전략수립 및 실행 – 실행결과 평가

유통과정에서 정보의 흐름은 생산물의 구매자인 소비자와 시장의 동향을 해명하기 위한 정보의 수집을 포함하며, 이는 마케팅조사에 의해 이루어진다. 문제에서는 ①의 내용이다.

48 아래 글상자 ㉠과 ㉡에 해당되는 용어로 가장 옳은 것은?

㉠은(는) 미래 수요를 예측하는 질적 예측방법의 하나이다. 불확실한 특정 문제(특정기술의 개발가능성, 새로운 소비패턴의 출현가능성 등)에 대해 여러 전문가의 의견을 되풀이해 모으고, 교환하고, 발전시켜 수요를 예측한다.
㉡은(는) 시간의 경과에 따라 일정한 간격을 두고 동일한 현상을 반복적으로 측정하여 각 기간에 일어난 변화에 대한 추세를 예측하는 방법이다.

① ㉠ 투사법   ㉡ 시계열분석
② ㉠ 패널조사법   ㉡ 사례유추법
③ ㉠ 투사법   ㉡ 수요확산모형분석
④ ㉠ 델파이기법   ㉡ 시계열분석
⑤ ㉠ 사례유추법   ㉡ 수요확산모형분석

델파이기법(Delphi Method)은 특정기술이나 제품에 대한 전문가들의 의견을 종합 하고 조정하여 하나의 예측치로 도달해가는 집단적 합(함)의의 방법이다. 시계열분석은 시간의 흐름에 따라 분석을 하는 것이다.

49 아래 글상자의 (　　)안에 들어갈 용어로서 가장 옳은 것은?

(　　)은(는) 기업내부의 경영혁신을 유도하는 전략의 하나이다. 고객이 제품이나 서비스를 소비하는 전 과정에서 무엇을 보고 느끼며, 어디에 가치를 두고, 어떠한 상호작용 과정을 통해 관계를 형성하는지 등을 총체적으로 이해함으로써 고객에게 차별화된 가치를 제공하는 고객중심경영의 핵심을 말한다.

① 로열티 프로그램   ② 고객마일리지 프로그램
③ 고객 불만 관리   ④ 공유가치경영

⑤ 전사적 고객 경험관리

 ① 로열티 프로그램 : 사용자에게 서비스 이용에 따라 유, 무형의 보상을 제공하여 서비스 이용을 늘리고
재 구매 유도, 충성 고객을 확대하는 모든 마케팅 전략을 말한다.
② 고객마일리지 프로그램 : 일정기간 지속적으로 사용하도록 하기 위해 마일리지를 지불하는 프로그램을
말한다.
③ 고객 불만 관리 : 고객들의 불만이 쌓이면 영업에 지장을 받기에 적절한 관리를 하는 것을 말한다.
④ 공유가치경영 : 주주이익의 극대화뿐만 아니라 고객, 직원, 협력업체, 지역사회, 국가 등 기업을 둘러싼
다양한 이해관계자의 이익까지 생각하는 경영을 말한다.

50 상품판매에 대한 설명으로 옳지 않은 것은?

① 판매는 고객과의 커뮤니케이션을 통해 상품을 판매하고, 고객과의 관계를 구축하
고자 하는 활동이다.

② 판매활동은 크게 신규고객을 확보하기 위한 활동과 기존고객을 관리하는 활동으로
나누어진다.

③ 인적판매는 다른 커뮤니케이션 수단에 비해 고객 1인당 접촉비용은 높은 편이지만,
개별적이고 심도 있는 쌍방향 커뮤니케이션이 가능하다는 장점을 가지고 있다.

④ 과거에는 전략적 관점에서 고객과 관계를 형성하는 영업을 중요시 하였으나, 판매
기술이 고도화되면서 이제는 판매를 빠르게 달성하는 기술적 판매방식이 더욱 부
각되고 있다.

⑤ 판매는 회사의 궁극적 목적인 수익창출을 실제로 구현하는 기능이다.

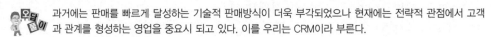 과거에는 판매를 빠르게 달성하는 기술적 판매방식이 더욱 부각되었으나 현재에는 전략적 관점에서 고객
과 관계를 형성하는 영업을 중요시 되고 있다. 이를 우리는 CRM이라 부른다.

51 영업사원의 역할 및 관리에 대한 설명으로 가장 옳지 않은 것은?

① 영업사원은 제품과 서비스의 판매를 위해 구매가능성이 높은 고객을 개발, 확보하
고 접촉하는 역할을 수행한다.

② 영업사원에 대한 보상체계는 성과에 따른 커미션을 중심으로 구성되는 경우가 많다.

③ 다른 직종의 업무에 비해 독립적으로 업무를 수행하는 경향이 있다.

④ 영업사원이 확보한 고객정보는 회사의 소유이므로 동료 영업사원들과의 협업을 위
해 자주 공유한다.

⑤ 영업분야 전문인으로서의 역할과 조직구성원으로서의 역할 간 갈등이 발생할 수
있다.

 고객정보는 오직 영업과 관련된 업무에서만 사용을 하여야하고, 다른 동료들과 공유 하는 것을 허용해서
는 안 된다.

52 고객가치를 극대화하기 위한 고객관계관리(CRM)의 중심활동으로 가장 옳지 않은 것은?

① 신규고객확보 및 시장점유율 증대
② 고객수명주기 관리
③ 데이터마이닝을 통한 고객 분석
④ 고객가치의 분석과 계량화
⑤ 고객획득/유지 및 추가판매의 믹스 최적화

 신규고객확보보다는 기존고객유지에 관심을 두고, 시장점유율 증대보다는 고객의 마음점유율이 중요하다.

53 아래 글상자에서 설명하는 가격정책으로 옳은 것은?

> ㉠ 제조업체가 가격을 표시하지 않고 최종 판매자인 유통업체가 가격을 책정하게 하여 유통업체 간 경쟁을 통해 상품가격을 전반적으로 낮추기 위한 가격정책
> ㉡ 실제 판매가보다 부풀려서 가격을 표시한 뒤 할인해주는 기존의 할인판매 폐단을 근절하기 위한 가격정책

① 오픈 프라이스(open price)
② 클로즈 프라이스(close price)
③ 하이로우 프라이스(high-low price)
④ EDLP(every day low price)
⑤ 단위가격표시제도(unit price system)

오픈가격정책(open price policy): 가격은 제조회사가 생산시에 책정하나 제조회사가 자기회사 제품의 권장소매가격을 정하지 않고 유통회사에게 가격책정을 맡긴다. 즉, 제조업자는 출하가격만을 제 시하고 소매업체가 자율적으로 가격을 결정한다.

54 유명 브랜드 상품 등을 중심으로 가격을 대폭 인하하여 고객을 유인한 다음, 방문한 고객에 대한 판매를 증진시키고자 하는 가격결정 방식은?

① 묶음가격결정(price bundling)
② 이분가격결정(two-part pricing)
③ 로스리더가격결정(loss leader pricing)
④ 포획가격결정(captive pricing)
⑤ 단수가격결정(odd pricing)

손실 유도 가격 결정(loss leader price policy) : 특정 품목의 가격을 대폭 인하하여 가격을 결정하면 그 품목의 수익성은 악화된다. 다른 품목의 매출증대에 의한 기업 전체의 수익성을 확보하기 위한 가격 설정 이다.

55 아래 글상자에서 설명하는 단품관리 이론으로 옳은 것은?

> 품목별 진열량을 판매량에 비례하게 하면 상품의 회전율이 일정화 되어 품목별 재고의 수평적인 감 소가 같아진다는 이론

① 풍선효과(ballon) 이론
② 카테고리(category) 관리이론
③ 20 : 80 이론
④ 채찍(bullwhip) 이론
⑤ 욕조마개(bathtub) 이론

 욕조마개(bathtub) 이론은 욕조에 물이 빠질 때 동일하게 빠진다는 것을 착안하여 재고감소의 원칙을 적용한 이론이다.

56 소비자의 구매동기는 부정적인 상태를 제거하려는 동기와 긍정적인 상태를 추구하려는 동기로 나뉘어 진다. 아래 글상자 내용 중 부정적인 상태를 제거하려는 동기로만 짝지어진 것으로 가장 옳은 것은?

> ㉠ 새로운 제품(브랜드)의 사용방법을 습득하고 싶은 동기
> ㉡ 필요할 때 부족함 없이 사용하기 위해 미리 구매해 놓으려는 동기
> ㉢ 제품(브랜드) 사용과정에서 즐거움을 느끼고 싶은 동기
> ㉣ 제품(브랜드)을 구매하고 사용함으로써 자긍심을 느끼고 싶은 동기
> ㉤ 당면한 불편을 해결해 줄 수 있는 제품(브랜드)을 탐색하려는 동기

① ㉠, ㉡   ② ㉠, ㉢   ③ ㉡, ㉢
④ ㉡, ㉤   ⑤ ㉢, ㉣

 ㉡, ㉤은 부정적인 상태를 제거하려는 동기이고, ㉠, ㉢, ㉣은 긍정적인 상태를 추구하려는 동기에 속한다.

57 상품믹스에 대한 설명으로 가장 옳지 않은 것은?

① 상품믹스(product mix)란 기업이 판매하는 모든 상품의 집합을 말한다.
② 상품믹스는 상품계열(product line)의 수에 따라 폭(width)이 정해진다.
③ 상품믹스는 평균 상품품목(product item)의 수에 따라 그 깊이(depth)가 정해진다.

④ 상품믹스의 상품계열이 추가되면 상품다양화 또는 경영다각화가 이루어진다.

⑤ 상품믹스의 상품품목이 증가하면 상품차별화의 정도가 약해지게 된다.

상품믹스의 상품품목이 증가하면 상품차별화의 정도가 오히려 강해지게 된다.

58 아래의 글상자 안 ㉠과 ㉡에 해당하는 소매업 변천이론으로 옳은 것은?

> ㉠은(는) 소매업체가 도입기, 초기성장기, 가속성장기, 성숙기, 쇠퇴기 단계를 거쳐 진화한다는 이론이다.
>
> ㉡은(는) 제품구색이 넓은 소매업태에서 전문화된 좁은 제품구색의 소매업태로 변화되었다가 다시 넓은 제품구색의 소매업태로 변화되어간다는 이론이다.

① ㉠ 자연도태설(진화론)　　㉡ 소매아코디언 이론

② ㉠ 소매아코디언 이론　　㉡ 변증법적 과정

③ ㉠ 소매수명주기 이론　　㉡ 소매아코디언 이론

④ ㉠ 소매아코디언 이론　　㉡ 소매업수레바퀴 이론

⑤ ㉠ 소매업수레바퀴 이론　　㉡ 변증법적 과정

소매 수명주기 이론(Retail Life Cycle Theory) : 소매 수명주기 이론에서 소매상은 유통업태가 시간이 지남에 따라 일정한 단계(도 입기 → 성장기 → 성숙기 → 쇠퇴기)를 거쳐 발전한다는 이론이다.
소매업 아코디언 이론(Retail Accordion Theory) : 종합상품계열을 가진 유통기관은 한정된 상품계열을 가지는 기관에 대체되고, 다 시 종합상품계열을 가진 기관에 대체되는 과정이 순환적으로 반복된다. 가격파 괴 할인점에 이어 한정된 상품 계열을 가지는 카테고리 킬러가 등장하고, 다시 슈퍼센터나 파워센터처럼 종합상품계열을 갖춘 업태가 번갈아 가며 등장한다.

59 점포 내 레이아웃관리를 위한 의사결정의 순서로 가장 잘 나열된 것은?

① 판매방법 결정 – 상품배치 결정 – 진열용 기구배치 – 고객동선 결정

② 판매방법 결정 – 진열용 기구배치 – 고객동선 결정 – 상품배치 결정

③ 상품배치 결정 – 고객동선 결정 – 진열용 기구배치 – 판매방법 결정

④ 상품배치 결정 – 진열용 기구배치 – 고객동선 결정 – 판매방법 결정

⑤ 상품배치 결정 – 고객동선 결정 – 판매방법 결정 – 진열용 기구배치

점포레이아웃과 디자인은 단순히 점포를 아름답게 꾸미는 것만이 아니며, 점포설 계와 디자인은 대규모 설비 투자를 수반하는 동시에 구조 변경과 조정이 쉽지 않아 장·단기별 계획을 통해 경영 전략상 최적화와 비용절감에 중점을 둔다.

60 아래 글상자에서 설명하는 소매점의 포지셔닝 전략으로 옳은 것은?

> ㉠ 더 높은 비용에 더 많은 가치를 제공하는 전략으로 시장크기는 작으나 수익률은 매우 높음
> ㉡ 미국의 Nieman Marcus, Sax Fifth Avenue, 영국의 Harrods 백화점의 포지셔닝전략

① More for More 전략
② More for the Same 전략
③ Same for Less 전략
④ Same for the Same 전략
⑤ More for Less 전략

① More for More 전략 : 우수한 품질을 더욱 비싸게!
② More for the Same 전략 : 좋은 품질을 같은 가격으로!
③ Same for Less 전략 : 같은 품질을 더 낮은 가격으로!
④ Same for the Same 전략 : 가격경쟁시장으로 대부분이 이 범주에 속한다.
⑤ More for Less 전략 : 같은 품질을 더 낮은 가격으로!

61 소매점에 대한 소비자 기대관리에 대한 설명으로 옳지 않은 것은?

① 입지편리성을 판단할 때 소비자의 여행시간보다 물리적인 거리가 훨씬 더 중요하다.
② 점포분위기는 상품구색, 조명, 장식, 점포구조, 음악의 종류 등에 영향을 받는다.
③ 소비자는 상품구매 이외에도 소매점을 통해 친교나 정보획득과 같은 욕구를 충족하고 싶어한다.
④ 소비재는 소비자의 구매노력에 따라 편의품, 선매품, 전문품으로 구분할 수 있다
⑤ 신용정책, 배달, 설치, 보증, 수리 등의 서비스는 소비자의 점포선택에 영향을 준다.

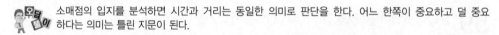
소매점의 입지를 분석하면 시간과 거리는 동일한 의미로 판단을 한다. 어느 한쪽이 중요하고 덜 중요하다는 의미는 틀린 지문이 된다.

62 유통업체에 대한 판촉 유형 중 가격 할인에 대한 설명으로 가장 옳지 않은 것은?

① 정해진 기간 동안에 일시적으로 유통업체에게 제품가격을 할인해 주는 것이다.
② 일정 기간 동안 유통업체가 구입한 모든·제품의 누적 주문량에 따라 할인해 준다.
③ 유통업체로 하여금 할인의 일부 또는 전부를 소비자가격에 반영하도록 유도한다.
④ 정기적으로 일정 기간 동안 실시하며, 비정기적으로는 실시하지 않는 것이 보통이다.
⑤ 수요예측력이 있으며 재고 처리능력을 보유한 유통업체에게 유리한 판촉유형이다.

가격할인은 동일한 제품에 시간이나 유행의 경과에 따라서 가격을 낮게 책정하여 소비자들에게 구매를 유도하는 내용이다. 일정 기간 동안 유통업체가 구입한 모든 제품의 누적 주문량에 따라 할인해 준다면 이는 기간할인 수량할인으로 단골에게 적용하는 할인전략이 된다.

63 아래 글상자에서 설명하는 점포 레이아웃 형태로 옳은 것은?

> ㉠ 기둥이 많고 기둥간격이 좁은 상황에서도 점포설비비용을 절감할 수 있음
> ㉡ 통로 폭이 동일해서 건물 전체 필요 면적이 최소화된다는 장점이 있으며 슈퍼마켓 점포 레이아웃에 많이 사용됨

① 격자형 레이아웃　　　　　② 자유형 레이아웃
③ 루프형 레이아웃　　　　　④ 복합형 레이아웃
⑤ 부띠끄형 레이아웃

② 자유형 레이아웃 : 소매점의 레이아웃(layout)시, 비품과 통로를 비대칭적으로 배치하는 방법으로 주로 규모가 작은 전문점매장이나 여러개의 작은 전문점매장이 모여있는 다형점포에 서 주로 채택하는 레이아웃방식이다.
③ 루프형 레이아웃 : 일련의 굴곡통로로 고리처럼 연결되고 있다는 점에서 프리플로형과 비슷 하지만 점포내부가 경주로(競走路)처럼 뻗어나가 있어 경주로형(race back) 배치라 고도 부른다.
④ 복합형 레이아웃 : 여러 레이아웃의 형태가 중복된 모습으로 각각의 레이아웃의 장점을 결합한 레이아웃이다.
⑤ 부띠끄형 레이아웃 : 특정 쇼핑테마별로 하나의 독립적인 공간처럼 배치하는 형식이다.

64 고객생애가치(CLV, Customer lifetime value)에 대한 설명으로 옳은 것은?

① 고객생애가치는 인터넷쇼핑몰 보다는 백화점을 이용하는 고객들을 평가하는데 용이하다.
② 고객생애가치는 고객과 기업간의 정성적 관계 가치이므로 수치화하여 측정하기 어렵다.
③ 고객생애가치는 고객점유율(customer share)에 기반하여 정확히 추정할 수 있다.
④ 고객생애가치는 고객이 일생동안 구매를 통해 기업에게 기여하는 수익을 현재가치로 환산한 금액을 말한다.
⑤ 고객생애가치는 고객의 이탈률과 비례관계에 있다.

① 고객생애가치는 인터넷쇼핑몰,백화점을 이용하는 고객들을 평가하는데 차이는 없다.
② 고객생애가치는 고객과 기업간의 정량적 관계로 충분히 수치화하여 측정할 수 있다.
③ 고객생애가치는 고객점유율(customer share)과는 상관이 없다.
⑤ 고객생애가치는 고객의 이탈률과 반비례관계에 있다.

65 유통경로 상의 수평적 갈등의 사례로서 가장 옳은 것은?

① 도매상의 불량상품 공급에 대한 소매상의 불평
② 납품업체의 납품기일 위반에 대한 제조업체의 불평
③ 소매상이 무리한 배송을 요구했다는 택배업체의 불평

④ 제조업체가 재고를 제때 보충하지 않았다는 유통업체의 불평
⑤ 다른 딜러가 차량 가격을 너무 낮게 책정했다는 동일차량회사 딜러의 불평
⑤ 고객 동선과 판매원 동선을 교차시켜 상품노출을 극대화 할 수 있는가?

 ⑤는 수평적인 갈등이고, 나머지는 수직적인 갈등의 내용이다.

66 유형별 고객에 대한 설명으로 옳지 않은 것은?

① 고객이란 기업의 제품이나 서비스를 구매하거나 이용하는 소비자를 말한다.
② 이탈고객은 기업의 기준에 의해서 더 이상 자사의 제품이나 서비스를 이용하지 않는 것으로 정의된 고객을 말한다.
③ 내부고객은 조직 내부의 가치창조에 참여하는 고객으로서 기업의 직원들을 의미한다.
④ 비활동 고객은 자사의 제품이나 서비스를 구매한 경험도 향후 자사의 고객이 될 수 있는 가능성도 없는 고객을 말한다.
⑤ 가망고객은 현재 고객은 아니지만 광고, 홍보를 통해 유입될 가능성이 높은 고객을 말한다.

 비활동 고객은 자사의 제품이나 서비스를 구매한 경험이 있지만 지금은 구매활동을 하지 않은 고객이다. 하지만 향후 매장이나 기업의 노력으로 자사의 고객이 될 수 있는 가능성이 있는 고객을 말한다.

67 점포 설계의 목적과 관련된 설명으로 가장 옳지 않은 것은?

① 점포는 다양하고 복잡한 모든 소비자들의 욕구와 니즈를 충족할 수 있도록 설계해야 한다.
② 점포는 상황에 따라 상품구색 변경을 수용하고 각 매장에 할당된 공간과 점포 배치의 수정이 용이하도록 설계하는 것이 좋다.
③ 점포는 설계를 시행하고 외관을 유지하는데 드는 비용을 적정 수준으로 통제할 수 있도록 설계해야 한다.
④ 점포는 고객 구매 행동을 자극하는 방식으로 설계해야 한다.
⑤ 점포는 사전에 정의된 포지셔닝을 달성할 수 있도록 설계해야 한다.

 점포는 소비자들의 욕구와 니즈를 충족할 수 있도록 설계해야 하지만 가급적이면 단순하고 편리함을 우선적으로 고려를 해야한다.

68 유통업체의 업태 간 경쟁(intertype competition)을 유발시키는 요인으로 가장 옳지 않은 것은?

① 소비자 수요의 질적 다양화
② 생활 필수품의 범위 확대
③ 정보기술의 발달
④ 품목별 전문유통기업의 등장
⑤ 혼합상품화(scrambled merchandising) 현상의 증가

 품목별 전문유통기업의 등장은 업테에서 잔문성을 강조하므로 업태 간 경쟁을 유발시키지는 않는다.

69 매장 내 상품진열의 방법을 결정할 때 고려해야 할 요인으로서 가장 옳지 않은 것은?

① 상품들 간의 조화
② 점포이미지와의 일관성
③ 개별상품의 물리적 특성
④ 개별상품의 잠재적 이윤
⑤ 보유한 진열비품의 활용가능성

 보유한 진열비품의 활용가능성은 고객입장에서는 전혀 관심이 없는 내용으로 매장으로 활용하는 것은 매장의 입장에서 판단을 하는 것이다.

70 아래 글상자 ㉠과 ㉡에 들어갈 알맞은 용어는?

상품관리 시 품목구성에서 결정해야 할 중요한 사항으로 (㉠)와(과) (㉡)의 설정이 있다. (㉠)은(는)취급 가격의 범위를 말하는데 최저가격부터 최고가격까지의 폭을 의미한다. (㉡)은(는) 중점을 두는 가격의 봉우리를 지칭하는데 고급품의 가격대, 중급품의 가격대 등(㉠) 가운데 몇 가지를 설정하는 것이다.

① ㉠ 상품의 폭,   ㉡ 상품의 깊이
② ㉠ 상품의 깊이,   ㉡ 상품의 폭
③ ㉠ 가격,   ㉡ 마진
④ ㉠ 프라이스 라인,   ㉡ 프라이스 존
⑤ ㉠ 프라이스 존,   ㉡ 프라이스 라인

 가격 존 (price zone, price range) ㉠ 그 상품 품종의 매가의 상한과 하한 간의 모든 간격. 「가격 존이 넓다」는 것은 그 품종의 가장 높은 가격과 가장 낮은 가격과의 차가 크다는 것을 말한다. 그런 경우는 매가의 종류(프라이스 라인)가 상당히 많다.

제4과목 유통 정보(71~90)

71 CRM 시스템에 대한 설명으로 가장 옳지 않은 것은?

① 신규고객 창출, 기존고객 유지, 기존고객 강화를 위해 이용된다.
② 기업에서는 장기적인 고객관계 형성보다는 단기적인 고객관계 형성을 위해 도입하고 있다.
③ 다양한 측면의 정보 분석을 통해 고객에 대한 이해도를 높여준다.
④ 유통업체의 경쟁우위 창출에 도움을 제공한다.
⑤ 고객유지율과 경영성과 모두를 향상시키기 위해 정보와 지식을 활용한다.

 기업에서는 단기적인 고객관계 형성보다는 장기적인 고객관계 형성을 위해 도입하고 있다.

72 정보 단위에 대한 설명으로 옳지 않은 것은?

① 기가바이트(GB)는 바이트(B) 보다 큰 단위이다.
② 테라바이트(TB)는 기가바이트(GB) 보다 큰 단위이다.
③ 테라바이트(TB)는 메가바이트(MB) 보다 큰 단위이다.
④ 메가바이트(MB)는 킬로바이트(KB) 보다 큰 단위이다.
⑤ 기가바이트(GB)는 페타바이트(PB) 보다 큰 단위이다.

 페타바이트(PB)는 기가바이트(GB)보다 큰 단위이다. 페타바이트(Petabyte, PB)는 1015 를 의미하는 SI 접두어인 페타와 컴퓨터 데이터의 표시단위인 바이트가 합쳐진 자료량을 의미하는 단위이다. 이진 접두어를 사용한 페비바이트(PiB) 와 구분된다.

73 충성도 프로그램에 대한 설명으로 옳지 않은 것은?

① 유통업체에서 운영하는 충성도 프로그램은 고객들의 구매 충성도를 높이기 위해 운영되는 단발성 프로그램이다.
② 유통업체 고객의 충성도는 다양한데, 대표적인 충성도에는 행동적 충성도와 태도적 충성도가 있다.
③ 유통업체 고객의 행동적 충성도의 대표적인 사례로는 고객의 반복구매가 있다.
④ 유통업체 고객이 특정한 상품에 대해 애착을 형성하거나 우호적 감정을 갖는 것을 태도적 충성도라고 한다.
⑤ 유통업체에서 가지고 있는 충성도 강화 프로그램은 사전에 정해진 지침에 의해 운영된다.

유통업체에서 운영하는 충성도 프로그램은 고객들의 구매 충성도를 높이기 위해 운영되는 장기성 프로그램이다.

74 유통업체들은 정보시스템 운영을 효율화하기 위해 ERP시스템을 도입하고 있는데 ERP 시스템의 발전순서를 나열한 것으로 옳은 것은?

㉠ ERP	㉡ Extended ERP	㉢ MRP	㉣ MRP II

① ㉢ - ㉣ - ㉠ - ㉡   ② ㉢ - ㉠ - ㉣ - ㉡
③ ㉢ - ㉡ - ㉠ - ㉣   ④ ㉠ - ㉣ - ㉢ - ㉡
⑤ ㉠ - ㉡ - ㉢ - ㉣

 자재소요 계획(Material Requirement Planning : MRP)
제조자원계획MRP II (Manufacturing Resource Planning : MRP II)
전사적 자원 관리(Enterprise Resource Planning: ERP)
확장된 전사적 자원 관리(Extended Enterprise Resource Planning: Extended ERP)

75 사물인터넷 유형을 올인원 사물인터넷과 애프터마켓형 사물인터넷으로 구분할 경우 보기 중 애프터마켓형 사물인터넷 제품으로 가장 옳은 것은?

① 스마트 TV   ② 스마트 지갑
③ 스마트 냉장고   ④ 스마트 워치(watch)
⑤ 크롬 캐스트(Chrome Cast)

 크롬캐스트(Chromecast)는 구글에서 만든 멀티미디어 스트리밍 어댑터이다. 이 장치는 2 인치(5.1 cm) 동글이며 HDTV의 HDMI 포트에 꽂아 오디오나 비디오를 와이파이를 통해 수신해 TV에서 스트리밍 재생한다. 크롬캐스트는 HDMI 1.4+ 포트와 USB 포트, 전원 어댑터로부터 전원을 공급받으며 구글 크롬 OS의 심플 버전을 탑재하고 있다.

76 아래 글상자에서 설명하는 기술로 옳은 것은?

㉠ A사는 행정안전부와 협약을 통해 이 기술을 이용하여 긴급구조 활동에 지원하기로 하였으며, 재난 발생으로 고립된 지역에 의약품 키트를 긴급물품으로 지원하기로 하였다. 독일 제작업체와 합작해 도입한 '○○스카이도어'이다.

㉡ B사는 2019년 4월 이것에 대해 미국 FAA로부터 사업허가를 승인받았다. 버지니아와 블랙스버그의 외곽 지역에서 이 기술을 이용하여 기업에서 가정으로 상품을 실어 나르는 상업 서비스를 개시할 수 있게 되었다. 이 승인은 2년간 유효하며, 조종사 1인당 동시에 가능한 조정대수는 최대 5대로 제한되고 위험물질은 실늘 수 없나.

① GPS   ② 드론   ③ 핀테크

④ DASH   ⑤ WING

① GPS : GPS(Global Positioning System)란 미국 국방부에서 개발한 새로운 위성항법 시스템으로 주 관제국은 미국에 있고, 인공위성을 활용하는 정보기술 분야이다.
③ 핀테크 : 핀테크(FinTech 또는 Financial Technology)는 금융(Finance)과 기술(Technology)의 합성어로, 모바일, 빅 데이터, SNS 등의 첨단 정보 기술을 기반으로 한 금융서비스 및 산업의 변화를 통칭한다. 모바일을 통한 결제·송금·자산관리·크라우드 펀딩 등 금융과 IT가 융합된 것이다. 새로운 IT기술을 활용하여 기존 금융기법과 차별화된 금융서비스를 제공하는 기술기반 서비스 혁신이 대표적이며 최근 사례는 모바일뱅킹과 앱카드 등이 있다. 산업의 변화로는 혁신적 비금융기업이 보유 기술을 활용하여 지급결제와 같은 금융서비스를 이용자에게 직접 제공하는 현상이 있는데 애플페이, 알리페이 등을 예로 들 수 있다.

77 전자상거래를 이용하는 고객들이 기업에서 발송하는 광고성 메일에 대해 수신거부 의사를 전달하면, 고객들은 광고성 메일을 받지 않을 수 있는데 이를 적절하게 설명하는 용어로 옳은 것은?

① 옵트아웃(opt out)   ② 옵트인(opt in)
③ 옵트오버(opt over)   ④ 옵트오프(opt off)
⑤ 옵트온(opt on)

옵트인은 정보주체가 동의를 해야만 개인정보를 처리할 수 있는 방식을 의미한다. 개인정보를 수집, 제공, 이용하거나 광고 메일, SMS 등을 보낼 때 정보주체가 이에 대한 동의를 한 경우에만 개인정보를 처리할 수 있다. 반면, 옵트아웃은 정보주체의 동의를 받지 않고 개인정보를 처리하는 방식이다. 단, 정보주체가 거부 의사를 밝힌 경우에는 개인정보를 처리를 바로 중지해야 한다. 옵트아웃 방식의 대표적인 예로는 광고를 위한 메일을 보낼 때, 수신자가 발송자에게 수신거부 의사를 밝혀야만 메일발송을 금지하고 수신거부 의사를 밝히기 전에는 모든 수신자에게 메일을 보내는 경우가 있다.

78 유통업체와 제조업체들이 환경에 해로운 경영 활동을 하면서, 마치 친환경 경영 활동을 하고 있는 것처럼 광고하는 경우를 설명하는 용어로 옳은 것은?

① 카본 트러스트(Carbon Trust)   ② 자원 발자국(Resource Footprint)
③ 허브 앤 스포크(Hub and Spoke)   ④ 그린워시(Greenwash)
⑤ 친환경 공급사슬(Greenness Supply Chain)

① 카본 트러스트(Carbon Trust) : 카본트러스트(Carbon Trust)의 전문적이고 체계적인 탄소관리전략 컨설팅이 실질적인 탄소배출감소는 물론 기업 이미지 제고 및 이익증대효과를 가져오고 있다는 분석 하에 영국 내 기업들의 자발적 참여를 성공적으로 유도함
② 자원 발자국(Resource Footprint) : 광물 및 화석연료 등의 개발 및 소비로 인한 전 지구적 영향, 폐기물 발생 및 자원순환에 미치는 영향
③ 허브 앤 스포크(Hub and Spoke) : 물류시스템의 설명. 출발지에서의 제품 및 상품을 특정 권역의 중심부인 허브에 집중시킨 후에 각 지역 별로 분배하는
④ 그린워시(Greenwash) : 이처럼 겉으로는 친환경 가치를 내세우지만, 이면에 반(反)환경적 요소를 감추는 모습을 그린워싱이라고 한다. 이 같은 그린워싱은 시민의 일상 속에도 침투해 있다. 아모레퍼시픽 자회사인 '이니스프리' 사례가 대표적이다.

79 아래 글상자의 ( )안에 공통적으로 들어갈 공급사슬관리 개념으로 가장 옳은 것은?

> ㉠ ( )은(는) 조직들이 시장의 실질적인 수요를 예측함과 동시에 비용효과적인 방법으로 대응하는 전략이다.
> ㉡ ( )의 목표는 조직들이 최소 재고를 유지하면서, 정시배송을 통한 가장 높은 수준의 소비자 만족을 가능하게 하는 것이다.
> ㉢ ( )의 핵심은 단일 계획에 의한 실행으로 조직의 경영목표를 달성하기 위한 계획을 정립하고 판매, 생산, 구매, 개발 등 조직 내의 모든 실행이 동기화되어야 한다.

① S&OP(Sales and Operations Planning)

② LTM(Lead Time Management)

③ VMI(Vendor Managed Inventory)

④ DF(Demand Fulfillment)

⑤ SF(Supply Fulfillment)

② LTM(Lead Time Management) : 조달기간(lead time)수요를 결정한 다음 구매 요구서를 작성하여 발주(구매요구)조치를 취한 시점부터 계약, 검사를 거쳐 창고에 입고·저장되어 기록이 완료될 때까지의 경과한 시간을 말한다. 즉, 주문시점부터 창고에 입고시점까지를 말한다.

③ VMI(Vendor Managed Inventory) : 공급자 재고관리(Vendor Managed Inventory)란 공급자인 제조업자나 도매업자 가 소매업재고관리를 소매업체를 대신해서 하는 것을 말한다. 소매업체는 유통업체나 제조업체에 판매와 재고에 관한 정보를 제공해야 하고 치밀하게 자동 보충 발주를 해야만 한다.

④ DF(Demand Fulfillment) : 물류일괄대행 서비스로 물류 전문 업체에 재고 관리, 입출고 등 물류 업무를 장기 위탁하는 3자 물류(3PL)에서 보다 진화한 형태. 물류 업무뿐 아니라 공급망(SCM) 관리를 위한 통합 솔루션이다.

⑤ SF(Supply Fulfillment) : 풀필먼트(fulfilment)는 (주문)이행을 뜻하는 용어로, 온라인 유통 산업에서 풀필먼트는 고객의 주문에 맞춰 물류센터에서 제품을 피킹, 포장하고 배송까지 하는 일련의 프로세스를 의미한다.
- 오더 풀필먼트(Order Fulfillment) : 오프라인에서 재고관리, 선별, 포장, 출고를 처리하는 일반적인 풀필먼트 서비스
- 이커머스 풀필먼트(E-commerce Fulfillment) : 온라인 마켓에서 고객이 주문한 데이터와 배송을 연계하는 풀필먼트 서비스

80 전자자료교환(EDI)에 대한 설명으로 가장 옳지 않은 것은?

① 전용선 기반이나 텍스트 기반의 EDI 서비스는 개방적 인터넷 환경으로 인해 보안상 취약성이 높아 웹기반서비스 불가하며, 2022년 서비스가 예정이다.

② EDI 서비스는 기업 간 전자상거래 서식 또는 공공 서식을 서로 합의된 표준에 따라 표준화된 메시지 형태로 변환해 거래 당사자끼리 통신망을 통해 교환하는 방식이다.

③ EDI 서비스는 수작업이나 서류 및 자료의 재입력을 하지 않게 되어 실수 및 오류를 방지하며 더 많은 비즈니스 문서를 보다 정확하고 보다 빨리 공유하고 처리할 수 있다.

④ EDI 시스템의 기본 기능에는 기업의 수주, 발주, 수송, 결제 등을 처리하는 기능이 있으며, 상업 거래 자료를 변환, 통신, 표준 관리 그리고 거래처 관리 등으로 활용할 수 있다.

⑤ EDI 서비스는 1986년 국제연합유럽경제위원회(UN/ECE) 주관으로 프로토콜 표준화 합의가 이루어졌고, 1988년 프로토콜의 명칭을 EDIFACT로 하였으며, 구문규칙을 국제표준(ISO 9735)으로 채택하였다.

 전용선 기반이나 텍스트 기반의 EDI 서비스는 개방적 인터넷 환경으로 인해 보안상 취약성이 높아 웹기반 서비스 불가하면 서비스진행이 어려워진다.

81 POS(Point of Sale)시스템의 구성기기 중 상품명, 가격, 구입처, 구입가격 등 상품에 관련된 모든 정보가 데이터베이스화되어 있으며, 자동으로 판매파일, 재고파일, 구매파일 등을 갱신하고 기록하여, 추후 각종 통계자료 작성 시에 사용 가능케 하는 기기로 가장 옳은 것은?

① POS 터미널   ② 바코드 리더기
③ 바코드 스캐너   ④ 본부 주 컴퓨터
⑤ 스토어 컨트롤러

 ① POS 터미널 : 포스 터미널(POS terminal) ㉠ 점포의 컴퓨터 단말기를 말한다. ㉡ 금전 등록, 영수증 발행, 신용카드의 자동 판독, 감시 테이프의 작성 등의 기능을 수행한다.
② 바코드 리더기 : 바코드의 정보를 읽는 것을 말한다.
③ 바코드 스캐너 : 바코드의 정보를 확인하고 파악하는 것을 말한다.
④ 본부 주 컴퓨터 : 정보를 전달하면 계산서를 발행하는 일련의 절차를 거치는 것이다.

82 e-SCM을 위해 도입해야 할 주요 정보기술로 가장 옳지 않은 것은?

① 의사결정을 지원해주기 위한 자료 탐색(data mining) 기술
② 내부 기능부서 간의 업무통합을 위한 전사적 자원관리(ERP) 시스템
③ 기업내부의 한정된 일반적인 업무활동에서 발생하는 거래자료를 처리하기 위한 거래처리시스템
④ 수집된 고객 및 거래데이터를 저장하기 위한 데이터웨어하우스(data warehouse)
⑤ 고객, 공급자 등의 거래 상대방과의 거래 처리 및 의사소통을 위한 인터넷 기반의 전자상거래(e-Commerce)시스템

 기업내부의 한정된 일반적인 업무활동에서 발생하는 거래자료를 처리하기 위한 거래처리시스템은 거래자료 처리시스템(Transaction Processing System:TPS)이란 조직체의 운영상 기본적으로 발생하는 거래자료를 신속 정확하게 처리하는 정보시스템이다. 판매, 구매, 급여, 재고 등의 업무는 많은 거래자료를 빈번하게 발생시키므로 이의 효율적 처리를 꾀하기 위함이다. 즉 기존에 수작업 또는 기계장치로 수행되던 사무 및 현장업무(clerical operation)를 컴퓨터의 이용을 통해 효율적으로 처리해 준다.

83 바코드 기술과 RFID 기술에 대한 설명으로 옳지 않은 것은?

① 유통업체에서는 바코드 기술을 판매관리에 활용하고 있다.

② 바코드 기술은 핀테크 기술에 결합되어 다양한 모바일 앱에서 활용되고 있다.

③ 바코드 기술을 대체할 기술로는 RFID(Radio Frequency IDentification) 기술이 있다.

④ RFID 기술은 바코드에 비해 구축비용이 저렴하지만, 보안 취약성 때문에 활성화되고 있지 않다.

⑤ RFID 기술은 단품관리에 활용될 수 있다.

 RFID 기술은 바코드에 비해 구축비용이 높지만, 보안성이 바코드보다는 높다. 하지만 비용이 고가이기에 활성화되고 있지 않다.

84 아래 글상자에서 설명하는 기술로 옳은 것은?

> 인간을 대신하여 수행할 수 있도록 단순 반복적인 업무를 알고리즘화하고 소프트웨어적으로 자동화하는 기술이다. 물리적 로봇이 아닌 소프트웨어프로그램으로 사람이 하는 규칙기반(rule based) 업무를 기존의 IT환경에서 동일하게 할 수 있도록 구현하는 것이다.
> 2014년 이후 글로벌 금융사를 중심으로 확산되었으며, 현재는 다양한 분야에서 일반화되는 추세이다.

① RPA(Robotic Process Automation)

② 비콘(Beacon)

③ 블루투스(Bluetooth)

④ OCR(Optical Character Reader)

⑤ 인공지능(Artificial Intelligence)

② 비콘(Beacon) : 비콘의 사전적 의미로는 등대 · 경광등 · 무선 송신소 등이지만 21세기 초부터는 주로 '무선표식'을 지칭하는 용어이다.

③ 블루투스(Bluetooth) : 블루투스(영어: Bluetooth)는 1994년에 에릭슨이 최초로 개발한[3] 디지털 통신 기기를 위한 개인 근거리 무선 통신 산업 표준이다. ISM 대역에 포함되는 2.4~2.485GHz의 단파 UHF 전파를 이용하여[4] 전자 장비 간의 짧은 거리의 데이터 통신 방식을 규정하는 블루투스는, 개인용 컴퓨터에 이용되는 마우스, 키보드를 비롯해, 휴대전화 및 스마트폰, 태블릿, 스피커 등에서 문자 정보 및 음성 정보를 비교적 낮은 속도로 디지털 정보를 무선 통신을 통해 주고 받는 용도로 채용되고 있다.

④ OCR(Optical Character Reader) : 광학 문자 인식(Optical character recognition; OCR)은 사람이 쓰거나 기계로 인쇄한 문자의 영상을 이미지 스캐너로 획득하여 기계가 읽을 수 있는 문자로 변환하는 것이다.

⑤ 인공지능(Artificial Intelligence) : 인공지능 또는 AI는 인간의 학습능력, 추론능력, 지각능력, 그외에 인공적으로 구현한 컴퓨터 프로그램 또는 이를 포함한 컴퓨터 시스템이다. 하나의 인프라 기술이기도 하다. 인간을 포함한 동물이 갖고 있는 지능 즉, natural intelligence와는 다른 개념이다.

85 QR(Quick Response) 도입으로 얻는 효과로 가장 옳지 않은 것은?

① 기업의 원자재 조달에서부터 상품이 소매점에 진열되기까지 총 리드타임 단축
② 낮은 수준의 재고와 대응시간의 감소가 서로 상충되어 프로세싱 시간 증가
③ 정확한 생산계획에 의한 생산관리로 낮은 수준의 재고 유지 가능
④ 전표 등을 EDI로 처리하여 정확성 및 신속성 향상
⑤ 기업 간 정보공유를 바탕으로 소비동향을 분석, 고객요구를 신속하게 반영하는 것이 가능

 낮은 수준의 재고와 대응시간의 감소가 기본으로 프로세싱 시간이 감소된다.

86 POS(Point of Sale) 시스템에 대한 설명으로 옳지 않은 것은?

① 유통업체에서는 POS 시스템을 도입함으로써 업무처리 속도를 개선하고, 업무에서의 오류를 줄일 수 있다.
② 유통업체에서는 POS 시스템의 데이터를 분석함으로써 중요한 의사결정에 활용할 수 있다.
③ 유통업체에서는 POS 시스템을 통해 얻은 시계열자료를 분석함으로써 판매 상품에 대한 추세 분석을 할 수 있다.
④ 유통업체에서는 POS 시스템을 도입해 특정 상품을 얼마나 판매하였는가에 대한 정보를 얻을 수 있다.
⑤ 고객의 프라이버시 보호를 위해 바코드로 입력된 정보와 고객 정보의 연계를 금지하고 있어 유통업체는 개인 고객의 구매내역을 파악할 수 없다.

고객의 프라이버시 보호는 기본적으로 개인정보보호법에 따라서 보호를 하고, 바코드로 입력된 정보와 고객 정보의 연계는 기본적인 정보만을 제공하여 유통업체는 개인 고객의 구매내역을 파악할 수 있다.

87 아래 글상자 내용은 패턴 발견과 지식을 의사결정 및 지식 영역에 적용하기 위한 지능형 기술에 대한 설명이다. (   )안에 적합한 용어로 옳은 것은?

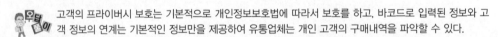

(   )(은)는 자연 언어 등의 애매함을 정량적으로 표현하기 위하여 1965년 미국 버클리대학교의 자데(L. A.Zadeh) 교수에 의해 도입되었다. 이는 불분명한 상태, 모호한 상태를 참 혹은 거짓의 이진 논리에서 벗어난 다치성으로 표현하는 논리 개념으로, 근사치나 주관적 값을 사용하는 규칙들을 생성함으로써 부정확함을 표현할 수 있는 규칙 기반기술(rule-based technology)이다.

① 신경망　　　② 유전자 알고리즘　　　③ 퍼지 논리
④ 동적계획법　　⑤ 전문가시스템

 ① 신경망 : 신경망(神經網) 또는 뉴럴 네트워크(neural network)는 신경회로 또는 신경의 망(網)으로, 현대적 의미에서는 인공 뉴런이나 노드로 구성된 인공 신경망을 의미한다.[1] 그러므로 신경망은 실제 생물학적 뉴런으로 구성된 생물학적 신경망이거나 인공지능(AI) 문제를 해결하기 위한 인공 신경망으로 구분할 수 있다. 생물학적 뉴런의 연결은 하중(무게)으로 모델링된다.
② 유전자 알고리즘 : 유전 알고리즘(Genetic Algorithm)은 자연세계의 진화과정에 기초한 계산 모델로서 존 홀랜드(John Holland)에 의해서 1975년에 개발된 전역 최적화 기법으로, 최적화 문제를 해결하는 기법의 하나이다. 생물의 진화를 모방한 진화 연산의 대표적인 기법으로, 실제 진화의 과정에서 많은 부분을 차용(채용)하였으며, 변이(돌연변이), 교배 연산 등이 존재한다. 또한 세대, 인구 등의 용어도 문제 풀이 과정에서 사용된다.
④ 동적계획법 : 수학과 컴퓨터 과학, 그리고 경제학에서 동적 계획법(動的計劃法, dynamic programming)이란 복잡한 문제를 간단한 여러 개의 문제로 나누어 푸는 방법을 말한다. 이것은 부분 문제 반복과 최적 부분 구조를 가지고 있는 알고리즘을 일반적인 방법에 비해 더욱 적은 시간 내에 풀 때 사용한다.
⑤ 전문가시스템 : 전문가 시스템(專門家 system, experts system)은 생성시스템의 하나로서, 인공지능 기술의 응용분야 중에서 가장 활발하게 응용되고 있는 분야이다. 즉 인간이 특정분야에 대하여 가지고 있는 전문적인 지식을 정리하고 표현하여 컴퓨터에 기억시킴으로써, 일반인도 이 전문지식을 이용할 수 있도록 하는 시스템이다. 의료 진단 시스템, 설계 시스템 등이 있다.

88 지식관리에 대한 설명으로 옳지 않은 것은?

① 명시적 지식은 쉽게 체계화할 수 있는 특성이 있다.
② 암묵적 지식은 조직에서 명시적 지식보다 강력한 힘을 발휘하기도 한다.
③ 명시적 지식은 경쟁기업이 쉽게 모방하기 어려운 지식으로 경쟁우위 창출에 기반이 된다.
④ 암묵적 지식은 사람의 머릿속에 있는 지식으로 지적자본 (intellectual capital)이라고도 한다.
⑤ 기업에서는 구성원의 지식공유를 활성화하기 위하여 인센티브 (incentive)를 도입한다.

명시적 지식은 외부에서 보이는 지식으로 경쟁기업이 쉽게 모방하기 쉽고, 암묵적지식은 경쟁기업이 쉽게 모방하기 어려운 지식이다.

89 전자서명이 갖추어야 할 특성으로 가장 옳지 않은 것은?

① 서명한 문서의 내용을 변경할 수 없어야 한다.
② 서명자가 자신이 서명한 사실을 부인할 수 없어야 한다.
③ 서명은 서명자 이외의 다른 사람이 생성할 수 없어야 한다.
④ 서명은 서명자의 의도에 따라 서명된 것임을 확인할 수 있어야 한다.
⑤ 하나의 문서의 서명을 다른 문서의 서명으로 사용할 수 있어야 한다.

하나의 문서의 서명을 다른 문서의 서명으로 사용하면 보안에 취약한 내용이다.

90 유통업체에서 지식관리시스템 활용을 통해 얻을 수 있는 효과로 옳지 않은 것은?

① 동종 업계의 다양한 우수 사례를 공유할 수 있다.
② 지식을 획득하고, 이를 보다 효과적으로 활용함으로써 기업 성장에 도움을 받을 수 있다.
③ 중요한 지식을 활용해 기업 운영에 있어 경쟁력을 확보할 수 있다.
④ 지식 네트워크를 구축할 수 있고, 이를 통해 새로운 지식을 얻을 수 있다.
⑤ 의사결정을 위한 정보를 제공해주는 시스템으로 의사결정권이 있는 사용자가 빠르게 판단할 수 있게 돕는다.

> 의사결정을 위한 정보를 제공해주는 시스템으로 의사결정권이 있는 사용자가 빠르게 판단할 수 있게 돕는다는 것은 의사결정지원시스템(DSS)이다.

정 답

| 1과목 : 유통 · 물류일반(1~25) | | | | | 2과목 : 상권분석(26~45) | | | | |
| 3과목 : 유통마케팅(46~70) | | | | | 4과목 : 유통정보(71~90) | | | | |

01 ②	02 ③	03 ⑤	04 ②	05 ⑤	06 ⑤	07 ④	08 ④	09 ④	10 ②
11 ③	12 ②	13 ⑤	14 ①	15 ③	16 ②	17 ⑤	18 ④	19 ④	20 ④
21 ①	22 ④	23 ①	24 ⑤	25 ③	26 ①	27 ②	28 ②	29 ⑤	30 ③
31 ④	32 ⑤	33 ①	34 ④	35 ③	36 ①	37 ③	38 ①	39 ⑤	40 ③
41 ①	42 ①	43 ③	44 ⑤	45 ③	46 ③	47 ①	48 ④	49 ⑤	50 ④
51 ④	52 ②	53 ④	54 ④	55 ⑤	56 ④	57 ⑤	58 ②	59 ⑤	60 ①
61 ①	62 ②	63 ①	64 ④	65 ⑤	66 ④	67 ①	68 ④	69 ⑤	70 ⑤
71 ②	72 ⑤	73 ①	74 ①	75 ⑤	76 ②	77 ①	78 ④	79 ①	80 ①
81 ⑤	82 ③	83 ④	84 ①	85 ②	86 ⑤	87 ③	88 ③	89 ⑤	90 ⑤

부록 최근기출문제

2020. 11. 01 유통관리사 2급

제1과목　유통 · 물류 일반(01~25)

01 기업이 물류합리화를 추구하는 이유로 가장 옳지 않은 것은?

① 생산비 절감에는 한계가 있기 때문이다.
② 물류비는 물가상승에 따라 매년 증가하는 경향이 있기 때문이다.
③ 물류차별화를 통해 기업이 경쟁우위를 확보할 수 있기 때문이다.
④ 물류에 대한 고객의 요구들은 동일, 단순하여 고객에게 동일한 서비스를 제공할 수 있기 때문이다.
⑤ 각종 기법과 IT에 의해 운송, 보관, 하역, 포장기술이 발전할 수 있기 때문이다.

 물류에 대한 고객들의 서비스 요구들은 고객마다 다르고, 다양하여 고객에게 다양한 서비스를 제공할 수 있어야 한다.

02 물류공동화의 효과로 가장 옳지 않은 것은?

① 수송물의 소량화
② 정보의 네트워크화
③ 차량 유동성 향상
④ 수 · 배송 효율 향상
⑤ 다빈도 소량배송에 의한 고객서비스 확대

 물류공동화에서 수송물은 대량화가 된다.

03 한 품목의 연간수요가 12,480개이고, 주문비용이 5천원, 제품가격이 1,500원, 연간보유비용이 제품단가의 20%이다. 주문한 시점으로부터 주문이 도착하는 데에는 2주가 소요된다. 이때 ROP(재 주문점)는?
(1년을 52주, 1주 기준으로 재주문하는 것으로 가정)

① 240개　　　　　② 480개　　　　　③ 456개
④ 644개　　　　　⑤ 748개

 ⊙재 주문점(Reorder point)
① 재주문점(Reorder point)모형에서는 수요가 불확실한 경우 주문기간 동안의 평균수요량에 안전재고를 더하여 재주문점을 결정한다.
② 수요가 확실한경우 조달기간에 1일 수요량을 곱하여 재주문점을 결정한다. 즉, 공식은 「재주문점(ROP) = 조달기간 동안의 평균수요 + 안전재고」이다.
= (12,480÷52주)×2주 = 480개

04 화주기업과 3자 물류업체와의 관계에 대한 설명으로 옳지 않은 것은?

① 물류업무에 관한 의식개혁 공유
② 전략적 제휴에 의한 물류업무 파트너십 구축
③ 정보의 비공개를 통한 효율적인 물류업무개선 노력
④ 주력부문에 특화한 물류차별화를 통해 경쟁우위 확보의지 공유
⑤ 화주기업의 물류니즈에 기반한 물류업체의 서비스 범위협의

> 화주기업과 3자 물류업체가 효율적인 물류업무개선 노력하려면 우선적으로 정보의 공개를 통한 원활한 의사소통이 이루어 져야 한다.

05 조직 내 갈등의 생성단계와 설명으로 가장 옳지 않은 것은?

① 잠재적 갈등: 갈등이 존재하지 않는 상태를 의미한다.
② 지각된 갈등: 상대방에 대해 적대감이나 긴장감을 지각하는 것을 말한다.
③ 감정적 갈등: 상대방에 대해 적대감이나 긴장을 감정적으로 느끼는 상태를 말한다.
④ 표출된 갈등: 갈등이 밖으로 드러난 상태를 의미한다.
⑤ 갈등의 결과: 갈등이 해소되었거나 잠정적으로 억제되고 있는 상태를 말한다.

> 잠재적 갈등: 갈등이 겉으로는 보이지 않지만 속으로는 존재하는 상태를 의미한다.

06 물류와 관련된 고객서비스 항목들에 대한 설명 중 가장 옳지 않은 것은?

① 주문인도시간은 고객이 주문한 시점부터 상품이 고객에게 인도되는 시점까지 시간을 의미한다.
② 정시주문충족률을 높이면 재고유지비, 배송비가 감소하여 전체적인 물류비는 감소하게 된다.
③ 최소주문량을 낮출수록 고객의 만족도는 높아지지만 다 빈도 운송으로 인해 운송비용은 증가한다.
④ 주문의 편의성을 높이기 위해서 주문 처리시스템, 고객정보시스템의 구축이 필요하다.
⑤ 판매 이후의 신속하고 효과적인 고객 응대는 사후서비스수준과 관련이 있다.

> 정시주문 충족률(on-time order fill)은 고객 지정 일에 완벽하게 배달된 주문 수를 분자에 배달된 총 주문 수를 분모로 하여 나타내는 것이다.

07 공급사슬관리에 관련된 내용으로 옳지 않은 것은?

① Lean은 많은 생산량, 낮은 변동, 예측 가능한 생산 환경에서 잘 적용될 수 있다.

② Agility는 수요의 다양성이 높고 예측이 어려운 생산 환경에서 잘 적용될 수 있다.

③ 재고보충 리드타임이 짧아 지속적 보충을 하는 경우는 Kanban을 적용하기 힘들다.

④ 수요예측이 힘들고 리드타임이 짧은 경우는 QR이 잘 적용될 수 있다.

⑤ 적은 수의 페인트 기본색상 재고만을 보유하고 소비자들에게 색깔관점에서 커스터마이즈된 솔루션을 제공하는 것은 Lean/Agile 혼합전략의 예가 된다.

 Kanban 은 생산에 필요한 정보가 프린트 되어 있는 카드이다. 생산 현장에서는 종이에 프린트 하여 코팅(lamination)을 하여 사용한다. Kanban 은 일본 도요타 자동차 임원들이 미국 방문 했을 때 슈퍼마켓 에서 고객이 진열대에 디스프레이 된 상품을 장바구니에 넣고 가면 빈 진열대를 채우는데 상품정보가 적힌 카드를 사용하는데 착안하여 자동차 생산 공장에 같은 개념을 적용하면서 시작되었다고 한다.

08 아래 글상자에서 인적자원관리 과정에 따른 구성 내용으로 옳지 않은 것은?

구분	과정	구성 내용
㉠	확보관리	계획, 모집, 선발, 배치
㉡	개발관리	경력관리, 이동관리
㉢	평가관리	직무분석, 인사고과
㉣	보상관리	교육훈련, 승진관리
㉤	유지관리	인간관계관리, 근로조건관리, 노사관계관리

① ㉠   ② ㉡   ③ ㉢   ④ ㉣   ⑤ ㉤

 인적관리는 경영자원 중에서 노동력의 관리를 주목적으로 하는 인간을 대상으로 하는 것인 만큼 노동력의 효율적 운용을 도모하기 위한 체계적인 시책이외에 경영에 인간의 상호이해와 신뢰를 유지할 필요가 있다. 교육훈련은 개발관리에 속한다.

09 재무통제(financial control)를 유효하게 행하기 위한 필요조건 설명으로 옳지 않은 것은?

① 책임의 소재가 명확할 것

② 시정조치를 유효하게 행할 것

③ 업적의 측정이 정확하게 행해질 것

④ 업적평가에는 적절한 기준을 선택할 것

⑤ 계획목표를 CEO의 의사결정에만 전적으로 따를 것

재무통제는 수익의 통제 이외에도 예산의 통제, 운전자본의 통제, 재무비율의 통제 등 자본의 조달과 운용에 관한 각종 통제활동 등으로 계획목표를 CEO의 의사결정에만 전적으로 따를 것은 해당사항이 아니다.

10 기업의 경쟁전략 중 조직규모의 유지 및 축소 전략으로 옳지 않은 것은?

① 다운사이징   ② 집중화전략
③ 리스트럭처링   ④ 영업양도전략
⑤ 현상유지전략

 집중화 전략(Focus Strategy)은 특정시장, 특정소비자집단, 일부품목, 특정지역 등을 집중적으로 공략하는 것을 뜻한다.

11 아래 글상자에서 설명하는 시스템으로 가장 옳은 것은

> 기존의 개별적인 자동화기술 및 시스템을 하나의 생산시스템으로 통합하여 다품종 소량생산방식에 있어서의 융통성과 대량생산에서의 높은 생산성을 동시에 달성하고자 하는 제조시스템을 말하며, 이 시스템의 기술을 가장 효과적으로 적용할 수 있는 분야는 자동차 분야이다.

① 전사적 품질관리시스템
② 전사적 품질경영시스템
③ 적시생산시스템
④ 유연 제조시스템
⑤ 공급체인관리시스템

 유연생산시스템(Flexible Manufacturing System : FMS)은 앞 장에서 그룹테크놀로지를 구현하는 데에 사용되는 기계 셀의 하나로 구분되었는데, GT 셀 중에서 자동화 수준이 가장 높고, 기술적으로 가장 복잡한 것이다. 일반적인 FMS는 다수의 자동작업장으로 구성되어 있으며, 작업장 간의 다양한 공정순서를 가능하게 한다. 유연생산시스템의 유연성은 혼류(혼합모델)생산시스템을 운용할 수 있도록 해 준다.

12 맥킨지 사업포트폴리오 분석은 산업 매력도와 사업 경쟁력차원으로 구분할 수 있는데 이 경우 사업 경쟁력 평가요소에 포함되지 않는 것은?

① 시장점유율, 관리능력, 기술수준
② 제품품질, 상표이미지, 생산능력
③ 시장점유율, 상표이미지, 원가구조
④ 산업성장률, 기술적변화정도, 시장규모
⑤ 유통망, 원자재 공급원의 확보

경쟁력 평가요소는 회사 내부적인 요인에 의하여 평가가 되고, 내부적인 경쟁적 지위는 시장점유율, 사업부의 크기, 차별적 우위의 강도, 연구개발능력, 생산 능력, 원가통제, 경영자의 전문성 등을 포함한다.

13 유통경로 성과를 측정하는 변수 중 정량적 측정변수로 가장 옳지 않은 것은?

① 새로운 세분 시장의 수, 악성부채 비율
② 상품별, 시장별 고객 재구매 비율
③ 브랜드의 경쟁력, 신기술의 독특성
④ 손상된 상품비율, 판매예측의 정확성
⑤ 고객 불평 건수, 재고부족 방지비용

 정량적 척도(Quantitative measures)는 객관적인 요소로 구성이 되어 있고, 정성적 척도(Qualitative measures)는 주관적인 요소로 구성이 되어 있는데 브랜드의 경쟁력, 신기술의 독특성은 정성적 변수에 속한다.

14 아래 글상자 내용은 유통경로의 필요성에 관한 것이다. ㉠~㉤에 들어갈 용어를 순서대로 옳게 나열한 것은?

· 총거래수 (㉠)원칙 : 유통경로에서는 중간상이 개입함으로써 단순화, 통합화됨
· (㉡)의 원리 : 유통경로 상 수행되는 수급조절, 수배송, 보관, 위험부담 등을 생산자와 유통기관이 (㉡)하여 참여함
· (㉢) 우위의 원리 : 유통분야는 (㉣)가 차지하는 비중이 (㉤)보다 크므로 제조와 유통의 역할을 분담하는 것이 비용 측면에서 유리

	㉠	㉡	㉢	㉣	㉤
①	최대,	통합,	변동비,	고정비,	변동비
②	최대,	분업,	변동비,	고정비,	변동비
③	최대,	통합,	고정비,	변동비,	고정비
④	최소,	분업,	변동비,	변동비,	고정비
⑤	최소,	분업,	고정비,	변동비,	고정비

유통경로 상 중간상 필요원칙은 제품의 구매와 판매에 필요한 정보탐색의 노력을 감소시켜주고, 제조업자와 소비자의 기대차이를 조정해 준다. 문제는 중간상의 필요원칙 4가지를 묻고 있다.

15 유통경영전략을 수립하기 위한 환경 분석 중 내부 환경 요인분석에서 활용되는 가치사슬모형(value chain model)에 대한 설명으로 옳은 것은?

① 기업 활동을 여러 세부 활동으로 나누어 활동목표 수준과 실제 성과를 분석하면서 외부 프로세스의 문제점과 개선 방안을 찾아내는 기법이다.
② 기업의 가치는 보조 활동과 지원활동의 가치창출 활동에 의해 결정된다.
③ 핵심프로세스에는 물류투입, 운영·생산, 물류산출, 마케팅 및 영업, 인적자원관리 등이 포함된다.
④ 지원프로세스에는 기업인프라, 기술개발, 구매조달, 서비스 등이 포함된다.
⑤ 기업 내부 단위활동과 활동들 간 연결고리 문제점 및 개선방안을 체계적으로 찾는 데 유용한 기법이다.

가치사슬(Value Chain)모형은 정보시스템이 경영활동을 지원하는데 어떻게 활용되는가를 분석하기 위하여 porter가 제시한 모형이다.
① 활동목표 수준과 실제 성과를 분석하면서 외부 프로세스의 문제점과 개선 방안을 찾아내는 기법은 판매추세분석의 내용이다.
② 기업의 가치는 주요활동과 지원활동의 가치창출 활동에 의해 결정된다.
③ 핵심프로세스에는 물류투입, 운영·생산, 물류산출, 마케팅 및 영업, 서비스 등이 포함된다.
④ 지원프로세스에는 기업 인프라, 기술개발, 인적자원관리(직원 모집, 채용, 훈련), 기술(제품 및 생산 프로세스 개선), 조달(자재구매) 등이 포함된다.

16 유통경로 구조를 결정하는데 여러 가지 고려해야할 요인들을 반영하여 중간상을 결정하는 방법인 체크리스트 법에 대한 연결 요인 중 가장 옳은 것은?

① 시장요인 − 제품표준화
② 제품요인 − 기술적 복잡성
③ 기업요인 − 시장규모
④ 경로구성원요인 − 재무적 능력
⑤ 환경요인 − 통제에 대한 욕망

① 시장요인 − 시장규모
③ 기업요인 − 재무적 능력
④ 경로구성원요인 − 통제에 대한 욕망
⑤ 환경요인 − 제품표준화

17 아래 글상자에서 설명하는 한정기능도매상으로 옳은 것은?

> - 제조업자로부터 제품을 구매한 도매상이 제조업자로 하여금 제품을 물리적으로 보유하도록 한 상태에서 고객들에게 제품을 판매하여 전달하는 역할을 함
> - 주로 목재나 석탄과 같은 원자재를 취급함

① 현금판매-무배달 도매상(cash and carry wholesaler)
② 트럭도매상(truck wholesaler)
③ 직송도매상(drop shipper)
④ 선반도매상(rack jobber)
⑤ 우편주문도매상(mail order wholesaler)

 ① 현금판매-무배달 도매상(cash and carry wholesaler) : 재고회전이 빠른 한정된 계열의 제품만을 소규모 소매상에게 현금지불을 조건으로 판매를 하지만, 일반적으로 배달은 하지 않는 도매상이다.
② 트럭도매상(truck wholesaler) : 거래 소매상들에게 직접 제품을 수송하는 도매상으로, 이들은 주로 과일과 야채 등의 신선식품을 취급하며 소규모의 슈퍼마켓을 비롯하여 소규모 채소상인이나 병원 및 호텔 등을 순회하며 현금판매를 실시하는 도매상이다.
④ 선반도매상(rack jobber) : 진열해 준 제품이라도 판매가 된 제품에 대해서만 값을 치르고, 팔리지 않은 제품은 반품도 할 수 있기 때문에 소매상이 제품진부화로 인해 감당해야 할 위험도 최소화시켜 준다.
⑤ 우편주문도매상(mail order wholesaler) : 우편을 통하여 카탈로그와 제품주문서 등을 발송하여 주문을 접수하여 제품을 배달해 주는 도매상이다.

18 아래 글상자에서 설명하는 연쇄점(chain)의 형태로 옳은 것은?

구분	분류 기준	내용
㉠	일정한 형태의 점포유무에 따라	점포소매상, 자판기 등의 무점포소매상 (온라인매장 제외)
㉡	마진 및 회전율에 따라	다양성 고, 저 /구색 고, 저
㉢	상품 다양성, 구색에 따라	독립소매기관, 체인 등
㉣	소유 및 운영주체에 따라	회전율 고저, 마진율 고저
㉤	고객에게 제공되는 서비스 수준에 따라	완전서비스, 한정서비스, 셀프서비스 등

① ㉠   ② ㉡   ③ ㉢   ④ ㉣   ⑤ ㉤

 ⑤ 의 지문은 맞는 내용이고, 나머지 지문은 반대의 지문으로 연결이 되어 있다.

19 조직 내 갈등수준과 집단성과수준에 관한 그래프이다. 해석한 것으로 옳은 것은?

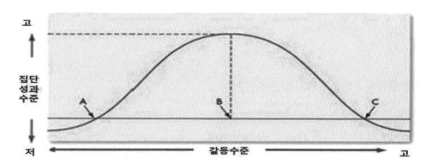

① 조직에서 갈등수준과 성과는 항상 정비례 관계이다.
② A에서 갈등은 순기능을 나타내고 있다.
③ C에서 갈등은 순기능을 나타내고 있으며 조직의 내부수준은 혁신적이며 생동적이다.
④ 갈등은 조직 구성원이나 부서 간의 경쟁을 통하여 구성원들이 서로 경쟁하는 결과만
   야기하므로 동기부여에 기여하기 어렵다.
⑤ 경영자는 적당한 갈등수준을 유지하며 갈등의 순기능을 최대화하도록 노력할 필요가
   있다.

① 조직에서 갈등수준과 성과는 항상 반비례 관계이다.
② A에서 갈등수준과 상과수준이 일치하는 접점이다.
③ C에서 갈등은 역기능을 나타내고 있으며 조직의 내부수준은 갈등적이며 피동적이다.
④ 갈등은 조직 구성원이나 부서 간의 경쟁을 통하여 구성원들이 서로 경쟁하기도 하지만 능률을 올리는
   순기능도 무시할 수 없다.

20 아래 글상자의 ㉠~㉡에 들어갈 용어를 순서대로 나열한 것으로 옳은 것은?

> – (㉠)란 물류활동의 범위 내에서 물류조업도의 증감과 관계없이 발생하거나 소비되는 비용이
>   일정한 물류비를 말한다.
> – (㉡)란 생산된 완제품 또는 매입한 상품을 판매창고에서 보관하는 활동부터 고객에게 인도될 때
>   까지의 물류비를 말한다.

① ㉠ 자가물류비 ㉡ 위탁물류비
② ㉠ 위탁물류비 ㉡ 자가물류비
③ ㉠ 물류고정비 ㉡ 판매물류비
④ ㉠ 물류변동비 ㉡ 사내물류비
⑤ ㉠ 사내물류비 ㉡ 판매물류비

물류고정비란 물류활동의 범위 내에서 물류조업도의 증감과 관계없이 발생하거나 소비되는 비용이 일정한 물류비를 말한다.
판매물류비란 생산된 완제품 또는 매입한 상품을 판매 창고에서 보관하는 활동부터 고객에게 인도될 때까지의 물류비를 말한다.

21 수배송 물류의 기능으로 옳지 않은 것은?

① 분업화를 촉진시킨다.
② 재화와 용역의 교환기능을 촉진시킨다.
③ 대량생산과 대량소비를 가능하게 하여 규모의 경제를 실현시킨다.
④ 문명발달의 전제조건이 되기는 하나 지역 간 국가 간 유대를 강화시키지는 못한다.
⑤ 재화의 생산, 분배 및 소비를 원활하게 하여 재화와 용역의 가격을 안정시켜 주는 기능을 한다.

 수배송은 문명발달의 전제조건과 크게 관련이 없지만 있다면 지역 간 국가 간 유대를 강화시킨다.

22 기업이 직면하게 되는 경쟁 환경의 유형에 대한 설명 중 가장 옳지 않은 것은?

① 할인점과 할인점 간의 경쟁은 수평적 경쟁이다.
② 할인점과 편의점 간의 경쟁은 업태 간 경쟁이다.
③ 제조업자와 도매상 간의 경쟁은 수직적 경쟁이다.
④ [제조업자–도매상–소매상]과 [제조업자–도매상–소매상]의 경쟁은 수직적 마케팅 시스템경쟁이다.
⑤ 백화점과 백화점 간의 경쟁은 협력업자 경쟁이다.

 백화점과 백화점 간의 경쟁은 수평적 경쟁이다.

23 아래 글상자 A씨의 인터뷰 사례에 관계된 이론에 대해 기술한 것으로 옳지 않은 것은?

> 저는 자원봉사자로서 병원 호스피스로 몇 년간 봉사했어요. 임종을 기다리는 환자에게 성경도 읽어주고 찬송가도 불러주며 그들의 손발이 되어 주는 게 기뻤죠. 그러다가 얼마 전부터 다른 병원에서 하루에 십 만원씩 받는 간병인으로 채용되었어요. 환자를 돌보는 것은 예전과 같은데 이상하게도 더 이상 예전 같은 행복감을 느낄 수가 없어요.

① 인간이 행동원인을 규명하려는 심리적 속성인 자기귀인(self-attribution)에 근거한 인지평가이론이다.

② 외적동기화가 된 사람들은 과제수행을 보상의 획득이나 처벌회피와 같이 일정한 목적을 달성하기 위한 수단으로 여긴다.

③ 외적인 보상에 의해 동기 유발되어 있는 경우에 급여지급 같은 내적동기를 도입하게 되면 오히려 동기유발정도가 감소한다는 내용이다.

④ 재미, 즐거움, 성취감 등 때문에 어떤 행동을 하는 것은 내재적 동기에 근거한 것이다.

⑤ 보상획득, 처벌, 회피 등 때문에 어떤 행동을 하는 것은 외재적 동기에 근거한 것이다.

 내적인 보상에 의해 동기 유발되어 있는 경우에 급여지급 같은 외적동기를 도입하게 되면 오히려 동기유발정도가 감소한다는 내용이다.

24 기업의 가치를 하락시키지 않도록 하기 위해 새로운 투자로부터 벌어들여야 하는 최소한의 수익률을 의미하는 용어로 가장 옳은 것은?

① 투자수익률   ② 재무비율
③ 자본비용   ④ 증권수익률
⑤ 포트폴리오

 자본 비용(Cost of Capital)은 자본을 조달해서 사용함에 따라 지불해야 하는 비용을 말한다. 은행에서 돈을 빌려 사용하려면 이자를 지불해야 하고, 주식을 발행해서 자본을 조달해 사용하려면 회사의 미래 수익 가운데 일정 부분을 새로운 주주들에게 할당해야 한다. 여기에서 이자나 미래 수익에 대한 지분은 자본을 사용하는 데 대한 대가인데, 이처럼 자본을 사용하기 위해 지불해야 하는 대가를 자본 비용이라 한다.

25 물류의 원가를 배분하는 기준에 대한 설명으로 옳지 않은 것은?

① 많은 수익을 올리는 부문에 더 많은 원가를 배분한다.
② 공평성을 기준으로 배분한다.
③ 원가대상 산출물의 수혜 기준으로 배분한다.
④ 자원 사용의 원인이 되는 변수를 찾아 인과관계를 기준으로 배분한다.
⑤ 대상의 효율성을 기준으로 배분한다.

 원가를 배분하는 기준은 산출물을 달성한 기준으로 배분을 하며, 대상의 효율성을 기준으로 배분하는 건 아니다.

제2과목 상권 분석(26~45)

26 소매점의 입지 대안을 확인하고 평가할 때 의사결정의 기본이 되는 몇 가지 원칙들이 있다. 아래 글상자의 설명과 관련된 원칙으로 옳은 것은?

> 고객의 입장에서 점포를 방문하기 용이한 심리적, 물리적 특성이 양호하여야 한다는 원칙으로 교통이나 소요시간과 관련된 원칙이다.

① 가용성의 원칙(principle of availability)
② 보충가능성의 원칙(principle of compatibility)
③ 고객차단의 원칙(principle of interception)
④ 동반유인원칙(principle of cumulative attraction)
⑤ 접근가능성의 원칙(principle of accessibility)

 접근성은 고객들이 통행 발생지역으로부터 자기가 원하는 특정한 지역이나 장소로 이동하는 데 있어서의 어떠한 장애요인이나 방해 없이 진입과 퇴출이 자유로운 상황을 말한다. 고객의 입장에서 점포를 방문하기 용이한 심리적, 물리적 특성이 양호하여야 한다는 원칙으로 교통이나 소요시간과 관련된 원칙이다.

27 아래 글상자는 입지의 유형을 점포를 이용하는 소비자의 이용목적에 따라 구분하거나 공간균배에 의해 구분할 때의 입지특성들이다. 아래 글상자의 ㉠, ㉡, ㉢에 들어갈 용어를 순서대로 나열한 것으로 옳은 것은?

> – (㉠) : 고객이 구체적 구매의도와 계획을 가지고 방문하므로 단순히 유동인구에 의존하기 보다는 상권자체의 고객창출능력에 의해 고객이 유입되는 입지유형
> – (㉡) : 유사업종 또는 동일업종의 점포들이 한 곳에 집단적으로 모여 집적효과 또는 시너지효과를 거두는 입지유형
> – (㉢) : 도시의 중심이나 배후지의 중심지 역할을 하는 곳에 점포가 위치하는 것이 유리한 입지유형

① ㉠ 생활형입지, ㉡ 집심성입지, ㉢ 집재성입지
② ㉠ 적응형입지, ㉡ 산재성입지, ㉢ 집재성입지
③ ㉠ 집심성입지, ㉡ 생활형입지, ㉢ 목적형입지
④ ㉠ 목적형입지, ㉡ 집재성입지, ㉢ 집심성입지
⑤ ㉠ 목적형입지, ㉡ 집재성입지, ㉢ 국지적집중성입지

공간균배의 원리가 성립되기 위해서는 경쟁관계가 성립되어야 하고, 인근지역에 유인되면 안되고, 운송비 등에 대한 소비자들의 반응이 전혀 없어야 한다. 문제의 해답은 ④의 내용이 된다

28 아래 글상자는 Huff모델을 활용하여 어느 지역 신규슈퍼마켓의 예상매출액을 추정하는 과정을 설명하고 있다. ㉠, ㉡, ㉢에 들어갈 용어로 가장 옳은 것은?

> 신규점포가 각 지역(zone)으로부터 얻을 수 있는 예상매출액은 각 지역(zone) 거주자의 신규점포에 대한(㉠)에다 각 지역(zone)의 (㉡) 및 (㉢)슈퍼마켓 지출비(특정기간)를 곱하여 구해진다.

① ㉠ 방문빈도 ㉡ 가구수 ㉢ 일인당
② ㉠ 방문빈도 ㉡ 가구수 ㉢ 가구당
③ ㉠ 쇼핑확률 ㉡ 가구수 ㉢ 일인당
④ ㉠ 쇼핑확률 ㉡ 인구수 ㉢ 가구당
⑤ ㉠ 쇼핑확률 ㉡ 인구수 ㉢ 일인당

허프모형은 이론적 및 실제적용력 측면에서의 이점 때문에, 소매기관 연구자들 및 소매업체들에 의해 상권분석에 폭넓게 활용되고 있다. 매장규모, 매장과의 거리, 접근제약성, 소비자 출발점 등을 고려한다. 문제의 정답은 ⑤가 적합하다.

29 아래의 상권분석 및 입지분석의 절차를 진행 순서대로 배열한 것으로 옳은 것은?

> ㉠ 상권분석 및 상권의 선정
> ㉡ 상권후보지의 선정
> ㉢ 입지후보지의 선정
> ㉣ 입지분석 및 입지의 선정
> ㉤ 점포활성화를 위한 전략 수립

① ㉠-㉡-㉣-㉢-㉤
② ㉠-㉡-㉢-㉣-㉤
③ ㉤-㉠-㉡-㉢-㉣
④ ㉡-㉠-㉢-㉣-㉤
⑤ ㉤-㉡-㉢-㉠-㉣

상권분석은 상권 전체의 가치에 많은 영향을 주는 요인을 파악하는 것을 말한다. 상권과 입지 조건 분석을 동시에 묶어 상권분석이라 한다. 문제의 순서로 옳은 것은 '㉡-㉠-㉢-㉣-㉤'의 내용이다.

30 상권분석기법 중 유추법(analog method)에 대한 설명으로 가장 옳지 않은 것은?

① 신규점포의 판매예측에 활용되는 기술적 방법이다.
② 유사점포의 판매실적을 활용하여 신규점포의 판매를 예측한다.
③ 기존점포의 판매예측에도 활용할 수 있다.
④ 유사점포는 신규점포와 동일한 상권안에서 영업하고 있는 점포 중에서만 선택해야 한다.
⑤ CST(customer spotting technique)지도를 활용하여 신규점포의 상권규모를 예측한다.

 유사 점포는 신규점포를 운영하고자 하는 형태와 비슷한 점포를 다른 지역에서 영업하고 있는 점포 중에서만 선택해도 된다.

31 소매입지를 선택할 때는 상권의 소매포화지수(RSI)와 시장확장잠재력(MEP)을 함께 고려하기도 한다. 다음 중 가장 매력적이지 않은 소매상권의 특성으로 옳은 것은?

① 높은 소매포화지수(RSI)와 높은 시장확장잠재력(MEP)
② 낮은 소매포화지수(RSI)와 낮은 시장확장잠재력(MEP)
③ 높은 소매포화지수(RSI)와 낮은 시장확장잠재력(MEP)
④ 낮은 소매포화지수(RSI)와 높은 시장확장잠재력(MEP)
⑤ 중간 소매포화지수(RSI)와 중간 시장확장잠재력(MEP)

 가장 매력적이지 않은 소매상권의 특성은 둘 다 낮은 요소로 구성된 곳이다.

32 특정 지역에 다수의 점포를 동시에 출점시켜 매장관리 등의 효율을 높이고 시장점유율을 확대하는 전략으로 가장 옳은 것은?

① 다각화 전략　　② 브랜드 전략
③ 프랜차이즈전략　　④ 도미넌트출점전략
⑤ 프로모션전략

 출점을 위한 도미넌트전략(Dominant strategy)은 시장력이 약한 상태에서 경비절감을 목적으로 출점입지를 특정지역으로 한정하여 그곳에 집중적으로 점포를 개설하는 출점전략이다.

33 점포 신축을 위한 부지매입 또는 점포 확장을 위한 증축 등의 상황에서 반영해야 할 공간적 규제와 관련된 내용들 중 틀린 것은?

① 건폐율은 대지면적에 대한 건축연면적의 비율을 말한다.
② 대지에 건축물이 둘 이상 있는 경우에는 이들 건축면적의 합계로 건폐율을 계산한다.
③ 대지내 건축물의 바닥면적을 모두 합친 면적을 건축 연 면적이라 한다.
④ 용적률 산정에서 지하층·부속용도에 한하는 지상 주차용 면적은 제외된다.
⑤ 건폐율은 각 건축물의 대지에 여유 공지를 확보하여 도시의 평면적인 과밀화를 억제하려는 것이다.

 건폐율은 대지면적에 대한 건축면적의 비율로 건축물의 과밀을 방지하고자 설정된다. 대지면적에 대한 건축연면적의 비율은 용적률이다.

34 정보기술의 발달과 각종 데이터의 이용가능성이 확대되면서 지도 작성 체계와 데이터베이스관리체계의 결합체인 지리정보시스템(GIS)을 상권분석에 적극 활용할 수 있는 환경이 조성되고 있다. 아래 글상자의 괄호 안에 적합한 GIS 관련용어로 가장 옳은 것은?

> – GIS를 이용한 상권분석에서 각 점포에 대한 속성값 자료는 점포 명칭, 점포 유형, 매장면적, 월매출액, 종업원수 등을 포함할 수 있다.
> – 이 때 면, 선, 점의 형상들을 구성하는 각 점의 x-y 좌표 값들은 통상적으로 경도와 위도 좌표체계를 기반으로 작성되는데 우수한 GIS 소프트웨어는 대체로 ( )을/를 포함하고 있다.
> – ( )은/는 지도지능(map intelligence)의 일종이며, 이는 개별 지도형상에 대해 경도와 위도 좌표체계를 기반으로 다른 지도형상과 비교하여 상대적인위치를 알 수 있는 기능을 부여하는 역할을 한다.

① 버퍼(buffer)　　　　② 레이어(layer)　　　　③ 중첩(overlay)
④ 기재단위(entry)　　　⑤ 위상(topology)

위상(位相, topology)은 지도지능(map intelligence)의 일종이며, 이는 개별 지도형상에 대해 경도와 위도 좌표체계를 기반으로 다른 지도형상과 비교하여 상대적인위치를 알 수 있는 기능을 부여하는 역할을 한다.

35 아래 글상자의 내용 가운데 상권 내 경쟁관계를 분석할 때 포함해야 할 내용만을 모두 고른 것으로 옳은 것은?

ⓐ 주변 동종점포와의 경쟁관계 분석
ⓑ 주변 이종점포와의 경쟁구조 분석
ⓒ 잠재적 경쟁구조의 분석
ⓓ 상권 위계별 경쟁구조 분석
ⓔ 주변 동종점포와의 보완관계 분석

① ㉠

② ㉠, ㉡

③ ㉠, ㉡, ㉢

④ ㉠, ㉡, ㉢, ㉣

⑤ ㉠, ㉡, ㉢, ㉣, ㉤

 상권 내 경쟁관계를 분석할 때 포함해야 할 내용은 모두 다 포함이 되어야 한다.

36 넬슨(Nelson)은 소매점포가 최대 이익을 확보할 수 있는 입지의 선정과 관련하여 8가지 소매입지 선정원칙을 제시했다. 다음 중 그 연결이 옳지 않은 것은?

① 경합의 최소성 - 해당 점포와 경쟁관계에 있는 점포의 수가 가장 적은 장소를 선택하는 것이 유리함
② 상권의 잠재력 - 판매하려는 상품이 차지할 시장점유율을 예측하고 점포개설 비용을 파악하여 분석한 종합적 수익성이 높은 곳이 유리함
③ 양립성 - 업종이 같은 점포가 인접해서 상호보완관계를 통해 매출을 향상시킬 수 있음
④ 고객의 중간유인 가능성 - 고객이 상업지역에 들어가는 동선의 중간에 위치하여 고객을 중간에서 차단할 수 있는 입지가 유리함
⑤ 집적 흡인력 - 집재성 점포의 경우 유사한 업종이 서로한 곳에 입지하여 고객흡인력을 공유하는 것이 유리함

 양립성 : 상호 보완관계가 있는 점포들이 근접하여 입지해 있으면 고객이 흡입될 가능성이 높다는 것으로, 서로 업종이 다른 점포가 인접해 있으면서 서로 보완관계를 통해 상호매출을 상승시키는 효과를 발휘하는 것을 말한다.

37 공동주택인 아파트 단지 내 상가의 일반적 상권특성과거리가 먼 것은?

① 상가의 수요층이 단지 내 입주민들로 제한되어 매출성장에 한계가 있는 경우가 많다.
② 관련법규에서는 단지 내 상가를 근린생활시설로 분류하여 관련내용을 규정하고 있다.
③ 상가의 연 면적과 단지의 세대수를 비교한 세대 당 상가면적을 고려해야 한다.
④ 일반적으로 중소형 평형 보다는 높은 대형평형 위주로 구성된 단지가 유리하다.
⑤ 기존 상가에서 업종을 제한하여 신규점포의 업종선택이 자유롭지 못한 경우가 있다.

 일반적으로 대형평형 위주 보다는 중소형 평형으로 구성된 단지가 유리하다.

38 점포가 위치하게 될 건축용지를 나눌 때 한 단위가 되는 땅의 형상이나 가로(街路)와의 관계를 설명한 내용 중 옳은 것은?

① 각지 – 3개 이상의 가로각(街路角)에 해당하는 부분에 접하는 토지로 3면각지, 4면각 지 등으로 설명함

② 획지 – 여러 가로에 접해 일조와 통풍이 양호하며 출입이 편리하고 광고홍보효과가 높음

③ 순 획지 – 획지에서도 계통이 서로 다른 도로에 면한 것이 아니라 같은 계통의 도로 에 면한 각지

④ 삼면가로각지 – 획지의 삼면에 계통이 다른 가로에 접하여 있는 토지

⑤ 각지 – 건축용으로 구획정리를 할 때 단위가 되는 땅으로 인위적, 행정적 조건에 의 해 다른 토지와 구별되는 토지

 획지는 건축용으로 구획정리를 할 때 한 단위가 되는 땅을 말하며, 획지 중에서 두개 이상의 도로에 접한 경우를 각지라고 한다. 각지는 일조와 통풍이 양호하고 출입이 편리하며 광고효과가 높지만 상대적으로 소음, 도난, 교통 등의 피해를 받을 가능성이 높다는 단점이 있다.

39 임차한 건물에 점포를 개점하거나 폐점할 때는 임차권의 확보가 매우 중요하다. "상가건물 임대차보 호법"(법률 제17490호, 2020. 9. 29., 일부개정)과 관련된 내용으로 옳지 않은 것은?

① "상법"(법률 제17362호, 2020. 6. 9., 일부개정)의 특별법이다.

② 기간을 정하지 않은 임대차는 그 기간을 1년으로 본다.

③ 임차인이 신규임차인으로부터 권리금을 회수할 수 있는 권한을 일부 인정한다.

④ 법 규정에 위반한 약정으로 임차인에게 불리한 것은 그 효력이 없는 강행규정이다.

⑤ 상가건물 외에 임대차 목적물의 주된 부분을 영업용으로 사용하는 경우에도 적용 된다.

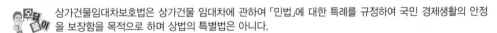 상가건물임대차보호법은 상가건물 임대차에 관하여 「민법」에 대한 특례를 규정하여 국민 경제생활의 안정 을 보장함을 목적으로 하며 상법의 특별법은 아니다.

40 소매점포의 입지분석에 활용하는 회귀분석에 관한 설명으로 가장 옳지 않은 것은?

① 소매점포의 성과에 영향을 미치는 다양한 요소들의 상대적 중요도를 파악할 수 있다.

② 분석에 포함되는 여러 독립변수들끼리는 서로 관련성이 높을수록 좋다.

③ 점포성과에 영향을 미치는 영향변수에는 상권 내 경쟁수준이 포함될 수 있다.

④ 점포성과에 영향을 미치는 영향변수에는 점포의 입지특성이 포함될 수 있다.

⑤ 표본이 되는 점포의 수가 충분하지 않으면 회귀분석결과의 신뢰성이 낮아질 수 있다.

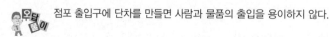 분석에 포함되는 여러 독립변수들끼리는 서로 관련성이 낮을수록 좋다.

41 소매점포의 입지조건을 평가할 때 점포의 건물구조 등 물리적 요인과 관련한 일반적 설명으로 옳지 않은 것은?

① 점포 출입구에 단차를 만들어 사람과 물품의 출입을 용이하게 하는 것이 좋다.
② 건축선후퇴는 타 점포에 비하여 눈에 띄기 어렵게 하므로 가시성에 부정적 영향을 미친다.
③ 점포의 형태가 직사각형에 가까우면 집기나 진열선반 등을 효율적으로 배치하기 쉽고 데드스페이스가 발생하지 않는다.
④ 건물너비와 깊이에서 점포의 정면너비가 깊이보다 넓은 형태(장방형)가 가시성 확보 등에 유리하다.
⑤ 점포건물은 시장규모에 따라 적정한 크기가 있다. 일정규모수준을 넘게 되면 규모의 증가에도 불구하고 매출은 증가하지 않을 수 있다.

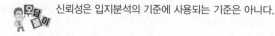 점포 출입구에 단차를 만들면 사람과 물품의 출입을 용이하지 않다.

42 입지의 분석에 사용되는 주요 기준에 대한 설명으로 가장 옳지 않은 것은?

① 신뢰성 – 입지분석의 결과를 믿을 수 있는 정도를 의미한다.
② 접근성 – 고객이 점포에 쉽게 접근할 수 있는 정도를 의미한다.
③ 인지성 – 고객에게 점포의 위치를 쉽게 설명할 수 있는 정도를 의미한다.
④ 가시성 – 점포를 쉽게 발견할 수 있는 정도를 의미한다.
⑤ 호환성 – 해당점포가 다른 업종으로 쉽게 전환할 수 있는 정도를 의미한다.

 신뢰성은 입지분석의 기준에 사용되는 기준은 아니다.

43 일반적인 권리금에 대한 설명으로 가장 옳지 않은 것은?

① 시설권리금은 실내 인테리어 및 장비 및 기물에 대한 권리금액을 말한다.
② 단골고객을 확보하여 상권의 형성 과정에 지대한 공헌을 한 대가는 영업 권리금에 해당된다.

③ 시설권리금의 경우 시설에 대한 감가상각은 통상적으로 3년을 기준으로 한다.
④ 영업권리금의 경우 평균적인 순수익을 고려하여 계산하기도 한다.
⑤ 영업권리금의 경우 지역 또는 자리권리금이라고도 한다.

 영업권리금은 사업자가 얼마나 많은 단골을 확보했는지의 여부다. 단골이 많을수록 기본매출이 높아지는데, 영업권리금이 높은 업종은 학원이다.

44 서로 떨어져 있는 두 도시 A, B의 거리는 30km이다. 이 때 A시의 인구는 8만명이고 B시의 인구는 A시 인구의 4배라고 하면 도시간의 상권경계는 B시로부터 얼마나 떨어진 곳에 형성되겠는가? (Converse의 상권분기점 분석법을 이용해 계산하라.)

① 6km　　　② 10km　　　③ 12km　　　④ 20km　　　⑤ 24km

 Converse의 상권분기점 분석법, $d(B) = \dfrac{AB}{1+\sqrt{\dfrac{P(A)}{P(B)}}} = \dfrac{30km}{1+\sqrt{\dfrac{8만}{32만}}} = 20km$

45 특정 지점의 소비자가 어떤 점포를 이용할 확률을 추정할 때 활용하는 수정Huff모델에 관한 설명 중 옳지 않은 것은?

① 점포면적과 점포까지의 이동거리 등 두 변수만으로 소비자들의 점포 선택확률을 추정한다.
② 실무적 편의를 위해 점포면적과 이동거리에 대한 민감도를 따로 추정하지 않는다.
③ 점포면적과 이동거리에 대한 소비자의 민감도는 '1'과 '-2'로 고정하여 추정한다.
④ 점포면적과 이동거리 두 변수 이외의 다른 변수들을 반영할 수 없다는 점에서 Huff 모델과 다르다.
⑤ Huff모델 보다 정확도가 낮을 수 있지만 일반화하여 쉽게 적용하고 대략적 계산이 가능하게 한 것이다.

수정Huff모델은 점포면적과 이동거리 두 변수를 가지고, Huff모델 차이점은 모수(민감도)에 대한 개념 밖에는 없다.

제3과목 **유통 마케팅(46~70)**

46 아래 글상자에서 설명하고 있는 유통마케팅조사의 표본추출 유형으로 옳은 것은?

> – 모집단이 상호 배타적인 집단으로 나누어진다.
> – 조사자는 나누어진 배타적인 집단들 중 면접할 몇 개 집단을 표본으로 추출한다.
> – 확률표본추출 중 한 유형이다.

① 단순 무작위표본   ② 층화 확률표본
③ 판단표본   ④ 군집표본
⑤ 할당표본

① 단순부(무)작위 표본추출(simple random sampling) : 확률표본추출이며 모집단내의 각 대상이 표본에 뽑힐 확률이 모두 동일한 표본 추출방법이다.

② 층화표본추출(stratified sampling) : 확률표본추출이며, 모집단을 서로 상이한 소집단 들로 나누고 이들 각 소집단들로부터 표본을 무작위로 추출하는 방법이다.

③ 판단표본추출(Judgement/Purposive Sampling)법 : 비확율 표본추출이며, 모집단의 대표성보다는, 면접과정에서 풍부한 정보를 수집하기 위해 제품이나 산업에 대해 많은 정보를 갖고 있는 표본을 선정하고, 소매점의 신제품 조사를 위해 표적시장을 잘 반영하리라 생각되는 집단을 대상으로 설문조사를 하는 경우 사용한다.

④ 군집표본추출(cluster sampling) : 확률표본추출이며, 모집단을 서로 상이한 소집단들 로 나누고, 그 집단 자체를 모두 표본으로 선정하거나 그 중 일부를 표본으로 선정 하는 것이다.

⑤ 할당 표본추출(Quota Sampling)법 : 비확률 표본추출이며 세분 집단별 표본 구성 비 율대로 연구자의 판단에 의해 추출하며, 모집단 구성원 비율대로 할당하는 것이 아 니라 각 셀별로 대표성 확보하기 위해 임의로 샘플 구성하는 경우에 사용하며, 역시 대표성 확보 문제가 있으나 나중에 가중치로 분석할 수 있다.

47 고객관리에 대한 설명으로 옳지 않은 것은?

① 일반적으로 새로운 고객을 획득하는 것 보다 기존고객을 유지하는데 드는 비용이 더 높다.

② 고객과 지속적으로 좋은 관계를 유지하는 것은 기업경영의 중요 성공요소 중 하나 이다.

③ 경쟁자보다 더 큰 가치를 제공하여야 고객 획득률을 향상시킬 수 있다.

④ 효과적인 애호도 증진 프로그램 등을 통해 고객 유지율을 향상시킬 수 있다.

⑤ 제품과 서비스에 대한 고객 만족도를 높임으로써 고객유지율을 향상 시킬 수 있다.

일반적으로 기존고객을 유지하는데 드는 비용이 새로운 고객을 획득하는 것 보다 더 낮다.

48 고객에 대한 원활한 판매서비스를 위해 판매원이 보유해야 할 필수적 정보들로 옳지 않은 것은?

① 기업에 대한 정보
② 제품에 대한 정보
③ 판매조직 구조에 대한 정보
④ 고객에 대한 정보
⑤ 시장과 판매기회에 대한 정보

 판매조직 구조에 대한 정보는 부차적인 정보이지 필수적 정보는 아니다.

49 가격에 관한 설명으로 가장 옳지 않은 것은?

① 마케팅 관점에서 가격은 특정제품이나 서비스의 소유 또는 사용을 위한 대가로 교환 되는 돈이나 기타 보상을 의미한다.
② 대부분의 제품이나 서비스는 돈으로 교환되고, 지불가격은 항상 정가나 견적가치와 일치한다.
③ 기업관점에서 가격은 총수익을 변화시키므로 가격결정은 경영자가 직면한 중요하고 어려운 결정 중의 하나이다.
④ 소비자관점에서 가격은 품질, 내구성 등의 지각된 혜택과 비교되어 순 가치를 평가하 는 기준으로 사용된다.
⑤ 가격결정 방법에는 크게 수요 지향적 접근방법, 원가 지향적 접근방법, 경쟁 지향적 접근방법 등이 있다.

 가격(Price)은 재화의 가치를 화폐 단위로 표시한 것으로 가격의 개념은 교환을 주요 수단으로 한다. 일상 생활에서 가격은 상품 1단위를 구입할 때 지불하는 화폐의 수량으로 표시하는 것이 보통이다. 지불가격은 항상 정가나 견적가치와 일치한다고 할 수 있다.

50 가격탄력성은 가격 변화에 따른 수요 변화의 탄력적인정도를 나타낸다. 가격탄력성에 대한 설명으로 가장 옳지 않은 것은?

① 고려할 수 있는 대안의 수가 많을수록 가격탄력성이 높다.
② 대체재의 이용이 쉬울수록 가격탄력성이 높다.
③ 더 많은 보완적인 재화, 서비스가 존재할수록 가격탄력성이 높다.
④ 가격변화에 적응하는데 시간이 적게 드는 재화가 가격탄력성이 높다.
⑤ 필수재보다 사치품의 성격을 갖는 경우가 가격탄력성이 높다.

 더 많은 대체적인 재화, 서비스가 존재할수록 가격탄력성이 높다.

51 상품관리의 기본적 개념에 대한 설명으로 옳지 않은 것은?

① 거의 모든 상품들은 유형적인 요소와 무형적인 요소를 함께 가지고 있으며, 흔히 유형적인 상품을 제품이라 부르고 무형적 상품을 서비스라고 한다.

② 대부분의 상품들은 단 한가지의 편익만 제공하는 것이 아니라 여러 가지 편익을 동시에 제공하기 때문에 상품을 편익의 묶음이라고 볼 수 있다.

③ 고객 개개인이 느끼는 편익의 크기는 유형적 상품에 집중되어 객관적으로 결정된다.

④ 일반적으로 회사는 단 하나의 상품을 내놓기보다는 여러 유형의 상품들로 상품라인을 구성하는 것이 고객확보에 유리하다.

⑤ 상품라인 내 어떤 상품을, 언제, 어떤 상황 하에서 개발할 것인지 계획하고, 실행하고, 통제하는 것이 상품관리의 핵심이다.

 고객 개개인이 느끼는 편익의 크기는 유형적 상품과 무형적 상품인 서비스를 사용함에 있어 주관적으로 결정된다.

52 소매업체의 상품구색에 관한 설명으로 가장 옳지 않은 것은?

① 다양성은 상품구색의 넓이를 의미한다.

② 다양성은 취급하는 상품 카테고리의 숫자가 많을수록 커진다.

③ 전문성은 상품구색의 깊이를 의미한다.

④ 전문성은 각 상품 카테고리에 포함된 품목의 숫자가 많을수록 커진다.

⑤ 상품가용성은 다양성에 반비례하고 전문성에 비례한다.

 상품가용성은 다양성에 비례하고 전문성에 반비례한다.

53 아래 글상자의 서비스 마케팅 사례의 원인이 되는 서비스특징으로 가장 옳은 것은?

> 호텔이나 리조트는 비수기동안 고객을 유인하기 위해 저가격 상품 및 다양한 부가서비스를 제공한다.

① 서비스 무형성　　② 서비스 이질성
③ 서비스 비분리성　　④ 서비스 소멸성
⑤ 서비스 유연성

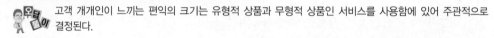 ① 무형성(Intangibility) : 서비스는 기본적으로 유형적인 실체가 따로 없기 때문에 볼 수도 만질 수도 없으며, 서비스는 쉽게 전시되거나 전달할 수도 없다는 무형성의 특징을 보이고 있다.
② 이질성(Heterogeneity) : 서비스를 제공하는 사람이나 고객, 서비스 시간, 장소에 따라 누가, 언제, 어떻게 제공하느냐에 따라 내용과 질에 차이가 발생하게 된다.

③ 비(非)분리성(Inseparability) : 대부분의 서비스는 생산과 동시에 소비되는 특징을 가지고 있기 때문에 수요와 공급을 맞추기가 어려우며 서비스는 반품될 수 없다.
⑤ 서비스 유연성 : 서비스는 제공받을 상황에서 상황에 따라 유연성이 있다.

54 아래 글상자에서 설명하고 있는 소매상의 변천과정과 경쟁을 설명하는 가설이나 이론으로 옳은 것은?

> 기존업태에 비해 경쟁우위를 갖는 새로운 업태가 시장에 진입하면, 치열한 경쟁과정에서 이들은 각자의 경쟁우위 요인을 상호 수용하게 된다. 이에 따라 결국 서로의 특성이 화합된 새로운 소매업 태가 생성된다.

① 소매수명주기 이론　　　　② 소매수레바퀴 이론
③ 소매아코디언 이론　　　　④ 자연도태 이론
⑤ 변증법적 이론

① 소매 수명주기 이론(Retail Life Cycle Theory) : 소매상은 유통업태가 시간이 지남에 따라 일정한 단계 (도입기 → 성장기 → 성숙기 → 쇠퇴기)를 거쳐 발전한다는 이론이다.
② 소매업 수레바퀴 가설(소매차륜가설, The Wheel of Retailing Hypothesis) : 소매상이 시장진입을 하기 위해서는 초기에 저(低)가격, 저(低)마진, 저(低)서비스의 가격전략으로 소매시장에 진입하고, 이론 내용은 저비용구조에 바탕을 둔 저가격을 기반으로 새로운 시장에 침투한다고 맥나이어(McNair) 교수는 주장하였다.
③ 소매업 아코디언 이론(Retail Accordion Theory) : 상품구색 측면에서 수축과 확장을 반복하면서 업태의 발달과정이 전개되고 있다고 설명하는 소매업 발달이론이다.
④ 자연도태 이론 : 소매변천 원인을 환경적 변수에서 찾고 있는데 소매기관을 둘러싸고 있는 환경변화 (소비자의 구매행동, 구매욕망, 과학기술, 환경 등)에 가장 효율적으로 적응할 수 있는 소매상만이 살아남아 번창한다.

55 상시저가전략(EDLP: everyday low price)과 비교했을 때 고저가격전략(high-low pricing)이 가진 장점으로 옳지 않은 것은?

① 고객의 지각가치를 높이는 효과가 있다.
② 일부 품목을 저가 미끼 상품으로 활용할 수 있어 고객을 매장으로 유인할 수 있다.
③ 광고 및 운영비를 절감하는 효과가 있다.
④ 고객의 가격민감도 차이를 이용하여 차별가격을 통한 수익증대를 추구할 수 있다.
⑤ 다양한 고객층을 표적으로 할 수 있다.

고저가격전략(high-low pricing)은 상시저가전략에 비해 광고 및 운영비를 증가하는 효과가 있다.

56 아래 글상자는 유통구조에 변화를 일으키고 있는 현상에 대한 설명이다. (　　)안에 들어갈 단어로 옳은 것은?

> (　　) 증가로 인해 대형마트의 방문횟수가 줄어들고 근거리에서 소량의 필요한 물품만 간단히 구입하는 경향이 늘어나고 있다. 그 결과 근처 편의점이나 기업형 슈퍼마켓 방문횟수를 증가시킬 수 있다.

① 웰빙(well-being) 추구　　② 1인 가구

③ 소비 양극화　　④ 소비자 파워(consumer power)

⑤ 소비 트레이딩 업(trading up)

 1인 가구는 1인이 독립적으로 취사, 취침 등의 생계를 유지하는 가구를 말한다.

57 소매점의 판매촉진의 긍정적 효과로 옳지 않은 것은?

① 즉시적인 구매를 촉진한다.

② 흥미와 구경거리를 제공한다.

③ 준거가격을 변화시킬 수 있다.

④ 소비자의 상표전환 또는 이용점포전환이 가능하다.

⑤ 고객의 데이터베이스를 구축할 수 있다.

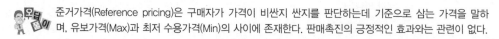 준거가격(Reference pricing)은 구매자가 가격이 비싼지 싼지를 판단하는데 기준으로 삼는 가격을 말하며, 유보가격(Max)과 최저 수용가격(Min)의 사이에 존재한다. 판매촉진의 긍정적인 효과와는 관련이 없다.

58 유통마케팅 조사방법 중 대규모 집단을 대상으로 체계화된 설문을 통해 자료를 수집하는 대표적인 서베이 기법으로 옳은 것은?

① HUT(home usage test)

② CLT(central location test)

③ A&U조사(attitude and usage research)

④ 패널조사(panel survey)

⑤ 참여관찰조사(participant observation)

 기업/기관들이 가장 널리 활용하는 마케팅 조사(마케팅 리서치) 및 사회여론조사 유형은 크게 신제품/신서비스 개발 관련 조사, 인식 및 이용행태 조사, 브랜드/광고 관련 조사, 서비스품질/고객만족/고객경험, 고객가치 관련 조사, 미스터리 쇼핑 조사, 직원의식/만족 관련 조사, 일반 여론조사 등으로 구분하며, 인식 및 이용행태 조사인 A&U(Attitude & Usage)조사는 사람들의 인식과 이용/행동 관련 조사 서비스를 제공한다.

59 광고의 효과를 측정하는 중요한 기준의 하나가 도달(reach)이다. 인터넷 광고의 도달을 측정하는 기준으로 가장 옳은 것은?

① 해당광고를 통해 이루어진 주문의 숫자
② 사람들이 해당 웹사이트에 접속한 총 횟수
③ 해당 웹사이트에 접속한 서로 다른 사람들의 숫자
④ 해당 웹사이트에 접속할 가능성이 있는 사람들의 숫자
⑤ 해당 웹사이트에 접속한 사람들이 해당 광고를 본 평균 횟수

 광고의 평균도달횟수(Gross Rating Points: GRP)는 「도달범위(reach)×도달횟수 (빈도)(Frequency)」로 나타낼 수 있다. 도달범위(시청률, 발생부수)는 표적 청중을 명확히 정의하기 어려운 경우에 주어진 기간 동안 적어도 한번 이상 특정광고에 노출되는 청중의 수 또는 비율을 말한다.

60 유통경로 상에서 판촉(sales promotion)활동이 가지는 특성에 대한 설명으로 가장 옳지 않은 것은?

① 판촉활동은 경쟁기업에 의해 쉽게 모방되기에 지속적 경쟁우위를 가져오기는 어렵다.
② 판촉활동은 단기적으로 소비자에게는 편익을 가져다주지만, 기업에게는 시장유지 비용을 증가시켜 이익을 감소시키기도 한다.
③ 판촉활동은 장기적으로 기업의 이미지를 개선하는데 큰 도움이 된다.
④ 경쟁기업의 촉진활동을 유발하여 시장에서 소모적 가격경쟁이 발생할 수 있다.
⑤ 단기적으로는 매출액 증대가 가능하나 장기적으로는 매출에 부정적인 영향을 미칠 수 있다.

 판촉활동은 단기적으로 기업의 이미지를 개선하는데 큰 도움이 된다.

61 아래 글상자에서 설명하는 머천다이징(merchandising)유형으로 옳은 것은?

> – 소매상 자신의 책임 하에 상품을 매입하고 이에 대한 판매까지 완결 짓는 머천다이징 정책을 의미
> – 판매 후 남은 상품을 제조업체에 반품하지 않는다는 전제로 상품 전체를 사들임
> – 제조업체와 특정한 조건 하에서의 매입이 이루어질 수 있기 때문에 제조업체로부터 가격적인 프리미엄(가격할인)도 제공받을 수 있음

① 크로스 머천다이징(cross merchandising)
② 코디네이트 머천다이징(coordinate merchandising)
③ 날씨 머천다이징(weather merchandising)
④ 리스크 머천다이징(risk merchandising)
⑤ 스크램블드 머천다이징(scrambled merchandising)

문제에서는 리스크 머천다이징(risk merchandising)을 설명하고 있다.

① 크로스 머천다이징(cross merchandising) : 보완적 상품의 전시를 구사하는 것으로 보통 슈퍼마켓에서 이용하며, 상품들을 상대적으로 진열한다. 관련 품목 접근법이라고도 불린다. 이런 방법에서 고객은 한 제품에서 다른 제품으로 관심을 돌리도록 유인된다. 예를 들면 한 제조업자의 샴푸 진열이 동일 기업에 의하여 만들어진 헤어 컨디셔너의 전시와 반대편에 놓여져서 샴푸 구매자는 헤어 컨디셔너에도 관심을 갖도록 유인된다. 대표적으로 우유와 콘프레이크, 삼겹살과 쌈장처럼 관련제품을 함께 진열해서 매출을 극대화하는 방법이 있다.

② 코디네이트 머천다이징(coordinate merchandising) : 창문 디스플레이, 디자인, 가게 윈도우 디스플레이, 비주얼 머천다이징, 디스플레이창, 벽, 장식가게, 디자인상점 전면 등이 이에 속한다.

③ 날씨 머천다이징(weather merchandising) : 앞으로의 날씨나 기상정보를 미리 수집해이에 맞는 상품 생산및 판매전략을 수립,매출극대화를 꾀해나가는 신종마케팅기법으로 굳이 우리말로 표현하면 기상예측 판매기법이다. 폭염에 가뭄까지 겹친 사상 유례없는 기상이변이 한달째 계속,날씨로 인해 기업들이 웃고 우는 克明한 사례가 밝혀지면서 이로 인해 웨더 머천다이징 기법의 중요성은 더욱 크게 부각되고 있는 것이다.

⑤ 스크램블드 머천다이징(scrambled merchandising) : 소매상에서 상품품목을 고 려하여 취급상품을 조합하여 재편성하는 것을 말한다. 상품의 재편성에 적용하는 새로운 관점은 용도별, 고객층별, 가격대별, 브랜드별, 구매 동기별, 구매 관습별, 무드별로 고려하여 재편성하게 된다.

62 고객관계관리(CRM) 프로그램에서 사용하는 고객유지방법에 대한 설명으로 가장 옳지 않은 것은?

① 다빈도 구매자 프로그램: 마일리지 카드 등을 활용하여 반복구매행위를 자극하고 소매업체에 대한 충성도를 제고할 목적으로 사용하는 방법

② 특별 고객서비스: 수익성과 충성도가 높은 고객을 개발하고 유지하기 위해서 높은 품질의 고객 서비스를 제공하는 방법

③ 개인화: 개별 고객 수준의 정보 확보와 분석을 통해 맞춤형 편익을 제공하는 방법

④ 커뮤니티: 인터넷 상에서 고객들이 게시판을 통해 의사소통하고 소매업체와 깊은 관계를 형성하는 커뮤니티를 운영하는 방법

⑤ 쿠폰제공 이벤트: 신제품을 소개하거나 기존제품에 대한 새로운 자극을 만들기 위해 시험적으로 사용할 수 있는 양만큼의 제품을 제공하는 방법

 쿠폰(Coupons)은 소비자가 명시된 제품을 구매할 때 구매자에게 할인을 제공해준다는 증빙서로 즉각적인 가격절감을 소비자에게 약속하는 하나의 인증으로 제품사용(product trial)과 재 구매를 고무하기 위해 좋은 방법이며, 제품의 구매량을 증가시키는 경향이 있다.

63 소비자가 점포 내에서 걸어다니는 길 또는 과적을 동선(動線)이라고 한다. 이러한 동선은 점포의 판매전략 수립에 매우 중요한 고려요소이다. 동선에 대한 일반적 설명으로 옳지 않은 것은?

① 소매점포는 고객동선을 가능한 한 길게 유지하여 상품의 노출기회를 확보하고자 한다.

② 고객의 동선은 점포의 레이아웃에 크게 영향받는다.

③ 동선은 직선적 동선과 곡선적 동선으로 구분되는데, 백화점은 주로 직선적 동선을 추구하는 레이아웃을 하고 있다.

④ 동선은 상품탐색에 용이해야 하고 각 통로에 단절이 없어야 한다.

⑤ 동선은 상품을 보기 쉽고 사기 쉽게 해야하고 시선과 행동에 막힘이 없게 해야 한다.

 동선은 직선적 동선과 곡선적 동선으로 구분되는데, 백화점은 주로 곡선적 동선을 추구하는 레이아웃을 하고 있다.

64 소매점에서 사용하는 일반적인 상품분류기준으로 옳지 않은 것은?

① 소비패턴을 중심으로 한 분류

② TPO(time, place, occasion)를 중심으로 한 분류

③ 한국표준상품분류표를 중심으로 한 분류

④ 대상고객을 중심으로 한 분류

⑤ 상품의 용도를 중심으로 한 분류

 소매점에서 사용하는 일반적인 상품분류기준은 소비패턴의 중심, 대상고객의 중심, 상품의 용도를 중심으로 한 분류, 대체재, 보완재를 중심으로 한 분류를 기준으로 나눌 수 있다.

65 상품들을 상품계열에 따라 분류하여 진열하는 방식으로 특히 슈퍼마켓이나 대형 할인점에서 주로 채택하는 진열방식은?

① 분류 진열(classification display)

② 라이프스타일별 진열(lifestyle display)

③ 조정형 진열(coordinated display)

④ 주제별 진열(theme display)

⑤ 개방형 진열(open display)

 ② 라이프스타일별 진열(lifestyle display) : 개인이나 가족의 가치관 때문에 나타나는 다양한 생활양식, 행동양식, 사고양식 등 생활의 모든 측면의 문화적, 심리적 차이를 전체적인 형태로 진열을 한다.
③ 조정형 진열(coordinated display) : 진열전체적인 측면에서 특별함이나 부족함이 없이 진열을 하는 방법이다.
④ 주제별 진열(theme display) : 발렌타인데이, 크리스마스 혹은 여름의 바캉스 시즌에 특별한 매장 진열을 선택하 는 것이 이에 해당할 것이다.
⑤ 개방형 진열(open display) : 고객이 어느 곳에서든지 상품을 보는데 막힘이 없는 진열을 말한다.

66 제조업체의 촉진 전략 중 푸시(push)전략에 대한 설명으로 옳지 않은 것은?

① 최종소비자 대신 중간상들을 대상으로 하여 판매촉진 활동을 하는 것이다.

② 소비자를 대상으로 촉진할 만큼 충분한 자원이 없는 소규모 제조업체들이 활용할 수 있는 촉진 전략이다.

③ 제조업체가 중간상들의 자발적인 주문을 받기 위해 수행하는 촉진 전략을 말한다.

④ 가격할인, 수량할인, 협동광고, 점포판매원 훈련프로그램 등을 활용한다.

⑤ 판매원의 영향이 큰 전문품의 경우에 효과적이다.

 제조업체가 중간상들의 자발적인 주문을 받기 위해 수행하는 촉진 전략은 오히려 풀(pull)전략에 가깝다.

67 소매점이 사용하는 원가지향 가격설정정책(cost-oriented pricing)의 장점으로 가장 옳은 것은?

① 마케팅콘셉트에 가장 잘 부합한다.

② 이익을 극대화하는 가격을 설정한다.

③ 가격책정이 단순하고 소요시간이 짧다.

④ 시장 상황을 확인할 수 있는 근거자료를 활용한다.

⑤ 재고유지단위(SKU)마다 별도의 가격설정정책을 마련한다.

 ① 마케팅콘셉트에 한계를 가지고 있다.
② 이익을 최소화하는 가격을 설정한다.
④ 시장 상황을 확인할 수 있는 근거자료가 제한된다.
⑤ 재고유지단위(SKU)마다 별도의 가격설정정책을 불필요하다.

68 공급업체와 소매업체 간에 나타날 수 있는 비윤리적인 상업거래와 관련된 설명으로 옳지 않은 것은?

① 회색시장: 외국에서 생산된 자국 브랜드 제품을 브랜드소유자 허가 없이 자국으로 수입하여 판매하는 것

② 역청구: 판매가 부진한 상품에 대해 소매업체가 공급업체에게 반대로 매입을 요구하는 것

③ 독점거래 협정: 소매업체로 하여금 다른 공급업체의 상품을 취급하지 못하도록 제한하는 것

④ 구속적 계약: 소매업체에게 구매를 원하는 상품을 구입하려면 사고 싶지 않은 상품을 구입하도록 협정을 맺는 것

⑤ 거래거절: 거래하고 싶은 상대방과 거래하고 싶지 않은 상대방을 구분하는 경우에 발생

 역 청구(charge backs)는 반대의 의미가 된다. 즉, 구매자가 판매자에게 청구를 하는 것이 되므로 작정한 거래처를 확보하는 것에는 한계가 있다.

69 아래 글상자에서 설명하는 촉진수단에 해당하는 것으로 옳은 것은?

> – 뉴스기사, 스폰서십, 이벤트 등을 활용한다.
> – 다른 촉진 수단보다 현실감이 있고 믿을 수 있다는 특징이 있다.
> – 판매지향적인 커뮤니케이션이 아니기 때문에 판매원을 기피하는 가망고객에게도 메시지 전달
> 이 용이하다.

① 광고
② 판매촉진
③ 인적판매
④ PR(public relations)
⑤ SNS 마케팅

 ① 광고(Advertising) : 기업이 확인될 수 있는 광고주가 되어 광고대금을 지불하고 그들의 아이디 어나 제품 또는 서비스에 대한 메시지를 비인적(非人的) 매체를 통해 소비자에게 제 시하는 모든 활동을 의미한다.
② 판매촉진 : 판매촉진(Sales promotion)은 최종고객이나 경로상의 다른 고객에 의해 관심, 사용(trial), 구매를 자극하 는 촉진활동을 말한다. 이는 소비자, 중간상, 기업자신의 종업원을 겨냥한 것이다.
③ 인적판매 : 판매원 판매라고도 하며 판매원과 고객이 1대1 접촉 또는 대면접촉의 방법을 통해 의사소통을 하는 판매방법을 말한다.
⑤ SNS 마케팅 : SNS(Social Network Service: 소셜 네트워크 서비스)는 온라인 인맥구축 서비스이다. 1인 미디어, 1인 커뮤니티, 정보공유 등을 포괄하는 개념이며, 참가자가 서로에게 친구를 소개하여, 인맥 관계를 넓힐 것을목적으로 개설된 커뮤니티형 서비스를 지칭한다.

70 유통경로의 성과평가 방법 중 재무성과를 평가하기 위해 사용되는 지표로 가장 옳지 않은 것은?

① 순자본수익률
② 자기자본이익률
③ 매출액증가율
④ 부가가치자본생산성
⑤ 재고회전율

 자본생산성(資本生産性: productivity of capital은 총자본투자효율(總資本投資效率)이라고도 하며 기업에 투자된 총자본(부채와 자본총계)이 1년 동안에 어느 정도의 부가가치를 산출하였는가를 나타내는 비율을 나타낸다.

제4과목 유통 정보(71~90)

71 물류활동의 기본 기능 중에서 유통효용의 하나인 형태효용을 창출해 내는 것으로 가장 옳은 것은?

① 보관기능
② 운송기능
③ 정보기능
④ 수배송기능
⑤ 유통 가공기능

 형태효용을 창출해 내는 것은 기본적으로 무에서 유를 창출하는 것으로 생산효용을 말한다.

72 아래 글상자의 내용을 근거로 암묵지에 대한 설명만을 모두 고른 것으로 가장 옳은 것은?

> ㉠ 구조적이며 유출성 지식이다.
> ㉡ 비구조적이며 고착성 지식이다.
> ㉢ 보다 이성적이며 기술적인 지식이다.
> ㉣ 매우 개인적이며 형식화가 어렵다.
> ㉤ 주관적, 인지적, 경험적 학습에 관한 영역에 존재한다.

① ㉠, ㉢, ㉣
② ㉠, ㉢, ㉤
③ ㉡, ㉣, ㉤
④ ㉠, ㉢, ㉣, ㉤
⑤ ㉡, ㉢, ㉣, ㉤

 암묵지(Tacit Knowledge)와 형식지(Explicit Knowledge)가 있는데 암묵지란 그내용을 언어나 부호로 표현하기 곤란하고 구성원의 행동과 머리속에 체화되어 있는 지식을 의미하며, 스킬, 노하우, 행동 판단의 기준, 도제 장인의 솜씨, 조직문화 등 내면적으로 깊숙이 가지고 있고 개개인만이 가지고 있는 지식을 말하며, 경험적, 직관적, 초언어적, 조직문화, 주관적인 지식이다.

73 디지털 데이터들 중 비정형 데이터의 예로 옳지 않은 것은?

① 동영상 데이터
② 이미지 데이터
③ 사운드 데이터
④ 집계 데이터
⑤ 문서 데이터

 집계 데이터는 정형화된 Data이다.

74 아래 글상자는 고객가치에 대한 개념과 구성하는 요소들을 보여주는 공식이다. 각 요소들에 대한 설명으로 옳지 않은 것은?

> ㉠ 고객가치 = 총소유비용/ 지각된 이익
> ㉡ 고객가치 = 비용×시간 / 품질 ×서비스

① 고객가치의 총소유비용은 구매의사결정에 중요한 영향을 미친다.
② 고객가치의 구성요소로서 품질은 제안된 기능, 성능, 기술명세 등이다.
③ 고객가치의 구성요소로서 서비스는 고객에게 제공되는 유용성, 지원, 몰입 등이다.
④ 고객가치의 구성요소로서 비용은 가격 및 수명주기 비용을 포함한 고객의 거래비용이다.
⑤ 고객가치의 구성요소로서 시간은 고객이 제품을 지각하고 구매를 결정하는데 까지 걸리는 시간이다.

 고객가치는 구매가치(기업의 상품이나 서비스에 대한 고객의 객관적 평가), 브랜드 가치(회사와 그 상품이나 서비스에 대한 고객의 주관적 관점), 고객유지가치(고객과 회사 간의 관계 강도에 대한 고객의 시각)에 기초한다. 고객가치의 구성요소로서 시간은 고객이 제품을 원하는 시간에 얼마나 빠르게 제공하는 지를 판단하는 것이다.

75 정보통신 기술의 발전과 이에 따른 의식의 변화로 나타난 유통산업의 변화 현상과 가장 거리가 먼 것은?

① 브랜드 가치 증대　　② 퓨전(fusion) 유통
③ 소비자의 주권 강화　　④ 채널간의 갈등 감소
⑤ 디지털 유통의 가속화

 채널 간의 갈등이 증가 되었다.

76 아래 글 상자 괄호에 들어갈 용어로 가장 옳은 것은?

> (　　　)은(는) 배송 상품에 대한 정보를 담고 있는 것으로, 배송상자 안에 들어 있거나, 배송상자 밖에 부착되어 있다. 여기에는 배송 상품의 품목과 수량 등이 기재되어 있다.

① 패킹 슬립(packing slip)
② 인보이스(invoice)
③ 송금통지서(remittance advice)
④ 선하증권(bill of lading)
⑤ ATP(available to promise)

② 인보이스(invoice) : 매매계약의 조건을 정당하게 이행했다는 뜻으로 판매업자가 구매측에 전달하는 명세서, 계산서, 대금 청구서를 겸한 선적서류로 매매계약 조건을 정당하게 이행하였음을 밝히는 판매자가 구매자에게 보내는 서류이고 일반적으로는 상업 송장 이라 하며 발송 장 이라고도 한다.
③ 송금통지서(remittance advice) : 거래은행이나 물품공급자에게 대금을 송금했다는 표시를 말한다.
④ 선하증권(bill of lading) : 운송물을 수령 또는 선적한 때 용선자(傭船者)나 송하인의 청구에 따라 선박 소유자가 발행하여 양륙항(揚陸港)에서 증권소지인에게 운송물을 인도할 것을 약속하는 유가증권이다.
⑤ ATP(available to promise) : 약속가능재고(수량)' 이라고 하며 영업 담당자가 고객에게 특정 기간 내에 몇 개나 납품이 가능한지 납품가능수량을 약속하는 것을 의미 한다.

77
아래 글 상자의 내용은 인먼(W. H. Inmon)이 정의한 데이터웨어하우징에 대한 개념이다. 괄호에 들어갈 수 있는 단어로 옳지 않은 것은?

> 경영자의 의사결정을 지원하는 (   )이고, (   )이고, (   )이며, (   )인 데이터의 집합

① 통합적(integrated)
② 비휘발성(nonvolatile)
③ 주제 중심적(subject-oriented)
④ 일괄 분석처리(batch-analytical processing)
⑤ 시간에 따라 변화적(time-variant)

W.H.Inmon에 의하면 데이터웨어하우스를 경영자의 의사결정을 지원하는 주제중 심적(subject-oriented) 이고 통합적(integrated)이며, 비휘발성(nonvolatile)이 고, 시간에 따라 변화(time-variant)하는 데이터의 집합이라 정의하였다.

78
상품 판매를 위한 애널리틱스에 대한 설명으로 옳지 않은 것은?

① 프로파일링(profiling)은 고객들의 나이, 지역, 소득, 라이프스타일(lifestyle)에 대한 분석을 통해 고객군을 선정하고, 차별화하는 기능이다.
② 세분화(segmentation)란 유사한 제품과 서비스 또는 유사한 고객군으로 분류하는 기능이다.
③ 개별화(personalization)란 인구통계학적 특성, 구매기록 등과 같은 데이터에 기반해 상품 판매를 위한 개인화된 시장을 만들어 판매를 지원하는 기능이다.
④ 가격결정(pricing)은 고객들의 구매 수준, 생산 비용 등을 고려해 상품 판매를 위한 적절한 가격을 결정하는 기능이다.
⑤ 연관성(association)은 현재 상품 판매 데이터를 이용해 미래에 판매될 상품에 대하여 모델링하는 기능을 의미한다.

웹사이트 이용 현황을 이해하고 사용자 경험을 최적화하기 위해 웹 데이터를 측정, 수집, 분석 및 보고 하는 것을 말합니다. 연관성(association)은 현재 상품 판매 데이터를 이용해 연관성이 높은 상품의 판매에 대한 분석을 말한다.

79 B2B의 대표적인 수행수단으로 활용되는 정보기술인 EDI에 대한 설명으로 가장 옳지 않은 것은?

① EDI 사용은 문서거래시간의 단축, 자료의 재입력 방지, 업무처리의 오류감소 등의 직접적 효과가 있다.

② EDI 표준전자문서를 컴퓨터와 컴퓨터간에 교환하는 전자적 정보전달 방식이다.

③ 웹 EDI는 사용자가 특정문서의 구조를 만들어 사용할 수 있기 때문에 타 업무 프로그램과의 연계가 용이하다.

④ 웹 EDI는 복잡한 EDI 인프라 구축 없이도 활용 가능하다.

⑤ 기존 EDI에 비해 웹 EDI의 단점은 전용선 서비스 기반이라 구축비용이 높다는 것이다.

 기존 EDI에 비해 웹 EDI의 장점은 전용선 서비스 기반을 이용하여 구축비용이 낮다는 것이다.

80 아래 글상자의 괄호에 들어갈 용어로 옳은 것은?

> ( )는 전자상거래에서 지불이 원활하게 이루어지도록 지원하는 대행 서비스이다. 이는 일반적으로 전자상거래에서 판매자를 대신하는 계약을 맺고 구매자가 선택한 은행, 신용카드 회사 및 통신사업자 등으로부터 대금을 지급받아 일정액의 수수료를 받고 판매자에게 지급해주는 서비스를 의미한다.

① 전자지불게이트웨이

② Ecash

③ 가상화폐대행서비스

④ EBPP(Electronic Bill Presentment and Payment)

⑤ 전자화폐발행서비스

② Ecash : 전자화폐를 말한다.
③ 가상화폐대행서비스 : 가상화폐란 컴퓨터 네트워크에 존재하는 블록체인을 사용하여 인터넷에 기록되는 화폐이며, 비트코인은 가상화폐 중 가장 많이 거래되는 상품이며 1000가지의 가상화폐가 비트코인의 기술을 바탕으로 탄생하였다.
④ EBPP(Electronic Bill Presentment and Payment) : 전자대금청구 및 지급 시스템을 말하며, 이러한 EBPP는 최근 부상하고 있는 온라인 빌링 서비스에 결제기능을 결합한 서비스로서 인터넷을 기반으로 점차 그 보급이 확대되고 있다.
⑤ 전자화폐발행서비스 : 전자화폐는 일반적으로 유통성, 양도가능성, 범용성, 익명성 등 현금의 기능을 갖추고 있을 뿐만 아니라 원격송금성, 수송상의 비용절감, 금액의 분할 및 통합의 유연성, 전자성 등의 특징을 가지고 있으며 현금의 단점 또한 보완하는 기능을 가지고 있다.

81 공급사슬관리 성과측정을 위한 SCOR(supply chain operation reference) 모델은 아래 글상자의 내용과 같이 5가지의 기본관리 프로세스로 구성되어 지는데 이 중 ㉠에 해당되는 내용으로 가장 옳은 것은?

> 계획 – 조달 – (㉠) – 인도 – 반환

① 제품 반송과 관련된 프로세스
② 재화 및 용역을 조달하는 프로세스
③ 완성된 재화나 용역을 제공하는 프로세스
④ 조달된 재화 및 용역을 완성 단계로 변환하는 프로세스
⑤ 비즈니스 목표 달성을 위한 수요와 공급의 균형을 맞추는 프로세스

조직 내·외부의 관점에서 성과를 측정할수 있으며, 공습사슬관리의 성과측정을 위해 개발된 모형이고, 계획, 조달, 제조, 인도, 반환 등의 5가지 기본프로세스를 가지고 있다.

82 지식관리시스템은 지식이 시간의 흐름에 따라 역동적으로 개선되기 때문에 6단계의 사이클을 따르는데 이에 맞는 주기 단계가 가장 옳은 것은?

① 지식 생성-정제-포착-관리-저장-유포
② 지식 생성-정제-포착-저장-관리-유포
③ 지식 생성-정제-저장-관리-포착-유포
④ 지식 생성-포착-정제-저장-관리-유포
⑤ 지식 생성-포착-정제-관리-저장-유포

지식관리시스템(Knowledge Management System)은 "개인과 조직이 지식을 기 반으로 해서 지식의 생성, 활용, 축적에 이르는 일련의 활동을 원활하게 할 수 있도록 정보기술을 통해 지원하는 것"으로 정의할 수 있다. 문제에서 가장 적합한 지문은 ④이다.

83 다음은 데이터웨어하우스를 구축하고, 사용자에게 필요에 맞는 정보를 제공해 주는 데이터 마트를 구축한 개념도이다. 그림의 (가)에 해당하는 기술 용어로 가장 옳은 것은? 〈보기〉

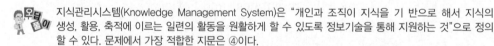
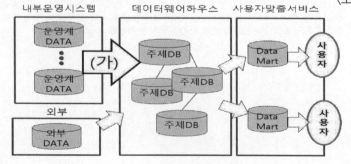

① Classify

② Multi-D(demension)

③ IC(integration cycle)

④ STAR(simple target apply regular)

⑤ ETL(extraction transformation loading)

 추출, 변환, 적재(Extract, transform, load, ETL)는 컴퓨팅에서 데이터베이스 이용의 한 과정으로 동일 기종 또는 타기종의 데이터 소스로 부터 데이터를 추출한다. 조회 또는 분석을 목적으로 적절한 포맷이나 구조로 데이터를 저장하기 위해 데이터를 변환한다. 최종 대상(데이터베이스, 특히 운영 데이터 스토어, 데이터 마트, 데이터 웨어하우스)으로 변환 데이터를 적재한다. 데이터 웨어하우스에서는 이와 같은 내용을 포함한다.

84 아래 글상자의 내용에 부합되는 용어로 가장 옳은 것은?

> – 시간기반 경쟁의 장점을 성취하기 위해 빠른 대응 시스템을 개발하는 것이다.
> – 시스템의 프로세싱 시간이 빨라짐으로서 총 리드타임이 줄어든다는 효과를 내게 된다.
> – 베네통의 경우 시장판매정보를 빠르게 피드백하는 유통시스템으로 신속한 대응을 달성하였다.

① RFID   ② ECR   ③ VMI   ④ JIT   ⑤ QR

 ① RFID : 자동인식(AIDC)기술의 한 종류로서 micro–chip을 내장한 Tag에 저장된 데이터를 무선주파수를 이용하여 비접촉방식으로 Reading하는 기술을 말한다.

② ECR : 전자문서화 된 정보교환과 원활한 제품흐름이 시스템 도입의 성공 요건이며, 식품 산업에 적용하기 위한 SCM의 변형이라 할 수 있는 식품·잡화 부문의 SCM이다.

③ VMI : 공급자인 제조업자나 도매업자 가 소매재고관리를 소매업체를 대신해서 하는 것을 말한다. 소매업체는 유통업체나 제조업체에 판매와 재고에 관한 정보를 제공해야 하고 치밀하게 자동 보충 발주를 해야만 한다.

④ JIT : 적시에 적량으로 생산해내는 것으로 부품이 필요한 시기와 장소에서 사용되도록 계획하는 자재소요계획과 비슷한 의미를 주는 것 같지만, JIT에서는 필요한 시기에만 부품이 생산되도록 한다.

85 노나카(Nonaka)의 지식변환 유형에 대한 설명으로 옳지 않은 것은?

① 사회화 – 최초의 유형으로 개인 혹은 집단이 주로 경험을 공유함으로써 지식을 전수하고 창조한다.

② 사회화 – 암묵지에서 암묵지를 얻는 과정이다.

③ 외부화 – 개인이나 집단의 암묵지가 공유되거나 통합되어 그 위에 새로운 지가 만들어지는 프로세스이다.

④ 종합화 – 개인이나 집단이 각각의 형식지를 조합시켜 새로운 지를 창조하는 프로세스이다.

⑤ 내면화 – 형식지에서 형식지를 얻는 과정이다.

 내면화(Internalization)는 노하우, 매뉴얼 등을 롤 플레잉 등에 의해서 개개인의 내부에 체험적으로 이해시키는 일로서 서비스 지침서, 성공과 실패 공유DB 등의 학습을 통해 개인의 지식을 쌓아가는 과정이다.

86 정보기술의 발전으로 인한 기업들의 경쟁 원천 환경변화로 가장 옳지 않은 것은?

① 제품수명주기가 단축되고 있다.
② 고객의 요구가 다양해지고 있다.
③ 독특한 질적 차이를 중시하는 추세로 변화하고 있다.
④ 국가 간의 시장 장벽이 높아지고 있으며, 이로 인해 시장 확대의 기회가 어려워지고 있다.
⑤ 소비자의 요구에 맞는 제품을 신속하게 생산할 수 있는 시간경쟁이 가속화되고 있다.

 국가 간의 시장 장벽이 낮아지고 있으며, 이로 인해 시장 확대의 기회가 높아지고 있다.

87 가트너(Gartner)에서 제시한 빅 데이터의 3대 특성으로 가장 옳은 것은?

① 데이터 규모, 데이터 생성속도, 데이터 다양성
② 데이터 규모, 데이터 가변성, 데이터 복잡성
③ 데이터 규모, 데이터 다양성, 데이터 가변성
④ 데이터 생성속도, 데이터 가변성, 데이터 복잡성
⑤ 데이터 생성속도, 데이터 다양성, 데이터 복잡성

 빅 데이터(BIG DATA)는 인터넷, 카카오톡, 페이스북, 트위터 등을 통해 오가는 모든 메시지, 이미지, 그리고 영상 등을 포괄하는 용어로서, 간단하게 말해 이 세상에 존재하는 모든 정보를 의미한다고 볼 수 있다. 기존의 정형화된 데이터뿐만 아니라, 비정형적 데이터까지 포함한 방대한 양의 데이터를 수집하여 다양한 관점에서 신속하게 패턴이 나 예측정보를 제공한다.

88 아래 글상자 괄호에 들어갈 용어로 가장 옳은 것은?

노나카(Nonaka)에 의하면, 조직의 케이퍼빌리티(Capability)와 핵심역량(Core Competency)은 조직의 본질적 능력, 표면적으로 나타나는 경쟁력의 토대가 되는 무형의 지적 능력을 말한다고 한다. 기업의 능력을 확대해 나가기 위해서 최고경영자는 조직의 학습을 촉진시켜 나가야 한다. 이러한 개념을 (㉠)이라 하고, 이를 보급시키는데 힘쓴 피터 생게(Peter M. Senge)는 (㉡) 사고를 전제로 하여 개인의 지적 숙련, 사고모형, 비전의 공유, 팀 학습의 중요성을 주장하였다.

① ㉠ 학습조직,   ㉡ 자율적
② ㉠ 시스템학습,   ㉡ 자율적
③ ㉠ 학습조직,   ㉡ 인과적
④ ㉠ 학습조직,   ㉡ 시스템적
⑤ ㉠ 시스템학습,   ㉡ 인과적

문제에서는 학습조직과 시스템적사고의 내용을 묻고 있다.

89 아래 글상자는 공급사슬관리를 위한 제조업체의 구매-지불 프로세스의 핵심 기능이다. 프로세스 흐름에 따라 순서대로 나열한 것으로 옳은 것은?

㉠ 구매주문서 발송	㉡ 대금 지불
㉢ 재화 및 용역 수령증 수취	㉣ 공급업체 송장 확인
㉤ 조달 확정	㉥ 재화 및 용역에 대한 구매요청서 발송

① ㉥→㉤→㉣→㉢→㉡→㉠   ② ㉠→㉤→㉣→㉢→㉥→㉡
③ ㉠→㉡→㉢→㉣→㉤→㉥   ④ ㉠→㉤→㉣→㉢→㉡→㉥
⑤ ㉥→㉤→㉠→㉢→㉣→㉡

공급사슬관리를 위한 제조업체의 구매-지불 프로세스에 따라 순서대로 나열하면 '㉥→㉤→㉠→㉢→㉣→㉡'이 가장 적합하다.

90 소비자가 개인 또는 단체를 구성하여 상품의 공급자나 생산자에게 가격, 수량, 부대 서비스 조건을 제시하고 구매하는 역경매의 형태가 일어나는 전자상거래 형태로 가장 옳은 것은?

① B2B   ② P2P   ③ B2C   ④ C2C   ⑤ C2B

C2B는 고객과 기업의 거래를 나타내고 대표적인 사례가 경매나 역경매를 말한다.

정 답

1과목:유통 · 물류일반(1~25)	2과목:상권분석(26~45)
3과목:유통마케팅(46~70)	4과목:유통정보(71~90)

01 ④	02 ①	03 ②	04 ③	05 ①	06 ②	07 ③	08 ④	09 ⑤	10 ②
11 ④	12 ④	13 ③	14 ④	15 ⑤	16 ②	17 ③	18 ⑤	19 ⑤	20 ③
21 ④	22 ⑤	23 ③	24 ③	25 ⑤	26 ⑤	27 ④	28 ⑤	29 ④	30 ④
31 ②	32 ④	33 ①	34 ⑤	35 ⑤	36 ③	37 ④	38 ④	39 ①	40 ②
41 ①	42 ①	43 ⑤	44 ④	45 ④	46 ④	47 ①	48 ⑤	49 ②	50 ③
51 ③	52 ⑤	53 ④	54 ⑤	55 ③	56 ②	57 ③	58 ③	59 ③	60 ③
61 ④	62 ⑤	63 ③	64 ③	65 ①	66 ③	67 ③	68 ②	69 ④	70 ④
71 ⑤	72 ③	73 ④	74 ⑤	75 ④	76 ①	77 ④	78 ⑤	79 ⑤	80 ①
81 ④	82 ④	83 ⑤	84 ⑤	85 ⑤	86 ④	87 ①	88 ④	89 ⑤	90 ⑤

유통관리사2급

부록 최근기출문제

2020. 08. 08 유통관리사 2급

제1과목　유통 · 물류 일반(01~25)

01 아래 글상자의 ⊙, ⓒ에서 설명하는 물류영역을 순서대로 나열한 것 중 가장 옳은 것은?

> ⊙ 물류의 최종단계로서 제품을 소비자에게 전달하는 일체의 수 · 배송 물류활동
> ⓒ 파손 또는 진부화 등으로 제품이나 상품, 또는 포장용기를 소멸시키는 물류활동

① ⊙판매물류,　　ⓒ회수물류
② ⊙최종물류,　　ⓒ반품물류
③ ⊙판매물류,　　ⓒ폐기물류
④ ⊙생산물류,　　ⓒ반품물류
⑤ ⊙조달물류,　　ⓒ회수물류

 판매물류(Outbound Logistics) : 판매로 인하여 완제품이 출고되어 고객에게 인도될 때까지의 물류활동을 말하며 제품창고에서 출고하는 과정과 배송센터까지의 수송 그리고 고객에게까지 배송하는 작업 등이 포함된다.
폐기물류(Scrapped Logistics) : 사회적으로 환경적인 문제를 다루고 있지만 물류에서도 이러한 중요성을 인식하여 적극적으로 대처해야 하며, 특히 회수물류 중에도 '자원의 재사용'이라고 하는 분야는 회사시스템화가 가능한 분야이다.

02 SCM상에서 채찍효과(bullwhip effect)를 방지하기 위한 방법으로 옳지 않은 것은?

① EDI(Electronic Data Interchange) 활용
② 벤더와 소매업체 간의 정보교환
③ VMI(Vendor Managed Inventory) 활용
④ 일괄주문(order batching) 활용
⑤ S&OP(Sales and Operations Planning) 활용

 일괄주문(order batching) 활용하면 채찍효과가 증가한다.

03 JIT와 JITⅡ의 차이점에 대한 설명으로 옳지 않은 것은?

① JIT는 부품과 원자재를 원활히 공급받는데 초점을 두고, JITⅡ는 부품, 원부자재, 설비공구, 일반자재 등 모든 분야를 대상으로 한다.
② JIT는 개별적인 생산현장(plant floor)을 연결한 것이라면, JITⅡ는 공급체인(supply chain)상의 파트너의 연결과 그 프로세스를 변화시키는 시스템이다.
③ JIT는 기업 간의 중복업무와 가치없는 활동을 감소 · 제거하는데 주력하는 반면, JITⅡ는 자사 공장 내의 가치없는 활동을 감소 · 제거하는데 주력한다.

④ JIT는 푸시(push)형인 MRP와 대비되는 풀(pull)형의 생산방식인데 비해, JITⅡ는 JIT와 MRP를 동시에 수용할 수 있는 기업 간의 운영체제를 의미한다.

⑤ JIT가 물동량의 흐름을 주된 개선대상으로 삼는데 비해, JITⅡ는 기술, 영업, 개발을 동시화(synchronization)하여 물동량의 흐름을 강력히 통제한다.

 JITⅡ는 기업 간의 중복업무와 가치 없는 활동을 감소·제거하는데 주력하는 반면, JIT는 자사 공장 내의 가치 없는 활동을 감소·제거하는데 주력한다.

04 아래 글상자에서 설명하는 한정서비스 도매상의 종류로 옳은 것은?

> 주로 석탄, 목재, 중장비 등의 산업에서 활동한다. 이 도매상은 고객으로부터 주문을 접수한 후, 고객이 원하는 조건과 배달시간에 맞춰 고객에게 직접 제품을 운반할 수 있는 제조업체를 찾는다.

① 현금거래도매상(cash-and-carry wholesalers)
② 트럭도매상(truck jobbers)
③ 직송도매상(drop shipper)
④ 진열도매상(rack jobber)
⑤ 판매대리인(sales agent)

 ① 현금거래도매상(cash-and-carry wholesalers) : 현금지불을 조건으로 판매를 하며 배달은 하지 않는 도매상이다.
② 트럭도매상(truck jobbers) : 소매상들에게 직접 제품을 수송하는 도매상으로, 이들은 주로 과일과 야채 등의 신선식품을 취급하며 소규모의 슈퍼마켓을 비롯하여 소규모 채소상인이나 병원 및 호텔 등을 순회하며 현금판매를 실시하는 도매상이다.
④ 진열도매상(rack jobber) : 소매점포까지 직접 트럭배달을 해 주면서 소매상을 대신하여 진열대에 진열하거나 재고를 관리해주는 도매상이다
⑤ 판매대리인(sales agent) : 판매만을 대리하여 수수료를 취득하는 도매상이다.

05 아래 글상자의 구매 관련 공급자 개발 7단계 접근법이 옳은 순서로 나열된 것은?

> ㉠ 주요 공급원 파악 ㉡ 주요 제품과 서비스 파악
> ㉢ 기능 간 팀 구성 ㉣ 공급자와 주요과제 합의
> ㉤ 공급자 CEO와의 대면 ㉥ 세부적인 합의
> ㉦ 진행상황 점검 및 전략 수정

① ㉣-㉤-㉥-㉦-㉠-㉡-㉢
② ㉤-㉥-㉦-㉠-㉡-㉢-㉣
③ ㉥-㉦-㉠-㉡-㉢-㉣-㉤
④ ㉦-㉠-㉡-㉢-㉣-㉤-㉥
⑤ ㉡-㉠-㉢-㉤-㉣-㉥-㉦

 공급자 개발은 신뢰성을 중심으로 잘 선택을 해야 한다. 문제에서는 ⑤의 순서로 접근하는 것이 최상이다.

06 아래 글상자의 내용은 기사를 발췌한 것이다. (   )안에 공통적으로 들어갈 용어로 가장 옳은 것은?

> 제목 : (   ) 환상에서 벗어난 기업들의 생산기지 철수 (   )은 국내에서 얻는 것보다 상당히 낮은
> 가격에 해외에서 제품, 원재료를 만들거나 구매할 수 있는 기회를 제공하는 것을 말한다. 그러나
> 낮은 품질, 높은 운송비용이(   )을 통해 얻어지는 비용우위를 저해함에 따라 일부 자국제조업체들은
> 생산기지를 다시 자국으로 옮기는 중이다.

① 리쇼링(re-shoring) 　　　② 오프쇼링(off-shoring)
③ 지연(postponement)전략 　④ 기민성(agility)생산방식
⑤ 린(lean) 생산방식

① 리쇼링(re-shoring) : 리쇼어링(영어: Reshoring 또는 온쇼어링onshoring, 인쇼어링inshoring, 백쇼어링
backshoring)은 해외에 진출한 국내 제조 기업을 다시 국내로 돌아오도록 하는 정책이다. 저렴한 인건비
를 이유로 해외로 공장을 옮기는 오프쇼어링과는 반대되는 말이다.
③ 지연(postponement)전략 : 완제품을 바로 만들지 않고 완제품으로 가기 전 최종 완성단계를 지연함으로
써 고객의 의사를 충분히 반영시키고 고객이 원하는, 그리고 잘 판매되어지는(시장의 상황 반영) 물품을
만드는 것이다.
④ 기민성(agility)생산방식 : 간편한 구성관리로 즉시 사용한 구조로 되어있으며 산업별장점들을 시스템에
반영하고 있다. 경쟁사대비 우위의 기술을 보유하고 있으며, 이는 지속적인 경쟁력 확보의 수단이다.
⑤ 린(lean) 생산방식 : 사전적 의미는 '얇은', '마른', '(비용을)절감한'이란 의미로 정확하게 자재구매에서부터
생산, 재고관리, 유통의 모든 과정에 손실최소화, 최적화한다는 개념이다.

07 아래 글상자에서 설명하는 조직구성원에 대한 성과평가 방법으로 옳은 것은?

> ㉠ 종업원 전체 범주 중 특정범주로 할당해서 성과를 평가하는 방법
> ㉡ S등급 10%, A등급 30%, B등급 30%, C등급 30%등으로 평가함
> ㉢ 구성원의 성과가 다양한 분포를 보일 때 가장 효과적인 평가방법이며, 갈등을 피하고자 모두를
>   관대하게 평가하고자 하는 유혹을 극복할 수 있음

① 단순서열법(simply ranking)
② 강제배분법(forced distribution method)
③ 쌍대비교법(paired-comparison method)
④ 행위기준고과법(BARS: behaviorally anchored rating scale)
⑤ 행동관찰척도법(BOS: behavioral observation scale)

① 단순서열법(simply ranking) : 성과 결과를 토대로 그룹 내의 모든 종업원을 최고부터 최하까지
순위 매기는 방법
③ 쌍대비교법(paired-comparison method) : 한편 쌍대 비교법(paired comparison method)은 교대서열
법 보다 좀더 정교하게 피평가자를 2명씩 짝을 지어 서로 비교한 결과를 토대로 전체 서열을 판정하는
방법
④ 행위기준고과법(BARS: behaviorally anchored rating scale) : 평가할 직무에 직접적으로 적용되는
행동묘사내용을 다양한 척도 수준에 포함시키는 표준평정척도
⑤ 행동관찰척도법(BOS: behavioral observation scale) : 행위관찰척도(BOS:Behavioral Observation
Scale)는 기본적으로 행위기준평정척도의 장점을 유지하면서 단점을 줄이고자 개발된 행위기준 유형
의 평가수단

08 인적자원관리(HRM)의 글로벌화 과정을 5단계로 나누어 볼 수 있다. 아래 글상자에서 5단계 중 글로벌 (Global)단계에서 각 HRM 과업을 수행하는 방안으로 가장 옳지 않은 것은?

구분	HRM의 과업	글로벌(Global) 단계에서의 수행방안
㉠	해외자회사의 인재	자회사 인재의 다국적화
㉡	본사의 인재	본사 인재의 다국적화 및 글로벌 로테이션
㉢	처우	글로벌 처우기준의 확립
㉣	능력개발	글로벌 연구 프로그램의 실시
㉤	본사-자회사 관계	파견위주의 관계

① ㉠   ② ㉡   ③ ㉢   ④ ㉣   ⑤ ㉤

⑤의 내용은 서로 바꿔서 설명을 한 것이다.

09 아래 글상자에서 설명하는 조직구조로 옳은 것은?

> ㉠ 권한과 책임의 소재와 한계가 분명하며 의사결정에 신속을 기할 수 있음
> ㉡ 관리자는 부하직원에게 강력한 통솔력을 발휘할 수 있음
> ㉢ 업무가 의사결정자의 독단으로 처리될 수 있으며, 조직바깥의 전문적 지식이나 기술이 활용되기 어려움

① 라인조직   ② 라인-스태프 조직
③ 프로젝트 조직   ④ 매트릭스 조직
⑤ 네트워크 조직

② 라인-스태프 조직 : 각 조직구성원이 한사람의 직속상관의 지휘·명령에 따라 활동하며, 모든 사람들이 한 명의 감독자에게 보고하고, 동시에 그상위자에 대해서만 책임을 지는 형태이다.
③ 프로젝트 조직 : '특정한 목표를 달성하기 위하여 일시적으로 조직 내의 인적·물적 자원을 결합하는 조직형태'라고 정의하였음
④ 매트릭스 조직 : 기능별 및 부서별 명령체계를 이중적으로 사용하여 조직을 몇 개의 부서로 구분하는 것을 말한다. 매트릭스구조는 계층적인 기능식구조에 수평적인 사업부제조직을 결합한 부문화의 형태이다.
⑤ 네트워크 조직 : 외부기관과 신뢰의 기반위에서 상호전략적 제휴를 체결하고, 외부기관과 상호협력적 아웃소싱(outsourcing) 등을 체결한다.

10 포터(M. Porter)의 가치사슬분석에 의하면 기업 활동을 본원적 활동과 보조적 활동으로 구분할 수 있는데, 이 중 보조적 활동에 속하지 않는 것은?

① 경영혁신　　　　　　　② 서비스 활동
③ 인적자원관리　　　　　④ 조달활동
⑤ 기술개발

 정보시스템이 경영활동을 지원하는데 어떻게 활용되는가를 분석하기 위하여 porter가 제시한 모형이다. 서비스(service)활동은 제품의 가치유지 및 향상을 위한 서비스 활동으로 주요활동(Primary Activities)에 속한다.

11 기업 수준의 성장전략에 관한 설명으로 가장 옳지 않은 것은?

① 기존시장에서 경쟁자의 시장점유율을 빼앗아 오려는 것은 다각화전략이다.
② 신제품을 개발하여 기존시장에 진입하는 것은 제품개발전략이다.
③ 기존제품으로 새로운 시장에 진입하여 시장을 확대하는 것은 시장개발전략이다.
④ 기존시장에 제품계열을 확장하여 진입하는 것은 제품개발전략이다.
⑤ 기존제품으로 제품가격을 내려 기존시장에서 매출을 높이는 것은 시장침투전략이다.

 다각화전략은 새로운 제품으로 새로운 시장에 진입을 하는 것이다.

12 유통경로 상에서 기업이 현재 차지하고 있는 위치의 다음 단계를 차지하고 있는 경로구성원을 자본적으로 통합하는 경영전략을 설명하는 용어로 옳은 것은?

① 전방통합(forward integration)　　　② 아웃소싱(outsourcing)
③ 전략적제휴(strategic alliance)　　　④ 합작투자(joint venture)
⑤ 후방통합(backward integration)

 ② 아웃소싱(outsourcing) : 아웃소싱(영어: outsourcing, 이전 명칭 outside resourcing)은 기업의 내부 프로젝트나 제품의 생산, 유통, 용역 등을 외부의 제3자에게 위탁, 처리하는 것을 말한다. 원래는 미국 기업이 제조업 분야에서 활용하기 시작했으며 경리, 인사, 신제품 개발, 영업 등 모든 분야로 확대되고 있다. 기업은 핵심사업에만 집중하고 나머지 부수적인 부문은 외주에 의존함으로써 생산성 향상을 극대화할 수 있다.
③ 전략적제휴(strategic alliance) : 전략적제휴를 위한 계약서에는 상호 업무분담, 평가 등 실행단계와 관련된 사항이 최대한 포함되는 것이 바람직하며, 전략적 제휴업체 간 신뢰확보가 이루어져야만 정보공유, 협업(collaboration), 관계증진 등이 가능해 진다. 제휴기업들이 개방적이고 신뢰할 수 있는 조직문화를 가지고 있고, CEO의 강력한 의지 및 지원이 있는 경우 전략적 제휴가 효과적으로 이루어질 수 있다.
④ 합작투자(joint venture) : 합작투자(合作投資, 영어: Joint Venture)는 2개국 이상의 기업·개인·정부기관이 영구적인 기반 아래 특정기업체 운영에 공동으로 참여하는 국제경영방식으로 전체 참여자가 공동으로 소유권을 갖는다. 공동소유의 대상은 주식자본·채무·무형고정자산(특허권·의장권·상표권·영업권 등)·경영노하우·기술노하우·유형고정자산(기계·설비·투자 등) 등에 이르기까지 다양하다.
⑤ 후방통합(backward integration) : 전방통합과 상반되는 용어로 이해를 하면 된다.

13 손익계산서 상의 비용항목들이 각 유통경로별 경로활동에 얼마나 효율적으로 투입되었는지를 측정하여 유통경영전략에 따른 유통경로별 수익성을 측정하는 방법으로 옳은 것은?

① 유통비용분석(distribution cost analysis)
② 전략적 이익모형(strategic profit model)
③ 직접제품수익성(DPP: direct product profit)
④ 경제적 부가가치(EVA: economic value added)
⑤ 중간상 포트폴리오분석(dealer portfolio analysis)

② 전략적 이익모형(strategic profit model) : 전략적 수익모델(SPM: Strategic Profit Model)에 포함되는 항목은 매출순이익률, 총자산회전율, 자기자본순이익률 등으로 평가를 한다. 레버리지 비율(leverage ratio)은 자기자본에 대한 타인자본 비율로서 유동성비율과 함께 단기채권자의 재무위험을 측정하는데 사용된다.
③ 직접제품수익성(DPP: direct product profit) : 수익성분석의 한 기법, 각 경로대안의 제품수익성(직접제품이익)을 평가하여 직접제품 이익이 가장 높은 경로대안을 선택하는 방법이다.
④ 경제적 부가가치(EVA: economic value added) : 기업이 영업활동을 통해 한 회계기간 동안 얼마나 많은 부가가치를 창출했는지 따져보는 것이다.
⑤ 중간상 포트폴리오분석(dealer portfolio analysis) : 포트폴리오는 원래는 자료수집 철, 자료묶음, 서류가방, 작품집 등을 의미하며, 기업이 투자대상을 분석할 때, 시장매력도와 내부역량을 축으로 하여 Business의 강점과 약점을 분석하고 개선 기회를 찾고자 하는 툴을 말한다.

14 아래 글상자와 같이 소매점경영전략 변화에 지대한 영향을 준 환경요인으로 가장 옳은 것은?

> ㉠ A커피프랜차이즈 업체는 매장 안에서는 머그잔을 활용하고 있으며 전체 매장의 플라스틱 빨대를 종이빨대로 교체하였음
> ㉡ B대형마트는 일회용 비닐봉투 사용이 금지되어 장바구니 사용을 장려하는 게시물을 부착하고 홍보함
> ㉢ C대형마트는 중소유통업과의 상생발전을 위해 2주에 한번 휴점 함

① 경제적 환경
② 법률적 환경
③ 사회 · 문화적 환경
④ 기술적 환경
⑤ 인구 통계적 환경

정치적, 법적환경(political and legal environment)은 정치권력 및 법적/제도적 규제 장치의 변화이며, 글로벌 환경(global environment)은 다른 국가의 경제발전 이행 및 속도를 들 수 있다.

15 아래 글상자에서 특정산업의 매력도를 평가하는 요인으로 옳게 고른 것은?

> ㉠ 기존 경쟁기업의 숫자
> ㉡ 고정비용과 관련된 진입장벽 높이 정도
> ㉢ 차별화의 정도
> ㉣ 철수 장벽의 유무
> ㉤ 해당 산업의 성장률

① ㉠   ② ㉠, ㉡
③ ㉠, ㉡, ㉢   ④ ㉠, ㉡, ㉢, ㉣
⑤ ㉠, ㉡, ㉢, ㉣, ㉤

 산업의 매력도를 평가하는 요인으로 옳게 된 것은 모두가 해당된다.

16 아래 글상자의 비윤리적인 행위와 관련된 내용으로 옳지 않은 것은?

> 정보비대칭이 있는 상황에서 한 경제주체가 다른 경제주체에 대해 이익을 가로채거나 비용을
> 전가시키는 행위를 말한다.

① 보험가입자가 보험에 가입한 후 고의 또는 부주의로 사고 가능성을 높여 보험금을 많이 받아내서 보험회사에게 피해를 줌
② 자신이 소속된 공기업이 고객만족도 내부조작을 하였다는 사실을 감사원에 제보함
③ 대리인인 경영자가 주주의 이익보다는 자신의 이익을 도모하는 방향으로 내린 의사결정
④ 채권자에게 기업의 재정 상태나 경영 실적을 실제보다 좋게 보이게 할 목적으로 기업이 분식회계를 진행함
⑤ 재무회계팀 팀장이 기업의 결산보고서를 확인하고 공식적으로 발표되기 전에 자사 주식을 대량 매수함

 대리인이론 (Agency Theory)의 내용으로 젠센(Jensen)과 맥클링(Meckling)에 의해 1976년에 제기되 었다. 대리인이론에서는 조직을 계약관계(contractual relationship)의 연속으로 계약의 당사자를 주인(principal)과 주인의 부(wealth)를 대신하여 극대화하려고 노력하는 대리인(agent)으로 구분하였다.

17 "전통시장 및 상점가 육성을 위한 특별법"(법률 제16217호, 2019.1.8. 일부개정)에 의해 시행되고 있는 '온누리상품권'에 대한 설명으로 옳지 않은 것은?

① 온누리상품권은 중소벤처기업부 장관이 발행한다.
② 온누리상품권의 종류, 권면금액, 기재사항 등 발행에 필요한 사항은 대통령령으로 정한다.
③ 온누리상품권의 유효기간은 발행일로부터 3년이다.
④ 개별가맹점(또는 환전대행가맹점)이 아니면 온누리 상품권을 금융기관에서 환전할 수 없다.
⑤ 개별가맹점은 온누리상품권 결제를 거절하거나 온누리상품권 소지자를 불리하게 대우하면 안된다.

 온누리상품권의 유효기간은 발행일로부터 5년이다.

18 아래 글상자에서 설명하는 연쇄점(chain)의 형태로 옳은 것은?

> ㉠ 같은 업종의 소매점들이 공동매입을 도모하려고 결성한 체인조직
> ㉡ 일부기능을 체인 본사에 위탁하여 프랜차이즈 시스템을 갖추고 영업하기도 함
> ㉢ 경영의 독립성과 연쇄점화로 얻는 이득을 동시에 획득

① 정규연쇄점(regular chain)
② 직영점형 연쇄점(corporate chain)
③ 임의형 연쇄점(voluntary chain)
④ 마스터 프랜차이즈(master franchise)
⑤ 조합형 체인(cooperative chain)

 체인점(연쇄점 – chain store)은 소매업 또는 음식업 등에서 복수의 점포를 각지에 분산 · 배치시켜서 연쇄조직으로 운영하는 경영 형태이며 그 중에 하나의 형태가 프랜차이즈다.
① 정규연쇄점(regular chain) : 단일자본으로 복수점을 경영 · 관리하는 연쇄점
② 직영점형 연쇄점(corporate chain) : 본부회사에서 직접경영을 하는 체인점
③ 임의연쇄점(voluntary chain) : 도매업자가 소매업자를 조직화
④ 마스터 프랜차이즈(master franchise) : 서브 프랜차이즈(sub franchise) 계약이라고도 부른다. 이 계약은 마스터 프랜차이저(master franchisor)가 마스터 프랜차이지(master franchisee)에게 일정한 지역(넓게는 국가) 내에서 개별매장을 열 수 있는 독점권을 부여하고 마스터프랜차이지는 이에 대한 대가로 가맹점으로부터 받는 초기 수수료와 매출액에 기반하는 로열티 수령액 중 일부를 마스터 프랜차이저에게 지급(분배)하는 것을 내용으로 한다.
⑤ 조합형 체인(cooperative chain) : 각 조합원들이 조직화하여 공동출자로 본부경영에 참여하여 공동상품구매 등으로 발생된 이익을 분배하는 수평적 소매조직이다.

19 소매상을 위한 도매상의 역할로 가장 옳지 않은 것은?

① 다양한 상품구색의 제공   ② 신용의 제공
③ 시장의 확대   ④ 컨설팅서비스 제공
⑤ 물류비의 절감

 제조업자가 개입하여 구색을 완성하기보다는 도매상이 각각의 소매상에게 적합한 구색을 일시에 제공한다면 대단히 효율적일 것이다. 시장의 확대는 소매상이 도매상을 위한 기능이다.

20 유통경로의 길이(channel length)가 상대적으로 긴 제품으로 가장 옳은 것은?

① 비 표준화된 전문품
② 시장 진입과 탈퇴가 자유롭고 장기적 유통비용이 안정적인 제품
③ 구매빈도가 낮고 비규칙적인 제품
④ 생산자수가 적고 생산이 지역적으로 집중되어 있는 제품
⑤ 기술적으로 복잡한 제품

 ●긴 유통경로를 선택하는 경우
① 부패성이 없으며, 표준화가 되어있는 제품 및 기술적으로 단순한 편의품과 구매단위는 작고, 구매빈도 수는 높으며, 규칙적인 제품 등이 긴 유통경로를 선택하는 제품의 특징을 가지고 있다.
② 생산자의 수는 많으며, 공급자의 시장진입과 탈퇴에 제한이 없고, 지역적으로 분산생산이 되며, 유통비용 측면에서는 장기적으로 안정적이다.

21 유통환경의 변화에 따라 발생하고 있는 현상으로 가장 옳지 않은 것은?

① 소매업체는 온라인과 오프라인 채널을 병행해서 운영하기도 한다.
② 모바일을 이용한 판매비중이 높아지고 있다.
③ 1인 가구의 증가에 따라 대량구매를 통해 경제적 합리성을 추구하는 고객이 증가하고 있다.
④ 단순구매를 넘어서는 쇼핑의 레저화, 개성화 추세가 나타나고 있다.
⑤ 패키지 형태의 구매보다 자신의 취향에 맞게 다양한 상품을 구입하는 경향이 나타나고 있다.

 ●최근 유통환경의 변화
① 고객이 직접 해외에서 구매하는 현상이 증가하고 있다.
② 시간의 효율적 사용을 원하는 고객의 요구가 증가하고 있다.
③ 1인 가구의 증가로 인해 기존의 유통트렌드가 변화하고 있다.

22 주요 운송수단의 상대적 특성에 대한 설명으로 가장 옳지 않은 것은?

① 해상운송은 원유, 광물과 같이 부패성이 없는 제품을 운송하는데 유리하다.
② 철도운송은 부피가 크거나 많은 양의 화물을 운송하는데 경제적이다.
③ 항공운송은 신속하지만 단위 거리 당 비용이 가장 높다.
④ 파이프라인운송은 석유나 화학물질을 생산지에서 시장으로 운반해주는 특수운송 수단이다.
⑤ 육상운송은 전체 국내운송에서 차지하는 비율이 크지 않다.

 육상운송은 전체 국내운송에서 차지하는 비율이 크다.

23 아래 글상자는 소매점의 경쟁력 강화를 위한 한 유통물류기법에 대해 설명하고 있다. 해당 유통물류 기법으로 가장 옳은 것은?

> 고객이 원하는 시간과 장소에 필요한 제품을 공급하기 위한 물류정보시스템이다. 수입의류의 시장 잠식에 대응하기 위해, 미국의 패션의류업계가 섬유업계, 직물업계, 의류제조업계, 의류소매업계 간의 제휴를 바탕으로 리드타임의 단축과 재고감축을 목표로 개발 · 도입한 시스템이다.

① QR(quick response)
② SCM(supply chain management)
③ JIT(just-in-time)
④ CRM(customer relationship management)
⑤ ECR(efficient consumer response)

 신속대응시스템(QR시스템)은 소비자의 만족을 극대화하기 위해 제조업자와 공급업 자 및 운송업자들이 긴밀한 협조관계를 유지하기 위해서도 필요한 시스템이다.

24 아래 글상자에서 설명하는 종업원 보상제도는?

> ㉠ 특별한 조건으로 종업원에게 자사 주식의 일부를 분배하는 집단성과급의 한 유형
> ㉡ 종업원들이 조직의 의사결정에 어느 정도 참여할 수 있게 할 수 있으며, 조직에 대한 애착과 자부 심을 가질 수 있게 하는 보상제도

① 이익배분제(profit sharing)
② 종업원지주제(employee stock ownership plan)
③ 판매수수료(commissions)

④ 고과급(merit pay)
⑤ 표준시간급(standard hour plan)

 ① 이익배분제(profit sharing) : 기업의 경영활동에 의해 얻어진 이익의 일정 몫을 노사 간 합의에 의해 분배를 하는 것이다.
③ 판매수수료(commissions) : 판매와 관련된 비용을 말한다.
④ 고과급(merit pay) : 조직구성원의 근무실적을 정성적으로 평가한 후 기본급 인상이나 성과상여금에 차등을 두는 임금구성 항목의 범주에 속하고, 개인인센티브는 미래에 달성할 실적기준을 정해놓고 그 달성도를 평가하여 기본급 이외의 항목으로 지급하는 부가적인 급여로서 임금형태의 범주에 속한다.
⑤ 표준시간급(standard hour plan) : 생산량을 표준 시간으로 환산한 값에 개개인의 임금률을 곱하여 계산한 급여이다.

25 다음 표를 토대로 한 보기 내용 중 옳지 않은 것은?

재고품목	연간수량가치비율	누적비율	분류
a	52.62	52.62	A
b	26.86	79.48	A
c	8.22	87.71	B
d	5.48	93.19	B
e	2.47	95.65	B
f	2.03	97.68	C
g	1.05	98.73	C
h	0.92	99.65	C
i	0.28	99.93	C
j	0.07	100.00	C

① 롱테일 법칙을 재고관리에 활용한 것이다.
② 재고를 중요한 소수의 재고품목과 덜 중요한 다수의 재고품목을 구분하여 차별적으로 관리하는 기법이다.
③ 연간수량가치를 구하여 연간수량가치가 높은 순서대로 배열, 연간수량가치의 70~80%를 차지하는 품목을 A로 분류하였다.
④ A품목의 경우 긴밀한 관리가 필요하고 제품가용성이 중요하다.
⑤ C품목의 경우 주문주기가 긴 편이다.

 롱테일법칙(Long Tail theory) : 파레토법칙(20:80법칙)과 거꾸로 「80%의 '사소한 다수'가 20%의 '핵심소수'보다 뛰어난 가치를 창출 한다」는 이론으로서, 이 때문에 '역(逆) 파레토법칙'이라고도 한다. 온라인 서점 아마존닷컴의 전체 수익 가운데 절반 이상은 오프라인 서점에서는 서가 에 비치하지도 않는 비주류 단행본이나 희귀본 등 이른바 '팔리지 않는 책'들에 의하 여 축적되고, 인터넷 포털인 구글의 주요 수익원은 500대 기업으로 선정한 '거대 기 업'들이 아니라 꽃 배달 업체나 제과점 등 '자잘한' 광고주라는 것이다.

제2과목 상권 분석(26~45)

26 소매상권을 분석하는 기법을 규범적분석과 기술적분석으로 구분할 때, 나머지 4가지와 성격이 다른 하나는?

① Applebaum의 유추법
② Christaller의 중심지이론
③ Reilly의 소매중력법칙
④ Converse의 무차별점 공식
⑤ Huff의 확률적 공간상호작용이론

유추법(Analog method): 하버드 비즈니스스쿨의 애플바움(W. Apple baum)교수가 개발한 방법으로 점 포형태, 매출, 업태, 지역 여건 등이 유사한 기존점포를 확인하여 신규점포의 예상매출액을 계산해 내는 방법으로 애플바움(Applebaum)의 모형이라고도 한다. 상권분석방법 중 자사의 신규점포와 특성이 비슷한 유사점포를 선정하여 그 점포의 상권범위를 추정한 결과를 자사점포의 신규입지에서의 매출액(상권규모) 을 추정하는데 이용하는 방법이다.

27 소비자들이 유사한 인접점포들 중에서 선택하는 상황을 전제로 상권의 경계를 파악할 때 간단하게 활용하는 티센다각형(Thiessen polygon) 모형에 대한 설명으로 옳지 않은 것은?

① 근접구역이란 어느 점포가 다른 경쟁점포보다 공간적인 이점을 가진 구역을 의미하며 일반적으로 티센다각형의 크기는 경쟁수준과 역의 관계를 가진다.

② 두 다각형의 공유 경계선 상에 위치한 부지를 신규점포부지로 선택할 경우 이곳은 두 곳의 기존 점포들로부터 최대의 거리를 둔 입지가 된다.

③ 소비자들이 가장 가까운 소매시설을 이용한다고 가정하며, 공간독점 접근법에 기반한 상권 구획모형의 일종이다.

④ 소매 점포들이 규모나 매력도에 있어서 유사하다고 가정하며 각각의 티센다각형에 의해 둘러싸인 면적은 다각형 내에 둘러싸인 점포의 상권을 의미한다.

⑤ 다각형의 꼭짓점에 있는 부지는 기존 점포들로부터 근접한 위치로 신규점포 부지로 선택시 피하는 것이 유리하다.

티센다각형(Thiessen polygon) : 근접구역법인 최 근접상가 선택가설에 근거하여 상권을 설정하며, 상권 에 대한 기술적이고 예측적인 도구로 사용될 수 있다. 시설 간 경쟁정도를 쉽게 파악할 수 있으며, 하나의 상권을 하나의 매장에만 독점적으로 할당하는 방법이다. 상권 경계를 분석하는 방법 중에서 각 점포가 차별성이 없는 상품을 판매할 경우 소비자들은 가장 가까운 소매시설을 이용한다는 가정을 기본전제로 하 는 분석방법에 해당하는 것으로 상권의 지리적 경계를 분석할 때 활용한다.

28 소매점의 입지 대안을 확인하고 평가할 때 의사결정의 기본이 되는 몇 가지 원칙들이 있다. 아래 글 상자가 설명하는 원칙으로 옳은 것은?

> 유사하거나 관련 있는 소매상들이 군집하고 있는 것이, 분산되어 있거나 독립되어 있는 것보다 더 큰 유인력을 가질 수 있다.

① 접근가능성의 원칙(principle of accessibility)
② 수용가능성의 원칙(principle of acceptability)
③ 가용성의 원칙(principle of availability)
④ 동반유인원칙(principle of cumulative attraction)
⑤ 고객차단의 원칙(principle of interception)

 동반유인의 원칙(principle of cumulative attraction) : 유사하거나 보완적인 소매상들이 군집하고 있는 경우가, 분산되어 있거나 독립되어 있는 경우보다 고객을 끌 수 있는 더 큰 잠재력을 갖는다는 이론이다. 귀금속상점이나 떡볶이 가게들이 몰려있어 엄청난 집객력을 갖는 경우 이 원칙으로 설명할 수 있다.

29 소매점포의 입지선정과정에서 광역 또는 지역시장의 매력도를 비교분석할 때 특정지역의 개략적인 수요를 측정하기 위해 구매력지수(BPI: Buying Power Index)를 이용하기도 한다. 구매력지수를 산출할 때 가장 높은 가중치를 부여하는 변수로 옳은 것은?

① 인구수　　　　　　　　② 소매점면적
③ 지역면적(상권면적)　　④ 소매매출액
⑤ 소득(가처분소득)

 구매력지수(BPI : Buying Power Index) : 특정지역 상권의 전반적인 수요를 평가하는 도구로 활용되며, 인구와 소매매출, 유효소득 등에 대해 전체규모와 특정지역의 규모를 이용하여 계산하는 방법이다. 지역상권 수요에 영향을 미치는 핵심변수를 선정하고, 이에 일정한 가중치를 부여하여 지수화한 것을 의미하며, 전체 인구에서 해당지역 인구가 차지하는 비율이며,전체 소매매출에서 해당지역의 소매매출이 차지하는 비율이고, 전체가 처분소득(또는 유효소득)에서 해당지역의 가처분소득(또는 유효소득)이 차지하는 비율이다.

30 A시의 인구는 20만명이고 B시의 인구는 5만명이다. 두 도시가 서로 15km의 거리에 떨어져 있는 경우, 두 도시 간의 상권경계는 A시로부터 얼마나 떨어진 곳에 형성되겠는가? Converse의 상권분기점 분석법을 이용해 계산하라.

① 3km　　② 5km　　③ 9km　　④ 10km　　⑤ 12km

 Converse 1법칙 : $D(A) = \dfrac{AB}{1 + \sqrt{\dfrac{P(B)}{P(A)}}} = \dfrac{15km}{1 + \sqrt{\dfrac{5}{20}}} = 10km$

31 입지유형별 점포와 관련한 설명으로 가장 옳은 것은?

① 집심성 점포: 업무의 연계성이 크고 상호대체성이 큰 점포끼리 한 곳에 입지한다.
② 집재성 점포: 배후지의 중심부에 입지하며 재화의 도달범위가 긴 상품을 취급한다.
③ 산재성 점포: 경쟁점포는 상호경쟁을 통하여 공간을 서로 균등히 배분하여 산재한다.
④ 국부적 집중성 점포: 동업종끼리 특정 지역의 국부적중심지에 입지해야 유리하다.
⑤ 공간균배의 원리: 수요탄력성이 작아 분산입지하며 재화의 도달범위가 일정하다.

◐국부적 집중성점포
입지조건 : 일정한 지역에 동종업종끼리 국부적 중심지에 입지하고 있어야 경영상 유리하다.
대상점포 : 농기구점, 철공소, 비료점, 어구점, 석재점 등이 있다.

32 소매점의 입지 유형 중 부도심 소매중심지(SBD: Secondary Business District)에 대한 설명으로 가장 옳지 않은 것은?

① 도시규모의 확장에 따라 여러 지역으로 인구가 분산, 산재되어 생긴 지역이다.
② 근린형 소매중심지이다.
③ 주된 소매업태는 슈퍼마켓, 일용잡화점, 소규모 소매점 등이 있다.
④ 주간에는 교통 및 인구 이동이 활발하지만 야간에는 인구 격감으로 조용한 지역으로 변한다.
⑤ 주거지역 도로변이나 아파트단지 상점가 등의 형태를 갖추고 있다.

도심입지(CDB: Central Business District)는 대도시와 중·소도시의 전통적인 도심 상업지역을 말하며 이러한 곳은 다양한 상업 활동으로 인해 많은 사람들을 유인하는 지역이다. 고급백화점, 고급전문점 등이 입지하고 있는 전통적인 상업 집적지로, 도심번화가(CBDs)형은 다양한 분야에 걸쳐 고객흡입력을 지닌다. 도심입지는 대체로 중상류층 이상의 사람들이 다니며 오피스타운이 인근지역에 발달해 있고 지가와 임대료가 매우 비싼 지역으로 볼 수 있다.

33 자금의 조달에 어려움이 없다고 가정할 때, 가맹본부가 하나의 상권에 개점할 직영점포의 숫자를 결정하는 가장 합리적인 원칙은?

① 상권 내 경쟁점포의 숫자에 비례하여 개점한다.
② 한계이익이 한계비용보다 높으면 개점한다.
③ 자사 직영점이 입점한 상권에는 개점하지 않는다.
④ 자기잠식을 고려하여 1상권에 1점포만을 개점한다.
⑤ 자사 가맹점의 상권이라도 그 가맹점의 허락을 받으면 개점한다.

프랜차이즈시스템은 1850년대 미국의 singer sewing machine사가 자사제품의 판매에 처음으로 도입하였다. 그 후 프렌차이즈시스템은 거의 모든 산업에 걸쳐 빠르게 확산되었으며 최근 들어서는 가장 중요한 유통형태로 부각되고 있다.

34 이새봄씨가 사는 동네에는 아래 표와 같이 이용 가능한 슈퍼마켓이 3개가 있다. Huff모델을 이용해 이새봄씨의 슈퍼마켓 이용확률이 가장 큰 점포와 그 이용확률을 구하라. (단, 거리와 점포크기에 대한 민감도는 −3과 2로 가정하자. 거리와 매장면적의 단위는 생략)

	A 슈퍼	B 슈퍼	C 슈퍼
거리	2	4	2
점포면적	6	8	4

① A 슈퍼 60%　　　　② B 슈퍼 31%　　　　③ A 슈퍼 57%

④ B 슈퍼 13%　　　　⑤ C 슈퍼 27%

 A 슈퍼 $= \dfrac{6^2}{2^3} = 4.5$,　B 슈퍼 $= \dfrac{8^2}{4^3} = 1$,　C 슈퍼 $= \dfrac{4^2}{2^3} = 2$,　$\dfrac{4.5}{4.5+1+2} = 60\%$

35 중심지이론에 관한 내용으로 가장 옳지 않은 것은?

① 상권중심지의 최대도달거리가 최소수요충족거리보다 커야 상업시설이 입점할 수 있다.

② 소비자는 유사점포 중에서 하나를 선택할 때 가장 가까운 점포를 선택한다고 가정한다.

③ 어떤 중심지들 사이에는 계층적 위계성이 존재한다.

④ 인접하는 두 도시의 상권의 규모는 그 도시의 인구에 비례하고 거리의 제곱에 반비례한다.

⑤ 상업중심지로부터 상업서비스기능을 제공받는 배후상권의 이상적인 모양은 정육각형이다.

레일리(Reilly)의 소매중력(인력)의 법칙 : '뉴턴(Newton)의 만유인력 법칙'을 상권분석에 활용한 것으로 두 경쟁도시(A,B) 그중간에 위치한 소도시(C)의 거주자들로부터 끌어들일 수 있는 상권규모는, 그들의 '인구에 비례하고 각 도시와 중간(위성)도시간의 거리의 제곱에 반비례 한다'는 것이다.

36 제품 및 업종형태와 상권과의 관계에 대한 설명으로 옳지 않은 것은?

① 식품은 대부분 편의품이지만, 선물용 식품은 선매품이고 식당이 구매하는 일부 식품은 전문품일 수 있다.

② 선매품을 취급하는 소매점포는 편의품보다 상위의 소매중심지나 상점가에 입지하여 더 넓은 범위의 상권을 가져야 한다.

③ 소비자는 생필품을 구매거리가 짧고 편리한 장소에서 구매하려 하므로 생필품을 취급하는 점포는 주택지에 근접한 입지를 선택하는 것이 좋다.

④ 전문품을 취급하는 점포의 경우 고객이 지역적으로 밀집되어 있으므로 그 상권은 밀도가 높고 범위는 좁은 특성을 가진다.

⑤ 동일업종이더라도 점포의 규모나 품목구성에 따라 점포의 상권 범위가 달라진다.

 전문품의 경우 구매고객이 많지 않지만, 전문품을 구매하는 고객이 여러지역에 분포가 되어있다. 점포상권의 규모를 보면 전문품을 취급하는 점포의 상권은 선매품을 취급하는 점포의 상권보다 크고, 선매품을 취급하는 점포의 상권은 편의품을 판매하는 점포의 상권보다 크다.

37 경쟁점포에 대한 조사 목적에 따른 조사 항목으로 가장 옳지 않은 것은?

① 시장지위-경쟁점포의 시장점유율, 매출액
② 운영현황-종업원 접객능력, 친절도
③ 상품력-맛, 품질, 가격경쟁력
④ 경영능력-대표의 참여도, 종업원관리
⑤ 시설현황-점포면적, 인테리어

 자료조사는 저렴한 비용으로 필요정보를 효율적이고 신속하게 구할 수 있도록 자료에 대한 신뢰성을 확보하는 것이 좋다. 실지조사는 점두조사, 호별방문조사, 경쟁점 조사 등과 같이 상권의 파악 및 도로구조와 지역특성을 분석하는 경우가 많으며, 대부분은 입지조건분석을 위해 행한다.

38 "상가건물임대차보호법"(법률 제15791호, 2018. 10. 16.,일부개정) 제10조1항은 '임대인은 임차인이 임대차기간이 만료되기 6개월 전부터 1개월 전까지 사이에 계약갱신을 요구할 경우 정당한 사유 없이 거절하지 못 한다'라고 규정하고 있다. 이 규정 적용의 예외로서 옳지 않은 것은?

① 임차인이 3기의 차임액에 해당하는 금액에 이르도록 차임을 연체한 사실이 있는 경우
② 임차인이 거짓이나 그 밖의 부정한 방법으로 임차한 경우
③ 서로 합의하여 임대인이 임차인에게 상당한 보상을 제공한 경우
④ 임차인이 임대인의 동의하에 목적 건물의 전부 또는 일부를 전대(轉貸)한 경우
⑤ 임차인이 임차한 건물의 전부 또는 일부를 고의나 중대한 과실로 파손한 경우

 ◗계약갱신을 요구할 경우 거절의 정당한 사유
① 임차인이 거짓이나 그 밖의 부정한 방법으로 임차한 경우
② 서로 합의하여 임대인이 임차인에게 상당한 보상을 제공한 경우
③ 임차인이 임차한 건물의 전부 또는 일부를 고의나 중대한 과실로 파손한 경우
④ 임차인이 임대인의 동의 없이 목적 건물의 전부 또는 일부를 전대(轉貸)한 경우
⑤ 임차한 건물의 전부 또는 일부가 멸실되어 임대차의 목적을 달성하지 못할 경우
⑥ 임차인이 3기의 차임액에 해당하는 금액에 이르도록 차임을 연체한 사실이 있는 경우

39 아래 글상자는 체크리스트(Checklist)법을 활용하여 특정입지에 입점할 점포의 상권경쟁구조의 분석 내용을 제시하고 있다. 분석 내용과 사례의 연결이 옳은 것은?

> ㉠ 업태간 경쟁구조 분석　　　　㉡ 보완 및 경쟁관계 분석
> ㉢ 위계별 경쟁구조 분석　　　　㉣ 잠재적 경쟁구조 분석
> ㉤ 업태내 경쟁구조 분석

① ㉠ – 동일 상권내 편의점들간의 경쟁관계
② ㉡ – 상권내 진입 가능한 잠재경쟁자와의 경쟁관계
③ ㉢ – 도시의 도심, 부도심, 지역중심, 지구중심간의 경쟁관계
④ ㉣ – 근접한 동종점포간 보완 및 경쟁관계
⑤ ㉤ – 백화점, 할인점, SSM, 재래시장 상호간의 경쟁관계

 체크리스트(checklist) 방법 : 상권의 규모에 영향을 미치는 요인들을 점검하여 상권을 측정한다. 상권의 규모에 영향을 미치는 다양한 요인들을 수집하여 이들에 대한 목록을 작성하고 각각에 대한 평가를 통해 시장 잠재력과 상권의 구조를 예측하는 방법이다. 체크리스트 방법은 단일점포의 입지를 결정하는데 활용하는 방법이고 상권의 범위에 영향을 미치는 요인들은 매우 많으나 크게 상권내의 제반입지의 특성, 상권 고객 특성, 상권경쟁구조로 나누어진다.

40 대도시 A, B 사이에 위치하는 중소도시 C가 있을 때 A, B가 C로부터 끌어들일 수 있는 상권규모를 분석하기 위해 레일리(W. Reilly)의 소매인력법칙을 활용할 수 있다. 이 때 꼭 필요한 정보로 옳지 않은 것은?

① 중소도시 C에서 대도시 A까지의 거리
② 중소도시 C에서 대도시 B까지의 거리
③ 중소도시 C의 인구
④ 대도시 A의 인구
⑤ 대도시 A, B 사이의 분기점

 레일리(Reilly)의 소매중력(인력)의 법칙: '뉴턴(Newton)의 만유인력 법칙'을 상권분석에 활용한 것으로 두 경쟁도시(A,B) 그 중간에 위치한 소도시(C)의 거주자들로부터 끌어들일 수 있는 상권규모는, 그들의 '인구에 비례하고 각 도시와 중간(위성)도시 간의 거리의 제곱에 반비례 한다'는 것이다.

41 점포입지나 상권에 관한 회귀분석에 관한 설명으로 가장 옳지 않은 것은?

① 점포의 성과에 대한 여러 변수들의 상대적인 영향력 분석이 가능하다.
② 상권분석에 점포의 성과와 관련된 많은 변수들을 고려할 수 있다.
③ 독립변수들이 상호관련성이 없다는 가정은 현실성이 없는 경우가 많다.

④ 분석대상과 유사한 상권특성을 가진 점포들의 표본을 충분히 확보하기 어렵다.

⑤ 시간의 흐름에 따라 회귀모델을 개선해 나갈 수 없어 확장성과 융통성이 부족하다.

 회귀분석(回歸分析,regression analysis)은 관찰된 연속형 변수들에 대해 독립변수와 종속변수 사이의 상관관계를 나타내는 선형 관계식을 구하는 기법 및 이렇게 얻은 모형의 적합도를 측정하는 분석 방법이다. 시간의 흐름에 따라 회귀모델을 개선해 나갈 수 있고, 확장성과 융통성이 상당하다.

42 상권이나 점포입지를 분석할 때는 고객의 동선을 파악하는 것이 중요하다. 인간심리와 동선과의 관계를 설명하는 일반원리로 가장 옳지 않은 것은?

① 최단거리 실현의 법칙   ② 집합의 법칙

③ 안전중시의 법칙   ④ 보증실현의 법칙

⑤ 규모선호의 법칙

 규모선호의 법칙은 규모가 큰 점포를 소비자들이 선호한다는 원칙이다.

43 지역시장의 소매포화지수(Index of Retail Saturation)에 대한 설명으로 가장 옳은 것은?

① 해당 지역시장의 구매력을 나타낸다.

② 다른 지역과 비교한 해당 지역시장의 1인당 소매매출 액을 나타낸다.

③ 해당 지역시장의 특정 소매업태에 대한 수요와 공급의 현재 상태를 나타낸다.

④ 해당 지역시장 거주자들이 다른 지역시장에서 구매하는 쇼핑지출액도 평가한다.

⑤ 해당 지역시장의 특정 제품이나 서비스에 대한 가계소비를 전국 평균과 비교한다.

 소매포화지수(Index of Retail Saturation; IRS): 한 시장지역내에서 특정소매업태 또는 집적소매시설의 단위 면적당 잠재수요를 말하며, 특정시장내에서 주어진 제품계열에 대한 점포면적당 잠재매출액의 크기이고, 신규점포에 대한 시장잠재력을 측정하는 데 유용하게 사용된다.

44 입지개발 방법에 따라 각 점포특성을 고려한 소매점포의 입지로서 가장 옳지 않은 것은?

① 표적시장이 유사한 선매품점은 서로 인접한 입지가 좋다.

② 표적시장이 유사한 보완점포는 서로 인접한 입지가 좋다.

③ 표적시장이 겹치는 편의점은 서로 상권이 겹치지 않아야 한다.

④ 쇼핑몰의 핵점포 중 하나인 백화점은 쇼핑몰의 한 가운데 입지해야 한다.

⑤ 근린쇼핑센터 내의 기생점포는 핵점포에 인접한 입지가 좋다.

 쇼핑몰(Shopping-Mall)의 정의 : 몰(mall)형 쇼핑센터는 서로 마주보는 점포들이 선형으로 배치되고 그 사이로 보행자 통로가 존재하는 형태이며, 보행자 통로의 양쪽 끝에 백화점과 같은 핵심점포를 배치하는 쇼핑센터의 건물배치 유형을 말한다.

45 상권내에서 분석대상이 되는 점포의 상대적 매력도를 파악할 수는 있으나 예상매출액을 추정할 수는 없는 방법으로 가장 옳은 것은?

① 유사점포법
② MNL모델
③ 허프모델
④ 회귀분석법
⑤ 체크리스트법

 체크리스트법은 체크항목을 중심으로 평가를 하는 것이다.

 제3과목 **유통 마케팅(46~70)**

46 개별고객의 관계가치에 대한 RFM분석의 설명으로 가장 옳지 않은 것은?

① R은 Recency의 약자로서 고객이 가장 최근에 기업과 거래한 시점을 말한다.
② F는 Friendly의 약자로서 고객이 기업을 친근해하고 선호하는 정도를 말한다.
③ M은 Monetary의 약자로서 고객이 기업에서 구매하는 평균금액을 말한다.
④ 분석을 위해서 표본고객에게 R, F, M의 척도에 따라 등급을 부여한다.
⑤ 일반적으로 일정한 기간 내에 한번 이상 거래한 고객을 대상으로 분석한다.

 RFM 분석 : 기업입장에서 어떤 사람들이 가장 중요한 고객이 될 것인가를 구별해 내기 위해서 최근성 (Recency), 구매빈도(Frequency), 구매량(Monetary Amount)을 이용하여 고객의 예상기여도를 예측하고 고객의 가치를 결정하는 방법이다. RFM방법으로 기업은 우량고객을 선정할 수 있는데, 우량고객으로 선 정된 고객들 중에 서도 가장 기여도가 높은 수준에 있는 고객들은 일반적으로 여러 특성을 가지고 있다.

47 단기적 관점의 거래중심 마케팅보다는 관계중심 마케팅의 성과 평가기준으로 가장 옳지 않은 것은?

① 고객자산
② 고객충성도
③ 고객점유율
④ 시장점유율
⑤ 고객생애가치

 CRM은 단순히 시장점유율(market share)의 성장만을 추구하는 것이 아니라 고객 의 마음속에 얼마나 깊이 자리잡고 있는가를 나타내는 마음점유율(mind share)을 확보하려는 도구를 지칭한다.

48 조사에서 해결해야 할 문제를 명확하게 정의하고 마케팅전략 및 믹스변수의 효과 등에 관한 가설을 설정하기 위해, 본 조사 전에 사전 정보를 수집할 목적으로 실시하는 조사로서 가장 옳은 것은?

① 관찰적 조사(observational research)
② 실험적 조사(experimental research)
③ 기술적 조사(descriptive research)
④ 탐색적 조사(exploratory research)
⑤ 인과적 조사(causal research)

 탐색조사의 목적은 문제를 정의하고 가설을 세우는데 도움이 되는 기초자료를 수집하는 것이며, 기술조사의 목적은 제품의 시장가능성, 제품을 구매하는 소비 자의 인구통계적 특성이나 태도 등과 같은 사실을 파악하는 것이고, 인과조사의 목적은 가격인하에 따른 매출의 상승여부와 같은 전략상의 인과관계 에 관한 가설을 검증하는 것이다.

49 다른 판촉 수단과 달리 고객과 직접적인 접촉을 통하여 상품과 서비스를 판매하는 인적판매의 장점으로 가장 옳지 않은 것은?

① 고객의 판단과 선택을 실시간으로 유도할 수 있다.
② 정해진 시간 내에 많은 사람들에게 접근할 수 있다.
③ 고객의 요구에 즉각적으로 대응할 수 있다.
④ 고객이 될 만한 사람에게만 초점을 맞추어 접근할 수 있다.
⑤ 고객에게 융통성 있게 대처할 수 있다.

 인적판매(personal selling)란 상품의 판매 또는 구매를 발생시킬 것을 목적으로, 잠재적 혹은 예상고 객과의 대화를 통하여 정보를 제시하고 설득하는 인적의사소통을 말한다. 정해진 시간 내에 많은 사람들에게 접근할 수 있는 것은 광고의 내용이다.

50 종속가격(captive pricing)결정에 적합한 제품의 묶음으로 옳지 않은 것은?

① 면도기와 면도날
② 프린터와 토너
③ 폴라로이드 카메라와 필름
④ 케이블TV와 인터넷
⑤ 캡슐커피기계와 커피캡슐

노획가격(captive pricing) : 일단 어떤 제품을 싸게 판 다음 그 상품에 필요한 소모품이나 부품을 비싸게 파는 정책을 말하며, 종속가격이라고도 한다.

51 "100만원대"라고 광고한 컴퓨터를 199만원에 판매하는 가격정책으로서 가장 옳은 것은?

① 가격라인 결정　　　　　　　　　② 다중가격 결정

③ 단수가격 결정　　　　　　　　　④ 리베이트 결정

⑤ 선도가격 결정

 홀 · 짝수 가격 책정(odd-even pricing) ; 홀 · 짝수 가격책정은 소비자가 어떤 가격을 높은 가격 또는 낮은 가격으로 인지하느냐 하는 사실에 기초를 둔다. 1,000원이라는 가격보다 990원에 더 싸게 반응하는 경향이 있다.

52 상품의 코드를 공통적으로 관리하는 표준상품분류 중 유럽상품코드(EAN) 대한 설명으로 가장 옳지 않은 것은?

① 소매점 POS시스템과 연동되어 판매시점관리가 가능하다.

② 첫 네자리가 국가코드로 대한민국의 경우 8800이다.

③ 두번째 네자리는 제조업체 코드로 한국유통물류진흥원에서 고유번호를 부여한다.

④ 국가, 제조업체, 품목, 체크숫자로 구성되어 있다.

⑤ 체크숫자는 마지막 한자리로 판독오류 방지를 위해 만들어진 코드이다.

 GS1-13 : 표준형 : 국가식별코드(3자리)는 국가를 식별하는 코드로 대한민국은 항상 880으로 시작되며, 세계 어느나라에 수출되더라도 우리나라 상품으로 식별된다. 그러나 국가식별코 드가 원산지(생산지)를 나타내는 것은 아니다.

53 상품진열방법과 관련된 설명 중 가장 옳지 않은 것은?

① 서점에서 고객의 주의를 끌기 위해 게시판에 책의 표지를 따로 떼어 붙이는 것은 전면진열이다.

② 의류를 사이즈별로 진열하는 것은 아이디어 지향적 진열이다.

③ 벽과 곤돌라를 이용해 고객의 시선을 효과적으로 사로잡을 수 있는 방법은 수직적 진열이다.

④ 많은 양의 상품을 한꺼번에 쌓아 놓는 것은 적재진열이다.

⑤ 여름을 맞아 바다의 파란색, 녹음의 초록색, 열정의 빨간색 등으로 제품들을 구분하여 진열하는 것은 색상별 진열이다.

 아이디어 지향적 진열(Idea display) : 제품이 점포의 전체적인 인상을 표현하기 위해 진열되는 경우가 이에 해당한다. 동일한 업자가 만든 제품은 서로 조화를 이루므로 함께 진열하고, 여러 가구를 한 방에 모아 가정에서 전시하면 어떻게 보여 지는지에 대한 정보를 제공하는 특징이 있다.

54 어떤 표준적 상품을 비교적 염가로 판매하여 고객들을 매장 안으로 유도하고, 그 고객들에게 다른 상품을 판매함으로서 이익을 얻으려는 가격정책으로 옳은 것은?

① 가격선도제(price leadership)
② 로스리더(loss leader)
③ 묶음가격(price bundling)
④ 특별할인가정책(special discount)
⑤ 차별가격(price discrimination)

 손실유도 가격결정(loss leader price policy) : 특정 품목의 가격을 대폭 인하하여 가격을 결정하면 그 품목의 수익성은 악화된다. 다른 품목의 매출증대에 의한 기업 전체의 수익성을 확보하기 위한 가격 설정이다.

55 고정고객을 확보하는 방안과 관련된 내용으로 가장 옳지않은 것은?

① 신규고객 10%의 창출보다 기존고객 10%의 이탈을 막는 것이 더 중요하다.
② 고정고객을 확보하면 불특정다수의 고객과 거래하는 것보다 수익성이 높다.
③ 고객고정화는 결국 시장점유율을 높여 기업의 시장 내 위치를 강화한다.
④ 고객고정화를 통해 업셀(up-sell), 다운셀(down-sell), 크로스셀(cross-sell) 등의 시스템 판매(system selling)를 추구할 수 있다.
⑤ 팬클럽제도, 회원제도, 고객등급화 등이 모두 고객 고정화와 관련된다.

기업은 신규고객확보 보다 기존고객을 유지하고 관리하는 것이 더 비용면에서 효율적이다. 신규고객 한명을 확보하는데 필요한 비용은 기존고객 한명 유지하는데 필요한 비용의 5~10배에 달한다고 알려져 있다.

56 기업이 활용할 수 있는 차별화전략의 유형별로 요구되는 역량에 대한 설명으로 가장 옳지 않은 것은?

① 기술위주 차별화: 고객이 선호하는 유용한 기술을 개발할 수 있는 능력
② 규모위주 차별화: 규모의 경제를 활용할 수 있는 사업규모를 가질 수 있는 능력
③ 유통위주 차별화: 경쟁사보다 우월하게 좋은 제품을 다양하게 만들어 낼 수 있는 능력
④ 시장위주 차별화: 고객들의 요구와 선호도를 파악하여 만족시킬 수 있는 능력
⑤ 의사소통위주 차별화: 고객들에게 제품과 서비스를 효과적으로 알릴 수 있는 능력

고객지향적 마케팅전략을 실행함에 있어 네가지 중요한 단계인 시장세분화, 표적시 장의 선정, 차별화 및 포지셔닝의 단계로 나누어 보는 작업이 필요하다.

57 머천다이징(merchandising)은 좁은 의미(협의) 또는 넓은 의미(광의)로 정의할 수 있다. 협의의 머천다이징의 의미로서 가장 옳은 것은?

① 상품화계획 수립　　　　　② 판매활동계획 수립
③ 재고관리계획 수립　　　　　④ 상품확보계획 수립
⑤ 상품구매계획 수립

 머천다이징(MD;Merchandising)을 우리말로 표현하면 '상품화계획'이라 부르기도 한다. 머천다이징은 기업의 마케팅 목표를 실현하는데 가장 유익하도록 특정의 상품 또는 서비스를 장소시간, 간격 그리고 수량으로 시장에 내어놓는데 따르는 계획과 감독을 말한다.

58 소비자를 대상으로 하는 판매촉진 방법 중 쿠폰과 비교한 리베이트의 특징으로 가장 옳은 것은?

① 쿠폰보다 처리비용(handling costs)이 더 낮다.
② 소매업체에게 처리비용을 지불할 필요가 없다.
③ 저가 상품에서도 쿠폰만큼의 판촉효과가 나타난다.
④ 제조업체를 대신해 소매업체가 소비자에게 가격할인을 제공한다.
⑤ 소비자는 리베이트에 따른 소매가격의 인하를 잘 지각하지 못한다.

 리베이트(Rebate) : 소비자가 구매 후 구매영수증과 같은 증거서류를 기업에 제시할 경우 해당제품에 대 해 할인하여 금액을 환불해 주는 방법으로, 쿠폰과 그 성격이 비슷하지만 가격할인 이 구매시점이 아니라 증거서류의 제시시점이라는 점에서 다르다.

59 유통업체의 상황에 따른 타당한 촉진수단의 짝(pair)으로 가장 옳지 않은 것은?

① 온라인쇼핑몰에서 고객을 유인할 때 – 현저한 가격할인의 제공
② 고객의 내점을 증가시키고 싶을 때 – 특매상품(loss leader)의 제공
③ 고객충성도를 강화할 때 – 가격민감도가 높은 고객이 선호하는 내구재를 활용
④ 표적고객의 파악을 위해 데이터베이스를 구축하고 싶을 때 – 회원카드 발행
⑤ 고객집단과 매출의 관계가 파레토법칙을 따를 때 –단골고객 우대프로그램 활용

대형 소매상들의 구매력이 증가함으로써, 소비자촉진과 광고를 희생하면서까지 중간상 촉진을 요구하는 소매상들의 힘이 증가하고 있다.

60 아래 글상자에서 제조업자의 중간상을 대상으로 한 푸쉬전략의 예로 옳은 것을 모두 고르면?

> ㉠ 협동광고 ㉡ 수량할인
> ㉢ 프리미엄 ㉣ 판매원 훈련프로그램

① ㉠, ㉡, ㉢   ② ㉠, ㉡, ㉣   ③ ㉠, ㉢, ㉣
④ ㉡, ㉢, ㉣   ⑤ ㉠, ㉡, ㉢, ㉣

 중간상 판매촉진의 유형 : 가격 촉진수단(할인쿠폰, 리베이트, 보너스 팩, 보상판매 등)은 가격을 인하하는 효과를 갖기 때문에 매출액에 미치는 효과가 매우 빠르고, 눈에 띄게 나타나기에 단기 적으로 매출액을 높이는데 효과적이고, 비가격 촉진수단(샘플과 무료사용, 사은품, 현상경품, 게임, 콘테스트, 고정고객우대프로그램)은 매출액에 미치는 효과는 늦지 만, 고객의 이미지나 애호도를 높이기에는 효과적이다.

61 엔드매대에 진열할 상품을 선정하기 위한 점검사항으로 가장 옳지 않은 것은?

① 주력 판매가 가능한 상품의 여부
② 시즌에 적합한 상품의 여부
③ 대량 판매가 가능한 상품의 여부
④ 새로운 상품 또는 인기상품의 여부
⑤ 전체 매장의 테마 및 이미지를 전달할 수 있는 상품의 여부

 엔드매대(end cap) : 매장의 중앙이나 통로 맨 끝에 배치된 매대를 말하며 주로 충동구매상품을 엔드매대에 많이 배치하며, 소매점에서는 특별 판촉제품들을 엔드 매대에 배치하는 경우가 많다. 신학기, 명절, 발렌타이데이, 계절행사, 행사테마를 제안하는 공간으로 활용하여 관 심 상품을 곤돌라에 진열하여 주 판매대인 곤돌라로 고객을 유인한다.

62 아래 글상자에서 ㉠이 설명하는 비주얼머천다이징(Visual Merchandising) 요소로 옳은 것은?

> (㉠)은(는) 판매포인트를 연출하기 위해 벽면이나 집기류의 상단 등 고객의 시선이 자연스럽게 닿는 곳에 상품의 포인트를 알기 쉽게 강조하여 보여주는 것을 말한다.

① VMP(visual merchandising presentation)
② VP(visual presentation)
③ PP(point of sale presentation)
④ IP(item presentation)
⑤ SI(store identity)

Visual Merchandising의 구성 : 매장에서 고객에게 상품을 효과적으로 진열하는 방식으로는 VP(Visual Presentation), PP(Point of sale Presentation), IP(Item Presentation)로 구 성이 되어있다. VP는 점포의 쇼윈도나 매장 입구에서 유행, 인기, 계절상품 등을 제안하여 고객이 매장으로 접근하게 하기 위한 진열로 중점상품과 중점테마에 따른 매장 전체이미지 를 표현한다. PP는 매장 내 고객의 시선이 자연스럽게 닿는 벽면, 쇼케이스 그리고 테이블 상단 등을 활용하여 어디에 어떤 상품이 있는가 알려주는 진열로 상품을 정면으로 진열 하여 주력 상품의 특징을 시각적으로 표현하고 상품 이미지를 효과적으로 표현한다.

63 효과적인 POP 광고에 대한 설명 중 가장 옳지 않은 것은?

① 소비자들에게 충동구매를 이끌어낼 수 있다.
② 벽면과 바닥을 제외한 모든 공간을 활용할 수 있어 매우 효과적이다.
③ 계산대 옆에 설치하여 각종 정보나 이벤트를 안내하기에 효과적이다.
④ 계절적인 특성을 살려 전체적인 분위기를 연출하기에 효과적이다.
⑤ 소비자의 주목을 끌 수 있어 효과적이다.

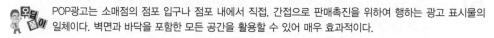 POP광고는 소매점의 점포 입구나 점포 내에서 직접, 간접으로 판매촉진을 위하여 행하는 광고 표시물의 일체이다. 벽면과 바닥을 포함한 모든 공간을 활용할 수 있어 매우 효과적이다.

64 점포 설계 구성 요소에 대한 설명으로 옳지 않은 것은?

① 점포 외장: 점두, 출입구 결정, 건물외벽 등
② 점포내부 인테리어: 벽면, 바닥, 조명, 통로, 집기, 비품 등
③ 진열: 구색, 카트, 포스터, 게시판, POP 등
④ 레이아웃: 상품배치, 고객동선, 휴게공간, 사무실 및 지원시설 등
⑤ 조닝: 매장의 집기, 쇼케이스, 계산대 등의 매장 내 배치

조닝(Zoning) : 레이아웃이 완성되면 각 코너별로 상품구성을 계획하고 진열면적을 배분하는 것이다. 레이아웃 도면상에 상품 배치 존(zone) 구분을 명확하게 표시하는 것을 말한다.

65 점포를 설계하기 위해서 점검해야 할 사항으로 가장 옳지 않은 것은?

① 많은 고객을 점포로 들어오게 할 수 있는가?
② 매장의 객단가를 높일 수 있는가?
③ 적은 인원으로 매장 환경을 유지할 수 있는가?
④ 검수 및 상품 보충과 같은 작업이 원활하게 이루어질 수 있는가?
⑤ 고객 동선과 판매원 동선을 교차시켜 상품노출을 극대화 할 수 있는가?

 점포의 출입구 및 통로의 디자인은 고객을 유인하고 고객 동선을 관리하여 매출을 일으키는데 매우 중요 한 기능을 한다. 출입구 및 통로의 디자인과 관련된 아래의 내용 중에서 가장 올바른 것은? 고객의 발걸 음을 멈추거나 강제 순환시킬 수 있는 요소들을 적정하게 배치하는 것이 좋다.

66 상품 카테고리의 수명주기단계에서 상품구색의 깊이를 확장하는 전략을 적용하는 것이 가장 옳은 단계는?

① 도입기   ② 성장기   ③ 성숙기

④ 쇠퇴기   ⑤ 재활성화기

성숙기 상품 : 신규수요보다도 대체수요에 중점을 두어야 하며, 한정된 시장에서 메이커간 및 소 매점 간의 경쟁도 격화되며, 유통집약도를 지속적으로 강화 및 유지하는 것이다.

67 대형마트에 대한 영업시간 제한과 의무휴업일 지정에 대한 법규의 내용을 소개한 것으로 옳지 않은 것은?

① 영업시간 제한과 의무휴업일 지정은 광역시 및 도 단위로 이루어진다.
② 특별자치시장·시장·군수·구청장은 매월 이틀을 의무휴업일로 지정하여야 한다.
③ 중소유통업과의 상생발전, 유통질서 확립, 근로자의 건강권을 위한 것이다.
④ 의무휴업일은 공휴일 중에서 지정하되 이해당사자와 합의를 거쳐 공휴일이 아닌 날도 지정할 수 있다.
⑤ 준대규모점포에 대하여도 영업시간 제한 및 의무휴업을 명할 수 있다.

◐대규모점포 등에 대한 영업시간의 제한
① 특별자치시장·군수·구청장은 건전한 유통질서 확립, 근로자의 건강권 및 대규모점포등과 중소유통업의 상생발전을 위하여 필요하다고 인정하는 경우 대규모점포 중 '대형마트로 등록된 대규모점포 와 준 대규모점포'에 대하여 영업시간 제한을 명하거나 의무 휴업일을 지정하여 의무휴업을 명할 수 있다.
② 연간 총매출액 중 「농수산물 유통 및 가격안정에 관한 법률」에 따른 농수산물의 매출액 비중이 55퍼센트 이상인 대규모점포 등으로서 해당 지방자치단체의 조례로 정하는 대규모점포 등에 대하여는 그러하지 아니하다.
③ 특별자치시장·군수·구청장은 오전 0시부터 오전 10시까지의 범위에서 영업시간을 제한할 수 있다.

68 아래의 설명과 관련된 서비스 수요관리전략으로 가장 옳은 것은?

> ㅇ스키리조트는 여름을 대비하여 물보라 썰매장이나 골프장 같은 다양한 부대시설을 갖추어 놓는다.
> ㅇ호텔은 비수기에 대비하여 기업단위의 연수고객을 유치하기 위해 노력한다.
> ㅇ업무지구에 있는 호프집은 점심시간에 직장인들을 위한 점심 식사를 제공한다.

① 수요재고화 전략   ② 수요조절전략
③ 가용능력변화 전략   ④ 가용능력고정 전략
⑤ 목표시장 다변화전략

수요조절전략은 수요의 변화에 따라서 조절하는 것이다.

69 아래의 글상자는 원가가산 가격결정을 위한 원가구조와 예상판매량이다. 원가가산 가격결정 방법에 의해 책정한 가격으로 옳은 것은?

> ○ 고정비: 1,000,000원
> ○ 예상 판매량: 1,000개
> ○ 단위당 변동비: 500원
> ○ 판매가 대비 마진율: 20%

① 875원   ② 3,000원   ③ 1,875원
④ 7,500원   ⑤ 1,125원

 매출액−변동비−고정비 = 이익(마진), 판매가를 임의로 P라고 함.그럼 판매가 대비 마진율: 20%이므로 이익 (마진)은 P×20%임. 가격을 P라함
P×1,000(매출액) −1,000×500(변동비) − 1,000,000(고정비) = P×1,000×0.2(이익÷마진)
P×800 = 1,500,000. P = 1,875임

70 다음 중 격자형 레이아웃의 장점에 해당하는 것은?

① 시각적으로 고객의 주의를 끌어 개별 매장의 개성을 표출할 수 있다.
② 매장의 배치가 자유로워 고객의 충동구매를 유도할 수 있다.
③ 주동선, 보조동선, 순환통로, 설비표준화로 비용이 절감된다.
④ 고급상품 매장이나 전문점 같이 고객 서비스를 강조하는 매장에서 주로 활용한다.
⑤ 의류상품에 적합한 레이아웃으로 쇼핑의 즐거움을 배가시킬 수 있다.

 ③은 격자형, 나머지는 모두 자유형레이아웃이다.

제4과목 유통 정보(71~90)

71 아래 글상자의 괄호에 들어갈 용어로 가장 옳은 것은?

> ( )은(는) 공공거래 장부로 불리는 데이터 분산 처리기술로서 네트워크에 참여하는 모든 사용자가 모든 거래내역 등의 데이터를 분산·저장하는 기술을 지칭한다.
>
> DHL은 물류 분야의 ( )의 역할을 ⅰ) 신속, 간결한 국제무역 물류, ⅱ) 공급사슬 내에서의 투명성과 추적가능성, ⅲ) 스마트 계약으로 인한 물류업의 프로세스 자동화로규정하고 있다. Unilever, Wal-Mart가 도입하여 제품추적성, 안전성 확보를 도모한 사례가 있다.

① 드론(drone)
② 블록체인(blockchain)
③ 핀테크(FinTech)
④ EDI(electronic data interchange)
⑤ 비트코인(bitcoin)

 블록체인(block chain)은 관리 대상 데이터를 '블록'이라고 하는 소규모 데이터들 이 P2P 방식을 기반으로 생성된 체인 형태의 연결고리 기반 분산 데이터 저장환 경에 저장되어 누구라도 임의로 수정할 수 없고 누구나 변경의 결과를 열람할 수 있는 분산 컴퓨팅 기술 기반의 데이터 위변조 방지 기술이다.

72 자기의 수요를 예측하여 해당하는 양을 주문하고자 할 때, 수요정보의 처리과정에서 왜곡현상이 나타날 수 있다. 소비자에게 판매될 시점의 데이터를 실시간으로 수집할 수 있도록 기능을 지원하는 정보기술로 가장 옳은 것은?

① POS(Point Of Sales) 시스템
② IoT(Internet of Things)
③ BYOD(Bring Your Own Device)
④ ONO(Online and Offline)
⑤ JRE(Java Runtime Environment)

 ② IoT(Internet of Things) : 사물망을 인터넷과 같은 거대한 망에 연결하여 하나의 틀로 묶어내어 제공하는 서비스에 대한 기술을 통칭 하는 것이다.
③ BYOD(Bring Your Own Device) : 개인이 소유한 노트북, 스마트폰, 태블릿 PC 등의 스마트기기로 언제 어디서나 업무를 처리하는 것이다.
④ ONO(Online and Offline) : O2O 서비스는 온라인에서 주문 및 결제를 하고 오 프라인에서 실제 서비스나 제품을 받을수 있는 서비스로 스마트폰과 태블릿의 대중화로 인해 모바일 인 터넷 사용이 활발해지면서 새로운 비즈니스 모델이다.
⑤ JRE(Java Runtime Environment) : 자바 응용프로그램 개발도구인 JDK의 일부이다. JRE는 자바응용프로그램이 실행되는데 필요한 최소한의 요건을 제공하며, JVM과, 핵심적인 클래스들, 그리고 각종 지원 파일들로 구성된다.

73 아래 글상자의 내용을 근거로 경영과학 관점의 의사결정과정을 순차적으로 나열한 것으로 가장 옳은 것은?

> ㉠ 실행   ㉡ 문제의 인식
> ㉢ 모형의 구축   ㉣ 자료의 수집
> ㉤ 실행 가능성 여부 평가   ㉥ 변수의 통제 가능성 검토
> ㉦ 모형의 정확도 및 신뢰도 검정

① ㉡ - ㉢ - ㉣ - ㉤ - ㉥ - ㉦ - ㉠
② ㉡ - ㉢ - ㉣ - ㉥ - ㉤ - ㉦ - ㉠
③ ㉡ - ㉣ - ㉥ - ㉢ - ㉦ - ㉤ - ㉠
④ ㉡ - ㉣ - ㉥ - ㉦ - ㉢ - ㉤ - ㉠
⑤ ㉡ - ㉣ - ㉦ - ㉤ - ㉢ - ㉥ - ㉠

 의사결정(Decision Making) : 가장 바람직한 상태를 달성하기 위하여 하나 또는 그 이상의 대안 중에서 가장 유리하고 실행 가능한 최적대안을 선택하는 의식적과정이라고 정의할 수 있다. 순차적으로 나타낸 것은 ③의 내용이 가장 적합하다.

74 이동성과 접근성을 기반으로 한 모바일 컴퓨팅의 특징으로 가장 옳지 않은 것은?

① 개인화   ② 편리성
③ PC의 보편화   ④ 접속의 즉시성
⑤ 제품과 서비스의 지역화

 Mobile Marketing : 인터넷 휴대폰으로 대표되는 휴대형 네트워크도구를 인터넷 마케팅에 활용한다는 것이 바로 모바일 마케팅의 개념이다. PC의 보편화는 데스크 탑이므로 모바일과는 관련성이 적다.

75 (주)대한전자의 상품 A의 연간 판매량은 60,000개이다. 또한, 주문한 상품 A가 회사에 도착하기 까지는 10일이 소요되며, 상품 A의 안전재고량은 3,000개이다. (주)대한전자는 연간 300일을 영업할 경우, 상품 A에 대한 재 주문점의 크기를 구한 값으로 옳은 것은?

① 2,000개   ② 3,000개
③ 4,000개   ④ 5,000개
⑤ 6,000개

 일 판매량 = 60,000÷300 = 200개, 리드타임 10일, 안전재고 = 10×200+3,000 = 5,000개

76 데이터 웨어하우스(Data Warehouse)의 특성으로 옳지 않은 것은?

① 데이터 웨어하우스 내의 데이터는 주제 지향적으로 구성되어 있다.
② 데이터 웨어하우스 내의 데이터는 시간의 흐름에 따라 시계열적으로 저장된다.
③ 데이터 웨어하우스 내의 데이터는 거래 및 사건의 흐름에 따라 체계적으로 저장된다.
④ 데이터 웨어하우스는 다양한 정보시스템의 데이터의 통합관리를 지원해준다.
⑤ 데이터 웨어하우스는 데이터 마트(Data Mart)의 하위시스템으로 특정 이용자를 위해 디자인된 특화된 데이터베이스이다.

데이터 웨어하우스는 데이터 마트(Data Mart)의 상위시스템이다.

77 웹언어에 대한 설명으로 옳지 않은 것은?

① CGI는 서버와 외부 데이터, 응용 프로그램 간의 인터페이스 정의
② XML은 HTML과 달리 규정된 태그만 사용하는 것이 아닌 사용자가 원하는 태그를 만들어 응용 프로그램에 적용 가능
③ XML은 다른 목적의 마크업 언어를 만드는데 사용되는 다목적 마크업 언어
④ HTML, XML 순으로 발전하고 SGML은 HTML, XML단점을 보완하여 등장
⑤ 마크업언어는 웹 서버에 저장된 문자, 그림, 표, 음성, 동영상 등을 모두 포함한 문서를 클라이언트가 다운로드받아 웹 브라우저에서 표현

HTML은 SGML(Standard Generalized Markup Language)을 모태로 만들어 진 표준 언어로 HTML에서 웹 페이지의 제목, 문단, 그리고 하이퍼링크와 같은 내 용들은 모두 꺾쇠('〈'과'〉')에 둘러싸인 '태그'로 작성된다. 1989년 팀 버너스리가 WWW의 하이퍼텍스트 시스템을 고안하면서 최초의 웹 서버와 웹 브라우저 그리고 HTML이 탄생되었다.

78 전자상거래 지능형 에이전트가 일반 소프트웨어 프로그램과는 다른 특징에 대한 설명으로 가장 옳지 않은 것은?

① 추론 능력을 갖추고 있어 스스로 문제를 해결할 수 있다.
② 컴퓨터를 작동시키거나 이용하여 업무를 처리할 수 있다.
③ 사용자가 관여하지 않아도 스스로 어떤 목표를 달성하기 위해 일을 완수할 수 있다.
④ 통신능력을 확장하여 다른 에이전트 프로그램 또는 외부 세계와 협동하여 일을 수행할 수 있다.
⑤ 필요에 따라 어떤 일을 수행하는 중에 다른 에이전트프로그램 또는 외부 세계와 통신할 수 있다.

지능형 에이전트(intelligent agent ; IA) : 상황에 따라 소프트웨어 에이전트, 소프트봇(softbots), 노우봇 (knowbots), 위자드(wizard) 등 다양한 용어로도 지칭되는 기술이다. '복잡하고 역동적인 환경 속에서 자율적으로 감지하고 행동하면서 설계된 목표나 임무를 수행하는 컴퓨터 프로그램'으로 간단히 정의 될 수 있다.

79 아래 글상자의 ( )안에 공통적으로 들어갈 용어로 가장 옳은 것은?

> ( )은 전자상거래 환경에서 다양한 고객정보, 구매정보 등 폭넓은 데이터를 정교한 빅데이터 분석을 활용해 상품과 서비스에 대한 개선사항을 지속적으로 분석하고, 분석결과를 사업화에 반영하는 지속가능 마케팅 방법이다. ( )은 데이터지표로 말하는 신개념 마케팅 활동이다.

① 피싱(phishing)
② 파밍(pharming)
③ 바이럴 마케팅(viral marketing)
④ 그로스해킹(growth hacking)
⑤ 스미싱(smishing)

 ① 피싱(phishing) : 점점 더 복잡한 미끼들을 사용해서 사용자의 금융정보와 패스워드를 '낚는'다는 데서 유래되었다.
② 파밍(pharming) : 파밍(Pharming)은 넓은 의미에서 피싱(Phishing)의 한 유형으로 분류할 수 있으며, 정확한 명칭은 'DNS Spoofing'이라고도 합니다. 파밍(Pharming) 즉, 'DNS Spoofing'은 인터넷 주소 창에 방문하고자 하는 사이트의 URL을 입력하였을 때 가짜 사이트(fake site)로 이동시키는 공격기법 으로, 컴퓨터가 웹 사이트를 찾을 때 공격자가 원하는 거짓정보로 응답해주는 공격방법입니다. 올바른 URL을 입력했다고 하더라도 잘못된 서버로 접속되게 되며, 이러한 측면에서 피싱보다 한 단계 진화한 형태의 새로운 인터넷 사기 수법이라고 할 수 있습니다.

80 아래 글상자의 괄호에 들어갈 용어를 순서대로 나열한 것으로 가장 옳은 것은?

> 전자상거래는 소비자와의 쇼핑을 위한 접점이 통합되는 추세이다. 오프라인의 연계형인 온-오 프 통합추세로 모바일쇼핑, TV쇼핑, 콜센터 등이 모두 소비자의 욕구를 채집하는 채널로 사용된 다. 인터넷이든 모바일이든 오프라인 매장이든 간에 소비자가 이용가능한 모든 채널을 쇼핑의 창구로 유기적으로 연결하여 쇼핑에 불편이 없도록 하는 것이다. 이러한 채널의 통합을 (㉠), 상거래형태를(㉡)(이)라 한다.

① ㉠ 옴니채널(omni channel)   ㉡ 비콘(beacon)
② ㉠ O2O(online to offline)   ㉡ 비콘(beacon)
③ ㉠ One채널(one channel)   ㉡ ONO(online and offline)
④ ㉠ 옴니채널(omni channel)   ㉡ O2O(online to offline)
⑤ ㉠ One채널(one channel)   ㉡ BYOD(bring your own device)

▶ 옴니채널(omni-channel)은 소비자가 온라인, 오프라인, 모바일 등 다양한 경로를 넘나들며 상품을 검색하고 구매할 수 있도록 한 서비스를 말하며, 각 유통채널의 특성을 합쳐, 어떤 채널이든 같은 매장을 이용하는 것처럼 느낄 수 있도록 한다.

▶ O2O 서비스는 온라인에서 주문 및 결제를 하고 오프라인에서 실제 서비스나 제품 을 받을수 있는 서비스로 스마트폰과 태블릿의 대중화로 인해 모바일 인터넷 사용 이 활발해 지면서 새로운 비즈니스 모델로 각광받고 있다.는 조작은 악의를 가진 숙련된 해커 또는 자동화된 툴을 사용하는 스크립트키디 에 의한 공격의 형태로 행해질 수 있다.

81 바코드마킹과 관련된 설명 중에서 가장 옳은 것은?

① 제조업체가 생산시점에 바코드를 인쇄하는 것은 인스토어마킹이다.
② 소매상이 자신의 코드를 부여해 부착하는 것은 소스마킹이다.
③ 소스마킹은 생산시점에서 저렴한 비용으로 바코드부착이 가능하다.
④ 인스토어마킹은 업체 간 표준화가 되어 있다.
⑤ 인스토어마킹은 동일상품에 동일코드가 지정될 수 있다.

① 제조업체가 생산시점에 바코드를 인쇄하는 것은 소스마킹이다.
② 소매상이 자신의 코드를 부여해 부착하는 것은 인스토어마킹이다.
④ 인스토어마킹은 업체 간 비표준화가 되어 있다.
⑤ 인스토어마킹은 동일상품에 동일코드가 지정될 수 없다.

82 바코드(bar code)에 포함된 정보로 옳지 않은 것은?

① 국가식별코드
② 제조업체코드
③ 상품품목코드
④ 체크디지트
⑤ 제조일시

제조일시는 바코드에 포함하지 않는다.

83 아래의 그림은 조달청에서 제공하는 서비스 화면이다. 협상에 의한 계약 전 과정에 대하여 사업발주를 위한 제안요청서 작성부터 평가, 사업관리 등 사업의 처음부터 끝까지 서비스하는 시스템 명칭으로 가장 옳은 것은?

① e-담합감시정보시스템   ② e-온라인평가시스템
③ e-협업시스템   ④ e-정보공유시스템
⑤ e-발주시스템

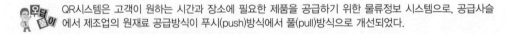

e-Procurement : 인터넷을 통해 기업의 구매 및 조달 문제를 처리함으로써 업무의 효율성과 상당한 비용의 절감을 가져온 방법으로 전자구매 또는 전자조달이라고 한다. 물품선택, 구매요건, 승인, 주문, 운반, 결제, 수령까지 구매 프로세스 전체를 인터넷을 통하여 자동화하는 것이다.

84 유통업체의 QR 물류시스템(Quick Response Logistics Systems) 도입효과로 가장 옳지 않은 것은?

① 공급사슬에서 효과적인 재고관리를 가능하게 해준다.
② 공급사슬에서 상품의 흐름을 개선한다.
③ 공급사슬에서 정보공유를 통해 제조업체의 효과적인 제품 생산 활동을 지원한다.
④ 공급사슬에서 정보공유를 통해 유통업체의 효과적인 상품 판매를 지원한다.
⑤ 공급사슬에서 제조업의 원재료 공급방식이 풀(pull)방식에서 푸시(push) 방식으로 개선되었다.

QR시스템은 고객이 원하는 시간과 장소에 필요한 제품을 공급하기 위한 물류정보 시스템으로, 공급사슬에서 제조업의 원재료 공급방식이 푸시(push)방식에서 풀(pull)방식으로 개선되었다.

85 기업들이 지식관리시스템을 구축하는 이유에 대한 설명으로 가장 옳지 않은 것은?

① 기업들은 최선의 관행, 즉 베스트 프랙티스(best practice)를 공유할 수 있다.
② 기업들은 노하우 활용을 통해 제품과 서비스의 가치를 개선할 수 있다.
③ 기업들은 경쟁우위를 창출하기 위한 지식을 용이하게 활용할 수 있다.
④ 기업들은 경영혁신을 위한 적절한 지식을 적절히 포착 할 수 있다.
⑤ 기업들은 기업과 기업간 협업을 줄이고, 독자 경영을 할 수 있다.

 지식관리시스템(Knowledge Management System) : KMS아키텍처 모형의 첫 번째 계층은 하부구조 서비스로 이루어져 있다. 하부구조 서비스는 지식경영구현을 위해 필요한 기본적인 기술플랫폼과 특징을 포함하는데 정보기술이 제공하는 두 가지의 하부구조 서비스는 저장과 의사소통이다.

86 POS(point of sales) 시스템으로부터 획득한 정보에 대한 설명으로 가장 옳지 않은 것은?

① 상품분류체계의 소분류까지 업태별, 지역별 판매금액 구성비
② 상품분류체계의 소분류를 기준으로 해당 단품의 월별판매금액
③ 품목의 자재 조달, 제조, 유통채널 이동 이력 관련 정보
④ 품목의 현재 재고정보
⑤ 제조사별 품목별 판매 순위

 판매시점 정보관리 시스템(Point Of Sales ; POS) : 무슨 상품이, 언제, 어디에 서, 얼마나 팔렸는지를 파악할 수 있도록 상품이 판매되는 시점에 판매정보를 수집 하여 관리하는 시스템을 지칭하는 말이다. 품목의 자재 조달, 제조, 유통채널 이동 이력 관련 정보는 POS와 관련이 없다.

87 조직의 혁신적 성과향상을 도모하기 위해 비즈니스 프로세스 재설계(Business Process Reengineering)를 전략적으로 선택한다. 이에 대한 설명으로 옳지 않은 것은?

① 현재의 비즈니스 프로세스를 AS IS PROCESS라고 한다.
② 미래의 비즈니스 프로세스를 TO BE PROCESS라고 한다.
③ BPR은 점진적인 프로세스 개선을 통한 성과창출을 목표로 한다.
④ 기업에서는 ERP 시스템을 구축하기 위한 사전 작업으로 BPR을 추진한다.
⑤ BPR은 비용, 품질, 시간 등 조직의 성과를 혁신적으로 향상시키는 것을 목표로 한다.

 BPR(Business Process Reengineering) : Hammer & Champy(1993)이 제시한 경영혁신을 위해 정보기술이며, 단순한 과업 단위를 떠나 목표나 결과중심으로 업무를 설계하여야 한다. 정보발생부서에서 정보처리도 함께 수행하여 중복된 자료입력 및 작성을 피하여야 하며, 지역적으로 분산되어 있는 자원이라도 중앙에 모여 있는 것처럼 취급하고, 병행처리 업무는 결과의 통합이 아닌 처리과정 중에 조정하여야 한다.

88 기업에서의 지식경영의 중요성은 강조하고, SECI 모델(Socialization, Externalization, Combination, Internalization Model)을 제시한 연구자는?

① 노나카 이쿠지로(Ikujiro Nonaka)
② 빌 게이츠(Bill Gates)
③ 로버트 캐플런(Robert Kaplan)
④ 마이클 포터(Michael Porter)
⑤ 마이클 해머(Michael Hammer)

 지식의 유형은 지식의 형태, 보유주체, 존재형태, 데이터타입에 따라 구분할 수 있 는데 지식의 형태별 구분에는 일본의 노나카 이쿠지로(Nonaka Ikujiro)가 구분을 한 암묵지(Tacit Knowledge)와 형식지(Explicit Knowledge)가 가장 대표적이다.

89 바코드(bar code)에 대한 설명으로 옳지 않은 것은?

① EAN-8(단축형 바코드)은 단축형 상품식별코드(GTIN-8)를 나타낼 때 사용하는 바코드이다.
② 기존 상품과 중량 또는 규격이 다른 경우 새로운 상품으로 간주하고 새로운 상품식별코드를 부여한다.
③ 바코드 스캐너는 적색계통의 색상을 모두 백색으로 감지하여 백색바탕에 적색 바코드인 경우 판독이 불가능하다.
④ 바코드 높이를 표준 규격보다 축소할 경우 인식이 불가능하다.
⑤ 해당 박스에 특정 상품 입수개수가 다르다면 새로운 표준물류식별코드를 부여한다.

 바코드의 최소치는 표준규격의 80%를 기준으로 하지만 경우에 따라서는 그 이하로 의 축소와 인쇄도 가능하나 계산대(POS)에서 판독 불가능한 경우를 대비해야 한다. 최대규격은 표준규격의 200%까지, 최소 치에서의 세로길이는 1.8cm까지 사용하 도록 권장된다. 높이를 축소한 경우 스캐너는 레이저가 바코드와 수직인 경우만 판독이 가능하다.

90 아래 글상자에서 설명하는 e-비즈니스 간접 수익창출방식으로 가장 옳은 것은?

> 네트워크에 의한 수확체증 효과를 얻을 수 있는 가장 빠른 방법으로, 멀티미디어 기술을 이용해 밀
> 접한 관련이 있거나 인지도가 높은 웹사이트에 자사의 광고를 끼워 넣은 형태이다.

① 프로그램 무상 배포
② 스폰서십
③ 무료메일 제공
④ 제휴 프로그램
⑤ 배너광고

 배너광고(banner advertising) : 인터넷광고 중에서 우리가 가장 많이 접하는 것은 배너(banner)광고이다.
웹페이지의 맨 위나 맨 아래에 위치하여 정적인 메시지를 전달하는 것이 일반적이나 최근에는 새로운 기
술의 발달로 동영상과 애니메이션을 포함하고 고객과의 직접적인 커뮤니케이션도 가능한 형태로 다양화
하고 있다.

정답

1과목:유통 · 물류일반(1~25)	2과목:상권분석(26~45)
3과목:유통마케팅(46~70)	4과목:유통정보(71~90)

01 ③	02 ④	03 ③	04 ③	05 ⑤	06 ②	07 ②	08 ⑤	09 ①	10 ②
11 ①	12 ①	13 ①	14 ②	15 ⑤	16 ②	17 ③	18 ③	19 ③	20 ②
21 ③	22 ⑤	23 ①	24 ②	25 ①	26 ①	27 ⑤	28 ④	29 ⑤	30 ④
31 ④	32 ④	33 ②	34 ①	35 ④	36 ④	37 ②	38 ④	39 ③	40 ⑤
41 ⑤	42 ⑤	43 ③	44 ④	45 ⑤	46 ②	47 ④	48 ④	49 ②	50 ④
51 ③	52 ②	53 ②	54 ②	55 ③	56 ③	57 ①	58 ②	59 ③	60 ②
61 ⑤	62 ③	63 ②	64 ⑤	65 ⑤	66 ③	67 ①	68 ②	69 ③	70 ③
71 ②	72 ①	73 ③	74 ③	75 ④	76 ⑤	77 ④	78 ②	79 ④	80 ④
81 ③	82 ⑤	83 ⑤	84 ⑤	85 ⑤	86 ③	87 ③	88 ①	89 ④	90 ⑤

유통관리사2급

부록 최근기출문제

2020. 06. 21 유통관리사 2급

제1과목 유통 · 물류 일반관리 (01~25)

01 물류관리를 위한 정보기술에 대한 내용으로 옳지 않은 것은?

① 기업내 부서 간 정보전달을 통한 전사적 정보관리를 위해 EDI기술이 보편적으로 사용된다.

② 바코드기술의 상품에 대한 표현능력의 한계, 일괄인식의 어려움, 물류량 급증시 대처능력의 저하 등 문제점을 해결할 수 있는 기술이 RFID이다.

③ DPS는 표시장치와 응답을 일체화시킨 시스템으로, 창고, 배송센터, 공장 등의 현장에서 작업지원시스템으로 활용되고 있다.

④ OCR은 광학문자인식으로 팩스를 통해 정보를 보낸 경우 이를 컴퓨터의 스캐닝이 문자를 인식하여 이것을 컴퓨터에 입력하는 기술로 활용될 수 있다.

⑤ 사전에 가격표찰에 상품의 종류, 가격 등을 기호로 표시해두고, 리더 등으로 그것을 읽어 판매정보를 집계하는데 사용되는 기술은 POS이다.

 기업내 부서 간 정보전달을 통한 전사적 정보관리를 위해 ERP기술이 보편적으로 사용된다. 다양한 비즈니스 분야에서 생산, 구매, 재고, 주문, 공급자와의 거래, 고객서비스 제 공 등 주요 프로세스 관리를 돕는 여러 모듈로 구성된 통합 솔루션으로서 표준업무 절차에 맞추어 기업업무를 최적화 및 통합 관리하는 기업통합 정보시스템이다.

02 물류아웃소싱 성공전략에 대한 설명으로 옳지 않은 것은?

① 물류아웃소싱이 성공하려면 반드시 최고경영자의 관심과 지원이 필요하다.

② 지출되는 물류비용을 정확히 파악하여 아웃소싱시 비용절감효과를 측정해야 한다.

③ 물류아웃소싱의 궁극적인 목표는 현재와 미래의 고객만족에 있음을 잊지 말아야 한다.

④ 물류아웃소싱의 기본 목표는 물류비용절감을 통한 효율성의 향상에만 있으므로 전체 물류시스템을 효율성위주로 개편할 필요가 있다.

⑤ 물류아웃소싱의 목적은 기업 전체의 전략과 조화로워야 한다.

 물류아웃소싱의 기본 목표는 물류비용절감을 통한 효율성의 향상이나 고객서비스증가 등 전체 물류시스템을 효율성위주로 개편할 필요가 있다.

03 정량주문법과 정기주문법의 비교 설명으로 옳지 않은 것은?

구분	항목	정량주문법	정기주문법
㉠	리드타임	짧은 편이 낫다.	긴 편이 낫다.
㉡	표준화	표준부품이 좋다.	전용부품이 좋다.
㉢	품목 수	많아도 된다.	적을수록 좋다.
㉣	주문시기	일정하지 않다.	일정하다.
㉤	구매금액	큰 편이 좋다.	적은 편이 좋다.

① ㉠   ② ㉡   ③ ㉢   ④ ㉣   ⑤ ㉤

 정량주문법의 구매금액은 적은편이 좋고, 정기주문법 구매금액은 큰 편이 좋다.

04 실제 소비자 주문의 변화 정도는 적은데 소매상과 도매상을 거쳐 상위단계인 제조업체에 전달되는 변화의 정도는 크게 증폭되는 효과를 설명하는 용어로 가장 옳은 것은?

① ABC효과   ② 채찍효과   ③ 베블런효과
④ 바넘효과   ⑤ 후광효과

 채찍 효과(Bull Whip effect)란 정보 전달의 지연, 왜곡 및 확대 현상으로 일반 소비자로부터 주문 및 수요 의 변동이 일어났을 때 이에 대한 정보가 소매상, 도매상, 유통센터 등을 거슬러 전달되는 과정에서 발생 하는 현상을 말한다.

05 물적 유통관리에 대한 설명으로 옳지 않은 것은?

① 상품을 적절한 시기에 맞추어 운반해야 하므로 어떤 운송수단을 이용하느냐가 비용과 상품의 상태, 기업의 이익에도 영향을 준다.
② 물적 유통관리를 합리화하게 되면 고객서비스 수준을 증가시킬 수 있다.
③ 인건비 상승 때문에 나타나는 인플레 환경 하에서도 물적 유통관리를 통해 원가절감을 할 수 있다.
④ 소비자 욕구가 다양화됨에 따라, 보다 많은 종류의 상품을 재고로 보유하기 위한 경우 효율적인 물적 유통관리가 필요하다.
⑤ 상품의 운송이나 보관에는 하역작업이 따르게 되는데, 물류비용 중 가장 큰 비율을 차지하는 활동이 하역이다.

 물적 유통관리에서 운송비용이 가장 크다고 볼 수 있다.

06 식스시그마의 실행단계를 순서대로 나타낸 것으로 가장 옳은 것은?

① 정의-분석-개선-통제-측정
② 정의-측정-분석-개선-통제
③ 측정-분석-정의-통제-개선
④ 측정-정의-통제-분석-개선
⑤ 분석-정의-측정-통제-개선

 6시그마(6σ)는 모토로라가 등록한 상표이다. 시그마(σ)는 원래 정규분포에서 표준편차를 나타내며 6표준 편차인 100만 개 중 3.4개의 불량률(Defects Per Million Opportunities, DPMO)을 추구한다는 의미에서 나온 말이다. 실제로 ±6 시그마 수준은 100만 개중 0.002 개의 불량률로서, 6 시그마는 불량 제로를 추구하는 말이다.

❖ 6 시그마(6σ)의 DMAIC
① 정의(Define) : 기업 전략과 소비자 요구사항과 일치하는 디자인 활동의 목표를 정한다.
② 측정(Measure) : 현재의 프로세스 능력, 제품의 수준, 위험 수준을 측정하고 어떤 것이 품질에 결정적 영향을 끼치는 요소(CTQs, critical to qualities)를 밝혀낸다.
③ 분석(Analyze) : 디자인 대안, 상위 수준의 디자인을 만들기 그리고 최고의 디자인을 선택하기 위한 디자인 가능성을 평가하는 것을 개발하는 과정이다.
④ 개선(Improve) : 바람직한 프로세스가 구축될 수 있도록 시스템 구성요소들을 개선한다.
⑤ 관리(Control) : 개선된 프로세스가 의도된 성과를 얻도록 투입요소와 변동성을 관리한다.
❖ 6 시그마(6σ)의 DMADV
① 정의(Define) : 기업 전략과 소비자 요구사항과 일치하는 디자인 활동의 목표를 정한다.
② 측정(Measure) : 현재의 프로세스 능력, 제품의 수준, 위험 수준을 측정하고 어떤 것이 품질에 결정적 영향을 끼치는 요소(CTQs, Criticals to qualities)를 밝혀낸다.
③ 분석(Analyze) : 디자인 대안, 상위 수준의 디자인을 만들기 그리고 최고의 디자인을 선택하기 위한 디자인 가능성을 평가하는 것을 개발하는 과정이다.
④ 디자인(Design) : 세부 사항, 디자인의 최적화, 디자인 검증을 위한 계획을 하는 단계를 말한다. 여기서 시뮬레이션 과정이 필요하다.
⑤ 검증(Verify) : 디자인, 시험 작동, 제품개발 프로세스의 적용과 프로세스 담당자로의 이관 등에 관련된 단계이다.

07 마음이 약한 김과장은 팀원들의 인사고과를 전부 보통으로 평가하였다. 이와 관련된 인사고과의 오류로 가장 옳은 것은?

① 후광효과
② 관대화 경향
③ 가혹화 경향
④ 중심화 경향
⑤ 귀인상의 오류

 중심화 경향 오류(Central tendency errors)는 "피 평가자들을 모두 중간점수로 평가하려는 경향"을 말한다. 이 오류는 평가자가 잘 알지 못하는 평가차원을 평가하는 경우, 중간점수를 부여함으로써 평가행위를 안전하게 하려는 의도에 의해 이루어지는 오류라고 할 수 있다.

08 아래 글상자에서 경영전략 수립을 위한 환경분석 중 전략과제의 도출순서가 옳게 나열된 것은?

> ㉠ 사업종류, 사업영역, 경쟁상황, 최고경영층의 방향에 관한 자료를 준비한다.
>
> ㉡ 외부환경에 대하여 경제적, 사회적, 정치적, 인구통계학적, 제품과 기술, 시장과 경쟁의 6가지 요인에 관하여 기회와 위협을 평가하고 정리한다.
>
> ㉢ 외부환경에 있어서 장래에 대한 평가와 예측을 준비한다.
>
> ㉣ 내부조직의 강약점을 관리와 조직, 운영, 재무, 마케팅 등의 측면에서 도출한다.
>
> ㉤ 외부의 기회와 위협, 조직의 강점과 약점을 상호 연계하여 전략대안을 개발한다.
>
> ㉥ 전략 대안 중에서 전략적 선택을 한다.

① ㉤-㉥-㉠-㉡-㉢-㉣   ② ㉥-㉠-㉡-㉢-㉣-㉤

③ ㉠-㉡-㉢-㉣-㉤-㉥   ④ ㉡-㉢-㉣-㉤-㉥-㉠

⑤ ㉢-㉣-㉤-㉥-㉠-㉡

 유통기업전략이란 유통기업이 자신의 내부역량과 미래 환경변화를 정확히 판단하여 기업이 나아가야 할 방향을 구체적으로 제시하는 것이라고 할 수 있다. 경영전략 수립을 위한 환경분석 중 전략과제의 도출순서는 ③의 내용이 가장 적합하다.

09 권력의 원천과 그 내용에 대한 설명 중 가장 옳지 않은 것은?

① 강압적 권력은 권력행사자가 권력수용자를 처벌할 수 있다고 생각한다.

② 합법적 권력은 일반적으로 비공식적 지위에서 나온다고 볼 수 있다.

③ 보상적 권력은 급여인상, 승진처럼 조직이 제공하는 보상에 의해 권력을 가지게 된다.

④ 전문적 권력은 특정 분야나 상황에 대한 높은 지식이 있을 때 발생한다.

⑤ 준거적 권력은 다른 사람이 그를 닮으려고 할 때 생기는 권력이다.

 합법력(Legitimate Power) : 오랜 관습 또는 공식계약에 의해 상대방에게 행동을 준수하도록 정당하게 요구할 수 있는 능력을 말한다.

10 프랜차이즈 유통사업시스템에 대한 내용으로 옳지 않은 것은?

① 본부가 자본을 투입하여 매장을 직접 운영하고, 가맹점은 기술과 노하우를 제공하여 빠른 속도로 사업이 전개될 수 있도록 한다.

② 본부방침에 변경이 있을 경우 가맹점은 그 의사결정에 참여하기 힘들다.

③ 가맹점과 본부간의 계약이 본부의 의사를 따라야 하는 종속계약이기 때문에 계약 내용에 대하여 가맹점 희망자의 요구사항이나 조건 등을 반영하기 힘들다.

④ 불리한 조건의 가맹계약을 체결하여 계약해지 시 가맹점이 손해를 입는 경우가 발생할 수 있다.

⑤ 본부 사세가 약화되는 경우 본부로부터 지도와 지원을 충분히 받기 어려워진다.야한다.

 본부가 자본을 투입하여 매장을 직접 운영하는 것은 아니라 가맹점을 모집하여 자본을 조달하며, 가맹점은 이에 대한 대가로 오로지 금전만을 본부에 지급한다.

11 자본구조(capital structure)에서 타인자본(부채)의 하나인 장기부채(고정부채)의 종류로 옳지 않은 것은?

① 사채   ② 예수금   ③ 외국차관

④ 장기차입금   ⑤ 장기성지급어음

 이 문제는 출제자의 용어선택에 아쉬움이 남는 문제이다. 현재 기업회계기준에서는 고정부채라는 용어를 사용하지 않고, 오직 비유동부채라는 용어가 정확한 내용인데 이미 사라진 용어를 사용하는 아쉬움이 남는 문제이다.

12 아래 글상자에서 경영조직 관련 사업부제(operating division)의 장점으로 옳지 않은 것은?

> ㉠ 사업부의 객관적인 이익이 사업부의 모든 의사결정의 기준이 되게끔 하기 위해 의사결정의 합리성을 높인다.
> ㉡ 각 사업부는 자기완결성과 독립성을 가지므로 시장이나 기술 등의 환경변화에 대해 기민한 적응력을 가진다.
> ㉢ 사업부제는 목표가 뚜렷하고 자기완결성을 가지며 사업부장에 결정권한이 위양되어 신제품 등의 혁신율을 높일 수 있다.
> ㉣ 각 사업부의 자주성이 너무 지나치면 사업주 상호 간의 조정이나 전사적·통일적 활동이 장려되는 장점도 있다.
> ㉤ 사업부제는 사내대체가격과 기피선언권의 원칙에 의해 시장가격경제의 구조를 기업내부에 도입할 수 있어 경쟁시점의 가격에 의해 자동적으로 사업부의 능률이 체크된다.

① ㉠   ② ㉡   ③ ㉢   ④ ㉣   ⑤ ㉤

 각 사업부의 자주성이 너무 지나치면 사업주 상호 간의 조정이나 전사적·통일적 활동이 지장을 받을 수밖에 없다.

13 아래 글상자에서 서술된 경영은 무엇에 대한 내용 설명인가?

> 기업의 의사결정기준을 경제적 이익에 근거한 기업가치, 즉 경제적 부가가치를 중심으로 하는 사업관리기법을 말한다. 기업가치가 강조되기도 하며, 경제적 부가가치를 지표로 하기도 한다.

① 펀경영   ② 크레비즈

③ 지식경영   ④ 가치창조경영

⑤ 전략적기업경영

 ❖가치창조경영(Value Based Management : VBM)
모든 의사 결정의 기준을 회계상의 매출, 이익 중심에서 벗어나 경제적 이익에 근거한 기업가치 중심으로 하는 기업 관리 기법. 컨설팅업계에서는 가치창조경영을 'IMF 기법'이라고 말할 정도로 기업의 체질 변화에 많이 활용되고 있다.
이같이 가치창조경영이 인기가 있는 것은 기존의 근시안적인 관점에서 벗어나 장기적인 수익성을 기준으로 기업활동을 기획, 실행, 통제해 나가는 경영 패러다임이기 때문이다.
가치창조경영은 투하자본수익률(ROIC)을 사업평가의 핵심기준으로 삼는데, 투하자본수익률이란 생산 및 영업 활동에 투자한 자본으로 어느 정도 이익을 확보했는가를 나타내는 지표이다.
이를 가중평균자본비용(WACC)과 비교하면 재무구조의 건전성과 수익성을 판단할 수 있다.

14 한 유통업체에서는 A상품을 연간 19,200개 정도 판매할 수 있을 것으로 예상하고 있다. A상품의 1회 주문비가 150원, 연간 재고유지비는 상품 당 16원이라고 할 때 경제적주문량(EOQ)은?

① 600개   ② 650개   ③ 700개

④ 750개   ⑤ 800개

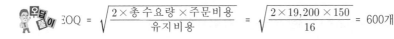
$$EOQ = \sqrt{\frac{2 \times 총수요량 \times 주문비용}{유지비용}} = \sqrt{\frac{2 \times 19,200 \times 150}{16}} = 600개$$

15 아래 글상자의 내용과 같은 마케팅제휴(marketing alliance) 전략을 설명하는 용어는?

> ㉠ 햄버거 가게에서 해피밀 세트를 구입하면 디즈니 캐릭터가 그려진 장난감을 제공
> ㉡ 아이스크림 가게에서 아이스크림 세트를 구입 시 스누피캘린더 북 제공

① 촉진제휴(promotional alliance)   ② 로지스틱스 제휴(logistics alliance)

③ 가격제휴(price alliance)   ④ 유통제휴(distributional alliance)

⑤ 서비스제휴(service alliance)

 촉진제휴(Promotional Alliances)는 제휴회사의 상품이나 서비스에 대한 프로모션을 목적으로 하는 것으로서, 대상고객이 비슷하고 보완적 소비를 목표로 하는 기업들이 상대기업의 로고 등을 교환하여 고객에게 노출시키는 공동 브랜딩(Co-Branding)을 예로 들 수 있다.

16 Ansoff의 제품/시장확장 그리드에서 신제품으로 기존시장에 침투하는 전략은?

① 시장침투(market penetration) 전략
② 시장개발(new market development) 전략
③ 제품개발(product development) 전략
④ 다각화(diversification) 전략
⑤ 통합화(integration) 전략

 ❖ 제품개발(product development)
신규제품이나 신규소매서비스를 기존시장에 들어가 매출을 증가시키는 전략의 일 종으로 신제품개발전략이나 업태개발전략이라는 용어로 사용한다. 전혀 새로운 제품을 출품하거나 기존 제품에 기능을 추가 또는 삭제해서 출시하여 소비자에게 변화된 제품을 제공하는 것이다. 핸드폰모델이 자꾸 바뀌어 출시되는 데 이용되며, 신제품 개발과정 중 반복구매력추정은 시제품 평가 단계에서이다.

17 어떤 두 가지 생산품을 각각의 기업에서 생산하는 것보다 한 기업에서 여러 품목을 동시에 생산하는 것이 비용이 적게 들어 더 유리한 경우를 가리키는 용어로 가장 옳은 것은?

① 손익분기점   ② 범위의 경제
③ 규모의 경제   ④ 경로커버리지효과
⑤ 구색효과

 범위의 경제(Economies of scope)란 하나의 기업이 2가지 이상의 제품을 함께 생산할 경우, 2가지를 각각 따로 생산하는 경우보다 생산비용이 적게 드는 현상이다.

18 유통환경을 구성하는 요소들에 대한 설명 중 가장 옳지 않은 것은?

① 경제적 환경은 원재료 수급에서부터 제품 판매에 이르기까지 기업의 모든 경제적 활동과 연계되어 있다.
② 기술적 환경은 하루가 다르게 변화추세가 가속화되고 있다.
③ 법률적 환경의 경우 규정의 변화에 따라 적응해가야 한다.
④ 사회적 환경은 가치관과 문화 등으로 구성되어 획일적이기에 순응해야 한다.
⑤ 경제적 환경 중 국가의 경제정책은 기업에게 직접적인 영향을 미치게 된다.

사회적 환경은 유통환경을 구성하는 직접적인 요소는 아니고, 간접적인 요소가 된다. 가치관과 문화 등의 사회적인 측면의 다양함을 받아들이는 것이 우선시 되어야 한다.

19 아래 글상자 내용은 기업의 사회적 책임이 요구되는 이유를 설명한 것이다. ( )에 들어갈 용어로 가장 옳은 것은?

> 경제활동에는 근본적으로 대가가 수반된다. 소비자는 상품을 구입할 때 판매자에게 대금을 지불한다. 그러나 가끔씩 이러한 경제활동이 아무런 대가 없이 제 3자에게 이익을주거나 손해를 끼치는 경우를 ( )(이)라 한다.

① 시장실패   ② 외부효과

③ 감시비용   ④ 잔여손실

⑤ 대리인문제

 외부효과는 어떤 경제 주체의 활동이 그 활동의 당사자가 아닌 제3자(사회)에게 편익이나 비용을 발생시켰는데, 그것이 가격 체계에 반영되지 않아 자원배분의 비효율성을 초래하는 경우를 말한다.

20 독자적인 상품 또는 판매 · 경영 기법을 개발한 체인본부가 상호 · 판매방법 · 매장운영 및 광고방법 등을 결정하고, 가맹점으로 하여금 그 결정과 지도에 따라 운영하도록 하는 형태의 체인사업으로 옳은 것은?

① 직영점형 체인사업   ② 프랜차이즈형 체인사업

③ 임의가맹점형 체인사업   ④ 조합형 체인사업

⑤ 유통업상생발전협의회 체인사업

 프랜차이즈형체인사업은 독자적인 상품 또는 판매 · 경영기법을 개발한 체인본부가 상호 · 판매방법 · 매장운영 및 광고방법 등을 결정하고 가맹점으로 하여금 그 결정과 지도에 따라 운영하도록 하는 형태의 체인사업을 말한다.

21 최근 국내외 유통산업의 동향과 추세에 대한 설명으로 옳지 않은 것은?

① 소비양극화에 따라 개인 가치에 부합하는 상품에 대해서는 과도한 수준의 소비가 발생하고 관심이 적은 생필품은 저가격 상품을 탐색하는 성향이 증가하고 있다.

② 소비자의 멀티채널 소비 증가로 유통업체의 옴니채널 구축이 가속화되고 있다.

③ 복합쇼핑몰, 카테고리킬러 등 신규업태가 탄생하고 업태 간 경계가 모호해지고 있다.

④ 업태 간 경쟁심화에 따라 이익보다는 매출에 초점을 둔 경쟁이 심화되고 있다.

⑤ 모바일과 IT기술 확산에 따른 리테일테크(retail+tech) 발달이 가속화 되고 있다.

 업태 간 경쟁심화에 따라 매출보다는 이익에 초점을 둔 경쟁이 심화되고 있다.

22 수직적유통경로에 관한 설명 중 가장 옳지 않은 것은?

① 전체 유통비용을 절감할 수 있다.

② 높은 진입장벽을 구축할 수 있어 새로운 기업의 진입을 막을 수 있다.

③ 필요한 자원이나 원재료를 보다 안정적으로 확보할 수 있다.

④ 마케팅 비용을 절감하고 경쟁기업에 효율적으로 대응할 수 있다.

⑤ 동일한 유통경로 상에 있는 기관들이 독자성은 유지하면서 시너지 효과도 얻을 수 있다.

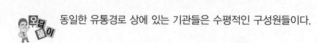 동일한 유통경로 상에 있는 기관들은 수평적인 구성원들이다.

23 아래 글상자 ㉠~㉡에 들어갈 단어가 옳게 나열된 것은?

> (㉠)은/는 이질적인 생산물을 동질적인 단위로 나누는 과정을 말하는데 통상적으로 생산자가 직접 수행하며 흔히 생산자의 표준화 기능이라고도 한다.
> (㉡)은/는 동질적으로 쌓여진 것을 다시 나누는 과정이며 중계기구라 불리는 중간상인들이 이 기능을 수행한다. 이런 중계기구를 중계도매상이라 한다.

① ㉠ 집적 　　㉡ 분류(등급)

② ㉠ 배분 　　㉡ 구색

③ ㉠ 구색 　　㉡ 분류(등급)

④ ㉠ 분류(등급) 　㉡ 배분

⑤ ㉠ 구색 　　㉡ 배분

 문제에서는 분류(Sorting out)와 배분(Classification)의 용어에 대한 정의를 묻고 있다.

24 아래 글상자 내용 중 소비자를 위한 소매상의 기능으로 옳은 것을 모두 고르면?

> ㉠ 새로운 고객 창출
> ㉡ 상품선택에 소요되는 비용과 시간을 절감할 수 있게 도와줌
> ㉢ 소매광고, 판매원서비스, 점포 디스플레이 등을 통해 상품관련정보를 제공
> ㉣ 할부판매
> ㉤ 재고유지
> ㉥ 배달, 설치

① ㉠, ㉡ ② ㉡, ㉢, ㉤
③ ㉢, ㉤, ㉤ ④ ㉡, ㉣, ㉤, ㉤
⑤ ㉡, ㉢, ㉣, ㉤

 ㉠ 새로운 고객 창출– 생산자를 위한 기능
㉤ 재고유지– 생산자를 위한 기능

25 아래의 글상자 내용 중 프레드릭 허즈버그(Frederick Herzberg)가 제시한 2요인이론이 동기요인으로 파악한 요인들만 옳게 나열한 것은?

㉠ 일 그 자체	㉡ 감독	㉢ 작업환경
㉣ 책임감	㉤ 동료와의 관계	㉥ 연봉
㉦ 직업 안정성	㉧ 승진	㉨ 회사규정

① ㉡, ㉢, ㉥ ② ㉠, ㉣, ㉧ ③ ㉣, ㉤, ㉧
④ ㉦, ㉧, ㉨ ⑤ ㉤, ㉥, ㉨

㉡ 감독, ㉢ 작업환경, ㉤ 동료와의 관계, ㉥ 연봉, ㉦ 직업 안정성, ㉨ 회사규정 위 내용은 위생요인이다.

제2과목 상권 분석(26~45)

26 소매업태들은 주력상품에 따라 서로 다른 크기의 상권을 확보할 수 있는 입지를 선정한다. 필요로 하는 상권크기가 커지는 순서에 따라 소매업태들을 가장 옳게 배열한 것은?

① 대형마트 〈 백화점 〈 명품전문점
② 대형마트 〈 명품전문점 〈 백화점
③ 백화점 〈 대형마트 〈 명품전문점
④ 명품전문점 〈 대형마트 〈 백화점
⑤ 명품전문점 〈 백화점 〈 대형마트

점포상권의 규모를 보면 전문품(명품전문점)을 취급하는 점포의 상권은 선매품(백화점)을 취급하는 점포의 상권보다 크고, 선매품을 취급하는 점포의 상권은 편의품(대형마트)을 판매하는 점포의 상권보다 크다.

27 아래의 내용 중에서 중심업무지역(CBD: Central Business District)의 입지특성에 대한 설명으로 옳지 않은 것은?

① 대중교통의 중심이며 백화점, 전문점, 은행 등이 밀집되어 있다.
② 주로 차량으로 이동하여 교통이 매우 복잡하고 도보통행량은 상대적으로 많지 않다.
③ 상업활동으로 많은 사람을 유인하지만 출퇴근을 위해서이 곳을 통과하는 사람도 많다.
④ 소도시나 대도시의 전통적인 도심지역을 말한다.
⑤ 접근성이 높고 도시내 다른 지역에 비해 상주인구가 적다.

 도심입지는 중심업무지구이며, 대도시와 중·소도시의 전통적인 도심의 상업지역을 말하며 이러한 곳은 다양한 상업 활동으로 인해 많은 사람들을 유인하는 지역이다. 주로 차량으로 이동하여 교통이 매우 복잡하고 도보통행량도 상대적으로 많다.

28 중심성지수는 전체 상권에서 지역이 차지하는 중심성을 평가하는 한 지표이다. 중심성지수에 대한 설명으로 가장 옳지 않은 것은?

① 한 지역의 거주인구에 대한 소매인구의 비율이다.
② 지역의 소매판매액이 커지면 중심성지수도 커진다.
③ 지역의 소매인구는 소매업에 종사하는 거주자의 숫자이다.
④ 다른 여건이 변하지 않아도 거주인구가 감소하면 중심성지수는 커진다.
⑤ 중심성지수가 클수록 전체 상권 내의 해당지역의 중심성이 강하다고 해석한다..

 중심성지수(Centrality Index)소매업의 공간적 분포를 설명하는데 도움을 주는 지표로써 유·출입지수라고도 한다. 도시의 소매판매액을 1인당 소매구매액으로 나눈 값을 상업인구라 한다. 소매인구는 소매업에 종사하는 거주자의 숫자를 지칭하는 것은 아니다.

29 입지의 매력도 평가 원칙 중 유사하거나 보완적인 소매업체들이 분산되어 있거나 독립되어 있는 경우보다 군집하여 있는 경우가 더 큰 유인잠재력을 가질 수 있다는 원칙으로 가장 옳은 것은?

① 보충가능성의 원칙   ② 고객차단의 원칙
③ 동반유인의 법칙   ④ 접근가능성의 원칙
⑤ 점포밀집의 원칙

 ❖동반유인의 원칙(principle of cumulative attraction)
① 유사하거나 보완적인 소매상들이 군집하고 있는 경우가 분산되어 있거나 독립되어 있는 경우보다 고객을 끌 수 있는 더 큰 잠재력을 갖는다는 이론이다.
② 귀금속상점이나 떡볶이 가게들이 몰려있어 엄청난 집객력을 갖는 경우 이 원칙으로 설명할 수 있다.

30 소매점포의 부지(site)를 선정할 때 고려해야 할 가장 중요한 기준으로 옳은 것은?

① 부지의 고객접근성
② 부지의 주요 내점객
③ 점포의 가시성
④ 점포의 수익성
⑤ 점포의 임대료

 「소매업에서 가장 중요한 것은 입지이고, 다음으로 중요한 것도 입지이며, 그 다음도 입지」라는 격언이 있다. 이처럼 입지는 사업의 성패를 가르는 가장 중요한 요인이며, 접근성, 가시성, 매장면적, 주차장 등을 평가한다. 입지선정 시 중요한 것은 점포의 수익성이다.

31 주변 환경에 따라 분류한 상권유형별로 설명한 상대적 특징으로 가장 옳지 않은 것은?

① 대학가 상권의 경우 가격에 민감하며 방학 동안 매출이 급감한다.
② 역세권 상권의 경우 주부 및 가족단위 중심의 소비행동이 이루어진다.
③ 백화점이나 대형마트는 쾌적한 쇼핑환경이 중요하다.
④ 오피스상권은 점심시간이나 퇴근시간에 유동인구가 많다.
⑤ 번화가상권은 요일과 시간대에 관계없이 높은 매출을 보인다.

 주부 및 가족단위 중심의 소비행동이 이루어지는 상권은 동네 상권이라고도 하며 도로에 인접한 경우가 많다. 역세권 상권은 유통인구를 중심으로 지상과 지하의 입체적 상권으로 고밀도 개발이 이루어진다.

32 상권 및 입지에 대한 아래의 내용 중에서 옳지 않은 것은?

① 상권의 성격과 업종의 성격이 맞으면 좋지 않은 상권에서도 좋은 성과를 올릴 수 있다.
② 상권이 좋아야 좋은 점포가 많이 모여들고 좋은 점포들이 많이 모여들면 상권은 더욱 강화된다.
③ 소매점을 개점하기 위해서는 점포 자체의 영업능력도 중요하지만 상권의 크기나 세력 도 매우 중요하다.
④ 동일한 상업지구에 입지하더라도 규모 및 취급상품의 구색에 따라 개별점포의 상권의 범위는 달라질 수 있다.
⑤ 지구상권을 먼저 정하고 지역상권을 정하는 것이 일반적인 순서이다.

 지역상권을 먼저 정하고 지구상권을 정하는 것이 일반적인 순서이다.

33 상권을 표현하는 다양한 기법 중에서 소비자의 점포선택 등 확률선(isoprobability contours)을 활용하기에 가장 적합한 상권분석 방법은?

① 회귀분석(regression analysis)
② 허프모델(Huff model)
③ 유사점포법(analog method)
④ 체크리스트법(check list)
⑤ 컨버스의 상권분기점(breaking point)모형

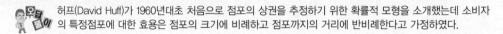 허프(David Huff)가 1960년대초 처음으로 점포의 상권을 추정하기 위한 확률적 모형을 소개했는데 소비자의 특정점포에 대한 효용은 점포의 크기에 비례하고 점포까지의 거리에 반비례한다고 가정하였다.

34 아래의 글상자에서 설명하는 쇼핑센터의 공간구성요소로서 가장 옳은 것은?

> − 하나의 열린 공간으로 상업시설에 도입시킬 수 있으며, 여유공간의 창출로 상가의 가치를 높여 줄 수 있다.
> − 지치기 쉬운 쇼핑센터 이용자의 체류시간을 연장하기 위한 휴식공간으로 활용가능하다.
> − 구조에 따라 이벤트 장소로 사용할 수 있어 문화적, 오락적 이벤트를 개최할 수 있다.
> − 보통 동선으로 동시에 사용하기도 하며 보이드(void)와 적절하게 조화될 경우 훨씬 경쟁력을 갖춘 상가가 될 수 있다.

① 통로(path)　　　　② 테넌트(tenant)　　　　③ 지표(landmark)
④ 데크(deck)　　　　⑤ 선큰(sunken)

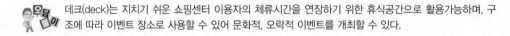 데크(deck)는 지치기 쉬운 쇼핑센터 이용자의 체류시간을 연장하기 위한 휴식공간으로 활용가능하며, 구조에 따라 이벤트 장소로 사용할 수 있어 문화적, 오락적 이벤트를 개최할 수 있다.

35 소매상권에 대한 아래의 내용 중에서 옳지 않은 것은?

① 신호등의 위치, 좌회전로의 존재, 접근로의 경사도 등도 점포에 대한 접근성에 영향을 미칠 수 있다.
② 경관이 좋고 깨끗하다든지, 도로 주변이 불결하다든지 하는 심리적 요소도 상권범위에 영향을 미친다.
③ 특정상권내 고객들의 소득수준이 증가할수록 고객들의 해당 상권이용 빈도는 높아진다.
④ 상권의 구매력은 상권 내의 가계소득수준과 가계숫자의 함수로 볼 수 있다.
⑤ 상권분석을 통해서 촉진활동 등 기본적 마케팅활동의 방향을 파악할 수 있다.

특정상권내 고객들의 소득수준이 증가할수록 지역 고객들은 인 쇼핑보다는 아웃쇼핑의 경향이 높아지므로 해당 상권이용 빈도는 낮아진다.

36 상권 내 관련 점포들이 제공하는 서비스에 대한 고객들의 구체적인 만족 또는 불만족 요인들을 파악하는 조사방법으로 가장 옳은 것은?

① 상권에 대한 관찰조사   ② 심층면접을 통한 정성조사
③ 설문조사를 통한 정량조사 ④ 상권에 대한 일반정보의 수집
⑤ 조사 자료에 근거한 상권지도의 작성

 만족 또는 불만족 요인들을 파악하는 조사방법은 정성적(Qualitative)조사방법으로 심층적인방법이다.

37 상권을 분석할 때 이용하는 공간 상호작용모형(SIM:Spatial Interaction Model)에 해당하는 내용으로 옳지 않은 것은?

① 레일리(Reilly)의 소매중력법칙과 회귀분석모델은 대표적인 SIM이다.
② 한 점포의 상권범위는 거리에 반비례하고 점포의 유인력에 비례한다는 원리를 토대로 한다.
③ 접근성과 매력도를 교환하는 방식으로 대안점포들을 비교하고 선택한다고 본다.
④ 소비자의 실제 선택자료를 활용하여 점포 매력도와 통행거리와 관련한 모수(민감도) 값을 추정한다.
⑤ 허프모델과 MNL모델은 상권특성을 세밀하게 반영하는 SIM들이다.

 레일리(Reilly)의 소매중력법칙은 공간 상호작용 모델로 볼 수 있지만 회귀분석모델 SIM이 아니다.

38 지리정보시스템(GIS)의 활용으로 과학적 상권분석의 가능성이 높아지고 있는데 이와 관련한 설명으로 적합하지 않은 것은?

① 컴퓨터를 이용한 지도작성(mapping)체계와 데이터베이스관리체계(DBMS)의 결합이라고 볼 수 있다.
② GIS는 공간데이터의 수집, 생성, 저장, 검색, 분석, 표현 등 상권분석과 연관된 다양한 기능을 기반으로 한다.
③ 대개 GIS는 하나의 데이터베이스와 결합된 하나의 지도레이어(map layer)만을 활용하므로 강력한 공간정보표현이 가능하다.

④ 지도레이어는 점, 선, 면을 포함하는 개별 지도형상(map features)으로 주제도를 표현할 수 있다.

⑤ gCRM이란 GIS와 CRM의 결합으로 지리정보시스템(GIS) 기술을 활용한 고객관계관리(CRM) 기술을 가리킨다.

 GIS(Geographic Information System)는 지리적으로 참조 가능한 모든 형태의 정보를 효과적으로 수집, 저장, 갱신, 조정, 분석, 표현할 수 있도록 설계된 컴퓨터의 하드웨어와 소프트웨어 및 지리적 자료 그리고 인적자원의 통합체를 말하며, 지표면에 위치한 장소를 설명하는 자료를 모으고, 이를 이용할 수 있게 하는 컴퓨터 시스템이라고 할 수 있다.

39 인구 20만명이 거주하고 있는 a도시와 30만명이 거주하고 있는 b도시 사이에 인구 5만명이 거주하는 c도시가 있다. a와 c도시 사이의 거리는 10km이고 b와 c도시간 거리는 20km이다. c도시 거주자들이 a, b도시에서 쇼핑한다고 할 때 레일리(Reilly)의 소매중력법칙을 활용하여 a도시에서의 구매비율을 계산한 값으로 가장 옳은 것은?

① 약 25% ② 약 43% ③ 약 57%
④ 약 66% ⑤ 약 73%

 ❖ 레일리(Reilly)의 소매중력법칙

$$= \frac{R(A)}{R(B)} = \frac{20만}{30만} \times \frac{20km^2}{10km^2} = \frac{8}{3}, \text{ 즉 a도시는 } \frac{8}{11} = \text{ 약 73\%}$$

40 상업지 주변의 도로나 통행상황 등 입지조건과 관련된 설명으로 가장 옳지 않은 것은?

① 유동인구의 이동경로 상 보행경로가 분기되는 지점은 교통 통행량의 감소를 보이지만 합류하는 지점은 상업지로 바람직하다.

② 지하철역에서는 승차객수보다 하차객수가 중요하며 일반적으로 출근동선 보다는 퇴근 동선 일 경우가 더 좋은 상업지로 평가된다.

③ 상점가에 있어서는 상점의 가시성이 중요하므로 도로와의 접면넓이가 큰 점포가 유리하다고 볼 수 있다.

④ 건축용지를 갈라서 나눌 때 한 단위가 되는 땅을 각지라고 하며 가로(街路)에 접면하는 각의 수에 따라 2면 각지, 3면 각지 등으로 불린다.

⑤ 2개 이상의 가로(街路)에 접하는 각지는 일조와 통풍이 양호하며 출입이 편리하고 광고선 전의 효과가 높으나 소음이 심하며 도난과 재해의 위험이 높을 수 있다.

 건축용지를 갈라서 나눌 때 한 단위가 되는 땅을 필지라고 하고, 하나의 지번을 가진 토지로서 토지의 등록의 한 단위를 말한다. 즉, 등기부 등에 등록되는 토지의 법률적인 최소 단위이다. 1필지 당 지번 1개가 붙게 되는 것이며, 소유권의 범위와 한계를 정해둔 것이다.

41 소매상권에 대한 중요한 이론 중의 하나인 소매인력이론에 대한 설명으로 옳지 않은 것은?

① 소매인력이론은 고객은 경쟁점포보다 더 가깝고 더 매력적인 점포로 끌려간다는 가정하에 설명을 전개한다.

② 소매인력이론은 중심지이론에서 말하는 최근거리가설이 적용되기 어려운 상황이 있을 수 있다고 본다.

③ 도시간의 상권경계를 밝히는 것을 목적으로 한다.

④ Converse의 무차별점 공식은 두 도시간의 상대적인 상업적 매력도가 같은 점을 상권경계로 본다.

⑤ 고객 분포 도표(customer spotting map)를 작성하는 것이 궁극적인 목표이다.

 고객 분포 도표(customer spotting map)를 작성하는 것은 유추법을 보완하는 내용이다.

42 점포 개점에 있어 고려해야할 법적 요소와 관련된 설명 중 가장 옳지 않은 것은?

① 용도지역이 건축 가능한 지역인지 여부를 관련 기관을 통해 확인한다.

② 학교시설보호지구 여부와 거리를 확인한다.

③ 건폐율이란 부지 대비 건물 전체의 층별 면적합의 비율을 말한다.

④ 용적률이란 부지면적에 대한 건축물의 연 면적의 비율로 부지 대비 총 건축 가능평수를 말한다.

⑤ 용도지역에 따라 건폐율과 용적률은 차이가 발생하기도 한다.

 용적률(floor area ratio, 容積率)은 전체 부지(대지)면적에 대한 건물의 연 면적의 비율을 뜻하며 백분율로 표시하며, 건축기준법에서 용도지역에 의한 비율이 규정 되어 있으며, 중요한 것은 지하는 포함되지 않는다는 것이다. 건폐율은 대지면적에 대한 건축면적의 비율로 건축물의 과밀을 방지하고자 설정된다.

43 둥지 내몰림 또는 젠트리피케이션(gentrification)에 관한 내용으로 가장 옳지 않은 것은?

① 낙후된 도심 지역의 재건축·재개발·도시재생 등 대규모 도시개발에 부수되는 현상

② 도시개발로 인해 지역의 부동산 가격이 급격하게 상승할 때 주로 발생하는 현상

③ 도시개발 후 지역사회의 원주민들의 재정착비율이 매우 낮은 현상을 포함

④ 상업지역의 활성화나 관광명소화로 인한 기존 유통업체의 폐점 증가 현상을 포함

⑤ 임대료 상승으로 인해 대형점포 대신 다양한 소규모 근린상점들이 입점하는 현상

 도심활성화를 위한 도심재생(gentrification)활동이 시작되며, 전국적으로 영업하는 체인점들이 도심에 입점한다. 임대료 상승으로 인해 대형점포 대신 다양한 소규모 근린상점들이 입점하는 현상이라는 것은 지문자체가 말도 안 되는 내용이다.

44 유통가공을 수행하는 도매업체의 입지선정에는 공업입지 선정을 위한 베버(A. Weber)의 "최소비용이론"을 준용할 수 있다. 총 물류비만을 고려하여 이 이론을 적용할 때, 원료지향형이나 노동지향형 대신 시장지향형입지를 택하는 것이 유리한 조건으로 가장 옳은 것은?

① 유통가공으로 중량이 감소되는 경우
② 부패하기 쉬운 완제품을 가공·생산하는 경우
③ 제품수송비보다 원료수송비가 훨씬 더 큰 경우
④ 미숙련공을 많이 사용하는 노동집약적 유통가공의 경우
⑤ 산지가 국지적으로 몰려 있는 편재원료의 투입 비중이 높은 경우

 총 물류비만을 고려하여 이 이론을 적용할 때, 원료지향형이나 노동지향형 대신 시장지향형입지를 택하는 것이 유리한 조건에 맞는 것은 부패하기 쉬운 완제품을 가공·생산하는 경우이다.

45 소매점포의 상권과 제공하는 유통서비스의 상호관계에 대한 설명으로 가장 옳지 않은 것은?

① 최소판매단위가 작을수록 상권의 크기는 줄어든다.
② 공간적 편리성에 대한 소비자의 요구가 강할수록 상권의 크기는 축소된다.
③ 일반적으로 오프라인점포보다 온라인점포의 배달시간이 길다.
④ 상품구색의 전문성이 클수록 점포의 상권은 좁아진다.
⑤ 상품구색의 다양성이 클수록 더 넓은 상권이 필요하다.

 주거, 업무, 여가 등 다수의 용도가 물리적, 기능적으로 복합된 건물을 말하며, 상권을 조성하기 위한 단순한 개발방법이 아닌 상권과 함께 생활에 필요한 여러 편의시설을 복합적으로 개발하기 위한 방법이다. 도심공동화 현상을 방지하기 위해서 이러한 정책을 실시한다.

제3과목 **유통 마케팅(46~70)**

46 소매상은 점포 특성에 맞게 상품구색의 폭(좁음, 넓음)과 깊이(얕음, 깊음)를 결정해야 한다. 아래 글상자에서 소매점 유형과 상품구색을 타당하게 연결한 항목만을 모두 옳게 고른 것은?

> ㉠ 편의점 – 좁고 얕은 구색 ㉡ 전문점 – 좁으나 깊은 구색
> ㉢ 소규모 종합점 – 넓으나 얕은 구색 ㉣ 백화점 – 넓고 깊은 구색

① ㉠, ㉡ ② ㉢, ㉣ ③ ㉠, ㉡, ㉢
④ ㉡, ㉢, ㉣ ⑤ ㉠, ㉡, ㉢, ㉣

상품의 구색(goods assortment)은 상품브랜드의 폭과 깊이를 어느 정도 제대로 갖추어져 있는지를 의미하며, 백화점과 할인점의 구색이 다르다. 문제에서는 ⑤의 내용이 가장 적합하다.

47 도 · 소매업체들의 유통경로 수익성 평가에 활용되는 전략적 이익모형(strategic profit model)의 주요 재무지표에 해당하지 않는 것은?

① 순 매출이익률 ② 총자산회전율
③ 레버리지비율 ④ 투자수익률
⑤ 총자본비용

전략적 수익모델(SPM: Strategic Profit Model)에 포함되는 항목은 매출순이익률, 총자산회전율, 자기자본순이익률 등으로 평가를 한다. 레버리지 비율(leverage ratio)은 자기자본에 대한 타인자본 비율로서 유동성비율과 함께 단기채권자의 재무위험을 측정하는데 사용된다.

48 아래 글상자에서 설명하는 유통마케팅자료 조사기법으로 옳은 것은?

> – 소비자의 욕구를 파악하기 위한 기법의 하나로 개발 되었다.
> – 기본적인 아이디어는 어떤 소매 점포이든 몇 개의 중요한 서비스 기능(속성)을 가지고 있으며, 각 기능(속성)은 다시 몇 개의 수준이나 값들을 가질 수 있다는 것이다.
> – 개별 속성의 각 수준에 부여되는 선호도를 부분가치라하고, 이 부분가치를 합산함으로써 개별 고객이 여러 개의 대안들 중에서 어느 것을 가장 선호하게 될 지를 예측할 수 있다.

① 컨조인트 분석　　　　② 다차원 척도법
③ 요인분석　　　　　　④ 군집분석
⑤ 시계열분석

 컨 조인트분석(Conjoint Analysis)은 제품대안들에 대한 소비자의 선호 정도로부터 소비자가 각 속성 (attribute)에 부여 하는 상대적 중요도(relative importance)와 각 속성수준의 효용(utility)을 추정하는 분석 방법이다. 응답자들에게 여러 속성수준들의 결합으로 구성되는 제품 프로파일(대안)들을 제시하고 응답자 들은 각 프로파일에 대한 그들의 선호정도를 답한다.

49 다음 중 판매사원의 상품판매과정의 7단계를 순서대로 나열한 것으로 가장 옳은 것은?

① 가망고객 발견 및 평가 → 사전접촉(사전준비) → 설명과 시연 → 접촉 → 이의처리 → 계약(구매권유)→ 후속조치
② 가망고객 발견 및 평가 → 사전접촉(사전준비) → 설명과 시연 → 이의처리 → 접촉 → 계약(구매권유)→ 후속조치
③ 가망고객 발견 및 평가 → 사전접촉(사전준비) → 접촉 → 설명과 시연 → 이의처리 → 계약(구매권유) →후속조치
④ 사전접촉(사전준비) → 가망고객 발견 및 평가 → 접촉 → 설명과 시연 → 이의처리 → 계약(구매권유) → 후속조치
⑤ 사전접촉(사전준비) → 가망고객 발견 및 평가 → 접촉 → 설명과 시연 → 이의처리 → 후속조치 → 계약(구매권유)

 판매사원의 상품판매과정의 7단계를 순서대로 나열한 것으로 가장 적합한 내용은 ③의 내용이 가장 적합 한 내용이다.

50 다음 중 마케팅믹스 요소인 4P 중 유통(place)을 구매자의 관점인 4C로 표현한 것으로 옳은 것은?

① 고객비용(customer cost)
② 편의성(convenience)
③ 고객문제해결(customer solution)
④ 커뮤니케이션(communication)
⑤ 고객맞춤화(customization)

 공급자 중심의 4P를 소비자 중심으로 전환을 하면 4C가 성립되는데 Customer value, Cost to the customer, Convenience, Communication 등으로 구분을 할 수 있는데 4P 중 유통(place)의 내용과 가장 유사한 내용은 편의성(convenience)이라고 본다.

51 CRM(Customer Relationship Management)과 대중마케팅(mass marketing)의 차별적 특성으로 옳지 않은 것은?

① 운목표고객 측면에서 대중마케팅이 불특정 다수를 대상으로 한다면 CRM은 고객 개개인을 대상으로 하는 일대일 마케팅을 지향한다.

② 커뮤니케이션 방식 측면에서 대중마케팅이 일방향 커뮤니케이션을 지향한다면 CRM은 쌍방향적이면서도 개인적인 커뮤니케이션이 필요하다.

③ 생산방식 측면에서 대중마케팅은 대량생산, 대량판매를 지향했다면 CRM은 다품종 소량생산 방식을 지향한다.

④ CRM은 개별 고객에 대한 상세한 데이터베이스를 구축해야만 가능하다는 점에서 대중마케팅과 두드러진 차이를 보인다.

⑤ 소비자 욕구 측면에서 대중마케팅은 목표고객의 특화된 구매욕구의 만족을 지향하는 반면 CRM은 목표고객 들의 동질적 욕구를 만족시키려고 한다.

> **오답이** 소비자 욕구 측면에서 대중마케팅은 목표고객의 동질적 욕구를 지향하는 반면 CRM은 목표고객 들의 특화된 구매욕구의 만족을 만족시키려고 한다.

52 가격결정방법 및 가격전략과 그 내용의 연결로 옳지 않은 것은?

① 원가기반가격결정 – 제품원가에 표준이익을 가산하는 방식

② 경쟁중심가격결정 – 경쟁사 가격과 비슷하거나 차이를 갖도록 결정

③ 목표수익률가격결정 – 초기 투자자본에 목표수익을 더하여 가격을 결정하는 방식

④ 가치기반가격결정 – 구매자가 지각하는 가치를 가격결정의 중심 요인으로 인식

⑤ 스키밍가격결정 – 후발주자가 시장침투를 위해 선두기업보다 낮은 가격으로 결정

> **오답이** 상층흡수 가격정책(skimming pricing policy)은 신제품을 시장에 도입하는 초기에 먼저 고가격을 설정하여 가격에 비교적 둔감한 고소득층을 흡수하고, 그 뒤 차차 가 격을 인하시켜 가격에 민감한 저소득층에게 침투하고자 하는 정책이다.

53 아래 글 상자는 제품수명주기 중 어느 단계에 대한 설명이다. 이 단계에 해당하는 상품관리전략으로 가장 옳지 않은 것은?

> 최근 기술발전의 속도가 매우 빠르고 소비자들의 욕구와 취향도 급변하는 관계로 많은 제품들이 이 시기에 도달하는 시간이 짧아지는 반면 이 기간은 길어지고 있다. 이 단계에서는 매출액 증가가 둔화되면서 시장 전체의 매출액이 정체되는 시기이다. 다수의 소비자들의 구매가 종료되어 가는 시점이어서 신규 수요의 발생이 미미하거나 신규수요와 이탈 수요의 규모가 비슷해져서 전체 시장의 매출규모가 변하지 않는 상태이다. 또한 경쟁강도가 심해지면서 마케팅 비용은 매우 많이 소요되는 시기이기도 하다.

① 기존제품으로써 새로운 소비자의 구매 유도
② 기존소비자들의 소비량 증대
③ 기존제품의 새로운 용도 개발
④ 기존제품 품질향상과 신규시장 개발
⑤ 제품 확장 및 품질보증 도입

 다수의 소비자들의 구매가 종료되어가는 시점이어서 신규 수요의 발생이 미미하거나 신규수요와 이탈 수요의 규모가 비슷해져서 전체 시장의 매출규모가 변하지 않는 상태는 제품 확장 및 품질보증 도입과는 전혀 다른 내용이다.

54 아래 글상자에서 설명하는 가격전략으로 가장 옳은 것은?

> 소매점 고객들의 내점빈도를 높이고, 소비자들이 소매점포 전체의 가격이 저렴하다는 인상을 가지도록, 브랜드 인지도가 있는 인기제품을 위주로 파격적으로 저렴한 가격에 판매하는 가격 전략이다.

① 상품묶음(bundling) 가격전략
② EDLP(Every Day Low Price) 가격전략
③ 노세일(no sale) 가격전략
④ 로스리더(loss leader) 가격전략
⑤ 단수가격(odd-pricing) 전략

 ❖손실 유도 가격 결정(loss leader price policy)
　-특정 품목의 가격을 대폭 인하하여 가격을 결정하면 그 품목의 수익성은 악화된다.
　-다른 품목의 매출증대에 의한 기업 전체의 수익성을 확보하기 위한 가격 설정이다.

55 아래 글상자의 사례에서 설명하고 있는 유통업체 마케팅의 환경요인으로 가장 옳은 것은?

> 월마트(Walmart)와 같은 할인점들뿐만 아니라 아마존(Amazon)과 같은 온라인 업체들도 가전 제품을 취급하자, 가전제품 전문점이었던 베스트바이(Best buy)는 배달 및 제품설치(on-home installation) 같은 신규 서비스를 실시하며 고객의 가치를 높이기 위해 노력하고 있다.

① 사회·문화 환경　　　　　② 경쟁 환경
③ 기술 환경　　　　　　　④ 경제 환경
⑤ 법 환경

 마케팅전략 수립을 위해 분석해야 하는 마케팅 환경 분석의 구성요소 중 미시적 환경 분석은 구매자 심리 분석이고, 거시적 환경 분석은 구매자 심리 분석이고, 정치적, 경제적, 기술적, 문화적 환경 분석에 해당 한다. 문제는 이러한 내용 중에서 경쟁 환경을 묻고 있다.

56 제조업체의 중간상 촉진활동으로 옳지 않은 것은?

① 프리미엄　　　　　　② 협동광고
③ 중간상광고　　　　　　④ 판매원 인센티브
⑤ 소매점 판매원 훈련

 프리미엄(Premium)은 제품구매를 유도하기 위한 인센티브나 광고의 특별한 형태로서 무료선물이나 해당 제품을 구매할 수 있는 할인쿠폰 등을 제공하고, 일정한 기간동안 어떤 상품을 구입 한 사람들에게 다른 상품을 무료 또는 낮은 가격으로 제공하는 것을 말한다.

57 아래 글상자는 마케팅과 고객관리를 위해 필요한 고객정보 들이다. 다음중 RFM(Recency, Frequency, Monetary)분석법을 사용하기 위해 수집해야 할 고객정보로 옳은 것은?

> ㉠ 얼마나 최근에 구매했는가?
> ㉡ 고객과의 지속적인 관계를 유지하는 동안 얻을 수 있는 총수익은 얼마인가?
> ㉢ 일정기간 동안 얼마나 자주 자사제품을 구매했는가?
> ㉣ 일정기간 동안 고객이 자사제품을 얼마나 정확하게 상기하는가?
> ㉤ 일정기간 동안 얼마나 많은 액수의 자사제품을 구매했는가?

① ㉠, ㉡, ㉢　　　　　　　　　② ㉡, ㉣, ㉤
③ ㉡, ㉢, ㉤　　　　　　　　　④ ㉢, ㉣, ㉤
⑤ ㉠, ㉢, ㉤

 ❖RFM 분석
① 기업입장에서 어떤 사람들이 가장 중요한 고객이 될 것인가를 구별해 내기 위해서 최근성(Recency), 구매빈도(Frequency), 구매량(Monetary Amount)을 이용하여 고객의 예상기여도를 예측하고 고객의 가치를 결정하는 방법이다.
② RFM방법으로 기업은 우량고객을 선정할 수 있는데, 우량고객으로 선정된 고객들 중에 서도 가장 기여도가 높은 수준에 있는 고객들은 일반적으로 여러 특성을 가지고 있다.

58 촉진믹스전략 가운데 푸시(push)전략에 대한 설명으로 옳지 않은 것은?

① 제조업체가 최종 소비자들을 대상으로 촉진믹스를 사용하여 이들이 소매상에게 제품을 요구하도록 하는 전략이다.
② 푸시전략 방법에서 인적판매와 판매촉진은 중요한 역할을 한다.
③ 판매원은 도매상이 제품을 주문하도록 요청하고 판매지원책을 제공한다.
④ 푸시전략은 유통경로 구성원들이 고객에게까지 제품을 밀어내도록 하는 것이다.
⑤ 수요를 자극하기 위해서 제조업체가 중간상에게 판매촉진 프로그램을 제공한다.

제조업체가 최종 소비자들을 대상으로 촉진믹스를 사용하여 이들이 소매상에게 제품을 요구하도록 하는 전략은 푸시(pull)전략이다.

59 다양화되고 개성화된 소비자들의 기본욕구에 대처하기 위해 도입된 것으로서, 제조업체의 입장 대신 소비자의 입장에서 상품을 다시 분류하는 머천다이징으로 가장 옳은 것은?

① 크로스 머천다이징
② 인스토어 머천다이징
③ 스크램블드 머천다이징
④ 리스크 머천다이징
⑤ 카테고리 머천다이징

 스크램블드머천다이징(Scrambled merchandising)은 소매상에서 상품품목을 고려하여 취급상품을 조합하여 재편성하는 것을 말한다. 상품의 재편성에 적용하는 새로운 관점은 용도별, 고객층별, 가격대별, 브랜드별, 구매 동기별, 구매 관습별, 무드별로 고려하여 재편성하게 된다.

60 POP 광고에 대한 설명으로 옳지 않은 것은?

① POP광고는 판매원 대신 상품의 정보(가격, 용도, 소재, 규격, 사용법, 관리법 등)를 알려 주기도 한다.
② POP광고는 매장의 행사분위기를 살려 상품판매의 최종단계까지 연결시키는 역할을 수행해야 한다.
③ POP광고는 청중을 정확히 타겟팅하기 좋기 때문에 길고 자세한 메시지 전달에 적합하다.
④ POP광고는 판매원의 도움을 대신하여 셀프판매를 가능하게 한다.
⑤ POP광고는 찾고자 하는 매장 및 제품을 안내하여 고객이 빠르고 편리하게 쇼핑을 할 수 있도록 도와주어야 한다.

 POP광고는 기업을 PR하는 역할을 하므로 문장을 가로로 쓰고 적당한 여백을 두는 것 이 유리하고, 매스컴광고를 그대로 POP 디스플레이에 이용하기도 하며, 매장내에서 고객의 관심을 끌 수 있는 정보 즉, 상품명, 가격, 소재, 특징 등을 알려준다. 소비자의 수준을 고려하여 이성적설득방법보다 충동구매촉진을 사용하는 것이 효과적이다.

61 아래 글상자의 ㉠과 ㉡에서 설명하는 진열방식으로 옳은 것은?

> ㉠ 주통로와 인접한 곳 또는 통로사이에 징검다리처럼 쌓아두는 진열방식으로 주로 정책상품을 판매하기 위해 활용됨
> ㉡ 3면에서 고객이 상품을 볼 수 있기 때문에 가장 눈에 잘 띄는 진열방식으로 가장 많이 팔리는 상품들을 진열할 때 많이 사용됨

① ㉠ 곤도라진열, ㉡ 엔드진열
② ㉠ 섬진열, ㉡ 벌크진열
③ ㉠ 측면진열, ㉡ 곤도라진열
④ ㉠ 섬진열, ㉡ 엔드진열
⑤ ㉠ 곤도라진열, ㉡ 벌크진열

 진열은 얼마만큼 기술적으로 하느냐에 따라 하늘과 땅 차이라고 할 수 있는데, 판매 때문이라고 할 수 있을 정도로 중요한 위치에 다가섰다. 문제의 진열방식은 섬 진열, 엔드진열의 내용이다.

62 소매점의 공간, 조명, 색채에 대한 설명으로 가장 옳지 않은 것은?

① 레일조명은 고객 쪽을 향하는 것보다는 상품을 향하는 것이 좋다.
② 조명의 색온도가 너무 높으면 고객이 쉽게 피로를 느낄 수 있다.
③ 벽면에 거울을 달거나 점포 일부를 계단식으로 높이면 실제 점포보다 넓어 보일 수 있다.
④ 푸른색 조명보다 붉은색 조명 위에 생선을 진열할 때 더 싱싱해 보인다.
⑤ 소매점 입구에 밝고 저항감이 없는 색을 사용하면 사람들을 자연스럽게 안으로 끌어들일 수 있다.

푸른색 조명은 생선이 붉은색 조명에는 정육점이 더 싱싱해 보인다.

63 아래 글상자의 ㉠과 ㉡을 설명하는 용어들의 짝으로 옳은 것은?

> ㉠ 특정 상품을 가로로 몇 개 진열하는가를 의미하는 것으로, 소비자 정면으로 향하도록 진열된 특정 상품의 진열량
> ㉡ 점포 레이아웃이 완료된 후 각 코너별 상품군을 계획하고 진열면적을 배분하는 것

① ㉠ 조닝,   ㉡ 페이싱

② ㉠ 페이싱,   ㉡ 조닝

③ ㉠ 레이아웃,   ㉡ 조닝

④ ㉠ 진열량,   ㉡ 블록계획

⑤ ㉠ 진열량,   ㉡ 페이싱

❖조닝(Zoning)
- 레이아웃이 완성되면 각 코너별로 상품구성을 계획하고 진열면적을 배분하는 것이다.
- 레이아웃 도면상에 상품 배치 존(zone) 구분을 명확하게 표시하는 것을 말한다.

❖페이스(face)
- 진열은 페이스(face)와 페이싱(facing)으로 성립된다. 페이스는 상품의 정면을 의미하며, 페이싱은 상품의 측면을 의미한다.
- 고객은 매장내에서 원하는 상품의 깊이나 내용을 상세하게 알고싶어 한다는 점을 들 수 있다. 상품을 정면방향으로 향해 페이스 진열을 하는 방법이다.

64 소매업태 발전에 관한 이론 및 가설에 대한 옳은 설명들만을 모두 묶은 것은?

㉠ 아코디언이론: 소매기관들이 처음에는 혁신적인 형태에서 출발하여 성장하다가 새로운 개념을 가진 신업태에게 그 자리를 양보하고 사라진다는 이론

㉡ 수레바퀴(소매차륜)이론: 소매업태는 다양한 제품계열을 취급하다가 전문적·한정적 제품계열을 취급하는 방향으로 변화했다가 다시 다양한 제품계열을 취급하는 형태로 변화하는 과정을 반복한다는 이론

㉢ 변증법적과정이론: 두 개의 서로 다른 경쟁적인 소매업태가 하나의 새로운 소매업태로 합성된다는 소매업태의 혁신과정 이론

㉣ 소매수명주기이론: 한 소매기관이 출현하여 초기 성장단계, 발전단계, 성숙단계, 쇠퇴단계의 4단계 과정을 거쳐 사라지는 소매수명주기를 따라 변화한다는 이론

① ㉠, ㉡   ② ㉡, ㉢

③ ㉢, ㉣   ④ ㉠, ㉡, ㉢

⑤ ㉠, ㉡, ㉢, ㉣

❖수레바퀴(소매차륜)이론 : 소매기관들이 처음에는 혁신적인 형태에서 출발하여 성장하다가 새로운 개념을 가진 신업태에게 그 자리를 양보하고 사라진다는 이론

❖아코디언이론 : 소매 업태는 다양한 제품계열을 취급하다가 전문적·한정적 제품계열을 취급하는 방향으로 변화했다가 다시 다양한 제품계열을 취급하는 형태로 변화하는 과정을 반복한다는 이론

65 충동구매를 유발하려는 목적의 점포 레이아웃 방식으로 가장 옳은 것은?

① 자유형 레이아웃(free flow layout)

② 경주로식 레이아웃(racefield layout)

③ 격자형 레이아웃(grid layout)

④ 부티크형 레이아웃(boutique layout)

⑤ 창고형 레이아웃(warehouse layout)

 ❖자유형(Free-form)레이아웃 : 소매점의 레이아웃(layout)시, 비품과 통로를 비대칭적으로 배치하는 방법으로 주로 규모가 작은 전문점매장이나 여러 개의 작은 전문점매장이 모여 있는 다형점포에서 주로 채택하는 레이아웃방식이다.

66 중간상 포트폴리오 분석에 대한 설명으로 옳지 않은 것은?

① 경제성장률로 조정된 중간상의 이익성장률과 특정제품군에 대한 중간상의 매출액 중 자사제품 매출액의 점유율이라는 두 개의 차원으로 구성된다.

② 공격적인 투자전략은 적극적이며 급속한 성장을 보이는 중간상에게 적용한다.

③ 방어 전략은 성장 중이면서 현재 자사와 탄탄한 거래관계를 가지는 중간상에게 적용하는 거래전략이다.

④ 전략적 철수전략을 사용하는 경우 제조업자들은 중간상에게 주던 공제를 줄이는 것이 바람직하다.

⑤ 포기전략은 마이너스 성장률과 낮은 시장점유율을 보이는 중간상에게 적용한다.

 중간상 포트폴리오 분석은 이익과 손실의 중간단계의 과정을 거치는 것을 말한다.

67 다음 중 포지셔닝 전략에 대한 설명으로 가장 옳지 않은 것은?

① 경쟁자와 차별화된 서비스 속성으로 포지셔닝 하는 방법은 서비스 속성 포지셔닝 이다.

② 최고의 품질 또는 가장 저렴한 가격으로 서비스를 포지셔닝 하는 것을 가격 대 품질 포지셔닝이라 한다.

③ 여성 전용 사우나, 비즈니스 전용 호텔 등의 서비스는 서비스 이용자를 기준으로 포지셔닝 한 예이다.

④ 타깃 고객 스스로 자신의 사용용도에 맞출 수 있도록 서비스를 표준화·시스템화 한 것은 표준화에 의한 포지셔닝이다.

⑤ 경쟁자와 비교해 자사의 서비스가 더 나은 점이나 특이한 점을 부각시키는 것은 경쟁자 포지셔닝 전략이다.

 소비자의 마음속에 경쟁업자와 차별되는 자기점포의 이미지를 어떻게 창조할 것인 가에 관한 것으로 목표고객에게 가격, 서비스, 품질, 편리성 등을 맞추는 전략이다. 고객 스스로 자신의 사용용도에 맞출 수 있도록 서비스를 표준화·시스템화한 것은 사용상황 포지셔닝이다.

68 다음 글상자에서 공통으로 설명하는 도매상으로 옳은 것은?

> – 가장 전형적인 도매상
> – 완전서비스 도매상과 한정서비스 도매상으로 나누어짐
> – 자신들이 취급하는 상품의 소유권을 보유하며 제조업체 또는 소매상과 관련없는 독립된 사업체

① 제조업자 도매상　　　　　② 브로커
③ 대리인　　　　　　　　　④ 상인도매상
⑤ 수수료상인

 상인도매상은 판매시까지 취급상품의 소유권을 가지고 독립적으로 대부분의 도매기능을 수행하는 도매상의 유형이다.

69 할인가격정책(high/low pricing)에 대한 상시저가정책(EDLP: Every Day Low Price)의 상대적 장점으로 가장 옳지 않은 것은?

① 재고의 변동성 감소
② 가격변경 빈도의 감소
③ 평균 재고수준의 감소
④ 판매인력의 변동성 감소
⑤ 표적시장의 다양성 증가

 표적시장의 다양성 증가는 하이로 가격설정(High – Low pricing)이다.

70 유통업체 브랜드(PB)에 대한 설명으로 가장 옳지 않은 것은?

① PB는 유통업체의 독자적인 브랜드명, 로고, 포장을 갖는다.
② PB는 대규모 생산과 대중매체를 통한 광범위한 광고를 수행하는 것이 일반적이다.
③ 대형마트, 편의점, 온라인 소매상 등에서 PB의 비중을 증가시키고 있다.
④ PB를 통해 해당 유통업체에 대한 고객 충성도를 증가시킬 수 있다.
⑤ 유통업체는 PB 도입을 통해 중간상마진을 제거하고 추가이윤을 남길 수 있다.

 대규모 생산과 대중매체를 통한 광범위한 광고를 수행하는 것이 일반적인 것은 NB이다.

제4과목 유통 정보(71~90)

71 유통정보 분석을 위해 활용되는 데이터 분석 기법으로 성격이 다른 것은?

① 협업적 필터링(collaborative filtering) ② 딥러닝(deep learning)
③ 의사결정나무(decision tree) ④ 머신러닝(machine learning)
⑤ 군집분석(clustering analysis)

 ❖데이터마이닝의 기법
군집 분석(Clustering) ⊙ N개의 개체들을 대상으로 P개의 변수를 측정하였을 때 관측한 P개의 변수 값을 이용하여 N개 개체들 사이의 유사성 또는 비유사성의 정도를 측정하여 개체들을 가까운 순서대로 군집화 하는 통계적 분석방법이다.

72 4차 산업혁명시대에 유통업체의 대응 방안에 대한 설명으로 옳지 않은 것은?

① 유통업체들은 보다 효율적인 유통업무 처리를 위해 최신 정보기술을 활용하고 있다.
② 유통업체들은 상품에 대한 재고관리에 있어, 정보시스템을 도입해 효율적으로 재고를 관리하고 있다.
③ 유통업체들은 온라인과 오프라인을 연계한 융합기술을 이용한 판매 전략을 활용하고 있다.
④ 유통업체들은 보다 철저한 정보보안을 위해 통신 네트워크로부터 단절된 상태로 정보를 관리한다.
⑤ 유통업체들은 고객의 온라인 또는 오프라인 시장에서 구매 상품에 대한 대금 결제에 있어 핀테크(FinTech)와 같은 첨단 금융기술을 도입하고 있다.

유통업체들은 보다 철저한 정보보안을 위해서는 통신 네트워크로부터 원활한 활용을 통해 정보를 관리한다.

73 고객충성도 프로그램에 대한 설명으로 가장 옳지 않은 것은?

① 충성도 프로그램으로는 마일리지 프로그램과 우수고객 우대 프로그램 등이 있다.
② 충성도에는 행동적 충성도와 태도적 충성도가 있다.
③ 충성도 프로그램은 단기적 측면보다는 장기적 측면에서 운영되어야 유통업체가 고객경쟁력을 확보할 수 있다.
④ 충성도 프로그램을 운영하는데 있어, 우수고객을 우대하는 것이 바람직하다.

⑤ 충성도 프로그램 운영에 있어 비금전적 혜택 보다는 금전적 혜택을 제공하는 것이 유통업체측면에서 보다 효율적이다.

 충성도 프로그램 운영에 있어서는 오히려 금전적 혜택 보다는 비금전적 혜택을 제공하는 것이 유통업체 측면에서 보다 효율적이다.

74 QR(Quick Response)의 효과에 대한 설명으로 가장 옳지 않은 것은?

① 거래업체 간 정보 공유 체제가 구축된다.
② 제품 조달이 매우 빠른 속도로 이루어진다.
③ 고객 참여를 통한 제품 기획이 이루어진다.
④ 제품 공급체인의 효율성을 극대화할 수 있다.
⑤ 제품 재고를 창고에 저장해 미래 수요에 대비하는 데 도움을 제공한다.

 신속 대응(QR ; Quick Response)은 소비자의 만족을 극대화하기 위해 제조업자와 공급업자 및 운송업자 들이 긴밀한 협조관계를 유지하기 위해서도 필요한 시스템이다. 제품 재고를 창고에 저장해 미래 수요에 대비하는 데 도움을 제공하는 것은 관련이 없다.

75 CRM활동을 고객관계의 진화과정으로 보면, 신규고객의 창출, 기존고객의 유지, 기존고객의 활성화 등으로 구분 되는데, 다음 중 기존고객 유지활동의 내용으로 가장 옳지 않은 것은?

① 직접반응광고　　　　　　　　② 이탈방지 캠페인
③ 맞춤 서비스의 제공　　　　　　④ 해지방어전담팀의 운영
⑤ 마일리지프로그램의 운용

 직접반응광고(direct response advertising)는 시간 절약이 가능할 뿐만 아니라고 직접구매하지 않더라도 상품에 대한 정보를 얻을 수 있다.

76 아래 글상자에서 설명하는 인터넷 마케팅의 가격전략 형태로 가장 옳은 것은?

소비자가 원하는 사양의 제품과 가격을 제시하면 여기에 부응하는 업체들 간의 협상을 통해 소비자 는 가장 적합한 가격을 제시하는 업체와 매매가 이루어지는 역경매가 대표적인 사례로 소비자중심 의 가격설정모델이다.

① 무가화　　　　　　　　② 무료화　　　　　　　　③ 역가화
④ 유료화　　　　　　　　⑤ 저가화

역가화는 소비자가 원하는 사양의 제품과 가격을 제시하면 여기에 부응하는 업체들 간의 협상을 통해 소비자는 가장 적합한 가격을 제시하는 업체와 매매가 이루어지는 역경매가 대표적인 사례로 소비자중심의 가격설정모델이다.

77 고객관계관리를 위한 성과지표에 대한 설명으로 가장 옳지 않은 것은?

① 신규 캠페인 빈도는 마케팅 성과를 측정하기 위한 지표이다.
② 고객 불만 처리 시간은 서비스 성과를 측정하기 위한 지표이다.
③ 고객유지율은 판매 성과를 위한 성과지표이다.
④ 신규 판매자 수는 판매 성과를 측정하기 위한 지표이다.
⑤ 캠페인으로 창출된 수익은 마케팅 성과를 측정하기 위한 지표이다.

 고객유지율은 고객유지를 하는 측정이다.

78 e-비즈니스 유형과 주요 수익원천이 옳지 않은 것은?

① 온라인 판매 – 판매수익
② 검색서비스 – 광고료와 스폰서십
③ 커뮤니티운영 – 거래수수료
④ 온라인광고서비스 – 광고수입
⑤ 전자출판 – 구독료

 커뮤니티운영은 수익원천으로 보지 않는다.

79 POS(Point of Sale)System 도입에 따른 제조업체의 효과에 대한 설명으로 가장 옳지 않은 것은?

① 경쟁상품과의 판매경향 비교
② 판매가격과 판매량의 상관관계
③ 기후변동에 따른 판매동향 분석
④ 신제품·판촉상품의 판매경향 파악
⑤ 상품구색의 적정화에 따른 매출증대

 POS(Point of Sale)는 판매시점 정보관리시스템으로써, 무슨 상품이, 언제, 어디에 서, 얼마나 팔렸는지를 파악할 수 있도록 상품이 판매되는 시점에 판매정보를 수집 하여 관리하는 시스템을 지칭하는 말이다. 상품구색의 적정화에 따른 매출증대는 소매업의 효과에 해당한다.

80 전자상거래 판매시스템에 대한 설명으로 가장 옳은 것은?

① 상향판매(up selling)는 고객들이 구매하고자 하는 제품에 대해, 보다 저렴한 상품을 고객들에게 제시해 주는 마케팅 기법이다.

② 역쇼루밍(reverse-showrooming)은 고객들이 특정제품을 구매하고자 할 때, 보다 다양한 마케팅 정보를 제공해주는 마케팅 기법이다.

③ 교차판매(cross selling)는 고객들이 저렴한 제품을 구매하는데 도움을 제공한다.

④ 옴니채널(omni-channel)은 온라인과 오프라인 채널을 통합함으로써 보다 개선된 쇼핑환경을 고객들에게 제공해준다.

⑤ 프로슈머(prosumer)는 전문적인 쇼핑을 하는 소비자를 의미한다.

 ① 상향판매(up selling)는 격상판매 또는 추가판매라고도 하며 특정한 상품 범주 내에서 상품 구매액을 늘 리도록 업그레이드된 상품의 구매를 유도하는 판매활동의 하나로 이익 창출과 더 불어 고객의 만족도를 향상시킬 수 있는 방법 중의 하나이다.
② 역쇼루밍(reverse-showrooming)은 물건에 대한 정보를 인터넷 등 온라인에서 취합한 후 직접 오프라인 매장에서 구매하는 것을 말한다.
③ 교차판매(cross selling)는 예금상품을 원하는 고객에게 보험 상품을 동시에 판매를 시도하는 것이다.
⑤ 프로슈머(prosumer)는 생산을 하면서 소비도 하는 그런 상황이다.

81 바코드(Bar code)에 대한 설명으로 가장 옳지 않은 것은?

① 바코드는 바와 스페이스로 구성된다.

② 바코드는 상하좌우로 4곳에 코너 마크가 표시되어 있다.

③ 바코드는 판독기를 통해 바코드를 읽기 위해서는 바코드의 시작과 종료를 알려주기 위해 일정 공간의 여백을 둔다.

④ 바코드 시스템은 체계적인 재고관리를 지원해준다.

⑤ 바코드 시스템 구축은 RFID 시스템 구축과 비교해, 구축비용이 많이 발생한다.

 바코드 시스템 구축은 RFID 시스템 구축과 비교해, 구축비용이 그렇게 많이 소요되지는 않는다.

82 RFID의 작동원리에 대한 설명으로 가장 옳지 않은 것은?

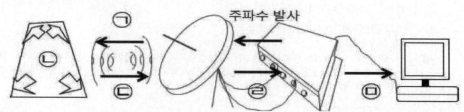

① ㉠ – 리더에서 안테나를 통해 발사된 주파수가 태그에 접촉한다.

② ㉡ – 무선신호는 태그의 자체 안테나에서 수신한다.

③ ㉢ – 태그는 주파수에 반응하여 입력된 데이터를 안테나로 전송한다.

④ ㉣ – RF 필드에 구성된 안테나에서 무선 신호를 생성하고 전파한다.

⑤ ㉤ – 리더는 데이터를 해독하여 Host 컴퓨터로 전달한다.

 RFID(Radio Frequency IDentification)는 자동인식(Automatic Identification)기술의 하나로써 데이터 입력 장치로 개발된 무선(RF: Radio Frequency)으로 통하는 인식기술이다. 이러한 기술을 도입함으로서 전 자 동인식 및 확인으로 집계하며 분류, 추적, 발송 등이 가능하여 오류를 줄이고 시간적 낭비를 막아줌으로 능률과 생산성을 개선한다.

83 지식의 창조는 암묵지를 어떻게 활성화, 형식지화 하여 활용할 것인가의 문제라고 볼 수 있다. 암묵지와 형식지를 활용한 지식창조 프로세스 순서대로 나타낸 것으로 가장 옳은 것은?

① 표출화 – 내면화 – 공동화 – 연결화

② 표출화 – 연결화 – 공동화 – 내면화

③ 연결화 – 공동화 – 내면화 – 표출화

④ 공동화 – 표출화 – 연결화 – 내면화

⑤ 내면화 – 공동화 – 연결화 – 표출화

 ▶공동화/사회화(Socialization)는 암묵지간의 변환유형을 의미하며, 지식이전의 당 사자가 장기적으로 함 께 접촉하면서 지식을 전수하는 경우에 해당되므로 지식을 함께 창조하기보다는 한쪽에서 다른 쪽으로 지식을 이전하는 측면이 강하다. 도제 제도, OJT, 학습조직 등을 통해 공동화가 이루어 진다. 사회화는 경험을 공유하 고 이에 따라 사고모형이나 기량과 같은 암묵지를 창조해 내는 과정이다.
▶표출화/외부화(Externalization)는 제품개발과정의 콘셉트 창출, 최고경영자의 생각을 언어화하는 일, 숙련 노하우의 언어화, 고객의 암묵적인 니즈를 표출하고 현재화시키는 일을 말한다. 암묵지를 형식지 로 표현하는 과정을 외부화라 한다.
▶연결화/종합화(Combination)는 회사 내외의 형식지를 수집, 결합하여 새로운 지식 을 창조하는 과정 으로 언어 문서, 데이터베이스 또는 전자메일 등의 매개로 분류, 가공, 조합, 편집에 의한 지식창조, 전 략, 컨셉의 구체화 등 작업, 부문 간 조정으로 경영수치를 만들고, 제품사양서 작성, 복합 통신망, 기업 데이터베이스, MBA 교육 등이 그 예이다.
▶내면화(Internalization)는 노하우, 매뉴얼 등을 롤 플레잉 등에 의해서 개개인의 내부에 체험적으로 이해시 키는 일로서 서비스 지침서, 성공과 실패 공유DB 등의 학 습을 통해 개인의 지식을 쌓아가는 과정이다.

84 인스토어마킹(instore marking)과 소스마킹(source marking)에 대한 설명으로 가장 옳은 것은?

① 인스토어마킹은 부패하기 쉬운 농산물에 적용할 수 있다.

② 인스토어마킹을 통해 바코드를 붙이는데 있어, 바코드에는 국가식별코드, 제조업체코드, 상품품목코드, 체크디지트로 정형화되어 있어, 유통업체가 자유롭게 설정할 수 없기에 최근 인스토어마킹은 거의 이용되지 않고 있다.

③ 제조업체의 경우 인스토어마킹에 있어, 국제표준화기구에서 정의한 공통표준코드를 이용한다.

④ 소스마킹은 유통업체 내의 가공센터에서 마킹할 수 있다.

⑤ 소스마킹은 상점 내에서 바코드 프린트를 이용해 바코드 라벨을 출력하기 때문에 추가적인 비용이 발생한다.

② 인스토어마킹을 통해 바코드를 붙이는데 점포 내 식품이나 정육과 같은 경우에 붙인다.
③ 제조업체의 경우 소스마킹에 있어, 국제표준화기구에서 정의한 공통표준코드를 이용한다.
④ 인스토어마킹은 유통업체 내의 가공센터에서 마킹 할 수 있다.
⑤ 소스마킹은 상점 내에서 바코드 프린트를 이용해 바코드 라벨을 출력하기 때문에 추가적인 비용은 발생하지 않는다.

85 지식 포착 기법에 대한 설명으로 가장 옳지 않은 것은?

① 인터뷰 – 개인의 암묵적 지식을 형식적 지식으로 전환하는데 사용하는 기법이다.

② 현장관찰 – 관찰대상자가 문제를 해결하는 행동을 할 때 관찰, 해석, 기록하는 프로세스이다.

③ 스캠퍼 – 비판을 허용하지 않는다는 가정으로 둘 이상의 구성원들이 자유롭게 아이디어를 생산하는 비구조적 접근방법이다.

④ 스토리 – 조직학습을 증대시키고, 공통의 가치와 규칙을 커뮤니케이션하고, 암묵적 지식의 포착, 코드화, 전달을 위한 뛰어난 도구이다.

⑤ 델파이 방법 – 다수 전문가의 지식포착 도구로 사용되며, 일련의 질문서가 어려운 문제를 해결하는데 대한 전문가의 의견을 수렴하기 위해 사용된다.

스캠퍼(SCAMPER)는 7가지 항목에 해당하는 단어의 첫 글자를 따서 만든 발명 기법으로, 기존의 형태나 아이디어를 다양하게 변형시키는 발명 사고기법이다.

86 판매시점정보관리시스템(POS)의 설명으로 가장 옳지 않은 것은?

① 물품을 판매한 시점에 정보를 수집한다.

② RFID 기술이 등장함에 따라 상용화되어 도입되기 시작한 시스템이다.

③ 상품이 얼마나 팔렸는가? 어떠한 상품이 팔렸는가? 등의 정보를 수집 · 저장한다.

④ 개인의 구매실적, 구매성향 등에 관한 정보를 수집 · 저장한다.

⑤ 업무처리 속도증진, 오타 및 오류 방지, 점포의 사무단순화 등의 단순이익 효과를 얻을 수 있다.

RFID 기술이 아니라 Bar-code가 등장함에 따라 상용화되어 도입되기 시작한 시스템이다.

87 온라인(모바일 포함) · 오프라인을 넘나들면서 제품의 정보를 수집하여 최적의 제품을 찾아내는 소비자를 일컫는 용어로 가장 옳은 것은?

① 멀티쇼퍼(Multi-shopper)　　　② 믹스쇼퍼(Mix-shopper)

③ 크로스쇼퍼(Cross-shopper)　　④ 엑스쇼퍼(X-shopper)

⑤ 프로슈머(Prosumer)

 크로스쇼퍼(Cross-shopper)는 온라인(모바일 포함) · 오프라인을 넘나들면서 제품의 정보를 수집하여 최적의 제품을 찾아내는 소비자이다.

88 NoSQL의 특성으로 가장 옳지 않은 것은?

① 페타바이트 수준의 데이터 처리 수용이 가능한 느슨한 데이터 구조를 제공하므로서 대용량 데이터 처리 용이

② 데이터 항목을 클러스터 환경에 자동적으로 분할하여 적재

③ 정의된 스키마에 따라 데이터를 저장

④ 화면과 개발로직을 고려한 데이터 셋을 구성하여 일반적인 데이터 모델링이라기보다는 파일구조 설계에 가까움

⑤ 간단한 API Call 또는 HTTP를 통한 단순한 접근인터페이스를 제공

Structured query language(구조화 질의 언어).
NoSQL : Not Only SQL의 약자이며, 비관계형 데이터 저장소로 기존의 전통적 인 방식의 관계형 데이터베이스와는 다르게 설계된 데이터베이스로 테이블간 조인 (Join)연산을 지원하지 않고, key-value, Document Key-value, column 기반 의 NoSQL이 주로 활용되고 있다.

89 보안에 대한 위협요소별 사례를 설명한 것으로 가장 옳지 않은 것은?

① 기밀성 - 인가되지 않은 사람의 비밀정보 획득, 복사 등

② 무결성 - 정보를 가로채어 변조하여 원래의 목적지로 전송하는 것

③ 무결성 - 정보의 일부 또는 전부를 교체, 삭제 및 데이터 순서의 재구성

④ 기밀성 - 부당한 환경에서 정당한 메시지의 재생, 지불요구서의 이중제출 등

⑤ 부인방지 - 인가되지 않은 자가 인가된 사람처럼 가장하여 비밀번호를 취득하여 사용하는 것

부인방지(Non-Repudiation) : 송수신 당사자가 각각 전송된 송수신 사실을 추후 부 인하는 것을 방지하는 서비스다.

90 아래 글상자의 내용을 근거로 유통정보시스템의 개발절차를 순차적으로 나열한 것으로 가장 옳은 것은?

> ⊙ 필요정보에 대한 정의 ⓛ 정보활용목적에 대한 검토
> ⓒ 정보활용주체에 대한 결정 ② 정보제공주체 및 방법에 대한 결정

① ⊙ – ⓛ – ⓒ – ② ② ⊙ – ⓒ – ⓛ – ②
③ ⊙ – ② – ⓛ – ⓒ ④ ⓛ – ⊙ – ② – ⓒ
⑤ ⓛ – ⓒ – ⊙ – ②

 유통정보시스템의 구축은 일반적으로 기획과 기술적 구현 그리고 실무도입의 과정을 거치며 상시적이면서도 급변하는 환경에 신속히 대응할 수 있는 정보시스템이다. 유통정보시스템의 개발은 유통경로 구성원간의 효과적인 의사소통시스템을 구축하는 것으로, 유통시스템의 주요 의사결정에 대한 영역 확인해야 한다. 문제에서는 ⑤가 정확하다.

정답

1과목:유통 · 물류일반(1~25)					2과목:상권분석(26~45)				
3과목:유통마케팅(46~70)					4과목:유통정보(71~90)				
01 ①	02 ④	03 ⑤	04 ②	05 ⑤	06 ②	07 ④	08 ③	09 ②	10 ①
11 ②	12 ④	13 ④	14 ①	15 ①	16 ③	17 ②	18 ④	19 ②	20 ②
21 ④	22 ⑤	23 ④	24 ⑤	25 ②	26 ①	27 ②	28 ③	29 ③	30 ④
31 ②	32 ④	33 ②	34 ④	35 ④	36 ④	37 ①	38 ③	39 ⑤	40 ④
41 ⑤	42 ③	43 ④	44 ④	45 ④	46 ⑤	47 ⑤	48 ①	49 ③	50 ②
51 ⑤	52 ⑤	53 ⑤	54 ④	55 ⑤	56 ①	57 ⑤	58 ①	59 ③	60 ③
61 ④	62 ⑤	63 ②	64 ③	65 ①	66 ④	67 ⑤	68 ④	69 ⑤	70 ②
71 ⑤	72 ④	73 ⑤	74 ⑤	75 ①	76 ③	77 ③	78 ③	79 ⑤	80 ④
81 ⑤	82 ④	83 ④	84 ①	85 ③	86 ②	87 ③	88 ③	89 ⑤	90 ⑤

부록 최근기출문제

2019. 11. 03 유통관리사 2급

제1과목 유통 · 물류 일반(01~25)

01 생산자 및 판매자들이 당장 사용하지 않거나 팔리지 않는 원자재 및 완제품의 재고를 보유하는 이유로 옳지 않은 것은?

① 규모의 경제를 추구하기 위한 것이다.
② 운송비를 절감하기 위한 것이다.
③ 안전재고(safety stocks)를 유지하기 위한 것이다.
④ 헷징(hedging)을 방지하기 위한 것이다.
⑤ 계절적 수요에 대응하기 위한 것이다.

 헤징(Hedging)은 hedge + ing으로 위험을 막기 위한 울타리나 장치라는 어원에서 시작된 것으로 보통주식에서 많이 사용을 한다. 동일한 계좌에, 동일한 상품의, 매도와 매수 양방향 포지션을 동시에 모두 가질 수 있는 것을 헤징이라고 한다.

02 아래 글상자 내용 중 아웃소싱(outsourcing)의 성공조건을 모두 고른 것은?

> ㉠ 장기발전 전략에 따라 추진해야 한다.
> ㉡ 아웃소싱은 경쟁력 강화차원이 아니라 고용조정 측면에서 접근해야 한다.
> ㉢ 핵심역량이 무엇이며 어떤 부문에 주력해야 하는지 등의 전략적 분석이 선행되어야 한다.
> ㉣ 분사형 아웃소싱은 유능한 분사장 선발과 충분한 육성기간을 거쳐 추진해야 한다.

① ㉠, ㉡   ② ㉠, ㉢
③ ㉠, ㉡, ㉢   ④ ㉠, ㉢, ㉣
⑤ ㉠, ㉡, ㉢, ㉣

 아웃소싱은 고용조정 측면이 아니라 경쟁력 강화차원에서 접근해야 한다.

03 기업 경영진이 각 이해관계자들에게 지켜야 할 윤리에 대한 설명으로 가장 옳지 않은 것은?

① 주주에 대해서는 자금 횡령, 부당한 배당 금지
② 사원에 대해서는 사원 차별대우, 위험한 노동의 강요 금지
③ 고객에 대해서는 줄서는 곳에서 새치기, 공공물건의 독점사용, 품절가능 품목의 사재기 금지
④ 타사에 대해서는 부당한 인재 스카우트, 기술노하우 절도 금지
⑤ 사회일반에 대해서는 공해발생과 오염물질 투기, 분식 회계 금지

줄서는 곳에서 새치기, 공공물건의 독점사용, 품절가능 품목의 사재기 금지 등은 기업경영진이 고객에 대해서 하는 것이 아니라 고객들 스스로가 지켜야할 공중도덕이다.

04 아래 글상자에서 주어진 정보를 활용하여 ㉠ 재발주점 방법을 적용할 경우의 안전재고와 ㉡ 정기적 발주방법을 적용할 경우(발주 cycle은 1개월)의 안전재고로 가장 옳은 것은?

> 월평균 수요량은 55개, 조달소요기간은 3주일, 안전계수는 0.7이다. (단, 1개월은 4주로 한다.)

① ㉠ 약 29개, ㉡ 약 67개
② ㉠ 약 115개, ㉡ 약 115개
③ ㉠ 약 12개, ㉡ 약 28개
④ ㉠ 약 41개, ㉡ 약 220개
⑤ ㉠ 약 165개, ㉡ 약 385개

 55개/4주 = 13.75개, 13.75X3X0.7 = 28.875, 13.75X7X0.7 = 67.375

05 인적자원관리를 위한 직무확충(job enrichment)에 관한 내용으로 옳지 않은 것은?

① 근로자에게 과업을 수행하는데 필요한 권한을 위임한다.
② 종업원에게 과업수행 상의 유연성을 허용한다.
③ 직무내용을 고도화해 직무의 질을 높인다.
④ 종업원이 자신의 성과를 스스로 추적하고 측정하도록 한다.
⑤ 동일한 유형의 더 많은 직무로 직무량을 확대한다.

 동일한 유형의 더 많은 직무로 직무량을 확대하는 것을 한 직무에서 수행되는 과업의 수를 증가시키는 것을 말하는데, 이를 직무 확대(job enlargement)이며, 직무의 다양성을 증대시키기 위해 직무를 수평적으로 확대시키는 방안을 말한다.

06 아래 글상자에서 의미하는 조직 내 집단갈등 해결을 위한 방법으로 옳은 것은?

> 가장 오래되고 흔히 쓰이는 방법이다. 갈등해소를 목적으로 위쪽의 힘의 사용에 복종하므로 갈등 원인 대신 갈등 결과에 초점을 맞춘다. 따라서 갈등의 재발 가능성이 높다.

① 행동변화유도 ② 조직구조개편 ③ 협상
④ 권력을 이용한 갈등해결 ⑤ 갈등의 회피

갈등이 발생할 수 있는 잠재적인 요인을 찾아내는 노력이 우선적으로 있어야 한다. 구성원들의 불만이나 건의 사항을 수렴할 수 있는 열린 공간을 운하는 것도 한 방 법이 될 수 있다. 드러나는 갈등유발 요인에 대해서는 지속적인 모니터링도 필요하다. 갈등해소를 목적으로 위쪽의 힘의 사용에 복종하므로 갈등 원인 대신 갈등 결과에 초점을 맞춘다. 따라서 갈등의 재발 가능성이 높은 것은 권력을 이용한 갈등해결방법이다.

07 아래 글상자에서 설명하는 유통경로의 성과를 평가하는 각각의 차원으로 옳은 것은?

> ㉠ 유통시스템에 의해 제공되는 혜택이 여러 세분시장에서 어느 정도 골고루 배분되고 있는가를 평가
> ㉡ 하나의 경로시스템이 표적시장이 요구하는 서비스산출에 얼마나 제공하였는가를 측정하는 것으로, 투입보다 산출에 중점을 두는 목표지향적 평가

① ㉠ 형평성, ㉡ 효과성
② ㉠ 형평성, ㉡ 효율성
③ ㉠ 효율성, ㉡ 효과성
④ ㉠ 효율성, ㉡ 형평성
⑤ ㉠ 효과성, ㉡ 형평성

⊙형평성은 유통시스템에 의해 제공되는 혜택이 여러 세분시장에서 어느 정도 골고루 배분되고 있는가를 평가한다.
⊙효과성은 목표지향적인 성과측정치로서 유통기업이 표적시장에서 요구하는 서비스 성과를 얼마나 제공하는가를 나타낸다.

08 수평적 유통경로에 비해 수직적 유통경로가 갖는 특징만을 모두 고른 것은?

> ㉠ 자원, 원재료를 안정적으로 확보 가능
> ㉡ 낮은 진입 장벽으로 새로운 기업의 진입이 쉬움
> ㉢ 막대한 자금의 소요
> ㉣ 시장이나 기술변화에 민감한 대응 가능
> ㉤ 각 유통단계에서 전문화 실현

① ㉡, ㉣   ② ㉠, ㉢   ③ ㉢, ㉣   ④ ㉠, ㉤   ⑤ ㉣, ㉤

㉡ 낮은 진입 장벽으로 새로운 기업의 진입이 쉬움
㉣ 시장이나 기술변화에 민감한 대응 가능
㉤ 각 유통단계에서 전문화 실현은 수평적 유통경로의 내용이다.

09 중개기관에 관한 설명으로 옳은 것은?

① 브로커는 제품이나 서비스 기업의 이름으로 사업을 하는 독립된 중개기관이다.

② 대리인은 구매자와 판매자 간의 거래를 중개하고, 계약 기간 동안 계속적인 관계를 갖고 그에 대한 수수료를 받는다.

③ 브로커는 독립된 중개기관으로서 구매자와 판매자 사이의 판매계약을 촉진한다.

④ 브로커는 계약 시 지역권, 독점권, 판매수수료를 규정 한다.

⑤ 구매자를 위한 구매전문 중개상의 역할에는 제조사의 제품촉진, 제품소유, 위험공유의 서비스 제공이 포함 된다.

① 브로커는 제품이나 서비스 기업의 이름이 아니라 본인의 사업을 하는 독립된 중개기관이다.
② 구매자와 판매자 간의 거래를 중개하고, 계약 기간 동안 계속적인 관계를 갖고 그에 대한 수수료를 받는 것은 중개인이다.
④ 계약 시 지역권, 독점권, 판매수수료를 규정 중개기관의 역할이 아니다.
⑤ 제조사의 제품촉진, 제품소유, 위험공유의 서비스 제공은 구매자를 위한 구매전문 중개상의 역할이아니라 제조사의 역할이다.

10 유통경로 구조결정 이론 중 연기·투기이론에 대한 설명으로 옳은 것은?

① 경로구성원 중 누가 비용우위를 갖고 마케팅 기능을 수행하는지에 따라 유통경로가 결정된다는 이론이다.

② 중간상들이 재고부담을 주문 발생시점까지 연기시키려고 하면 제조업자가 재고부담을 져야 하므로 경로 길이는 길어진다.

③ 산업재 제조업자는 경로길이가 긴 유통경로를 통해 경로활동을 직접 수행한다.

④ 소비재의 경우 소비자들은 다빈도 소량구매를 하므로 많은 중간상들이 재고위험을 부담한다.

⑤ 중간상들이 제조업자 대신 투기적 재고를 유지하는 경우 경로길이가 짧아진다.

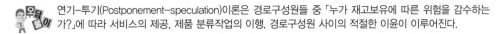

연기-투기(Postponement-speculation)이론은 경로구성원들 중 「누가 재고보유에 따른 위험을 감수하는가?」에 따라 서비스의 제공, 제품 분류작업의 이행, 경로구성원 사이의 적절한 이윤이 이루어진다.

11 "전자문서 및 전자거래 기본법" (법률 제14907호, 2017. 10. 24., 일부개정)에서 정한 전자거래사업자의 일반적 준수사항으로 옳지 않은 것은?

① 소비자가 자신의 주문을 취소 또는 변경할 수 있는 절차의 마련

② 소비자의 불만과 요구사항을 신속하고 공정하게 처리 하기 위한 절차의 마련

③ 거래의 증명 등에 필요한 거래기록의 일정기간 보존

④ 소비자가 쉽게 접근할 수 있는 물리적 공간의 마련

⑤ 상호(법인인 경우 대표자의 성명 포함)와 그밖에 자신에 관한 정보와 재화, 용역, 계약 조건 등에 관한 정확한 정보의 제공

제17조(전자거래사업자의 일반적 준수사항) 전자거래사업자는 전자거래와 관련되는 소비자를 보호하고 전자거래의 안전성과 신뢰성을 확보하기 위하여 다음 각 호의 사항을 준수하여야 한다.
1. 상호(법인인 경우에는 대표자의 성명을 포함한다)와 그 밖에 자신에 관한 정보와 재화, 용역, 계약 조건 등에 관한 정확한 정보의 제공
2. 소비자가 쉽게 접근·인지할 수 있도록 약관의 제공 및 보존
3. 소비자가 자신의 주문을 취소 또는 변경할 수 있는 절차의 마련
4. 청약의 철회, 계약의 해제 또는 해지, 교환, 반품 및 대금환급 등을 쉽게 할 수 있는 절차의 마련
5. 소비자의 불만과 요구사항을 신속하고 공정하게 처리하기 위한 절차의 마련
6. 거래의 증명 등에 필요한 거래기록의 일정기간 보존

12 물류비를 산정하는 목적에 대한 설명으로 가장 옳지 않은 것은?

① 물류활동의 계획, 통제 및 평가를 위한 정보 제공
② 하역활동의 표준화 실현
③ 물류활동에 관한 문제점 파악
④ 물류활동의 규모 파악
⑤ 원가관리를 위한 자료 제공

기업물류비는 원산지로부터 최종소비자까지의 조달, 판매, 재고의 전 과정을 계획, 실행, 통제하는데 소요되는 비용으로 물류비의 구성요소 중 운송비의 비중이 가장 크다. 물류비 과목분류는 영역별, 기능별, 자가 위탁별, 세목별, 관리 항목별로 구분된다. 하역활동의 표준화를 실현하는데 있어 물류비를 산정하지는 않는다.

13 주로 가스나 액체로 된 화물을 수송하는 방식으로서 수송과정의 제품 파손과 분실 가능성이 가장 적은 수송 형태로 옳은 것은?

① 버디백(birdy back)
② 복합운송(multimodal transportation)
③ 더블 스택 트레인(double stack train)
④ 파이프라인(pipeline)
⑤ 피쉬백(fishy back)

파이프라인(pipeline)은 주로 가스나 액체로 된 화물을 수송하는 방식으로서 수송과정의 제품 파손과 분실 가능성이 가장 적은 수송형태이다.

14 손익계산서에 들어갈 내용으로 옳지 않은 것은?

① 당기순이익

② 법인세비용차감전 순이익

③ 매출총이익

④ 필요매출액

⑤ 영업이익

 손익계산서(income statement, profit and loss statement)는 일정기간의 모든 수익과 비용을 대비시켜 당해 기간의 순이익을 계산한 회계보고서이다. 필요매출액이라는 계정항목은 일반기준이 아니다.

15 먼저 경청하며 설득과 대화로 업무를 추진하고, 조직에서 가장 가치 있는 자원은 사람이라고 생각하는 특성을 가진 리더십의 유형으로 옳은 것은?

① 카리스마적 리더십　　　　② 서번트 리더십

③ 변혁적 리더십　　　　　　④ 참여적 리더십

⑤ 성취지향적 리더십

 서번트(servant)는 하인이란 의미가 있는데요, 서번트 리더십은 말 그대로 '섬기는 리더십'을 의미합니다. 널뛰기를 생각해보시지요. 상대를 높이기 위해서는 먼저 내가 구름판을 힘껏 내리누르며 낮아져야 합니다. 상대를 높이 올리고 나면 그 다음에는 상대가 나를 높이 올려줍니다. 내가 낮아지며 남을 배려하고 봉사하고 사랑하는 것입니다. 서번트 리더는　권위보다는 수평적, 합의, 분권적 조직구조, 적응을 중시하며 구성원과 파트너 관계를 형성해 갑니다. 부하직원을 진심으로 신경 써주며 그들이 잠재력을 발휘할 수 있는 환경 조성을 위해 힘씁니다.

16 유통경로의 성과 평가에 있어 정량적 척도로 옳지 않은 것은?

① 상표 내 경쟁의 정도

② 부실채권의 비율

③ 새로운 중간상들의 수와 비율

④ 재고부족 방지를 위한 비용

⑤ 주문처리의 오류 횟수

 성과측정에 있어서 정성적척도(qualitative measures)에 속하는 것으로는 경로협력의 정도, 경로통제의 능력, 경로과업의 반복화 수준이 있고, 정량적척도 (quantitative measures)에 해당하는 것으로는 새로운 유통업자의 수와 비율이 있다.

17 BCG 매트릭스와 관련된 설명으로 옳지 않은 것은?

① 시장 성장률과 상대적 시장 점유율의 높고 낮음을 기준으로 작성한다.

② 개의 영역은 시장은 커지고 있으나 경쟁력이 떨어져 수익을 올리지 못하는 상태다.

③ 현금젖소는 시장이 더 이상 커지지 않으므로 현상 유지 전략이 필요하다.

④ 물음표의 영역은 경쟁력이 확보될 수 있는 부분에 집중투자하는 전략이 필요하다.

⑤ 별의 영역은 많은 투자 자금이 필요하다.

 ⊙ 사양사업(Dogs)

① 제품들은 문제가 많은 제품으로서 보통 제품수명 주기상으로보면 포화기나 또는 퇴거기(쇠퇴기)에 속한다.

② 시장성장으로 보나 시장점유율로 보아서 매우 저조한 제품으로 현상유지가 최선 이거나 대부분의 경우 제품 프로필에서 제외되어야 할 제품들이다.

③ 현금 투하량에 상관없이 수익성이 낮거나 손실이 발생하므로 차라리 시장에서 포기하는 전략을 선택하는 것이 최적이다.

18 기업 환경분석에서 모든 기업에 공통적으로 영향을 미치는 환경인 거시환경으로 옳지 않은 것은?

① 유통 경로에서 발생하는 경쟁자와 협력업자 환경

② 국가의 경제정책과 같은 경제적 환경

③ 디지털, 네트워크와 같은 기술적 환경

④ 문화와 가치관 같은 사회적 환경

⑤ 각종 규제와 같은 법률적 환경

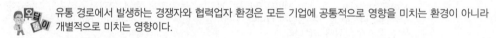 유통 경로에서 발생하는 경쟁자와 협력업자 환경은 모든 기업에 공통적으로 영향을 미치는 환경이 아니라 개별적으로 미치는 영향이다.

19 시장커버리지 전략 중 하나인 선택적 유통과 관련된 설명으로 가장 옳은 것은?

① 가능한 한 많은 소매점에서 제품이 취급되는 것을 원하는 유통방법이다.

② 공격적인 유통이 가능하므로 집중적 유통이라고도 한다.

③ 해당 점포는 지역 내의 독점권을 갖게 된다.

④ 집중적 유통과 전속적 유통의 중간형태를 띠는 경로 커버리지 전략이다.

⑤ 고객이 제품이나 서비스를 탐색하는데 많은 노력을 기꺼이 하는 경우에 적합한 방법이다.

 ① 가능한 한 많은 소매점에서 제품이 취급되는 것을 원하는 유통방법은 개방적(집약,집중)유통이다.

② 공격적인 유통이 가능하므로 집중적 유통과는 전혀 다르다.

③ 해당 점포는 지역 내의 독점권을 갖게 되는 것은 전속적 유통이다.

⑤ 고객이 제품이나 서비스를 탐색하는데 많은 노력을 기꺼이 하는 경우에 적합한 방법은 전속적이라고 할 수 있다.

20 자재소요계획(MRP ; Material Requirement Planning) 시스템에 대한 설명으로 옳지 않은 것은?

① 중간재 및 조립품 생산공정에 적합한 기법이다.

② 생산 프로세스에서 발생하는 문제점을 파악하는데 도움을 제공한다.

③ 생산관리에 있어 원자재 주문 프로세스를 효율화 할 수 있다.

④ MRP 입력정보에는 주일정계획, 자재명세파일, 재고 기록파일 등이 있다.

⑤ 생산라인 중단을 방지하기 위해 재고를 최고수준으로 유지하는데 도움을 준다.

 MRP는 수요를 입력요소로 발주시점과 발주량을 결정하는 기법으로, 전자제품이나 자동차와 같은 수많은 부품들의 결합체로 이루어진 조립품의 경우에 독립수요에 따라 종속적으로 수요가 발생하는 부품들의 재고관리에 유용한 시스템이다. 독립수요뿐 아니라 종속수요도 관리할 수 있도록 고안된 시스템으로 경제적 주문량과 주문점 산정을 기초로 하는 전통적인 재고 통제기법의 약점을 보완하기 위해 개발된 것이다. 생산라인 중단을 방지하기 위해 재고를 적정수준으로 유지하는데 도움을 준다.

21 JIT(Just-in-time)와 JIT(Just-in-time)Ⅱ와의 차이점에 대한 설명으로 옳지 않은 것은?

① JIT는 부품과 원자재를 원활히 공급받는데 초점을 두고, JITⅡ는 부품, 원부자재, 설비공구, 일반자재 등 모든 분야를 공급받는데 초점을 둔다.

② JIT가 개별적인 생산현장(plant floor)을 연결한 것이 라면, JITⅡ는 공급체인 상의 파트너의 연결과 그 프로세스를 변화시키는 시스템이다.

③ JIT는 자사 공장 내의 무가치한 활동을 감소 · 제거 하는 데 주력하고, JITⅡ는 기업 간의 중복업무와 무가치한 활동을 감소 · 제거하는데 주력한다.

④ JIT가 푸시(push)형인 MRP와 대비되는 풀(pull)형의 생산방식인데 비해, JITⅡ는 JIT와 MRP를 동시에 수용할 수 있는 기업 간의 운영체제를 의미한다.

⑤ JIT가 기술, 영업, 개발을 동시화(synchronization)하여 물동량의 흐름을 강력히 통제하는데 비해, JITⅡ는 물동량의 흐름을 주된 개선대상으로 삼는다.

 JITⅡ가 기술, 영업, 개발을 동시화(synchronization)하여 물동량의 흐름을 강력히 통제하는데 비해, JIT는 물동량의 흐름을 주된 개선대상으로 삼는다.

22 주로 식료와 잡화류를 취급하는 도매상이며 재고수준에 대한 조언, 저장 방법에 대한 아이디어 제공, 선반 진열 업무 등을 소매상을 대신하여 직접 수행하는 도매상은?

① 현금무배달도매상(cash-and-carry wholesaler)

② 직송도매상(drop shipper)

③ 트럭도매상(truck wholesaler)

④ 진열도매상(rack jobber)

⑤ 우편주문도매상(mail-order wholesaler)

 진열장도매상(rack jobber)은 소매상들에게 매출비중이 높지 않으면서 회전율이 높은 캔디, 껌, 건강미용 용품 등을 판매하며 소매점포까지 직접 트럭배달을 해 주면서 소매상을 대신하여 진열대에 진열하거나 재고를 관리해주는 도매상이다.

23 아래 글상자 내용은 리더가 보유하는 권력 중 하나인데, 무슨 권력에 대한 설명인가?

> 리더가 전문적이고 깊이 있는 지식과 재능을 가질 때 발생하는 권력으로서 부하가 그러한 전문성과
> 능력을 인정할 때 수용되는 권력

① 합법적 권력(legitimate power)　　② 보상적 권력(reward power)
③ 강압적 권력(coercive power)　　④ 준거적 권력(relevant power)
⑤ 전문적 권력(expert power)

 전문력(Expert Power) : 상대방이 중요하게 인식하는 우수한 지식이나 경험 혹은 정보의 제공 능력을 말
한다.

24 딜(T. E. Deal)과 케네디(A. Kennedy)의 조직문화 유형으로 옳지 않은 것은?

① 거친 남성문화(the tough guy, macho culture)
② 열심히 일하고 노는 문화(work hard-play hard culture)
③ 사운을 거는 문화(best your company culture)
④ 과정 문화(the process culture)
⑤ 핵 조직 문화(atomized culture)

 조직문화(Organization Culture)는 조직내구성원들이 공유하고 있는 가치, 신념, 그리고 기본적 가정들의
총합으로, 구성원들의 사고방식과 행동방식에 중요한 향 을 미치는 요소이다. 기업특유의 문화는 기업의
성장에 적극적인 활력소로 작용하기도 하지만, 반대로 기업발전에 저해요소로 작용하기도 한다.

25 소매상이 소비자에게 제공하는 기능으로 옳지 않은 것은?

① 소매상은 소비자에게 필요한 정보를 제공한다.
② 소매상은 소비자가 원하는 상품구색을 제공한다.
③ 소매상은 자체의 신용정책을 통하여 소비자의 금융 부담을 덜어주는 금융기능을
　수행한다.
④ 소매상은 소비자에게 애프터서비스의 제공과 제품의 배달, 설치, 사용방법의 교육
　등과 같은 서비스를 제공한다.
⑤ 소매상은 제조업자 제품의 일정 부분을 재고로 보유 하여 재무부담을 덜어주는 기
　능을 수행한다.

 소매상은 제조업자 제품의 일정 부분을 재고로 보유하는 기능은 있지만, 제조업자의 재무부담을 덜어주는
기능을 하지는 못한다.

제2과목 상권 분석(26~45)

26 소매점의 매출을 결정하는 요인은, 크게 입지요인과 상권요인으로 구분할 수 있다. 다음 중 입지요인에 속하지 않는 것은?

① 시계성(視界性)　　　② 주지성(周知性)　　　③ 시장의 규모
④ 고객유도시설　　　　⑤ 동선(動線)

 ✿ 입지요인과 상권요인
점포가 특정 상권에 입지할 때, 업종이나 업태에 따라 입지 의존형인지 또는 상권 의존형인지를 구분할 필요가 있다. 입지는 점포를 경기 위해 선택한 장소(부지, 위치)를 말하고, 상권은 점포를 이 용하는 소비자들이 분포하는 공간적 범위를 나타낸다. 소매점의 매출을 결정하는 입지요인으로는 시계성(視界性)과 주지성(周知性)을 중 점으로 한 인지성이 있고, 상권요인으로는 통행량 규모, 타사점포와의 경쟁, 시장의 규모 등이 있다. 시장의 규모는 이에 해당하자 않는다.

27 동선(動線)에 대한 설명으로 가장 옳지 않은 것은?

① 경제적 사정으로 많은 자금이 필요한 주동선에 입지 하기 어려운 점포는 부동선(副動線)을 중시한다.
② 주동선이란 자석입지(magnet)와 자석입지를 잇는 가장 기본이 되는 선을 말한다.
③ 동선은 주동선, 부동선, 접근동선, 출근동선, 퇴근동선 등 다양한 기준으로 분류할 수 있다.
④ 복수의 자석입지가 있는 경우의 동선을 부동선(副動線) 이라 한다.
⑤ 접근동선이란 동선으로의 접근정도를 가리키는 말이다.

 복수의 자석입지가 있는 경우의 동선을 주동선(主動線) 이라 한다.

28 소비자 C가 이사를 했다. 아래 글상자는 이사 이전과 이후의 조건을 기술하고 있다. 허프(D. L. Huff)의 수정모형을 적용 하였을 때, 이사 이전과 이후의 소비자 C의 소매지출에 대한 소매단지 A의 점유율 변화로 가장 옳은 것은?

> ㉠ 소비자 C는 오직 2개의 소매단지(A와 B)만을 이용하며, 1회 소매지출은 일정하다.
> ㉡ A와 B의 규모는 동일하다.
> ㉢ 이사 이전에는 C의 거주지와 B 사이 거리가 C의 거주지와 A 사이 거리의 2배였다.
> ㉣ 이사 이후에는 C의 거주지와 A 사이 거리가 C의 거주지와 B 사이 거리의 2배가 되었다.

① 4배로 증가　　　　② 5배로 증가　　　　③ 변화 없음

④ 5분의 1로 감소　　　　　⑤ 4분의 1로 감소

허프(D. L. Huff)의 수정모형을 적용 하였을 때는 공식이 '매장면적에 비례하고 거리의 제곱에 반비례'한다.
❖ 이사 전 : 소비자(C)의 효용 A 점포 = $1/1^2$ = 1/1 = 1,　B 점포 = $1/2^2$ = 1/4 = 0.25
　 A 점포방문 확률 = 1/1.25 = 0.8
❖ 이사 후 : 소비자(C)의 효용 A 점포 = $1/4^2$ = 1/16 = 0.0625,　B 점포 = $1/2^2$ = 1/4 = 0.25
　 A 점포방문 확률 = 0.0625/0.3125 = 0.2 , B 점포 = 0.25/0.3125 = 0.8
　 A 점포방문 확률은 0.8에서, 0.2로 감소 즉, 4분의 1로 감소한다.

29 다음 소매업종 중에서 매장면적당 지대가 가장 싸고, 최고가 지대에서 가장 멀리 떨어져 입지하는 업종은?

① 고급가구점　　　　　② 숙녀복점　　　　　③ 종묘상, 화훼도매상
④ 신사복점　　　　　⑤ 백화점, 전문품점

종묘상, 화훼도매상은 주로 중심지보다는 외곽에 입지를 하므로 지대로 보면 가장 저렴하다.

30 다음 중 상권분석의 한 방법인 유추법(analog method)과 별 관련이 없는 것은?

① CST(customer spotting technique)
② 애플바움(Applebaum)
③ 정성적 상권분석
④ 확률모형
⑤ 유사한 기존 점포

충성도가 높은 소비자의 점포선택이라도 확정적인 것이 아니라 확률적인 가능성을 가지고 있다는 것을 가정하므로 유추법(analog method)은 상권분석방법 중 자사의 신규점포와 특성이 비슷한 유사점포를 선정하여 그 점포의 상권범위를 추정한 결과를 자사점포의 신규입지에서의 매출액(상권규모)을 추정하는데 이용하는 방법으로 기술적모형의 내용이다.

31 주거, 업무, 여가생활 등의 활동을 동시에 수용하는 건물을 의미하는 복합용도개발이 필요한 이유로서 가장 옳지 않은 것은?

① 도심지의 쇠락을 막고 주거와 상업, 업무의 균형을 이루기 위해서
② 신시가지와의 균형발전과 신시가지의 행정수요를 경감하기 위해서
③ 도시내 상업기능만의 급격한 증가현상을 피하고 도시의 균형적 발전을 위하여
④ 도심지의 활력을 키우고 다양한 삶의 장소로 바꾸기 위해서
⑤ 도심의 공동화를 막기 위해서

복합용도개발이 필요한 이유는 도시공간의 활용 효율성 증대를 위하거나 도심지의 활력을 키우고 다양한 삶의 기능을 제공하는 장소로 바꾸기 위해서이며, 도시 내 상업기능만의 급격한 발전보다는 도시의 균형적 발전을 위해서이다.

32 동종 업종의 점포들이 특정 지역에 몰려 있어서 집객력 즉, 고객유인효과가 감소하는 현상을 설명하는 입지원칙 으로 옳은 것은?

① 고객차단원칙 ② 보충가능성의 원칙 ③ 동반유인원칙
④ 점포밀집원칙 ⑤ 접근가능성원칙

동종 업종의 점포들이 특정 지역에 몰려 있어서 집객력 즉, 고객유인효과가 감소하는 현상을 설명하는 입지원칙을 시행기관은 점포밀집원칙이라 했지만, 오히려 고객차단의 원칙이 묻는 내용에 적합하다.

33 해당 지역의 지역형 백화점 뿐만 아니라 부도심 및 도심 백화점까지 포함하여 특정지역에 위치한 백화점의 상권 경쟁구조를 분석하는 방법으로 옳은 것은?

① 업태별 경쟁구조 분석 ② 업종내 경쟁구조 분석
③ 잠재경쟁구조 분석 ④ 경쟁 보완관계 분석
⑤ 위계별 경쟁구조 분석

대도시의 상권을 도심, 부도심, 지역중심, 지구중심 등으로 분류하고 각 수준별 및 수준간 경쟁 관계의 향을 함께 위계별 경쟁구조 분석해야 한다.

34 토지의 이용 및 건축물의 용도, 건폐율, 용적률, 높이 등에 대한 국토계획법과 관련한 설명으로 옳지 않은 것은?

① 도시지역과 취락지역은 용도지역의 종류들이다.
② 도시지역은 주거지역, 상업지역, 공업지역, 녹지지역으로 구분한다.
③ 용도지구는 용도지역의 제한을 강화하거나 완화하여 적용함으로써 용도지역의 기능 증진을 도모하는 것이다 .
④ 경관지구, 미관지구, 고도지구 등은 용도지구의 종류 들이다.
⑤ 용도구역은 용도지역 및 용도지구의 제한을 강화하 거나 완화하여 이들을 보완하는 역할을 한다.

"용도지역"이란 토지의 이용 및 건축물의 용도, 건폐율(「건축법」 제55조의 건폐율을 말한다. 이하 같다), 용적률(「건축법」 제56조의 용적률을 말한다. 이하 같다), 높이 등을 제한함으로써 토지를 경제적 · 효율적으로 이용하고 공공복리의 증진을 도모하기 위하여 서로 중복되지 아니하게 도시 · 군관리계획으로 결정하는 지역을 말한다.

35 확률적 점포선택모형 중 하나인 Huff모형을 이용하여 각 점포에 대한 선택확률을 계산할 때 필요한 정보가 아닌 것은?

① 소비자가 고려하는 전체 점포의 수
② 소비자가 방문할 가능성이 있는 각 점포의 매장면적
③ 소비자와 각 점포까지의 이동시간 또는 거리
④ 점포의 매장면적에 대한 소비자의 민감도 계수
⑤ 점포별로 추정한 거리에 대한 소비자의 민감도 계수

확률적 모형을 처음으로 소개한 허프모형이 가장 대표적인 방법으로 소비자의 특정 점포에 대한 효용은 점포의 크기에 비례하고 점포까지의 거리에 반비례한다고 가정한다. 각 점포의 효용을 합한 값과 각 개별 점포의 효용 값을 비교하여 구매확률을 계산하게 되므로 점포선택에 대한 합리성을 확보할 수 있다. 실제 소비자의 점포선택행동을 이용하는 반면 규범적인 모형에서는 효용함수의 모수 (a,b)값이 사전에 결정된 다는 차이가 있지만 추정한 수치는 아니다.

36 점포를 건축하기 위해 필요한 토지와 관련된 설명으로서 옳지 않은 것은?

① 획지란 인위적 · 자연적 · 행정적 조건에 따라 다른 토지와 구별되는 일단의 토지이다.
② 획지는 필지나 부지와 동의어이며 획지의 형상에는 직각형, 정형, 부정형 등이 있다.
③ 각지는 일조와 통풍이 양호하지만 소음이 심하며 도난이나 교통피해를 받기 쉽다.
④ 각지는 출입이 편리하며 시계성이 우수하여 광고선전의 효과가 높다.
⑤ 각지는 획지 중에서도 2개 이상의 가로각(街路角)에 해당하는 부분에 접하는 토지 이다.

필지 : 하나의 지번을 가진 토지로서 토지의 등록의 한 단위를 말한다. 즉, 등기부 등에 등록되는 토지의 법률적인 최소 단위이다. 1필지당 지번 1개가 붙게되는 것이며, 소유권의 범위와 한계를 정해둔 것이다.
획지 : 감정평가상의 용어로, 경제학적인 면으로 따져 범위를 매긴다. 토지의 경우 인간이 만들어낸 인위적 환경등에 따라 구역마다. 비슷한 가격대를 형성하게 되는데, 이렇게 비슷한 가격대로 묶여있는 토지를 1획지라고 한다.

37 임대료의 차이를 무시할 때, 여러 층으로 구성된 쇼핑몰 에서 여성의류전문점의 입지로서 가장 적합한 곳은?

① 쇼핑센터 밖에 위치한 인근 스트립센터 안의 점포
② 주요 앵커스토어의 하나인 백화점에 근접한 점포
③ 남성의류전문점들이 주로 입점한 층의 중앙에 위치한 점포
④ 다른 여성의류전문점들과 멀리 떨어져있는 점포
⑤ 여성의류전문점은 여러 층으로 구성된 쇼핑몰에는 입점하면 안 되는 점포유형이다.

오락과 즐거움을 제공할 수 있고, 비교구매가 가능한 중심상업지역 또는 인근 지역의 입지, 상권 내 소비자들의 소득수준이 높은 입지가 좋은 입지이다. 의류패션전문점은 백화점보다 더 인기가 있는 곳이라 생각되는 곳에 주로 위치하지 만 백화점에서 인기를 끄는 것과 같은 이유로 전문점의 특성과는 부합된다. 입지는 주로 중심상업지역(CBD), 중심상업지역 인근쇼핑센터, 의류전문센터 등이 가장 유리하고, 수도권과 같은 메갈로폴리스(megalopolis)의 중심지이다.

38 일부 소매업체는 동일한 상권 안에 여러 개의 점포를 출점한다. 연매출 1,000억원을 올리는 점포 한 개보다 750억원을 올리는 두 개의 점포를 출점하는 것이 더 이익이라는 논리이다. 다음 중 이런 소매업체의 논리에 해당하지 않는 것은?

① 개별점포의 이익보다 소매업체 전체의 이익을 우선해야 한다.
② 자기 점포보다 프랜차이즈 전체의 이익을 우선해야 가맹점주에게도 이익이다.
③ 상권이 포화될 때까지는 새 점포를 개설할 때마다 업체의 전체 매출이 증가한다.
④ 문제 속에 기술된 상권에 하나의 점포만을 개설하면, 고객서비스 품질이 낮아진다.
⑤ 이 상권에 하나의 점포만 개설하면, 업체의 영업실적은 시장잠재력에 미치지 못한다.

 다점포경영은 일부 기업들이 추구하고 있는 소매전략으로 동일지역에 여러 점포를 개설하여 총수익을 늘리고자 하는 전략이다. 본점을 통한 대량매입과 각 지점을 통한 대량판매의 동시 실현을 목표로 규모의 이익과 효율을 고려하여 계획적으로 여러 지역에 출점하는 것을 말한다.

39 아래 글상자 속에는 해외에 점포를 개설할 때의 입지 및 상권 분석의 단위들이 기술되어 있다. 다음 중 소매점이 입지를 선정할 때 실시하는 분석단위들을 포함하고 있는 것은?

> (가) 지역(region): 국가 전체, 국가의 한부분, 특정 도시, 또는 광역도시권
> (나) 상권(trade area): 점포의 매출 및 고객의 대부분을 포함하는 연속적인 공간
> (다) 특정 입지(specific site): 점포가 입점할 특정 부지

① (가) ② (나) ③ (가), (나)
④ (나), (다) ⑤ (가), (나), (다)

 상권(trade area)의 가장 일반적인 정의는 한 점포가 고객을 흡인할수 있는 지역의 한계범위(geographic area)를 지칭하는 말이다. 점포에 대한 마케팅전략 수립에 앞서 기업은 자사점포의 상권범위를 어디까지로 할 것인가를 먼저 결정해야 한다.

40 아래의 글상자는 점포의 매매와 임대차시에 반드시 확인해야 하는 공적서류 즉, 부동산 공부서류(公簿書類)에 대한 내용이다. ㉠~㉤에 해당하는 부동산 공부서류를 그 순서대로 올바르게 나열한 것은?

> ㉠ 현 소유주의 취득일과 매매과정, 압류, 저당권 등의 설정, 해당 건물의 특징 등
> ㉡ 건축물의 위치, 면적, 구조, 용도, 층수 등
> ㉢ 토지의 소재, 지번, 지목, 면적, 소유자의 주소, 주민등록번호, 성명 등
> ㉣ 지역·지구 등의 지정여부, 지역·지구 등에서의 행위 제한내용, 확인도면 등
> ㉤ 토지의 소재, 지번, 옆 토지와의 경계, 토지의 모양 등

① 등기사항전부증명서 – 토지이용계획확인원 – 지적도 – 건축물대장 – 토지대장
② 건축물대장 – 등기사항전부증명서 – 지적도 – 토지이용 계획확인원 – 토지대장
③ 등기사항전부증명서 – 건축물대장 – 토지이용계획 확인원 – 지적도 – 토지대장
④ 건축물대장 – 등기사항전부증명서 – 토지이용계획 확인원 – 토지대장 – 지적도
⑤ 등기사항전부증명서 – 건축물대장 – 토지대장 – 토지 이용계획확인원 – 지적도

> 부동산 서류의 공식 명칭은 '공부서류(公簿書類)'이며, 그럼 부동산을 살 때 반드시 확인해야 하는 공부서류에는 5개의 종류와 내용이 있는데 ⑤의 내용이 된다.

41 아래 글상자의 ㉠, ㉡, ㉢에 들어갈 용어를 그 순서대로 올바르게 나열한 것은?

> ➤상업시설의 일정한 공간을 임대하는 계약을 체결하고 해당 상업시설에 입점하여 영업을 하는 임차인을 (㉠)라고 한다.
> ➤(㉡)는 트래픽 풀러(traffic puller)가 흡인시킨 고객을 수용하기 때문에 트래픽 유저(traffic user)로 불리기도 한다.
> ➤(㉢)는 백화점과 같은 큰 규모의 임차인으로서 상업시설 전체의 성격이나 경제성에 가장 큰 영향력을 가진다.

① 트래픽 풀러(traffic puller) – 서브키테넌트(sub-key tenant) – 앵커스토어 (anchor store)
② 테넌트 믹스(tenant mix) – 서브키테넌트(sub-key tenant) – 핵점포(key tenant)
③ 테넌트(tenant) – 서브키테넌트(sub-key tenant) – 트래픽 풀러(traffic puller)
④ 테넌트 믹스(tenant mix) – 일반테넌트(general tenant) – 핵점포(key tenant)
⑤ 테넌트(tenant) – 일반테넌트(general tenant) – 앵커 스토어(anchor store)

> ◎ 쇼핑센터의 테넌트 믹스(Tenant mix for shopping center)
> ① 테넌트(tenant) : 상업시설의 일정한 공간을 임대하는 계약을 체결하고 해당 상업시설에 입점하여 업하는 임차인(임차점포)을 말한다.
> ② 트래픽풀러 : 원래는 백화점을 일컫는 말이지만 최근에는 주로 전문점 빌딩 등의 스 페셜리티 센터(speciality center)에 배치되어 흡인력이 높은 임차인을 말한다.
> ③ 앵커스토어 : 일반적으로 쇼핑센터의 성격이나 경제성에 가장 큰 력을 가진 대 형소매업으로서 쇼핑센터 가운데서도 매장면적을 최대로 점하여 일반에게 지명도 가 높은 유명기업의 점포를 말한다.

42 입지유형에 따른 일반적 상권특성에 대한 설명으로 옳지 않은 것은?

① 중심지체계에서 도심상권은 상대적으로 소비자들의 평균 체류시간이 길다.
② 중심업무지구(CBD)는 주간과 야간의 인구차이가 뚜렷하다.
③ 아파트단지 상권의 경우, 개별점포의 면적을 아파트 세대수로 나누어 점포 입지의 적정성을 판단할 수 있다.
④ 아파트단지 상권의 외부에서 구매하는 소비성향은 소형평형단지 보다 대형평형단지의 경우가 더 높다.
⑤ 역세권상권은 대중교통이 집중되는 연결점이기 때문에 입체적 고밀도 개발이 이루어지는 경우가 많다.

아파트단지 상권의 경우, 아파트 세대수를 개별점포의 면적으로 나누어 점포 입지의 적정성을 판단할 수 있다. 소매포화지수(IRS)는 지역시장의 수요잠재력을 총체적으로 측정할 수 있는 지표로 많이 이용되며 특정시장내에서의 특정제품계열에 대한 점포면적당 잠재매출액을 의미하는 지수이다.

43 점포의 상권과 입지를 구분하여 설명할 때 다음 중 연결이 바르지 않은 것은?

① 상권은 점포의 매출이 발생하는 지역범위로 볼 수 있다.
② 상권의 크기는 입지의 매력도에 따라 커지므로 서로 비례관계가 성립한다.
③ 상권의 평가항목에는 소비자의 분포범위, 유효수요의 크기 등이 있다.
④ 입지조건의 평가항목에는 주차장, 지형, 층수, 편의 시설, 층고, 임대료 등이 있다.
⑤ 입지는 범위(boundary), 상권은 지점(point)으로 비유 하여 표현하기도 한다.

입지는 지점(point)으로, 상권은 범위(boundary)로 비유 하여 표현하기도 한다.

44 상권의 힘 또는 상권의 크기와 활성화 정도를 의미하는 상권력과 관련된 설명으로 내용이 옳지 않은 것은?

① 상권력에 영향을 미치는 요소에는 지형지세, 경쟁 정도, 교통망과 도로조건, 집객시설의 유무 등이 있다.
② 도시지역에서 최근 상권력에 가장 큰 영향을 미치는 교통망으로는 지하철이 있으며, 지하철역 주변에 상권이 형성되면 역세권상권으로 볼 수 있다.
③ 복수의 상권이 경쟁하는 상황에서는 일반적으로 란체스터법칙이 적용되는데 이는 상권크기가 큰 곳이 상대 적으로 번성하게 되는 현상을 설명해준다.
④ 점포의 밀집도가 상권력에 영향을 미치는데 동일 상권 내에 분포하는 점포수가 적을수록 상권력이 강해진다.

⑤ 도시의 중심지에 집객시설이 집중되는 경우가 많은데 학교나 종합운동장, 대형병원 같은 시설은 상권을 단절시켜 집객시설로 볼 수 없는 경우가 많다.

 점포의 밀집도가 상권력에 영향을 미치는데 동일 상권 내에 분포하는 점포수가 클수록 상권력이 강해진다.

45 유통산업발전법에 의거한 소매점포의 개설 및 입지에 관한 내용으로 옳지 않은 것은?

① 대규모점포를 개설하려는 자는 영업을 시작하기 전에 특별자치시장 · 시장 · 군수 · 구청장에게 등록하여야 한다.
② 준대규모점포를 개설하려는 자는 영업을 시작하기 전에 특별자치시장 · 시장 · 군수 · 구청장에게 등록하여야 한다.
③ 전통상업보존구역에 준대규모점포를 개설하려는 자는 영업을 시작하기 전에 상권영향평가서 및 지역협력 계획서를 첨부하여 등록하여야 한다.
④ 대규모점포등의 위치가 전통상업보존구역에 있을 때 에는 등록을 제한할 수 있다.
⑤ 대규모점포등의 위치가 전통상업보존구역에 있을 때 에는 등록에 조건을 붙일 수 있다.

 제8조(대규모점포등의 개설등록 및 변경등록) ① 대규모점포를 개설하거나 제13조의3에 따른 전통상업보존구역에 준대규모점포를 개설하려는 자는 영업을 시작하기 전에 산업통상자원부령으로 정하는 바에 따라 상권영향평가서 및 지역협력계획서를 첨부하여 특별자치시장 · 시장 · 군수 · 구청장에게 등록하여야 한다. 등록한 내용을 변경하려는 경우에도 또한 같다.

제3과목 유통 마케팅(46~70)

46 아래 글상자에서 (㉠)~(㉣)에 해당하는 용어를 순서대로 올바르게 나열한 것은?

(㉠)척도는 대상을 규명하고 분류하는 숫자들을 의미 하며, (㉡)척도는 응답자가 질문의 대답들 간의 상대적 정도를 표시할 수 있게 해주는 척도이다. 한편 (㉢) 척도는 대상 간 격차를 비교할 수 있고, 이 때 0점은 임의적으로 사용할 수 있다. 마지막으로 (㉣)척도는 절대영점(기준점)을 고정시켜 응답자 간의 절대적 격차를 규명하고, 원래 응답들을 비교할 수 있다.

① ㉠ 명목 – ㉡ 서열 – ㉢ 비율 – ㉣ 등간
② ㉠ 명목 – ㉡ 서열 – ㉢ 등간 – ㉣ 비율
③ ㉠ 명목 – ㉡ 비율 – ㉢ 등간 – ㉣ 서열
④ ㉠ 서열 – ㉡ 등간 – ㉢ 명목 – ㉣ 비율
⑤ ㉠ 서열 – ㉡ 명목 – ㉢ 비율 – ㉣ 등간

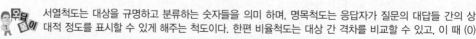 서열척도는 대상을 규명하고 분류하는 숫자들을 의미 하며, 명목척도는 응답자가 질문의 대답들 간의 상대적 정도를 표시할 수 있게 해주는 척도이다. 한편 비율척도는 대상 간 격차를 비교할 수 있고, 이 때 (0)

점은 임의적으로 사용할 수 있다. 마지막으로 등간척도는 절대영점(기준점)을 고정시켜 응답자 간의 절대적 격차를 규명하고, 원래 응답들을 비교할 수 있다. 가 장 적합한 제품과 서비스를 제공하고자 하는 정보시스템이라고 할 수 있어 고객맞춤전략은 고객관계관리에 긍정적인 영향을 미친다.

47 아래 글상자에서 설명하는 이 용어로 가장 적합한 것은?

> 리차드 노먼(R. Norman)에 의해 주장된 이 용어는 고객과 기업이 접촉하는 접점에서 짧은 시간만에 서비스에 대한 평가가 이루어지는 순간이라 할 수 있다. 이러한 고객과의 접점에서 부정적 인상을 주게되면 전체 서비스에 대한 고객의 평가가 부정적으로 변할 수 있어서, 종업원의 적절한 대응이 필요하다.

① 평가의 순간(Moment of Evaluation)
② 고객맞춤화의 순간(Moment of Customization)
③ 진실의 순간(Moment of Truth)
④ 탐색의 순간(Moment of Search)
⑤ 표준화의 순간(Moment of Standardization)

 「진실의 순간」은 고객이 서비스 품질에 대한 강한 인상을 가지게 되는 시점을 의미하며, 고객접점은 바로 어느 한 순간에 고객의 신뢰를 잃을 수도 있고 얻 을 수도 있다.

48 패러슈라만(Parasuraman) 등이 제시한 서비스 품질 (SERVQUAL)의 5가지 차원에 해당하지 않는 것은?

① 유형성(tangibles) ② 편의성(convience)
③ 반응성(responsiveness) ④ 확신성(assurance)
⑤ 공감성(empathy)

서비스품질의 갭모형(quality gap model)을 근거로 고객만족을 조사하기 위한 효 과적인 도구로서 기대한 서비스(expected service)와 인지된 서비스(perceived service)의 차이를 측정한다. 서비스 품질(service quality)이 우수하다거나 훌륭하다는 것은 고객이 서비스로부터 기 대하는 바를 충족시켜 주거나 기대 이상의 서비스를 제공받음에 따라서 나타나게 된다. 5개차원에는 신뢰성(reliability), 대응성(responsiveness), 확신성(assurance), 공감성(empathy), 유형성 (tangible) 등이 있다.

49 고객관계관리(CRM)에서 고객가치를 평가하는 척도에 해당하지 않는 것은?

① 지갑점유율 ② 고객활동척도
③ RFM분석 ④ 고객생애가치
⑤ 경쟁사고객 확보율

CRM의 목표를 달성하기 위한 주요 이슈는 일반적으로 신규 고객획득 및 목표고객 선정, 고객생애가치의 극대화, 고객이탈방지 및 유지, 유지된 고객의 지속적인 관리 등을 들 수 있다. 경쟁사고객 확보율은 고객가치를 평가하는 척도가 아니다.

50 가격결정방식에 대한 설명으로 옳지 않은 것은?

① 가격결정을 위해서는 마케팅 수익목표, 원가, 경영 전략과 같은 내부요인을 고려해야 한다.
② 가격결정을 위해서는 시장의 수요 및 경쟁과 같은 외부요인을 고려해야 한다.
③ 구매가격에 일정 이익률을 반영하여 판매가격을 결정 하는 방식은 원가기준 가격결정이다.
④ 상품에 대한 소비자의 지각가치에 따라 가격을 결정 하는 방식은 수요기준 가격결정이다.
⑤ 시장의 경쟁강도 및 독과점과 같은 경쟁구조에 따라 가격을 결정하는 방식은 가격차별 가격결정이다.

가격차별(price differentiation)이란 제품 또는 서비스의 가격을 원가차이에 비례하여 결정하지 않고 고 객의 수요강도에 따라 각 고객에 대해 다르게 결정하여 판매하는 것을 의미한다. 같은 상품에 대해서 개별 고객마다 또는 세분시장마다 다른 가격을 받는 것이며, 가격차별이 중요한 이유는 모든 고객들에게 같은 가격을 받는 것보다 다르게 받는 것이 더 높은 이익을 창출할 수 있기 때문이다

51 매장에서 발생하는 손실의 유형으로 가장 부적합한 것은?

① 식품 등을 폐기할 때 발생하는 폐기손실
② 매장에 상품이 준비되지 않아서 발생하는 판매기회손실
③ 실제 재고조사 후 장부상의 재고액과 실제 재고액의 차이로 인한 재고조사손실
④ 제품의 가격을 인하함으로써 발생하는 가격인하손실
⑤ 유행의 변화로 인해 성장기 상품이 쇠퇴기 상품으로 변화하는 상품회전율손실

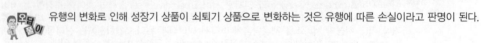

유행의 변화로 인해 성장기 상품이 쇠퇴기 상품으로 변화하는 것은 유행에 따른 손실이라고 판명이 된다.

52 아래 글상자의 ㉠과 ㉡에 들어갈 용어를 순서대로 올바 르게 나열한 것은?

(㉠)은(는) 신제품 개발을 위해 투자된 자금의 조기 회수를 꾀하는 가격 정책으로, 대량생산으로 인한 원가 절감 효과가 크지 않은 조건에서 유리하다.
(㉡)은(는) 신제품을 시장에 도입하는 초기에 저가격을 책정하여 빠른 속도로 시장에 진입해 많은 구매 자를 신속하게 끌어들여 높은 시장 점유율을 확보하는 전략이다.

① ㉠ skimming pricing policy　　　㉡ penetration pricing policy

② ㉠ skimming pricing policy　　　㉡ two-party price policy

③ ㉠ penetration pricing policy　　㉡ bundling price policy

④ ㉠ penetration pricing policy　　㉡ two-party price policy

⑤ ㉠ two-party price policy　　　　㉡ captive pricing

 상층흡수가격정책(skimming pricing policy)은 가격에 비교적 둔감한 고소득층을 흡수하고, 그 뒤 차차 가격을 인하시킴으로써 가격에 민감한 저소득층에게 침투하 고자 하는 정책이다. 침투가격정책(penetration pricing policy)은 신제품을 시장에 도입하는 초기에 저가격을 설정함으로써 별다른 판매저항 없이 신속하게 시장에 침투하여 높은 시 장점유율 확보하고자 하는 대중적인 제품이나 수요의 가격탄력성이 높은 제품에 많이 사용된다.

53　상품의 유형에 관한 설명으로 옳지 않은 것은?

① 편의품은 소비자들이 구매욕구를 느낄 때 별다른 노력을 기울이지 않고도 구매할 수 있어야 한다.

② 선매품의 경우 구매 전 제품 간 비교를 통해 최적의 구매가 발생한다.

③ 고급향수, 스포츠카 및 디자이너 의류는 전문품에 해당한다.

④ 선매품에는 가구나 냉장고 등이 포함되며, 편의품에 비해 구매빈도가 그다지 높지 않다.

⑤ 전문품은 상대적으로 고가격이기 때문에 지역별로 소수의 판매점을 통해 유통하는 선택적 유통경로전략이 유리하다.

 전문품은 상대적으로 고가격이기 때문에 지역별로 소수의 판매점을 통해 유통하는 전속적 유통경로전략이 가장 적합하다.

54　아래 글상자에서 설명하는 서비스 회복을 위한 공정성 차원으로 옳은 것은?

> 소매점에서 고객에게 서비스를 실패한 후 서비스를 회복 하는 것은 고객만족과 충성도에 매우 큰 영향을 미친다. 특히, 서비스 실패에 대한 직원들의 솔직한 설명과 문제 해결을 위한 노력은 서비스 회복에 매우 중요하다. 이와 같은 직원의 회복 노력은 고객들로 하여금 진정성있고 공정하며 정중하게 지각되어야 한다. 이러한 공정성을 소비자가 지각할 때, 서비스 회복에 대한 고객만족을 가져올 수 있다.

① 절차적 공정성　　② 상호작용 공정성　　③ 보증 공정성

④ 분배적 공정성　　⑤ 결과적 공정성

 서비스 실패에 대한 직원들의 솔직한 설명과 문제 해결을 위한 노력은 서비스 회복에 매우 중요하며, 이와 같은 직원의 회복 노력은 고객들로 하여금 진정성있고 공정하며 정중하게 지각되어야 하는 것을 상호작용 공정성이라 한다.

55 풀 전략(pull strategy)과 푸시 전략(push strategy)에 대한 설명으로 옳지 않은 것은?

① 제조업자가 자신의 표적시장을 대상으로 직접 촉진 하는 것은 풀 전략이다.

② 풀 전략은 제조업자 제품에 대한 소비자의 수요를 확보함으로써, 유통업자들이 자신의 이익을 위해 제조업자의 제품을 스스로 찾게 만드는 전략이다.

③ 푸시 전략은 제조업자가 유통업자들에게 직접 촉진 하는 전략이다.

④ 제조업체가 중간상을 상대로 인적판매, 구매시점 디스 플레이를 제공하는 것은 푸시전략이다.

⑤ 일반적으로 푸시전략의 경우 인적 판매보다 TV광고가 효과적이다.

 일반적으로 인적 판매보다 TV광고가 효과적인 경우는 풀 전략(pull strategy)의 경우이다.

56 아래 글상자의 사례 기업들이 실행한 소매점 포지셔닝 전략의 유형으로 가장 적합한 것은?

> ※ W사는 최상의 품질, 최소로 가공된, 풍미가 가득한, 그리고 천연 그대로 보존된 음식을 제공한다는 철학으로 자사를 포지셔닝했다.
> ※ T사는 맛과 품질이 좋은 오가닉 식품을 합리적인 가격에 제시하는 전문식품소매점이라는 가치제안을 기반으로 자사를 포지셔닝했다.

① 사용상황에 의한 포지셔닝　　　② 제품군에 의한 포지셔닝

③ 제품속성에 의한 포지셔닝　　　④ 제품사용자에 의한 포지셔닝

⑤ 경쟁적 포지셔닝

 포지셔닝(Positioning)은 소비자의 마음속에 경쟁업자와 차별되는 자기점포의 이미지를 어떻게 창조할 것인 가에 관한 것으로 목표고객에게 가격, 서비스, 품질, 편리성 등을 맞추는 전략이다. 제품속성에 의한 포지셔닝은 품질이 좋은 오가닉 식품을 합리적인 가격에 제시하는 전문식품소매점이라는 가치제안을 기반으로 자사를 포지셔닝을 사례로 들 수 있다.

57 아래 글상자의 기업(V사)이 자사의 여러 브랜드에서 공통 적으로 사용한 시장세분화 방법으로 가장 적합한 것은?

> 글로벌 패션기업 V사는 진(jean) 이외의 여러 패션브랜드를 보유하고 있다. 아웃도어 사업부에 속해 있는 NF는 열혈 야외 마니아층, 특히 추운 날씨에 야외활동을 즐기는 고객층을 위해 최고급 장비 및 의복을 제공한다. 스포츠 웨어 사업부에 속한 N은 항해와 바다에서 모티브를 얻어 제작된 고급 캐주얼 의류를 즐기는 사람들에게 초점을 맞춘다. 그리고 V는 스케이트 신발 전문브랜드로 시작 되었으며, R은 서핑을 모티브로 한 신발과 복장 전문 브랜드로 포지셔닝되어 있다. 즉, 소비자들이 어떤 삶을 영위하든 V사는 이들의 라이프스타일에 맞춘 패션제품을 제공한다.

① 지리적 세분화 ② 인구통계학적 세분화

③ 행동적 세분화 ④ 생애가치 세분화

⑤ 심리묘사적 세분화

 인구 통계적 세분화(demographic segmentation) : 나이, 성별, 가족규모, 가족 수명주기, 소득, 직업, 교육 수준, 종교 등 사회를 구성 하는 사람들의 특성을 나타내는 변수가 사용된다. 인구통계적 변수들이 소비자 집단을 구분하기 위해 사용하는 가장 보편적인 기준이 되는 이유로는 첫째가 소비자의 욕구, 선호도, 사용 빈도 등이 인구 통계적 변수들과 매우 접하게 관계가 있는 경우가 대단히 많고, 둘째는 인구통계적 변수 들이 대부 분 다른 변수들 보다 측정하기가 쉽기 때문이다.

58 표적시장 선정에 대한 설명으로 가장 옳지 않은 것은?

① 세분시장들에 대한 평가가 수행된 뒤 기업은 어떤 시장을 공략할지, 몇 개의 세분 시장을 공략할 것인가의 문제를 해결하는데, 이를 표적시장 선택이라고 한다.

② 비차별적 마케팅은 세분시장 간의 차이를 무시하고 하나의 제품으로 전체시장을 공략하는 전략이다.

③ 비차별적 마케팅 전략을 구사하는 기업은 소비자들 간의 차이보다는 공통점에 중 점을 두며, 다수의 구매자에게 소구(訴求)하기 위해 다양한 마케팅 프로그램으로 시장을 공략한다.

④ 차별적 마케팅은 여러 개의 표적시장을 선정하고 각각의 표적시장에 적합한 마케 팅전략을 개발하여 적용하는 전략이다.

⑤ 집중마케팅전략은 기업의 자원이 한정되어 있는 경우에 주로 사용된다.

 차별적 마케팅전략을 구사하는 기업은 소비자들 간의 차이보다는 공통점에 중점을 두며, 다수의 구매자에 게 소구(訴求)하기 위해 다양한 마케팅 프로그램으로 시장을 공략한다.

59 매력적인 세분시장을 충족시키는 조건으로 옳지 않은 것은?

① 충분한 시장규모와 수익성을 가져야 한다.

② 높은 시장성장률 등 잠재력을 가지고 있어야 한다.

③ 경쟁사 대비 확실한 경쟁우위를 가져야 한다.

④ 자사의 역량과 자원에 적합해야 한다.

⑤ 세분시장 내 고객군의 선호가 다양해야 한다.

 세분시장 내 고객군의 선호가 다양하면 충족을 시키는 것이 힘들다.

60 판매촉진전략에 대한 설명으로 옳지 않은 것은?

① 판매촉진은 제품이나 서비스의 판매를 촉진하기 위한 단기적 활동을 말한다.
② 판매촉진은 기업이 설정하는 목표에 따라 소비자, 중간상, 판매원 등을 대상으로 실시한다.
③ 소비자 판촉에는 가격할인, 무료샘플, 쿠폰제공 등이 포함된다.
④ 대개 중간상 판촉은 소비자 판촉에 비해 비교적 적은 비용이 든다.
⑤ 영업사원 판촉은 보너스와 판매경쟁 등을 포함한다.

 대개 중간상 판촉은 소비자 판촉에 비해 비교적 더 많은 비용이 든다.

61 아래 글상자에서 설명하는 매입방식으로 옳은 것은?

> ➤ 신제품 또는 가격이 비싼 제품인 경우에 주로 이용하는 매입방식임
> ➤ 백화점 등 대규모 유통업자가 일정한 기간 동안 입점 (납품)업자의 제품을 진열하여 판매한 후, 판매된 상품에 대해 사전에 결정된 비율의 수수료를 가져가는 방식임
> ➤ 대규모 유통업자는 판매되지 아니한 상품의 반품 조건을 둠

① 정기매입   ② 특약매입   ③ 직매입
④ 임대을   ⑤ 전환매입

 특정(특약)매입은 매출액은 백화점 매출로 산정하고, 재고부담은 거래당사자가 진다. 거래조건은 매출발생액에 해당하는 수수료를 공제한 납품금액이다.

62 VMD(Visual Merchandising)와 VP(Visual Presentation)에 대한 설명으로 가장 옳지 않은 것은?

① VMD는 고객들의 구매욕구를 자극할 수 있도록 시각 적인 요소를 연출하고 관리하는 활동이다.
② VMD는 레이아웃이나 진열은 물론 건물 외관, 쇼 윈도우, 조명 등 모든 시각적인 요소들을 관리의 대상으로 하는 포괄적인 개념이다.
③ VP는 점포의 쇼윈도나 매장 입구에서 유행, 인기, 계절상품 등을 제안하여 고객이 매장으로 접근하게 한다.
④ VP를 통해 중점상품과 중점테마에 따른 매장 전체 이미지를 보여주기 때문에 상품 보다는 진열기술이 중요 하다.
⑤ VP는 벽면 및 테이블 상단에서 보여주는 PP(Point of Sales Presentation) 또는 행거, 선반 등에 상품이 진열된 IP(Item Presentation)와는 다르게 매장과 상품의 이미지를 높이는데 주력한다.

Visual Merchandising(비주얼머천다이징)은 비주얼(visual)과 머천다이징(merchandising)의 합성어로 구성이 되어있으며, 인스토어 머천다이징의 한 기법이다. 비주얼(visual)은 고객이 어느 곳에서든 볼 수 있는 장소에 상품을 배치하여, 그 상품의 장점과 매력을 고객에게 시각적으로 호소하기 위한 것을 말하며, 상품과 점포 이미지가 일관성을 유지할 수 있게 진열하는 것이 중요하다. 머천다이징(Merchandising)은 기업의 마케팅 목표를 실현하기 위해 특정의 상품과 서비스를 장소, 시간, 가격, 수량별로 시장에 내놓았을 때에 따르는 계획과 관리를 말하는 것으로, 마케팅핵심을 형성하는 활동을 말한다.

63 크로스 머천다이징(Cross Merchandising)에 대한 설명으로 옳지 않은 것은?

① 소비자가 함께 구매할 것으로 예상되는 상품들을 가까이 진열한다.

② 사재기하는 비중이 높은 상품이나 용량이 큰 상품에 적합하다.

③ 동시구매를 노리는 방법으로 객 단가를 높일 수 있으며 라이프스타일 제안이 가능하다.

④ 백화점 신사복 코너에서 넥타이와 와이셔츠를 함께 구성하여 진열하는 경우가 해당된다.

⑤ 의류업계의 코디네이트 진열과 동일한 개념이다.

 머천다이징(MD: Merchandising)을 우리말로 표현하면 '상품기획' '상품화계획'이라 부르기도 한다. 기본 틀은 '적정한 상품의 선정과 관리'에 있다고 봐야 할 것이다. 사재기하는 비중이 높은 상품이나 용량이 큰 상품에 적합하지는 않다.

64 점포의 레이아웃 및 진열에 대한 설명으로 가장 옳지 않은 것은?

① 주 통로 주변에는 점포의 개성을 나타내는 주력상품을 위주로 진열한다.

② 격자형 레이아웃은 통로에 반복적으로 상품을 배치해야 더 효율적이다.

③ 프리 플로(free flow)형 레이아웃은 집기를 추가하거나 제거하는 방법으로 동선을 구성한다.

④ 루프(loop)형 레이아웃은 주요 통로를 통해 동선을 유도하여 진열제품을 최대한 노출시킨다.

⑤ 직선형으로 병렬 배치하는 부티크(boutique) 레이아웃은 지하상가나 아케이드매장에 주로 사용한다.

 부티크형(Boutique type)레이아웃은 특정 쇼핑테마별로 하나의 독립적인 공간처럼 배치하는 형식이다.

65 점포의 구성요소로 가장 부적합한 것은?

① 점포의 시장점유율
② 목표고객에게 소구(訴求)하는 상품구성
③ 고객에게 부합하는 가격정책
④ 점포입지의 편리성
⑤ 점포 외부 이미지

 점포구성(Store Construction)은 잠재고객이 별다른 노력을 기울이지 않더라도 쉽게 찾을수 있도록 꾸며야 하고, 충동구매를 촉진하며, 다양한 계층의 고객을 대상으로 하는 점포는 매장 앞을 지나는 고객이 내부의 분위기를 느낄수 있도록 설계되어져야 한다.

66 상품 유형에 따른 진열방법으로 가장 옳지 않은 것은?

① 고객이 많이 찾는 중점판매상품은 엔드매대에 대량 진열하여 판매한다.
② 잘 팔리는 고회전의 상품은 페이싱(facing)을 넓혀 고객의 눈에 잘 띄게 한다.
③ 다른 상품으로 대체가 불가하나 판매량이 적은 구색 상품은 진열량을 제한한다.
④ 이익 금액이 높아 육성해야 하는 상품은 POP나 시식 판매로 판매를 촉진한다.
⑤ 기간별로 판매량이 달라지는 시즌 상품은 다른 상품 카테고리와 동일한 공간에 진열하여 매장에 변화를 준다.

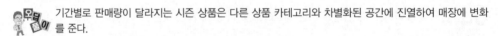 기간별로 판매량이 달라지는 시즌 상품은 다른 상품 카테고리와 차별화된 공간에 진열하여 매장에 변화를 준다.

67 개방형 유통경로에 적합한 소비자 구매행동으로 가장 옳은 설명은?

① 가장 가까운 상점에서 가장 손쉽게 구할 수 있는 상품 중에서 선택한다.
② 고객이 원하는 특정 상품을 판매하는 가장 가까운 상점 에서 특정 상표를 구매한다.
③ 특정 상표에 대해서 상표선호도를 가지고 있으나 서비스와 가격면에서 보다 유리한 상점에서 구매한다.
④ 특정 상점에서 구매하겠다는 결정은 이미 내리고 있으나 상표에 대해서는 무관심하다.
⑤ 특정 상점에서 구매하기를 원하지만 아직 어떤 상품을 구입할지 확정하지 않아, 그 상점에 진열된 것 중에서 선택하고자 한다.

 집약(중)적 또는 개방적 유통(Intensive Distribution)은 가능한 많은 소매상들로 하여금 자사제품을 취급하도록 함으로써 포괄되는 시장의 범위를 최대화하려는 전략이다. 소비자가 특정점포 및 브랜드에 대 한 애호도가 낮은 경우에 선호되며, 제품에 대한 인지도를 신속하게 높일 수 있는 장점이 있다. 소비자의 구매편의성을 증대시키기 위해 가능한 한 많은 유통점포들 이 자사제품을 취급하게 하는 전략이다.

68 유통업체가 자체 브랜드(Private Brand: PB)를 통해 얻을 수 있는 이점으로 옳지 않은 것은?

① 소매업체는 PB를 통해 상대적으로 낮은 가격에 높은 마진을 얻을 수 있다.

② PB를 통해 다른 유통업체와의 직접적인 가격경쟁을 피할 수 있다.

③ PB가 소비자로부터 사랑받을 경우 점포충성도를 증가 시킬 수 있다.

④ 인기 있는 PB제품 뿐만 아니라 다른 제품들도 함께 구매하도록 유도하여 매출액을 증진시킬 수 있다.

⑤ 대형마트는 대개 PB를 유명 제조업체 브랜드와 유사한 브랜드명을 사용함으로써 적은 비용으로 소비자에게 PB를 인식시키려 한다.

 B(L)제품과 PB(L)제품의 구분은 브랜드 소유권이 누구에게 있느냐에 따라 구분 하며 브랜드사용권, 브랜드 신청 및 획득권, 소속상품의 특성을 구성하고 변형할 수 있는 권한이 제조업자에게 있으면 NB, 유통업자 에게 있으면 PB라고 할 수 있다.

69 표적집단면접법(FGI)을 활용하기에 가장 부적합한 유통 마케팅조사 상황은?

① 어떤 정보를 획득해야 할지 잘 모르는 경우

② 인과관계에 대한 가설을 검증해야 하는 경우

③ 어떤 현상의 원인이 되는 문제를 정확하게 모르는 경우

④ 소비자들의 내면적 욕구, 태도, 감정을 파악해야 하는 경우

⑤ 계량적 조사로부터 얻은 결과에 대한 구체적인 이해가 필요한 경우

 표적 집단 면접법(FGI : Focus Group Interview)은 동질의 소수 응답자 집단을 대상으로 특정한 주제에 대하여 자유롭게 토론하는 가운데 필요한 정보를 찾아 나가는 방법으로, 일반적인 조사에서 가장 많이 사용되는 탐색조사 방법 중의 하나이다. 조사목적이나 구체적인 자료가 명확하면 처음부터 탐색조사 없이 인과조사나 기술조사를 하되, 조사 목적상 인과관계에 대한 검증이 필요하면 인과조사를 하고, 아니면 기술조사를한다. 현재 일어나고 있는 유통현상을 보다 정확하게 이 해하려는 목적의 조사는 기술조사에 해당한다.

70 수요예측을 위한 조사기법에 해당하지 않는 것은?

① 델파이 조사법　　　② 시계열분석 방법

③ 박스젠킨스 방법　　　④ 확산모형 방법

⑤ 상품/시장 매트릭스 기법

 제품 · 시장성장 매트릭스(Product Market growth matrix)은 경영자가 현재 사업단위들의 성과를 향상시킬 수 있는가에 대한 검증 즉, 현재 사업 단위 내에서 추가적 성장기회를 조사하고 평가할 수 있는 유용한 모델로서 활용된다. 대부분의 기업은 자신의 사명 또는 목표를 성장에 두고 있다. 성장을 추구하는 과정에서 기업은 시장과 제품 모두를 고려해야만 한다. 이때 기업은 지금 사업을 계속해 야 할 것인지 아니면 새로운 사업을 해야 할 것인지를 결정해야 한다.

제4과목 유통 정보(71~90)

71 정보화 사회의 역기능에 대한 설명으로 가장 옳지 않은 것은?

① 컴퓨터 범죄 및 사생활 침해 현상이 증가하고 있다.
② 인간과 기계는 엄연히 구별되는 독립적인 실체로서 인식되고 있다.
③ 정보기술이 발전하지 못한 국가들은 문화적 정체성을 상실할 수 있다.
④ 국가 간의 정보 유통을 획기적으로 확장시킴으로써 국가 경쟁력 강화가 요구되고 있다.
⑤ 사회 전체가 단일 네트워크로 묶이다 보니 이에 따른 사회적 위험 또한 증가하고 있다.

 인간과 기계는 명확히 구분이 불가능한 연관적인 실체로서 인식되고 있다.

72 아래 글상자의 내용에 부합되는 배송서비스 관련 정보 기술로 옳은 것은?

> 2014년 9월 27일 DHL이 자체 개발한 파슬콥터 (Parcelcopter)를 이용하여 독일 북부 노르덴시의 노르트 다이흐 항구에서 12Km 떨어진 북해의 위스트 섬에 의약품 배송에 성공하였다.

① 드론   ② 비콘   ③ 챗봇
④ 키바로봇   ⑤ 자율주행자동차

 Drone은 영국에서 1935년에 사람이 타는 훈련용 복엽기인 '타이거 모스(Tiger moth)'를 대공사격 훈련용 원격조종 무인 비행기로 개조하면서 퀸비(Queen Bee, 여왕벌)이라는 별명을 붙였다. 퀸비는 지금의 무선조종 무인기와 비교하면 상당히 원시적인 수준이었으나 대공사격 훈련용으로는 효과적이었기에 당시 미군에서도 이를 관심있게 보았고, 특히 미 당시 퀸비의 비행을 직접 참관했던 미 해군쪽 인사가 미국에 돌아가 드론(Drone, 수벌)이란 프로젝트 명으로 무인비행기 연구를 시작했다.

73 바코드 기술에 대한 설명으로 옳지 않은 것은?

① 유통매장에서 이용하는 바코드 시스템의 광학 스캐너는 디지털 신호 뿐만 아니라 아날로그 신호를 읽을 수 있는 입력장치이다.
② 유통매장에서 이용하는 바코드 시스템은 기업의 재고 관리에 도움을 준다.
③ 바코드 시스템은 UPC(universal product code)를 따르고 있다.
④ 바코드는 국가 정보, 제조업체 정보와 제품 정보를 포함하고 있다.
⑤ 바코드에는 상품의 포장지에 막대 모양의 선과 숫자를 이용해 상품 정보를 표시한다.

유통매장에서 이용하는 바코드 시스템의 광학 스캐너는 디지털 신호 뿐만 아니라 디지털 신호를 읽을 수 있는 입력장치이다.

74 조직에 필요한 정보를 수집하고 공유하는데 있어, 내·외부의 비정형적 데이터를 자동으로 수집하는 기술로 옳지 않은 것은?

① 웹크롤링(web crawling) ② 센싱(sensing)

③ RSS리더(reader) ④ 로그수집기

⑤ 맵리듀스(MapReduce)

 맵리듀스(MapReduce)란 대용량 데이터를 처리를 위한 분산 프로그래밍 모델로서, Map은 흩어져 잇는 데이터를 Key, Value의 형태로 연관성 있는 데이터 분류로 묶는 작업이며, Reduce는 Map화한 작업 중 중복 데이터를 제거하고 원하는 데이터를 추출하는 작업이다.

75 노나카의 지식변환과정에 대한 설명으로 옳지 않은 것은?

① 지식변환은 지식획득, 공유, 표현, 결합, 전달하는 창조프로세스 매커니즘을 지칭한다.

② 지식변환은 암묵지와 형식지의 상호작용으로 원천이 되는 지와 변환되어 나온 결과물로서의 지의 축을 이루는 매트릭스로 표현된다.

③ 지식변환과정은 개인, 집단, 조직의 차원으로 나선형 으로 회전하면서 공유되고 발전해 나가는 창조적 프로세스이다.

④ 사회화는 암묵지에서 암묵지로 변환하는 과정으로 주로 경험을 공유하면서 지식이 전수되고 창조가 일어난다.

⑤ 4가지 지식변환과정은 각기 독립적으로 진행되며 상호배타적으로 작용한다.

 노나카는 지식의 대표적 두 가지 유형인 암묵지와 형식지가 공동화, 표출화, 연결화, 내면화라는 네가지 과정을 반복적으로 거치면서 개인의 지식이 조직차원의 지 식으로 선순환된다고 말한다. 즉, 지식은 암묵지와 형식지의 역동적인 상호작용을 통해 창조되고 확대 재생산된다고 주장한다.

76 균형성과지표(BSC)와 관련된 내용으로 옳지 않은 것은?

① 캐플런과 노턴에 의해 정립된 이론이다.

② 재무적 관점은 정량화된 수치로 표현하는데 재무적 측정지표들을 이용한다.

③ 조직의 장기적인 성장과 발전을 도모하고 지속적인 개선을 이루어내기 위해 외부프로세스 관점을 제시한다 .

④ 시장점유율, 고객확보율, 고객수익성 등은 대표적인 고객관점에서 목표와 측정지표를 제시한다.

⑤ 지식경영과 가장 밀접한 관점은 학습 및 성장관점 으로 다른 관점에서 설정한 목표치를 달성할 수 있도록 중요한 기반을 제공한다.

◎ 균형성과 표(BSC : Balanced Score Card)

① 조직의 비전과 경목표를 각사업 부문과 개인의 성과측정지표로 전환해 전략적 실 행을 최적화하는 경관리기법으로 하버드 비즈니스 스쿨의 Kaplan교수와 경컨 설턴트인 Norton이 공동으로 개발하여 1992년에 최초로 제시했다.

② 주요성과지표로는 재무, 고객, 내부프로세스, 성장과 학습 등이 있으며 기존의 재무 성과 중심의 측정 도구의 한계를 극복하기 위해 개발되었다. 재무, 고객, 내부 프로 세스, 학습 · 성장 등 4분야에 대해 측정지표를 선정해 평가한뒤 각 지표별로 가중치를 적용해 산출한다.

77 아래 글상자가 설명하는 용어로 옳은 것은?

> 기업들은 신선 식품을 구매하려는 소비자들의 요구 증가에 대응하기 위해 냉장 및 냉동 보관과 안전하고 빠른 운송을 위해 새로운 유통 및 물류 시스템을 구축한다.

① 콜드체인(cold chain)

② 공급체인(supply chain)

③ 수요체인(demand chain)

④ 블록체인(block chain)

⑤ 스노우체인(snow chain)

콜드체인 시스템(Cold–Chain System)은 농축산물의 품질과 신선도를 유지하기 위해 수확 즉시 상품의 온도를 낮춰 유통과정 전 과정에 걸쳐 적정한 저온(低溫)을 유지하도록 관리하는 체계를 말한다. 물류업계에서는 '저온 유통체계'라는 말과 혼용해서 사용되기도 한다.

78 유통정보시스템의 도입효과에 대한 설명으로 가장 옳지 않은 것은?

① 주문, 선적, 수취의 정확성을 꾀할 수 있다.

② 리드타임(lead time)이 대폭 증가하여 충분한 재고를 확보할 수 있다.

③ 기업 간에 전자연계를 통해 거래함으로써 서류 작업을 대폭 축소시킬 수 있다.

④ 기업 간에 전자연계를 이용하면 서류업무에 따른 관리인력을 축소시킬 수 있다.

⑤ 기업 간의 연계는 공급자로 하여금 수요자의 정확한 요구사항을 파악할 수 있게 해준다.

리드타임(lead time)은 발주로부터 납기까지의 기간을 말하며, 통상 표준 또는 목표 리드타임으로부터 시간단위 및 변동단위로 측정하며, 재고를 최소화하기 위한 내용이 된다.

79 아래 글상자의 (　　)안에 들어갈 용어로 가장 적절한 것은?

> 이케아는 (　　) 기술을 이용하여 인테리어를 구성해 볼 수 있는 쇼룸을 공개하였다. 사실적인 3차원 공간으로 랜더 링된 가상 쇼룸과 다수의 이케아 가구를 체험할 수 있다. 고객에게 인테리어 과정을 혁신적으로 탈바꿈시키며 매혹적인 360도 입체 인테리어 경험을 제공한다.

① 가상현실　　　　　　② 옴니채널　　　　　　③ 증폭현실
④ 공간가상화　　　　　⑤ 3차원 랜더링

 가상현실(假想現實)은 컴퓨터 등을 사용한 인공적인 기술로 만들어낸 실제와 유사하 지만 실제가 아닌 어떤 특정한 환경이나 상황 혹은 그 기술 자체를 의미한다. 이때, 만들어진 가상의(상상의) 환경이나 상황 등은 사용자의 오감을 자극하며 실제와 유사한 공간적, 시간적 체험을 하게 함으로써 현실과 상상의 경계를 자유롭게 드나들게 한다.

80 침입탐지시스템의 주요기능과 가장 거리가 먼 것은?

① 데이터의 수집
② DB 백업과 복구 및 이력관리
③ 데이터의 필터링과 축약
④ 오용 또는 이상 탐지
⑤ 책임 추적성과 대응

 침입 탐지 시스템(Intrusion Detection System, IDS)은 일반적으로 시스템에 대한 원치 않는 조작을 탐지하여 준다. IDS는 매우 많은 종류들이 존재하며, 여기서는 그들 중 일부를 설명한다. 시스템에 대한 원치 않는 조작은 악의를 가진 숙련된 해커 또는 자동화된 툴을 사용하는 스크립트 키디에 의한 공격의 형태로 행해질 수 있다.

81 기업의 구매 방법과 구매 품목에 따라 유형을 구분할 때 넷 마켓플레이스에 속하지 않는 것은?

① 전자적 유통업자　　　　② 사설 산업 네트워크
③ 독립적 거래소　　　　　④ 전자조달
⑤ 산업 컨소시엄

 넷 마켓플레이스(net marketplace)는 여러 구매자가 다수의 판매자에게서 구매할 수 있는 온라인 시장으로 다수의 구매자와 판매자를 위한 인터넷기술 기반의 단일 디지털 마켓플레이스를 제공한다. e-허브(e-hub)라고 부르기도 한다. 이것은 산업에 국한해서 소유되거나 구매자와 판매자 사이에서 독립적인 중개자 역할을 한다. 넷 마켓플레이스는 구매 및 판매 거래와 여타 고객에게 제공되는 서비스에서 수익을 창출한다. 넷 마켓플레이스의 참여자는 온라인 협상, 경매나 시세 요청으로 가격을 설정하거나 고정가격을 사용할 수도 있다. 넷 마켓플레이스에는 다수의 상이한 유형과 분류 방식이 존재한다.

82 아래 글상자에서 설명하고 있는 기술로 올바른 것은?

> 다품종 소량생산 및 개인 맞춤형 제작이 용이하도록 지원하는 신기술이다. 1984년 최초로 개발된 이래로, 2000년대까지 단순 제품 모형 및 시제품 제작 등에 일부 활용되어 왔으며, 최근 기술 진보 및 경제성 확보 등으로 광범위한 영향력을 가지게 되었다. 재료로는 플라스틱, 파우더, 왁스, 고무, 금속 등 기술의 발달과 더불어 다양해 지고 있다.

① 시뮬레이터
② 가상현실
③ 증강현실
④ 3D프린팅
⑤ 3D모델링

3D프린팅 도면을 바탕으로 3차원 물체를 만들어내는 기계를 뜻한다. 가공의 용이성 등 여러 문제 덕분에 초창기에는 대부분 재료로 플라스틱을 사용하였지만 점차 종이, 고무, 콘크리트, 식품에 금속까지 재료의 범위가 점점 넓어지고 있어서 단순히 조형물 출력뿐만 아니라 건축, 설계 등의 향후가 기대되는 분야다. 자신이 직접 3D로 그림을 그릴 수 있는 3D 펜이라는 아이디어 상품도 나왔다.

83 월드와이드웹(WWW)과 관련된 용어들에 대한 설명으로 가장 옳은 것은?

① WWW – 하이퍼 텍스트 마크업 언어를 이용하여 만들어진 문자, 그림, 오디오 그리고 비디오 문서를 통해 인터넷 정보에 접근할 수 있도록 한다.
② HTTP – 인터넷 프로토콜 웹브라우저는 URL을 이용 하여 웹 페이지를 요구하고 보여주기 위한 통신규약 이다.
③ URL– 도메인 이름의 주인에게 그 사이트를 관리하고 이메일 용량을 주기위한 서비스이다.
④ 애플릿 – 웹브라우저에서 실행되도록 복잡한 기능을 통합하여 구현한 대규모 프로그램이다.
⑤ 웹브라우저 – 사용자로하여금 파일을 네트워크로 주고받을 수 있도록 지원하는 파일전송전용서비스이다.

월드 와이드 웹(World Wide Web, WWW, W3)은 인터넷에 연결된 컴퓨터를 통해 사람들이 정보를 공유할 수 있는 전 세계적인 정보 공간을 말한다. 간단히 웹(Web)이라 부르는 경우가 많다. 이 용어는 인터넷과 동의어로 쓰이는 경우가 많으나 엄격히 말해 서로 다른 개념이다. 웹은 전자 메일과 같이 인터넷 상에서 동작하는 하나의 서비스일 뿐이다. 위에서 정답은 ②이다.

84 인터넷 서점의 시스템 구축을 위한 ERD(Entity Relationship Diagram)의 일부분을 나타낸 것으로 이에 대한 내용으로 가장 올바르지 않은 것은?

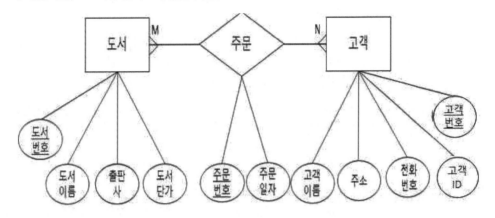

① 도서, 고객은 개체(entity)이다.
② 주문은 도서와 고객과의 관계에서 생성되는 정보를 표현한다.
③ 밑줄이 그어진 항목은 키 속성 중에서 주키로 사용 하기 위해 설계된 것이다.
④ 주문번호를 통해 주문한 고객의 주소를 찾아갈 수 있도록 설계되어 있다.
⑤ 주문의 물리 테이블 구성시 속성은 주문번호와 주문 일자로만 구성된다.

 ERD(Entity Relationship Diagram)은 개체 또는 데이터 간의 관계를 표현한 도식화된 그림으로, 쉽게 말해 글로 표현되어 있는 관계를 그림으로 나타낸 것이다. 주문의 물리 테이블 구성시 속성은 주문번호와 주문 일자 외에도 구성사항인 주문자, 전화번호 등이 있다.

85 전자상거래 보안과 관련된 주요관점에 대한 설명이다. 글상자의 (가), (나)에 들어갈 용어로 가장 올바른 것은?

(가)은/는 인터넷을 이용해 전송되거나 수신되어, 웹에 표시된 정보가 승인되지 않은 다른 사람에 의해 변형이 없음을 보장하는 것이다.
(나)은/는 메시지나 정보가 볼 수 있는 권한이 있는 사람에게만 보이게 하는 것이다.

① 가: 인증,　　　나: 프라이버시　　② 가: 가용성,　　나: 기밀성
③ 가: 부인방지,　나: 인증　　　　　④ 가: 무결성,　　나: 기밀성
⑤ 가: 가용성,　　나: 프라이버시

 무결성(Integrity) : 데이터가 전송 도중 또는 데이터베이스에 저장되어 있는 동안 악 의의 목적으로 위·변조되는 것을 방지하는 서비스다. 기밀성(Confidentiality) : 비인가 자가 부당한 방법으로 정보를 입수한 경우에도 정보 의 내용을 알 수 없도록 하는 서비스다.

86 전자상거래의 다양한 수익모델에 관한 설명 중 가장 올바르지 않은 것은?

① 광고를 노출시켜 광고주들로부터 광고료를 거둬들이는 광고수익모델
② 콘텐츠나 서비스를 제공하여 구독료를 거둬들이는 구독수익모델
③ 거래를 가능하게 해주거나, 대행해주는 대가로 수수료를 받는 거래수수료 수익모델
④ 제품이나 정보 서비스를 고객에게 직접 판매하여 수익을 얻는 판매수익모델
⑤ 비즈니스 소개에 대한 수수료를 기반으로 하는 유통 수익모델

 비즈니스 소개에 대한 수수료를 기반으로 하는 유통 수익모델은 아니고, 물리적상품 디지털상품을 판매함에 따른 수익을 창출함이 가장 기본적인 내용이다.

87 아래 글상자가 뜻하는 정보의 특성으로 가장 옳은 것은?

> 소비자의 기호나 시장의 변화와 관련해서 의사결정이 필요한 경우, 가장 최근의 정보가 필수적이다.

① 정보의 관련성 ② 정보의 신뢰성 ③ 정보의 적시성
④ 정보의 정확성 ⑤ 정보의 검증가능성

 적시성(Timeliness)이란 정보는 필요로 하는 시점에 제공될 때 그 가치를 발휘하게 되며, 시기를 놓친 정보는 가치가 없다는 것이다. 갈증이 날 때 찾는 음료수는 정보이지만 수박을 많이 먹고 배부른 상태에서의 음료수는 자료일 뿐이다.

88 David and Olson이 제시한 정보시스템을 구성하는 요소에 대한 설명으로 가장 올바르지 않은 것은?

① 하드웨어 – 물리적인 컴퓨터 기기 및 관련된 기기
② 사람 – 시스템 분석가, 프로그래머, 컴퓨터 운용요원, 데이터 준비요원, 정보시스템 관리요원, 데이터 관리자 등
③ 비용 – 정보시스템을 운영유지하는데 소요되는 재무 자원
④ 데이터베이스 – 응용 소프트웨어에 의하여 생성되고 활용되는 모든 데이터들의 집합체
⑤ 소프트웨어 – 하드웨어의 동작과 작업을 지시하는 명령어의 모음인 프로그램 및 절차

• 하드웨어 : 입력, 처리, 출력을 수행하기 위해 사용되는 컴퓨터 장비
• 소프트웨어 : 컴퓨터의 작업을 지시하는 프로그램
• 데이터베이스 : 조직화된 사실 및 정보들의 집합체
• 사람 : 정보시스템 전문가, 개발된 정보시스템을 이용하는 경영자나 관리자 또는 일반 종업원
• 통신과 네트워크 : 컴퓨터와 주변장치들을 서로 연결시켜 주며 컴퓨터시스템을 서로 연결시켜 줌

89 인트라넷의 특징으로 가장 옳지 않은 것은?

① 어떠한 조직 내에 속해 있는 사설 네트워크이다.

② 조직의 정보와 컴퓨팅 자원을 구성원들 간에 서로 공유하도록 지원한다.

③ 개인별 사용자 ID와 암호를 부여하여 인증되지 않은 사용자로부터의 접근을 방지한다.

④ 고객이나 협력사, 공급사와 같은 회사 외부사람들에게 네트워크 접근을 허용한다.

⑤ 공중 인터넷에 접속할 때는 방화벽 서버를 통과한다.

 인트라넷(Intranet) : 인트라넷은 기업이 자사의 정보보안을 목적으로 원활한 업무 환경을 구성하고자 만들어진 네트워크로 일정한 정보는 자신들끼리만 공유하고, 외부와 정보공유를 배타적인 성격으로 인터넷기술을 이용해서 구축한 폐쇄망이다. 인트라넷(Intranet)은 기업 내 속해 있는 사설네트워크로, 서로 연결되어 있는 여러 개의 근거리 통신망으로 구성될 수 있고, 광역통신망 내에서는 전용회선이 사용되기도 한다.
엑스트라넷(Extranet) : 비즈니스 정보나 운을 제조업체, 공급업체, 협력업체, 고객 또는 다른 비즈니스 업체들과 안전하게 공유하기 위해 IP와 공중전화망을 사 용하는 사설망이다.

90 아래 글상자의 (   ) 안에 공통적으로 들어갈 가장 옳은 용어는?

> (   )은(는) 인공지능 로봇 프로그램을 통한 가상대화 시스템이다. (   )은(는) 기본적으로 대화형으로 요청을 취합하고, 그에 대한 응답을 해준다. 따라서, 기업의 입장 에서는 고객을 1대 1로 만날 수 있는 맞춤형 마케팅 채널 이며 매우 효율적인 CS 처리 채널 중 하나이다.

① 로봇   ② 가상커뮤니티   ③ AI com

④ 챗봇   ⑤ 컨시어지

 챗봇(chatbot) 혹은 채터봇(Chatterbot)은 음성이나 문자를 통한 인간과의 대화를 통해서 특정한 작업을 수행하도록 제작된 컴퓨터 프로그램이다. 토크봇(talkbot), 채터박스(chatterbox) 혹은 그냥 봇(bot)라고도 한다.

정 답

1과목:유통 · 물류일반(1~25)	2과목:상권분석(26~40)
3과목:유통마케팅(46~70)	4과목:유통정보(71~90)

01 ④	02 ④	03 ③	04 ①	05 ⑤	06 ④	07 ①	08 ②	09 ③	10 ④
11 ④	12 ②	13 ④	14 ④	15 ②	16 ①	17 ②③	18 ①	19 ④	20 ⑤
21 ⑤	22 ④	23 ⑤	24 ⑤	25 ⑤	26 ③	27 ④	28 ⑤	29 ③	30 ④
31 ②	32 ④	33 ⑤	34 ①	35 ⑤	36 ②	37 ②	38 ②	39 ⑤	40 ⑤
41 ⑤	42 ③	43 ⑤	44 ④⑤	45 ②	46 ②	47 ③	48 ②	49 ⑤	50 ⑤
51 ⑤	52 ①	53 ⑤	54 ②	55 ⑤	56 ③	57 ⑤	58 ③	59 ⑤	60 ④
61 ②	62 ④	63 ②	64 ⑤	65 ①	66 ⑤	67 ①	68 ⑤	69 ②	70 ⑤
71 ②④	72 ①	73 ①	74 ⑤	75 ⑤	76 ③	77 ①	78 ②	79 ①	80 ②
81 ②	82 ④	83 ②	84 ⑤	85 ④	86 ⑤	87 ③	88 ③	89 ④	90 ④

주) 답안이 2개인 것은 시행기관이 협회의 의견을 받아들여 복수답안으로 한 것임

유통관리사 2급

부록 최근기출문제

2019. 06. 30 유통관리사 2급

제1과목 유통 · 물류 일반(01~25)

01 하역에 대한 내용으로 옳은 것은?

① 물류과정에서 하역이 자체적으로 창출하는 효용은 없다.
② 생산품의 이동, 운반을 말하며, 제조공정 및 검사공정을 포함한다.
③ 사내하역(material handling)을 포함하나, 선적, 양하를 위한 항만하역은 포함하지 않는다.
④ 기계화, 자동화가 진행되면서 비성력화가 급속히 진행되고 있다.
⑤ 컨테이너에 물품을 넣는 것을 디배닝(devanning), 빼는 것을 배닝(vanning)이라고 한다.

② 생산품의 이동, 운반을 말하지만, 제조공정 및 검사공정은 제외한다.
③ 사내하역(material handling)을 포함하며, 선적, 양하를 위한 항만하역도 포함한다.
④ 기계화, 자동화가 진행되면서 성력화가 급속히 진행되고 있다.
⑤ 컨테이너에 물품을 넣는 것을 배닝(vanning), 빼는 것을 디배닝(devanning)이라고 한다.

02 공급체인관리를 도입할 필요성이 증가하게 된 배경으로 옳은 것은?

① BPR(business process re-engineering) 노력의 감소
② 기업의 핵심역량 집중화 및 주변사업의 외부조달 활성화
③ 부가가치 원천이 기업 외부에서 내부로 이동
④ 매스 커스터마이제이션(mass customization)의 쇠퇴
⑤ 완성품 제조기업의 외부조달 확실성 증대

① BPR(business process re-engineering) 노력의 증가
③ 부가가치 원천이 기업 내부에서 외부로 이동
④ 매스 커스터마이제이션(mass customization)의 증가
⑤ 완성품 제조기업의 외부조달 확실성이 감소

03 체화재고(stockpile)측면의 관리 대상으로 옳지 않은 것은?

① 매출 수량 대비 과다한 재고
② 매출이 발생되지 않는 상품
③ 행사 종료로 인한 잔량 재고
④ 소매점의 취급종료 상품
⑤ 수요의 불확실성에 대비한 재고

 수요의 불확실성에 대비한 재고 : 재고는 공급망의 영원한 숙제다. 수요의 변동에 따른 원활한 제품 공급을 위해서 기업은 필연적으로 어느 정도 이상의 재고를 가지고 간다. 그러나 팔리지 않는 재고는 곧 창고에 체화(滯貨, 상품 따위가 팔리지 아니하여 쌓여 있는 것)되어 지속적인 유지비를 발생시킨다. 이 때문에 필요한 만큼의 적정재고를 예측하고 구비하는 것은 매우 중요하나 이는 생각처럼 쉽지 않다. 수요예측에는 항상 변수가 따라오기 때문이다. 재고를 보유하는 유통, 제조업체 입장에서는 당연히 창고에 오래 남아 있는 체화재고(악성재고) 처리에 대한 고민을 할 수 밖에 없다.

04 공급체인관리의 주요 원칙에 관한 설명으로 옳지 않은 것은?

① 고객의 가치와 니즈를 이해하고 만족시킨다.
② 장기적으로 강력한 파트너십을 구축한다.
③ 각종 정보기술을 효과적으로 활용한다.
④ 경로 전체를 통합하는 정보시스템 보다는 각각의 독립성을 우선시 한다.
⑤ 공급체인 파트너 간의 커뮤니케이션이 효과적이어야 하고 적시에 이루어져야 한다.

 경로 전체를 통합하는 정보시스템이 중요한 요소이며, 이는 각각의 독립성이라면 공급체인관리의 주요원칙으로는 중요하지 않다.

05 글로벌 소싱의 발전 단계를 옳게 나열한 것은?

> ⊙ 사업단위의 글로벌 소싱
> ⓒ 필요시 일시적인 국제구매
> ⓒ 기능별 집단의 글로벌소싱 전략의 통합 및 조정
> ⓔ 국내에 한정된 구매
> ⓜ 부분적 전략적 소싱을 위한 국제구매

① ⓔ - ⓒ - ⓜ - ⊙ - ⓒ
② ⓒ - ⓔ - ⓒ - ⊙ - ⓜ
③ ⓔ - ⓜ - ⓒ - ⓒ - ⊙
④ ⓒ - ⓔ - ⓜ - ⓒ - ⊙
⑤ ⓜ - ⓒ - ⓔ - ⓒ - ⊙

 유통업체의 해외진출은 시장을 확대함으로써 유통산업 자체의 외형 성장을 가능케 할 뿐만 아니라 글로벌 소싱(global sourcing)을 통해 국내시장에서의 경쟁력을 강화하고 또 국내 제조업체들에 해외 판로를 제공한다는 점에서 긍정적인 기능을 한다. 글로벌 소싱의 발전 단계를 옳게 나열한 것은 ①의 내용이 가장 적합하다.

06 아래 글상자에서 물류예산안 편성과정의 단계들이 옳게 나열된 것은?

> ㉠ 물류관리 목표의 확인
> ㉡ 현황 파악 및 분석
> ㉢ 물동량 파악
> ㉣ 개별물류계획의 검토
> ㉤ 물류예산의 편성

① ㉠ – ㉡ – ㉢ – ㉣ – ㉤
② ㉡ – ㉢ – ㉣ – ㉤ – ㉠
③ ㉢ – ㉣ – ㉤ – ㉠ – ㉡
④ ㉣ – ㉤ – ㉠ – ㉡ – ㉢
⑤ ㉤ – ㉠ – ㉡ – ㉢ – ㉣

 물류예산관리란 기업의 물류활동을 위해 설정된 물류지침에 의해서 물류관리자가 물류요원의 의견을 수
렴하여 과학적으로 예산을 편성하고, 예산집행에 있어서 관련 지출을 조정하거나 통제하는 것을 말한다.
이에 가장 적합한 것은 ①의 내용이 가장 적합하다.

07 매장에서 근무할 직원과 근로계약을 체결하는 경우 근로계약서에 필수적으로 들어가야 할 사항으로
옳지 않은 것은?

① 임금 – 구성항목, 계산방법, 지급방법
② 복리후생 – 각종 명절, 근로자의 날의 복지 혜택
③ 근로시간 – 주당 근무시간, 휴게 시간 등
④ 연차유급 휴가 – 1년 이상 근무 시 휴가일수
⑤ 근무 장소 및 업무 – 근무할 장소와 담당 업무

 근로계약서를 쓰지 않으면, 사용자가 근로계약을 서면으로 체결하고 이를 교부하지 않으면 500만원 이하
벌금이 부과되며, 만약 기간제 · 단시간근로자인 경우는 500만원 이하의 과태료 처분을 받을 수 있다. 어
떻게 써야하냐면, 근로계약서에는 임금, 근로시간, 휴일, 연차, 유급휴가, 사회보험 적용여부 등의 내용을
명시해야 하며, 고용노동부에서 배포하는 표준근로계약서를 참고하시면 보다 쉽게 쓰실 수 있다. 복리후
생내용은 필수적인 요소는 아니다.

08 사전에 설정된 성과표준이나 절댓값을 기준으로 조직원의 성과를 평가하는 방법으로 옳지 않은 것은?

① 행동기준평가법 　　② 중요사건 기술법
③ 서면보고서 　　④ 대인비교법
⑤ 360도 피드백

사전에 설정된 성과표준이나 절댓값을 기준으로 조직원의 성과를 평가하는 방법으로는 행동기준평가법, 중요사건 기술법, 서면보고서, 360도 피드백 등이 있고, 대인비교법은 비교대상을 기준으로 하는 것이다.

09 제시된 그림은 확보해야 할 통제가능성 및 투자비의 높낮이에 따라 생산자들이 선택할 가능성이 높은 유통경로를 나타낸 것이다. 생산자가 간접유통경로를 선택할 가능성이 가장 높은 경우로 옳은 것은?

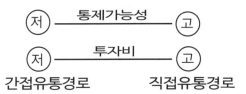

① 구매자에게 원스톱 쇼핑(one-stop shopping)이 매우 중요한 경우
② 중요한 영업비밀이 있는 경우
③ 상품 판매를 위해 높은 수준의 서비스나 일관된 경험을 제공하는 것이 중요한 경우
④ 상품이 고가이고, 복잡하며 고기술형인 경우
⑤ 상품을 취급할 수 있는 유능한 중간상들이 많지 않은 경우

 구매자에게 원스톱 쇼핑(one-stop shopping)이 매우 중요한 경우는 구매자가 특정한 장소에서 구매목록을 다 구매한다는 의미로 간접유통을 통한다. 나머지 지문은 모두 직접유통경로의 내용이 유리한 내용이다.

10 기업의 재무제표에 관련된 설명으로 가장 옳지 않은 것은?

① 재무상태표 : 일정시점 현재 기업의 자산, 부채, 주주지분의 금액을 제시
② 손익계산서 : 일정기간 동안 수행된 기업활동의 결과로서 주주지분이 어떻게 증가, 감소하였는지 보여줌
③ 현금흐름표 : 일정기간 동안 수행된 기업의 활동별로 현금유입과 현금유출을 측정하고 그 결과 기말의 현금이 기초에 비해 어떻게 변동되었는지 나타냄
④ 이익잉여금처분계산서 : 주주총회의 승인을 얻어 확정될 이익잉여금 처분예정액을 표시함
⑤ 연결재무제표 : 한 기업의 현금흐름표, 대차대조표, 손익계산서의 내용을 하나의 표로 작성하여 정리한 재무제표

지배기업과 종속기업 재무제표의 자산, 부채, 자본, 수익, 비용을 같은 항목별로 합산하여 연결재무제표를 작성한다. 단일 경제적 실체의 재무정보로서 연결실체의 재무정보를 제공하기 위하여 다음의 단계에 따라 연결재무제표를 작성한다.

11 경로성과의 양적 척도 또는 질적 척도의 예들이 모두 옳게 나열된 것은?

① 양적 척도 : 단위당 총 유통비용, 선적비용, 경로과업의 반복화 수준
② 양적 척도 : 고객불평 수, 주문처리에서의 오류수, 기능적 중복 수준
③ 양적 척도 : 가격인하 비율, 선적오류 비율, 악성부채비율
④ 질적 척도 : 경로통제능력, 경로 내 혁신, 고객 추천수
⑤ 질적 척도 : 신기술의 독특성, 재고부족 방지비용, 경로몰입수준

 경로성과측정에 있어서 정성적척도(qualitative measures)에 속하는 것으로는 경로협력의 정도, 경로통제의 능력, 경로과업의 반복화 수준이 있고, 정량적척도 (quantitative measures)에 해당하는 것으로는 새로운 유통업자의 수와 비율이 있다.

12 아래 글 상자의 설명과 경로구성원 파워(power)의 원천을 옳게 연결한 것은?

> ㉠ 경로구성원 A가 B에게 영향력을 행사할 권리를 가지고 있고, B가 그것을 받아들일 의무가 있다고 믿기 때문에 발생하는, A의 B에 대한 파워
> ㉡ 경로구성원 B가 A와 일체감을 갖기를 원하기 때문에, A가 B에 대해 갖는 파워

① ㉠ - 정보적 파워, ㉡ - 준거적 파워
② ㉠ - 강압적 파워, ㉡ - 전문적 파워
③ ㉠ - 준거적 파워, ㉡ - 합법적 파워
④ ㉠ - 보상적 파워, ㉡ - 전문적 파워
⑤ ㉠ - 합법적 파워, ㉡ - 준거적 파워

 ◙합법력(Legitimate Power) : 오랜 관습 또는 공식계약에 의해 상대방에게 행동을 준수하도록 정당하게 요구 할수 있는 능력을 말한다.
◙준거력(Reference Power) : 소매상이 어떤 브랜드 상표를 취급하는 것 자체(명품 취급이나 백화점 입점)를 자랑스럽게 생각하는 경우나 특정집단에 일체감을 갖고 있거나 갖게 되기를 바라기 때문에 발생하는 능력을 말한다.

13 경영혁신(management innovation)의 성공요건에 관한 설명으로 옳지 않은 것은?

① 최고경영자의 강력한 의지와 지원이 필요하다.
② 경영혁신의 목표와 방법, 기대효과에 대해 충분히 설명한다.
③ 변화하지 않으면 도태될 수 있다는 긴박감과 위기감은 조성하지 않는다.
④ 변화관리를 위한 전문적인 체계와 기법, 전문가나 전담부서를 활용한다.
⑤ 세밀한 사전 준비와 사후 관리 등을 통해 혁신이 계획대로 추진되고 정착될 수 있도록 노력한다.

 경영혁신(management innovation)의 성공요건으로 본다면 변화하지 않으면 도태될 수 있다는 긴박감과 위기감은 있어야 혁신적인 경영을 이룰 수 있다.

14 기업이 갖춰야 할 핵심역량의 조건에 대한 설명으로 옳지 않은 것은?

① 역량이 경쟁자 대비 높은 고객가치를 창출할 수 있도록 지원해야 한다.
② 역량이 시장에서 쉽게 거래될 수 있어야 한다.
③ 역량 모방이 불가능해야 한다.
④ 역량의 희소성이 있어야 한다.
⑤ 역량이 대체 불가능한 능력이어야 한다.

 핵심역량(核心力量, core competency)은 기업이 보유한 세계적 수준의 능력과 활동으로 오랜 경험에서 얻은 지식과 문헌 조사와 시대에 뒤떨어지지 않은 새로운 외부 지식을 보유한 일류 연구조직이나 핵심인력에 의존한다. 정보시스템은 역량강화를 위해 전략사업단위(strategic business unit, SBU)간 정보공유를 장려하거나 현재의 역량을 강화한다. 직원이 외부의 신지식을 인식하게 도움을 주고, 관련 시장에 기존 비즈니스 영향력을 활용할 수 있게 도움을 주지만 역량이 시장에서 쉽게 거래될 수는 힘들다.

15 최근에 진행되고 있는 유통환경의 변화에 관한 설명으로 옳지 않은 것은?

① 구매의사결정과정에서 온라인과 오프라인간의 경계가 더욱 견고해졌다.
② 1인 가구의 증가로 인해 기존의 유통트렌드가 변화하고 있다.
③ 남여 성별 고정역할의 구분이 약해짐으로 인해 소비시장도 변하고 있다.
④ 시간의 효율적 사용을 원하는 고객의 요구가 증가하고 있다.
⑤ 고객이 직접 해외에서 구매하는 현상이 증가하고 있다.

 소비자의 구매의사결정과정에서 온라인과 오프라인간의 경계가 더욱 모호해지고 있다.

16 조직의 외부에 존재하면서 조직의 의사결정이나 전반적인 조직 활동에 영향을 미치는 외부환경 (external environment)중 거시환경(macro environment) 요소로 옳지 않은 것은?

① 시장구조적 환경
② 경제적 환경
③ 기술적 환경
④ 인구통계적 환경
⑤ 정치 · 법률적 환경

 시장구조적 환경은 거시환경(micro environment) 요소로 봐야한다.

17 유통경로상 강력한 파워를 갖고 있는 구성원의 '우월적 지위의 남용'에 대한 사례로 옳지 않은 것은?

① 경쟁자 제품을 미리 망가뜨려 놓은 다음에 비교 테스트를 해서 판매계약을 따오는 사례
② 백화점이 경품행사를 하면서 경품비용을 납품업체의 상품대금에서 공제하는 사례
③ 대금지불 조건을 자신에게 일방적으로 유리하게 정하는 사례
④ 대금지급 시기를 일방적으로 늦추는 사례
⑤ 백화점이 납품업체에게 판매사원을 파견하도록 요구한 다음, 이들을 포장이나 물품하역 등 백화점 고유 업무에 투입시키는 사례

 경쟁자 제품을 미리 망가뜨려 놓은 다음에 비교 테스트를 해서 판매계약을 따오는 사례는 법적으로 처벌을 받을 수 있는 불법적인 내용이 된다.

18 유통산업발전법(시행 2018.5.1.)(법률 제14977호, 2017.10.31., 일부 개정)의 적용에서 배제되는 유통기관이 아닌 것은?

① 농수산물 도매시장
② 농수산물 공판장
③ 민영농수산물 도매시장
④ 가축시장
⑤ 중소유통 공동도매물류센터

 제4조(적용 배제) 다음 각 호의 시장·사업장 및 매장에 대하여는 이 법을 적용하지 아니한다. 〈개정 2015. 11. 20.〉
1. 「농수산물 유통 및 가격안정에 관한 법률」 제2조제2호·제5호·제6호 및 제12호에 따른 농수산물도매시장·농수산물공판장·민영농수산물도매시장 및 농수산물종합유통센터
2. 「축산법」 제34조에 따른 가축시장

19 유통경로가 창출하는 효용 가운데 아래 글상자가 설명하는 효용으로 옳은 것은?

> 소비자가 제품이나 서비스를 사용할 수 있는 권한을 갖도록 유통경로가 도와줌으로써 발생하는 효용이다. 중간상들은 제조업체를 대신하여 고객들에게 신용판매나 할부판매를 제공함으로써, 제조업자에게서 소비자에게로 사용권한이 이전되는 것을 돕는다.

① 시간효용
② 장소효용
③ 소유효용
④ 보관효용
⑤ 기술효용

📖 유통경로가 창출하는 효용성
1. 시간적 효용(time utility):시간의 제약요소가 없다.
2. 장소적 효용(place utility):어디서든지 효용을 얻는다.
3. 소유적 효용(possession utility):리스나 대여를 통해서도 효용을 얻을 수 있다.
4. 형태적 효용(form utility):소비자가 원하는 수준의 적절한 양을 분할하여 분배 함으로써 얻게 되는 효용이다.

20 유통업체들 간의 경쟁을 유발하여 소비자 가격을 인하하기 위해, 유통업체가 자율적으로 판매가격을 정해서 표시할 수 있도록 허용하는 제도는?

① 하이로우(high-low) 제도
② EDLP 제도
③ 노마진 제도
④ 오픈프라이스(open price) 제도
⑤ 권장소비자가격 제도

 오픈가격정책(open price policy) ① 가격은 제조회사가 생산시에 책정하나 제조회사가 자기회사 제품의 권장소매가격 을 정하지 않고 유통회사에게 가격책정을 맡긴다. 즉, 제조업자는 출하가격만을 제 시하고 소매업체가 자율적으로 가격을 결정한다.

21 아래 글상자 (㉠)과 (㉡)에 들어갈 용어가 옳게 나열된 것은?

(㉠)에서는 사업자로부터 상품을 구매한 업체가 소비자에게 상품을 판매하는 B2B2C형태의 거래가 이루어 진다.
(㉡)에서는 업체가 제공하는 장소에서 소비자에게 직접 상품을 판매하는 C2C형태의 거래가 이루 어진다.

① ㉠ 오픈마켓,　　　㉡ 카탈로그마케팅
② ㉠ 카탈로그마케팅,　㉡ 소셜커머스
③ ㉠ 소셜커머스,　　　㉡ 카탈로그마케팅
④ ㉠ 소셜커머스,　　　㉡ 오픈마켓
⑤ ㉠ 홈쇼핑,　　　　　㉡ T 커머스

 B2B(기업과 기업 간 거래)와 B2C(기업과 소비자 간 거래)를 결합한 전자상거래 로, 기업들을 모집하여 기 업제품들을 소비자에게 판매하는 형태를 말한다. 즉 B2B2C는 Business to Business to Consumer를 간 략히 표현한 것이다.
오픈마켓(open market)은 판매를 원하는 모든 사업자들에게 개방되어 있는 온라인 시장 혹은 마켓 플레 이스(market place)를 지칭한다.

22 모든 도매기능을 제공하는 완전기능 도매상과 달리 특징적인 몇 가지의 도매기능을 특화하여 수행하는 한정기능도매상으로 옳지 않은 것은?

① 직송 도매상
② 현금무배달 도매상
③ 한정상품 도매상
④ 트럭 도매상
⑤ 진열 도매상

 한정상품도매상(general line wholesaler)은 서로 연관되어 있는 소수의 상품라인을 집중적으로 취급하는 도 매상을 말하며, 완전기능(서비스형) 도매상(Full Service Wholesaler)에 속한다.

23 전략유형을 시장대응전략과 경쟁우위전략으로 구분할 때 시장대응전략만을 묶은 것으로 옳은 것은?

① 제품/시장믹스전략, 포트폴리오전략

② 원가우위전략, 포트폴리오전략

③ 차별화전략, 집중화전략

④ 제품/시장믹스전략, 차별화전략

⑤ 제품수명주기 전략, 집중화 전략

 경쟁우위전략은 집중화나 차별화전략으로 말할 수 있고, 제품/시장믹스전략이나 포트폴리오전략은 시장대응전략으로 평가할 수 있다.

24 수직적 마케팅 시스템의 계약형 경로에 해당하지 않는 것은?

① 소매상 협동조합

② 제품 유통형 프랜차이즈

③ 사업형 프랜차이즈

④ 도매상 후원 자발적 연쇄점

⑤ SPA브랜드

 수평적 마케팅 시스템(HMS : horizontal marketing system)은 공생적마케팅시스템이라고도 하며, 동일한 유통경로 단계상에 있는 2개 이상의 개별기관들이 독자성을 유지하고, 기업이 가지고 있는 자본ㆍ노하우ㆍ마케팅ㆍ자원을 수평적으로 결합하여 시너지효과를 얻기 위해 통합하는 형태이다.

25 유통경로 구성원의 기능을 크게 전방기능 흐름, 후방기능 흐름, 양방기능 흐름으로 나눌 때, 다음 중 후방기능흐름만으로 바르게 짝지어 진 것은?

① 물적 소유, 소유권

② 협상, 금융

③ 주문, 대금 결제

④ 소유권, 협상

⑤ 물적 소유, 위험부담

 물적 소유, 소유권은 전방기능, 협상, 금융은 양방기능의 항목이다.

26 점포를 개설하기 위해서는 법률이 정하는 행정기관에 신고 · 지정 · 등록 또는 허가 절차를 밟아야 하는 경우가 많다. 점포 개설을 위해 "허가"를 받아야 하는 경우는?

① 다른 편의점에 인접한 편의점

② 약사 또는 한약사가 개설하는 약국

③ "유통산업발전법"(법률 제14997호, 2017. 10. 31., 일부개정) 상의 대규모점포

④ 전통상업보존구역에 개설하는 "유통산업발전법" 상의 준대규모점포

⑤ 위에는 해당하는 경우가 없음

 점포개설은 기본적으로 자유주의원칙에 의하므로 식품위생법 시행령」 제23조에 따른 단란주점영업 · 유흥주점영업의 허가 등을 제외하고는 지역의 행정관청에서 법률이 정하는 행정기관에 신고 · 지정 · 등록 제도를 두고 있다. 위 문제에서는 예시를 충족하는 지문은 없다.

27 동선(動線)에 대한 설명 중에서 가장 옳지 않은 것은?

① 고객이 주로 승용차로 내점하는 점포의 경우에는 주 주차장에서 주 출입구까지가 동선이 된다.

② 올라가는 에스컬레이터의 경우에는 올라가기 전, 내려가는 에스컬레이터의 경우에는 내려가기 전이 최적의 입지가 된다.

③ 대규모 소매점은 고객이 각 층별로 돌아보기 때문에 각 층이 자석이 되고 이를 연결하는 에스컬레이터가 동선이 된다.

④ 인스토어형의 동선의 경우, 주 출입구에서 에스컬레이터까지가 주동선이 된다.

⑤ 고객의 내점 수단이 도보인 경우 주 출입구에서 에스컬레이터까지가 주동선이 된다.

 올라가는 에스컬레이터의 경우에는 올라간 후, 내려가는 에스컬레이터의 경우에는 내려간 뒤 입지가 최적의 입지가 된다.

28 다음 중 소매상권의 크기와 형태를 결정하는 직접적인요인이라고 보기 어려운 것은?

① 주변의 인구분포 ② 상품의 종류

③ 점포의 입지 ④ 종업원의 친절도

⑤ 점포에 대한 접근성

 종업원의 친절도는 상권이나 입지요인이 아니라 고객의 서비스요소에 해당한다.

29 소매점포의 접근성에 관한 아래의 내용 중에서 옳은 것은?

① 점포의 입구는 한 개로 집중하는 것이 좋다.

② 점포를 건축선에서 후퇴하여 위치시키면 시계성, 인지성을 떨어뜨리므로 바람직하지 않다.

③ 보도의 폭이 좁을수록 보행자의 보속이 느려지므로, 소매점에 대한 시계성이나 인지성을 높일 수 있다.

④ 계단이 있거나 장애물이 있는 건물은 목적성이 낮고 경쟁점이 많은 업종에 상대적으로 유리하다.

⑤ 고객의 목적구매 가능성이 높은 업종은 접근성이 시계성에 별 영향을 미치지 않는다.

 ① 점포의 입구는 규모나 조건에 따라 다양한 입구가 있는 것이 필요하다.
③ 보도의 폭이 좁을수록 보행자의 보속이 느려지면 불편함을 느끼고, 소매점에 대한 시계성이나 인지성을 높일 수 있는 것은 고객들에 충분히 여유로운 동선이 있을 때 가능하다.
④ 계단이 있거나 장애물이 있는 건물은 접근성이 낮으므로 경쟁점이 많은 업종에 상대적으로 불리하다.
⑤ 고객의 목적구매 가능성이 높은 업종은 시계성이 접근성에 별 영향을 미치지 않는다.

30 아래 글상자의 내용 가운데 상권분석 및 입지전략수립의 목적으로 타당한 것만을 나열한 것은?

㉠ 매출 추정	㉡ 업종 선택
㉢ 적정 임차료 추정	㉣ 성공적인 점포경영

① ㉠ 　　　　　② ㉠, ㉡ 　　　　　③ ㉠, ㉢

④ ㉠, ㉡, ㉢ 　　　　　⑤ ㉠, ㉡, ㉢, ㉣

 위 지문에서는 상권분석 및 입지전략수립의 목적으로 타당한 것만을 나열한 것이다.

31 아래 글상자에 기술된 소매점포의 매출 추정 방법의 유형으로 가장 옳은 것은?

> 취급하는 상품에 대한 상권의 총 시장규모를 파악하고, 경쟁점포들과의 상대적 경쟁력을 고려하여 자사 매출을 추정한다. 상대적 경쟁력은 매장면적을 활용해 판단한다.

① 비율법 　　　　　② 유추법

③ 회귀분석법 　　　　　④ 체크리스트법

⑤ 확률모형적용법

소매점포의 매출 추정 방법 중 상대적 경쟁력을 매장면적을 활용해 판단하는 것은 비율법이 된다.

32 전통적인 도심 상업지역인 중심상업지역(CBD)의 경쟁우위요인으로 가장 옳은 것은?

① 대중교통이 편리해 유동인구가 많다.
② 원래 계획적으로 개발되어 쇼핑이 편리하다.
③ 고객용 주차공간이 충분하다.
④ 점포가 산재되어 상권범위가 좁다.
⑤ 주거인구가 지속적으로 증가한다.

 ② 도심입지는 비계획적으로 개발되었다.
③ 비계획적으로 조성되어 고객용 주차공간이 충분하지 않다.
④ 점포가 산재되어 상권범위가 넓다.
⑤ 주거인구가 지속적으로 감소한다.

33 다음의 여러 상권분석 방법 가운데서 기존 점포를 이용하는 소비자의 공간적 분포 분석에 주로 활용되는 방법은?

① 라일리(Reilly)의 소매인력모형법
② 허프(Huff)의 소매인력법
③ 고객점표법(customer spotting technique)
④ 아날로그(analog) 방법
⑤ 컨버스(Converse)의 소매인력이론

 유추법에 의한 상권규모의 측정은 CST(Customer Spotting Technique)map의 지도를 이용하여 고객들의 거주지를 그림으로 표시함으로써 상권규모를 가시화 시키며, 지역내 점포사이의 경쟁정도를 유추할 수 있다.

34 일반적으로 소매점의 입지결정에 영향을 미치는 요인으로서 가장 옳지 않은 것은?

① 자동차의 보급률
② 주택단지의 분포
③ 행정구역의 경계
④ 소매단지의 분포
⑤ 소매상권의 계층화 정도

 행정구역의 경계는 국가의 정책적인 지리를 구분하는 것이다.

35

넬슨(R. L. Nelson)은 소매점이 입지를 선정할 때 지켜야 할 여덟가지 원칙 중에서 향후 생길 수 있는 경쟁점포의 입지, 규모, 형태 등을 고려하여 자신의 사업장이 경쟁력을 유지할 수 있을지를 확인해야 한다는 원칙은 무엇인가?

① 경쟁점포 회피의 원칙
② 상권 잠재력의 원칙
③ 점포 접근가능성의 원칙
④ 입지 누적흡인력의 원칙
⑤ 입지 양립성의 원칙

 경쟁 회피성 : 장래 경쟁점이 신규 입점함으로써 고려대상 점포나 유통단지에 미칠 영 향 정도나 경쟁점 (경쟁 유통단지)의 입지, 규모, 형태 등을 감안하여 고려대상 점포나 유통단지가 기존점포와의 경쟁에서 우위를 확보할 수 있는 가능성의 정도를 평가하는 방법으로 가능하다면 주변에 경쟁점포가 없는 입지를 선택하고 경쟁점의 규모 등을 감안해야 한다.

36

소매점포를 개점하기 전에 실시하는 투자분석에 대한 설명으로 가장 옳지 않은 것은?

① 예상매출액을 기준으로 손익분석을 실시한다.
② 매출이익, 영업이익, 경상이익, 순이익 등 다양한 이익을 추정한다.
③ 투자수익률은 연간 매출이익을 총 투자액으로 나눈 것이다.
④ 투자수익률을 12로 나누어 월단위의 투자회수기간을 추정한다.
⑤ 투자회수기간은 짧을수록 바람직하다.

 투자수익률(投資收益率, Return of Investment)은 투자한 자본에 대한 수익 혹은 손실의 비율을 일컫는 용 어로 투자 금액의 수익 및 손실은 금융 이자, 이익 실현, 이익 손실, 순수입, 순손실 등에서 기인한다. 투자 한 자본은 일반적인 자본 외에 비용이 수반된 투자, 자산, 자본 등을 모두 일컫고, 계산하여 수치를 나타낼 때 분수보다는 비율로 나타내는 경우가 많다.

37

상권분석방법은 규범적 모형(normative methods)과 기술적 방법(descriptive methods)으로 구분될 수 있다. 이 중 기술적 방법에 포함될 수 있는 하나는?

① 공간적 상호작용모델
② 중심지이론
③ 유추법
④ 라일리(Reilly)의 소매인력이론
⑤ 컨버스(Converse)의 소매분기점

 공간적 상호작용모델은 확률적모형에 속하고, 중심지이론, 라일리(Reilly)의 소매인력이론, 컨버스 (Converse)의 소매분기점 모형은 규범적 모형(normative methods)이며, 유추법이 기술적 방법 (descriptive methods)이다.

38 아래의 내용 중 크리스탈러(Christaller)의 중심지이론과 관련된 설명으로 적절하지 않은 것은?

① 중심지는 배후거주지역에 대해 다양한 상품과 서비스를 제공하고 교환의 편의를 도모하기 위해 상업 및 행정기능이 밀집된 장소를 말한다.

② 중심지 간에 상권의 규모를 확대하기 위한 경쟁이 발생되어 배후지가 부분적으로 중첩되는 불안정한 구조가 형성될 수 있다.

③ 최대도달거리란 중심지가 수행하는 유통서비스기능이 지역거주자들에게 제공될 수 있는 최대(한계)거리를 말한다.

④ 상업중심지의 정상이윤 확보에 필요한 최소한의 수요를 발생시키는 상권범위를 최소수요 충족거리라고 한다.

⑤ 중심지가 한 지역 내에서 단 하나 존재한다면 가장 이상적인 배후상권의 형상은 정육각형으로 형성될 것이다.

 중심지가 한 지역 내에서 단 하나 존재한다면 가장 이상적인 배후상권의 형상은 단순원형으로 형성될 것이다.

39 소매단지의 "업종친화력"은 입점한 소매점들의 업종연관성을 의미한다. 업종친화력이 높으면 누적유인의 효과가 커지는 반면, 차별화에 실패하면 인근점포들과 극심한 경쟁을 벌여야 한다. 따라서 점포입지를 선정할 때는 상업단지의 업종친화력을 고려해야 한다. 일반적으로 업종친화력이 가장 낮은 상업단지는?

① 대학가 상가   ② 부도심 역세권 상가
③ 사무실 지역 상가   ④ 대학입시학원가 상가
⑤ 작은 평수 아파트의 단지 상가

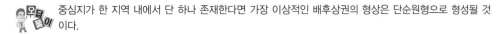 부도심 역세권 상가는 그곳을 지나는 유동고객들이 상당수 이므로 일부러 찾아오는 고객들은 극소수 이다.

40 최근 상권분석을 위해 활용도가 높아지고 있는 GIS(geographic information system)에 대한 설명으로 옳지 않은 것은?

① 컴퓨터를 이용한 지도 작성체계와 데이터베이스관리체계(DBMS)의 결합이다.
② 지도레이어는 점, 선, 면을 포함하는 개별 지도형상으로 구성되어 있다.
③ gCRM을 실현하는 데 기본적 틀을 제공할 수 있다.
④ 주제도작성, 데이터 및 공간조회, 버퍼링(buffering)을 통해 효과적인 상권분석이 가능하다.
⑤ 심도 있는 분석을 위해 상권의 중첩(overlay)을 표현하는 작업은 아직 한계점으로 남아있다.

GIS(Geographic Information System)는 지리적으로 참조 가능한 모든 형태의 정보를 효과적으로 수집, 저장, 갱신, 조정, 분석, 표현할 수 있도록 설계된 컴퓨터의 하드웨어와 소프트웨어 및 지리적 자료 그리고 인적자원의 통합체를 말하며, 지표면에 위치한 장소를 설명하는 자료를 모으고, 이를 이용할 수 있게 하는 컴퓨터 시스템이라고 할 수 있다.

41 다수의 점포를 운영하는 체인점 등에서 비교적 활용도가 높은 회귀분석(regression analysis)의 기본적 특성이나 적용과정에 대한 설명으로 내용이 옳지 않은 것은?

① 실무적으로는 유사한 거래특성과 상권을 가진 점포들의 표본을 충분히 확보하기 어렵다는 문제점을 지닌다.

② 모형의 독립변수들이 서로 독립적이고 상호관련성이 없다고 가정하는 회귀분석의 기본 특성을 고려해야 한다.

③ 단계적 회귀분석(stepwise regression)기능을 사용하면 다중공선성의 문제를 해결하는데 도움이 될 수 있다.

④ 다양한 변수를 체계적으로 고려하여 각 변수들이 점포의 성과에 미치는 상대적인 영향에 대해 계량적으로 설명할 수 있다.

⑤ 루스(Luce)의 선택공리를 적용하였으므로 허프(Huff)모델과 같이 확률선택모형으로 분류하기도 한다.

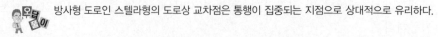 루스(Luce)의 선택공리나 허프(Huff)모델은 같이 확률선택모형으로 분류하지만 중요한 것은 이들은 고객들의 효용을 점포선택의 기준으로 평가를 하는 것이다.

42 다양한 입지조건 중 도로의 구조나 통행로의 특성에 따라 입지의 유리함과 불리함을 설명할 때 일반적으로 옳지 않은 것은?

① T형 교차로의 막다른 길에 점포가 입지한 경우 4방향 교차로에 비해 불리하다.

② 'C'자와 같이 굽은 곡선형 도로의 안쪽에 입지해 있는 점포는 시계성에 있어서 불리하다.

③ 평지의 주도로와 만나는 경사진 보조도로에 입지한 점포는 평지보다 시계성에 있어 불리하다.

④ 점포의 업종별로 인근 거주자의 출퇴근 동선(방향)에 따라 입지의 매력도 평가가 달라질 수 있다.

⑤ 방사형 도로에 있어서 교차점은 통행이 분산되는 지점으로 상대적으로 불리하다.

 방사형 도로인 스텔라형의 도로상 교차점은 통행이 집중되는 지점으로 상대적으로 유리하다.

43 입지의 지리적 조건에 관한 아래의 내용 중에서 옳지 않은 것은?

① 이용 측면에서는 사각형의 토지가 좋다.
② 삼각형 토지의 좁은 면은 좋은 입지가 될 수 있다.
③ 일정규모 이상의 면적이라면 자동차 출입이 편리한 각지(角地)가 좋다.
④ 인지성이 좋은 지역이 좋은 입지이다.
⑤ 직선 도로의 경우 시계성이 좋고 좌·우회전이 용이한 도로변이 좋다.

 삼각형 토지는 면적이용에 제한적이라 삼각형면은 좋은 입지가 될 수 없다.

44 다음 상권과 입지의 기본적 개념과 특징에 관련된 설명중에서 옳지 않은 것은?

① '입지를 강화한다'는 것은 점포가 더 유리한 조건을 갖출 수 있도록 점포의 속성들을 개선하는 것을 의미한다.
② 상권은 점포를 이용하는 소비자들이 분포하는 공간적범위를 의미하거나 점포의 매출이 발생하는 지역범위이다.
③ 입지는 점포를 경영하기 위해 선택한 장소 또는 그 장소의 부지와 점포주변의 위치적 조건을 의미한다.
④ 입지 평가항목에는 주변 거주인구, 유동인구, 경쟁점포의 수 등이 있고 상권 평가항목에는 점포의 면적, 층수, 교통망 등이 있다.
⑤ 상권은 일정한 공간적 범위(boundary)로 표현되고 입지는 일정한 위치를 나타내는 주소나 좌표를 가지는 점(point)으로 표시된다.

상권 평가항목에는 주변 거주인구, 유동인구, 경쟁점포의 수 등이 있고 입지 평가항목에는 점포의 면적, 층수, 교통망 등이 있다.

45 상권의 경계를 파악하기 위해 간단하게 활용할 수 있는 티센다각형(Thiessen polygon) 모형에 대한 설명으로 옳지 않은 것은?

① 공간독점접근법에 기반한 상권 구획모형의 일종이다.
② 소비자들이 가장 가까운 소매시설을 이용한다고 가정한다.
③ 소매 점포들이 규모나 매력도에 있어서 유사하다고 가정한다.
④ 일반적으로 티센다각형의 크기는 경쟁수준과 정의 관계를 가진다.
⑤ 신규점포의 입지가능성을 판단하기 위한 상권범위 예측에 사용될 수 있다.

티센다각형(Thiessen polygon)은 상권 경계를 분석하는 방법 중에서 각 점포가 차별성이 없는 상품을 판매할 경우 소비자들은 가장 가까운 소매시설을 이용한다는 가정을 기본 전제로 하는 분석방법에 해당 하는 것으로 직선으로 연결한 3각형의 각 변의 수직이등분선을 그었을 때 만들어지는 관측점 주위의 다 각형을 말하며, 이들 다각형의 면적이 각 관측점의 가중인자로 이용되며, 티센 다각형의 크기는 경쟁수준과 반드시 비례하지는 않는다.

제3과목 유통 마케팅(46~70)

46 고객관계관리에 대한 설명으로 옳지 않은 것은?

① 시장점유율보다는 고객점유율에 비중을 둔다.
② 고객획득보다는 고객유지에 중점을 두는 것이 바람직하다.
③ 상품판매보다는 고객관계에 중점을 둔다.
④ 획일적 메시지보다는 고객요구에 부합하는 맞춤 메시지를 전달한다.
⑤ 고객맞춤전략은 고객관계관리에 부정적인 영향을 미친다.

 고객관계관리(CRM : Customer Relationship Management)는 우리제품을 구매해준 고객들에 대한 정보를 컴퓨터의 데이터 베이스(Data Base)에 저장해 놓고, 고객자료를 분석해서 고객 한 사람 한 사람에게 가 장 적합한 제품과 서비스를 제공하고자 하는 정보시스템이라고 할 수 있어 고객맞춤전략은 고객관계관리에 긍정적인 영향을 미친다.

47 아래 글 상자에서 설명하는 유통마케팅 자료분석 기법으로 옳은 것은?

○ 경쟁상품들의 포지셔닝맵을 작성하는데 주로 사용된다.
○ 유통서비스들에 대한 고객의 인지구조를 지도화 하여 핵심 개념들의 차원을 규명하는데 사용된다.
○ 유사성 자료 또는 근접성 자료를 공간적 거리로 시각화한다.

① 시계열분석　　　　　② 다차원척도법
③ 컨조인트분석　　　　④ 회귀분석
⑤ 군집분석

 다차원 척도법(MultiDimensional Scaling)는 다차원 관측값 또는 개체들 간의 거리(distance) 또는 비유사성 (dissimilarity)을 이용하여 개체들을 원래의 차원보다 낮은 차원(보통 2차원)의 공간상에 위치시켜 (spatial configuration) 개체들 사이의 구조 또는 관계를 쉽게 파악하고자 하는데 목적이 있다. 즉, 차원의 축소를 통해 개체들의 상대적 위치 등을 통해 개체들 사이의 관계를 쉽게 파악하고자 하는데 목적이 있다고 할 수 있으며, 공간적 배열에 대한 주관적인 해석에 중점을 두고 있다.

48 경로 갈등에 대한 내용으로 옳지 않은 것은?

① 경로 구성원 간의 갈등은 여러 가지 다른 상황과 요인 때문에 발생하며, 넓은 맥락에서 갈등이 항상 나쁜 것은 아니다.

② 수평적 갈등은 동일한 경로단계 상의 구성원들 사이에서 발생하는 갈등을 의미한다.

③ 수직적 갈등은 제조업자와 도매상 같이 서로 다른 경로단계를 차지하는 구성원들 사이에서 발생하는 갈등이다.

④ 분배적 공정성은 분쟁을 해결하거나 자원을 할당하는 과정에서 다른 경로구성원들과 비교했을 때 동등하고 공평한 대우를 받는 것과 관련된다.

⑤ 상호작용적 공정성이란 경로구성원에게 실질적인 자원할당이 적정하게 이루어졌는지에 대한 지각을 뜻한다.

 상호작용공정성은 공정성 판단의 대상이 조직에서 상사로 바뀌게 된다. 분배와 절차가 어떻게 되건, 전체적인 과정에서 핵심적인 역할을 수행하고 실행하는 주체는 조직이 아니라 바로 나의 상사라는 것에 초점을 맞춘 것이 바로 상호작용공정성개념이다. 전체적인 과정 속에서 상사가 나에게 어떻게 했는가? 나를 충분히 존중했는가(interpersonal justice)? 나에게 관련 정보 (information)을 충분히 제공했는가 (informational justice)? 바로 이러한 두 가지 측면에 초점을 맞춘 것이 상호작용공정성 개념이다.

49 소비자가 지각한 가치를 기준으로 한 가격결정법에 대한 설명으로 옳지 않은 것은?

① 제품가격이 소비자들의 유보가격보다 높으면 소비자들은 비싸다고 인식한다.

② 최저수용가격보다 낮으면 가격은 싸다고 인식하지만 품질에 의심을 가진다.

③ 소비자들이 해당 제품에 대해 지각하는 가치 수준에 맞추어 가격을 결정하는 방법이다.

④ 준거가격이란 소비자가 적정하다고 판단하는 수준의 가격이다.

⑤ 구매를 유도하려면 유보가격과 준거가격 사이에서 가격을 설정해야 한다.

 ◙유보가격(reservation price) : 「소비자가 마음속으로, 이 정도까지는 지불할 수 도 있다고 생각하는 가장 높은 수준의 가격」을 의미하는 것으로 정의할 수 있다.
◙준거가격(reference price): 구매자가 가격이 저가인지 고가인지를 판단하는데 기준으로 삼는 가격을 말한다.

50 아래 글상자에 설명된 가격조정전략으로 옳은 것은?

> 제조업자가 일반적으로 수행해야 할 업무(마케팅기능)의 일부를 중간상이 수행할 경우, 발생한 경비의 일부를 제조업자가 부담하는 것이다.

① 현금할인 ② 거래할인 ③ 판매촉진지원금
④ 수량할인 ⑤ 계절할인

거래할인은 제조업자와 중간상이 거래를 함에 따라 발생하는 것으로 제조업자가 일반적으로 수행해야 할 업무(마케팅기능)의 일부를 중간상이 수행할 경우, 발생한 경비의 일부를 제조업자가 부담하는 것이다.

51 아래 글상자에서 설명하는 소매점 고객서비스의 유형으로 옳은 것은?

> ○ 고객에게 강렬한 점포 이미지를 심어주는 고객서비스 유형이다.
> ○ 무형의 서비스이지만 서비스의 본질이다.
> ○ 다른 서비스 유형의 품질 지각에도 중요하게 작용한다.
> ○ 교육을 통해 고객을 친절하게 대하는 점포문화를 만드는 것이 필요하다.

① 고객응대　　　　　　　　② 정보제공
③ 세일 및 사은행사　　　　　④ 배달 및 배송
⑤ 교환 및 환불

고객응대 서비스 종사자는 고객입장에서 생각하는 마음과 자세를 가져야 하며, 고객을 이해하고 고객의 말에 귀를 기울이면 고객도 종사자의 입장을 생각하는 마음을 갖고, 고객의 마음을 읽고 기본심리를 존중하여 서비스하는 것이 중요하다.

52 EDLP(everyday low price) 가격전략의 특징으로 옳지 않은 것은?

① 경쟁소매업체와 동일하거나 더 낮은 가격을 설정한다.
② 규모의 경제, 효율적 물류시스템, 경영 개선 등을 통한 저비용화가 이루어져야 실행 가능하다.
③ 언제나 저가격으로 소비자가 구입시점을 지연시키지 않기 때문에 판매 예측이 가능하다.
④ 경쟁자와의 지나친 가격전쟁 압박 때문에 세일광고에 많은 노력을 기울여야 한다.
⑤ 경쟁사보다 저렴하지 않은 경우 가격 차액을 환불해 주기도 한다.

EDLP(everyday low price) 가격전략은 매일저가정책으로 굳이 세일광고에 많은 노력을 기울일 필요가 없다. 경쟁자와의 지나친 가격전쟁 압박 때문에 세일광고에 많은 노력을 기울여야 한다는 것은 하이로 가격설정(High-Low pricing)이다.

53 신규고객 창출을 위한 CRM활동에 대한 설명으로 옳지 않은 것은?

① 마일리지 프로그램을 통해 구매액에 따른 포인트적립 및 적립 포인트에 따른 혜택을 제공한다.

② 제휴마케팅을 통해 타 기업과의 공식적인 제휴를 맺음으로 타사 고객을 자사 고객으로 유치한다.

③ 정기적 혹은 비정기적 이벤트를 전개하여 잠재고객을 확보한다.

④ 고객센터, 홈페이지 등을 통해 잠재고객을 대상으로 프로모션 활동을 전개한다.

⑤ 이탈고객의 리스트를 작성하고 이들 중 수익창출 가능성이 있는 고객들을 대상으로 프로모션 활동을 전개하여 재활성화 한다.

 마일리지 프로그램을 통해 구매액에 따른 포인트적립 및 적립 포인트에 따른 혜택을 제공하는 것은 기존 고객을 위한 내용이 된다.

54 아래 글 상자에서 설명하는 소비용품의 유형으로 가장 옳은 것은?

○ 구매빈도: 비교적 가끔 구매됨
○ 고객구매행동: 상당한 구매계획 및 쇼핑노력을 기울임
○ 유통: 비교적 소수의 소매점을 통한 선별적 유통
○ 촉진: 제조업체와 유통업체에 의한 광고를 주로 이용함
○ 예: 주요 내구재, TV, 가구, 의류

① 편의품　　　　② 선매품　　　　③ 전문품
④ 미탐색품　　　⑤ 산업용품

 선매품(Shopping goods)은 일반적으로 많은 주의를 가지고 구매하며 최종 구매결정은 몇몇 상품을 비교한 후에야 이루어진다. 품질, 스타일의 적합성과 가격 등이 비교의 기준이 되고 상당한 정도의 소비자 취미에 의하여 결정된다.

55 단품관리전략의 기대효과로 옳지 않은 것은?

① 품절이 줄어든다.
② 상품구색이 증가한다.
③ 과잉 재고가 줄어든다.
④ 매대생산성이 증가한다.
⑤ 무리한 가격인하가 줄어든다.

 상품구색(Goods Assortment)은 소매점이 판매하는 모든 상품의 종류와 조합을 상품구색 또는 상품 구성이라 한다. 상품구색(assortment)은 상품의 폭(넓이)(goods width)과 상품 깊이(goods depth)로 구분할 수 있으며, 단품관리전략에서는 오히려 구색이 증가할 수 있다.

56 소매수명주기이론에서 단계별 소매상의 전략으로 옳지 않은 것은?

① 도입기에는 이익수준이 낮아 위험부담이 높기 때문에 투자를 최소화한다.
② 도약기에는 시장을 확장하고 수익을 확보하기 위한 공격적인 침투전략을 수행한다.
③ 성장기에는 성장유지를 위해 투자수준을 높이며 시장위치를 선점하는 전략을 수행한다.
④ 성숙기에는 소매개념을 수정하여 성숙기를 지속시키기 위한 전략을 수행한다.
⑤ 쇠퇴기에는 자본의 지출을 최소화하며 시장에서의 탈출을 모색한다.

 시장을 확장하고 수익을 확보하기 위한 공격적인 침투전략을 수행하는 시기는 성장기의 내용이다.

57 PR(public relations)에 대한 설명으로 옳지 않은 것은?

① 소비자뿐만 아니라 기업과 관련된 이해관계자들을 대상으로 한다.
② 제품 및 서비스에 대한 호의적 태도와 기업에 대한 신뢰도 구축을 병행한다.
③ 기업을 알리는 보도나 캠페인을 통해 전반적인 여론의 지지를 얻고자 한다.
④ 제품과 서비스에 대한 정보제공 및 교육 등의 쌍방향커뮤니케이션 활동이다.
⑤ 기업 활동에 영향을 미치는 주요 공중과의 관계구축을 통해 호의를 얻어내고자 하는 것이다.

 공중관계(PR : Public Relation)는 예상고객이 될 수 있는 사람에게 각종매체를 이용하여 적절한 정보를 제공하는 것을 말하며, 제품과 서비스에 대한 정보제공 및 교육 등의 단방향커뮤니케이션 활동이다.

58 아래 글상자에 기술된 소매상의 변천과정과 경쟁에 대한 이론으로 옳은 것은?

> 새로운 형태의 소매상은 시장진입초기에 저가격, 저마진, 저서비스의 가격소구 방식으로 소매시장에 진입하여 기존의 고가격, 고마진, 높은 서비스로 다른 소매업태와 경쟁하게 된다. 성공적인 진입 후, 경쟁우위를 확보하기 위해 세련된 설비와 서비스를 더해 가면서 고비용, 고가격, 고서비스의 소매점으로 전환된다. 이러한 소매환경의 변화는 새로운 유형의 혁신적인 소매점이 저가격, 저마진, 저서비스로 시장에 진입할 수 있는 여지를 제공하게 되어 동일한 패턴의 변화가 반복된다.

① 소매수레바퀴가설　　　　　　② 적응행동이론
③ 소매아코디언 이론　　　　　　④ 변증법적 과정
⑤ 자연도태설

 소매업 수레바퀴 가설(소매차륜가설, The Wheel of Retailing Hypothesis)의 내용은 소매상이 시장진입을 하기 위해서는 초기에 저(低)가격, 저(低)마진, 저(低)서비스의 가격전략으로 소매시장에 진입하고,

이론 내용은 저비용구조에 바탕을 둔 저가격을 기반으로 새로운 시장에 침투한다고 맥나이어(McNair) 교수는 주장하였다.

59 집중화 전략에 대한 설명으로 옳은 것은?

① 전체 시장의 구매자들을 대상으로 동일한 마케팅전략을 집중하는 것이다.
② 하나의 구매자 세분시장을 대상으로 하여 그 시장에 마케팅전략을 집중하는 것이다.
③ 상이한 욕구를 지닌 두 세분시장에 동일한 마케팅전략을 집중하는 것이다.
④ 시너지 효과를 극대화하기 위해 현재적 구매자 세분시장과 잠재적 구매자 세분시장을 동시에 집중하는 것이다.
⑤ 시장을 세분화하고 각각의 집단에 대해 상이한 전략을 개발하는 것이다.

 하나의 구매자 세분시장을 대상으로 하여 그 시장에 마케팅전략을 집중하는 것은 전속적전략이라고 한다.

60 아래 글상자에서 설명하는 용어로 옳은 것은?

구매하는 제품에 대하여 비교적 저관여 상태이며 제품의 각 상표 간 차이가 뚜렷한 경우에 보이는 소비자들의 구매행동이다. 이러한 경우 소비자들은 자주 상표를 전환한다.

① 다양성 추구 구매행동   ② 타성적 구매행동
③ 부조화 감소 구매행동   ④ 복잡한 구매행동
⑤ 비계획적 구매행동

 다양성추구 구매행동(variety seeking buying behavior)은 소비자 관여도가 낮지만 브랜드 간 차이가 상당히 큰 구매상황에서 소비자는 다양성추구 구매행동을 한다. 이런 경우 소비자는 브랜드를 자주 바꾼다. 새로운 설탕이나 새로운 식초는 먹어보고 싶지 않을 수 있지만 새로운 요구르트가 나오면 먹어보고 싶어 할 수 있다.

61 소셜커머스(social commerce)에 대한 설명으로 옳지 않은 것은?

① 소셜 미디어와 온라인 미디어를 활용한 전자상거래의 일종이다.
② 초기에는 음식점, 커피숍, 공연 등 지역기반 서비스상품에 대한 공동구매로 시작하였다.

③ 일정수의 소비자들이 모여서 공동구매를 통해 가격하락을 유도하기도 한다.

④ 스마트폰을 이용한 모바일 소셜 커머스 판매량은 점점 낮아지는 추세이다.

⑤ 상품 카테고리별로 좋은 상품을 공급할 수 있는 판매자를 발굴하고, 이들과 가격조건 등에 대해 협상하는 상품기획자의 역할이 중요하다.

 스마트폰을 이용한 모바일 소셜커머스 판매량은 점점 증가지는 추세이다.

62 아래 글상자에서 풀전략(pull strategy)에 대한 설명으로 옳은 것은?

> ㉠ 최종소비자를 상대로 판매촉진활동을 한다.
> ㉡ 중간상을 대상으로 판매촉진활동을 한다.
> ㉢ 소비자의 상표인지도와 충성도를 높이기 위한 방법이다.
> ㉣ 수량할인, 인적판매, 구매시점 디스플레이, 협동광고 등에 치중한다.

① ㉡, ㉢ 　　　② ㉡, ㉣ 　　　③ ㉢, ㉣
④ ㉠, ㉢ 　　　⑤ ㉠, ㉣

 풀 마케팅 전략(pull marketing strategy)은 촉진의 방향을 소비자로부터 생산자 쪽으로 상품이 끌어당긴다는 의미로 생산자가 소비자나 최종소비자들을 대상으로 적극적인 수요를 자극하여 고객의 구매행동을 유발함으로써 도매상과 소매상이 자사상품을 취급하게 하는 전략이다.

63 아래 글상자의 사례에서 사용된 소비자 판촉도구로 옳은 것은?

> 오레오(OREO)과자로 잘 알려진 미국의 식품회사 나비스코(Nabisco)는 매년 학생들의 개학에 맞추어 이 판촉도구를 적극 활용한다. 점심 도시락과 방과 후 간식 용도에 대한 소비자 주목을 극대화할 수 있도록 디자인한다. 이 판촉도구는 광고 안내판 형식을 취하며, 종종 실제 제품을 전시하기도 한다. 일반적으로 계산대 근처나 통로 끝과 같이 통행량이 많은 장소에 위치한다.

① 샘플(sample)
② PPL(product palcement)
③ 쿠폰(coupon)
④ POP(point of purchase)
⑤ 가격할인 패키지(price packs)

 POP광고(Point Of Purchase)는 소매점의 점포입구나 점포내에서 직접, 간접으로 판매촉진을 위하여 행하는 광고표시물의 일체를 말한다. 구매시점에 광고를 하는 것으로 고객이 상품을 선택하는데 도움을 줄 수 있어야 하고, 매장의 이미지를 향상 시키는 역할을 할 수 있도록 매장의 특성을 고려해야 한다.

64 아래 글상자에서 설명하는 용어로 옳은 것은?

> 유통업체에 의해 개발이 이루어지고, 유통업체로부터 위탁을 받은 제조업체에 의해 생산된 후, 유통체의 이름이나 유통업체가 개발한 브랜드 명으로 해당 유통업체의 매장에서 판매되는 상품

① National Brand   ② Private Brand
③ Private National Brand   ④ Family Brand
⑤ Corporate Brand

 NB(L)제품과 PB(L)제품의 구분은 브랜드 소유권이 누구에게 있느냐에 따라 구분 하며 브랜드사용권, 브랜드신청 및 획득권, 소속상품의 특성을 구성하고 변형할 수 있는 권한이 제조업자에게 있으면 NB, 유통업자에게 있으면 PB라고 할 수 있다.

65 비주얼 프리젠테이션에 대한 설명으로 옳지 않은 것은?

① 테마에 따른 시각적 전시공간을 말한다.
② 흔히 쇼 스테이지나 쇼윈도 등에서 전개된다.
③ 고객들의 눈에 띄기 쉬운 공간에 잡화 등을 활용하여 사용법이나 용도 등을 제시한다.
④ 강조하고 싶은 상품만을 진열하며 POP 등에 상품의 기능을 담아 소개한다.
⑤ AIDMA법칙의 A(주의)나 I(흥미)를 유도하는데 효과적인 방법이다.

 비주얼 프리젠테이션은 인간은 크게 미각, 후각, 촉각, 청각, 시각의 정보흡수 센서를 갖고 있는데 심리학자 들은 이 중에서 정보를 흡수하는 역할이 가장 큰 센서가 바로 시각센서라고 하며, 비주얼 프리젠테이션은 비주얼(visual)과 프리젠테이션(presentation)의 합성어이다. POP 등에 상품의 기능을 담아 소개하는 것은 광고를 말한다.

66 아래 글상자에서 설명하는 용어로 옳은 것은?

> ☑ 연관된 상품을 함께 진열하거나 연관된 상품을 취급하는 점포들을 인접시키는 것을 의미함
> ☑ 이를 통해 고객들이 연관된 상품들을 동시에 구매하도록 유도할 수 있음
> ☑ 대표적인 예로 샴푸, 린스, 정장, 넥타이, 구두, 셔츠 등에 사용할 수 있음

① Mix Merchandising   ② Cross Merchandising
③ Double Merchandising   ④ Visual Merchandising
⑤ Triple Merchandising

 연관된 상품을 함께 진열하거나 연관된 상품을 취급하는 점포들을 인접시키는 것을 의미하는 것은 크로스 머천다이징(Cross Merchandising)의 형태이다.

67 격자형 레이아웃(grid layout)에 대한 설명으로 옳지 않은 것은?

① 레이아웃 변경이 자유롭고 상품의 노출도가 크다.
② 어느 건물에나 적용할 수 있어 건물 코스트가 낮아진다.
③ 통로 낭비가 적어 면적을 유용하게 사용할 수 있고, 많은 상품 진열이 가능하다.
④ 동선계획으로 고객 흐름을 통제할 수 있다.
⑤ 매장 진열 구조의 파악이 용이하다.

 레이아웃 변경이 자유롭고 상품의 노출도가 큰 것은 자유형(Free-form)레이아웃으로 소매점의 레이아웃 (layout)시, 비품과 통로를 비대칭적으로 배치하는 방법이며, 주로 규모가 작은 전문점매장이나 여러 개의 작은 전문점매장이 모여 있는 다형점포에서 주로 채택하는 레이아웃방식이다.

68 매장 외관 중 쇼윈도(show window)에 관한 설명으로 옳지 않은 것은?

① 매장의 외관을 결정짓는 요소이며, 주된 연출공간이다.
② 수평라인보다 돌출하거나 들어가는 각진형은 소비자를 입구쪽으로 유도한다.
③ 윈도우가 없으면 궁금해진 소비자가 매장으로 들어오는 효과가 발생하기도 한다.
④ 매장의 제품을 진열하는 효과는 있으나 점포의 이미지를 표현할 수는 없다.
⑤ 윈도우 설치형태에 따라 폐쇄형, 반개방형, 개방형, 섀도박스(shadow box)형이 있다.

 매장 외관 중 쇼윈도(show window)는 고객들을 끌어들이는 가장 중요한 장소로 특선품 구역이며, 매장의 제품을 진열하는 효과도 있고, 점포의 이미지를 표현할 수도 있다.

69 점포 디자인의 요소로 옳지 않은 것은?

① 외장 디자인
② 내부 디자인
③ 진열 부분
④ 레이아웃
⑤ 점포 면적

 점포 디자인의 요소는 대부분이 내부 환경과 외부환경적인 요소로 구분을 할 수 있으며, 점포 면적은 단순히 물리적인 요소에 지나지 않는다.

70 공급업체와 유통업체가 장기적 협력관계를 구축하려고 할 경우, 공급업체가 유통업체를 평가하는 기준을 모두 고르면?

> ㉠ 경제성 : 유통업체의 판매액, 비용, 수익성 등
> ㉡ 통제성 : 공급업체의 상품에 대한 유통업체의 마케팅전략을 조정할 수 있는 정도
> ㉢ 적응성 : 환경변화에 적응하여 유통업체와의 관계를 유연하게 조정할 수 있는 정도

① ㉠   ② ㉠, ㉡   ③ ㉠, ㉢

④ ㉡, ㉢   ⑤ ㉠, ㉡, ㉢

 거래를 함에 있어 공급업체와 유통업체가 장기적 협력관계를 구축하려고 할 경우, 공급업체가 유통업체를 평가하는 기준은 다양한 요소들이 있으며, 거래대상이나 조건 등 다양하게 고려를 하여서 평가를 하게 된다. 문제에서는 ㉠, ㉡, ㉢의 내용이 모두 포함된다.

제4과목 유통 정보(71~90)

71 데이터마이닝 기법과 CRM에서의 활용용도를 연결한 것으로 가장 옳지 않은 것은?

① 군집화 규칙 – 제품 카테고리
② 분류 규칙 – 고객이탈 수준 등급
③ 순차 패턴 – 로열티 강화 프로그램
④ 일반화 규칙 – 연속 판매 프로그램
⑤ 연관 규칙 – 상품 패키지 구성 정보

 Data Mining은 대량 데이터군에서 경향과 패턴을 발견해내는 기법으로 데이터 항목 들 간의 관계를 발견하기 위해 통계적인 기술을 사용하는 기법을 말한다. 데이터마 이닝에서 얻을 수 있는 정보유형에는 연관, 순차, 분류, 군집, 예측 정보 등이 있지만 일반화 규칙은 이에 해당되지 않는다.

72 아래 글상자의 내용에 공통적으로 관련된 정보기술로 옳은 것은?

> 매트로 그룹의 기반 정보시스템은 고객들이 혼자서 상품정보, 세일 등의 판매정보 등을 알 수 있어, 매장 내 상주 직원을 둘 필요가 없고, 고객들도 편하게 매장을 둘러볼 수 있어 고객만족도를 높였다. 월마트는 이 정보시스템 도입 3년 후에 결품률이 평균16% 줄었으며, 소량판매제품의 경우 최대 38% 감소한 것으로 나타났다. 또한 신속한 재고파악, 도난방지, 계산 시간 단축 등의 효과를 창출하였다.

① RFID   ② BEACON   ③ BYOD

④ FINTECH   ⑤ TAG

RFID는 자동인식(AIDC)기술의 한 종류로서 micro-chip을 내장한 Tag에 저장된 데이터를 무선주파수를 이용하여 비접촉방식으로 Reading하는 기술을 말한다. 주파수 대역이 높을수록 인식속도가 빠르고, 환경에 민감하게 반응하며, 주파수 대 역에 따라서 응용분야의 적합성이 다를 수 있다.

73 O2O(Online to Off-line) 커머스에 대한 설명으로 옳은 것은?

① O2O 커머스는 온라인과 오프라인 사이의 경계를 사라지게 만들어서 소비자들에게 보다 편리한 쇼핑을 하도록 도움을 준다.

② O2O 커머스는 O2O 플랫폼 사업자가 소비자와 소비자를 연결함으로써 소비자들 사이의 편리한 거래에 도움을 제공해 준다.

③ O2O 커머스는 재고관리 비용을 증가시키기 때문에 유통업체 입장에서 선호되지 않고 있다.

④ O2O 커머스는 사물인터넷 기술 발전에 따라 점진적으로 감소하고 있다.

⑤ O2O 커머스는 결제 분야의 핀테크 기술과의 연결성문제로 발전하지 못하고 있다.

 O2O(On-line to Off-line) 서비스는 온라인에서 주문 및 결제를 하고 오프라인에서 실제 서비스나 제품을 받을 수 있는 서비스로 스마트폰과 태블릿의 대중화로 인해 모바일 인터넷 사용 이 활발해 지면서 새로운 비즈니스 모델로 각광받고 있다. 최근 유통업계에서는 모바일 쿠폰을 매장에서 사용하거나 앱(app)을 통해 음식을 배달하는 등의 변화가 일어나고 있다. 이와 같이 온라인과 오프라인을 유기적으로 결합해서 새로운 가치를 창출해내는 서비스를 나타내는 용어이다.

74 의사결정시스템에 대한 설명으로 옳지 않은 것은?

① 최고경영층은 주로 비구조적 의사결정에 대한 문제에 직면해 있고, 운영층은 주로 구조적 의사결정에 대한 문제에 직면해 있다.

② 운영층은 의사결정지원시스템을 이용해 마케팅 계획 설계, 예산 수립 계획 등과 같은 업무를 한다.

③ 의사결정지원시스템은 수요 예측 문제, 민감도 분석 등에 활용된다.

④ 의사결정지원시스템을 이용해 의사결정의 품질을 높이기 위해서는 의사결정지원시스템에서 활용하는 데이터의 품질을 개선해야 한다.

⑤ 의사결정지원시스템의 의사결정 품질 개선을 위해 딥러닝(deep learning)과 같은 고차원적 알고리즘(algorism)이 활용된다.

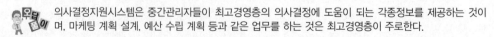 의사결정지원시스템은 중간관리자들이 최고경영층의 의사결정에 도움이 되는 각종정보를 제공하는 것이며, 마케팅 계획 설계, 예산 수립 계획 등과 같은 업무를 하는 것은 최고경영층이 주로한다.

75 엑세스 로그파일(access log file)을 통해 얻을 수 있는 정보로 가장 옳지 않은 것은?

① 방문 경로
② 사용자의 아이디
③ 웹사이트 방문 시간
④ 웹브라우저의 설치 시기
⑤ 웹사이트에서 수행한 작업 내용

> Access log는 웹사이트 방문자가 웹 브라우저를 통해 사이트 방문시, 브라우저가 웹서버에 파일을 요청한 기록과 시간, IP에 관련된 정보에 대한 기록이다.

76 아래 글상자의 괄호안에 들어갈 용어를 순서대로 짝지은 결과로 옳은 것은?

> (㉠)은(는) 상황정보, 경험, 규칙, 가치가 포함되어 체계화된 결과로 인과, 원인관계를 형성하여 새로운 가치를 창출해 낸 또 다른 사실 피터드러커는 관련성과 목적성이 부여된 사실들을 (㉡)(이)라고 하였음(㉢)은(는) "45개의 재고가 남아있다"와 같이 구체적이고 객관적인 사실 또는 관찰 결과

① ㉠ 데이터   ㉡ 정보   ㉢ 지식
② ㉠ 지혜   ㉡ 지식   ㉢ 데이터
③ ㉠ 정보   ㉡ 지식   ㉢ 사실
④ ㉠ 지식   ㉡ 정보   ㉢ 데이터
⑤ ㉠ 지식   ㉡ 데이터   ㉢ 사실

> 경영자가 의사결정을 하기 위해서는 우선적으로 자료(data), 정보(information) 및 지식(knowledge)의 내용을 구별할 필요가 있다. 문제에서는 ㉠ 지식 ㉡ 정보 ㉢ 데이터의 내용을 묻는 것이다.

77 가망고객발굴을 위해 기존 고객에 대한 CRM 분석 전략에 대한 설명으로 옳지 않은 것은?

① 고객프로필분석 – 연령, 직업, 취미, 학력 등 전체 고객층 분석
② 하우스–홀딩분석– 현 고객의 가족상황, 프로필, 성향 등 분석
③ 인 바운드분석 – 담당영업사원, A/S사원의 피드백이나 불만접수 대응 분석
④ 현 고객구성원분석– 고객의 성격, 사용실태, 충성도 분석
⑤ 외부데이터분석 – 제휴업체의 고객데이터 분석

> 인바운드(In–bound)분석은 고객의 불만이나 불평을 고객센터에서 찾아서 분석을 하는 것으로 A/S사원의 피드백이나 불만접수 대응 분석은 맞지만 담당영업사원의 불평은 해당되지 않는다.

78 웹마이닝 분석기법에 대한 설명으로 옳지 않은 것은?

① 웹콘텐츠마이닝 – 웹 사이트를 구성하는 페이지 내용 중 유용한 정보를 추출하기 위한 기법
② 웹구조마이닝 – 웹상에 존재하는 하이퍼텍스트로 구성된 문서들의 구조에 대하여 마이닝하는 기법
③ 웹사용마이닝 – 방문자들의 웹페이지 사용패턴을 분석하는 기법
④ 웹사용마이닝 – 웹로그파일분석은 웹사용마이닝의 한 부분
⑤ 웹콘텐츠마이닝 – 텍스트 중심으로 분석을 수행하는 데이터마이닝 기법

 웹마이닝 또는 웹데이터마이닝(web mining 또는 web data mining)은 웹상에서 존재하는 모든 데이터 (고객 신상정보, 구매 기록, 장바구니 정보 등)를 대 상으로 웹 데이터 간의 상관관계를 밝혀내고, 웹 사용자의 의미 있는 접속 행위 패턴을 발견하는 방법으로 웹컨텐츠마이닝, 웹구조마이닝, 웹사용마이닝 등으로 분류 해볼 수 있다. 웹컨텐츠마이닝은 컨텐츠의 내용을 중심으로 분석을 수행하는 데이터마이닝 기법이다.

79 아래 글상자에서 설명하는 임대형 쇼핑몰 구축 솔루션으로 가장 옳은 것은?

> 웹상에서 콘텐츠를 저작하고 출판할 수 있는 오픈 소스(Open Source) 콘텐츠 관리 시스템 (Content Management System – CMS)으로, 홈페이지처럼 자체적인 도메인과 호스팅을 이용할 수 있으며 자유롭게 콘텐츠 제작, 배포 및 키워드 검색을 할 수 있다. 또한 반응형 레이아웃 기 반으로 별도의 모바일 페이지나 앱의 구축이 불필요하고 전용 쇼핑몰 구축에 용이하다.

① 가비아(Gabia)   ② 고도몰(godomall)
③ 카페24(cafe24)   ④ 메이크샵(MakeShop)
⑤ 워드프레스(WordPress)

 2003년 매트 물렌웨그가 창립한 워드프레스(WordPress)는 세계 최대의 오픈 소스 저작물 관리 시스템이 며, 워드프레스 기반 웹사이트는 전세계 웹사이트의 30%를 차지한다. 대한민국에서는 서울특별시 홈페이 지와 서울특별시 외국어 홈페이지가 워드프레스로 제작되었다

80 아래 글상자에서 설명하는 용어로 가장 옳은 것은?

> 오프라인에서 상품을 살펴본 뒤 실제 구매는 모바일이나 온라인을 통해 가격을 비교하고 구매 를 하는 것

① 모루밍(Morooming)   ② 쇼루밍(Showrooming)
③ 웹루밍(Webrooming)   ④ 역모루밍(Reverse Morooming)
⑤ 역쇼루밍(Reverse Showrooming)

옴니채널 소비패턴 속에서 최근 주목 받고 있는 키워드는 바로 '쇼루밍'이다. 쇼루밍 이란 오프라인 매장이 온라인 쇼핑몰의 전시장(showroom)으로 변하는 현상을 말 하는데, 소비자들이 오프라인 매장에서 제품을 살펴보고, 실제 구매는 보다 저렴한 온라인이나 전화, 방문판매 등 다른 유통 경로를 이용하는 것을 말한다.

81

2가지 크기와 6가지 색상이 있는 제품을 포장지와 삽화유무로 나누어 낱개로 또한 10개들이 박스와 20개들이 박스로 판매될 경우 각 조합을 고유하게 식별하기 위해 필요한 상품식별코드(GTIN)의 총수로 가장 옳은 것은?

① 10개   ② 24개   ③ 30개   ④ 36개   ⑤ 96개

 2가지 크기와 6가지 색상이 있는 제품을 포장지의 삽화 유무로 나누어 낱개로 또한 10개들이 박스와 20개들이 박스로도 판매될 경우 각 조합을 계산하면, 2가지 크기와 6가지 색상이므로 12개가 생성이 되며, 이를 각 낱개, 10개, 20개로 분류를 하므로 총 36(12X3)개의 GTIN이 생성이 된다.

82

아래 글상자에서 설명하는 용어로 가장 옳은 것은?

> 구매자가 가진 재고의 보충에 대한 책임을 공급자에게 이전하는 구매 전략이다. 따라서 구매자가 보유한 재고의 소유권은 제품이 판매되는 시점에 구매자에게 이양되는 구조를 가지게 된다.

① EDI   ② VMI   ③ CAO
④ CMI   ⑤ QR

 공급자 재고관리(Vendor Managed Inventory)란 공급자인 제조업자나 도매업자가 소매업재고관리를 소매업체를 대신해서 하는 것을 말한다. 도입 결과, 머천다이징의 모든 분야에서 파트너 간 협조관계가 강화된다.

83

바코드 기반의 POS시스템을 통해 관리되는 데이터에 대한 설명으로 옳지 않은 것은?

① 제조사별 단품순위   ② 판매실적 구성비
③ 단품별 판매순위   ④ 단품별 판매동향
⑤ 제품별 유통이력

 제품별 유통이력을 나타낼 수 있는 것은 RFID(Radio Frequency Identification)에 대한 설명이다.

84 POS시스템에 관련된 설명으로 옳지 않은 것은?

① 판매시점 기준 정보관리 지원
② 상품 판매동향 분석을 통해 인기/비인기 제품을 신속하게 파악할 수 있도록 지원
③ 시스템 기기의 사양이 다르면 점포간 판매동향 비교, 분석이 불가능
④ '무엇이 몇 개나 팔렸는가?'에 대한 정보를 제공
⑤ 인터넷 기반으로 구축된 경우 매장 이외의 장소에서도 매출 등 정보 확인 가능

 POS(Point of Sale)는 판매시점 정보관리시스템으로써, 무슨 상품이, 언제, 어디에서, 얼마나 팔렸는지를 파악할 수 있도록 상품이 판매되는 시점에 판매정보를 수집 하여 관리하는 시스템을 지칭하는 말이다. 시스템 기기의 사양이 달라도 점포간 판매동향 비교, 분석이 가능하다.

85 아래 글상자의 내용에 부합되는 SCM 주요기법의 종류로 가장 옳은 것은?

> 이것은 1985년 미국의 패션어패럴 산업에서 '공급체인의 상품 흐름을 개선하기 위하여 소매업자와 제조업자의 정보공유를 통해 효과적으로 원재료를 충원하고, 제품을 제조하고, 유통함으로써 효율적인 생산과 공급체인의 재고량을 최소화 시키려는 전략'이다.

① QR(Quick Response)
② CAO(Computer Assisted Ordering)
③ CMI(Co-Managed Inventory)
④ CRP(Continuous Replenishment Program)
⑤ ECR(Efficient Consumer Response)

 신속대응시스템(QR시스템)은 소비자의 만족을 극대화하기 위해 제조업자와 공급업자 및 운송업자들이 긴밀한 협조관계를 유지하기 위해서도 필요한 시스템이다.

86 효율적인 지식베이스 시스템이 되기 위한 조건으로 가장 옳지 않은 것은?

① 대량의 지식의 고속 탐색 및 갱신이 요구된다.
② 추론 기능과 유연한 지식 조작 기능이 요구된다.
③ 지식의 표현은 이해하기 쉬운 표현법이 요구된다.
④ 고도의 인간-기계 인터페이스(Man-Machine Interface)기능이 요구된다.
⑤ 취급 지식은 비구조화된 데이터 군을 단위로 하는 데이터가 요구된다.

 취급 지식은 구조화된 데이터 군을 단위로 하는 데이터가 요구된다.

87
지식 포착 기법에 대한 설명으로 가장 옳지 않은 것은?

① 인터뷰 – 개인의 형식적 지식을 암묵적 지식으로 전환하는데 사용하는 기법이다.

② 현장관찰 – 관찰대상자가 문제를 해결하는 행동을 할 때 관찰, 해석, 기록하는 프로세스이다.

③ 브레인스토밍 – 문제에 대하여 둘 이상의 구성원들이 자유롭게 아이디어를 생산하는 비구조적 접근방법이다.

④ 스토리 – 조직학습을 증대시키고, 공통의 가치와 규칙을 커뮤니케이션하고, 암묵적 지식의 포착, 코드화, 전달을 위한 뛰어난 도구이다.

⑤ 델파이 방법 – 다수 전문가의 지식포착 도구로 사용되며, 일련의 질문서가 어려운 문제를 해결하는데 대한 전문가의 의견을 수렴하기 위해 사용된다.

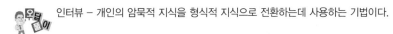 인터뷰 – 개인의 암묵적 지식을 형식적 지식으로 전환하는데 사용하는 기법이다.

88
지식경영이 중요한 경영기법의 하나로 자리 잡게 된 배경으로 가장 옳지 않은 것은?

① 지식경영은 프로젝트 지식을 재활용할 수 있도록 유지하는 기회를 제공하기 때문이다.

② 지식경영은 복잡하고 중요한 의사결정을 빠르고, 정확하고, 반복적으로 수행할 수 있도록 지원하기 때문이다.

③ 지식경영은 조직의 효율성과 효과성 향상을 위해 지식을 기반으로 혁신하여 경쟁할 수 있기 때문이다.

④ 지식경영은 대화와 토론을 장려하여 효과적 협력과 지식공유를 위한 단초를 제공하기 때문이다.

⑤ 지식경영은 조직이 지식경제에서 빠르게 변화하는 경쟁 환경에 효과적으로 대응하기 위해 지식노동자 개인의 암묵적 지식 축적을 장려하기 때문이다.

지식경영은 조직이 지식경제에서 빠르게 변화하는 경쟁 환경에 효과적으로 대응하기 위해 지식노동자 개인의 형식적 지식 축적을 장려하기 때문이다.

89 아래 글상자의 (　　　)안에 들어갈 용어로 옳은 것은?

> (　　　)은(는) 원래 봉화나 화톳불 등 위치와 정보를 수반한 전달 수단을 가리키는 말이었고, 사전적 의미로는 등대·경광 등·무선 송신소 등이지만 21세기 초부터는 주로 '무선 표식'을 지칭하는 용어 이다. 이는 본질적으로 위치를 알려주는 기준점 역할을 하며, 정보를 전달하기 위해서는 통신기술(단 거리 전용 통신방식(DSRC), 초음파, 적외선, 블루투스, CDMA, LTE, WiFi, LiFi 등) 활용이 필요하다. 신호를 전송하는 방법에 따라 사운드 기반의 저주파 (　　　), LED (　　　), 와이파이 (　　　), 블루투스 (　　　) 등으로 구분한다. 이 서비스는 스마트폰 앱이 (　　　) 신호를 수신해 전용서버에 질의하면 서 버가 정보를 취득, 앱에 표시하는 방식으로 작동한다. 물류, 유통분야에서는 창고 내 재고·물류 관 리, 센서를 이용한 온도 관리, 전용 AP를 복수로 설치해 어디에 무엇이 있는지 확인하는 등에 활용되 고 있다.

① 드론(Drone) 　　　② 무인자동체
③ 비콘(Beacon) 　　　④ 딥러닝(Deep-learning)
⑤ NFC(Near Field Communication)

 비콘(Beacon)서비스는 스마트폰 앱이 비콘 신호를 수신해 전용서버에 질의하면 서버가 정 보를 취득, 앱 에 표시하는 방식으로 작동한다. 물류, 유통분야에서는 창고내 재 고·물류 관리, 센서를 이용한 온도 관 리, 전용 AP를 복수로 설치해 어디에 무엇 이 있는지 확인하는 등에 활용되고 있다.

90 유통 및 물류 부분에서 사물인터넷(Internet of Things)기술 활용에 대한 설명으로 옳지 않은 것은?

① 아마존(Amazon)은 유통현장에서 사물인터넷 기술을 이용해 무인매장에서 활용할 수 있는 시스템인 아마존고(Amazon Go)를 개발하였다.
② 유통업체에서는 전자상거래 규모 증대에 따라 다양한 유통채널(예, 온라인, 모바 일) 통합을 위해 IT 부분에 많은 투자를 하고 있다.
③ 유통업체에서는 공급사슬에서의 정보공유가 기업의 경쟁력을 약화시키기 때문에 정보공유에 부정적인 견해를 가지고 있다.
④ 최근 유통업체들은 고객 빅데이터 분석을 통해 고객의 특성을 파악하고, 이에 기반 해 다양한 고객관계관리 전략을 수립해 활용하고 있다.
⑤ 최근 물류업체들은 물류 효율성을 높이기 위해 자율주행 기술을 연구하고 있다.

 Internet of Things 라는 말은 1999년 캐빈애시톤(Kevin Ashton)이라는 당시 MIT Auto-ID Center 소장이 제안하였다. 이후, 관련한 시장분석자료 발표를 통해 대중화 시킨 용어로 이 IoT라는 용어는 제안된 후 아 직도 발전을 거듭하고 보완되고 있으며, 유통업체에서는 공급사슬에서의 정보공유는 기업경쟁력을 증가 시키기 때문에 정보공유에 긍정적인 견해를 가지고 있다.

정답

1과목:유통 · 물류일반(1~25)	2과목:상권분석(26~45)
3과목:유통마케팅(46~70)	4과목:유통정보(71~90)

01 ①	02 ②	03 ⑤	04 ④	05 ①	06 ①	07 ②	08 ④	09 ①	10 ⑤
11 ③	12 ⑤	13 ③	14 ②	15 ①	16 ①	17 ①	18 ⑤	19 ③	20 ④
21 ④	22 ③	23 ①	24 ⑤	25 ③	26 ⑤	27 ②	28 ④	29 ②	30 ⑤
31 ①	32 ①	33 ③	34 ③	35 ①	36 ③	37 ③	38 ⑤	39 ②	40 ⑤
41 ⑤	42 ⑤	43 ②	44 ④	45 ④	46 ⑤	47 ②	48 ⑤	49 ⑤	50 ②
51 ①	52 ④	53 ①	54 ②	55 ②	56 ②	57 ④	58 ①	59 ②	60 ①
61 ④	62 ④	63 ④	64 ②	65 ④	66 ②	67 ①	68 ④	69 ⑤	70 ⑤
71 ④	72 ①	73 ①	74 ②	75 ④	76 ④	77 ③	78 ⑤	79 ⑤	80 ②
81 ④	82 ②	83 ⑤	84 ③	85 ①	86 ⑤	87 ①	88 ⑤	89 ③	90 ③